한국 고대사 연구의 시각과 방법

노태돈 교수 정년기념논총 **1**

한국 고대사 연구의 시각과 방법

2014년 9월 18일 1판 1쇄

엮은이 | 노태돈 교수 정년기념논총 간행위원회

편집 | 최양순·조건형·이진
디자인 | 백창훈
지도 | 김경진
제작 | 박흥기
마케팅 | 이병규·최영미·양현범

출력 | 한국커뮤니케이션
인쇄 | 천일문화사
제책 | 책다움

펴낸이 | 강맑실
펴낸곳 | (주)사계절출판사
등록 | 제406-2003-034호
주소 | (우)413-120 경기도 파주시 회동길 252
전화 | 031)955-8588, 8558
전송 | 마케팅부 031)955-8595 편집부 031)955-8596
홈페이지 | www.sakyejul.co.kr **전자우편** | skj@sakyejul.co.kr
독자카페 | 사계절 책 향기가 나는 집 cafe.naver.com/sakyejul
페이스북 | facebook.com/sakyejul
트위터 | twitter.com/sakyejul

ISBN 978-89-5828-787-2 93910
ISBN 978-89-5828-789-6 93910(세트)

이 도서의 국립중앙도서관 출판예정도서목록(CIP)은 서지정보유통지원시스템 홈페이지(http://seoji.nl.go.kr)와
국가자료공동목록시스템(http://www.nl.go.kr/kolisnet)에서 이용하실 수 있습니다.
(CIP제어번호: CIP2014026010)

노 태 돈 교 수 정 년 기 념 논 총

1

한국 고대사 연구의 시각과 방법

노태돈 교수 정년기념논총 간행위원회 엮음

일러두기

- 인명, 지명 등은 국립국어원의 외래어표기법을 기준으로 했으며, 필자에 따라 한자음을 그대로 쓴 경우도 있다. 또한 외래어 발음을 달리 표현한 경우도 있다. (예: 구카이/공해空海, 보하이만渤海灣/발해만, 요동/랴오둥, 규슈/큐슈 등)
- 일부 학술 용어나 고유명사의 경우 필자마다 표기법과 띄어쓰기, 기호 사용을 달리한 예도 있다. (예: 집안고구려비/지안고구려비, 충주고구려비/중원고구려비, 「광개토왕비문」/'광개토왕비문', 「울진봉평신라비」/울진봉평신라비, 한漢 대/한대漢代 등)
- 본문 중 〈표〉의 내용은 한글 병기 또는 번역문을 싣는 것을 원칙으로 했으나, 내용의 특성상 한글 표기나 병기보다 한자만 제시하는 것이 나은 경우, 또 번역문 상태로 보여주는 것이 의미가 없는 경우는 원문을 그대로 실었다.
- 출전은 각주로 처리하지 않고, 본문 중에 괄호를 이용해 '저자와 출판 연도, 인용 쪽수'를 기재했다.
- 각 원고의 참고문헌 표기는 원고 끝부분에 단행본과 논문의 구분 없이 각 논저의 작성 언어를 기준으로 한국어 저작과 외국어 저작(중국어, 일본어, 기타)을 구분해서 가나다순으로 정리했다. 이때 한국어 저작의 경우 한글 또는 한글 병기를 원칙으로 했으나, 한자로 쓴 몇몇 경우도 있다.

지난 반세기 동안 한국 고대사 연구는 괄목할 만한 성과를 거두었습니다. 문헌 고증을 넘어 다양한 방법론을 활용한 연구가 활성화되었고, 금석문과 목간 등 새로운 문자 자료의 발견으로 연구 내용이 심화되고 주제도 다변화되었습니다. 요즈음 한 해 동안 발표되는 한국 고대사 관련 논문만 500여 편을 넘나들 정도로 연구자의 수도 폭발적으로 증가했습니다. 최근 학계 차원에서 지난 수십 년간의 연구 성과에 대한 정리와 평가가 다양하게 이루어져 한국 고대사 연구의 성과를 되돌아보고 향후 과제를 전망할 수 있었습니다.

대부분의 연구자들이 지난 반세기 동안의 연구 성과를 바탕으로 새로운 방법론을 부단히 개발해 연구의 지평을 확장할 필요가 있다는 데 공감하고 있습니다. 또한 기존의 문헌 사료와 고고 자료를 새롭게 재해석하고, 새로운 자료를 발굴해서 연구 내용을 더욱 심화시켜 나갈 필요가 있다는 데도 인식을 같이하고 있습니다. 이러한 노력을 통해 한국 고대사상을 다채롭게 구축함과 더불어, 보다 거시적인 시각에서 한국 고대사 인식체계를 정립할 필요가 있을 것입니다.

이 책은 2014년 8월 서울대학교 국사학과 노태돈盧泰敦 선생님의 정년을 맞이해 현금의 한국 고대사 연구 과제를 조금이나마 해결하고, 새로운 전망을 제시하기 위해 기획한 것입니다. 지난 2012년 5월, 선생님의 학은學恩을 입은 후학과 제자들이 선생님으로부터 받은 가르침에 보답하고, 선생님의 학문적 업적을 기리기 위해 정년기념논총을 간행하기로 뜻을 모았습니다. 이에 '노태돈 교수 정년기념논총 간행위원회'를 발족한 다음, 국내외 연구자들께 상기와 같은 취지에 맞춰 한국 고대사 연구방법론, 사료에 대한 해석이나 접근 방법, 향후 연구 전망 등을 다룬 원고를 청탁했습니다.

처음에는 등재 학술지 위주의 연구 업적 평가나 촉박한 일정 등으로 인해 원고 수집이 어려울 것으로 예상했지만, 무려 58분의 국내외 연구자께서 귀중한 옥고를 보내주셔서 풍성하고 뜻깊은 정년기념논총을 엮을 수 있게 되었습니다. 본 간행위원회에서는 57편의 귀중한 원고를 주제에 따라 두 권으로 나누어 간행하기로 결정했습니다. 먼저 한국 고대사 연구의 흐름과 방법론을 다룬 논고는 『한국 고대사 연구의 시각과 방법』, 한국 고대사 관련 자료의 재해석과 활용 등을 다룬 논고는 『한국 고대사 연구의 자료와 해석』으로 각각 엮고, 권마다 다시 주제를 세분해 3부로 구성했습니다.

먼저 『한국 고대사 연구의 시각과 방법』은 '1부 연구의 흐름과 과제', '2부 개념과 이론', '3부 새로운 주제의 모색'으로 구성했습니다. 1부는 종래 논쟁이 많았던 주제 및 근래 이슈가 되었던 주제 등에 대한 연구사를 정리하고, 그에 대한 전망을 제시한 논고로 묶었습니다. 2부는 이슈가 되었던 개념이나 이론을 다룬 논고로 구성했습니다. 여기에 소개한 논고들을 통해 종래 널리 사용되었던 용어나 개념, 이론에 대한 이해를 한층 심화시킬 수 있을 것입니다. 3부는 새로운 방법론과 자료를 활용한 논고들을 배치했는데, 향후 한국 고대사에 대한 시각을 다양화하고 연구 지평을 확장하는 데 큰 도움을 줄 것입니다.

다음으로 『한국 고대사 연구의 자료와 해석』은 '1부 문헌 사료의 새로운 해석', '2부 금석문 및 문자 자료의 분석', '3부 고고 미술 자료의 활용'으로 분류했습니다. 1부는 문헌 사료를 새롭게 재해석한 논고를 묶었습니다. 문헌에 대한 종전의 연구 동향과 더불어 새로운 방법론과 시각으로 문헌 자료에 접근한 연구들을 만날 수 있을 것입니다. 2부는 금석문과 목간 등 문자 자료를 분석한 논고로 구성했습니다. 독자들은 기존에 널리 알려진 문자 자료에 대한 재해석 및 새로운 자료를 활용한 최신 연구 동향을 살필 수 있을 것입니다. 3부는 고고 미술 자료를 활용한 논고를 배치했습니다. 고고학자들이 물질 자료를 기초로 해서 어떠한 과정과 방법을 통해 구체적인 역사상歷史像을 구축하는가를 살필 수 있을 것입니다.

돌이켜보건대, 선생님께서는 40여 년간 계명대학교와 서울대학교에 재직하면서 한국 고대사 연구와 후진 양성에 매진하셨습니다. 선생님께서는 민족의 기원과 형성 문제를 비롯해 한국 고대사 전반에 걸친 연구의 초석을 다졌고, 그중에서도 고조선사와 고구려사, 삼국통일전쟁사 연구에 전력을 기울여 독보적인 연구 업적을 축적하셨습니다. 선생님께서 제기하신 고조선 중심지 이동설은 현재 학계의 통설로 자리 잡았고, 선생님의 역저力著인 『고구려사 연구』와 『삼국통일전쟁사』는 사료에 대한 실증적 분석과 치밀한 논리 구성을 바탕으로 고구려 국가의 형성과 전개, 삼국통일전쟁의 전개와 영향을 체계적으로 정리한 기념비적 업적으로 평가받고 있습니다.

선생님께서는 부여, 신라, 발해 연구의 토대를 다지는 데도 크게 기여하셨을 뿐 아니라, 선생님께서 제기하신 부체제론部體制論은 고조선에서 삼국으로 이어지는 한국 고대사의 전개 과정을 체계적으로 인식하는 데 결정적인 계기를 제공했습니다. 또한 선생님께서 책임편집한

『역주 한국고대금석문』(전3권)은 금석문을 활용한 한국 고대사 연구에 새로운 지평을 열었고, 『한국고대사논총』(전10권)과 『강좌 한국고대사』(전10권)는 종전의 한국 고대사 연구 성과를 체계적으로 정리하고, 연구가 미진했던 분야를 활성화하고 새로운 연구 주제를 개발하는 데 크게 기여했습니다.

선생님께서는 학문 활동 외에 한국고대사학회 회장, 한국사연구회 회장, 서울대학교 규장각한국학연구원 원장 등을 역임하시며 한국 역사학계에 커다란 족적을 남기셨습니다. 또한 선생님의 자상하고 엄격한 지도를 받은 제자들, 선생님과 직·간접으로 관계를 맺은 후학들은 현재 한국 고대사학계의 중견학자로 활발하게 활동하고 있습니다.

본 간행위원회에서는 이 책에 지난 40여 년에 걸친 선생님의 학문에 대한 사랑과 고민, 진리에 대한 열정, 그리고 선생님과 문제의식을 공유하며 선생님의 학문을 계승해서 발전시키기 위해 노력한 후학과 제자들의 연구 성과를 충실히 담으려고 했습니다. 이 책의 출간을 계기로 한국 고대사 연구의 새로운 전기가 마련되었으면 하는 바람이고, 향후 한국 고대사 연구의 새로운 지침서로서 널리 활용되기를 기대해 마지않습니다.

이렇게 훌륭하고 뜻있는 책이 나오게 된 것은 원고를 보내주신 필자 여러분의 적극적인 참여와 성원 덕분입니다. 선생님의 정년을 축하하고, 선생님과의 인연을 소중하게 여기는 마음을 듬뿍 담아 원고를 작성해주신 필자 여러분께 진심으로 감사드립니다. 아울러 이 책을 기획하고 출간하는 과정에서 노고를 아끼지 않은 간행위원회의 간행위원님과 편집 실무를 맡은 서울대학교 국사학과 대학원생들에게도 감사의 인사를 드립니다. 또한 선생님과의 소중한 인연 때문에 어려운 상황에서도 기꺼이 출판을 맡아 책을 훌륭하게 꾸며주신 사계절출판사의 강맑실 사장님과 편집부 여러분께도 고맙다는 말씀을 올립니다.

　이 정년기념논총의 간행을 계기로 선생님의 학문적 연구가 더욱 두터워지기를 기원드리며, 새로운 인생의 전환기를 맞이하신 선생님께서 항상 건강하고 평안하시기를 소망합니다.

2014년 9월

노태돈 교수 정년기념논총 간행위원회

1부

연구의 흐름과 과제

동이 연구의 맥락과 과제

서의식(서울대학교 역사교육과 교수)

1. 서언

우리나라 고대사 연구의 궁극적 과제는 사료의 영성零星함을 여하히 극복해서 역사의 진상眞相에 다가갈 것인가 하는 데 놓여 있다. 사료의 한계는 상고上古로 올라갈수록 심각해, 대개가 전언을 기록한 것이어서 그대로 믿기 어려운 데다 그나마 편린의 사실을 전한 것이거나 설화 형태로 윤색된 내용 일색이다. 한국 고대사 연구자들이 고조선에서 삼한에 이르는 역사 전개의 대강만이라도 알기 위해 고고 발굴의 성과에 주목하고 인접 학문의 일반론적 가설을 원용해 사료를 재해석하는 노력을 기울여온 것은 이런 사정 때문이다. 그 결과 적잖은 성과를 거두어 고대사 이해의 폭을 넓히고 어느 정도 체계적인 인식도 가능해졌다.

그러나 아직은 많은 부분에서 연구자 사이에 견해가 엇갈리고, 학계의 연구 결과를 민간이 좀처럼 납득하지 못하는 경우가 허다하다. 소위 '재야사학'이 따로 성립할 정도니 더 말할 나위가 없다. 더구나 우리 고대사는 나라가 위난에 처했을 때 민족의 정체성을 확인하고 역량을 결집하기 위한 입각점으로 여겨져 더러는 원망願望과 사실事實이 뒤얽히고 긍지矜持와 이념이 사적史的 현실을 압도하기도 했으므로 지금에 이르러는 어디까지가 진상이고 무엇이 허구인지 꼭 집어 적시하기가 용이치 않은 형편이다. 그리고 또 이런 형편에 대한 고려考慮가 오히려 그나마 실낱처럼 전하는 사실史實의 가닥마저 부인하는 디딤판으로 작용하고 있기도 하다. 우리 민족의 기원과 형성을 밝히기 위해 검토가 불가피한 '동이東夷'에 관한 연구도 여러 견해가 착종錯綜해 그 실상을 가늠하기 어려운 미제未濟의 과제 중 하나다.

동이에 관한 학계의 이해는 그동안 대체로 '이동설'의 개연성을 높이 보는 쪽으로 기울어왔다. 우리나라 신석기 문화와 청동기 문화가 한반도 독자의 형태가 아니므로 다른 곳에서 유입해왔다면 그것은 민족의 이동과 함께 이루어진 일이었으리라 여긴 까닭이다. 거기에 『삼국지三國志』 이후의 중국 사서史書가 우리에 관한 기록을 '동이'라는 편목의 열전에 등재한 사실과 '동이'라는 명호가 선진시대의 문헌에 여러 차례 나타나는 사실이 연결되면서 선진시대의 동이가 더 동쪽으로 이동해서 요동-만주를 거쳐 한반도에까지 이른 것이겠다는 인식이 자연스럽게 형성되었다(김상기, 1954·1955; 천관우, 1989). 그리고 『후한서後漢書』 동이전의 서문이 실제로 이런 내용을 담고 있었으므로 이와 같은 추정은 그대로 사실로 간주되기 쉬웠다. 특히 청동기 문화는 중국 동부에 거주하던 예맥족이 랴오허강遼河 유역을 지나 한반도를 향해 이동함으로써 전파되고 발전한 문화였다고 인식되었다.

그런데 최근에 들어서서는 이동설을 부인하는 추세가 뚜렷하다. 문헌에 전하는 동이는 지역과 시기로 보아 크게 두 계통으로 나누어 파악해야 옳으며, 양자는 서로 무관하다고 보는 게 사실에 부합하리라는 것이다. 선진先秦 문헌文獻에 보이는 동이는 중국 민족의 한 갈래로서 한漢 대 이후의 사서에 나오는 동이와 서로 연관성이 없는 전연 별개의 존재라는 인식이다(이성규, 1991; 박준형, 2001). 민족 이동의 흔적은 잘 확인되지 않는다고도 한다(여호규, 2011).

그런데 민간에서는 학계의 이런 동향과 무관하게 동이 전반을 우리 민족과 결부시켜 생각하는 경향이 확산되어 있다. 대체로 황허黃河 하류의 산둥반도山東半島 일원과 장쑤성江蘇省 북부 지역은 동이의 중심지였으며, 여기 살던 사람들이 중국의 전란戰亂과 고역苦役을 피해 츠펑赤峰-다링허大陵河-랴오허遼河를 거치거나 보하이만渤海灣을 건너 랴오둥반도遼東半島로 직접 진입하는 경로를 통해 동진했다고 보는 편이다. 근년에 발견된 '요하문명'이 그 역사적 실체의 단면일 것이라 한다(우실하, 2007; 이형구 외, 2009; 김채수, 2013; 문안식, 2011). 최근에는 이와는 반대로 오히려 한반도 북부에 살던 고조선 사람들이 바다를 건너 산둥반도와 보하이만 해안, 랴오둥반도 등지로 진출한 것이었다는 견해도 제출되었다(신용하, 2000). 동이에 관한 인식이야말로 우리나라 고대사의 전개를 이해하는 출발점이자 방향타라 할 것인데, 애당초 그 기본이 오리무중의 난맥 속에 빠져 있는 셈이다.

이에 여기서는 동이를 둘러싸고 제시된 여러 견해의 분기점이 무엇인지 살피고, 그 내면에 깔린 발상과 이것이 가진 문제점을 점검해본 다음, 향후의 이해 방향을 가늠해보고자 한다. 문제의식과 자료사정에 유의하면서 허실을 가려나가다 보면 올바른 이해의 방향과 질량을 대략 헤아려볼 수 있지 않을까 기대한다.

2. 동이 논의의 경락經絡과 허실

현재 동이에 관한 논의에서, "선진시대의 '동이'는 중국 화하족華夏族이 자기 지역의 동쪽에 살던 여러 이족異族을 싸잡아 부르던 범칭이었다"는 것이 이미 상식화된 명제처럼 통용되는 정의定義 중 하나다. 특정한 종족이나 정치집단을 지칭하던 말이 아니라는 것이다. 그리고 이 정의를 말뜻 그대로 이해하고 수용하는 이들은, 선진시대의 '동이'가 진秦 대를 거치면서 중국에 흡수, 편입되어 그 실체가 사실상 소멸했으므로 이들을 한漢 대 이후의 사서에 보이는 '동이'와 혼동해서는 안 된다고 생각한다. 양자는 서로 지역과 시대가 다른, 관련성이 없는 존재로서 엄밀히 구분해야 한다는 것이다(이성규, 1991). 그럼에도 양자가 무슨 관계라도 있는 양 여기는 이들이 생겨난 것은 전적으로『후한서』동이전 서문 탓이라고 한다. 하지만 동이를 둘러싼 이런 인식의 혼란과 오해는,『후한서』자체가 사료적 가치가 거의 없는 사서라는 사실을 제대로 안다면 쉽게 불식되리라는 것이 이들의 지견知見이다(기수연, 1997).

그런데 이러한 논의의 흐름에는 명확하게 확인되지 않은 사실과 논리의 비약이 개재해 있음을 부인하기 어렵다. 우선, 화하족이 '동이'라고 부르던 대상에 여러 갈래의 종족이 포함되어 있었던 것은 사실이라 할 것이다. 그러나 그렇다고 해서 '동이'가 원래부터 동방의 여러 종족을 싸잡아 부르는 용법으로 쓰기 위해 고안된 말인 것처럼 여기거나 단정하는 것은 성급한 일이다. '동이'는 동쪽에 사는 이족異族을 일컫던 말로서 실제로는 많은 종족이 이에 해당했다는 진술과, 따라서 동이는 범칭일 뿐이므로 이로써 일정한 종족이나 정치집단을 특칭特稱할 수 없다는 진술 사이에는 논리의 비약이 있는 것이다. '동이'라는 용어를 쓴 화하족이 이 말로 지칭하려 한 사상事象이 실제로 무엇이었는지는 아직 논의 중이기 때문이다.

이를테면 중국 화하족은 동방의 특정한 종족(들)이나 정치집단(들)을 염두에 두고 이들을 지칭하기 위해 '동이'라는 말을 썼지만, 실제로는 그 종족이나 정치집단에 여러 계통의 다른 족단族團도 얼마간 포함되어 있었다는 정도가 사실史實에 더 부합하는 서술일 수 있다. 그렇다면 선진시대의 '동이'가 동쪽에 사는 여러 이민족을 지칭한 말이라는 진술은 정확한 정의가 아닐 뿐더러, 이에 토대해서 '동이'는 단순한 범칭일 뿐이었다고 말하는 것은 그 의미를 과장한 논법이다. '동이'라는 용어의 기원을 살핀 한 연구는 갑골문에 보이는 '동시東尸'를 '동이'의 직접적인 기원으로 지목하면서, 그 자형字形이 곡식의 종자를 다루거나 경작 또는 타작하는 모습과 일상에서 쭈그리고 앉는 습속을 지닌 사람들을 지시, 함의한다고 밝힌 바 있는데(김경일, 1998·2006), 이 견해가 타당하다면 선진시대의 '동이'는 이로써 지시하려 한 구체적인 종족과 문화가 실재한 고유명사였다고 보아야 옳다(김연주, 2011). 만일 처음엔 고유명사였으나 점차 보통명사로 쓰였다고 한다면 이런 변화가 일어난 이유 혹은 배경이 무엇인지부터 먼저 생각해보는 게 순서고 순리다.

그리고 또, 선진시대의 '동이'가 살던 지역이 동진東進하는 화하족 세력에 의해 점차 정복·흡수되었고, 이에 따라 진秦 대를 경과하는 시점에 이르러서는 거기 살던 '동이'가 중국 군현의 민호로 편제되어 역사의 뒤안길로 사라졌음은 엄연한 사실이다. 지역과 시기 면에서 이들은 한漢 대 이후의 동이와 명백히 구분된다. 그러나 그렇다고 이 사실이 곧바로 한 대 이후의 동이를 선진시대의 동이와 구별해 전연 별개로 보아야 하는 이유가 될 수는 없다. 후대의 동이가 중국 화하족에 동화同化되기를 거부해 더 동북쪽으로 이동한 이들의 후예거나 원래 두 지역의 동이가 같은 계통일 가능성을 전적으로 부인할 확실한 근거를 가진 것은 아니기 때문이다.

　더구나 양자를 결부시키는 견해가 『후한서』에서 비롯했고, 『후한서』 자체가 믿지 못할 사서이니 양자를 결부시켜 이해해서는 안 되리라는 논법에도 다소간 논리의 비약이 있다. 설사 『후한서』를 두찬杜撰으로 본다 하더라도, 문제의 서문이 찬자撰者 개인의 순전한 상상력의 소산임을 입증할 확증이 없는 한은 그 내용 모두가 비역사적인 유견謬見이라고 확언할 수 없는 일이다.

　게다가 『후한서』 동이전 서문이 양자를 결부시켜 파악한 견해의 효시였다는 진술도 정확한 것은 아니다. 『삼국지』도 양자의 연관성을 주지의 사실로 전제한 서술을 한 바 있다. 진한에 관한 다음과 같은 서술이 그런 경우다.

> 그 말과 글이 마한과 서로 같지 않아서, 국가를 나라라 일컫고, 궁을 활이라 하며, 도적을 도둑이라 하고, 술을 따르는 것을 잔을 친다고 한다. 서로 너나없이 '동무'라고 부르는 것은 진나라 사람과도 비슷하니, 단지 연나라와 제나라 사람이 사물을 일컫는 말본새만 있는 것은 아니다其言語不與馬韓同 名國爲邦 弓爲弧 賊爲寇 行酒爲行觴 相呼皆爲徒 有似秦人 非但燕齊之名物也.(『삼국지』 위서30, 오환선비동이전 권30 중에서)

　이 진술에는 두 가지의 사실 인식이 투영되어 있다. 하나는 연燕·제齊와 진秦이 어법語法 등의 문화에서 서로 구분된다는, 말하자면 서로 계통을 달리하는 종족이 사는 지역이라는 인식이고, 또 하나는 진한 사람들이 연·제 사람의 어법을 대부분 그대로 쓴다는, 바꾸어 말해 양자가 서로 밀접한 연관성이 있음을 주지의 당연사當然事처럼 여기는 인식이다. 연·제 사람들이 이동할 때 적잖은 진나라 사람이 이에 합류해 진한으로 흘러들었으므로 진한 말씨에는 진나라 말본새의 영향도 없지 않다는 정도가 이 기사의 개요인 셈이다.

연나라 및 제나라 땅은 지금의 베이징北京부터 산둥반도 일원에 걸치는 지역으로서 선진시대의 '동이'가 집중적으로 분포하던 곳이다. 이들과 3세기의 진한 사람들이 서로 깊은 연관을 가졌다고 본 것이『삼국지』찬자의 기본 인식이었다. 게다가 진한 사람들이 낙랑인을 '그곳에 잔류한 우리 사람들'이라는 뜻으로 '아잔阿殘'이라 부른다고 했으니 연·제 지역 주민과 조선 사람들, 그리고 진한 사람들을 계기적·계통적으로 파악하고 있었음이 분명하다. 너무 당연한 사실로 생각해서 그에 관한 구체적인 언급을 하지 않았던 것일 뿐이라고 하겠다.『후한서』동이전 서문은, 당대 사람이면 누구나 상식처럼 다 아는 이러한 역사 사실을 글로 간략히 정리해서 논술한 데 지나지 않는다고 보면 크게 틀리지 않을 것이다.『후한서』가 선진시대의 동이와 한 대 이후의 동이를 처음 결부시킨 장본이고, 이로부터 양자에 대한 오해가 비롯했다고 볼 근거는 사실상 존재하지 않는다.

『후한서』는『삼국지』를 제대로 옮겨 적지도 못한 두찬의 사서이므로 사료로서의 가치가 없다는 것(전해종, 1980)은 연구자 개인의 소견일 뿐이다. 아무개의 검토로써 그런 사실이 일거에 밝혀졌다고 단언하는 식의 사고는 조급할 뿐 아니라 논리적이지도 않다. 우리가 지금 보는『삼국지』와『후한서』는 진수陳壽와 범엽范曄이 친히 저술한 바로 그 책이 아니다. 중국에서 목판인쇄술이 처음 실용된 7세기 이후에 판각 인쇄된 것을 저본으로 삼아 후대에 다시 간행한 것이다. 이들 사서를 처음 목판에 새길 때 판각자가 저자의 친필본 혹은 필사본을 직접 보면서 그가 판독한 자형字形을 그대로 새기거나, 훼손이 심해 잘 보이지 않는 부분은 적절히 가늠해서 이해한 내용을 새긴 것이 지금 전하는『삼국지』이고『후한서』인 셈이다.

따라서 더 오래된 사서일수록 읽기 어려운 부분이 많았을 터이니, 양자를 비교하면『삼국지』쪽이 더 원본과 다를 개연성이 크다고 보아야 순리다.『후한서』가『삼국지』를 잘못 베낀 것이 아니라, 지금 전하는『삼국지』자체가 더 많은 오류를 포함하고 있을 가능성도 배제할 수 없는 일이라는 이야기다. 예컨대 "삼한 모두가 옛 진국韓有三種, 一曰馬韓, 二曰辰韓, 三曰弁辰 …… 皆古之辰國也"이라는『후한서』의 서술과 "진한이 옛 진국韓 …… 有三種, 一曰馬韓, 二曰辰韓, 三曰弁韓, 辰韓者古之辰國也"이라는『삼국지』의 서술을 검토해보면,『삼국지』를 판각할 때 원본의 '개皆'를 '자者'로 잘못 읽은 판각자가 문의文意를 다듬어 '변진弁辰'을 '변한진한弁韓辰韓'으로 분리해서 쓴 것일 개연성이 크다고 사료된다(정인보, 1946; 서의식, 2010).

3. 동이 논의의 내피와 암산

동이를 둘러싼 지금까지의 논의는 역사적 진실의 탐구를 표방하며 과학의 이름으로 진행되어왔지만, 기실 그 표방의 내피 속에는 복잡한 암산이 내재되어 있었다고 해도 과언이 아닐 것이다. 이를테면 선진시대의 동이를 한 대 이후의 동이와 분리해보려는 견해든, 양자 사이의 연관성을 강조하는 견해든, 각기 그 나름으로의 속셈을 따로 지니고 있었음이 사실이다(조법종, 2013). 역사적 진실보다는 내재된 암산에 유의하거나 경계하면서 자료를 판단했던 것은 아닌지 스스로 돌아볼 필요가 있다.

이런 맥락에서 우선 분명히 해둘 사실은 동이 관련 논의가 한민족사나 중국 민족사의 범주 혹은 외연을 확대하기 위한 작업과 연계된 일로 여겨져서는 곤란하다는 점이다. 과거와 현재를 전적으로 동일시하는 관점이 특히 이런 경향을 띠어왔는데, 현재의 민족 문제를 과거의 동이 문제에 투영시킬 수 있다고 생각하는 데서 무리가 야기되었다. 동이와 한민족을 아예 등치시켜 생각한다든가, 선진시대의 동이가 중국 민족으로 흡수되었으니 그 후예인 한민족도 중국 민족의 일부라는 식의 비약적 논법을 구사하는 것은 사실 구명에 전혀 도움이 되지 않는 태도다.

문제의 본질은 우리 역사의 진전 방향이 중국사와 상반相反하는 데서 출발했다고 할 수 있다. 계속된 영토의 팽창과 그에 따른 민족 범주의 확대가 중국사의 일관된 방향이었다면, 우리의 경우는 거꾸로 영토의 위축과 민족의 축소가 거듭된 역사였다. 논의가 많은 고조선 영역은 차치하고라도, 우리는 고구려 영토의 대부분을 상실했고, 발해사를 한민족사에서 제외하려는 경향을 띠어왔으며, 지금은 분단된 채 북한 주민도 과연 '우리 민족'의 범주에 포함되느냐는 질문을 과학적이라고 생각하는 이들이 느는 추세에 당면해 있다.

기실 우리는, 한때 함께했던 사람들을 우리와 구별해 밀어내고 관련성을 부정함으로써 살아남은 역사 경험을 가진 민족이라 할 수 있다. 조선 시기의 여진족은 고구려·발해의 건설에 참여한 말갈족의 후예지만, 조선 사람들은 저들을 오랑캐라 불러 자신과의 연관성을 가능한 한 부정하려 했다. 개중에는 일제강점기의 박은식朴殷植처럼 여진이 우리와 핏줄을 나눈 형제라는 인식을 가진 사람도 있었지만(「몽배금태조」), 우리 다수가 실제로 여진족과 같은 계통의 민족이라는 인식을 강하게 지녔더라면 사세로 보아 아마 우리는 청淸이 멸망했을 때 함께 망하고 말았을 터였다.

이 땅을 떠난 이들의 후예에 대해서도 구분이 엄격했다. 조선 초기에
는 일본의 오우치大內 씨가 백제 왕족의 후예임을 자칭하며 조선의 백
성이기도 함을 인정해주어 백제 땅에 농사지을 수 있도록 해달라고 청
했으나 거절한 일이 있었는데, 이런 냉정한 대응을 '만대에 전할 좋은
계책萬世長策'이라 인식한 것이 당대의 식자층이었다(『세종장헌대왕실록』
권94, 세종 23년 11월 21일 갑인). 이처럼 구별과 배제의식이 우리가 독자
성을 유지하고 지금까지 살아남은 최후의 방략이었다. 따지고 보면 어
디까지나 주족主族으로서의 처지와 견지에서 말갈을 끝내 말갈로서만
대우한 것은 이미 삼국 시기부터의 풍조다.

그럴 수밖에 없었던 당대의 구체적 사정에 대해 아직 체계적인 검토
가 이루어지지 못하고 있지만, 우리의 역사 인식에는 이러한 맥락의 역
사성이 유전자로 잠재해 있다고 해도 과언이 아닐 것이다. '동이'라는
용어의 의미와 쓰임을 검토해 우리 민족과의 연관성을 살핀 연구자 대
다수가 선진시대의 동이는 한민족과 거리가 있는 종족이었다면서 상
호 관련성을 극구 부인하는 인식의 저변에도 이런 역사성이 어느 정도
깔려 있는 게 아닌가 한다.

그러다 보니 지금 우리는 역사 인식의 자가당착이라는 뜻밖의 국면
에 당면해 있기도 하다. 여진을 부정하고 보니 다수의 말갈족 위에 건
설된 발해의 역사를 우리 민족사로 서술하는 데 한계를 느끼게 된 것
도 그 일면이다. 이런 인식의 틈새를 교묘하게 비집고 들어온 것이 곧,
고구려는 중국 동북 변방의 지방정권이었다는 이른바 '동북공정' 역사
인식이었다고 하겠다. 고구려를 가능한 한 외면하면서 신라 중심의 역
사 이해 체계를 가지게 된 우리로서는 '동북공정' 역사 인식에 효율적
으로 정면에서 맞선다는 것이 결코 만만한 일이 아니었다.

한국사의 본질을 한민족사라고 할 때, 그것은 '주족' 관념에 전일專一

해 어떻게 보면 자신의 일부나 다름없는 존재를 부정하고 배제해나가면서 지금의 한민족으로 굳어지기에 이른 내력과 과정을 가감 없이 그대로 사실史實로 서술하는 형태가 될 수밖에 없을 것이다. 여기서 여진이나 말갈은 물론이고, 더 올라가서 선진시대의 동이까지 다 한민족의 범주에 넣어 파악하는 것은 결코 바람직하지 않을 뿐더러 역사 흐름의 맥락에서도 벗어난 자세다. 담담하게 사실 그대로 서술하면 그뿐이다. 논의의 내피 속에 은밀히 따지고 고려하는 무엇을 숨길 필요가 없으며, 또 그래서는 안 된다. 동이 자체가 한민족일 수는 없는 일이며, 한민족이 동이에서 기원했다고 해서 그것이 한민족의 영광이 되거나 중국이 한민족을 중국 민족의 일부로 볼 근거가 되는 것은 더더욱 아닌 것이다.

동이에 관한 논의에 큰 영향을 미치는 내피의 암산에는 본말 전도의 셈법도 있다. 견해와 이론이 사실을 압도하는 경우다. 자료의 영성함이 그 직접적인 원인이긴 하지만, 인접 학문으로부터 도입한 이론이 사실에 선행하는 원론으로 작용하기도 한다. 인류학의 사회발전단계설을 한국 고대사에 적용하는 자세를 그 대표적인 예로 들 수 있다. 사회발전단계설 자체는 하나의 이론적 가설로서 수용하지 못할 이유가 없지만, 이를 한국사에 원용하는 가운데 삼국이 국사상 최초로 성립한 국가 형태였다고 단정하고 이를 근거로 여타의 모든 사료와 증거를 이해하는 것은 아무래도 납득하기 어려운 처사다. 삼국이 최초의 국가이므로 그 앞의 삼한은 응당 추장사회chiefdom 단계였을 수밖에 없고, 더 앞의 단군·기자 조선은 부족사회tribe쯤으로 이해해야 하리라는 식의 견지에서는, 전국시대는 물론 그보다 훨씬 앞서는 기원전 3000~4000년 무렵의 동이는 그저 산재하는 여러 부족의 개별적 혈연집단 이상 그 아무것도 아니게 된다.

그러나 뉴허량牛河梁 등지에서 발견된 대규모 적석積石 유적은 기원전 3000년경에 이미 국가 단계에 진입했다고 보아도 큰 무리가 없을 정도다. 이들 유적이 고구려의 적석 문화와 깊은 상관성을 보인다고 해도 우리 역사와 구체적으로 어떤 관계에 있느냐는 것은 여전히 문제로 남아 있지만, 어떤 형태로든 관련이 없다고 보기는 어려운 형편이다. 단군 이야기의 무대가 된 지역이 지금의 이우뤼산醫巫閭山, 차오양朝陽 일대라는 주장(임병태, 1991)이 고고 발굴이 진행될수록 더 설득력 있게 다가오는 게 사실이고 보면, 여기서 가까운 뉴허량, 싱릉와興隆窪, 강쟈툰康家屯, 둥산쭈이東山嘴, 샤쟈덴夏家店 등지에서 발견된 각종 유물들을 우리 역사와의 관련 속에서 파악해보려는 시도를 무조건 폄하하고 보는 것은 능사가 아니라 할 것이다.

산정山頂에서 똑같이 원형의 적석 제단 유적이 발견된 둥산쭈이와 뉴허량의 경우, 이 지명이 언제부터 쓰였는지 확실히는 알 수 없으나, 그 '취嘴'나 '양梁'이라는 지명이 신라 6부 명과 깊은 상관성을 가진 점도 매우 흥미로운 사실이다. '취嘴'는 우리말로 훈이 '부리', 음이 '취'로서 '훼喙'와 같은 훈을 가진 글자다. '취嘴'와 '훼喙'는 서로 바꿔 쓸 수 있는 글자인 셈이다. 그리고 6부 중 사훼부沙喙部, 훼부喙部는 사량부沙梁部, 양부梁部로도 쓰니 '취嘴', '훼喙', '양梁'은 서로 돌려쓸 수 있는 같은 뜻의 단어라 할 것이다. '부리'는 끝이 뾰쪽한 새의 주둥이를 가리키는 말이지만 동시에 벌판을 뜻하는 '부리夫里'의 표기이기도 하다. '부리'는 또 '벌伐', '불火'로 쓰기도 했는데, '소부리부여'·'사벌상주'·'서라벌경주'·'음즙불音汁火(안강)' 등과 같이 너른 벌판을 끼고 있는 나라의 이름으로 흔히 쓰였다. 즉 둥산쭈이와 뉴허량은 우리말과 문화의 흔적을 엿볼 수 있는 지명인 셈이다. 6부의 하나인 본피부本彼部가 원래 자산觜山 진지촌珍支村에서 기원했다고 하는데, 여기서 '자觜'는 '취嘴'의 오자일 개연성도 없지 않다. 밝히고 따져보아야 할 문제가 한둘이 아니다.

그러고 보면 '동이'의 고유명사로서의 쓰임보다 보통명사로서의 쓰임에 더 주목하는 경향의 내면에 당시 사회의 발전 단계를 그저 여기저기 산재하는 여러 부족의 사회 정도로 단정하는 안목이 전제로 놓여 있던 것은 아닌지 돌아볼 필요가 있다. 그래서 우리의 역사학과 고고학에서 공히, 매우 광범한 지역의 유물에서 발견되는 문화의 일정한 유형성과 경향성을 가급적 외면하고 조그만 차이에 더 주목하는 자세가 더욱 설득력 있다고 여겨온 게 아닌가 하는 것이다. 이런 자세가 삼한 사회에 대한 안목에까지 영향을 미쳐 제국諸國의 분립상에 초점을 맞추면서 이들이 각각 마한과 진한, 변한의 삼한으로 묶이고, 나아가 삼한이 모두 '한'이라는 이름을 내걸고 있는 데서 확인되는 통합상은 무시하는 연구 경향을 조성했다. 삼한을 추장사회 단계로 미리 규정하고 시작한 논의였기 때문에 생긴 일이다.

그러나 진솔하게 말하면 우리는 원시는 물론 고대 초기의 사회에 대해 별반 아는 것이 없다. 일러도 청동기 사회 단계에 이르러서야 국가가 성립한다는 것도 검증되지 않은 가설일 뿐이며, 같은 유형의 토기가 출토되는 신석기시대의 문화권이 시사하는 함의는 무엇이고 같은 유형의 동검을 반출하는 청동기시대의 문화권은 또 어떤 의미를 갖는지 아직 제대로 검토해본 바도 없다. 문화가 유사하다고 해서 그 문화를 영유한 종족 또한 그러하다고 단정할 수 없지만, 거꾸로 계통이 다른 종족이 같은 문화를 공유한 경우가 있는지, 그렇다면 그 배경이나 성격은 무엇인지 제대로 아는 것이 드물다.

어떤 가설이나 이론에 주목하기보다 확실한 사실과 현상이 무엇인지 우선 자료를 확보하고 정리해나갈 필요가 있다. 특정 사서가 신뢰성 높은 사서라 해서 그 기록 모두를 믿을 수 있는 것은 아니며, 거꾸로 두찬이라고 해서 그 모든 기록을 믿지 못할 것도 아니다. 모든 기록을 개별적으로 일일이 검토해보아야 하고, 제시된 가능성 모두를 선입견이나 편견 없이 성실히 점검해보아야 한다. 그렇잖아도 영성한 사료로 허덕이는 고대사 연구에서 실증實證은 쓸 수 있는 자료를 확보하기 위해 하는 것이 바람직하다. 처음부터 있는 자료마저 버리고 부정할 작정으로 착수하는 실증은 실증 본연의 존재 이유를 망각한 형태며, 제시된 견해를 하나의 견해로 검토하지 않고 특정 연구 경향이나 사조思潮의 산물로 싸잡아 폄하하는 것도 과학적인 연구 자세가 아니다.

4. 동이 연구의 방향과 진로

동이에 관한 논의에서 선진시대의 동이와 한漢 대 이후의 동이가 같은 계통이냐 아니냐를 따지는 문제는 그 자체가 중요한 게 아니다. 문제의 핵심은 신석기시대부터 중국 동부 지역에 거주하던 제 민족의 분포와 이들이 형성한 사회관계의 구조와 변화, 추이를 전면적으로 파악하는 것이다. 이것이 밝혀지면 우리는 물론이고 중국 고대사도 그 진면목을 드러낼 것이다. 그러나 자료가 없다 보니 우선 그 대강의 윤곽이라도 그리기 위해 선진시대의 동이와 한 대 이후의 동이 사이에 과연 어떤 상관성이 있는지 살피는 것일 뿐이다.

그동안의 동이 관련 논의가 진秦을 기준으로 삼아온 것은 무엇보다 이때 추진된 중앙집권화 정책에 의해 연·제·조 지역에 집중적으로 거주하던 동이의 대부분이 이산離散, 해체解體, 편호編戶됨으로써 동이로서의 정체성을 실질적으로 상실한 사실에 주목했기 때문이다. 거기에 선진 문헌의 대부분이 실제로는 한 대에 이르러 기억에 의해 복원된 내용이므로 그 신빙성에 의문이 제기되고 있다는 사실도 참조되었다.

실상에서나 문헌 면에서 동이의 실체와 성격이 진 대를 획기劃期로 크게 변화한 것은 사실이라 하겠다. 그러나 동이 문제에 관한 한 선진시대라는 매우 광범한 시간의 설정이 논의의 진전을 위해 그리 유효적절한 방안이었다고는 보이지 않는다. 시간의 폭이 지나치게 커서 정교한 논의에 적합하지 않은 시기 설정이었을 뿐 아니라, 이 시기의 동이는 황허의 중·하류로부터 다링허 중류 지역에 걸쳐 매우 광범한 지역에, 아주 이른 시기부터 장기간 거주했던 것으로 보이기 때문이다.

여기서는 우선 화하족이 동이를 정복하고 그 문화를 고스란히 흡수해 자신의 문화기반으로 삼음으로써 중국이 성립하고 발전한 것이었다는 주장에 유의할 필요가 있다(이중톈, 김택규 옮김, 2013). 중국인이 시조로 여기는 삼황오제의 다수가 동이계의 수장이었다는 주장은 우리 쪽(최남선, 1927)에서는 물론 중국 쪽에서도 이미 오래전부터 있어오던 터였다. 물론 그 동이가 우리 민족과 어떤 관계에 있느냐는 것은 여전히 문제지만, 분명한 것은 중국의 고대 신화 중에는 원래 동이의 신화나 역사였던 것들이 다수 포함되어 있다는 점이다. 이들 동이가 중국을 형성한 토대가 되었기 때문이다. 그러나 그 전체가 다 중국에 흡수되어 이쪽에는 아무것도 남지 않았다고 장담할 수는 없다. 고구려인이 벽화고분에 신농씨 관련 내용을 남긴 것이나 신라 김씨가 황제의 아들인 소호금천씨少昊金天氏의 후예라는 인식을 지녔던 것을 단순한 관념적 표방이나 이념적 분식으로만 보기 어려운 것이다. 지금까지의 자료로는 후대에 생긴 관념적인 시조 인식에 불과할(이문기, 1999; 권덕영, 2009) 개연성도 생각하지 않을 수 없지만, 이들이 무엇을 근거로 이런 인식을 갖게 되었는지를 규명하는 것은 우리의 남은 숙제다.

황허 중·하류의 동이와 다링허 유역의 동이가 서로 어떤 연관성 위에 있었는가도 문제다. 양 세력을 대표한다고 여겨지는 황제와 치우의 대결이 탁록涿鹿에서 이루어졌다는 전승으로 미루어 이들은 서로 계통이 다른 동이 집단으로서 피차의 삶에 막대한 영향을 미치는 가운데 패권을 놓고 다투는 관계에 있었던 것으로 보이는데, 그 구체적인 양상을 살피는 것은 우리와 중국 학계가 편견 없이 서로 협력해서 공동으로 풀어야 할 과제다.

그리고 다링허 유역에서 홍산 문화를 남긴 동이와 이른바 한 대 이후의 동이 사이에 놓인 관계망도 면밀히 규명해야 한다. 양자 사이에 놓인 시간의 공백과 거리의 차를 해명해내지 못하면 한국 고대사에 대한 이해는 부분적이고 피상적인 형태가 되고 말 것이다. 그러나 기록은 인멸되고 말았고, 주로 의지할 수밖에 없는 고고 자료는 말이 없다. 새로운 유물·유적을 발굴해 관련 자료를 추가하게 되었어도 전면적인 광역 발굴로 얻은 것이 아니어서 사실의 극단極端만을 보여주는 조각 자료에 불과하고, 모양과 제작 기법이 같은 물건이 서로 멀리 떨어진 지역이나 시대가 다른 층위에서 발견되면 그것을 각기 만들어 쓴 주인공 사이에 어떤 관계가 있었으리라 추정되지만 막상 그 관계가 구체적으로 무엇이었는지는 규명할 방도가 막연한 형편이다.

따라서 우리는 실낱같은 가능성이라도 그것이 아니라는 확증이 없는 한 면밀히 검토할 필요가 있으며, 편린의 자료라도 결코 무시해서는 안 된다. 이편으로서도 아니라는 증거가 없으면서 저편에게 일방적으로 그렇다는 증거를 대지 못하면 인정할 수 없다며 몰아붙이듯 요구하는 태도는 바람직하지 않다. 우리에게 중요한 것은 사실이지 견해가 아니라는 점은 분명하지만, 견해 또한 사실에 대한 이해의 한 형태이므로 기존의 이해와 다르다는 것이 배척의 이유가 되어서는 안 된다. 어떤 이유에서 그렇게 보면 안 되는지 성실하게 반론하고 답할 필요가 있다. 사실을 다수결로 결정지을 수는 없는 일이다. 사실 여부가 확실치 않으면 잘 모르겠다고 할 일이지 아직은 사실이라 말할 수 없다며 부정하거나 회피하는 것은 과학적인 태도가 아니다. 우리 앞에 놓인 과제를 해결하는 데는 조짐으로 변화를 읽고, 조각으로 전체의 모습을 짐작하는 통찰력이 필요하다.

　논의의 실마리를 풀기 위해서는 일단 몇 가지의 기초 사실부터 확인해둘 필요가 있다. 첫째는 토기의 유형과 그 토기를 제작한 주인공 사이의 관계 문제다. 분명한 것은 같은 유형의 토기를 만들어 썼다고 해서 그 사용자가 서로 같은 계통의 종족이었다고 확언할 수 없으며, 다른 유형의 토기를 만들었다고 해서 같은 계통의 종족이 아니라고도 말할 수 없다는 점이다. 문화와 종족은 전혀 범주가 다른 개념이므로 양자를 일치시켜 이해하는 논의는 논리적 오류를 가졌다고 할 수밖에 없다. 그러나 그렇다고 해서 문화와 종족 개념의 범주적 차이를 확인하는 데서 논의를 접을 수는 없다. 역사의 실상을 아는 것이 우리 논의의 목표였기 때문이다.

　신석기시대의 토기에서 발견되는 제작 기법과 기형器形의 동질성은 그것을 만든 사람이 같은 문화에서 같은 기술을 습득한 사람이었던 데서 기인하는 현상임이 분명하다. 여러 가능성이 있겠지만, 멀리 떨어진 곳에서 같은 유형의 토기가 발견되는 사실과 흙을 곱게 빻아 균질하게 섞고 반죽해서 토기를 빚은 사람이 여성이었으리라는 점을 함께 고려한다면, 가장 유력한 설명 방식은 대략 두 가지로 압축해볼 수 있다. 다른 씨족·부족으로 시집간 여성이 그 어머니로부터 배운 토기 제작법을 거기서 그대로 활용했기 때문이거나, 그런 토기 제작법을 아는 집단의 후예가 그곳으로 이주했기 때문이라 보는 것이다.

　다른 문화에서 다른 유형의 토기 제작법을 배운 사람이 자기 사회로 돌아가 그 문화의 전통적인 토기 제작법을 바꿨을 개연성은 크지 않다.

인접 지역의 부족과 교역이나 교환을 행하는 과정에서 토기 제작법이 점차 전파 또는 확산되어나갔다고도 생각되지 않는다. 문화의 중심이 요서에 있었는데 웬일인지 그 서쪽이 아닌 동쪽으로만 상거래가 이루어져, 요서 지방에서 규슈 일원에 이를 정도의 광역 문화권을 형성했다고 한다면 납득할 사람이 많지 않을 것이다.

아무래도 족외혼으로 인한 통혼과 집단적 이동이 문화 확산의 주요 원인이었을 것이다. 근접한 지역인데도 서로 다른 형태의 토기가 나온다면 두 지역 사이에 여성의 교류가 거의 없었거나, 있더라도 주족主族의 문화를 바꿀 정도로 큰 비중을 차지한 것은 아니었다고 보아 틀림없다. 물론 같은 종족 사이에서만 통혼이 이루어진 것은 아니겠지만, 적어도 언어가 달라 말이 서로 통하지 않는 집단으로 딸을 시집보낸 경우가 흔했다고는 보기 어려울 것이다. 계통이 같은 종족들이 집중적으로 거주하는 권역의 변방에서 계통을 달리하는 타종족과 접경해 살면서 서로 빈번하게 교류할 필요가 있었을 경우엔 상대편의 언어를 대략 이해하고 말할 줄 알았으리라고 여겨지지만, 토기로 문화권이 명백히 나뉘는 사실로 미루어볼 때는 이런 경우가 많지 않았거나 그 교류에 여성의 교환은 포함되지 않았던 것이 아닌가 짐작된다.

사용하는 언어, 곧 문화가 다르거나 정치적으로 적대 관계에 있던 종족은 사용하는 토기도 서로 달랐을 개연성이 크다. 그러므로 설령 계통을 달리하는 토기 제작법을 가진 한두 사람의 여성이 와서 섞여 산다고 해도 그 전통 문화가 달라지지는 않았겠다. 신석기시대에 같은 유형의 토기가 발견되는 권역은 곧 오랜 기간 전통적으로 유지된 통혼권이기도 했던 셈이다. 그렇다면 종족의 동이同異를 엄밀히 따지는 것은 큰 문제가 아니다. 서로 다른 종족도 같은 문화권에 사는 한 시간이 갈수록 자연스럽게 혈통이 섞일 가능성이 컸겠기 때문이다. 이를테면 처음엔 예족과 맥족이 별개의 종족이었다가 예맥이라 합칭되는 단계에서는 이미 하나의 종족으로 통합된 상태였으리라 보아 크게 틀리지 않을 것이다.

둘째, 청동기 문화의 성격상 청동기시대로 돌입한 시점에서도 열세한 종족은 신석기 문화 단계에 그대로 머물러 있었던 것처럼 보였으리라는 점이다. 즉 신석기만 출토되었다고 해서 그 유적이 조성된 때가 신석기시대였다고 단언할 수 없다. 청동은 구리광석과 주석광석을 동시에 얻을 때만 만들 수 있는 것인데, 노천에서 이들 광석을 구하기도 어려웠을 뿐더러 이를 제련해내는 기술도 결코 만만한 것이 아니었다. 한마디로 청동은 귀금속이었으며, 따라서 그 절대 수량이 많은 게 아니었다. 처음엔 각 종족들이 교역에 의해 몇 개씩의 청동기를 취득해서 소지했을지 모르나 결국 청동기는 싸워서 이긴 집단의 소유물이 되었을 것이다. 청동기 문화는 한마디로 승자가 독식한 문화라는 점에 그 특성이 있다. 패배한 종족은 가졌던 청동기를 빼앗기고 신석기 도구만 가지고 살아갈 수밖에 없었다. 따라서 신석기만 출토된다고 해서 그것을 신석기시대 유적이라고 잘라 말할 수 없다.

청동기가 승자에 의해 독점되었다는 것은 이 승자 집단의 정치적 영향력이 매우 먼 지역까지 미칠 수 있었음을 뜻한다. 한두 개의 청동기로는 많은 청동기를 그러모아 소유한 집단을 대적할 수 없었을 터이기 때문이다. 청동기 문화의 또 다른 특징으로 광역을 석권한 강력한 지배력의 성립에 주목해야 한다. '홍익인간'은 이런 토대 위에서 제시된 지배 이념이었다. 청동기시대의 지배력이 철기시대보다 못했다고 보면 곤란하다. 철은 합금인 청동과 달리 단순 금속이어서 제련할 능력만 있으면 쉽게 제작 가능한데다가 각종 농기구를 만드는 데 두루 쓰여서 지배자가 독점할 성질의 금속이 아니었으므로 철기시대에는 군웅할거의 난립상을 보이는 사회 단계가 있을 수밖에 없었지만, 청동기시대엔 중앙 독점의 강력한 지배력이 무난히 유지될 수 있는 여건이었다는 사실에 유의할 필요가 있다. 따라서 다량의 청동기가 발견되는 지역이 있고, 그로부터 사방으로 한참 떨어진 곳에 한두 개의 청동기가 상징적으로 나오는 지역이 있으며, 다시 거기서 더 먼 곳에 신석기만 나오는 지역이 널리 분포하는 모습은 당시의 일반적인 형세였다. 그리고 이 지역 전체가 모두 하나의 정치단위 속에 들어가 있었다고 보아 전혀 이상할 게 없는 것이다. 신석기가 출토된다 해서 신석기시대의 소규모 부족tribe 단위로 예단하고 지나치게 협소한 지역만 설정해온 것은 아닌지 꼼꼼히 재검토해볼 필요가 있다.

셋째, 고구려 벽화고분의 그림에 나타난 고구려 사람들의 역사 인식에 충분히 유의할 필요가 있다는 점이다. 벽화고분 주실主室의 천장 벽화를 보면 고구려인들은 옛 조상들이 각기 독자적인 단위정치체를 이루며 서로 다양한 관계로 연대했었다고 생각했음을 알 수 있다. 주실 천장 벽화는 그곳에 누운 피장자가 마주할 죽어서 돌아갈 세계를 그린 것이다. 즉 조상의 나라다. 그런데 예컨대 고구려 장천1호분의 경우, 천장에 그려진 일월성신도를 보면 북극5성과 4보성을 표시하고 별과 별 사이를 선으로 연결한 사실이 주목된다. 실선, 점선, 실점선 세 가지의 선이다. 별은 각기 그 별을 상징으로 삼던 특정 정치 세력 혹은 집단을 나타낸 것이라고 보면, 이 세 종류의 선은 조상들이 형성한 세력이나 집단이 적어도 세 가지의 서로 다른 관계로 연맹을 맺고 있었음을 말한 것이라고 할 수 있다. 지금 우리는 그 관계가 구체적으로 어떤 형태였는지, 언제부터 이런 관계가 형성되었는지 제대로 알지 못하지만, '진국辰國'이 별들의 나라라는 의미이고 또 이들 별의 우리식 명칭으로 보아 단군신화의 세계를 표현한 것으로 추정된다는 견해가 있고 보면

(김용섭, 2008), 여기저기서 발견되어 서로 아무 연관도 없는 것처럼 보이는 유적의 주인공들 사이에도 저와 같은 다양한 연맹 관계가 형성되어 있었던 것은 아닌지 면밀히 살필 필요가 있다. 생각이 없으면 보이지 않는다.

천장 벽화 일월성신도의 달 속에 그려진 토끼와 두꺼비(또는 개구리)가 무엇을 상징하는지도 밝혀야 할 과제다. 고대 중국 신화로 알려진 설화들을 검토해서 원래 동이의 이야기였던 것들을 분리해내는 작업을 해나가지 않으면 규명할 수 없는 과제다. 선진시대의 동이 문화를 복원해내지 못하면 우리 문화를 제대로 이해하기 어렵다. 양자 사이의 관계를 부인하기에 앞서 일단 그 전모를 밝히는 것이 우선이고 급선무다. 고구려인이 죽어서 돌아갈 조상의 나라가 중국 신화의 세계였을 리는 없는 일이다. 그 사회가 형제적 질서에 입각해서 조직된 사실과 그 언어에서 발견되는 상통함을 근거로 치우 사회와 고구려 사회의 계기성을 생각해본 견해(김광수, 1988)도 충분히 감안한 넉넉한 사고의 토대 위에서 동이 문제를 전면 재검토해볼 필요가 있다.

5. 결어

동이 문제는 한국 고대사 이해체계의 벼리에 해당하는 중요 과제다. 따라서 이를 둘러싸고 활발한 논의가 있었고, 또 그만큼 많은 견해가 제시되었다. 그러나 적잖은 경우, 그 견해의 내면에 학문 외적인 요소에 대한 고려와 감안, 증거보다 이론이나 권위를 우선시하는 선입견과 타성, 논리보다 직감을 중시하여 생긴 편견과 편 가르기 의식이 놓여 있었다고 생각된다. 자칫 잘못했다가는 돌이킬 수 없는 과오를 범할 가능성이 높은 주제이니만큼 신중하고 꼼꼼하게, 아무런 편견이나 선입견 없이, 사실과 증거에 초점을 두고 총체적으로 생각하는 자세가 요구된다.

특히 선진시대의 동이가 한 대 이후의 동이와 어떤 상관성을 갖느냐는 문제와 관련해서 아직은 어떤 단안이나 연구의 경향성을 가질 수 있는 단계가 아닌 것으로 보인다. 고고 발굴의 성과도 중시해야 하지만, 전래의 역사 인식을 지금의 안목에서 쉽게 재단해 무시해서는 곤란하다. 결정적이고 전면적인 증거를 요구하기에 앞서 작은 단서를 과학적으로 이해하기 위한 기초적 사실의 체계적인 파악을 서두를 필요가 있다. 아직도 더 많은 관심과 논의가 요청되는 과제다.

:: 참고문헌

권덕영, 2009, 「'대당고김씨부인묘명'과 관련한 몇 가지 문제」, 『한국고대사연구』 54, 한국고대사학회.

기수연, 1993, 「동이의 개념과 실체의 변천에 관한 연구」, 『백산학보』 42, 백산학회; 1997, 「후한서 동이열전 '서'의 분석 연구」, 『백산학보』 49, 백산학회.

김경일, 1998, 「'인방人方' 관련 복사卜辭를 통해 고찰한 '동이東夷' 명칭의 기원」, 국제중국학연구』 38, 한국중국학회; 2006, 「은대 갑골문을 통한 '동이' 명칭의 기원 '동시東尸' 연구」, 『중어중문학』 39, 한국중어중문학회.

김광수, 1988, 「치우와 맥족」, 『손보기박사정년기념 한국사학논총』, 지식산업사.

김상기, 1948, 「한·예·맥 이동고」, 『사해』 창간호, 조선사연구회; 1954·1955, 「동이와 회이·서융에 대하여」, 『동방학지』 1·2, 연세대학교 국학연구원.

김연주, 2011, 「선진 시기 산동성 지역 '동이'에 관한 연구」, 이화여자대학교 박사학위논문.

김용섭, 2008, 『동아시아 역사 속의 한국문명의 전환』, 지식산업사.

김인희, 2000, 「상고사에 있어 한·중의 문화 교류: 중국 대문구문화大汶口文化와의 관계를 중심으로」,『동아시아고대학』2, 동아시아고대학회.

김채수, 2013,「요하문명과 고조선의 실체」,『일본연구』18, 고려대학교 일본연구센터.

문안식, 2011,「선진문헌에 보이는 예맥의 갈래와 문화원형」,『사학연구』103, 한국사
　　　학회.

박은식, 1911,「용배금태조」; 1975,『박은식전서』중권(동양학총서 4), 단국대학교 동양
　　　학연구소.

박준형, 2001,「'예맥'의 형성과정과 고조선」,『학림』22, 연세대학교 사학연구회.

서의식, 2010,「진국의 변전과 '진왕' 위의 추이」,『신라의 정치구조와 신분편제』, 혜안.

신용하, 2000,「한국 민족의 기원과 형성」,『한국학보』26권 3호, 일지사.

여호규, 2011,「고구려의 종족 기원에 대한 일고찰」,『사림』38, 수선사학회.

우실하, 2007,『동북공정 너머 요하문명론』, 소나무.

이문기, 1999,「신라 김씨 왕실의 소호금천씨 출자관념의 표방과 변화」,『역사교육논
　　　집』23·24합집, 역사교육학회.

이성규, 1991,「선진 문헌에 보이는 '동이'의 성격」,『한국고대사논총』1, 한국고대사회
　　　연구소.

이중톈, 김택규 옮김, 2013,『이중톈 중국사』1, 글항아리.

이형구 외, 2009,『코리안 루트를 찾아서』, 성안당.

임병태, 1991,「고고학상으로 본 예맥」,『한국고대사논총』1, 한국고대사회연구소.

전해종, 1980,『동이전의 문헌적 연구』, 일조각.

정인보, 1946,「고조선의 대간」,『조선사연구』상, 서울신문사; 1983,『담원 정인보전
　　　집』3, 연세대학교 출판부.

조법종, 2001,「동이관련인식의 동향과 문제점」,『단군학연구』5, 단군학회; 2013,「중
　　　국 요하문명론의 전개와 의미」,『한국사학보』51, 고려사학회.

천관우, 1989,「기자고」,『고조선사·삼한사연구』, 일조각.

최남선, 1927,「불함문화론」,『조선급조선민족』1집, 조선사상통신사(정재승·이주현 옮김,
　　　2008, 우리역사연구재단).

한국 고대 건국 신화의 이해 방향

문창로(국민대학교 국사학과 교수)

1. 논의의 전개

주지하듯이 '신화'의 사전적 정의는 우주의 기원이나 태초에 일어났던 일들, 민족의 시원 등과 관련된 신성한 이야기로 규정된다. 곧 신화는 모든 사물의 기원을 신비적·초경험적인 논리에 기반을 두고 우리에게 전승되기 때문에, 거기에는 고대인의 사유나 표상 등이 반영되는 것으로 이해한다(서영대, 1991, 127쪽). 특히 신화는 객관적 세계를 묘사하기 보다는 고대인들의 궁극적 관심이나 종교적 사실 등을 상징적으로 표현하므로, 자연 고대인들이 신화를 통해서 표현하려는 내적인 의미를 중요하게 보았다(유동식, 1977, 28쪽).

사실 '신화'는 상상과 허구를 포함해 전승되는 이야기로 인식되는

데 비해, '역사'는 사실과 이성의 영역에 무게 중심을 두면서 서술을 추구한다. 때문에 신화와 역사 사이에는 일견 간극이 커 보이기도 하지만, 양자는 과거에 대한 인간의 기억에서 출발한다는 점에서 서로 맞물려 공유할 수 있는 부분 또한 적지 않다(이유진, 2003, 518쪽). 이러한 면에서 과거에 대한 기억을 바탕으로 전승되는 신화와 역사는 그것을 영위해갔던 인간과 사회의 현재뿐 아니라, 미래와도 긴밀한 관계를 맺는다고 할 수 있다.

한편 특정 왕계의 시조 전승을 비롯한 한국 고대의 건국 신화는 그 내용이 비교적 소략하고 단편적으로 전하는 경우가 많으며, 대부분 사서에 실려 있어 신화와 역사가 표리 관계에 있음을 알려준다. 신화를 구성하는 주요 내용을 오늘날의 입장에서는 비일상적이고 초현실적인 것으로 판단하지만, 신화가 전승된 이야기 체계라고 할 때, 당시 그것을 전승하는 입장에서는 신화를 신성하고도 진실한 것으로 인식했다고 본다(하정현, 1991, 31쪽). 곧 건국 신화는 신화에서 역사로의 전환점에 자리한 것으로 이해하며, 종교사적인 관점에서 신화와 역사를 직결하는 중개적인 위치에 있다고 상정된다.

이 글에서는 한국 고대의 건국 신화에 대한 기존의 연구 성과를 참고해, 지금까지 전개된 한국 고대의 건국 신화에 대한 인식의 변천과 역사적 접근 방향을 가늠하면서 앞으로의 과제를 생각해보려고 한다. 이를 위해 먼저 신화에서 역사로 전환되는 지점에 자리한 건국 신화의 본질과 기능에 대해 역사학 방면에서는 어떻게 이해하는가를 확인한 뒤에, 건국 신화에 대한 전통적인 인식의 흐름을 일별하려고 한다. 그런 다음 근대 이후 식민사학에 의해 왜곡된 건국 신화 연구의 실상과 이를 극복하기 위한 노력의 일단을 살펴보고자 한다. 나아가 광복 이후 건국 신화를 통해 역사적 실상의 복원을 추구했던 주요 연구 성과들을 정리하면서 한국 고대의 건국 신화에 대한 바람직한 이해 방향과 앞으로의 과제에 대해서 생각해보려고 한다.

2. 역사적 접근의 경향

신화의 모습과 내용은 한 번 만들어진 뒤에 그대로 고착되는 것이 아니라, 시대 상황에 따라 변화하며 기록되는 시기의 정치·사회·문화 전반의 상황을 반영한다. 『삼국사기三國史記』와 『삼국유사三國遺事』에는 고조선을 비롯한 삼국의 건국 신화가 실려 있는데, 현전하는 건국 신화 또한 그것이 성립할 당시의 모습과 내용을 그대로 유지하지는 않았을 것이다. 이들 건국 신화는 만들어지던 단계에서 문헌에 수록되기보다는, 비교적 오랜 시간을 거쳐 입으로 전해지다가 일정한 시기에 기록으로 남았을 것이다. 그 과정에서 수식과 윤색을 더하면서 본래의 모습이 변형되었던 것으로 본다. 실제로 고조선의 단군 신화, 부여의 동명 신화, 고구려의 주몽 신화 등 삼국의 건국 신화는 시대의 변천에 따라 그 내용이나 구성 요소에서 다양하게 변화해가는 모습을 확인할 수 있다(이종태, 1996, 171쪽). 또한 신화는 옮겨 적거나 다시 기록하는 과정을 거치면서 당대의 정치·사회상이나 윤리관 등에 의해 건국 신화의 내용과 요소가 첨삭되었을 것으로 짐작할 수 있다.

건국 신화에서는 주로 개국시조의 신성성을 부각하는 면과 함께 새로운 국가의 건설이라는 역사적 사실을 전한다. 고조선을 비롯한 삼국 및 가야의 건국 신화 역시 그것이 실존한 국가의 창업에 관한 이야기이므로, 신화성과 역사성이 공존함을 확인할 수 있다. 우리나라 건국 신화로 가장 오래된 '단군고기檀君古記'의 경우에도 순수한 신화 부분과 조촐한 역사 서술 부분으로 구성되어 있다.[1] 이처럼 건국 신화는 인간 세계의 일상과 현실을 넘어서는 비현실적이고 신비한 내용을 담은 신화적인 요소는 물론, 새로운 국가의 건설과 관련된 역사적인 내용도 포함해 복합적인 구성 요소를 갖는다. 특히 건국 신화로서 '단군고기'는 고조선의 건국을 전제하지 않고는 성립하기 힘든 것으로 상정할 수 있다.

일찍이 한국 고대의 건국 신화에 역사적 입장에서 접근한 최남선崔南善은「조선의 신화」를 논급하는 첫머리에서 신화는 고대인들의 종교이자 철학이요 역사라고 하면서, 인류의 역사는 모두 신화로 시작하기 때문에 신화는 인류의 가장 오랜 역사가 된다고 설파했다(최남선, 1939·1986, 7~8쪽 재수록). 실제로 그는 동서를 막론하고 상고시대 인류의 역사는 대체로 신화 형식으로 전해졌으며, 인간 생활이 아직 원시 문화의 상태에서 벗어나지 못한 단계에는 인간 사회에서 일어나는 중요한 사건들조차 자연 현상의 하나로 인식하면서, 그것을 신화화했기 때문이라고 보았다. 이처럼 신화에서 역사로의 이행은 인간 생활이 원시 문화에서 벗어나 문명의 단계로 비약하면서 대두하는 현상으로 이해할 수 있다. 그리하여 신화에서 역사로 전환되는 지점에서 대면하게 되는 건국 신화는 대부분 고대 국가의 성립이라는 역사적인 사실을 반영하는 국가 기원 신화로 받아들였다.

선사시대 만주와 한반도 일대에 살았던 사람들도 많은 신화를 만들고 전승했겠지만, 그것이 문헌에 실려 현전하는 경우에는 대부분 고대 국가의 성립 단계에 형성되었던 '건국 신화'들로 본다(나희라, 2010, 61~62쪽).

---

1) 단군 신화와 관련해 현전하는 최고의 기록인『삼국유사』기이편에는 고조선에 대해『위서魏書』·「고기古記」·「당배구전唐裴矩傳」등의 전승 자료를 인용했다. 그 가운데「고기」의 기록은 주로 단군 신화를 서술하고 있으며, 일부 내용은『위서』·「당배구전」의 기록과 함께 조촐한 역사 기록으로 이해된다(김두진, 1999, 9~15쪽).

대체로 건국 신화Foundation myth는 종말론적 신화Eschatological myth와 함께 정치 신화Political myth의 한 유형으로 분류된다.[2] 실제로 정치 신화란 인류 역사에서 비교적 문명화된 사회에 출현하는데, 그것은 어떻게 정치사회가 형성되었는가를 설명하는 신화로 이해된다. 따라서 건국 신화는 건국을 주도해갔던 지배 세력이 국가의 기원 및 그들의 지배를 정당화하기 위한 목적에서 성립·형성했던 경우가 많기 때문에(에른스트 카시러, 최명관 옮김, 1988, 46~47쪽), 다른 신화와 비교해볼 때 상대적으로 역사성과 정치성이 짙은 점을 꼽을 수 있다.

시대적 산물로서의 신화는 바로 고대 사회에서 그것을 형성시킨 집단의 공동체적인 생활을 기반으로 하기 때문에, 집단의 사회적 경험을 객관화한 이야기로 상정할 수 있다. 곧 신화는 개인적인 차원을 넘어서 집단적인 혹은 공동체적인 경험을 바탕으로 형성되었으므로, 그것을 영위하는 사회 집단의 정체성을 제시해주기도 하며, 또한 그것의 생명력은 정형성과 정기성定期性을 갖춘 의례를 통해서 발현된다(나희라, 2005, 57쪽). 특히 고대의 국가들은 건국 신화를 통해 자국의 기원을 전하면서 그 정체성을 확인했을 것으로 이해된다.

국가의 기원을 전하는 건국 신화는 그것을 배태한 집단의 역사적 산물이자 역사적 과정을 반영했기 때문에, 해당 사회 집단의 생활 양식과 사고방식뿐 아니라 종교 신앙 및 의례 등을 해명할 수 있는 유효한 통로로 접근할 수 있다. 따라서 건국 신화에 대한 역사적 접근의 일반적인 경향은 신화학의 도움이나 역사적 배경 등을 고려하면서 건국 신화에 그와 같은 내용이 신화로 전승된 까닭을 해명하고, 역사적인 발전

---

2) 헨리 튜더Henry Tudor는 "정치 신화Political myth는 바로 정치·사회가 어떻게 형성되었는가를 설명하는 신화라고 할 수 있다. 때문에 대부분의 정치 신화들은 모두 건국 신화Foundation myth라고 부를 수 있다"고 했다(헨리 튜더Henry Tudor, 송기복 옮김, 1994, 119~120쪽).

속에서 그 의의를 찾아보려는 노력으로 수렴된다(이기백, 1988, 69쪽).

　건국 신화는 누가, 언제, 어디서, 왜, 어떻게 건국했고, 그 나라를 세운 행위가 얼마나 정당한지를 알리려는 신화이기 때문에, 건국의 주인공이 가장 중요한 존재로 부각된다(조현설, 2003, 202쪽). 한국 고대의 건국 신화 역시 대체로 시조왕의 신성한 탄생에서 건국의 기원을 찾았다. 물론 신성성과 실제성이 혼재된 건국 신화는 제의, 곧 국가 제사인 제천 의례를 통해서 구체화되었던 것으로 상정된다(최광식, 2007, 46~47쪽). 건국 신화와 긴밀하게 연결된 제의는 왕권의 정당성을 합리화하려는 지배 이데올로기적 성격을 갖는 셈이다. 그래서 지금까지 건국 신화에 대한 역사적 접근은 주로 한국 고대의 국가 및 지배 권력의 기원과 정치적 목적의식 등을 해명하는 데 자주 활용되어왔음을 확인할 수 있다.

3. 건국 신화 인식의 추이

일찍이 일연一然이 편찬한 『삼국유사』에는 단군 신화를 비롯한 삼국의 건국 신화 등이 수록되어 있는데, 그것은 일연이 지닌 신이神異적 역사관에서 비롯되었던 것으로 이해된다(이기백, 1973, 162~178쪽). 일연은 괴력난신怪力亂神을 말하지 않는다는 입장을 비판하면서, 고대 제왕의 탄생 같은 중대한 일에는 일반적인 출생과 달리 남다른 현상이 있다고 했다. 실제로 무지개가 신모神母를 둘러싸서 탄생한 복희씨伏羲氏, 용에 감응해 태어난 신농씨神農氏, 그리고 큰 연못에서 용과 교합해 출생한 패공沛公 등 중국의 사례를 들어 삼국 시조의 신이한 탄생 또한 괴이하게 여길 필요가 없다고 했다. 곧 일연은 고대 사회에서 제왕의 탄생은 일상으로 설명되지 않는 '다름'이 있으며, 그것은 인간의 행위가 아닌 자연 현상인 무지개나 용이라는 신격의 개입으로 이루어진 역사적 사건이라고 보았다(하정현, 2013, 194~195쪽). 특히 일연은 『삼국유사』의 첫째 편에 '기이紀異' 편을 설정하면서 삼국의 시조에 대한 신이한 인식이 타당함을 강조했는데, 시조의 유래와 탄생에 신성성을 부여함으로써 건국이라는 역사적 사실에 정당성을 확보하려는 신화의 이데올로기적 기능을 엿볼 수 있다(김병곤, 2005, 204쪽).

한편 단군 신화를 비롯한 한국 고대의 건국 신화에 대한 인식은 유교적 사관이 정립되는 조선시대에 들어서 비판적일 수밖에 없었다. 조선 전기의 대표적 사서인 『동국통감東國通鑑』(1485)에서 건국 신화에 대한 비판적 인식의 일면을 확인할 수 있다. 곧 단군檀君의 수명이 지나치게 긴 점을 거론하면서 단군 전승이 후대에 꾸며진 이야기임을 분명히 했다. 삼국 시조의 탄생 시기가 중국 한漢나라와 같다는 사실도 건국 시조의 신이한 탄생담에 대해 부정적일 수밖에 없었다. 다만 단군을 비롯한 주몽朱蒙과 혁거세赫居世, 수로首露 등은 신적인 존재라기보다는 개국시조이자 실존 인물로서 인식했다(박광용, 1994, 161쪽).

조선 후기 근기남인近畿南人 계열의 학문적 종장으로 평가받는 이익李瀷(1681~1763)은 실증되지 않은 고대의 전설이나 신화를 역사적 사실로 인정하지 않았는데(『성호사설星湖僿說』 권20, 경사문經史門 기화氣化), 특히 건국 시조의 신이한 탄생담은 어리석은 백성을 우롱해 모두 숭배하도록 하기 위해 만든 이야기 형식에 불과한 것이며, 이러한 내용이 사서에 전하는 것은 바로 후대 사가의 사료 취사에 미흡함이 있었기 때문이라고 지적했다. 그리하여 건국 시조의 난생을 비롯한 탄생담을 배격하면서 역사가는 사서를 저술할 때에 사료의 취사선택에 유의할 것을 당부했다(『성호사설』 권22, 경사문 고금이성高金二姓).

이익의 학맥을 이은 안정복安鼎福(1712~1791) 역시 이익의 입장을 충실히 따르면서,「괴설변증怪說辨證」을 통해 보다 철저하게 비판했다. 그는 '괴설'에 해당하는 건국 신화를 역사적 사실로 취급해서는 안 된다는 입장을 분명하게 고수했다. 이러한 입장은 앞서 유형원柳馨遠(1622~1673)의「동사괴설변東史怪說辨」에서 '조작된 무설誣說은 모두 역사에서 삭제해야 한다'는 견해에 영향을 받은 것이며(이기백, 2002, 231~233쪽), 실제로 안정복은 최초의 군왕으로서 단군의 출생이 뭇사람과 차이가 있음을 인정하면서도, 단군고기의 신화적 내용을 역사적 사실로 편집한 점에 대해서는 단호히 배격했다. 특히 기록에 사용된 환인제석桓因帝釋·가섭원迦葉原 등의 불교식 용어를 거론하면서, 신라나 고려가 불교를 존숭했기 때문에 변증할 수 없을 정도로 허황된 신화를 전승했다고 비판했다. 또한 부여의 금와金蛙를 비롯해 신라의 박혁거세·석탈해昔脫解·알영閼英, 가야의 수로와 허왕후許王后, 그리고 고구려 고주몽 등의 전승 역시 허황한 사실이기 때문에, 기록 그대로 역사적 사실에 편입할 수 없다고 했다.

다산茶山 정약용丁若鏞(1762~1836) 또한 고대의 건국 신화에 대해 허황하고 거짓된 설이라고 비판했다(『여유당전서與猶堂全書』권6, 지리地理1 강역고彊域考). 그는 시조 탄생과 관련해서 신비한 요소가 있는 부분은 불신해 단호하게 삭제했다. 곧 석탈해와 김수로의 출생에 관한 금합金榼·금난金卵 설화가 만들어진 까닭을 후세에 신라와 백제 사이에 틈이 생겨 신라인이 백제에게 수명受命한 사실을 부끄럽게 여겼기 때문이라고 했다. 그 근거로『북사北史』신라전新羅傳에 주목해, 신라왕은 본래 백제인으로 바다로부터 신라에 도망해 들어가 마침내 그 나라의 왕이 되었으므로 처음에는 백제에 부용되었다는 사실에서 찾았다(『여유당전서』권6, 강역고, 변진별고弁辰別考). 비록 건국 시조의 신성성에 대해 부정적인 입장을 취했지만, 그 역사적 실체까지 부정하지는 않았다(이건호, 2011, 332~333쪽).

특히 정약용은 수로왕의 기원에 대해 최치원崔致遠이 대가야의 시조 주일朱日과 금관국의 시조 청예靑裔가 동모형제同母兄弟라고 했던 말을 합리적인 근거로 삼으면서, 이를 백제의 비류沸流와 온조溫祚가 분립했던 사실에 견주었다. 다산은 가야의 건국 신화에 관한 여러 이설 가운데 합리적인 기원을 선택하고, 그 내용 중에서 산신·천신과 같은 불합리한 요소를 걸러낼 뿐 아니라, 백제의 기원과 유사한 구조라는 점을 들어 건국 신화에 대한 합리적 접근을 모색했다.

4. 건국 신화에 대한 역사적 접근

(1) 식민사학의 전개와 극복

일본 학자들에 의해 전개된 건국 신화 연구는 식민사학의 범주에서 이루어졌으며, 단군 신화는 역사적 근거가 없다거나 고려 말경에 조작된 것으로 전혀 신빙성이 없다는 사실을 애써 강조했다. 먼저 나카 미치요那珂通世는 단군 신화가 고려시대에 승려들이 날조한 망령된 이야기라고 보았다(那珂通世, 2005, 165~166쪽). 시라토리 구라키치白鳥庫吉 역시 단군의 사적이 원래 불설佛說에 근거한 가공의 선담仙談에 지나지 않는다고 했다(白鳥庫吉, 2005, 9~32쪽). 곧 '고기'에 나오는 단목檀木은 불국佛國의 우두전단牛頭栴檀에 비긴 것이며, 그 나무 아래 내려온 인연으로 단군이라 이름 지은 것이라고 보았다. 따라서 단군은 단향목의 정령이며 단군 신화는 『화엄경華嚴經』·『지도론智度論』·『정법염경正法念經』·『아함경阿含經』 등에 보이는 인도의 마라야산摩羅耶山과 그곳에 있는 우두전

단에 근거한 가공의 이야기라고 주장했다. 또한 고구려의 주몽 신화를 부여 동명 신화의 개작改作으로 보는가 하면, 백제의 비류·온조 설화 역시 고구려에 기원을 두고 만들어진 이야기에 지나지 않는다고 했다.

한편 단군 신화의 부정론은 이마니시 류今西龍의 연구에 의해 보다 논리적이고 종합적으로 체계화되었는데(김두진, 2000, 83~84쪽), 그는 단군이 조선 민족의 본줄기와 무관하며 단군 신화는 고구려 계통의 개국 신화라고 규정했다. 그리하여 단군의 칭호와 단군 신화는 고려 중엽 이후(인종~고종 연간)에 만들어졌는데, 단군왕검은 본래 평양 지방의 성황신이었던 선인왕검先人王儉에 부회附會된 것이며, 천부인을 비롯한 풍백·운사·우사를 거느리고 인간의 360여 가지 일상사를 주관했다는 기록은 도교의 영향을 받았다는 것이다(今西龍, 2005, 118~119쪽). 또한 천신과 곰을 부모로 해서 태어난 단군은 퉁구스족 중에 부여의 신인神人으로서, 부여의 시조 부루扶婁 및 고구려 시조 주몽의 아버지인 해모수解慕漱로 파악했다. 이 밖에 미시나 쇼에이三品彰英는 서구 신화학과 민족학 이론을 바탕으로 건국 신화에 접근해, 건국 신화를 한국 고대 문화의 산물이자 고대인의 실생활을 반영하는 것으로 파악했다.[3] 그는 건국 신화에 대한 인식과 신화 자료의 폭을 확장시켰으나, 한국 고대 문화의 기원에 대한 남방 문화권설이나 타율성론을 벗어나지 못했던 한계가 지적된다.

이처럼 일본 학자들의 단군 신화 부정론은 한국사의 출발인 고조선의 실체를 부정함으로써 한국사의 여명이 중국의 식민지로부터 시작

---

3) 미시나 쇼에이三品彰英는 『日鮮神話の研究』(1943)·『神話と文化領域』(1948)·『古代祭政と穀靈信仰』(1973) 등의 연구를 통해 건국 신화의 내용 분석뿐 아니라 고대 제정의 실상과 곡령 신앙·농경의례의 양상 등을 탐색해, 종래 신화에 대한 인식과 자료의 폭을 확대시켰다고 본다(이종태, 1996, 5쪽).

해 일본의 식민지로 끝난다는 식민사관의 체계에 맞추려는 필요에 부
응한 것이다(김두진, 2000, 84~85쪽). 또한 단군 신화를 고구려 계통의 신
화로 연결해 남쪽의 한韓 종족과 무관하다는 입장은 일본 군국주의의
침략 정책과 궤를 같이하며, 나아가 일제에 대항하는 민족 독립운동의
정신적 기저를 불식하려는 목적이 작용했다고 본다.

　한편 단재丹齋 신채호申采浩를 비롯한 최남선, 정인보鄭寅普 등 국내
학자들은 일본 학자들의 견해를 강하게 비판하면서 건국 신화 연구를
통해 우리 민족의 기원 및 자존의식 고취를 추구했다.[4] 신채호는 한국
고대사가 단군에서 부여·고구려를 중심으로 계승되었다는 새로운 체
계를 제시해, 종래 논란이 많았던 기자·위만·삼한 등은 부수적인 존재
로 처리했다(이만열, 1977, 61~66쪽). 이에 따라 그는 조선 후기 이래 고
수되었던 한반도 중심의 '삼한정통론' 및 '신라' 중심의 역사 인식에서
벗어나, '단군-부여-고구려'로 이어지는 인식과 '부여·고구려 주족主
族론' 중심의 한국 고대사 구성체계를 수립해 한국 고대사의 활동 공간
을 만주 일대까지 확대했다.

　단재는 고조선의 신수두를 개창한 왕으로서 단군이 동북아 일대를
아우르는 영웅적 대추장大酋長이었고, 종교적으로도 천신 혹은 태양신
으로 비정되는 광명신을 섬길 수 있는 권능의 소유자라고 파악해, 단
군은 물론 단군조선의 역사적 실체를 강조했다. 이와 함께 일반적으
로 고대의 신화 시대는 어느 나라에나 있는 법이며, 신화의 내용에는
역사적 사실을 일정 부분 반영했으므로, 후대의 사가史家들이 신화 속
에서 역사적 사실을 채취하는 것이 중요하다고 보았다(신채호, 2007,

---

4)　신채호와 정인보는 단군을 한민족의 역사적 시조로 파악해 그 역사적인 실재성을 강조한 데
비해, 최남선은 단군을 역사 이전의 신화적 주인공으로 파악하면서 중국 문화와는 다른 동방 문화
의 원천을 탐구하는 중요한 단서로 파악했다고 본다(장석만, 2013, 23~24쪽).

318~319쪽). 특히 시조 신화 속에 등장하는 고대의 인명과 지명에 대한 후대인의 개작 가능성을 지적해, 기록 당시의 명칭에 접근할 때 유의할 것을 당부했다.

최남선은 단군 전승을 신화로 인정하고 학문적으로 근대적 방법론을 적용해 본격적으로 접근한 최초의 연구자로 평가된다(조지훈, 1964, 238쪽). 그는 인류학·민족학·종교사회학·신화학 등을 활용해 연구 방법론을 다각화하면서, 신화에 반영된 역사적 사실을 추출했다. 그는 일본 학자들의 단군 부정론을 논파한 「단군론」(1926)을 위시해 한국의 고대 문화를 탐색한 「아시조선兒時朝鮮」(1927), 『삼국유사』의 사료적 가치를 논증한 「삼국유사 해제」(1927), 단군 연구의 인문과학적 기반을 마련한 것으로 평가되는 「살만교차기薩滿敎箚記」(1927), 그리고 「단군신전의 고의」·「단군신전에 들어 있는 역사소」·「민속학상으로 보는 단군왕검」·「단군급기연구」(이상 1928) 등의 다각적인 연구를 통해 단군 연구에 집중했다(이영화, 2004, 37~38쪽). 그의 연구 성과 중에 『삼국유사』의 사료적 가치 논증, 단군이 무군巫君이었다는 단군샤먼론, 단군 기사의 토테미즘적 해석 등은 단군 연구의 기본적인 방향을 제시한 것으로 이해된다. 특히 '단군고기' 전반부의 환웅 부분은 신화적인 내용으로 동북아시아 공통의 건국 신화가 갖는 특징인 천강 설화를 답습한 것이며, 후반부의 단군 부분은 고조선의 역사적인 사실을 전한다고 보았다. 또한 단군 신화에 등장하는 호랑이와 곰의 존재를 토템으로 해석하고, 환웅과 웅녀의 결합은 환웅족과 웅녀족의 통합을 상징하는 것으로 상정했다. 이와 같은 견해는 광복 이후 신화 연구에도 영향을 끼쳐서 오늘날 청동기 문화와 연관해 종족의 이동 및 결합의 관점에서 재해석하는 경향에 그 맥이 닿는 것으로 이해된다(이영화, 2002, 26~27쪽).

한편 백남운白南雲은 단군 신화의 제재로 다루어진 자연환경을 곰이나 호랑이 같은 짐승이 많이 서식했던 고산삼림高山森林 지대로 추정했다. 신화에 등장하는 쑥과 마늘, 그리고 환웅의 곡물 주관 등으로 보아, 미개 시대의 식용 식물 재배 단계(정원 재배Gartengewächse)를 벗어나 전야田野 경작Feldbau·어로 중심의 생산 단계에 접어들었으며, 철기의 사용을 전제로 하는 전야 경작은 농업 공산체의 붕괴기이자 바로 문명기에 진입하는 것을 의미한다고 보았다(백남운, 1933, 21~22쪽). 그는 단군 신화의 특질을 천손 강림의 가상화이며 왕검의 신성화라고 규정하고, '단군왕검'은 지배적·계급적 존칭이며, 나라를 1500년 동안 다스렸다는 것은 추장 세습제를 표명한 것에 지나지 않는다고 보았다. 그리하여 단군의 실체는 농업 공산 사회의 붕괴기에 대두했던 남계 추장의 칭호에 불과하며, 단군 신화는 계급 사회의 발전과 함께 단순히 신화로서가 아니라 국가적 차원에서 윤색되고 변형되어갔던 것으로 파악했다.

(2) 역사적 실상의 복원 노력

광복 이후 건국 신화에 대한 국내 학계의 연구는 한동안 단군 신화를 중심으로 이루어졌으며, 일본 학자들의 부정과 배제의 식민사학 논리를 극복, 해소하는 차원에서 진행되었다. 먼저 고고학적인 접근을 통해 단군 신화를 새롭게 해석한 김재원의 연구는 주목되는 성과다. 그는 문헌 기록과 함께 청동기시대의 유물 검토를 바탕으로 단군 신화를 구성하는 사상적 배경을 탐색해, 그 근간은 도교의 신선 사상이지만 중국 고유의 창세 사상이 혼입되거나 북방계 샤먼교의 영향도 받았다고 했다(김재원, 1985, 102쪽). 또한 단군 신화를 무씨사당 화상석과 비교해 단군 신화가 『삼국유사』의 기록보다 약 1000여 년이 앞서는 시기에 동북아는 물론 중국 산둥山東반도까지 산재해 전승된 창세 신화였다고 보았다. 그리하여 일본 학자들의 단군 부정론을 무의미한 것으로 받아들이

거나, 고대 동이족의 분포 지역을 추정하는 데 방증 자료로 활용되기도 했다. 물론 이에 대한 반론(이홍직, 1971; 문경현, 1985; 김원룡, 1980)이 제기되었지만, 여전히 그의 연구 성과를 수용하는 경향이 학계 일각에 남아 있다.

손진태는 민속자료에 대한 폭넓은 식견과 서구의 인류학 이론을 바탕으로 건국 신화의 실상을 해명하는 데 노력했다(김정숙, 1990, 335~336쪽). 그는 『삼국유사』에 수록된 한국 고대의 신화에 사회사적으로 접근했으며, 거기에 등장하는 곰·닭 등의 토템 사상과 고구려 시조 신화에 보이는 태양조선太陽祖先 사상에 주목했다(손진태, 1949, 38~42쪽). 특히 그는 단군 신화를 조선족이 소유했던 유구한 전통의 시조 전설로 보고, 거기에 담겨 있는 원시적인 사상으로 토템 사상, 산신 사상, 산정山頂의 신단(서낭당) 숭배, 영애靈艾·신산神蒜 사상, 금기 사상, 천신지고天神至高 사상, 그리고 건국 시조의 신이성과 위대성을 과시하려는 사상 등을 특색으로 꼽았다(손진태, 1981, 224~225쪽).

한편 이병도는 고대 건국 신화에 대한 분석을 통해 사회사적 측면에서 토착 신앙을 천착해 밝혔는데(김두진, 2012, 324쪽), 고대 사회의 개국시조에 관한 유래 및 출생 설화를 분석해서 ① 천신족(환웅 설화·북부여 해모수 전설), ② 지신족(서술성모 설화 및 제주도 삼성 설화), ③ 천·지 양신족(단군 및 대가야 시조 전설 등), ④ 외래족(기자동래설·석탈해 전설 등), ⑤ 난생설(주몽·혁거세·석탈해·알지·수로 전설 등) 등으로 유형화했다. 그는 건국 신화를 '천신족의 남성과 지신족의 여성이 결혼해서 출생한 자손이 국가를 건설하는 모습을 보여주는 것'이라고 상정했다(이병도, 1976, 29~30쪽). 특히 고조선은 천신족인 환웅족과 지신족인 웅녀가 혼인해서 낳은 단군이 건국한 국가이고, 그 사회는 제정이 분리되었으며 모계중심의 대우혼이 행해졌다고 보았다. 앞서 최남선에 의해 환웅과 웅녀의 결합을 두 종족의 통합으로 해석했는데, 이병도는 이를 보다 확장해 고대 건국 신화를 천신족 시조 전승과 지신족 시조 전승으로 분석·구분함으로써 이후 건국 신화의 역사적 접근에 일정한 방향성을 제시했다.

김정학·이홍직 등은 단군 신화에 대한 연구를 통해 한국 민족의 신화로 형성된 시기를 밝힘으로써, 이후 민족 이념이나 민족 문화의 전승을 강조하려는 연구 경향에 영향을 끼쳤다(김두진, 2000, 88~89쪽). 김정학은 단군 신화에서 부족의 시조 신앙이라 할 수 있는 토템 신앙을 부각했으며, 그것은 본래 고조선을 이룩한 부족의 시조 신화였지만 신라-고려로의 민족적 통일과 발전에 따라 민족의 시조 신화로 확대된 것이라고 상정했다. 또한 고대의 건국 신화를 개관하면서 단군 관련 중요 자료를 검토해 곰 토템의 분포 지역을 동북아의 여러 민족에서 추출한 뒤, 단군 신화에 보이는 우주란宇宙卵적 요소를 알타이족 계통의 태양 신화와 고아시아족 계통의 토템 신화가 결합한 것으로 보았다(김정학, 1954, 292쪽). 그리고 이홍직은 『삼국유사』에 나타난 '단군고기'가 우리나라의 유구한 원시 사회 문화의 제 요소를 포함한 것이며, 민족 신화로서의 연원은 고려 전기에 고구려를 재인식해 평양을 소중히 여기게 된 상황과 연결해서 찾았다. 곧 단군 신화의 구상은 통일 민족을 형성해가는 고려 초기로 소급되며, 고려 말기에는 한국 민족의 신화로 자리 잡았다는 것이다(이홍직, 1971, 47쪽). 또한 고구려 건국 신화에 관한 역대 기록을 정리해서 부여와 고구려의 민족적 연관성을 강조했다(이홍직, 1971, 83~84쪽). 뒤이어 김상기는 한국 고대 신화의 바탕에 자리한 시조 천강 사상과 성모 신앙의 요소를 밝혀 시조 신앙의 일면을 해명했다(김상기, 1955).

이기백은 단군 신화의 후대적인 윤색을 제거한 원초적인 모습으로 샤머니즘의 세계에 주목했다(이기백, 1995, 17~19쪽). 단군 신화는 샤머니즘의 토대 위에 선 제정일치 시대의 산물로서 고조선시대의 역사를 반영하는 것으로 해석했다. 그는 고조선이 위만에게 망하고, 그 뒤에 위만조선이 한나라에 망함으로써 고조선 고유의 단군 신화는 한족漢族의 세력을 배경으로 한 기자 전설과 뒤섞였으며, 이후 고구려가 도읍을 평양으로 옮기면서 주몽 전설과 교섭했던 것으로 이해했다. 특히 단군 신화는 고조선의 건국 신화이며, 국가의 발생은 청동기시대 이후의 일이므로 그 개국 연대는 기원전 12세기까지 소급될 수 있고, 청동기시대의 상한이 더 올라간다면 고조선의 국가 성립 상한도 그만큼 올라가야 할 것이라고 보았다(이기백, 1995, 27쪽). 그는 고조선의 국가 형성 및 그 사회상과 연결시켜 단군 신화에 대한 분석을 시도했으며, 고구려의 건국 신화 역시 고구려의 국가 형성 문제를 해명하는 데 중요한 자료로 취급했다(이기백, 1985, 80~83쪽).

건국 신화를 해당 국가의 사회상과 연결시켜 이해하려는 시도는 점차 문화적 배경을 통한 민족 구성 문제와 영역 범위를 설정하려는 방향으로 이어졌다. 먼저 천관우는 고조선의 단군 신화가 곰과 범을 숭배하는 선주先住 어렵민(고아시아인 또는 고시베리아인)과 천제天帝의 아들로 상징되는 후래後來 농경민(북몽골인 또는 알타이족)의 동화 내지 교체를 반영한 것으로, 오늘날 우리 민족의 직계 조상이 형성되는 과정을 알려준다고 했다(천관우, 1989, 2~4쪽). 특히 단군은 대동강 하류 일부 지역의 특정 종족을 이끌던 지배자였는데, 뒷날 그들이 모시던 조상신으로 숭배되었다가 점차 한국인 공통의 조상신으로 확대된 것이라고 상정했다. 그리하여 단군 신화는 우리 역사에서 농경 문화가 본격적으로 시작되는 단계를 반영한 것이며, 단군은 한민족 형성의 첫 단계를 반영하는 일정 지역의 지배자였다고 보았다.

신화가 역사적 근거 위에 성립했음을 전제로, 김정배는 고고학적 성과를 활용해서 단군조선의 실체에 접근했다(김정배, 1973, 161~179쪽). 그는 한국 민족의 기원 문제를 추구함에 있어 단군 신화가 중요한 실마리를 제공하며, 최초의 국가로서 단군조선의 실체는 단군 신화를 남긴 주민의 시·공적 개념을 부여할 때 보다 명확해진다고 보았다. 그리하여 단군조선은 신석기시대에 시베리아 일대에 광범하게 분포했던 고아시아족과 연결되는 것으로 이해했다(김정배, 1975). 곧 곰 숭배는 신석기시대의 산물이며, 단군 신화는 신석기시대인의 사상이자 고아시아족의 일파가 남긴 이야기로 파악했다. 또한 기원전 13세기 단군조선의 멸망은 한반도 신석기시대의 종말을 의미하며, 그 뒤 청동기 문화를 가진 알타이족이 기자조선을 세웠는데, 이들을 바로 문헌에 보이는 '예맥'으로 상정했다.

한편 이은창은 신화 형성의 고고학적 배경을 탐색해 신화 속에 나타난 인물의 계보와 그 문화적 계통 및 신화를 구성하는 신앙·사상·정치·생산 등의 기원과 성격을 부각했다(이은창, 1983, 281~314쪽·1985, 99~171쪽·1990, 67~123쪽). 곧 단군 신화는 스키타이 문화를 원류로 한 시베리아 북방계 문화를 근간으로 삼았고, 고구려 주몽 신화는 북방계 천강 설화와 남방계 난생 설화가 합류한 전형적인 복합 문화를 지녔으며, 그것이 남하해 한반도 남부 및 일본 신화 형성에 영향을 주었다는 것이다. 또한 신라 신화는 시베리아의 북방 문화 요소를 바탕으로 형성되었으며, 그 특징은 혁거세 신화(광명 사상적 천강설 + 일광 감정적 난생설)·김알지 신화(태양 숭배의 천신 신앙 위주 + 수목 신앙 + 천조 신앙)·석탈해 신화(화북·화중 지역의 남방 도작 문화 요소의 난생설)로 나누어 제시했다.

건국 신화에 관한 기록은 신이하고 믿기 어려운 내용을 담고 있지만, 실제로 그것에 반영된 역사적 사실을 복원하는 노력은 매우 중요한 작업이다. 김두진은 건국 신화와 표리 관계에 있는 제의를 통해 한국 고대 토착 신앙에 대한 연구를 사회사상사로 정립시키려는 노력을 진행했다(김두진, 1999). 대체로 천신족은 지신족보다 우월한 물질 문화를 소지한 이주민 세력에 연결했고, 지신족은 선주한 토착 부족으로 상정했다. 그리하여 건국 신화에서 추출할 수 있는 농업신이나 토템 신앙, 대우혼과 일부다처제, 그리고 무사단 등이 어떤 문화 단계를 배경으로 성립했는가에 주목해 건국 신화가 정착되는 문화적 배경을 부각시켰다. 또한 건국 신화가 갖추어져가는 일반적인 모습을 선민-영웅 전승-신성족 신화로 체계화하면서, 건국 신화가 정착되는 시기와 그것을 표방한 지배자 집단의 실체를 추정했다(김두진, 1999). 그리하여 고대의 건국 신화가 우세 부족의 시조 전승을 중심으로 정비되었고, 왕권 중심의 귀족 국가가 성립된 뒤에는 여타 부족의 시조 전승이 계속 국가 사전祀典으로 체계화되었다고 보았다.

1970년대 이후 건국 신화에 대한 관심이 높아지면서 개별적이고 구체적인 연구가 이루어졌고, 연구 주제의 범위 또한 확장되었다. 실제로 김철준은 「동명왕편東明王篇」에 보이는 고구려 건국 신화에 주목해 신모神母가 보리 농사와 관련된 농업신으로 지모신적인 성격을 지녔으며, 현전하는 백제 시조 설화는 건국 과정에서의 역사적 경험들이 반영된 것으로 보았다(김철준, 1971·1975). 뒤이어 삼국 및 가야의 건국 신화에 대한 개별적인 전론專論의 연구들이 이어졌다(문경현, 1972; 이옥, 1972; 노명호, 1981; 정경희, 1983; 김두진, 1985·1986·1989·1990·1991·1995·1997; 이종욱 1994; 김태식, 1998; 백승충, 2001). 그리하여 건국 신화의 형성 과정 및 신화에 내포되어 있는 성격 규정, 건국 신화의 내용 분석을 통한 왕실의 지배 세력 및 체제의 변화상 탐색, '제천사지' 의례를 통한 백제 건국 신화의 복원 시도, 제천 행사 시행을 통한 건국 신화의 구체화 양상, 주변 국가와의 문화 전파나 교류 양상 등 그 계통성의 추구, 시조왕

제사를 통한 건국 신화의 기능 등을 구체적으로 포착하는 성과를 거두었다. 또한 건국 신화를 통해 고대 사회의 '신' 관념과 조상 숭배의 사회적 의미, 제천 의례와 사전祀典, 국가 제사 등의 제의 형태 문제 등으로 연구를 이어갔다(서영대, 1991; 강영경, 1992; 이종태, 1996; 김두진, 1999; 나희라, 1999·2003; 김병곤, 2000; 채미하, 2001). 이와 함께 불교 수용 이전의 무격(토착) 신앙과의 관계, 초기 국가의 성립과 제의의 정치·사회적 제반 기능, 시조묘와 신궁의 실체 및 왕실과의 관계 등 그 역사적 의미를 추구해, 한국 고대의 역사상을 조명하는 데 일조했다.

특히 제의는 건국 신화의 신앙 형태로서 중요하게 취급되었다. 일찍이 천군의 존재 및 소도 신앙을 중심으로 시작된 이 방면의 연구는 소도와 관련된 기록이 무의를 연상시키기 때문인지 종교·민속학적인 연구가 선행되었고(손진태, 1932; 조지훈, 1966; 최길성, 1968; 김태곤, 1969·1990; 이종철, 1984; 김택규, 1985; 이필영, 1988; 송화섭, 1992·1994), 그 뒤에 소도를 정치·사회의 체계 속에서 이해하려는 역사학 방면의 연구가 이어졌다. 그리하여 소도는 청동기시대의 소산으로 철기 문화로의 변천 과정에서 발생한 신·구 문화의 갈등 조절 및 그것을 통제하는 과정에서 찾은 이래, 군장 사회의 산물로서 소도의 정치사적 의미를 추구하거나 당시의 보편적인 사회 발전 단계에서 삼한 별읍 사회의 소도 신앙을 설정하고, 고구려·부여의 제천 의례 등과 비교·검토해 구체적 양상을 해명했다(김철준, 1969; 허회숙, 1972; 김정배, 1978; 김두진, 1985; 홍윤식, 1988·1989; 최광식, 1990·1994). 곧 소도가 갖는 역사적 의미를 그것이 포함되는 정치 체계 속에서 추구하거나 사회 발전 단계에 따른 제의의 변천 과정 속에서 이해하면서, 소도의 정치·사회사적 의미를 구체적으로 해석할 수 있는 기반을 마련했다(문창로, 2013). 그리하여 건국 신화와 관련한 제의 연구는 고대 국가의 성립 과정에서 그 사회의 운영 원리 및 지배 이념에 대한 역사적 측면을 설명해주고, 한국 고대사를 재구성하는 데 기여할 수 있는 소지를 분명하게 제시했다.[5] 최근에는 제의와 관련된 고대 국가의 의식이 전쟁과 동반 관계에 있으며, 고대 국가의 통치자들은 의식적 권위와 군사적 권력 사이의 균형을 유지해 국가의 구조를 지속한다는 '사회문화사'적 방법론으로 고대 국가의 면모를 살펴보려는 입장이 표명되기도 했다(박대재, 2003, 43~61쪽).

5. 과제와 전망

광복 이후 건국 신화의 전승 자료에 관한 역사적 탐색은 건국 신화의 원형을 복원하고 그것의 분석을 통한 초기 국가의 형성과 사회상에 접근하려는 노력으로 전개되었다. 또한 건국 신화의 형성과 변천 과정을 초기 왕계의 변화와 결부시키면서 건국의 주체 세력과 그 계통을 해명하려는 작업으로 이어졌다. 나아가 건국 신화를 만들어내고 전승시켰던 고대인들의 세계관에까지 관심 영역이 심화, 확대되었다(문창로, 2010, 51~55쪽). 그리하여 건국 신화는 초기 국가의 실상에 대한 접근뿐 아니라 주변과의 문화 전파 및 교류 양상 등 그 계통성을 추정하는 실마리로 기능했다.

글을 마무리하는 시점에서 다시 "왜 건국 신화를 연구하는가?"라는 근본적인 질문을 해본다. 건국 신화에 대한 역사적 접근이 한국 고대사의 복원을 위한 것이라고 한다면, 지금까지 모색해온 이해 방향의 타당

---

5) 이를 반영하듯 삼국과 가야의 건국 신화 및 제의에 대한 집중 검토가 이루어지기도 했다(제18회 한국고대사학회 합동토론회, '한국 고대의 建國神話와 祭儀', 2005. 2. 17~2. 18(윤성용, 2005; 박현숙, 2005; 나희라, 2005; 남재우, 2005)).

성을 점검하고 기왕의 연구 성과를 어떻게 계승, 발전시킬 것인가에 대한 진지한 고민이 필요하다.

사실 신화는 역사적 경험에 대한 집단 기억이라는 점에서 역사성을 내포하지만, 신화에서 역사적 사실을 추출하기 위해서는 보다 신중한 접근이 요구된다(나희라, 2005, 58~59쪽). 신화는 과거를 통해서 현실을 정당화하기 위한 것이므로, 그 내용을 있는 그대로 역사적 사실과 결부시키는 입장은 매우 위험하기 때문이다. 곧 신화의 내용이 그대로 역사일 수는 없으므로 신화를 성립시킨 사람들의 사고와 논리를 이해한 바탕 위에서 신화에 반영된 역사적 사실을 찾아야 할 것이다. 실제로 단군 신화의 경우에 고급 신화로서 현실적 지향이나 소망이 투영되었을 가능성이 크므로, 그런 의미에서 단군 신화에 접근하기 위해서는 사실 추구에 앞서 그 의미와 기능 파악에 힘쓰는 것이 바람직하다는 지적이 있었다(서영대, 2000, 26~27쪽).

물론 단군 신화가 역사적 사실과 크게 배치되거나 고조선 사회의 의식과 관념에서 이탈하는 논리체계에서는 신화로서의 기능을 제대로 발휘하지 못했을 것이기 때문에, 단군 신화는 역사적 사실과 무관할 수는 없다고 본다. 그래서 건국 신화는 비교적 사회 반영이 높은 상징적인 측면과 역사성이 짙은 측면을 함께 갖는 특성을 감안해, 신화의 상징을 그 문화 속에서 해석하는 노력과 함께 그것을 배태한 사회생활에 대한 연구를 기반으로 상호 보완해야 할 필요가 있는 것이다(김정숙, 1990, 383~384쪽).

앞으로 건국 신화와 제의에 대한 연구에 보다 충실하려면 지금까지 이루어진 구체적이고 개별적 연구 성과를 종합해 상호 비교·분석을 통한 총체적이고 구조적인 연구가 요구된다. 왜냐하면 하나의 건국 신화가 별개로 형성, 전승되기보다는 한국 고대의 문화와 사회 구조 속에서 다른 건국 신화와 서로 얽히면서 전승되었을 것이라고 생각할 수 있기 때문이다. 실제로 단군 신화를 비롯한 건국 신화와 제의가 한국 고대의 어떠한 사회 구조 속에서 형성되었는가를 추구해, 사회사상사의 입장에서 그것의 객관적 보편성을 부각하거나(김두진, 1999), 티베트·몽골·만주·한국의 건국 신화를 대상으로 비교신화학적 입장을 견지하면서 동아시아 건국 신화의 형성과 재편 과정을 고찰했는데(조현설, 2003), 이러한 노력은 한국의 특수한 문화 양상에 내재되어 있는 보편성을 탐색한다는 면에서 매우 의미 있는 접근이라 하겠다.

또한 종교학 내지 신화학적인 접근에 보다 유의하면서 비슷한 시기의 중국이나 일본 건국 신화와의 비교·분석도 병행되어야 할 것이다. 삼국시대 이후 각국의 건국 시조에 대한 인식이 고려와 조선 시대를 거치면서 어떤 모습으로 변화하고, 후대의 자료에 그 편린이 어떻게 남았는지에 관심을 가져야 할 것이다. 특히 무덤의 벽화나 제사 유적 및 청동 제기 등의 유물이나 유적 자료에 대한 새로운 고고학적 성과를 적극 활용해야 할 것이다.

:: 참고문헌

강영경, 1992, 「신라 전통신앙의 정치·사회적 기능 연구」, 숙명여자대학교 사학과 박사
　　　학위논문.
김두진, 1983, 「단군고기의 이해방향」, 『한국학논총』 5, 국민대학교 한국학연구소.
＿＿＿, 1985, 「삼한 별읍사회의 소도신앙」, 『한국고대의 국가와 사회』, 일조각.
＿＿＿, 1986, 「신라석탈해신화의 형성기반: 영웅전설적 성격을 중심으로」, 『한국학논
　　　총』 8, 국민대학교 한국학연구소.
＿＿＿, 1989, 「신라 건국신화의 신성족 관념」, 『한국학논총』 11, 국민대학교 한국학연
　　　구소.

_____, 1990, 「백제 건국신화의 복원시론」, 『국사관논총』 13, 국사편찬위원회.

_____, 1991, 「백제시조 온조신화의 형성과 그 전승」, 『한국학논총』 13, 국민대학교 한국학연구소.

_____, 1995, 「고구려 개국신화의 영웅전승적 성격」, 『국사관논총』 62, 국사편찬위원회.

_____, 1997, 「가야건국신화의 성립과 그 변화」, 『한국학논총』 19, 국민대학교 한국학연구소.

_____, 1999, 『한국고대의 건국신화와 제의』, 일조각.

_____, 2000, 「단군에 대한 연구의 역사」, 『한국사시민강좌』 27, 일조각.

_____, 2012, 「두계의 사학과 한국고중세 사상사 탐구」, 『진단학보』 116, 진단학회.

김병곤, 2000, 「신라 왕권의 성장과 지배이념의 연구」, 동국대학교 사학과 박사학위논문.

_____, 2005, 「신라 시조 인식의 변천과 오묘제의 태조대왕에 대한 시론」, 『삼국유사 기이편의 연구』, 한국학중앙연구원.

김상기, 1955, 「국사상에 나타난 개국전설의 연변에 대하여」, 『용재백낙준박사환갑기념국학논총』, 사상계사.

김원룡, 1980, 「무량사화상석과 단군신화에 대한 재고」, 『고고미술』 146·147, 한국미술사학회.

김재원, 1985, 『단군신화의 신연구』, 정음사.

김정배, 1972, 「고조선의 민족구성과 그 문화적 복합」, 『백산학보』 12, 백산학회.

_____, 1973, 『한국민족문화의 기원』, 고려대학교 출판부.

_____, 1975, 「단군조선을 어떻게 볼 것인가」, 『한국사의 재조명』, 독서신문사.

_____, 1978, 「소도의 정치사적 의미」, 『역사학보』 79, 역사학회.

김정숙, 1990, 「건국신화 연구와 외국이론의 도입」, 『삼국유사의 현장적연구』(『신라문화제학술발표회논문집』 11), 동국대학교 신라문화연구소.

김정학, 1954, 「단군신화와 토테미즘」, 『역사학보』 7, 역사학회.

김철준, 1969, 「한국고대 정치의 성격과 중세 정치사상의 성립과정」, 『동방학지』 10, 연세대학교 국학연구원.

_____, 1971, 「동명왕편에 보이는 신모의 성격에 대하여」, 『유홍렬박사화갑기념논총』, 을유문화사.

_____, 1975, 『한국고대사회연구』, 지식산업사.

김태곤, 1969, 「한국 무계의 분화변천」, 『한국민속학』 창간호, 한국민속학회.

_____, 1990, 「소도의 종교민속학적 조명」, 『마한·백제문화』 12, 원광대학교 마한·백제문화연구소.

김태식, 1998, 「가락국기 소재 허왕후 설화의 성격」, 『한국사연구』 102, 한국사연구회.

나희라, 1999, 「신라의 국가와 왕실 조상제사 연구」, 서울대학교 국사학과 박사학위논문.

_____, 2003, 『신라의 국가제사』, 지식산업사.

_____, 2005, 「신라의 건국 신화와 의례」, 『한국고대사연구』 39, 한국고대사학회.

_____, 2010, 「신화와 민속」, 『한국역사민속학강의』 1, 민속원.

남재우, 2005, 「가야의 건국신화와 제의」, 『한국고대사연구』 39, 한국고대사학회.

노명호, 1981, 「백제의 동명신화와 동명묘: 동명신화의 재탄생 현상과 관련하여」, 『역사학연구』 10, 전남대학교 사학회.

_____, 1989, 「백제 건국신화의 원형과 성립배경」, 『백제연구』 20, 충남대학교 백제연구소.

노중국, 1988, 『백제정치사연구』, 일조각.

문경현, 1972, 「신라 건국설화의 연구」, 『대구사학』 4, 대구사학회.

_____, 1985, 「단군신화의 신고찰」, 『교남사학』 1, 영남대학교 국사학회.

문창로, 2010, 「백제 시조전승 연구의 성과와 과제」, 『한국학논총』 34, 국민대학교 한국학연구소.

_____, 2013, 「삼한 '소도' 인식의 전개와 계승」, 『한국학논총』 39, 국민대학교 한국학연구소.

박광용, 1994, 「단군인식의 역사적 변천」, 『단군 그 이해와 자료』, 서울대학교 출판부.

박대재, 2003, 『의식과 전쟁: 고대국가를 바라보는 새로운 시각』, 책세상.

박현숙, 2005, 「백제 건국신화의 형성과 그 의미」, 『한국고대사연구』 39, 한국고대사학회.

백남운, 1933, 『조선사회경제사』, 개조사.

백승충, 2001, 「가야 건국 신화의 재조명」, 『한국 고대사 속의 가야』, 혜안.

서영대, 1991, 「한국고대 신관념의 사회적 의미」, 서울대학교 국사학과 박사학위논문.

_____, 2000, 「신화 속의 단군」, 『한국사시민강좌』 27, 일조각.

손진태, 1932, 「소도고」, 『민속학』 4-4, 민속학회.

_____, 1934, 「조선고대산신의 성에 대하여」, 『진단학보』 1, 진단학회.

_____, 1949, 「삼국유사의 사회사적 고찰」, 『학풍』 2-1, 을유문화사.

_____, 1981, 『손진태선생전집』 6, 태학사.

송화섭, 1992, 「마한소도의 구조와 기능」, 『한국종교』 17, 원광대학교 종교문제연구소.

_____, 1994, 「마한소도의 성립과 역사적 의의」, 『한국고대사연구』 7, 한국고대사학회.

신채호, 1948, 『조선상고사』, 종로서원; 2007, 『단재신채호전집』, 독립기념관 한국독립
　　　운동사연구소.

에른스트 카시러Ernst Cassirer, 최명관 옮김, 1988, 『국가의 신화』(원제: The Myth of the
　　　State), 서광사.

유동식, 1977, 「시조신화의 구조」, 『한국무교의 역사와 구조』, 연세대학교 출판부.

윤성용, 2005, 「고구려 건국신화와 제의」, 『한국고대사연구』 39, 한국고대사학회.

이건호, 2011, 「성호학파의 한국 건국신화 인식」, 『한국언어문화』 44, 한국언어문화학회.

이기동, 2000, 「북한에서의 단군연구와 그 숭앙운동」, 『한국사시민강좌』 27, 일조각.

이기백, 1973, 「삼국유사의 사학사적 의의」, 『진단학보』 36, 진단학회.

_____, 1973, 「고조선의 제문제」, 『월간중앙』 5월호, 중앙일보사; 1995, 『韓國古代史
　　　論』, 일조각.

_____, 1975, 「단군신화의 문제점」, 『한국고대사론』, 일조각; 1988, 『단군신화논집』, 새
　　　문사.

_____, 1985, 「고구려의 국가형성 문제」, 『한국고대의 국가와 사회』, 일조각.

_____, 1999, 「안정복의 합리주의적 사실 고증」, 『한국실학연구』 1 , 한국실학학회;
　　　2002, 『한국전통문화론』, 일조각.

이만열, 1977, 「단재 신채호의 고대사인식 시고」, 『한국사연구』 15, 한국사연구회.

이병도, 1948, 「단군고기에 대한 신해석」, 『조선사대관』, 동지사.

_____, 1955, 「아사달과 조선」, 『서울대학교 논문집』 2, 서울대학교.

_____, 1959, 『한국사』(고대편), 을유문화사.

_____, 1976, 「단군설화의 해석과 아사달문제」, 『한국고대사연구』, 박영사.

이영화, 2002, 「최남선 단군론의 전개와 그 변화」, 『한국사학사학보』 5, 한국사학사학회.

_____, 2004, 「1920년대 문화주의와 최남선의 조선학운동」, 『한국학연구』 13, 인하대
　　　학교 한국학연구소.

이 옥, 1972, 「주몽연구」, 『한국사연구』 7, 한국사연구회.

이유진, 2003, 「끊임없는 담론: 신화의 역사화, 역사의 신화화」, 『중국어문학논집』 24, 중국어문학연구회.

이은창, 1983, 「삼국유사의 고고학적 연구: 단군신화의 고고학적 고찰을 중심으로」, 『삼국유사연구 (상)』, 영남대학교 민족문화연구소.

_____, 1985, 「고구려신화의 고고학적 연구: 삼국유사의 주몽신화를 중심으로」, 『한국전통문화연구』 창간호, 효성여자대학교 한국전통문화연구소.

_____, 1990, 「신라신화의 고고학적 연구 (1): 삼국유사의 혁거세신화와 김알지신화를 중심으로」, 『삼국유사의 현장적 연구』(『신라문화제학술발표회논문집』 11), 동국대학교 신라문화연구소.

이종욱, 1994, 「백제의 건국설화」, 『백제논총』 4, 백제문화개발연구원; 2004, 『한국사의 1막 1장 건국신화』, 휴머니스트.

이종철, 1984, 「장승과 솟대에 대한 고고민속학적 접근시고」, 『윤무병박사회갑기념논총』, 통천문화사.

이종태, 1996, 「삼국시대의 '시조' 인식과 그 변천」, 국민대학교 국사학과 박사학위논문.

이필영, 1988, 「마을공동체와 솟대신앙」, 『손보기박사정년기념고고인류학논총』, 지식산업사.

이홍직, 1958, 「단군신화와 민족의 이념」, 『국사상의 제문제』 1, 국사편찬위원회.

_____, 1959, 「고구려의 흥기」, 『국사상의 제문제』 4·5, 국사편찬위원회; 1971, 『한국고대사의 연구』, 신구문화사.

장석만, 2013, 「한국 신화담론의 등장」, 『신화 신화담론 신화 만들기』(종교문화비평총서 2), 모시는사람들.

정경희, 1983, 「동명형설화와 고대사회」, 『역사학보』 98, 역사학회.

조지훈, 1964, 『한국문화사서설』(탐구신서 3), 탐구당.

_____, 1966, 「서낭간고」, 『신라가야문화』 1, 영남대학교 민족문화연구소.

조현설, 2003, 「한국 건국 신화의 형성과 재편」, 『동아시아 건국 신화의 역사와 논리』, 문학과지성사.

채미하, 2001, 「신라 종묘제와 왕권의 추이」, 경희대학교 사학과 박사학위논문.

천관우, 1972, 「환웅족의 등장」, 『신동아』 6월호, 동아일보사.

_____, 1989, 「고조선에 관한 몇 가지 문제」, 『고조선사·삼한사연구』, 일조각.

최광식, 1990, 「한국고대의 제의연구」, 고려대학교 사학과 박사학위논문.

_____, 1994, 『고대 한국의 국가와 제사』, 한길사.

_____, 2007, 「고대의 신화와 제의」, 『한국고대의 토착신앙과 불교』, 고려대학교 출판부.

최길성, 1968, 「한국 원시종교의 일고」, 『어문논집』 11, 민족어문학회.

최남선, 1939, 「조선의 신화」, 『매일신보』, 조선총독부; 1986, 『조선의 신화와 설화』(육
    당기념사업회 편), 홍성사.

하정현, 1991, 「건국신화의 연구동향 및 과제: 삼국유사의 기이편을 중심으로」, 『한국종
    교연구회회보』 3, 한국종교문화연구회.

_____, 2013, 「신이神異, 신화 그리고 역사: '삼국유사'에 나타난 신이 인식의 의미를 중
    심으로」, 『신화 신화담론 신화 만들기』, 모시는사람들.

허회숙, 1972, 「소도에 관한 연구」, 『경희사학』 3, 경희사학회.

헨리 튜더Henry Tudor, 송기복 옮김, 1994, 『정치신화』(원제: *Political Myth*), 삼문.

홍기문, 1964, 「단군 신화에 대한 역대의 각종의 태도」, 『조선신화연구』, 과학원출판사;
    1989, 『조선신화연구』, 지양사.

홍윤식, 1988, 「마한소도신앙영역에서의 백제불교의 수용」, 『마한·백제문화』 11, 원광
    대학교 마한백제문화연구소.

_____, 1989, 「마한사회에서의 천군의 위치」, 『수촌박영석교수화갑기념 한국사학논
    총』, 탐구당.

김택규, 1985, 「蘇塗と卒土」, 『三上次男博士喜壽記念論文集』, 平凡社.

今西龍, 1929, 「檀君考」, 『靑丘學叢』 1, 靑丘學會, 京城; 1971, 『朝鮮古史の硏究』, 國書
    刊行會, 東京; 신종원 엮음, 2005, 『일본인들의 단군 연구』, 한국학중앙연구원.

那珂通世, 1894, 「朝鮮古史考」, 『史學雜誌』 5-4, 史學會, 東京; 신종원 엮음, 2005, 『일
    본인들의 단군 연구』, 한국학중앙연구원.

白鳥庫吉, 1894, 「檀君考」, 『學習院輔仁會雜誌』 28; 신종원 엮음, 2005, 『일본인들의
    단군 연구』, 한국학중앙연구원.

한국 고대 국가와 율령律令

홍승우(강원대학교 역사교육과 강사)

1. 머리말

노태돈 선생님에 의해 제창된 부체제론部體制論은 한국 고대 국가들의 초기 체제를 이해하는 기본적인 개념으로 자리 잡았다(노태돈, 1975). 지역적 기반을 가진 단위정치체인 '부部'들의 연합·연맹 체제를 의미하는 부체제는 가장 유력한 부의 부장이 왕으로서 대표권을 가지며, 각 부는 독자성과 내부적으로는 자치성을 일부 유지하지만, 대외적인 교섭권과 군사권 등은 왕권의 통제를 받는 체제로 이해된다. 하지만 왕권은 절대적인 것이 아니어서, 부 내부의 일에 직접적이고 강력한 간섭을 하지는 못했다. 또 삼국의 국가체제는 중앙의 5부 내지는 6부가 핵심 지배 세력으로 특권층을 형성하는 것으로, 그 영향권하에 있던 지방은 삼국 중앙의 직접 지배를 받는 것이 아니라 나름의 독자성을 유지하면서 간접 지배를 받는 체제였다.

이러한 '부체제'는 중국 군현들과의 대립 및 주변 국가들과의 경쟁 관계가 심화되면서, 변화를 맞이한다. 4세기 중국에서 진晉 제국이 붕괴하고 5호 16국의 혼란기가 도래하자, 삼국 역시 주변으로의 세력 확장을 시도하면서 주변국과의 대규모 분쟁 등에 직면한다. 그 와중에 삼국은 국가적 위기를 맞이하기도 하는데, 이러한 동아시아의 국제 정세는 삼국의 국가체제에 변화를 요구했다. 격화되고 대규모화되는 주변국과의 전쟁은 빠르고 효율적인 판단에 입각한 움직임을 필요로 하는데, '부'의 독자성이 유지되고 왕권이 제한적인 지배 구조하에서는 한계가 있었다. 아울러 전쟁이 정예화·대규모화되던 당시의 상황에서는 중앙 '부'만의 군사력으로는 한계가 노정되었고, 이에 지방을 포함한 전 국가적인 국력 동원이 절실해지면서 중앙과 지방이 분리된 이원적인 체제를 극복해야 할 필요성이 제기되었다.

즉 기존의 부제체에서 벗어나 왕권 중심의 지배 구조와 전 영역을 일원화하는 지배체제로의 전환이 필요해진 것이다. 이에 삼국은 시기적으로는 차이가 있지만, 국가체제의 변화를 도모한다. 그러한 변화의 와중에 삼국은 공히 율령을 반포하고 불교를 공인하는데,[1] 이를 기점으로 '부체제'에서 벗어나 '중앙집권적인 고대 국가'로 체제를 전환했다고 여겨진다. 삼국이 율령을 반포하면서 '부체제'적인 초기 체제에서 벗어나 왕권 중심의 관료제적인 정치제도를 갖춘 고대 국가로 성립했다고 이해되는 것이다. 따라서 한국 고대사에서 율령은 '초기 부체제적

---

1) 삼국 중 백제는 율령 반포에 대한 구체적인 기록이 없다. 하지만 대부분의 연구자들은 이를 사료의 누락으로 보고, 백제에서도 율령이 반포·시행되었을 것으로 추정한다.

국가'에서 벗어나 '고대 국가'를 형성하는 데 중요한 기준 내지는 요소였다고 여겨지며, 한국 고대 국가의 성격을 이해하는 중요한 문제로 인식되었다.

필자는 고대 국가의 체제와 지배 방식이라는 측면에서 고대 율령에 지속적으로 관심을 가지고 일련의 연구들을 진행해왔다. 생각해보면 시작은 중·고등학교 교과서에서도 강조했던 '율령은 도대체 어떤 원리에 의해 부체제와 다른 국가체제를 구축하는가'라는 의문이었다. 율령은 어떻게 중앙집권체제의 근간이 되며, 율령에 의한 지배란 도대체 무엇일까 하는 궁금증이 연구 주제 선정의 출발점이었던 것 같다.

이 글은 그간 필자가 연구를 해오면서 느꼈던 율령과 율령제 혹은 율령 국가 개념을 한국 고대사 연구에서 사용할 때의 문제에 대한 것이다. 필자의 역량 문제로 한국 고대 국가와 율령 연구에 대한 여러 문제점을 모두 해결할 수 있는 방안을 제시할 수는 없다. 다만 현재 단계에서 느끼는 바를 정리해 한국 고대 국가에 대한 이해를 위한 율령과 율령제 연구 방법에 대한 주의를 환기시켰으면 하는 바람이 있을 뿐이다. 이는 부체제로 출발하는 한국 고대 국가들이 율령이라는 전환점을 통해 새로운 국가체제로 탈바꿈한다는 일반적인 발전 단계 설정이 과연 타당한가라는 문제 제기이기도 할 것이다.

2. 율령제·율령 국가의 개념

삼국의 중앙집권적 국가체제를 설명할 때, 율령제 내지는 율령 국가의 개념을 사용하는 경우가 많다. 율령은 죄와 벌을 규정한 현재의 형법에 해당하는 '율律'과, 사회와 국가를 운영하기 위한 각종 제도 등을 규정한 비형법적인 '영슈'을 결합한 용어로 원래는 '법률제도'를 의미하는 일반 명사라 할 수 있다. 하지만 율령은 일반적으로 '중국에서 발전한 법과 제도'를 뜻하는 고유한 용어로 통용된다. 그렇다면 율령제와 율령 국가란 중국적인 율령에 규정된 각종 제도에 의해 운영되는 지배체제와 그러한 체제를 가지는 국가의 개념이라고 할 수 있다.

그런데 율령이란 이름은 중국 왕조들에서 처음 사용되고 그에 입각한 지배체제 역시 중국 왕조들에서 성립·시행되었지만, 율령제나 율령 국가의 개념은 중국사 연구에서 나온 것이 아니라 일본 고대사 연구들에 의해 구체화된 것이다. 일본 고대사에서는 '율령제'에 의해 고대 국가가 성립되었다고 보는 것이 일반적이어서, '율령 국가'가 고대 국가와 거의 동의어로 사용되고 있기도 하다(吉川真司·大隅淸陽 편, 2002).

일본 고대사학계에서 율령제 내지는 율령 국가의 개념은 이전과 다른 새로운 체제로의 전환이라는 측면의 강조와 함께 다음과 같은 체제상의 변화에 따라 성립한 것으로 정리하고 있다(井上光貞, 1971).

① 씨족제적이고 분권적인 지방 지배 → 중앙집권적 군현제로의 이행
② 족제적 관인체제 → 선거적인 관인법에 의한 관료체제
③ 족제적 신분 질서 → 양천제에 기반을 둔 신분 질서
④ 지배층의 사적인 영토와 인민 영토에 입각한 공동체적인 지배 질서 → 토지국유제에 입각한 균전제均田制, 조용조租庸調, 적장제籍帳制 등의 국가 재정 시스템을 통한 인민에 대한 직접 지배
⑤ 지배층의 사병적 군제 → 율령제적 징병제

결국 율령제는 단순히 율령이라는 법률제도에 따라 통치하는 체제라는 의미가 아니라 정치·경제·사회 전반에 걸친 총체적 지배 시스템

이라 할 수 있는 것으로, 그 중핵은 지역별 유력자들의 사적인 지배 원리에서 벗어나, 강력한 왕권이 관료제를 통해 공지공민제公地公民制에 입각해 영역 내를 균질적으로 통치하는 중앙집권적 체제라 할 수 있다. 그리고 율과 영 중 지배 시스템 그 자체라 할 수 있는 영이 이 체제에서 핵심적인 역할을 하는 것으로 이해하고 있다.

하지만 이러한 율령제 및 율령 국가를 동아시아 여러 국가에 모두 적용되는 보편적인 개념으로 보기는 힘들다는 문제 제기들이 있다. 율령제·율령 국가 개념에서 가장 먼저 문제가 되었던 것은 율령이라는 용어 자체와 중앙집권적인 지배체제가 맨 처음 시행되었던 중국 왕조들이었다. 중국 왕조들에서 율령이라는 용어는 일반적인 법제의 의미로 통시대적으로 사용되었고, 중앙집권적 지배체제(강력한 황제권과 관료제) 역시 어느 특정한 시기에만 실현되었던 것이 아니기 때문이다(菊池英夫, 1979). 따라서 소위 '율령'을 처음 만들어서 사용한 중국 왕조들에서는 율령제나 율령 국가라는 용어 자체를 사용할 수 없는 문제가 있는 것이다.

이에 율령제와 율령 국가의 개념은 중국 왕조들보다는 주변 국가들을 대상으로 한정해 사용되는 경향이 있다. 율령제 혹은 율령 국가의 개념은 후진적인 중국 주변 국가에서 중국의 강력한 황제권과 그것을 뒷받침하는 관료제에 의한 국가 통치 방식을 내재하고 있는 율령을 도입해 국가체제의 일대 전환을 이룬 뒤 고대 국가로 발돋움하는 모델로서 상정하는 것이다(池田溫, 1970). 그리고 이러한 율령 국가를 사회경제 발전에 따른 보편적인 현상으로 보고 동아시아 율령 국가군을 상정하기에 이른다(西嶋定生, 1970). 즉 율령 국가는 중국과는 사회 구조와 발전 단계가 다른 미개한 사회가 보다 발전한 중국의 율령법을 (사회발전 단계에) 앞서서 선택적으로 계수繼受하는 것을 통해 문명화해 나가는 과정에서 성립하는 것으로 이해할 수 있다(石母田正, 1971; 吉田孝, 1983).

결국 율령 국가란 고대 국가 통치 방식 발전의 궁극적인 도달점이라는 인식을 기본적으로 가지고 있는 셈이다. 그리고 이러한 인식은 중국 주변 종족·국가들이 율령 국가를 성립시키지 못하는 것을 사회 발전 단계가 미개했기 때문이라고 보는 입장으로 연결되기도 했다.[2] 나아가 율령 국가 개념을 중국 주변 국가들에 한정하면서도 일본의 사례를 보편적인 예로 적용시켜, 이와 동일한 양상이 아닌 경우 발전하지 못한 단계에 머물러 있다는 인식을 파생시킬 가능성을 만들어놓은 것이다.

이러한 율령과 율령제에 대한 이해는 한국 고대사 연구에 그대로 영향을 주었는데, 그 결과 한국 고대사에서는 율령과 율령제가 괴리되는 현상도 벌어졌다. 예컨대 고구려나 신라의 경우 율령을 반포했다는 분명한 기사가 있음에도 율령제는 없었다는 논리가 나오기도 한 것이다. '율령'이 있지만 '율령에 입각한 율령제'는 아니라는 모순적인 상황이 상정되어버렸고, 이는 기록과 달리 실제로는 율령이 없었다는 논리를 창출하기에 이르기도 했다(北村秀人, 1982).

이러한 논리는 일본의 율령제(율령 국가)가 전형적이고 보편적인 것이라는 관점에서 나온 것으로, 이에 고구려·백제·신라 삼국을 '율령제' 국가가 아니라 '율령형' 국가로 보자는 율령형 국가론이 제창되기도 했다(야마모토 다카후미, 2006). 이 '율령형' 국가론은 기본적으로 삼국을 율령에 입각한 지배체제가 관철되는 국가로 본다는 입장을 가지고 있어, 일본 고대사에서 구체화된 율령제·율령 국가 개념에 입각해 삼국의 율령을 부정하는 입장을 극복하는 하나의 대안이 될 수도 있다. 하

---

2) 예컨대 농경 사회가 아닌 지역은 끝까지 율령제가 시행될 수 없었는데, 이를 공동체적인 사회 발전 단계에 머물렀기 때문이라고 보고 있다.

지만 여전히 '율령제'를 일본의 것을 전형으로 이해하는 논리에 입각하는 것 같아 아쉬운 점이 있다.

우리 학계에서는 일본의 율령제·율령 국가론을 일반적으로 받아들이는 편이라고 할 수 있는데, 그중에서 특히 신장한 왕권 중심의 권력구조와 중앙 정치제도의 정비와 연관해 율령제를 제한적으로 이해하는 경향이 있다. 율령 반포의 전제 조건으로 왕권의 강화를 가장 중요한 요소로 인식하는 모습을 보이는 것을 볼 수 있으며(노중국, 1988), 신라의 경우도 중대 이후에 당 율령의 영향하에서 율령제를 지향했다고보는 것이 일반적인데, 중대 이후 신라의 체제를 설명하면서 왕권의 전제화와 관료제의 발달을 그 특징으로 꼽는 것은 율령제에 대한 그러한인식을 반영한다(이기동, 1984).

삼국의 경우 구체적인 모습을 사료에서 찾아보기 힘들다는 것이 큰제약이 된 점은 분명히 있지만, 총체적 지배 시스템으로서 삼국의 율령제를 고찰하기보다 중앙 정치제도에 방점을 두고 이해하는 경향을 보이는 이유 중 하나는 이것을 고대 국가의 발전적 모델로서 인식하기때문이라고 보인다.

3. 한국 고대 국가와 율령제의 성격

지금까지 한국 고대 국가들에서 율령, 율령제, 율령 국가의 개념과 그사용은 일본 율령, 율령제, 율령 국가에 의해 미리 규정되어버린 뒤 거기에 종속되는 느낌이 강하다. 즉 율령 반포 이후의 삼국의 국가체제는일본사에서의 율령제·율령 국가와 거의 동일한 것으로 무조건적으로이해하는 경향이 있는 것이다. 이는 율령제·율령 국가 개념을 발전적·

선진적인 것으로 이해하는 데 기인한 바가 크다고 하겠다. 그러다 보니 율령제와 그 이전 단계를 커다란 질적 차이가 있는 것으로 볼 수밖에 없고, 율령제는 획기적인 전환으로 이해되었다. 이러한 관점은 율령 반포 전과 이후의 연속적인 면보다 단절적 전환이라는 측면만을 강조해, 그 체제상의 차이점을 지나치게 부각시키는 연구 경향을 초래했다고 보인다.

그 결과 자료에 나타난 모습에 대한 분석을 통해 한국 고대 국가들의 율령제를 이해하기보다는, 이미 정해진 율령제의 내용에 맞추어 자료를 이해하는 모습을 보여주기도 한다. 신라의 율령 반포 직후인 524년에 세워진 「울진봉평리신라비蔚珍鳳坪里新羅碑」(이하 「봉평리비」)에는 다음과 같은 내용이 실려 있다.

> 별도로 교령敎令을 내린다. 거벌모라居伐牟羅 남미지男弥只는 본래 노인이었다. 비록 노인이었으나 전시前時에 왕께서 크게 법法을 교敎하시어 …… 대노촌大奴村은 공치共値 5를 부담하고 그 나머지는 모두 노인법奴人法에 따라 처리한다.(「울진봉평리신라비」)

여기에 나오는 노인과 대노촌, 노인법이라는 명칭이 일찍부터 주목되어왔다. 일반적으로 이 문구 중에 나오는 "전시에 왕께서 크게 법을 교하시어" 부분을 노인에 대한 시혜 조치가 율령적 지배의 일환으로 시행된 것으로 이해하는 경우가 많다(주보돈, 2002). 즉 노인이란 대노촌이라는 표현을 볼 때 촌 단위의 집단 예속민을 뜻하며, 이들은 신라왕의 통치하에 존재하지만 신라인으로서의 온전한 권리와 의무를 갖지 못하는 존재들이었으나, 율령 반포를 전후해 신라 공민公民으로 만드는 조치를 취해 차별적 대우를 면하게 해주었다고 보는 것이다.

이는 영역 내의 민들에 대한 일원적이고 직접적인 통치가 이루어지지 않다가, 율령제가 성립하면서 영역 내의 민들을 공민화하는 조치를 통해 균질화해 일원적 통치 방식을 실현해나가는 것으로 본 것이다. 대노촌과 노인이라는 존재가 율령제 이전의 통치체제와 관련한 것이었고, 이들을 공민화하는 것이 율령제적 통치 방식이라 이해하는 시각인데, 영역 내의 모든 토지와 민을 공지·공민화해 제민 지배齊民支配를 관철하는 것을 율령제로 보는 입장에 기반하고 있다고 하겠다. 하지만 이러한 시각은 신라의 율령에 입각한 지방 통치 방식을 지나치게 단순화시킨 문제점을 안고 있다.

「봉평리비」에서는 일을 '노인법'에 따라 처리하고 있다. 이 '노인법'은 「단양신라적성비丹陽新羅赤城碑」(이하 「적성비」)의 '전사법佃舍法'과 함께 '~법'의 형식을 갖는 신라 율령의 편목명일 가능성이 크다. 즉 '노인법'은 신라 율령 중 일부라고 할 수 있으며, 율령 반포 이후에도 노인의 개념이 여전히 존재함을 보여주는 것이다. 그렇다면 신라 율령하에서 노인은 율령적 지배에 포함되지 않는 존재가 아니라, 율령에 의한 통치 방식에 의해 규정되는 존재라 보는 것이 타당하다.

중국의 사례들을 볼 때, 신라 율령에 의한 지배 방식에서 노인이 일반적인 신라의 민들과 다른 방식으로 통치되었을 가능성이 높음을 확인할 수 있다. 소위 율령제 내지는 율령 국가의 개념에서 영역 내의 주민들을 공민으로서 균질화하는 통치 방식이란 중국 왕조들의 군현제적 지배에 다름 아니다. 일본과 같은 주변 국가들에서는 아직 재지수장들을 매개로 한 공동체적인 성격의 지방 세력들이 강건히 존재하던 국가체제를 중국의 군현제적 지배 방식으로 전환하는 것을 율령제의 중요한 의의로 본다고 할 수 있다.

그런데 중국 왕조들의 군현제적 지방 지배가 영역 내의 주민들을 모두 균질화했던 것은 아니다. 군현제적 지배가 시작되었다고 볼 수 있는 진한秦漢 대에 변경 지역의 군현에 속한 이종족異種族에 대한 지배 방식 중 하나는 군장君長을 통한 간접 지배였다(김병준, 2008). 한 영역 내의 만이蠻夷들은 군장에 소속되어 있고, 군장이 그 인구수에 따라 일정한 양의 조세를 한에 납부하는 형태로 복속되어 있었다고 보인다. 그렇다고 이들이 한의 군현제적 지배의 틀 안에서 벗어나 있는 것은 아니었다. 이들 만이에 대한 호적이 작성되었다고 보이며,[3] 군장이 납부하는 것 외에 군현 단위에서 이들에 대한 수취와 동원이 직접적으로 이루어지기도 했던 것으로 여겨진다. 이들은 모두 군현제적 지배의 틀 안에 속해 있었다.

이러한 양상은 앞선 진에서도 확인된다. 「운몽수호지진묘죽간雲夢睡虎地秦墓竹簡」 법률문답法律問答 중에 "진에 신속臣屬한 이종족〔臣邦人〕이 그 주장主長에 불만이 있어 하夏를 떠나려 해도 허락하지 않는다. 무엇을 하(를 떠나려는 것이)라 하는가. 진에 속해 있는 것을 떠나려는 것이 곧 하(를 떠나려는 것)를 일컫는다"(睡虎地秦墓竹簡整理小組 編, 1978, 226~227쪽)라는 내용이 있다. 여기서 진에 신속되어 있는 이종족이 임의로 진의 통제에서 벗어나는 것을 허락하지 않는다는 법 해석은, 진의 법제가 이들을 진 제국의 통치 안에 있는 민으로 보았다는 것을 보여준다. 다만 일반적인 군현제적 통치 방식과 다르게 주장, 곧 군장의 지배하에 두고 간접 지배 방식을 취했던 정황을 엿볼 수 있다. 이는 일반적인 군현제적 지배의 바탕이라 할 수 있는 농경 생활을 영위하지 않는 이들의 특성을 고려해 개별적인 통제 대신 공동체적 통제 방식을

---

3) 평양에서 발견된 「낙랑군초원사년현별호구부樂浪郡初元四年縣別戶口簿」 목간을 통해 한반도 지역에서도 이른 시기부터 이러한 군현제적 지배 방식을 인지했을 가능성이 높았음을 짐작할 수 있다.

채택한 것으로 보이는데, 하지만 이들을 민으로 여기는 의식은 분명히 있었다.

결국 영역 내의 민들에 대해 하나의 통치 방식만이 있었던 것은 아님을 짐작할 수 있다. 이종족의 경우 진한의 민으로 편제했으나, 조세 수취와 형법 적용에서 원래 종족적인 특성을 감안해 차별화했음을 볼 수 있다. 그리고 이는 진한의 공식적인 율(령)에 명기되어 있던 것이다. 즉 군현제적 지배의 시행은 구분과 차별 자체가 없는 것이 핵심이 아니라, 율(령)에 그 구분이 명시되어 있는가 하는 것이 중요하다고 볼 수 있다. 이러한 양상은 소위 전형적인 율령제가 시행되었던 것으로 이 야기되는 당 율령에서도 확인할 수 있다. 당의 부역령賦役令 가운데 다음과 같은 조항이 있다.[4]

> 변원주邊遠州의 이료잡류夷獠雜類가 있는 지역에 과역課役을 지우는 것은 사 안에 따라 양을 헤아리되 반드시 중국(화하華夏)과 같게 할 필요는 없다.(『천일 각장명초본천성령교증天一閣藏明鈔本天聖令校證』 하책下册, 475쪽)

이는 비록 영역 내의 백성이라고 할지라도 여건에 따라 다양한 지배 방식이 존재할 수 있고, 그것이 율령에 의해 규정되었음을 보여준다. 이러한 양상은 고구려에서도 찾아볼 수 있다. 「광개토왕릉비廣開土王陵碑」의 수묘인 연호조 기사에는 주민들을 지역에 따라 인人, 민民, 고賈 등 다양한 호칭으로 적었고, 또 신래한예新來韓穢와 같이 종족명을 명시하기도 하는 등 영역 내의 민들을 구분해주는 양상을 볼 수 있다(武田幸男, 1989).

---

4) 일본 요로령에서도 유사한 조문이 있음을 확인할 수 있다(井上光貞 等 校注, 1976, 254쪽).

그리고 그러한 구분이 실제 통치 방식의 차이와 연결되었던 것은 『수서隋書』 고구려전에 나오는 고구려 수취제도에서 확인할 수 있다. 포 5필과 곡 5섬이 인세人稅로 부과되는 일반 민들과 다르게, 10인이 세포 1필을 3년에 한 번 부담하는 '유인遊人'이 있다. 유인의 실체가 무엇인지 명확하지는 않지만, 일반적인 수취제도와 다른 원칙이 적용되었던 것은 분명하다. 이들 유인의 생업 환경이 농경을 전제로 한 수취제도와 부합하지 않기 때문에 이러한 별도의 규정이 적용되었을 가능성이 높으며(김기흥, 1991; 전덕재, 2006), 이는 고구려의 율령에 규정된 것이라 할 수 있다.

신라의 노인과 노인촌 역시 신라 율령에 규정된 실체로 볼 수밖에 없다. 실제로 「봉평리비」에는 일들의 처리에 대해 신라 법에 규정되지 않은 것은 왕을 포함한 6부 유력자들의 회의체를 통해 결정했고, 이미 공포되어 있는 신라 법에 따라 처리할 부분은 그에 따라 처리하도록 되어 있다. 즉 노인과 노인촌은 율령적 지배 방식과 관련이 없거나 그 이전의 것이 아니라 신라 율령에 의한 지배체제 내에 존재하는 것이다.

신라 율령이 새로이 신라 영역에 속하는 지역의 특성에 따른 내용을 포함했을 가능성은 「적성비」에 등장하는 적성전사법赤城佃舍法의 사례에서도 찾아볼 수 있다. 전사법이 전택田宅에 관한 규정이었을 가능성이 높다는 점을 고려한다면 적성전사법은 적성 지역에 한정된 것으로 볼 수 있으며, 이는 새로 신라 영역에 포괄된 적성 지역의 안정화와 효과적인 통치를 위한 한시적이고 지역 한정적인 법령이었으리라 여겨진다. 지역과 사안에 따른 구별과 그에 따른 다양한 통제·지배 방식이 신라 율령에 규정되고 시행되었던 것이 분명하다.

이상을 통해 볼 때 영역 내를 일정한 제도와 규정으로 통치하고자 하는 점은 분명하지만, 모든 지역과 민을 균질화하는 것이 한국 고대 국가들의 율령제가 지향하는 바는 아니었다는 것을 알 수 있다. 즉 신라나 고구려의 율령에 의한 통치 방식이 율령 반포 전과 비교해 일대 전환을 이루는 것이라는 인식, 예를 들어 노인촌의 편제와 간접 지배 방식이 율령제 이전의 방식이고, 그들을 공민화해 균질화하는 지배 방식이 율령제적 지배라고 단순히 양분해서 이해하는 것은 곤란하다.

이렇게 율령제와 율령 국가의 개념을 일반적으로 일본 고대사에서 가져온 것을 그대로 사용하면서 실제 삼국의 사례를 통해 삼국 율령의 성격이나 내용을 유추하는 것이 아니라, 율령제(율령 국가)의 개념을 먼저 전제한 뒤에 율령 반포 이후 율령제적인 체제를 갖춘 것으로 파악하는 문제는 중앙 정치체제에서도 확인할 수 있다.

같은 「봉평리비」에서 여전히 국정 운영은 6부 유력자들의 회의체에 의해 결정되는 듯한 모습을 보여준다거나, 6부인 전체가 경위를 관칭하지 않아 6부의 독자성이 유지되면서 강화된 왕권을 바탕으로 관료제적 통치체제가 관철되지 않는 모습 등을 볼 수 있다. 즉 여전히 중앙의 정치제도가 이전 6부 체제를 완전히 탈피하지 못한 모습을 보여주는 것이다.

율령 반포 이후 중앙의 권력 구조나 정치제도가 율령제적인 모습과 부합하지 않는 측면은 율령이 존재하지 않았다는 주장이 제기되는 계기가 되기도 했다. 혹은 제도로는 갖추어졌으나 그 제도가 철저히 관철되지 못했던 것으로 이해하는 견해도 있는데(전덕재, 2011), 이 역시 신라 율령에 의해 중앙 정치제도가 획기적인 변화를 일으키는 것을 율령제라 보는 입장과 크게 다르지 않은 듯하다.

율령 반포와 동시에 율령의 모든 내용이 그대로 시행되기 어려울 것이라는 점이나 「적성비」 같은 진흥왕 대 금석문들에서는 소위 율령제와 보다 가까운 중앙 정치 세력의 권력 구조나 관등제의 시행이 확인된다는 점을 고려하면, 법흥왕 대에 반포된 율령이 왕권 강화와 그에 따른 정치체제의 변화와 깊은 연관이 있음은 분명하다. 하지만 신라의 경우 「포항중성리신라비浦項中城里新羅碑」, 「포항냉수리신라비浦項冷水里新羅碑」, 「봉평리비」와 같은 율령 반포를 전후한 시점의 중앙 정치체제를 엿볼 수 있는 일련의 금석문들의 내용을 분석해보면, 율령 반포가 왕권 중심의 권력 구조 확립 및 그에 따른 관등제(경위)의 포괄적인 시행 등 중앙 정치제도의 일대 변혁을 일으킨 시점이라고 보기 힘든 면이 많다.

하지만 그에 비해 지방 지배와 관련한 부분에서는 지방 세력을 편제하는 외위外位 관등의 전면적인 사여 등 이전과 확연히 달라진 모습을 확인할 수 있다. 그렇다면 신라 법흥왕 대에 반포된 율령에서 국가 통치체제 가운데 중점을 두었던 것은 지방 지배와 관련한 것이라고 볼 여지가 많지 않을까. 신라의 경우 율령 반포 시점에 체계적인 중앙 관서체계가 갖추어지지 않았던 측면은 율령이 중앙 정치제도 중심의 내용이 아니었을 가능성을 더 높여준다. 이와 같은 추정이 타당성을 가진다면 신라의 경우 520년 율령 반포를 통해 추구했던 지배 방식의 주안점은 지방 세력들을 하나의 국가 통치체제 내에 체계적으로 포괄하는 것이었다 할 수 있을 것이다. 노인법도 그 일환으로 이해할 수 있다.

그렇다면 「봉평리비」에 보이는 모습은 율령 반포 이후에도 율령제적인 지배 방식을 보여주지 못하는 사례가 아니라, 신라 율령이 중점적으로 추구한 체제가 반영된 모습으로 이해하는 것이 타당하다. 어쩌면 이것을 초기 신라 율령제의 특징으로 볼 수도 있을 것이다.[5]

---

5) 필자는 신라를 비롯한 삼국의 율령제를 제대로 이해하기 위해서는 율령제를 하나의 완성된 체제로 규정하지 않는 것이 필요하다고 생각한다. 변화하는 율령의 내용에 따라 율령제의 모습도 변화할 수 있기 때문이다. 그간은 율령제를 어떠한 완성형으로 상정해왔기 때문에, 율령 내용의 변화

한편 신라가 중대 이후에 추진했던 관료제의 확충이 결국 족제적 원리에 따라 운영되는 골품제의 요소가 강하게 남아 있던 신라 사회의 한계로 인해 좌절되었다는 이해(이기동, 1984) 역시 비슷한 문제점을 내포하고 있다. 골품제가 율령제와 상반되는 것이며, 아직 사회가 충분히 발전하지 못한 상태임을 보여주는 것으로 이해하는 시각이라 볼 수 있는데, 골품제가 족제적 원리에 의거한 신분제라 하더라도, 관등제가 골품제와 연동되었다는 것을 기술한『삼국사기三國史記』직관지의 내용을 볼 때 골품제 역시 관서·관원들에 대한 규정과 함께 신라 율령의 내용에 포함되었다고 볼 수 있다. 그럼에도 이를 율령적인 내용이 아니라고 보는 입장인데, 이 역시 일본사에서 개념화된 율령제의 입장에서 바라본 시각이 아닐 수 없다. 골품제의 원리가 관료제 운영의 근간이 되는 것을 반율령적 요소라 보고 이를 신라에 율령제가 관철되지 못했던 한계로 파악하기보다는, 이러한 점을 신라적 율령제의 특징으로 보는 편이 더 타당한 시각이 아닐까 한다.

결국 신라의 정치·경제·사회의 여러 모습을 통해 신라 율령과 율령제에 접근하는 것이 아니라, 일본사에서 개념화된 율령·율령제를 전제로 해 삼국에 그러한 율령이나 율령제가 있었는가의 관점에서 바라봐 왔던 문제점들이 있는 것을 확인할 수 있다. 이는 한국 고대 국가를 바라보는 시각을 제한하는 결과를 초래했다고 볼 수도 있다.

이제 삼국 율령과 율령제에 대한 이해는 율령과 율령제의 성격을 미리 규정한 것을 적용시키는 방식에서 벗어날 필요가 있다. 구체적인 사례를 통해 삼국 율령과 율령제의 성격과 내용을 파악할 필요가 있는

에 따른 율령제의 변천 과정이라는 관점보다도 율령제가 점차 완성되어가는 과정이라는 시각이 대세를 이루었다고 할 수 있는데, 이러한 관점은 문제가 있다고 판단된다.

것이다. 삼국의 율령 반포와 시행은 당시 자신들의 필요에 의한 것임이 분명한 만큼 삼국 율령제는 그에 입각해 파악하는 것이 필요하다. 율령제의 성격을 정하고 그에 부합하는 체제인가 아닌가를 살펴보는 방식을 벗어나는 것이 한국 고대 국가들의 율령제 연구에서 선행되어야만 할 것이다.

4. 한국 고대 국가의 율령전律令典에 대한 문제

일본사에 정립된 율령제는 발전한 체제로의 일대 전환이라는 관념을 내포하고 있다. 하지만 이는 사회 발전 단계에 따른 자연스러운 것이라기보다는 외부의 충격에 의했거나, 혹은 그에 대비하기 위한 의도적인 것이었다고 보기 때문에, 이미 발전한 체제를 구축해 시행하던 당대 중국의 것을 그대로 도입한 계수법으로 율령의 성격을 규정하는 경향이 강하다. 따라서 소위 율령제로의 전환에서 율령이란 특정 중국 왕조의 율령전을 모법으로 해 체계적이고 완성된 형태의 법전으로 편찬되는 율령전 형식을 가지는 것으로 이해하고 있다. 더하여 지배 시스템의 도입이라는 측면에서 율령 중 영이 특히 중요하며, 따라서 율전과 영전이 분리되어 편찬되는 진晉 대 이후의 율령전체제를 특정한다.

삼국의 율령에 대한 이해에 일본의 율령제·율령 국가의 개념을 원용하면서 이러한 율령전에 대한 인식도 그대로 들어왔다. 삼국 율령의 모법에 대한 탐구가 초기 율령 연구의 핵심 주제였던 것은 그러한 인식이 반영된 결과였다. 특히 고구려 율령의 모법으로 진의 태시율령泰始律令이 지목된 것은 율과 영이 분리되어 별도의 법전으로 편찬되는 체제를 율령제로 이해한 일본 학계의 연구 성과와 밀접한 관련이 있다(전봉덕, 1968).

삼국이 공히 율과 영이 분리된 법전체제를 갖추었음을 논증한 일련의 연구들이 있었다(전봉덕, 1968; 노중국, 1979; 이인철, 1994; 주보돈, 2002). 이 연구들은 체계적인 율령전의 실체를 삼국에서 확인할 수 없기 때문에 중국 율령전의 계수라는 측면에 초점을 맞추었는데, 지배 방식의 내용적인 측면에서 중국 제도와의 일치성을 찾는 방식을 통해 체계적 율령전의 존재를 상정하는 방법이 주로 활용되었다.

신라의 사례를 통해 구체적인 내용을 살펴보자. 소위 율령제에서는 선거적 관료에 의한 대민 지배 시스템을 갖추고 있다고 하는데, 그 시스템을 도식화해 서술하면 다음과 같다. 당 율령에 반영되어 있는 관료제에 의한 지배 시스템은 관인 행정체계가 관품령官品令과 직원령職員令 등에 의해 규정되어 있으며, 호령戶令·선거령選舉令·고과령考課令·녹령祿令 등에 의해 관인의 선발과 운용이 이루어진다. 그리고 관인제에 의한 대민 지배는 문서 행정 규정으로서의 공식령公式令과 지배 방식을 규정한 전령田令·부역령賦役令 등에 체계화되어 있는 것이다(菊池英夫, 1974).

이러한 영전의 모습은 일본의 양로령에서 약간 다른 구성이기는 하지만 비슷하게 확인된다. 관위령官位令과 직원령에 규정된 관인들을 학령學令·선서령選敍令·고과령· 녹령 등의 규정에 의거해 양성·선발·운용하고, 이들 관인들은 공식령에 의거한 문서 행정 방식으로 호령·전령·부역령의 규정에 따라 사회경제 지배 시스템을 운영해 대민 지배를 실현한다(石上英一, 1996).

신라에도 구체적인 율령전이 남아 있지는 않지만, 이러한 관료제적 대민 지배체제를 상정할 만한 근거는 충분히 갖추어져 있다. 예컨대 집사부, 병부, 조부, 창부, 예부, 승부, 사정부, 예작부, 선부, 영객부, 위화

부, 좌이방부, 우이방부 등의 관서들이 설치되어 있었고, 각 관서들에는 영-경-대사-사지-사의 관원들이 배치되어 있었다. 태종무열왕 원년(654)에 이방부격理方府格 60여 조를 수정修定했다는 기록은 각 관서와 소속 관원들에 대한 규정을 담은 체계적인 영이 존재했음을 간접적으로 보여준다고 이해할 수 있다.

또 국학에 관인 양성과 관련한 일정한 교육제도가 있음을 알 수 있어 학령의 존재를 상정할 수 있고, 독서삼품과와 같은 관인 선발제의 시행, 신문왕 7년(687) 5월의 문무관료전文武官僚田 지급과 9년 정월의 녹읍 폐지와 함께 시행된 관인에 대한 세조歲租의 지급 등은 선거령(선서령), 고과령과 녹령 등에 해당하는 법제가 신라에도 있었음을 보여준다. 「적성비」에서 확인되는 전사법이라는 법제의 편목명을 통해 토지의 구획과 분급과 관련 있는 전령이 6세기 중반에는 성립해 있었음을 볼 수 있다. 또 성덕왕 21년(722) 8월에는 백성에게 정전丁田을 지급하는 조치를 취하고 있어 토지를 반급班給하고 그것을 기반으로 수취제도를 마련했음을 짐작할 수 있다. 또 「적성비」에 나오는 소자, 소녀 등의 표현이나 「신라촌락문서新羅村落文書」의 내용을 볼 때 호적을 만들어 민을 파악하고 수취와 역역力役 동원에 활용했음을 알 수 있어 호령·부역령이 있었음을 알 수 있다.

이렇듯 율령 관인에 의한 공지공민의 지배라는 율령제적 모습을 신라에서도 찾아볼 수 있는데, 이를 통해 중국이나 일본 율령에서 확인할 수 있는 여러 영이 신라에 모두 있었다는 것을 미루어 짐작할 수 있어, 율전과 분리되어 편찬된 체계적인 영전이 신라에 존재했던 사실을 확인할 수 있다.

하지만 이러한 방법론을 통해 신라에서 관료제에 입각한 지배 시스템의 내용을 모두 포함한 체계적인 영전이 어느 특정 시점에 편찬되었다고 단정할 수는 없다. 위의 여러 제도나 규정은 동시대적인 자료에서 확인되는 것이 아니라, 여러 시기에 걸쳐 나오는 사료를 하나로 취합한 것이다. 즉 지배 시스템 전반을 규정한 체계적인 영들이 결국은 신라에 모두 있었다고 볼 수 있지만, 어느 시점에 특정 중국 왕조의 율령을 수입해 동시에 영들을 제정·시행했다는 것을 확인할 수는 없다.

오히려 여러 관서가 여러 번에 걸쳐 차례로 설치되는 것과 같이 여러 영적인 규정이 순차적으로 갖추어지는 모습을 확인할 수 있어, 한 번의 영전 편찬을 통해 일거에 체제를 변혁하는 모습을 상정할 수 없다. 즉 어느 특정 시점에 중국 율령을 전면적으로 도입해 위의 지배 시스템 전반이 담겨 있는 체계적인 율령전을 편찬하지 않았을 가능성이 높은 것이다.

신라가 7세기 중엽에 당 율령을 수용했다는 일반적인 견해를 받아들이더라도, 한 번에 당 율령전을 전면적으로 도입했다고 볼 여지는 크지 않다고 여겨진다. 이는 520년 이후 신라에서 율령전을 편찬했다는 기록이 전무한 것에서 유추할 수 있다. 이를 단순한 사료의 유실로 볼 수도 있지만, 실제 신라가 전면적인 율령전의 개찬을 통한 제도 정비를 시행하지 않았기 때문이라 보는 것이 합리적이라 판단된다.

이상의 점들을 고려한다면, 신라의 율령제는 체제의 전면적인 전환이 특정한 시기의 체계적인 법전 편찬 내지는 전면적인 개수를 통해 성립한 것이 아니라, 여러 영적 규정이 순차적으로 법제화하는 과정을 거쳤다고 볼 수 있다. 이것은 520년 최초의 율령 반포 시점에서도 비슷한 양상이었을 것으로 보인다. 근래에 「지안고구려비集安高句麗碑」가 새로이 발견되었는데, 그 비문에는 고구려 법제의 반행 과정에 대한 내용이 담겨 있다. 또 6세기 초 신라 금석문들에서도 역시 신라 법제의 제정·공표·시행 과정에 대한 단서들을 찾을 수 있다. 이러한 금석문들의 내용을 통해 고구려나 신라에서 반포한 율령들은 처음부터 체계적인 율령전이 완성된 형태로 편찬된 것이 아니라, 기존의 단행 법령들을 집적해 국가법·왕법의 형태로 반시한 것이라고 보는 견해가 제시되었는데, 율령 반포가 체계적인 율령전의 편찬을 수반하지 않았다는 입장이라 할 수 있다(김창석, 2010; 홍승우, 2011·2013).

하지만 이러한 입장과 달리 삼국의 율령전이 여전히 영전이 따로 분리되는 형식을 가진 체계적인 법전의 형태였을 것이라고 보는 시각도 존재한다(김수태, 2013). 또 초기 율령들을 단행법령의 집적으로 보거나 그러한 견해를 수용하는 논자들 역시 최종적으로는 이후 어느 시점에서는 중국 율령전을 참조해 체계적인 율령전이 편찬되었을 것으로 보는 경향이 강하다(김창석, 2010; 전덕재, 2011). 이는 역시 일본 학계에서 체계화된 율령제·율령전의 개념을 전형적인 것으로 보는 입장이 통용되기 때문일 것이다.

일본 율령제의 '율령'은 관료제에 입각한 제민 지배체제라는 내용적인 측면과 함께, 형식적인 측면에서도 율과 분리된 지배 시스템을 규정한 영전이 율과 함께 불변하는 기본 법전의 위상을 점하는 법전체제를 갖는 특징이 있는 것으로 파악하며, 이것을 율령제 전이나 후와 구분되는 점으로 중요시한다. 그렇기 때문에 율과 영의 개수는 개별 율령 편목을 수정하는 방식이 될 수 없고, 율령전 전체를 재편찬하는 방식으로만 이루어지는 것으로 본다. 그리고 격식格式이라는 수시로 제정·시행되는 법전이 있지만 기본법인 율령의 내용을 바꿀 수는 없는 추가·보충법의 성격을 갖는 것으로 이해한다(滋賀秀三, 2003).[6]

---

6) 한국 학계에서는 당 율령전의 형식인 '율령격식'과 그것이 한국 고대 율령의 형식에 영향을 주었다는 주장을 펼 때 율·영·격·식 4가지가 모두 갖추어지는 것 자체를 중요시하는 경향이 많다. 그러나 소위 율령제의 율령전체제의 핵심은 고정불변의 율·영이며, 격·식은 부차적인 것으로 율·영

이러한 율령전의 형식적인 측면은 단순히 법전 편찬의 기술적인 차원의 문제가 아니라, 영에 의해 지배 시스템이 구축되는 율령제의 특성에 따라 성립된 것, 곧 발전의 결과 도달한 법전 편찬 방식으로 이해되었고,[7] 율령제 시행을 보여주는 하나의 지표로 인식되어버렸다. 그렇기에 삼국 초기 율령들이 이러한 율령전의 모습을 갖추지 않았다면 이를 율령으로 볼 수 없다는 주장이 나오기도 하는 것이며, 우리 학계에서 율과 분리된 영전이 있었다는 논증이 삼국 율령 연구의 주요한 주제가 되는 현상을 불러일으키기도 했던 것이다. 신라 중대 이후에도 '율령격식'의 체제를 갖춘 법전이 존재했는가가 주요한 논쟁점이 되는 것 역시 이러한 인식과 무관하지 않다(堀敏一, 1994).

하지만 소위 율령제하의 법전 편찬 방식은 특정한 시기에 체제의 획기적인 전환을 염두에 둔 일본의 특징적인 사례에 기반을 두고 도출된 결론이다. 황제의 즉위시마다 율령전의 편찬이 이루어지던 중국과 달리 일본에서는 기요미하라령淨御原令, 다이호율령大宝律令, 요로율령養老律令 이 세 번으로 율령 편찬이 끝났기 때문에 율령은 고정불변의 것이라는 인식이 생겼다. 또 쇼무 천황聖武天皇이 즉위한 후에 내린 칙勅이 율령과 다른 점이 있어 철회된 사례 등을 볼 때, 천황조차 율령에 구속된 존재이며,[8] 율령법의 운용 주체는 율령 관인들이었다고 보는 견해가 있기도 하다(오쓰 도루, 2007). 이러한 일본의 상황은 기본 법전인 율

의 내용에 영향을 줄 수는 없다고 파악하는 것이다. 따라서 당 중기 이후 격의 중요성이 강조되는 율령전체제의 변화를 율령제의 쇠퇴로 이해하기도 한다.

7) 일본 학계에서는 율과 영이 분리되고, 처음부터 완성된 체계적인 법전 형태로 편찬되기 전의 방식, 즉 왕명 등으로 제정·공표·시행되는 단행 법령들을 집적하는 방식의 법전 형식을 '원시율령' 으로 명명해 구분하기도 한다.

8) 일본 율령의 이러한 측면으로 말미암아 다수의 지지를 받지는 못하지만, 율령제의 성격을 귀족연합체적인 것으로 이해하는 견해들도 있다(早川庄八, 1986).

령전의 위상을 크게 강조하는 입장으로 연결될 수밖에 없다.

하지만 율령전의 이러한 형식적 특징은 결코 보편적인 것이라 할 수 없다. 중국사에서는 율령전 형식의 완성기인 당 대에 이미 율령 개수가 율령전을 재편찬하는 방식이 아니라 격을 중심으로 이루어지는 것으로 바뀌면서 율령보다 격·식이 법전 편찬의 중심이 되는 변화를 겪는다(梅原郁, 1993). 이는 법전 개수의 효율성 측면에서 나타난 현상이며, 율령의 제정과 반포·시행의 주체가 되는 황제권이나 관료제적인 지배 시스템의 변동과 직접적으로 관련된 것은 아니다.

다시 말해 일본 율령제의 율령전의 성격은 일본이 처한 환경 속에서 나타난 것으로, 기나이畿內 정권이 전국적인 지배 시스템을 관료제에 입각해서 구축하려는 목적하에 당 율령을 전면적으로 도입하면서 나타난 현상일 뿐인 것이다. 삼국은 시기나 처한 환경이 달랐기에 일본과 같은 체계적인 율령전의 편찬을 통한 율령제가 시행되지 않았던 것으로 여겨진다. 삼국은 중국의 인접 국가로서 지속적인 교류를 통해 관료제에 입각한 중국 왕조의 대민 지배체제에 대한 지식을 일찍부터 가지고 있었고, 그 지식이 율령 반포 전부터 국가체제나 법제에 포함되어 있었을 것이므로 전면적인 체제 전환이라는 과정을 거칠 필요가 없었으며, 또 동 시기 중국 율령전을 저본으로 하는 새로운 율령전의 전면적인 편찬도 필요하지 않았던 것이다.[9] 즉 삼국의 율령 반포 당시 율령전의 형식이 일본 율령제하의 율령전과 다르다고 하더라도, 이는 당시 삼국 사회의 발전 단계나 법전 편찬 방식이 후진적인 것임을 보여주는 것이라고 할 수는 없다.

---

9) 삼국 율령 반포 시점의 법제 형식과 내용이 진한 대 율령과 유사한 측면이 있다는 점은 이러한 가능성을 더욱 높여준다(홍승우, 2013).

이제 한국 고대 율령에 대한 이해에서 율령전의 형식적인 측면에 얽매이는 것을 탈피할 필요가 있다. 그리고 중대 이후 신라 율령을 이해하는 데서도 고정불변의 법전으로서의 율령과 수시 편찬의 격식으로 구분해서 이해하고, 당 율령의 영향 아래 중대 어느 시점에 체계적인 율령전을 다시 편찬했다고 보는 일반론에 대한 재검토가 이루어져야 할 것이다.

5. 맺음말: '삼국 율령제' 연구의 필요성

이상에서 한국 고대 국가의 율령과 율령제에 대한 몇 가지 검토를 두서없이 해보았다. 필자는 지금 단계에서 한국 고대 국가를 제대로 이해하기 위해서는 율령과 율령제에 대한 인식을 새롭게 하지 않으면 안 된다는 문제의식을 가지고 있다. 한국 고대 율령에 대한 이해는 한국 고대사에 대한 이해의 바탕 위에서 이루어져야 한다. 그간은 율령제라는 틀을 통해 한국 고대사를 바라봐 왔다고 할 수 있다. 그리고 그 틀은 일본사 연구에 의해서 짜인 것이었고, 필연적으로 한국 고대 율령과 국가체제를 있는 그대로 받아들이지 못하는 결과를 가져왔다.

필자가 생각하기에 한국 고대 국가와 율령·율령제에 대한 이해에서 가장 먼저 시각의 전환이 필요한 부분은 율령제의 시행 전후를 단절적으로 본다는 것이다. 율령 반포·시행을 기준으로 그 전과 후를 계기적 발전 단계로 바라보기보다는, 단절적인 전환으로 파악하는 것이 일반적이다. 이는 초기 국가체제인 부체제의 특성이 이후 삼국 율령의 여러 요소에 영향을 주었을 가능성이 크고, 그것이 한국 고대 국가들의 율령제의 특성이라고 볼 수 있음에도 두 단계를 완전히 분리해서 이해하고

자 하는 경향으로 말미암아 이를 율령제의 불완전성 내지는 한계로 이해할 뿐이었다. 이는 한국 고대 국가와 율령을 이해하는 데 하나의 걸림돌이 되었다고 여겨지는데, 그간 '삼국의 율령제'에 대한 연구가 제대로 이루어지지 않은 결과다.

이제는 보편적 율령제를 상정하기보다 한국 고대 사회의 율령제를 밝히는 방식으로 연구의 시각이 전환되어야 한다. 그렇다고 필자가 율령에 의한 통치 방식의 보편성에 입각한 동아시아 율령 국가군의 개념을 전면적으로 부정하는 것은 아니다. 다만 한국 고대 율령의 특성을 도출해내는 작업이 선행된 후에 주변 국가와의 비교를 통해 보편적 율령제의 특징을 찾을 수 있다고 생각한다. 그간 율령에 대한 연구가 가장 미진했던 백제에서 신출 문자 자료들이 등장해 국가 통치 시스템의 실체에 접근할 수 있게 되면서, 율령 연구에 상당한 성과를 거두고 있는데(윤선태, 2007), 백제 율령에 대한 새로운 연구 성과들이 일본 율령과의 비교·검토를 통해 동아시아 율령제 연구에 많은 도움이 되는 것이 좋은 본보기라 할 수 있다. 이제는 '삼국의 율령제'에 대한 연구가 필요하다.

:: 참고문헌

김기흥, 1991, 『삼국 및 통일신라 세제의 연구: 사회변동과 관련해』, 역사비평사.

김병준, 2008, 「낙랑군 초기의 편호과정과 '호한초별胡漢稍別': 「낙랑군초원사년현별호구다소□□」 목간을 단서로」, 『목간과 문자』 창간호.

김수태, 2013, 「집안 고구려비에서 보이는 율령제」, 『한국고대사연구』 72, 한국고대사학회.

김창석, 2010, 「신라 법제의 형성 과정과 율령의 성격: 포항 중성리신라비의 검토를 중심으로」, 『한국고대사연구』 58, 한국고대사학회.

노중국, 1979,「고구려율령에 관한 일시론」,『동방학지』21, 연세대학교 국학연구원.

_____, 1988,『백제정치사연구』, 일조각.

노태돈, 1975,「삼국의 '부'에 대한 연구」,『한국사론』2, 서울대학교 국사학과.

야마모토 다카후미山本孝文, 2006,『삼국시대 율령의 고고학적 연구』, 서경.

오쓰 도루大津透, 2007,「古代日本における律令の受容」,『民族文化論叢』37, 영남대학교 민족문화연구소.

윤선태, 2007,『목간이 들려주는 백제 이야기』, 주류성.

이근우, 1996,「일본 고대 율령국가론: 연구사와 논점을 중심으로」,『일본학』15, 동국대학교 일본학연구소.

이기동, 1984,『신라 골품제사회와 화랑도』, 일조각.

이인철, 1994,「신라율령의 편목과 그 내용」,『정신문화연구』17-1, 한국정신문화연구원.

전덕재, 2006,『한국고대사회경제사』, 태학사.

_____, 2011,「신라 율령 반포의 배경과 의의」,『역사교육』119, 역사교육연구회.

전봉덕, 1968,『한국법제사연구』, 서울대학교 출판부.

주보돈, 2002,『금석문과 신라사』, 지식산업사.

홍승우, 2011,「한국 고대 율령의 성격」, 서울대학교 국사학과 박사학위논문.

_____, 2013,「'집안고구려비'에 나타난 고구려 율령의 형식과 수묘제」,『한국고대사연구』72, 한국고대사학회.

睡虎地秦墓竹簡整理小組 編, 1978,『睡虎地秦墓竹簡』, 文物出版社, 北京.

天一閣博物館·中國社會科學院歷史研究所天聖令整理課題組, 2006,『天一閣藏明鈔本天聖令校證 下册』, 中華書局, 北京.

菊池英夫, 1974,「唐令復原研究序說: 特に戶令·田令にふれて」,『東洋史研究』31-4, 東洋史研究會, 京都.

_____, 1979,「律令法体系の基本性格に関する分析視角について」,『中國律令制とその展開: 周辺諸国への影響を含めて』(唐代史研究会報告 第Ⅱ集), 唐代史研究會, 東京.

堀敏一, 1994, 『律令制と東アジア世界: 私の中国史学(二)』, 汲古書院, 東京.

吉川真司·大隅清陽 編, 2002, 『展望日本歴史6 律令国家』, 東京堂出版, 東京.

吉田孝, 1983, 『律令国家と古代の社会』, 岩波書店, 東京.

梅原郁, 1993, 「唐宋時代の法典編纂: 律令格式と勅令格式」, 『中國近世の法制と社會』, 京都大學人文科學研究所, 京都.

武田幸男, 1971, 「朝鮮の律令制」, 『岩波講座 世界歴史6』, 岩波書店, 東京.

━━━━, 1989, 『高句麗史と東アジア: 「広開土王碑」研究序説』, 岩波書店, 東京.

北村秀人, 1982, 「朝鮮における'律令制'の変質」, 『東アジア世界における日本古代史講座7』(東アジアの変貌と日本律令國家), 學生社, 東京.

西嶋定生, 1983, 『中國古代国家と東アジア世界』, 東京大学出版会, 東京.

石母田正, 1971, 『日本の古代国家』, 岩波書店, 東京.

石上英一, 1996, 『律令国家と社会構造』, 名著刊行会, 東京.

林紀昭, 1967, 「新羅律令に関する二·三の問題」, 『法制史研究』17, 法制史學會, 東京.

滋賀秀三, 2003, 『中国法制史論集』, 創文社, 東京.

井上光貞, 1971, 「律令國家群の形成 序」, 『岩波講座 世界歴史6』, 岩波書店, 東京.

井上光貞 等 校注, 1976, 『律令』, 岩波書店, 東京.

早川庄八, 1986, 『日本古代官僚制の研究』, 岩波書店, 東京.

池田温, 1970, 「律令官制の形成」, 『岩波講座 世界歴史5』, 岩波書店, 東京.

조공·책봉을 둘러싼 논의와
고대 대외관계사 연구
− 견당사遣唐使의 시대를 중심으로 −

고미야 히데타카(小宮秀陵, 계명대학교 일본학과 초빙교수)

1. 조공朝貢과 책봉冊封을 바라보는 두 나라의 시선

조공책봉관계론朝貢冊封關係論은 전근대 한반도의 외교에 관한 논의다. 1960년대 전반에 페어뱅크John K. Fairbank가 제창한 조공체제론과 니시지마 사다오西嶋定生가 제창한 책봉체제론의 영향을 받아 한국에서도 전해종全海宗이 조공책봉관계론을 주장했다. 이 조공책봉관계론은 페어뱅크가 주장하는 공물貢物의 헌상이라는 '조공朝貢' 행위와 니시지마 사다오가 주장하는 중국 황제가 한반도에 있는 왕에게 작위를 수여한다는 '책봉冊封'이라는 행위가 결합했고, 그것이 전근대 한반도의 대對 중국 외교를 관통하는 특징으로 자리 잡았다는 것이다. 이러한 관점은 전근대 한반도에 존재했던 여러 왕조가 공통으로 취한 대중국 외교의

방식으로서 널리 받아들여지고 있다.[1]

그러나 책봉체제론과 조공책봉관계론은 한일 양국의 연구자들에게 비판을 받기도 했다. 일본의 중세·근세 연구자들은 조공에 수반해 이루어지는 무역에 주목한 '조공시스템론'이나 조공 이외의 교섭 형태인 '호시체제互市體制' 혹은 '호시시스템'으로 불리는 교역의 중요성을 주장하기도 했다. 이 시기의 연구자들은 중세·근세의 정사 및 그 외 자료에서 '호시'라는 표현이 많이 등장한다는 점에 주목해 그 실체를 구체적으로 검토하고, 무역을 통해 조공에서 이루어지는 '정경일체政經一體' 행위를 '경제적' 측면에서 바라보며 비판의 논지를 전개해나갔다(岡本隆司, 2007·2010).

한편 한국에서는 시대를 막론하고 조공 책봉 관계라는 실태의 허구성이 지속적으로 지적되어왔다. 근년에 동북공정이 이루어지면서 조공 책봉 관계 속에서 '종속성'의 문제에 관해 한국 학계에서 활발한 논의가 전개되었다. 거기서는 정체사관을 벗어나기 위해 조공과 책봉이라는 '종속적'으로 보이는 행위를 인정하면서도 그 속에서 주체성을 찾고자 했다.[2] 이러한 한일 학계의 조공과 책봉에 관한 논의는 문제의식 측면에서 두 가지 특징을 지적할 수 있다. 우선 근대 외교 관계의 문제의식이다. 즉 '조약 관계'가 나타난 배경에 관한 문제의식에서 전근대 외교 관계에 대한 연구가 이루어진 것이다. 바꾸어 말하면 '아시아의 근대화란 무엇인가'라는 문제의식이 조공과 책봉 연구의 바탕이 된 것이다.[3]

---

1) '조공 책봉 관계'는 한반도에서만 사용하는 역사 용어다. 다만 '조공 책봉 관계'라는 용어가 한국 사회에서 어떻게 이용되었는지에 대해 추적한 연구 성과는 없다. 현재 필자는 후술하는 전해종의 사상적인 영향이 크다고 여긴다.

2) 동북공정에 관한 연구 동향은 '古畑徹, 2010, 21쪽'에 잘 정리되어 있다.

3) 단적으로 말하면 '책봉체제'는 근대 이후에 드러난 '세계사' 문제에서 출발한 것이다(西嶋定生 著·李成市 編, 2000, 259~262쪽).

예를 들어 조공시스템론은 근대 조약 관계를 해명하기 위해 제창되었다는 것이다(濱下武志, 1986). 조공시스템이든 호시든, '정경분리政經分離'라는 현대적인 이해를 바탕으로 전근대 대외관계사 연구가 진행되어왔다는 점은 유의해야 한다.

다른 하나는 이러한 비판의 논의가 중국 외부의 관점에서 이루어지고 있다는 점이다. 한일 학계에서는 중국 사료에 나타난 '조공'이라는 표현과 그 의미를 중국사의 틀 밖에서 비판적으로 검토해왔다. 이는 중국에 대한 조공자의 입장에서 조공이나 책봉의 구조를 이해하기 위한 시도였다는 점에서 유의미하다고 할 수 있다.

이처럼 대외관계사적인 측면에서는 책봉체제론이나 조공책봉관계론에 대한 비판이 이루어져왔지만, 아직 고대사 연구에서는 이러한 논의들이 중요한 위치를 점하고 있다. 한일 양국 고대 대외관계사의 기저에는 조공과 책봉이 존재했기 때문에, 적극적인 비판이 이루어지지 않았던 것으로 생각된다.

이 글에서는 이러한 측면에 주목해 전후의 한일 학계가 고대의 조공책봉관계론을 바라보는 시각을 비교해서 검토하고자 한다. 특히 비교 대상으로 삼고자 하는 시기는 한일 양국이 정기적으로 중국에 사신을 보낸 당唐 대다. 니시지마 사다오가 당 대를 책봉체제가 완성된 시기로 평가해왔듯이, 6~8세기에는 조공과 책봉이 연동하면서 신라·발해와 일본은 당 문화의 영향을 크게 받았다. 즉 연구자들은 일본과 신라, 그리고 발해가 당의 선진 문화를 흡수하기 위해 사신(조공사朝貢使 = 견당사遣唐使)을 파견했다고 이해해왔다.

다만 이 시기 한일 간의 대중국 관계가 대조적으로 인식되었다는 점은 유의해야 할 것이다. 근대에 독립을 지킨 일본, 식민지화된 한국이라는 희비喜悲의 역사가 조약 관계를 논하기 위해 중요했는데, 고대 일본-

중국, 한국-중국 관계에 대한 연구에서는 양국의 대조적인 구도가 투영되었다. 실제로 한중 관계가 강국強國 일본을 강조하는 수사修辭로 이용되기도 했다. 7~9세기에 걸쳐 일본에서 당으로 파견된 사신과 한국의 사신을 비교해, 한국의 사신을 후진적으로 평가한 것이다. 이러한 평가의 배경은 정체사관의 영향이 컸다. 고대 한중·중일 관계사는 근대에 만들어진 일본사의 표리表裏라는 문제를 안고 지금까지 이해되어왔으며, 조공과 책봉이라는 관계를 조공자, 즉 중국 외부의 입장에서 바라본다는 점에서 복잡하게 얽혀 있다. 우선 양국이 조공과 책봉을 이용한 관계론을 다루면서 정합적整合的으로 이해하려고 한 부분을 보고자 한다.

2. 중국 사료와 국사國史 정합화의 문제

1962년 니시지마 사다오는 책봉체제론을 제기했다. 그는 책봉을 중국 황제가 주변 민족 수장에게 왕王·후侯 같은 작위와 관호를 부여해 신속화臣屬化하는 책명冊命 행위로 규정했다. 그러기 위해서는 주변 여러 민족이 중국에 입조入朝해야 했고, 중국은 이를 유교에 나타난 중화 사상과 왕화王化 사상을 바탕으로 이들이 중국의 덕德을 경모敬慕해 조공한다고 이해했다. 다만 이러한 행위가 하나의 체제로서 계속 기능하기 위해서는 유교의 이념이 주변 제諸 민족에게도 침투되었다는 것이 전제되어야 하는데, 니시지마 사다오는 주변 제 민족이 유교에 의한 예적禮的 질서를 이해하고 있다고 보았다. 또한 그는 책봉 관계가 "한번 실현되면 그 논리에 따라서 자기 운동을 시작한다"고 서술했다. 그리고 구체적으로 '자기 운동'을 한 나라로 고구려·신라·백제·발해와 베트남, 일본을 들었다. 니시지마 사다오의 주장은 책봉 관계를 통해 여러 나라가 일체적으로 움직임으로써 '동아시아'라는 세계를 구상할 수 있었다는 점에서 많은 반향을 불러일으켰다.[4]

고대 동아시아론 연구는 1960년대부터 1970년대에 걸쳐서 활발하게 이루어졌다. 호리 도시카즈堀敏一의 기미정책羈縻政策이 대표적이지만, 그 외에 모리 마사오護雅夫, 다무라 지츠조田村実造, 누노메 초후布目潮渢 같은 연구자들이 책봉체제를 검토해 '동아시아' 세계에 대해 분석했다.[5] 다만 이들 어느 연구보다도 니시지마 사다오의 동아시아론이 많은 비판을 받은 것은 그가 동아시아를 표방했지만 그의 문제의식은 일본에 대한 역사인식을 바탕으로 한 것이었기 때문이다. 그가 말하는 책봉에 관해 논하면 "일본의 주체적인 조건이 중국 문화의 수용을 필요로 했다는 점에서 당시 문화 섭취의 욕구는 그 국가 기구의 진로와 밀접하게 결합했다. 따라서 책봉 관계의 밖에 있다고 하더라도 실질은 그 논리 밖에 있었던 것이 아니다"와 같이 서술한 것으로, 이는 이러한 그의 입장을 잘 반영한다.

니시지마 사다오의 책봉체제론은 일본의 견당사 연구를 동아시아 역사의 일부로 재편하는 역할을 했다. 그 전까지 견당사 연구는 근대 일본사 속에서 너무 화려하게 묘사되었다. 예를 들어 일본의 견당사가 당나라로 갈 때 국서國書를 지니지 않았다는 것은 강대한 당 제국에 대해 '독립'을 지켰다는 측면을 강조하는 근거의 하나가 되었다. 지금도 7세기부터 9세기 일본 고대의 대외관계사 연구에서 견당사 관련 기사보다 많은 기록이 남아 있고 파견 횟수도 많은 견신라사遣新羅使나 견발해사遣渤海使의 활동에 비해 견당사의 활동이 중요한 역할을 한 것처럼

---

4) 니시지마의 견해는 최근 李成市, 金子修一 두 연구자를 통해 자세하게 정리되었다. 필자 또한 이들 견해에 크게 의거했다(李成市, 2000; 金子修一, 2008·2010).
5) 동아시아 세계에 대한 연구사는 '菊池英夫, 1979'의 논고에 잘 정리되어 있다.

서술된 것은 이와 같이 '독립'을 지켰다는 점에 근대의 모습을 투영했기 때문이다.[6]

니시지마 사다오는 이전의 연구와 달리 일본 견당사의 국서휴대설國書携帶說을 채용했는데(西嶋定生, 1987), 이는 당에서 견당사를 보는 시각으로서 견당사에 대한 일본사에서의 확대 해석을 경계하고 있었음을 보여준다. 대신 그는 왜倭 시대에 몇 번이나 책봉을 받은 일본이 당 대 이후 조공을 해도 책봉을 받지 않았다는 점과, 당 말에 책봉을 매개로 한 동아시아 세계가 붕괴하면서 경제적인 관계로 연결된 '동아시아 교역권'으로 변화한 점을 중시했다. 이는 동아시아 세계 속에 일본이 있다는 것을 인정하면서도 책봉 행위의 외부에 일본을 자리매김했던 것이다. 따라서 "책봉 관계의 밖에 있다고 하더라도 실질은 그 논리 밖에 있었던 것이 아니다"라는 문장 속에 나타난 그의 논리는 유교적인 이념의 논리였다. 즉 그는 당 대 책봉 행위는 당시 일본사의 외부에 있었던 것으로 이해했다. 그는 당 멸망의 영향으로 주변 나라들도 멸망했음에도 일본은 한 왕조로 존속할 수 있었다는 점에 착안해 이렇게 이해했다고 생각된다.

한편 한국 학계에서는 1960년대 전해종의 논의가 주목된다. 그는 동아시아 각국에는 조공만을 하거나 책봉이 단속적斷續的으로 이루어진 왕조가 많지만, 한반도의 각 왕조만이 조공과 책봉을 반복했다는 특징을 갖는다고 보았다. 그러나 그는 중국의 예적 질서에 편입되어 중국의 신하臣下가 되는 종속성을 인정하면서 한국적인 특질을 추구했으므로 신라(발해)의 견당사가 갖는 주체성을 명시하지 못했다. 다만 다른 여

---

6) 이 문제를 환기시킨 '鈴木靖民, 1985'의 연구 성과가 크다. 근년의 연구 성과는 '小宮秀陵, 2011' 참조.

러 민족과의 비교에서 한국사적인 특징이 도출되었다는 점은 주목할 만하다. 그는 책봉의 영향을 인정하면서도 중국 외부에 있는 한반도 왕조의 위치를 추구했다(전해종, 1965·1966·1970). 전해종이 제시한 조공 책봉 관계라는 전제하에서 신라(발해)의 주체성은 신형식申瀅植에 의해 검토되었다. 그는 당을 중심으로 하는 국제 질서 속에서 신라에만 나타나는 고유한 존재를 지적하고, 사신을 보내는 행위를 신라의 내정內政과 연결시켰다. 즉 신라는 왕자를 인질로 보내고, 신라의 왕자는 당에서 궁정의 경비를 맡았는데, 이는 신라에서만 나타나는 대당對唐 관계의 특징이라는 것이다. 이는 숙위외교宿衛外交라 불리는 외교 방식으로, 그 범위가 왕자에서 왕족, 그리고 유학생으로 넓어지지만 신라의 대당 외교에서 일관적으로 보이는 현상이라고 주장했다. 이어서 왕자 파견의 배경을 파견국인 신라의 내정적인 동향과 연결시킴으로써 신라의 주체성을 찾고자 했다(신형식, 1981·1984). 왕자의 파견은 행위 자체로는 굴욕적이지만, 현실적으로 당과 호혜적인 방법을 모색하려는 것으로 이해했다(신형식, 1984, 351쪽). 그의 견해는 다른 나라와 비교해 한국적인 특질에 주목하고 '조공 행위자의 의도'라는 부분에서 주체성을 찾고자 했다는 점에서 유의미하다. 한국의 조공 책봉 관계를 인정했지만 현실적으로 신라(발해)의 주체성을 중시한 것은 이념과 실제의 조공 책봉 관계를 괴리시켰다는 측면에서 조공책봉관계론 속에서 타자의 역할을 중시한 것이다.

결국 양국에서 책봉체제와 조공 책봉 관계가 타자로 기능했던 배경에는 사료의 제한이 있다. 즉 일본에서는 육국사六國史, 한국에서는 『삼국사기三國史記』라는 사료가 국사로서 인정되었기 때문이다. 니시지마 사다오는 일본이 당으로 사신을 파견하면서도 책봉 행위를 받아들이지 않았던 배경으로 고구려·신라·백제와의 경쟁 관계를 지적했는데,

일본과 삼국의 경쟁 관계에 관한 기록은 주로 『일본서기日本書紀』 속에 그려져 있다. 『일본서기』에는 "동이東夷의 소제국小帝國"이라고 불리는 작은 중화가 존재하는데, 그 중심에는 일본이, 주변에는 삼국이 있었다고 했다. 따라서 그는 책봉 행위를 일본사의 외부에 두고 삼국과의 경쟁 관계를 일본사의 내부에 두었다. 이러한 인식이 나타나는 것은 일본사의 기본 사료로 『일본서기』를 활용하면서 책봉체제를 이해하고자 했기 때문이다. 이는 한국사에서도 마찬가지다. 조공책봉관계론의 구조 내부에 한국사를 두었던 까닭은 『삼국사기』 대외관계에서 조공과 책봉의 기록이 거의 대부분을 차지하기 때문이다. 그럼에도 한국사에서 '조공 행위자의 의도'를 찾고자 한 까닭은 『삼국사기』가 중국의 당 대 사료를 원사료로 삼았음에도 견당사의 파견을 '내조來朝'가 아니라 '견사입당遣使入唐'으로 기록해 신라를 중국의 타자로 보았기 때문이다. 따라서 책봉체제나 조공 책봉 관계를 이해하기 위해서는 자국의 정사와 정합할 필요가 있었다고 볼 수 있을 것이다. 다만 육국사나 『삼국사기』가 왜 그렇게 그려졌는지에 대한 문제가 남아 있다. 이들 정사를 보여주는 대상은 누구였을까. 『일본서기』가 나라奈良 · 헤이안平安 시대에 강서講書로 이용된 것이나 『삼국사기』의 유통이 처음으로 확인되는 기록이 중국에서 나타난다는 것은 보여주는 대상이 당시 왕만이 아니라는 점을 시사하는 것이다.[7] 이들 사료가 어떤 성격을 갖고 있느냐에 관한 연구가 이루어져야 『삼국사기』가 조공책봉관계론 속에 있는지, 중국에 대한 '종속적'인 서술을 추인했는지에 대해서도 알 수 있을 것이다.

---

7) 『일본서기』에 대해서는 '長谷部將司, 2007', 『삼국사기』에 대해서는 '田中俊明, 1980'의 연구 성과 참조.

3. 다양한 '외교外交'의 주체와 대상

책봉체제나 조공책봉관계론은 한일 양국의 국사와 밀접한 관계를 갖고 국사의 입장을 활용한 국제관계론(대외관계사)이었다. 이에 대해 1980년대 이후 일본사와 한국사에서는 각기 다른 각도에서 비판하기 시작했다. 우선 일본에서 책봉체제가 제창된 이후 책봉체제나 그것을 바탕으로 한 동아시아론이 현대 정치적인 측면을 가지고 연구가 진행된다는 비판이 이루어졌다. 무라이 쇼스케村井章介는 니시지마 사다오 이후 진행된 동아시아 관련 연구 성과가 결국 현재 한·중·일 3국의 역사를 비교한 것에 불과하므로 현대 정치적인 시각에서 벗어나지 못했다고 지적하고, 이어서 주체적으로 지역을 설정하는 것이 중요하다고 주장했다(村井章介, 1998). 이성시李成市는 니시지마 사다오가 정한 동아시아 지역이라는 것이 근대 일본의 문제의식을 반영한 것이라고 비판했다(李成市, 2000, 36~41쪽·84쪽). 양자의 비판은 니시지마 사다오와 그 후의 문제의식의 문제점에 대한 평가와 비판이었다. 그 뒤 일본에서 이러한 반성을 계승해 고대에서도 다양한 지역 설정이 이루어지고, 이에 따라 다양한 주체 또한 지적되고 있다. 왜倭나 일본을 야마토大和 왕권으로 보는 현대적인 이해에 내포된 단일적인 집단이 아니라 동북 지방 에미시蝦夷 등의 수장도 포함한 다양한 주체로 상정해 외국과 교섭했다고 보았다(田中史生, 2002, 19~21쪽). 또한 종래 왕권으로 파악해온 천황을 중심으로 하는 야마토 왕권大和王権 내부에서도 실제 위정자가 외국과의 교섭에서 주체가 되었다는 지적도 있었다(佐藤信, 1997). 나아가 근년에는 교섭 대상을 넓히고 동부 유라시아 각국의 국제 관계 속에서 일본의 대외 관계를 묘사하고, 그 연동성에 주목해 일본의 대외 관계를 위치시키는 연구가 이루어지고 있다(廣瀬憲雄, 2010; 鈴木靖民, 2011).

한편 한국에서는 조공 책봉 관계가 한국사에 내면화되어 있어, 그 내실을 비판하는 연구가 이루어졌다. 여기에는 1997년부터 시작된 동북공정에 의해 고구려사, 발해사가 중국사의 일부로 전개되었던 정치적 영향이 크게 반영되어 있다. 동북공정은 조공 책봉 관계에서 나타난 지배와 종속의 관계를 보다 광범위하게 넓히고, 고구려나 발해를 퉁구스계통 민족의 한 지방 정권에 불과하다고 하며 중국사에 편입하려고 했다. 국사의 쟁탈로서의 동북공정은 한국 고대사에서 조공 책봉 관계의 '신속화臣屬化'의 실체를 검토하고, '동아시아'를 움직이는 것은 무엇인가라는 문제의식을 야기했다. 구체적으로 조공 책봉 관계 자체가 전근대 한국사를 관통하면서도 각 왕조마다 유동적이라는 점, 지배·피지배의 관계에도 강약이 있었다는 점, 당 왕조 속에서도 그 이념이 실질적으로 기능한 시기는 상당히 짧았다는 점 등이 지적되었다.[8] 그러나 조공 책봉 관계를 한국사 속에 위치시키고 그것을 이해하려고 한 이상 조공 책봉 관계의 존재 여부가 부정되는 것은 아니며 실체 비판에 머물 수밖에 없었다.

원래 근년에 이루어지고 있는 동부 유라시아 각국의 국제 관계나 조공 책봉 관계에 관한 비판적 논의는 주체와 객체를 상대화시키려는 시도였다. 환언하면 국제 관계를 조망할 때 자신이 지닌 지역적·인식적인 문제를 자각하면서 대외 관계를 서술하려는 도전이었다. 그러나 여기에도 국사의 문제가 있었다. 우선 여기에 반영된 객체는 항상 왕권이었다. 왜나 일본에 복수의 수장이 있었다고 상정하면서도 그 대상은 항상 다른 공동체의 유일한 수장이었다는 것이다. 이것은 '타자를 어떻게 그릴 수 있을 것인가'라는 문제의식이 결여된 것이라고 여겨진다. 이

---

8) 이들 연구 성과는 '김창석, 2009·2010'에 잘 정리되어 있다.

러한 문제는 한일 학계에서 견당사에 대한 연구가 많이 이루어졌음에도 당에서 신라·발해·일본으로 온 사절에 관한 연구는 거의 보이지 않는다는 것에서도 엿볼 수 있다. 한일 양국의 연구자에게 당에서 파견된 사절은 어디까지나 타자이고, 그 타자의 주체적인 행동은 연구 대상이 아니었던 것이다. 이러한 의미에서 아직 국사의 자장磁場에서 벗어나지 못했다고 하겠다.

그리고 타자의 주체적인 행동을 의식하면서 다양한 교섭을 그리지 못했던 배경 중 하나인 강고한 '외교상外交像'의 문제는 유의해야 할 것이다. 외교라는 용어는 사료 용어로서 고대부터 보이며, 타자와의 교통이나 교제 이상의 의미는 없다. 그러나 그것이 한번 대외관계사 속에서 사용되면 왕조간 교섭으로서 일대일의 교섭 형태라는 의미로 기능하기 시작한다. 원래 외교사가 거의 근대 이후 대외 관계에서 사용된 것에서 알 수 있듯이, 외교라는 용어 자체가 상당히 근대적인 이해에 입각한 용어다. 더욱이 근대 국가간 외교상은 고대 사회에도 투영되어 있었다(小宮秀陵, 2011). 실제로 이와쿠라岩倉 사절단이 국난 속에서 독립을 지키기 위해 활약한 견당사상遣唐使像에 투영되고 있다.

현재 견당사는 유학생까지를 포함한 사신단, 혹은 사등관제四等官制로 규정된 대사大使·부사副使·판관判官·녹사錄事라고 하는 한정된 외교 사신을 의미한다는 두 가지 정의가 있다(榎本淳一, 2008, 197쪽). 전자는 근대 이후에 나타난 개념으로, 견당사상이 근대의 영향을 받아왔다는 단적인 사례다. 게다가 고대 사회에서 '수장의 교섭 대상은 수장'이라는 전제는 일대일 교섭 형태의 이해를 보다 확고하게 했다. 이러한 이해는 이미 기조Guizot에 의해 지적되어(フランソワ·ギゾー, 安士正夫 譯, 2006), 프랑스 근대 과학으로서의 역사학이 시작된 시기부터 언급되어 있다. 그러나 왜나 일본 내부에서도 에미시와 같은 다양한 공동체가 존

재했으며, 중국과 교섭했다. 또한 신라·발해는 당의 지방 정권인 번진藩鎭과도 교섭했다. 따라서 고대 사회의 한 왕조 속에서도 다양한 주체와 객체가 존재했던 것은 명백하다. 종래 외교로 본 '책봉체제'나 '조공책봉 관계'만으로 당시 정치 교섭을 설명하기 어렵다는 것이다(小宮秀陵, 2014). 종래 외교상과 다른 형태로 정치 교섭의 형태를 재검토할 여지가 있을 것이다.

타자의 주체적인 행동을 추구하지 않았다는 것, 그리고 일대일로 구성되는 근대적인 외교상을 투영한 것은 다음과 같은 문제도 불러일으켰다. 즉 다양한 주객主客의 존재가 상정되었음에도 각각의 주객을 연결하는 유대紐帶의 변화에 유의하지 않았다는 점이다. 왕조간 교섭의 성쇠는 검토 대상이 되더라도 왕조가 교체될 때 종래의 교섭이 어떻게 변화했는지, 그리고 그 시기에 자타自他가 어떤 정체성을 부여하며 변화해나가는가 하는 문제에는 접근하지 못했다.

한국사에서는 다음과 같은 사례를 들 수 있다. 신라의 대중국 관계는 당과의 일원적인 조공책봉관계론으로 설명되는데, 그다음 왕조인 고려와 송의 관계는 다원적 조공책봉관계론으로 이해된다. 그러나 이러한 이해에서 다원적 조공책봉관계론이 발생한 원인은 무엇인가라는 문제의식은 결여되어 있었다. 원래 주객의 유대는 일대일로 대응, 유지되는 것이 아니라 항상 유동적이다. 실제로는 하나의 주체와 복수의 객체의 유대가 연결되어 있기도 해서 그 유대의 구조는 다원적으로 나타난다.

그리고 다양한 주체·객체의 유대가 왕조간 교섭과 어떠한 관계가 있고 어떻게 변화했는가라는 문제를 다루면, 외교 성립론이 아니라 타자와의 교통이 어떻게 나타났을까 하는 '발생론'의 문제가 야기된다. 신라가 번진과 교섭한 배경에는 당 번진이 신라의 양민을 노비로 약매掠賣했던 사건이 신라의 내정 문제로 변화한 일이 있었다. 당에서 일어나 동아시아 각국에 영향을 준 유주번진幽州藩鎭 안녹산安祿山의 반란은 니시지마 사다오가 책봉체제가 멸망하는 기점으로 파악한 큰 반란이었지만, 그로 인해 신라와 번진 사이에 교섭이 발생했다고 생각하기는 어렵다. 즉 제3자였던 상대와 접촉하고 그를 상대로 인식한 결과 당사자가 되는 것이 교섭이 발생할 때 중요한 것이라 생각된다(小宮秀陵, 2014, 104쪽).

4. 나가며

이상에서 보았듯이 책봉체제나 조공 책봉 관계에 대한 연구는 자기의 규범이 되는 국사의 문제와 밀접하게 연결되었으며, 그 안에서 정합성을 찾는 작업이었다. 그러므로 국사의 틀에서 벗어나지 못했다. 그 후 다양한 주체의 대외 교섭이나 타자의 실태를 공동화空洞化함으로써 책봉체제나 조공 책봉 관계의 주체와 객체을 비판해왔다. 그러나 자신의 입장에 대한 성찰은 있어도, 대외관계사에 관한 연구에서는 교섭 상대의 동향이 타자로 그려졌으므로 타자의 주체적인 행동을 찾으려 하지 않았다. 근년에는 주객이 쌍방향으로, 그리고 다원적으로 연결되어 있었다는 교섭의 다양성이 중시되고 있으며, 근대의 외교상을 벗어나서 어떻게 다양한 타자와의 교섭을 정치적으로 그릴 수 있는가라는 문제가 과제로 남아 있다.

다만 타자에 대해 다원적인 존재를 인정하는 작업은 상당히 정치적이고, 이때까지 만들어진 타자의 역사상歷史像을 파괴하는 행위라는 점은 유의해야 한다. 물론 국사의 자장磁場을 극복하려는 노력은 중요하지만 그때 그려진 타자의 역사상이 자기 것이 아니라 아픔을 수반하지 않은 폭력적인 역사상이라는 것도 인식해야 한다. 타자의 고통을 어떻게 자기 문제로 삼을까 하는 문제가 대외관계사의 큰 과제다.

:: 참고문헌

김창석, 2009, 「한일학계의 고대 한중관계사 연구동향과 과제」, 『한중일 학계의 한중관계사 연구와 쟁점』, 동북아역사재단.

_____, 2010, 「6~8세기의 동아시아와 한중관계」, 『동아시아 국제질서 속의 한중관계사: 제언과 모색』, 동북아역사재단.

小宮秀陵, 2011, 「8세기 신라·발해의 정보전달과 일본의 대당외교: 견당사 연구의 비판적 검토를 위하여」, 『한일관계사연구』 38, 한일관계사학회.

_____, 2014, 「신라·발해의 대당번진교섭 연구」, 서울대학교 국사학과 박사학위논문.

신형식, 1981, 『삼국사기 연구』, 일조각.

_____, 1984, 『한국고대사의 신연구』, 일조각.

전해종, 1965, 「'중국적 세계질서'에 관한 학술회의」, 『역사학보』 29, 역사학회.

_____, 1966, 「한중조공관계고」, 『동양사학연구』 1, 동양사학회.

_____, 1970, 『한중관계사연구』, 일조각.

榎本淳一, 2008, 「遣唐使による漢籍将来」, 『唐王朝と古代日本』, 吉川弘文館, 東京.

岡本隆司, 2007, 「'朝貢'と'互市'と海関」, 『史林』 90-5, 京都大學文學部史學研究會, 京都.

_____, 2010, 「朝貢と互市と會典」, 『京都府立大学学術報告(人文)』 62, 京都府立大学学術報告委員会, 京都.

廣瀬憲雄, 2010, 「倭国·日本史と東部ユーラシア: 6~13世紀における政治的連関再考」, 『歴史学研究』 872, 歴史学研究會, 東京.

古畑徹, 2010, 「歴史の争奪: 中韓高句麗歴史論争を例に」, 『メトロポリタン史学』 6, 八王子, メトロポリタン史学会.

菊池英夫, 1979, 「總說」, 『隋唐帝国と東アジア世界』, 汲古書院, 東京.

堀敏一, 1998, 『東アジアのなかの古代日本』, 研文出版, 東京.

金子修一, 2008, 「古代東アジア研究の課題: 西嶋定生·堀敏一両氏の研究に寄せて」,

『東アジア世界史研究センター年報』1, 専修大学社会知性開発研究センター, 東京.

_____, 2010,「東アジア世界論」,『日本の対外関係, 1 東アジア世界の成立』, 吉川弘文館, 東京.

旗田巍, 1962,「十-十二世紀の東アジアと日本」,『岩波講座日本歴史 古代 4』, 岩波書店, 東京.

濱下武志, 1986,「朝貢貿易システムと近代アジア」,『国際政治』82, 日本国際政治学会, 東京.

西嶋定生, 1962,「東アジア世界と冊封体制: 六-八世紀の東アジア」,『岩波講座日本歴史 2』, 岩波書店, 東京.

_____, 1985,『日本歴史の国際環境』, 東京大学出版会, 東京.

_____, 1987,「遣唐使研究と史料」,『遣唐使研究と史料』, 東海大学出版会, 東京.

西嶋定生 著・李成市 編, 2000,『古代東アジア世界と日本』, 岩波書店, 東京.

鈴木靖民, 1985,「対新羅関係と遣唐使」,『古代対外関係史の研究』, 吉川弘文館, 東京.

_____, 2011,「遣唐使研究と東アジア史論」,『日本の古代国家形成と東アジア』, 吉川弘文館, 東京.

李成市, 2000,『東アジア文化圏の形成』, 山川出版社, 東京.

長谷部將司, 2007,「『続日本紀』成立以降の『日本書紀』:『日本書紀』講書をめぐって」,『歴史学研究』826, 歴史学研究會, 東京.

田中史生, 2002,「揺らぐ『一国史』と対外関係史研究」,『歴史評論』626, 歴史科学協議会, 東京.

田中俊明, 1980,「『三國史記』の板刻と流通」,『東洋史研究』39-1, 東洋史研究會, 京都.

佐藤信, 1997,「古代の大臣外交についての一考察」,『境界の日本史』, 山川出版社, 東京.

村井章介, 1998,「'地域'と国家の視点」,『新しい歴史学のために』230・231, 京都民科歴史部会, 京都.

フランソワ・ギゾー, 安士正夫 譯, 2006,『ヨーロッパ文明史: ローマ帝國の崩壊よりフランス革命にいたる』, みすず書房, 東京.

청동기시대 초기 고조선의
중심지 문제를 둘러싼 최근 연구 동향

송호정(한국교원대학교 역사교육과 교수)

1. 머리말

고조선은 청동기 사회의 발전을 바탕으로 철기를 비롯한 금속 문화가 보급되면서 농업 생산력이 일층 발전하고, 그로 인한 사회적 분화가 발생하는 과정에서 국가를 형성한다. 또한 선진 철기 문화를 누리던 세력의 성장 등이 이루어지면서 기원전 4~3세기경 점진적으로 중앙 지배 권력이 성립했다.

따라서 고고학 자료를 바탕으로 고조선사를 정리할 경우 시간적으로 청동기시대와 철기시대의 고조선을 구분해서 서술하는 것이 중요하다.

고조선 사람들은 남만주의 랴오둥遼東 일대와 한반도 서북부 일대를 중심으로 살았다. 이 지역은 일찍부터 농경이 발달한 곳이다. 이곳의 주민은 주로 예족濊族과 맥족貊族으로, 이들은 일찍부터 한반도 서북부와 남만주 발해만 일대를 중심으로 펴져 살았다. 점차 이 지역에서 작은 정치 집단이 군데군데 생겨나 그중 우세한 세력을 중심으로 다른 집단이 정복당하거나 통합되었다. 그 과정에서 고조선이라는 정치체가 출현한다.

따라서 고조선사를 정리하려 할 경우 공간적으로는 고조선 주민 집단의 활동 무대였던 중국 동북 지방과 한반도 북부의 청동기·초기 철기 시대 고고학 자료를 주 대상으로 다루는 것이 필요하다. 이에 대한 이해가 전제되지 않으면 고조선사 연구는 끊임없는 논란이 이어질 수밖에 없다.

최근 아마추어 사학자는 물론이고 전문 연구자들 사이에도 고조선사의 공간 문제와 관련해 그 중심지와 경계를 둘러싸고 많은 논란이 일고 있다. 특히 남만주 지역의 비파형동검 문화에 관심을 갖고 연구하는 학자들은 대부분 랴오시遼西 지역의 비파형동검 문화인 쓰얼타이잉즈문화十二台營子文化를 초기 고조선의 문화로 해석하고 있다.

구체적으로는 랴오시 지역 쓰얼타이잉즈문화가 같은 지역에서 번성한 씨야지야디앤상층문화夏家店上層文化와 다른 특징을 보이고 랴오둥 지역 비파형동검 문화와 밀접히 연결되어 있기 때문에, 이를 초기 고조선의 문화로 보아야 한다는 입장이 대부분이다.

그러나 랴오시 지역 쓰얼타이잉즈문화를 씨야지야디앤상층문화와 구분해 초기 고조선의 중심 세력의 문화로 해석하는 견해는 현재까지의 고고 자료 출토 상황을 고려하면 많은 문제점을 안고 있다. 게다가 이를 단편적인 문헌 자료와 연결해 초기 고조선 사회로 해석하기에는 많은 무리가 따른다. 고대 시기에 한 지역에 거주한 정치체에 대한 고찰은 최종적으로는 문헌 자료를 통해서 서술해야 하나, 남아 있는 사료가 워낙 단편적이어서 명확한 판단을 내리기가 쉽지 않기 때문이다. 게다가 단편적이지만 랴오시遼西 지역에서 청동기시대에 활동한 종족은 산융山戎이나 동호東胡 등 고조선과는 다른 오랑캐족으로 기록된 것이 많아, 이 점에 대한 명확한 입장 정리 없이 고조선과의 연관을 주장하는 것은 설득력이 떨어진다.

이 글은 최근 고고학계에서 많이 논의되는 쓰얼타이잉즈문화가 초기 고조선의 문화라는 주장의 문제점을 짚어보고, 전문 연구자들 간에 최소한의 합일된 견해를 마련해야 한다는 문제의식을 갖고 준비했다.

2. 초기 고조선사와 비파형동검 문화

종래 초기 고조선사와 관련한 남만주 지방 고고학 자료에 대한 논의는 이른바 '비파형동검 문화'에 대한 해석 여부가 중요한 쟁점이었다.

그동안 논의 과정에서 고조선 문제와 관련해 가장 관건이 되는 부분은 역시 랴오시 지역 청동기 문화와 다링허大凌河 동쪽에서 랴오둥 지역에 분포하는 청동단검 문화를 과연 어느 주민 집단의 문화로 보느냐 하는 점이었다.

우리 학계에서는 고조선 문화를 전기前期와 후기後期로 나누어 설명하는데, 그 가운데 전기 문화는 기원전 10세기 초에 나타난 초기 비파형동검 문화의 발전에 기초해 기원전 8~7세기경에 형성한 것으로 본다. 이때 초기 고조선 사회가 성립했다고 인식하는 것이 일반적이다. 그런데 비파형동검은 랴오시 지역에 집중하고 있다.

보통 내몽골 지역을 포함한 랴오시 지역의 청동기 문화를 씨야지야디앤상층문화라고 부른다. 그 대표 유적으로는 난산건南山根 유적과 샤오헤이스고우小黑石溝 유적을 들 수 있다. 이들 대표 유적에서는 비파형 동검을 비롯해 각종 청동기와 많은 양의 유물이 출토되고 있다.

현재까지의 발굴·조사 자료에 따르면, 랴오닝성遼寧省 지역의 청동기 문화는 다링허 유역을 경계로 그 북쪽 지역과 남쪽·동쪽 지역이 구분되는 지역성을 보이고 있다. 씨야지야디앤하층문화夏家店下層文化에서 웨이잉즈문화魏營子文化 단계를 거쳐 씨야지야디앤상층문화로 발전한 랴오시 지역의 청동기 문화는 다링허 유역을 중심으로 유적이 밀집 분포하며, 다링허 북쪽 지역으로는 라오하허老哈河·잉진허英金河 등의 강을 따라서 유적이 집중하고 있다.

일찍이 중국 학계에서는 랴오닝遼寧 지역 청동기 문화를 랴오시와 랴오둥으로 구분하고, 다시 랴오시 지역 청동기 문화를 따징大井 유형, 난산건南山根 유형, 쓰얼타이잉즈十二台營子 유형으로 구분했다(烏恩岳斯圖, 2007; 林沄, 1980, 靳楓毅, 1982 등). 그리고 랴오시 지역 청동기 문화의 담당자는 동호족, 랴오둥 지역은 동이족東夷族의 소산이라고 보았다(靳楓毅, 1983).

이러한 견해는 일본 학계에서도 대부분이 동조하면서 현재 중국 동북 지역 청동기 문화 이해의 통설로 자리 잡고 있다.

그런데 최근에 다링허 유역에서 비파형동검을 부장한 청동기 유적이 많이 조사되면서 이들 문화 유형을 시랴오허西遼河 유역 청동기 문화로부터 분리해 더 큰 분류로 '쓰얼타이잉즈문화'(烏恩岳斯圖, 2007)라고 명명하고, 인접한 시랴오허 유역의 씨야지야디앤상층문화와의 사이에 차이가 분명히 존재했음에 주목하는 견해가 제기되었다.

청동기시대의 랴오시 지역은 문헌에서 분명하게 산융이나 동호의 거주지로 명시되어 있다. 이 집단들은 100여 개 이상의 여러 종족으로 나뉘어 있으면서 전쟁이나 제사 등 특정한 목적하에 이합집산을 하며

중국의 연燕과 제齊를 괴롭혔다고 기록되어 있다.[1]

그동안 교과서를 비롯해 여러 개설서에서 비파형동검이 나오는 지역, 특히 비파형동검이 집중되어 있는 랴오시 지역을 고조선의 영역으로 해석하는 연구가 많이 나왔다. 최근 중국 동북 지방의 고고학 자료에 관심을 갖고 있는 몇몇 고고학자는 다링허 유역에서 많은 비파형동검을 부장하고 있는 청동기시대 무덤을 그동안 랴오시 지역의 대표 청동기 문화인 씨야지야디앤상층문화의 한 유형으로 보던 견해 대신, 쓰얼타이잉즈문화라는 새로운 문화권을 설정하고 이를 초기 고조선 사회와 연결시키고 있다.

당시 랴오시 지역 비파형동검 문화를 초기 고조선과 연관 지어 설명하려면, 일단 전제해야 할 것은 과연 당시에 고조선이 비파형동검이 출토하는 그 넓은 범위의 영토를 이끌어갈 정도의 국가 단계에 이르렀는지에 대한 고민이 선결되어야 한다는 점이다. 특히 랴오시 다링허 유역의 동쪽인 랴오둥 지역과 한반도 서북 지방에서 유행하던 청동기 문화를 어떻게 해석하고 어떤 정치체로 볼 것인가에 대한 정리가 필요하다.

그러나 비파형동검 문화는 그 분포 범위가 너무 광범위해 하나의 종족 집단의 문화로 연결시키는 것이 어렵다. 게다가 청동기시대에 랴오닝성 지역에서 활동한 종족 집단과 관련해 참조할 수 있는 문헌 자료 또한 매우 단편적이어서 초기 고조선사와 관련해 해석하는 것이 쉽지 않다.

---

1)　伐山戎 破孤竹 殘令支(『염철론鹽鐵論』권6, 벌공伐功); 越千里之險, 北伐山戎 刜令支 斬孤竹(『국어國語』권6, 제어齊語); (『사기史記』권28, 봉선서封禪書); 遂伐山戎至于孤竹而還(『사기』권34, 연소공세가燕召公世家); 秦北有林胡樓煩 燕北, 有東胡山戎(『사기』권110, 흉노열전匈奴列傳).

3. 다링허 유역 청동기 문화와 고조선 문화권

(1) 랴오시 지역을 산융·동호의 문화로 보는 견해

기원전 7~6세기 당시의 상황을 기록한 선진先秦 시기의 문헌과『사기
史記』등의 기록에는 연과 세력을 다투는 군소 종족으로 산융을 중심으
로 한 영지令支·고죽孤竹·도하屠何 등이 보인다(『사기』흉노열전匈奴列傳 및 선
진 문헌).

역사 문헌에서는 중국 동북쪽 장성長城 지역을 무대로 기원전 1000
년대부터 기원전 8~6세기까지 활동했던 소수 민족 집단들을 통칭해
'융적戎狄'이라 부른다. '융戎'은 '병융兵戎', 즉 문화는 낙후되었으며 '무
武'를 좋아하는 민족이라는 의미인데, 중국인의 관점으로는 당연히 중
국 왕조 주변의 소수 민족을 가리킨다(白鳥庫吉, 1924; 武家昌, 1995, 64쪽).

『사기』에는 "각기 흩어져 계곡에 나뉘어 있고, 스스로 군장이 있다.
종종 100여 개의 융이 모였으나, 하나로 통일할 수 없었다"라고 기록
되어 있는데, 이는 곧 여러 '융적'이 일정 세력에 통속되지 않고 개별적
으로 독자적인 생활을 유지해나갔음을 알려준다.

이들 산융은 주로 어디에서 생활했을까? 산융족의 위치가 명확하게
기록된 것은 기원전 8~7세기부터다. "산융이 연을 넘어 제를 공격하자
제 희공僖公은 제의 동성 밖에서 맞아 싸웠다. 그 후에 산융이 연을 정
벌하매 연이 제에 위급함을 고했고, 제 환공桓公이 북쪽으로 산융을 정
벌하자 산융이 달아났다"라는『사기』흉노열전의 기록에 따르면 산융
은 기원전 8~7세기(춘추시대)에 진秦의 북쪽으로부터 연의 북쪽으로 들
어왔다. 즉 산융은 제를 공격하기 위해 연을 지나야만 했고, 연 또한 항
상 산융의 침략을 받았다는 것을 보면 산융이 연의 북부에 있었다는
것은 의심의 여지가 없다.

원래 주周 초기에 소공召公 석奭을 연에 봉했는데, 그 지역은 지금의 베이징北京 부근이었고, 허베이성河北省 지셴薊縣이 그 국도國都였다(李學勤·五井直弘 譯, 1991, 42~44쪽). 연에는 연산燕山이 있었는데, 연산 지역은 지금의 허베이성 지셴·펑룬豊潤에서 발해에 이르는 광활한 지역이다. 그렇다면 산융은 마땅히 연산의 북쪽에 있어야 한다.『관자管子』소광小匡 편에 나오는 "북으로 산융을 정벌하고 고죽을 치니 아홉 오랑캐가 비로소 복종했다"라는 기록 역시 산융이 연의 북쪽에 있었음을 말해 준다.

산융과 함께『사기』기록 등에 '융적'으로 등장하는 고죽과 영지는 중국의 '상족商族(은殷의 후예들)'이 많이 섞여 있기는 하나 기본적으로는 모두 '융적'의 갈래로 볼 수 있다. 고죽은 상(은)의 후국侯國으로, 백이伯夷와 숙제叔齊의 나라다. 문헌 기록에 따르면 산융은 고죽국의 북쪽에 있었으며, 고죽은 영지와 함께 랴오시 지역에 위치했다. 이와 관련해『한비자韓非子』설림說林을 보면 제 환공이 연·제를 침입해온 고죽과 산융을 정벌했다고 한다. 이 밖에『한서漢書』지리지 등의 기록을 보면 고죽과 영지가 랴오시 지역에 있었음을 알 수 있다. 기록을 종합해보면 고죽국은 지금의 허베이성 첸안遷安, 즉 발해 연안에 있었다. 동쪽으로는 랴오닝성 싱청현興城縣, 북쪽으로는 랴오시 베이퍄오시北票市 일대에 다다르며, 네이멍구內蒙古 아오한치敖漢旗 서남에까지 이른 것으로 보인다(金岳, 1981).

특히 이 문헌 기록을 방증傍證해주는 고고학 자료로 최근 랴오시 카쥐현喀左縣에서 상·주 시기의 저장갱 유적이 다수 발견되었는데, 그 가운데 '고죽' 명이 있는 청동기가 발굴되어 관심을 모았다. 한 예로 청동기 가운데 '아미뢰亞微罍'의 명문銘文에 '父丁○(孤)竹 亞○(微)' 등이 씌어 있었는데, 여기서 '○竹'은 '고죽孤竹'을 말하며, 상 시기의 '고죽국'을 가리키는 것이다(李學勤, 1983, 204~205쪽). 따라서 이 청동 예기 禮器의 명문은 고대 상의 '후국'이 존재했으며, 고죽국이 랴오시 카쥐현 을 중심으로 한 지역에 위치했음을 증명해준다.

이상에서 기원전 8세기 말~7세기 초에 중국 동북부 지역에서 활약 한 종족들은 만리장성·러허熱河 지역에 산융, 롼허灤河 중하류에 영지, 다링허 유역에 고죽·도하였던 것으로 비정할 수 있다.

랴오닝 지역 청동기 문화에 대한 현재까지의 연구 성과와 문헌 사료 에 기재된 산융을 중심으로 하는 융적들의 활동 연대와 지역, 그리고 주변 문화와의 관계들을 종합해보면 랴오시 지역 씨야지야디앤상층문 화는 대체로 산융 등 융적의 문화와 부합함을 알 수 있다.

산융이 활동하던 시기의 융적과 대응되는 랴오시 지역의 고고 문화 는 바로 씨야지야디앤상층문화(다링허 유역의 쓰얼타이잉즈문화 포함)다. 씨야지야디앤상층문화는 대부분 산곡山谷 사이에 분포되어 있는데, 이 것은 '산융'이라는 이름과도 부합된다. 특히 씨야지야디앤상층문화 무 덤에서 동모銅鉾, 청동단검, 동도銅刀 등의 무기가 대량으로 출토되는 것은 융적이 정복 전쟁에 뛰어났다는 사실과도 잘 부합한다.

고고 자료의 조사 결과도 문헌 자료를 뒷받침하는데, 산융은 지금의 카쥐현 북쪽, 즉 현재의 라오하허老哈河 유역을 중심으로 츠펑赤峰·젠핑 建平·오우한치 일대에 위치했음이 확인된다. 문헌에서도 『한서』 지리지 의 기록 등에 고죽과 바로 인접하고 있던 영지가 랴오시군遼西郡의 일 개 현으로 나오는 것으로 보아 산융의 위치가 랴오시 지역과 어느 정 도 일치함을 방증해준다.

그렇다면 선진 시기의 문헌에 등장한 '조선'은 '산융'이 활동할 당시 과연 어디에 있었을까.

문헌에서 '산융'은 '조선'이나 '예맥'으로는 기록되지 않았다. 『사기』

흉노열전에 나오는 "…… 진 북쪽으로는 임호林胡·누번樓煩의 오랑캐가 있으며, 연 북쪽으로는 동호·산융이 있다"는 기록은 당시 중국 북방에 위치한 여러 융적의 분포 상황을 잘 알려준다. 즉 이 기록을 통해서는 기원전 8~6세기(춘추시대)에 연과 직접적으로 이웃한 이들이 시라무렌하 남쪽에서 다링허에 이르는 지역에 거주하던 산융山戎 중심의 융적戎狄이라는 점을 알 수 있다.

그렇다면 고조선의 처음 위치는 다링허 동쪽 지역이었음을 분명히 알 수 있다. 중국 고대 문헌에서는 롼허 유역이나 다링허 유역을 '조선'이라고 한 일이 없으며, 산융은 물론이고 거기에 거주한 영지, 고죽, 도하 등이 고조선의 주민이 된 일도 없다. 고조선이라는 지역 또는 종족 집단은 처음부터 '융적'(산융, 영지, 고죽, 도하 등)의 동쪽 지역에 있었으며, 고조선과 연의 접촉이 시작된 것도 융적들이 기원전 7세기경 연·제의 연합 세력에 의해 쇠약해지고, 그 뒤 점차 연의 세력이 그 지역에 미친 후부터의 일이라고 생각한다.

한편 '조선'이란 명칭을 전하는 최초의 문헌인 『관자』나 『사기』 등 여러 고대 사서에는, '조선'의 활동은 소략한 대신 '산융'과 관련한 여러 기사가 실려 있다. 선진 문헌의 몇몇 기록만 보아도 기원전 8~7세기 랴오시 지역에서 활약한 주된 정치 세력은 산융을 중심으로 한 영지·고죽·도하 등 여러 '융적' 세력이었고, 그 동쪽에 예맥 계통의 조선이 존재했음을 알 수 있다.

(2) 다링허 유역을 씨야지야디앤상층문화와 구분하는 견해

다링허 중하류의 대표 청동기 문화 유적으로는 차오양시朝陽市 쓰얼타이잉즈, 진시현錦西縣 우진탕烏金塘, 진현錦縣 스얼바오寺兒堡, 카쥐현喀左縣 난동꼬우南洞溝 등을 들 수 있다. 반면, 랴오둥 지역에서는 훈허渾河·

타이쯔허太子河 일대에 유적이 집중하고 있다. 랴오둥반도遼東半島 지역은 다롄大連을 중심으로 유적이 밀집해 있다.

한국 학계에서는 이러한 특성을 고려해, 다링허 유역을 경계로 랴오시 지역의 청동기 문화 권역을 구분하고 있으며, 다링허 유역의 쓰얼타이잉즈문화를 고조선과 연관시켜 해석하고 있다.

주장 몇 개를 구체적으로 살펴보자. 먼저 다링허 유역의 노로아호산을 경계로 고조선이 동호와 인접했다고 보는 주장이 있다. 이 주장은 주로 문헌 기록을 중심으로 분석한 것으로, 기원전 4~3세기에 연의 공격으로 고조선이 상실한 서방西方 2000리는 전국시대戰國時代 후반 연이 개척한 5군郡 중 랴오시군과 랴오둥군 지역이라고 보는 견해다(서영수, 2007).

한편 쓰얼타이잉즈문화를 다뉴기하학문경을 대표적인 위세품으로 삼는 문화로 보아, 랴오둥 – 한반도와 관련 있는 족속, 곧 고조선이거나 적어도 고조선이라고 부를 수 있는 집단의 문화로 추정하는 견해도 있다. 고조선 전기 단계에는 쓰얼타이잉즈문화가 그 중심에 있으며, 일정한 과정을 거쳐 주변의 여러 집단과 연결해 '국國'의 네트워크를 형성했을 것으로 본다. 그 연대는 대체로 기원전 8~6세기로 선진시대 문헌인 『관자』의 기록이 이러한 고고학적 상황과 맞물리는 것으로 이해한다(이청규, 2007).

고고학적으로 보는 고조선에 대한 논의는 기원전 1000년기에 중국 동북 지역에서 한반도에 걸쳐 분포하는 비파형동검 문화를 토대로 이루어져야 한다고 강조하면서, 기원전 1000년기 전·중엽의 비파형동검 문화는 다링허 유역을 중심으로 하는 쓰얼타이잉즈문화, 랴오둥반도의 강상崗上 유형類型, 랴오둥 북부에서 지린성吉林省 중남부의 얼다오허즈二道河子 유형으로 구분하는 견해도 있다(조진선, 2013). 이 견해 역시 가장 주목하는 것이 기원전 9세기경 다링허 중류 지역에서 발생한 쓰얼타이잉즈문화인데, 이 문화는 기원전 8~7세기경에는 다링허 상류 지역으로 확산하며, 기원전 6~4세기에는 랴오둥의 선양深陽·랴오양遼陽 지역까지 파급된다고 본다. 이 주장에서는 다·샤오링허大·小凌河 유역의 쓰얼타이잉즈문화와 여기서 분지된 선양·랴오양 지역의 쩌엉지아와즈鄭家窪子 유형을 고조선과 관련된 것으로 보았다. 그리고 랴오둥반도의 강상 유형을 '발發'의 문화로 비정했다.

최근 중국 학자는 물론 한국의 고고학자 대부분도 다링허 유역의 청동기 문화인 쓰얼타이잉즈문화와 시랴오허西遼河 유역의 씨야지야디앤상층문화 사이에 차이가 분명히 존재함을 인정하고 있다. 또 다링허 유역 청동기 문화가 랴오허 중류 선양의 정가와자 묘지로 대표되는 청동기 문화와 많은 점에서 유사하다고 본다.

쓰얼타이잉즈문화는 기원전 9세기 전에 다링허大凌河 중류 지역을 중심으로 형성되었으며, 기원전 8~6세기에는 다·샤오링허 유역의 전역으로 확산되고, 동시에 라오하허 유역의 씨야지야디앤상층문화와도 상호 영향 관계를 맺은 것으로 보인다.

기원전 5~4세기가 되면 링위안凌源(오도하자)·젠핑建平·젠창建昌(동대장자)·카쥐(원림처) 같은 다링허 상류 지역에서 비파형동검과 중원식中原式 청동 예기禮器 및 동과銅戈 등이 공반共伴되어 쓰얼타이잉즈문화가 서서히 중원 문화와 접촉하는 것을 볼 수 있다.

기원전 3세기를 전후해 랴오시 지역은 중원 문화가 주류적 위치를 점한다. 이것은 연의 5군 설치와 관련되어 있다 할 수 있다. 이후 씨야지야디앤상층문화와 쓰얼타이잉즈문화가 갑작스럽게 소멸되는데, 이는 연 소왕昭王 때 장군 진개秦開의 중국 동북 지방 경략經略과 결부시켜 이해해야 한다.

그러나 시랴오허 유역 씨야지야디앤상층문화와 다링허 유역 쓰얼타이잉즈문화 사이에는 청동기, 토기 및 매장 습속 방면에서 일정한 차이가 존재한다. 다만, 그 차이라는 것이 지역적인 특색이 보이는 정도지 완전히 다른 문화권으로 구분할 정도라고 보기는 어렵다.

고고 문화를 비교할 때는 하나의 유물을 가지고 비교하는 것보다 종족 집단간에 오랜 시간에 걸쳐 형성된 장례 풍습, 즉 매장 의례인 묘장墓葬을 가지고 비교하는 것이 더 기본이고 중요하다고 생각한다. 씨야지야디앤상층문화와 쓰얼타이잉즈문화가 묘장이 동일한 데 반해 같은 시기에 랴오둥 지역에서는 지석묘支石墓와 석관묘石棺墓 등 두 문화와 확연히 다른 묘장이 유행하는 것은 어떻게 설명할 수 있을까. 오히려 이러한 고고학적 특징의 차이를 종족의 차이로 인해 생기는 것으로 이해하는 편이 더 설득력이 있어 보인다.

유의할 것은 문화 유형 구분 시 청동기와 함께 토기 등 공반되는 유물도 종합적으로 분석해야 한다는 점이다. 예를 들어 랴오시와 랴오둥 지역이 삼족기三足器의 유무에서 차이가 나는 점은 어떻게 이해할 것인가?

이때 씨야지야디앤상층문화와 쓰얼타이잉즈문화는 석관묘라는 전통적인 매장 방식에서 서로 유사함을 보이며, 단경식 동검·T자형 자루가 달린 비파형단검·투구·도자刀子·거울 모양 청동 장식품(鏡形飾)·재갈衔(鑣) 등 청동기 유물에서도 기본적으로 유사하다. 지리적으로도 중간에 산맥이나 경계가 되는 지대가 존재하지 않는다.

두 지역은 기본적으로는 같은 문화권에 속하는 것으로 볼 수 있다. 다만 각 지역 독자의 특성을 갖는다고 보는 것이 합리적인 이해라고 할 수 있다. 시랴오허 상류 지역 씨야지야디앤상층문화와 다링허 유역 쓰얼타이잉즈문화의 지역적 차이를 인정할 수 있지만, 그것이 종족이나 주민 집단의 차이를 결정지을 정도는 아니라고 보인다.

『관자』에 보이는 '발조선發朝鮮'에 대한 기록은, 기록 자체가 8000리 (먼 곳) 떨어진 고조선에 대한 언급이고, 조선과 함께 기록된 '발發'을 고조선에 준하는 정치체로 보기에는 기록이 너무 단편적이며, 그 실체가 모호하다. 따라서 『관자』에 기록된 '발'보다는 『사기』 화식열전貨殖列傳 등에 고조선과 함께 나오는 '예맥'이나 '진번' 등의 정치체에 대한 해석에 주목할 필요가 있을 듯하다.

필자가 보기에는 초기 단계의 연구처럼 다링허 유역 쓰얼타이잉즈 문화가 시랴오허 상류 지역 씨야지야디앤상층문화의 지역 유형이라고 보는 견해가 더 설득력이 있다.

4. 랴오둥: 서북한 지역 비파형동검 문화와 그 담당자

결국 고조선의 세력권이나 영역과 관련해서는 랴오시 지역보다 랴오둥 지역이 주목된다. 이는 랴오둥 지역의 청동기 문화가 한반도 청동기 문화와 직결되고, 랴오시 지역과 차이가 나기 때문이다.

대개 기원전 8~7세기 무렵이면 고조선이 역사상에 등장한다. 기원전 4세기 이전의 일을 기록한 『관자』나 『전국책戰國策』 등에는 고조선 주민과 관련해 '랴오둥'과 '조선'이 따로 구분되어 나온다. 한편 『사기』나 『한서』에는 랴오둥 지역의 주민 집단을 '예맥'으로 볼 수 있는 기록도 있다.

따라서 랴오둥 지역과 고조선, 예맥의 연관성은 매우 깊게 형성되었고, 그 시기는 대개 기원전 8~7세기까지 올라간다고 할 수 있다.

청동기시대 후기 단계에 이르면 지석묘·석관묘에 미송리형 토기와 팽이형 토기를 부장하는 비파형동검 문화가 랴오둥에서 한반도 서북 지방에 걸쳐 분포한다. 이러한 현상은 랴오둥 지역 및 서북한 지역의 농업에 유리한 환경을 이용해서 성장하던 예맥 계통의 종족들이 상호 밀접한 교류 관계를 통해 느슨한 연맹 관계를 형성한 사실을 반영한다고 보인다.

랴오둥 지역과 한반도 서북 지방에 살았던 예맥족과 고조선 사람들이 남긴 대표적 문화로는 비파형동검 외에 지석묘와 석관묘, 미송리형 토기와 팽이형 토기 등을 들 수 있다. 특히 랴오둥 및 한반도 지역에 집중적으로 분포하는 탁자식 지석묘는 유사한 특징을 많이 보인다. 이는 그 문화가 번성한 시기로 보면 고조선의 정치 세력과 연관될 가능성이 높다고 하겠다.

청동기시대 고조선과 관련해 해석할 수 있는 탁자식 지석묘와 미송리형 토기는 다링허 유역에는 분포하지 않는다. 이는 쓰얼타이잉즈문화와 랴오둥 지역 청동기 문화 주민 집단 간에 어느 정도 구별이 있었음을 방증한다.

현재까지의 고고학 자료 조사 결과, 랴오둥 지역의 청동기 문화는 크게 랴오둥 지역과 한반도 서북 지방이 유사성을 띠면서도 지역적인 차이를 보인다. 즉 훈허-압록강 일대의 석관묘·미송리형 토기 문화권과 서북한 지역의 지석묘·팽이형 토기 문화권, 그리고 랴오둥반도 지역이 지역마다의 특색을 가지고 독자적인 문화권을 이루고 있다고 하겠다.

다만, 랴오둥 지역 전체는 지석묘와 석관묘라는 동일 계열의 묘제墓制를 사용하는 것으로 보아 같은 계통의 주민 집단이 살았고, 단지 지리적인 차이로 인해 문화 유형의 차이가 생긴 것이라고 생각한다.

미송리형 토기는 대부분 석관묘에서 초기 비파형동검과 함께 출토되기 때문에 주로 출토되는 랴오허 유역에서 청천강에 이르는 지역을 고조선의 중심 지역으로 설정하게 하는 중요 근거 자료가 된다. 반면,

미송리형 토기와 석관묘의 집중 분포 지역 이남인 랴오둥반도 남쪽과 한반도 서북 지방에서는 팽이형 토기가 지석묘와 함께 출토된다.

서북한 지역의 지석묘가 분포되어 있는 곳에서는 미송리형 토기와 유사한 팽이형 토기가 반드시 출토되며, 랴오둥 지방에서도 지석묘가 있는 곳에는 팽이형 토기와 유사한 계통의 그릇이 보인다.

지금까지의 랴오둥 지역 고고학 자료를 보면 석관묘와 미송리형 토기, 그리고 지석묘와 팽이형 토기가 일종의 공반 관계를 이루고 있음을 확인할 수 있다.

미송리형 토기와 팽이형 토기는 기본적으로 목이 긴 항아리와 아가리를 따로 만들어 붙인 독이 공반하고 있어 같은 계통의 주민 집단이 만든 것으로 보인다.

묘제로서 지석묘와 석관묘가 일정 지역에 집중 분포하는 것은 그 일대에 유사한 계통의 종족과 주민 집단이 있었음을 말해준다. 선진시대의 문헌에는 늦어도 기원전 4세기 중반 전에 발해渤海 연안 지대에 있던 종족으로서 산융을 중심으로 한 여러 융적과 그 동쪽에 '조선'이 존재했다고 나온다. 황해黃海 이북 연안과 랴오둥 지역은 중국인의 시각에서 볼 때 동이족이 살던 지역으로 일찍이 '오랑캐와 예족의 고향夷穢之鄕'으로 표기되었다(『여씨춘추呂氏春秋』시군람恃君覽). 그곳은 정치 집단으로 말하면 '조선' 또는 '조선후朝鮮侯'로 표현되는 세력의 거주 지역이라 할 수 있다.

대개 지석묘와 석관묘가 조영되던 마지막 단계에 이르면 이른바 '조선후'로 표현되는 연맹체 집단이 랴오둥-서북한 지역에 형성되어 중국 연 세력과 대립하는 것으로 보인다.

중국 동북 지방에서 보이는 비파형동검 문화 범위 내의 모든 유적, 유물 갖춤새를 고조선에 속하는 것이라고 보기는 어렵다. 설령 비파형동검 문화를 고조선의 청동기 문화로 보아 주변의 다른 청동기 문화와 구분하더라도 그 정확한 경계를 찾는 것은 어려운 일인바, 결국 중심이 되는 청동기 문화 유형을 찾을 수 있을 뿐이다.

따라서 청동기시대 고조선의 세력권 또는 그 공간 범주를 명확하게 그리기는 쉽지 않고, 현재의 연구 성과를 바탕으로 하면 대개 랴오시의 동쪽인 랴오둥 지역에서 그 동남쪽의 한반도 서북 지방 정도를 범위로 설정할 수 있을 것이다.

5. 초기 고조선의 중심지와 경계境界

문헌 기록에 보면 청동기 문화 단계의 랴오둥 지역에는 예맥으로 불리는 여러 종족 집단이 거주했다. 고조선은 예맥과는 구분되어 랴오둥 지역과 그 이남에 거주한 것으로 나온다. 당시에는 탁자식(북방식) 지석묘가 일정한 범위에 분포했음이 눈에 띄는데, 그 지역이 바로 랴오둥 지역에서 서북한 지역에 걸쳐 있다.

고대 랴오시·랴오둥 지역 주민 집단의 문제와 관련해서는『산해경山海經』등 선진 시기의 문헌 및『사기』조선열전朝鮮列傳 외에『삼국지三國志』위서魏書 동이전 한조韓條에 인용된『위략魏略』의 기록이 중요하다.

옛날 기자의 후손인 조선후가 주가 쇠퇴하자 연이 스스로 높여 왕이라 칭하고 동쪽을 공략하려는 것을 보고 조선후 또한 스스로 왕을 칭하고 군사를 일으켜 연을 맞아 싸우고 주 왕실을 높이고자 했다. 그 대부인 예가 간하자 이내 그만두었다.(『삼국지』권30, 위서 30 오환선비동이전烏丸鮮卑東夷傳 한조韓條 『위략』)

위의 『위략』 기록 가운데 문제가 되는 부분은 『사기』 조선열전에는 기록되어 있지 않은 "후에 (조선후의) 자손이 점차 교만 포학해지니, 연이 장군 진개를 보내어 조선의 서방을 공격해 2000리의 땅을 빼앗아 만번한에 이르러 경계를 삼았다"라는 내용이다.

과거 '2000여 리'라는 수치에 대해서는 연이 랴오허 서쪽에서 동호로부터 1000여 리를 빼앗고, 계속 랴오허 동쪽의 이른바 고조선의 영토에 진공해 1000여 리의 땅을 빼앗아 '만번한'에 이르러 비로소 고조선과 경계를 정했다고 해석했다.

한편 『사기』 흉노열전에는 연나라가 조양造陽(현재의 허베이성河北省 화이라이현懷來縣)으로부터 양평襄平(현재 랴오양시遼陽市)에 이르는 장성長城을 쌓고, 이 지역에 호胡의 침입에 대비하기 위해 5군을 설치했다는 기록이 있다.

연은 동호를 몰아낸 뒤 현재의 베이징北京 북쪽에 있던 옛날 도시 조양造陽으로부터 양평襄平에 이르는, 동호에 대한 대규모의 방어선을 구축한 것이다.

현재 장성의 흔적은 랴오허遼河를 넘지 않는 선에서 확인되는데, 이것은 중국 동북 지방의 지형과 관계된 것으로 생각되며, 대개 톈산산맥天山山脈 일대까지를 연 장성의 경계로 설정하고 가장 동쪽인 랴오둥 지역의 장성을 관리하던 중심을 랴오양시遼陽市에 두고 있다.

연 소왕은 장군 진개를 파견해 동호를 1000여 리 밖으로 물리친 뒤 조양에서 양평까지 장성을 쌓고, 동호에 대해 방어 조치를 했다. 계속해서 연이 조선의 서쪽 땅에 대한 공격과 영유領有에 의한 결과로 만번한 지역이 랴오둥과 조선의 경계가 되었다.

만번한의 위치에 대해서는 평안북도 박천군의 박천강과 청천강 일대로 보는 것이 일반적이다. 그러나 최근 우리 학계에서는 '만번한'의 위치를 랴오둥 지역에 비정하는 경향이 있다.

『한서』지리지에 랴오둥군의 속현으로 문현汶縣과 번한현番汗縣이 붙어서 기록되어 있는데, '만번한'은 바로 이 두 현의 연칭連稱이라고 본 전통적인 견해(정약용丁若鏞,『아방강역고我邦疆域考』권1, 조선고朝鮮考)에 주목한 것이다. 문현과 번한현이 위치했던 랴오둥반도 서남부 가이핑蓋平(가이저우시蓋州市) 일대(톈산산맥 서쪽 지역)로 비정하고 있다.

이 입장은 『사기』흉노열전에서 진개가 '동호'를 1000리 퇴각시키고 랴오둥 일대를 경계로 했다는 기록과『위략』에서 조선의 서쪽 땅 2000리를 빼앗고 경계로 했던 만번한 지역이 똑같이 랴오둥 일대에 비정되는 모순을 갖고 있다.

『관자』나『염철론鹽鐵論』등 선진 문헌 기록을 종합하면, 연이 동호를 치고 동쪽으로 진출했을 때 동호의 동쪽에는 랴오둥이 고조선과의 사이에 일종의 접경 지대로 자리 잡고 있었음을 알 수 있다.

한편 청동기시대 고조선의 북방에는 부여 선주민인 예맥족이 서단

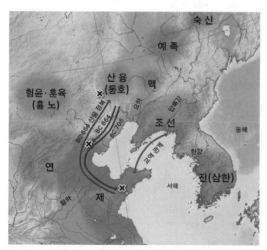

〈그림〉 기원전 7세기경 랴오닝성 지역 종족 집단 분포
출전: 한국교원대학교 역사교육과, 2003,『아틀라스한국사』, 사계절

산 문화를 누리며 생활하고 있었다. 따라서 지린성 일대를 중심으로 한 서단산 문화 이남 지역에서 고조선의 북쪽 경계를 찾는 것이 타당하다고 하겠다. 그 지역은 대개 미송리형 토기 문화의 북쪽 경계인 카이위안開原, 칭위안淸原 일원으로 비정하면 무리가 없다고 생각한다.

따라서 필자는 초기 청동기시대 초기 고조선의 경계는 아직 종족 국가 단계에 머물렀던 점을 고려해 초기 랴오둥 지역을 중심으로 그리는 것이 합리적이라 생각한다. 다만 이 시기는 경계와 영역이 분명하지 않기 때문에 고조선의 영역이나 경계라는 명칭보다 랴오닝성 및 중국 동북 지방 종족 집단의 분포라는 명칭으로 그리는 것이 합리적이라 생각한다.

6. 맺음말

비파형동검 문화를 바탕으로 고조선의 초기 중심지를 랴오시 지역으로 보고자 할 때, 가장 중요한 것은 기본적으로 비파형동검 문화 단계의 랴오시 지역 청동기 문화를 담당한 세력에 대해 문헌 기록과 연관지어 해석을 해야 하는 것이다. 그러나 어느 문헌에도 랴오시 지역을 고조선으로 명시한 기록은 없기 때문에, 문헌 기록과 괴리되는 부분을 어떻게 정리할지에 대한 분명한 입장 제시가 필요하다.

대개 '조선'이 정치체로 역사 무대에 명확하게 존재했음을 기록한 문헌 기록은 기원전 5세기 후, 즉 전국시대 이후로 볼 수 있다. 학계에서는 일반적으로 『관자』 경중갑輕重甲 편에 나오는 조선의 기록이 춘추 시대의 상황을 이야기한 것이므로 기원전 8~7세기에 고조선의 존재를 이야기하지만, 그 기록은 매우 단편적이어서 고조선에 대한 상세한 정보보다는 조선이라는 국가의 존재를 중국에서 알고 있었다는 정도의 내용 이상을 파악하기가 쉽지 않다.

필자가 생각하기에 초기 고조선의 중심지와 경계를 고찰하기 위한 가장 중요한 문헌 자료는『사기』흉노열전의 동호를 1000리 물리친 기록과『염철론』에 나오는 동호를 치고 랴오둥을 지나 조선을 공격했다는 기록이다. 다음 단계인 후기 고조선의 중심지와 경계를 고찰하기 위한 가장 중요한 문헌 자료는『사기』조선열전의 한과 고조선의 경계에 흐르는 패수浿水와 위만이 거쳐왔다는 랴오둥고새遼東古塞와 진고공지秦故空地 상하장上下鄣에 대한 기록이다.

이 기록에서는 모두 랴오둥과 별도로 조선이 있다고 하며, 그 위치는 당연히 랴오둥의 동남쪽인 한반도 서북 지방에 해당한다. 일찍이 실학자 정약용도 이 점을 분명하게 지적했다. 사서에 조선과 랴오둥, 그리고 진번眞番이 별도로 기록되었으므로 랴오둥, 나아가 랴오시 지역에서 고조선을 찾는 오류를 범하면 안 된다는 지적을 초기 고조선 연구자들은 유념해야 할 것이다.

:: 참고문헌

『관자管子』

『국어國語』

『사기史記』

『삼국지三國志』

『수경주水經注』

『아방강역고我邦疆域考』

『염철론鹽鐵論』

『한서漢書』

고조선사연구회·동북아역사재단, 2009,『고조선사연구 100년: 고조선사 연구의 현황과 쟁점』, 학연문화사.

김정배 외, 1997,『한국사』 4, 국사편찬위원회.

노태돈 외, 2000,『단군과 고조선사』, 사계절.

서영수, 2007,「고조선의 발전과정과 강역의 변동」,『고조선의 역사를 찾아서: 국가·문화·교역』, 학연문화사.

송호정, 2003,『한국고대사 속의 고조선사』, 푸른역사.

오강원, 2006,『비파형동검문화와 랴오닝지역의 청동기문화』, 청계.

윤내현, 1994,『고조선연구』, 일지사.

이종욱, 1993,『고조선사연구』, 일조각.

이청규, 2007,「청동기를 통해서 본 고조선과 주변 사회」,『고조선의 역사를 찾아서: 국가·문화·교역』, 학연문화사.

조진선, 2013,「중국 동북지역의 청동기문화와 고조선」,『고조선·위만조선과 동아시아의 고대문화』(제43회 동양학국제학술회의 자료집), 단국대학교 동양학연구원.

金岳, 1981,「亞微罍銘文考釋」,『遼寧省考古博物館學會成立大會會刊』.

靳楓毅, 1982,「論中國東北地區含曲刃靑銅短劍的文化遺存(上)」,『考古學報』1982-4, 中国社会科学院考古研究所, 北京.

_____, 1983,「論中國東北地區含曲刃靑銅短劍的文化遺存(下)」,『考古學報』1983-1, 中国社会科学院考古研究所, 北京.

武家昌, 1995,「山戎族地望考略」,『遼海文物學刊』95-1, 遼寧省博物館, 遼寧省.

烏恩岳斯圖, 2007,『北方草原: 考古學文化硏究』, 科學出版社, 北京.

李學勤, 1983,「試論孤竹」,『社會科學戰線』83-2, 社會科學戰線雜志編輯委員會, 長春.

林沄, 1980,「中國東北系靑銅初論」,『考古學報』1980-2, 中国社会科学院考古研究所, 北京.

朱永剛, 1987,「夏家店上層文化的初步研究」,『考古學文化論集』1, 文物出版社, 北京.

白鳥庫吉, 1924,「周代の戎狄について」,『東洋學報』14-2, 東洋協會調查部, 東京.

李學勤, 五井直弘 譯, 1991,『春秋戰國時代の歷史と文物』, 硏文出版, 東京.

고구려 왕릉 연구의 어제와 오늘

이도학(한국전통문화대학교 문화유적학과 교수)

1. 머리말

고구려 왕릉에 대한 연구는 구한말 이래로 현재까지 꾸준히 진행되어왔다. 가령 1870년대 후엽에 광개토왕릉비廣開土王陵碑의 존재가 확인됨에 따라 광개토왕릉의 소재지에 관심이 쏠렸다. 이후 지안集安 지역 고구려 왕릉을 넘어 평양 지역 왕릉으로 관심이 확대되어 나갔다.

　이 글에서는 고구려 왕릉 연구에서 여전히 쟁점이 되고 있는 몇 가지 사안을 집중적으로 살펴보고자 했다. 먼저 고구려 왕릉 연구의 백미격인 광개토왕릉 확정에 이르기까지의 과정을 상세히 고찰했다. 그리고 시조인 추모왕의 능과 전동명왕릉傳東明王陵과 관련한 몇 가지 문제, 재궁梓宮이 납치된 바 있는 미천왕릉의 이장移葬 여부와 장지명식葬地名

式 시호에 등장하는 '국천國川'에 대한 새로운 비정을 소개했다. 그렇게 함으로써 동천왕릉과 중천왕릉, 그리고 서천왕릉도 전면적으로 재검토되었다.

이 글에서는 고구려 왕릉 연구의 흐름을 짚어보면서 왕릉 연구의 새로운 지평을 여는 단초를 마련하고자 했다.

2. 광개토왕릉을 찾아

(1) '황제묘'와 '황제비'의 비밀이 벗겨지기까지

현재 중국에서 동북삼성東北三省이라고 부르고, 우리는 만주滿洲라고 일컫는 곳 가운데 하나인 지린성吉林省 지안시集安市의 통거우通溝 평원에는 높다란 비석 하나가 우뚝 서 있다. 만고풍상을 겪으면서 풍운의 만주 대륙 역사의 부침을 묵묵히 지켜보았던 이 비석은 고구려 도성인 국내성의 동쪽, 국강國岡이라는 언덕 위에 자리 잡았다. 1447년에 제작된 〈용비어천가龍飛御天歌〉에서 "평안도 강계부 서쪽으로 강을 건너 140리쯤에 큰 벌판이 있다. 그 가운데 옛 성이 있는데, 세상에서는 대금황제성이라고 일컫는다. 성 북쪽으로 7리쯤에는 비석이 있다. 또 그 북쪽에는 돌무덤(石陵) 2기가 있다"라고 하면서 이 비석의 존재를 언급했다. 여기서 '비석'의 존재는 1487년에 평안감사로서 압록강변 만포진을 시찰했던 성현成俔이 지은 「황성 밖을 바라보며望皇城郊」라는 시詩에서 다시금 언급되었다. 그는 "우뚝하게 천척비千尺碑만 남아 있네"라고 읊었다(이도학, 2004, 207쪽). 압록강변에서 아스라이나마 이 비석의 존재를 육안으로 목격하기는 어렵다. 그런데 1907년 5월에 프랑스인 샤반느Edouard Chavannes가 압록강 남안에서 촬영한 통거우 벌판 사진에 따르면 그렇지만도 않아 보인다.

어쨌든 누구도 직접 확인하지 않은 미지의 비석인 것처럼 보였다. 그렇지만 『동국여지승람東國輿地勝覽』과 이수광의 『지봉유설芝峯類說』 등에서는 금金나라 황제비로 단정했다. 선조宣祖 28년(1595)에 선조의 특명으로 누르하치를 만나기 위해 한겨울에 압록강을 건넌 신충일申忠一이 작성한 「건주기정도기建州紀程圖記」에도 '황성'·'황제묘'·'비'가 표시되어 있다. 그는 '비' 바로 밑을 통과했건만 관심을 가질 만한 상황은 못되었다. 다만 만포진에 잇댄 압록강 너머에 자리 잡은 성과 무덤 그리고 비석, 모두 12세기에 불길처럼 솟아올라 북중국을 점유하면서 동북아시아를 요동치게 만들었기에 훗날 정복 왕조라고 불린 여진족이 세운 금나라의 숨결이 잡초 덤불 속에서 고요히 영면하고 있는 장소쯤으로 여겼을 뿐이다.

지안 일대는 같은 여진족이 세운 청淸나라가 들어선 17세기 이후에는 청나라 황실의 발상지라는 명목으로 주민들이 거주하지 못하게 하는 봉금령封禁令에 묶여 역시 깊은 잠에 빠졌다. 그러나 봉금령이 풀려 주민들이 지안 지역으로 이주해가서 화이런현懷仁縣이 설치된 1877년에 푸른 이끼가 잔뜩 끼어 있는 이 비석의 존재를 다시금 발견했다. 두텁게 낀 이끼를 제거하기 위해 비석 겉면에 우마분牛馬糞을 바르고는 불을 질렀다. 타닥타닥 작열하는 사이에 불기운을 이기지 못하고 비면에 균열이 생기기까지 했다. 어쨌든 이렇게 해서 글자를 드러낸 '대금황제비'는 광개토왕릉비로 새롭게 밝혀졌다.

1889년에 일본에서 간행된 『회여록會餘錄』에 따르면 광개토왕릉비가 오랫동안 땅속에 파묻혀 있다가 300년쯤부터 조금씩 드러나기 시작했다는 토인土人의 말을 소개했다. 그러나 〈용비어천가〉나 성현의 목격에 따르면 400년 훨씬 전에 이미 우뚝하게 선 광개토왕릉비의 존재가 확인되었다. 그러므로 '오랫동안 땅속에 파묻혀 있다가'라는 말은 성립되지 않는다. 그와 더불어 17세기 이후에는 이곳이 봉금령으로 묶여 사람이 거주하지도 않았다. 구전의 계승이 이루어질 수 없는 상황이었다. 그러니 '300년쯤부터 조금씩 드러나기 시작했다'는 토인의 주장은 어불성설에 불과하다.

(2) 태왕릉=광개토왕릉설의 검증

19세기 후엽에 확인된 광개토왕릉비의 존재는 광개토왕릉을 찾을 수 있는 관건이었다(앞으로는 '능비'와 '능비문'으로 약기略記한다). 『회여록』에 보면 "비의 곁에 하나의 큰 무덤이 있는데, 완연한 구릉이다. 그 모양은 기울어져 있는데 기세에 압도당하는 것 같았다. 대개 고구려 성시의 영락태왕永樂太王을 장례한 곳일 게다"라고 했다. 즉 태왕릉을 광개토왕릉으로 비정한 것이다. 태왕릉=광개토왕릉설의 핵심은 능비와 왕릉급 분묘가 분명한 태왕릉이 가장 가깝다는 점에 근거했다. 거대한 규모의 태왕릉은 희세稀世의 정복 군주 광개토왕의 능으로 손색이 없다고 보았다. 태왕릉의 외적 규모에 대해 한국 미술사학의 비조인 우현又玄 고유섭高裕燮은 비중을 두지 않았다. 즉 "이(장군총; 필자) 현실의 위장한 품은 외용만 커다란 태왕릉의 미칠 바 아니다"라고 갈파했다. 태왕릉의 외적 규모는 장군총보다 무려 네 배나 크다. 그러나 그는 태왕릉의 현실 규모가 정작 장군총의 4분의 1에 불과한 사실을 간파한 것이다.

그 밖에 태왕릉에서 수습한 전돌에 적힌 명문의 '태왕太王'은 능비에서 '호태왕好太王' 혹은 '태왕'으로 표기한 광개토왕과 부합하다는 데두었다. 그러나 이에 대해서는 고유섭이 일찍이 냉소를 지은 바 있다. 즉 "그러나 기명記銘의 태왕은 태왕일 뿐이요 호태왕이라 하지 아니했으니, 태왕은 미칭으로 어느 왕에게나 쓸 수 있는 것이요, 또 고구려 역대에는 태조대왕·차대왕·신대왕 등 실제 대왕으로 칭호된 왕도 있으니, '원태왕릉顧太王陵' 운운의 구句, 반드시 광개토의 호태왕이 아닐 것이다"(고유섭, 1938, 310쪽)라고 갈파했다.

그럼에도 태왕릉=광개토왕릉설은 최근까지도 논거를 보태면서 여전히 유효한 학설로 자리 잡고자 했다. 가령 중국이 지안의 고구려 유적을 세계문화유산으로 등재하기 위한 작업을 추진하면서 왕릉 주변을 대대적으로 발굴한 결과, 소위 제대祭臺라고 명명한 부석敷石 시설이 노출되었다. 태왕릉의 경우는 소위 제대가 지금까지 알았던 태왕릉 정면의 반대편에서 드러났다. 일반적인 상식에 비추어볼 때 제대는 분묘 정면에 설치되기 마련이다. 만약에 부석 유구가 제대라면 태왕릉의 정면은 능비를 바라보는 쪽이 된다. 또 그렇다면 태왕릉은 능비와 연계된 분묘로 밝혀지는 만큼 광개토왕릉이 명확해진다. 일단 태왕릉은 능비에서 가장 가까울 뿐 아니라 비석과 분묘의 정면이 일치하기 때문이다. 그간 태왕릉=광개토왕릉설의 최대 난점이었던 방향의 불일치를 일거에 잠재우는 전기가 되는 듯했다. 그러나 소위 제대 유구는 위산샤禹山下 992호분에서 보듯이 앞뒤로 각각 나타나기도 했다. 장군총의 경우는 이 유구가 명백히 뒤편에 설치되어 있다. 더구나 이곳은 턱이 져서 제사를 지낼 만한 공간이 조성되지도 않았다. 결국 정형성이 없는 소위 제대는 제대가 될 수 없다는 결론에 이르렀다. 나아가 태왕릉=광개토왕릉설의 유력한 새로운 근거는 일순에 효력을 잃어버리고 말았다(이도학, 2005, 124~128쪽).

태왕릉 주변을 발굴한 결과 동령銅鈴 한 개가 공반共伴 유물 없이 출토되었다고 한다. 실로 자그마한 동령의 겉면에서 '신묘년辛卯年'과 '호대왕好大王'이라는 문자가 확인되었다. 이를 토대로 명문 동령은 태왕릉과 관련 있는 것이고, 태왕릉은 호대왕, 즉 호태왕인 광개토왕의 능으로 재삼 확인되었다고 역설했다(吉林省文物考古研究所·集安市博物館, 2004, 334쪽). 그런데 동령의 문자는 능비문의 서체와는 너무 달랐다. 이 점은 호우총에 부장된 호우壺杅의 명문이 능비문의 서체와 일치한 것과는 사뭇 다른 양상이었다. 더구나 '호태왕好太王'이 아닌 '호대왕' 표기는 점 하나의 차이를 넘어 위작 가능성까지 연상시켰다. 사실 발굴 결과 천추총을 비롯해서 분묘마다 동령이 여러 개씩 출토되었다. 그런데 이와 별반 차이가 없는 태왕릉 주변에서 출토되었다는 동령에 명문을 삽입할 특별한 사유는 보이지 않았다. 따라서 고구려 동령 겉면에 인지도가 높은 능비문의 '신묘년'과 주인공인 '호태왕'을 어설프게 새긴 결과일지도 모른다. 게다가 샤반느가 일찍이 언급했듯이 호태왕은 광개토왕만이 아니라 고구려왕들에 대한 범칭으로 사용되었다. 따라서 '호대왕' 문자로써 태왕릉을 광개토왕릉으로 확정 지으려는 시도 역시 적절하지 않아 보였다(이도학, 2009, 131~157쪽).

최근까지도 태왕릉=광개토왕릉설은 새로운 논거를 찾아 굽히지 않고 제기되었다. 태왕릉과 장군총 사이에 하천이 흐르고 있었던 사실을 추적해 태왕릉과 능비는 동일 구역이지만 장군총은 하천이라는 장애물로 인해 능비와는 구분되는 공간으로 단정했다. 이와 관련해『회여록』에 따르면, 능비문 판독의 난점을 소개하면서 "그러나 오랫동안 계류溪流에 격激한 바 되어 (글자가) 결손한 곳이 매우 많다"고 실토했다. 여기서는 계류로 인해 비문의 결락이 심해졌는지 여부보다는 능비 앞에 계류가 존재했다는 사실이 중요하다. 만약 자연 장애물인 계류가 능비의 동편을 관류했다면 능비와 태왕릉은 짝이 될 수 있다. 그 반면 능비와 장군총은 짝이 되기 어려워진다. 문제는 계류가 고구려 당시에도 존재했는가 여부다. 고구려인들이 능비 밑에까지 파고들 정도의 계류와 인접해서 당초 능비를 건립했을까? 비각의 존재를 고려하지 않는다고 하자. 그렇더라도 당초부터 계천이 흐르는 입지 조건에 능비가 건립되지는 않았다고 보는 게 자연스럽다. 1595년의 현장 답사를 토대로 한 신충일의 지도에 보면 국내성 서편을 흐르는 퉁거우허通溝河(加也之川)나 그 서편의 마셴거우허麻線溝河(仇郎哈川)는 분명히 표시되었다. 반면 능비나 장군총 부근에는 하천 표시가 없다. 이로 볼 때 그보다 훨씬 후대의 기록이나 지도에 소개된 하천은 16세기 이후에 생겨났거나 아니면 실개천에 불과할 수 있다. 따라서 이러한 소하천의 연원을 고구려 당시로까지 소급시켜 이해하는 일은 용이하지 않아 보인다.[1]

한편 태왕릉을 지탱하는 호석護石 밑에서 출토되었다는 유물에 관한 검증을 해본다. 어떤 고고학자는 태왕릉=광개토왕릉이므로 이곳에서 출토된 유물을 통해 절대연대를 설정하는 게 가능하다고 단언했다. 그 결과 다른 유물들의 상대연대 측정이 가능한 호재라는 것이다. 그러나 문제는 녹록하지 않다. 우선 이들 유물이 태왕릉에 부장되었다는 증거가 없다. 가령 도굴꾼이 훔쳐 나왔다가 여의치 못해 훗날을 도모하면서 호석 밑에 묻어두었을 것이라는 유치한 발상도 나오고 있다. 이러한 상황이라면 현장을 벗어나는 게 일차적으로 급선무일 것이다. 더구나 톤급級인 호석을 현대적 장비 없이 몇몇이서 무슨 수단으로 들어올릴 수 있었을까? 냉정하게 생각해보자. 청동 부뚜막이니 마구류 등이 출토되었지만, 문제는 휘장을 설치하는 기구인 만가幔架는 태왕릉의 가형석곽家型石槨보다 길어서 들어갈 수조차 없다. 결국 태왕릉 주변에서 출

---

1) 개천은 생성과 소멸이 빈번한 편이므로 고구려 당시 자연 지형의 준거로 삼기는 어렵다. 가령 담양군 고서면 해평마을의 경우 "무등산에서 흘러내리는 증암천(소쇄원 앞을 흐르는 개천: 필자)이 이 마을로 흘러갔는데, 100여 년 전 큰 홍수에 의해 물줄기가 지금의 증암천甑岩川으로 돌아 평야가 바뀌었다 해서 해평海平이라 칭해온다"(담양군지편찬위원회, 1980, 898~899쪽)고 한 예를 제시할 수 있다.

토되었다는 유물들은 기실 태왕릉과는 무관한 것으로 드러났다(이도학, 2008b, 101~102쪽). 그러면 누가 어떤 목적으로 태왕릉 주변에 고구려 유물들을 매장한 것일까? 이것까지 거론할 의무를 느끼지는 못하지만, 풍문에 따르면 6·25 전쟁 때 지안에 집결한 중국군이 고구려 왕릉들을 참호로 이용했다는 증언이 있다. 이러한 정황이라면 고구려 왕릉 부장품의 유동성을 생각해볼 수는 있다.

참고로 애꾸눈의 독립투사 신규식申奎植의 증언에 따르면, 1912년경에 '광개토왕어보廣開土王御寶'를 중국인이 소장하고 있었다고 한다. '광개토왕어보'라고 한 것을 보면 어새御璽에 그렇게 새겨져 있었을 가능성이 보인다. 아니면 당시 광개토왕릉으로 인식되었던 태왕릉에서 출토되었든지 양단간에 하나일 수 있다. 어쨌든 1910년대나 그 전에 이미 지안 지역의 고구려 왕릉에 대한 대대적인 도굴이 자행되었음을 알려준다. 그러므로 태왕릉 주변에서 출토된 유물의 당초 부장처를 태왕릉으로 지목하기는 더욱 어려워진다.

(3) 장군총=광개토왕릉설의 탄생

태왕릉은 능비에서 가까울 뿐 아니라 거대한 규모 역시 광개토왕릉에 걸맞다. 때문에 많은 연구자들이 태왕릉을 광개토왕릉으로 지목하는 데 주저하지 않았다. 그러나 이러한 통념적인 인식에 최초로 이의를 제기한 이가 도쿄대학교 공학 박사 출신의 세키노 다다시關野貞였다. 그는 1914년에 발표한 논문에서 광개토왕릉=장군총설을 제기했다(關野貞, 1914, 1~5쪽·2005, 294~296쪽). 그는 능비를 기준해 주변에 4개소 정도의 분묘를 광개토왕릉 후보로 상정한 다음에 하나하나 짚어보았다. 지금 생각해도 탁견인 관계로 소개해보기로 한다. 세키노 다다시는 먼저 광개토왕릉으로 의심 없이 믿어왔던 태왕릉에 대해 따져보았다.

태왕릉은 능비에 가깝고, 규모 또한 퉁거우 평야에서 가장 장대해서
희세의 영웅 광개토왕의 능에 상당할 수 있다. 더욱이 능 위에서 많이
나온 명문 전돌의 '원태왕릉안여산고여악顯太王陵安如山固如岳'이라는 구
절은 능비문에서 왕을 가리켜 '국강상광개토경평안호태왕國罡上廣開土
境平安好太王'이라고 하고, 또한 '영락태왕'으로 부르기도 하는 것에 비
추어 태왕릉을 광개토왕릉에 비정하는 것은 어느 누구라도 생각이 미
칠 수 있음을 인정했다. 그러면서 이에 대한 가장 유력한 반증을 제기
했다. 첫 번째 반증은 능비가 서 있는 방향과 태왕릉 방향의 모순이다.
태왕릉은 토구자산土口子山에 붙어 있는 높은 구릉 위에서 남면南面하고
있다. 만약 능비가 태왕릉과 관련된 비석이라면 반드시 그 전면 참도
參道의 좌우 어디엔가 세워져 있어야 한다. 그러나 이와는 달리 능비는
태왕릉 후방에 치우쳐 서 있으므로 양자는 전혀 관계가 없어 보인다.
두 번째 반증은 능비와 태왕릉 사이에 4~5개의 석총石塚이 무너져내려

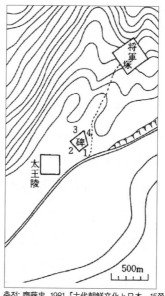

출전: 齋藤忠, 1981, 『古代朝鮮文化と日本』, 15쪽

있다는 점이다. 설령 순장이라고 해도 태왕릉과 능비 사이에 이와 같은 무덤을 만들었을까? 이러한 석총이 존재한다는 것 자체가 태왕릉과 능비가 서로 관계없음을 입증해준다.

임강총臨江塚은 능비의 전면에서 작은 개천을 건넌 구릉상에 있는 석총이다. 임강총은 능비에 가깝고, 규모가 큰 것은 광개토왕릉으로서 한번 생각해볼 만한 가치가 있다. 그러나 임강총의 방향이 서남면하는 것에 대해, 능비는 임강총의 전방에 없고 오른쪽 2정町 거리 정도 골짜기를 사이에 둔 지점에서 서남면했다. 만약 임강총에서 참도를 구릉 아래 만들었을 때는 지형상 능비는 그 참도의 후방에 있게 된다. 이와 같이 임강총과 능비의 방향 상호간에 모순되는 것은 양자가 관계없다는 점을 시사하기에 족하다. 실제 발굴 조사 결과 임강총의 조성 연대는 3세기 후반경으로 지목하는 견해가 대세를 이룬다. 따라서 임강총을 광개토왕릉으로 비정하기는 더욱 어렵다.

세키노 다다시는 능비 후방의 약 20~30개의 크고 작은 고분군을 주목했다. 그런데 중간에 약간 큰 석총이 무너져 있지만 규모가 작아서 하나라도 왕릉이라 생각할 수 있는 게 없다고 했다. 특히 이들의 연도羨道는 모두 남면 혹은 서남면하고 능비는 그 후방에 동남면했다. 양자가 관계없음을 보여준다. 이들 고분군 중 하나가 만일 왕릉이 되려면 그 근방에 이와 같은 분묘군을 조성하지는 않았을 것이다. 세키노 다다시가 조사했을 때와 달리 현재 능비의 후방에는 군소 고분군은 자취도 없어졌다. 다만 위산샤禹山下 0540호가 남아 있지만 왕릉감은 아니다. 장군총은 능비의 동북 약 12정町 거리, 능곡 그 사이를 두고 조금 멀리 떨어져 있다. 그랬기에 보통 장군총을 버리고 가까운 태왕릉을 광개토왕릉으로 인식해왔다. 그러나 능비가 있는 곳에서 바라보면 흡사 일직선으로 장군총이 토구자산 아래 고지에 엄연히 서 있는 것을 바라볼 수 있다. 그리고 장군총에서 참도를 만들었다면 바로 능비의 전면을 통과한다. 즉 비석은 참도의 오른쪽에 있고, 그 제1면이 참도로 향하고 있다. 이것은 장군총과 능비의 위치가 능히 부합하기 때문은 아닐까? 물론 장군총과 능비 사이에는 한 개의 무덤도 끼어 있지 않다. 광개토왕릉 후보인 태왕릉과 임강총 및 능비 뒤의 고분 등은 모두 광개토왕릉으로 지목하기에는 큰 결점이 있었다. 오로지 장군총만이 어떠한 점으로 보더라도 추호라도 광개토왕릉으로서 적당하지 않은 점을 발견하기 어렵다. 다만 능비에서 장군총이 조금 멀다는 문제밖에는 없다. 그러나 능비에 의하면 왕릉에는 다수의 수묘호를 배치했기에 영역 또한 광활할 수밖에 없어 능비에서 거리가 먼 것은 문제가 되지 않는다. 그리고 장군총 현실玄室 안에 안치된 목위木位에는 '공봉전조호태왕지신위供奉前朝好太王之神位'라고 묵서墨書되었다. 반면 태왕릉 곁에 있는 소석사小石祠의 목위에는 '태왕지위太王之位'라고만 적혀 있다. 이를 통해 장군총을 광개토왕릉으로 일컬었음을 알 수 있다고 했다.

세키노 다다시가 장군총 현실 안에서 목격한 위패는 1907년에 샤반느가 이미 언급한 바 있다. 현실 입구 맞은편 벽에 붙인 작은 목단木壇 위에 안치된 위패였다. 위패에 적힌 '전조前朝'는 그 직전의 왕조뿐 아니라 앞선 왕조를 포괄하는 개념으로 사용되기도 한다. 그리고 지안 일대가 200여 년에 걸친 봉금 지역이었다는 사실이다. 그렇다면 '전조' 개념은 고구려 이후 발해나 그 뒤 왕조에서 비롯되었을 수 있다.

어쨌든 '전조'라는 용어는 후대 왕조가 앞선 왕조를 가리키는 공적인 호칭이었다. 일종의 암묵적 계승 관계가 전제되었을 때 이러한 용어를 사용하기도 한다. 일단 고구려를 '전조'라고 호칭할 수 있는 일차적인 국가는 발해였다. '전조 호태왕의 신위를 모시다'라는 개념은 호태왕이 광개토왕을 지칭한다는 명확한 정보가 전제되었을 때 가능한 일이다. 그러니 고구려 멸망 후 상당한 세월이 흐른 뒤에는 가능하지 않다고 본다. 이러한 맥락에서 본다면 당군唐軍에 의해 파괴되었을 가능성이 큰 광개토왕릉[2]을 발해에서 관리하고 제사 지낸 산물일 가능성을 생각해본다. 공교롭게도 장군총 꼭대기에서 발해 유적에서 보이는 지압문指壓文 기와가 출토되었다. 지압문 기와는 왕릉인 천추총과 서대총, 마셴거우 2100호, JQM칠성산 0211호, 그리고 태왕릉 외에 장군총 등에서도 확인된 것이다. 물론 지압문 기와는 백제 사비도성에서도 확인되었다. 그렇지만 백제 멸망 후 요동遼東 쪽으로 옮겨간 백제인들에 의해 발해로 전파되었을 가능성도 있다(이도학, 2010, 433쪽). 어쨌거나 지압문 기와가 발해 기와라면, 이미 제기되었듯이 발해가 고구려 왕릉을 보수·관리했음을 뜻하는 물증이다. 더구나 '태왕'과 구분되는 '호태왕'으로 정확하게 인지했다는 것은 우연의 일치일 수 없다. 정확한 소전所傳을 물려받았음을 뜻한다고 보아야 한다. 물론 그 소전은 후대 어느 때 단절되었을 것이다. 그렇지만 그 흔적이 목위의 묵서로 남아 있는 게 아닐까?

한국인으로서 장군총=광개토왕릉설을 처음으로 취한 이가 민족주의 사학자 단재丹齋 신채호申采浩였다. 그가 옥중에 있을 때 지인들이 단재의 원고를 찾아서 『조선일보』에 '조선상고사朝鮮上古史'를 연재할 때가 1931년이었다. 그러니 본 원고는 그보다 훨씬 전에 작성된 것이다. 그러면 다음의 글을 보자.

잔파殘破(그 지상地上에 출出한 부분만)한, 수백의 왕릉 가운데 천행으로 유존한

---

2) 실제 장군총 현실 안의 2개 관대는 크게 파괴되어 있다. 부여 능산리 왕릉 구역의 분묘들도 일제강점기 전에 이미 도굴된 것으로 드러났다. 이와 관련한 소행자를 당군으로 지목하기도 한다.

팔층석탑八層石塔 사면방형四面方形의 광개토왕릉과 그 우변右邊의 제천단祭天壇을 붓으로 대강 모본摸本해 사진을 대代하며, 그 왕릉의 광廣과 고高를 발로 밟아 신체로 견주어 측척을 대代했을 뿐이다(고高 십장十丈가량이요 하층의 주위는 팔십八十 발이니, 다른 왕릉은 상층이 잔파殘破해 고高는 알 수 없으나, 그 하층의 주위는 대개 광개토왕의 능과 동일). 왕릉의 상층에 올라가, 석주石柱의 섰던 자취와 복와覆瓦의 남은 와편과 드문드문 서 있는 송백을 보고, 『후한서後漢書』에 "고구려 …… 금은재폐金銀財幣 진어후장盡於厚葬 적석위봉積石爲封 역종송백亦種松柏"이라 한 간단에 과過한 문구를 비로소 충분한 해석을 얻고, "수백 원이 있으면 묘 한 장을 파볼 것이요, 수천 원 혹은 수만 원이면 능 한 개를 파볼 것이라. 그리하여 수천 년 전 고구려 생활의 활사진을 보리라" 하는 몽夢만 했었다.(『개정판 단재신채호전집丹齋申采浩全集』 상上, 48~49쪽)

위의 인용 문구에서 '팔층석탑 사면방형의 광개토왕릉'은 필연코 장군총이 분명하다. 단재 신채호는 한 줌의 의문 제기 없이 장군총을 광개토왕릉으로 확신했음을 알 수 있다. 그렇게 된 데는 필시 그가 세키노 다다시의 논문을 읽었기 때문인 것 같다. 실제 상기한 단재의 글 뒷부분에는 서울에 거주하는 우인友人이 조선총독부에서 간행한 『조선고적도보朝鮮古蹟圖譜』를 보내준 사실과, 그 책 내용을 긍정적으로 파악한 글귀까지 붙어 있다(단재신채호선생기념사업회, 1987, 49쪽).

『조선고적도보』 제1권은 1915년에 간행되었는데, '낙랑·대방군·고구려' 편이었다. 그 이듬해인 1916년에 간행한 『조선고적도보해설朝鮮古蹟圖譜解說』에 따르면, 장군총을 광개토왕릉으로 명시했다. 반면 태왕릉은 종래 광개토왕릉으로 비정되었지만 위치와 방향을 놓고 볼 때 신뢰할 수 없었다고 했다(朝鮮總督府, 1916, 22~23쪽). 이 고적조사단 단장이었던 세키노 다다시의 학설이 들어간 것이다. 이러한 점에 비추어볼 때

『조선고적도보』를 읽었고, 또 현장을 답사했던 단재는 장군총을 광개토왕릉으로 확신했음을 알 수 있다. 한국인으로서는 단재가 최초로 장군총을 광개토왕릉으로 인식한 것이다.

그리고 고유섭이 지안을 답사한 직후인 1938년에 게재한 다음 글에서도 장군총을 단호하게 광개토왕릉으로 비정했다. 고유섭은 능비의 성격을 신도비로 규정한 최초의 인물이기도 하다.

…… 태왕릉의 현실 연도는 서남향해 있고, 비는 능의 동북으로 3정町 떨어져서 그 제일면이 동남향되어 있으니, 비 부근에 능으로서는 이것밖에 없지만, 비와 능은 너무 배반된 방향에 있다. 어느 학자는 이 비가 신도비가 아니요, 실질적으로는 수릉 연호비이니, 그 능호촌陵戶村에 있던 것으로 해석한다면 비의 방향쯤은 문제 될 것이 없지 아니하냐 하지만, 이는 고집된 역설이요 비를 신도비 아니라고 볼 수 없다. 그 훈적을 기명記銘한다 ― 비에도 하지 아니했는가.

이 비의 제일면을 좌수左手로 잡고 서서 전면을 내다보면 멀리 토구자산록 고강高崗 위에 위장偉壯한 장군총이 바로 정향해 보인다. 차간此間의 거리 15정, 계곡을 통해 엄연히 바라보인다. 장군총에서 보자면 이 비는 동구 밖 신도神道 우측에 있는 편이 된다. …… 이 광막한 지대에 이 능(장군총; 필자)에 관계되는 배총 구역이 능북에 있을 뿐 잡총이란 하나도 볼 수 없고, 고저의 구릉을 따라 토민土民의 서곡黍穀 경작이 있을 뿐이다. 가위 국강國崗이라 부를 수 있는 적절한 지대이니 태왕릉의 주위와 인접한 잡연雜然된 풍경과는 비교도 안 된다.(고유섭, 1938, 301~311쪽)

고유섭에 이어 장군총을 광개토왕릉으로 간주한 이는 육당六堂 최남선崔南善이었다. 그는 1939년에 발표한 글에서 "…… 그중의 장군총이라 하는 거분巨墳이 대개 광개토왕의 능일 것을 조리 있게 논증하기는 진실로 이번 세키노 씨 일행의 조사·연구에서 나온 결과였습니다"(고려대학교 아세아문제연구소, 1974, 537쪽)라고 평가했다. 단재와 육당은 세키노 다다시의 견해에 힘입어 장군총을 광개토왕릉으로 자신 있게 논단했다. 우현의 경우도 여러 정황에 비추어볼 때 세키노 다다시의 논설에 근거했을 가능성이 거의 확정적이다.

(4) 광개토왕릉비 입지立地의 비밀

고유섭은 능비의 성격을 신도비로 규정했다. 프랑스인 쿠랑Morice Courant은 능비문의 광개토왕 시호에 등장하는 '평안平安'을 인명으로 파악했다(서길수, 2007, 259쪽). 그리고 '호태왕'은 여타 고구려 왕명에서도 보인다는 사실을 거론했다. 샤반느는 장군총 꼭대기층에 기둥 구멍이 있고 기와가 쌓인 사실과 관련해 건물의 존재를 언급했다(서길수, 2007, 161~162쪽). 그런데 장군총 꼭대기층에서 확인된 기와의 경우는 환도산성 궁전지에서 출토된 것과 동일했다. 이로 볼 때 장군총 꼭대기에 소재했을 유구는 제사 시설보다는 가옥家屋일 가능성을 생각나게 한다. 그리고 단재 신채호가 인식한 장군총에 대한 '팔층석탑 사면방형', 즉 '탑형분묘' 구조는 훗날 영광탑靈光塔과 같은 발해의 묘제에서도 보인다. 물론 영광탑과 장군총은 구조적으로 연관성이 없지만, 묘상墓上 건축인 장군총과 같은 탑형에서 모티프를 차용했을 가능성은 제기되었다.

광개토왕릉비를 중심한 주변의 국강상에 소재한 능묘는 임강총과 태왕릉, 그리고 장군총의 순順으로 입지해 있다. 필자는 임강총은 동천왕릉으로, 태왕릉은 고국원왕릉으로, 장군총은 광개토왕릉으로 비정했다(이도학, 2011, 21쪽·2005, 145쪽). 여기서 동천왕과 고국원왕은 고구려 최대의 국가적 시련을 극복한 왕이었다. 비록 동천왕은 패전한 왕이었지만 장례 때 순사殉死한 이가 숱하게 나왔을 정도로 국인들의 사랑을 뜨겁게 받았던 터였다. 그리고 고국원왕은 70대 고령임에도 백제군과 몸소 전투하다가 순국했다. 그러한 왕릉들과 연계된 능비에는 눈부실 정도로 찬연한 전승이 기재되어 있다. 이러한 능비에서 먼발치로 보이는 분묘가 장군총이다. 장군총은 광개토왕의 혁혁한 전과가 적힌 능비를 전조등前照燈 삼아 국강상에서 그 웅자雄姿를 과시하고 있다(李道學, 2012, 166쪽).

대對백제전에서 패사敗死한 고국원왕에 대응되는 왕이 광개토왕이었다. 그러한 관계로 고국원왕 패사의 숙분을 풀었던 광개토왕을 현창顯彰할 목적에서 거대한 훈적비를 세운 것이라고 하겠다. 전자는 '성태왕聖太王'이라는 격상된 시호로써, 후자는 능비를 통해 군사적 훈적을 현양한 것이다. 국난을 겪은 '국강상왕國罡上王'인 고국원왕의 능과 '대개토지大開土地'해 영광의 시대를 연 광개토왕의 능은 '국강상'이라는 장지를 공유했다.[3] 이로 인한 혼동을 피하기 위해 후자의 시호를 '광개토'로 약기했다는 모리스 쿠랑의 견해는 예리한 시각이라고 본다(서길수, 2007, 257쪽). 그리고 양자를 연결하는 지점에 능비를 세워 광개토왕의 훈적을 한껏 현양하고자 했다. 이 같은 정치적 입지 구도 속에서 임강총 및 태왕릉과 각각 연결될 뿐 아니라, 비록 멀리 떨어져 있지만 태왕릉과 장군총을 일직선 상에서 연결하는 지점에 광개토왕릉비가 세워졌다. 그러나 후인들은 이러한 구도를 이해하지 못한 관계로 태왕릉과 장군총의 피장자에 대해 헷갈렸던 것이다.

---

3) 이렇게 본다면 능비에서 가까운 태왕릉의 조성 시기나 능묘의 형식은 고국원왕릉과 잘 연결된다.

3. 고구려 왕릉들에 대한 기본적인 정리

(1) 추모왕릉과 미천왕릉의 이장 문제

고구려 왕릉의 소재지에 관해 쟁점이 되고 있는 추모왕릉과 미천왕릉, 그리고 고국원왕릉에 대한 기본적인 사료들을 분석·검토해볼 필요가 있다. 능비문에서 추모왕은 황룡이 맞아 승천했다고 한다. 이는 당시 고구려인들의 인식인 것이다. 묘사廟祠는 존재했지만 유체를 안치하지 못한 추모왕의 능묘가 조성되지 않았음을 암시한다(이도학, 2008a, 134~138쪽). 그러니 추모왕은 당초 능묘가 없었던 것으로 판단된다. 다만 유품장은 가능했을 수 있겠지만, 설령 그렇더라도 유품장에 불과한 능묘를 천도와 관련해 이장할 리는 없다. 여러 측면에서 추모왕릉의 이장설은 타당성이 없다고 본다. 이와 관련해 평양에 소재한 전동명왕릉을 실묘實墓가 아닌 정치적 의도에서 조성된 상징물이라고 주장하는 이도 있지만, 현실에서 관정棺釘과 같은 유류품이 발견되었기에 타당성이 없다(이도학, 2009, 151쪽).

미천왕릉은 전연前燕의 도굴로 인해 이장설이 통설이 되었다. 그러나 도굴되었다고 이장하는 것은 아니었다. 가령 임진왜란 때 선릉(성종릉)과 정릉(중종릉)이 도굴되었지만 시신을 수습해 이장하지 않고 그대로 사용했다. 미천왕릉 내의 미천왕 재궁과 미천왕비 주씨周氏는 전연에 납치되었다가 모두 돌아왔다. 때문에 부부夫婦 합장묘인 미천왕릉은 전연군이 들이닥쳤을 때 영구 폐쇄된 상황은 아니었다. 미천왕비가 건재했기 때문이다. 그러므로 전연군은 미천왕릉에 대한 파괴 없이 재궁 납치가 가능했다. 이렇듯 미천왕릉은 파괴되지 않은 관계로 이장 사유가 당초부터 발생하지 않았다. 반환받은 미천왕의 재궁을 안치하고, 왕비 주씨 사후에 영구 폐쇄했을 것이다. 따라서 봉분이 무너져내린 서대총을 도굴된 미천왕릉으로 지목하는 견해 등은 타당성을 잃었다. 다만 도굴된 바 있는 서천왕릉은 압록강에 비교적 근접한 서대총으로, 미천왕릉은 M2100호분으로 지목된다. 중천왕릉은 국도를 관류하는 압록강 중간에서 근접한 JQM 0211호분으로 추정할 수 있다(이도학, 2011, 27쪽).

근자의 연구를 통해 국도國都의 범칭으로 사용된 '고국원故國原', 즉 '국원國原'은 서천원西川原을 포괄하는 광의의 지역으로 사용되었음이 제기되었다. 그렇다면 "서천왕릉의 위치가 고국원에 있다"는 고국원=서천원 주장은 성립이 어려워진다. 그 밖에 위산샤 992호분과 위산샤 0540호분은 중국에서 고구려 왕릉으로 비정한 바 있지만, 규모나 부속 시설의 미비뿐 아니라 일찍이 세키노 다다시도 언급했듯이 후자는 군집분群集墳에 불과했으므로 왕릉일 가능성은 낮다.

(2) '국천國川'에 대한 새로운 비정

지안 일대 고구려 왕릉의 소재지 비정과 관련한 관건은 일차적으로 하천명이었다. 『삼국사기』 고구려왕들의 시호에 보이는 지안 일원의 하천으로는 국천國川과 동천東川·중천中川·서천西川을 비롯해서 미천美川이 존재했다. 종전에는 국내성을 기준해 동천과 서천, 그리고 중천의 존재를 비정하고는 하였다. 동시에 국천을 압록강으로 지목하기도 했다. 이러한 전제에서 출발한다면 고국천왕릉이나 고국양왕릉은 압록강 연변과 가까운 곳에 소재했을 가능성이 높다.

그런데 국천은 국내성 서벽西壁 앞을 통과하면서 일종의 해자 역할을 하는 퉁거우허로 지목하는 게 타당해 보인다. 왜냐하면 고구려 당시에 압록강은 『삼국사기』에서만 무려 21회에 걸쳐 표기되었다. 반면 '국천'은 단 한 차례도 언급되지 않았다. 오로지 고구려왕들의 시호와 관련해 국천의 존재가 드러날 뿐이었다. 그러므로 국천은 압록강 이외의 하천으로 비정할 수밖에 없다. 결국 국천=압록강설에 의한 기왕의 하천명에 근거한 고구려 왕릉 비정은 타당성을 잃었다.

만약 기존 견해대로 통거우허를 중천으로 비정한다면 압록강은 남천南川이 되어야 한다. 그러나 큰 강인 남천 관련 시호가 없는 만큼 남천 자체가 존재하지 않았을 가능성이 크다. 그러므로 동천·중천·서천은 압록강 자체의 구간에 대한 호칭일 가능성을 고려해보아야 한다. 고구려 당시에 지안에서는 북천과 남천의 존재가 확인되지 않는다. 반면 고구려 국도인 지안 지역을 동→서로 흘러가는 압록강을 구간별로 구분해서 동천·중천·서천으로 일컬었다면 자연스럽다. 동일한 강을 달리 불렀던 사례는 한강의 경우 마포 쪽의 서강과 그 동편의 용산강을 통해서도 확인된다(이도학, 2011, 9~27쪽).

이렇게 볼 때 임강총이 동천왕릉일 가능성은 한층 높아진다. 동시에 압록강 연변에 소재했던 왕릉에 대한 지금까지의 비정은 전면 재고하게 되었다. 일례로 태왕릉을 고국양왕릉으로 비정하는 신설이 제기되었지만, 고국양왕의 국양國壤은 통거우허인 국천과 연결된다. 여기서 '양'과 '천'은 넘나들기 때문이다. 따라서 압록강에서 가까운 태왕릉은 '국양'의 대상 자체가 될 수 없다.

한편 1938년 6월 2일에 지안 일대를 탐방한 고유섭은 위산샤 3319호분에 대해 다음과 같이 언급했다.

이곳으로부터 여산如山 중복의 속칭 전릉塼陵이란 곳을 찾아 올라간다. ……
이곳 전릉은 보통 적석위봉積石爲封의 석릉이면서 그 현실이 와전瓦塼으로 초축된 흔적이 지금도 완연해 능 앞에는 화상단석畫像斷石이 있어 치졸하기 짝이 없으나 관모 좌측에 왕자王字 양樣 문자가 새겨져 있음이 주목된다. 산상왕의 능일까도 해보았으나 산성자에도 이런 석릉이 많다 하니 증명할 도리는 없다. 이곳에 서서 예의 불교 수입으로 유명한 소수림왕의 능이란 유수림자楡樹林子에 있지 아니할까 했고, 또 이 제총諸塚의 현실 방향이 반드시 남향만 한 것이 아니라 모두 저 읍성을 바라보고 서남향해 있음이 이상히 느껴졌다.(『조광』 1938, 223쪽)

위의 인용에서 여산은 지금의 위산을 가리킨다. 그런데 고유섭이 현장을 답사했을 때 이미 위산샤 3319호분의 구조가 드러났음을 알 수 있다. 그랬기에 외적으로는 적석총이지만 내부 현실은 전축塼築임을 운위云謂했다고 본다. 1997년에 동일한 고분에 대한 발굴 결과 그러한 구조가 드러났다는 보고는 맞지 않다. 1979년에 청자반구호靑磁盤口壺가 적석부에서 출토되었다고 한다. 그렇더라도 정식 발굴 때까지 유물들이 온존했다는 게 믿기지 않을 정도다.

끝으로 고구려의 장지명식 시호는 평양성 천도 이후는 물론이고 고구려가 멸망할 무렵까지 이어졌던 것 같다. 고구려 때 영류산으로 일컬었던 현재의 대성산에 묻힌 제27대 영류왕의 경우가 이에 해당한다. 따라서 대성산 기슭의 내리 1호 벽화분을 영류왕릉으로 지목하는 일도 가능해졌다.

4. 맺음말

이 글에서 가장 중점적으로 다루었던 것은 고구려 왕릉인 광개토왕릉에 대한 비정 문제였다. 지금으로부터 꼭 100년 전인 1914년에 세키노 다다시가 처음 제기했던 광개토왕릉=장군총설은 단재 신채호와 육당 최남선뿐 아니라 우현 고유섭의 지지를 받았다. 이 점 새롭게 밝혀진 것이다. 아울러 고구려 왕릉 연구 100여 년사를 일별하면서 기존의 잘 못된 이해를 과감하게 버리는 일도 용기라고 생각되었다. 가령 광개토 왕릉=태왕릉설을 추종했던 많은 이들이 뒤늦게 장군총설로 선회하지 않는가? 그러니 고구려 왕릉 연구는 이제부터 시작이라는 마음 자세가 중요할 듯싶다.

:: 참고문헌

고려대학교 아세아문제연구소, 1974, 「통구通溝의 고구려 유적」, 『육당 최남선전집』 9, 현암사.

고유섭, 1938, 「고구려 고도古都 국내성 유관기」, 『조광』 1938-9; 우현고유섭전집발간 위원회, 2013, 『우현 고유섭 전집』 9, 열화당.

단재신채호선생기념사업회, 1987, 『개정판 단재신채호전집』 상, 형설출판사.

담양군지편찬위원회, 1980, 『담양군지』, 담양군(전남).

서길수, 2007, 『한말 유럽 학자의 고구려 연구』, 여유당.

이도학, 2004, 「'광개토대왕릉비'를 세운 목적은 무엇일까?」, 『다시 보는 고구려사』, 고 구려연구재단.

_____, 2005, 「태왕릉과 장군총의 피장자 문제 재론」, 『고구려연구』 19, 고구려연구회; 2006, 『고구려 광개토왕릉비문 연구』, 서경문화사.

_____, 2008a, 「고구려 왕릉에 관한 몇 가지 검토」, 『전통문화논총』 6, 한국전통문화대 학교 한국전통문화연구소.

_____, 2008b, 「집안 지역 고구려 왕릉에 관한 신고찰」, 『고구려발해연구』 30, 고구려 발해학회.

_____, 2009, 「고구려 왕릉 연구의 현단계와 문제점」, 『고구려발해연구』 34, 고구려발 해학회.

_____, 2010, 「당에서 재건된 백제」, 『백제 사비성 시대 연구』, 일지사.

_____, 2011, 「고구려 왕호와 장지에 대한 검증」, 『경주사학』 34, 동국대학교 국사학회.

吉林省文物考古研究所·集安市博物館, 2004,『集安高句丽王陵』, 文物出版社, 北京.

關野貞, 1914,「滿洲輯安縣及び平壤附近に於ける高句麗時代の遺蹟(二)」,『考古學雜誌』5-4, 考古學會, 東京; 2005,『〔新版〕朝鮮の建築と藝術』, 岩波書店, 東京.
李道學, 2012,「廣開土王の領域擴大と廣開土王陵碑」,『高句麗の政治と社会』, 明石書店, 東京.
朝鮮總督府, 1916,『朝鮮古蹟圖譜解說』一册, 朝鮮總督府, 京城.
齋藤忠, 1981,『古代朝鮮文化と日本』, 東京大學出版會.

의자왕과 백제 멸망에 대한 새로운 시각

김영관(제주대학교 사학과 교수)

1. 머리말

660년 백제의 멸망은 동아시아의 역사를 바꿔놓는 전환점이 되었다. 당과 신라 연합과 고구려와 백제 연합 세력의 대결은 백제의 멸망으로 승부가 갈렸다. 백제의 멸망은 고구려의 멸망으로 이어져 당은 동아시아 세계의 패권을 다투던 고구려를 제압하고, 이후 세계적인 제국으로 군림하며 전성기를 구가했다. 신라는 적대적이던 백제의 멸망으로 안정과 평화를 누릴 기초를 다지고, 당과의 활발한 교류를 통해 한반도 역사의 중심에 자리 잡을 수 있었다. 그리고 왜는 백제와 고구려의 그늘에서 벗어나 직접 당과 교류하며 일본으로 국호를 바꾸고, 동아시아 국제 무대에 정식으로 등장했다.

백제의 멸망에 대해서는 신라 화랑 관창의 무용담과 김유신의 활약을 강조하는 등 신라의 입장에서 윤색되어 널리 알려졌다. 특히 백제는 3000궁녀로 상징되는 황음무도荒淫無道하고 사치와 방탕으로 얼룩진 임금, 성충成忠과 흥수興首와 같은 충신의 간언을 귀담아듣지 않은 폭군, 부도덕하고 무능한 군주인 의자왕의 실정으로 인해 멸망했다는 평가를 받고 있다. 이런 일반적인 평가는 사실 후대에 신라의 입장에서 멸망한 백제의 마지막 왕인 의자왕을 지나치게 깎아내린 부분이 있다. 그렇지만 외적의 침입을 막아내지 못해 백제를 멸망의 구렁텅이로 빠뜨린 무능한 군주라는 책임은 면할 수 없다. 국가의 사직을 지켜내지 못한 백제의 마지막 왕이라는 오명은 백제가 멸망한 지 1300년이 넘은 오늘날까지도 달라지지 않았고, 앞으로도 달라지지 않을 것이다.

의자왕에 대한 부정적인 평가는 실상 어느 시대, 어느 국가를 막론하고 망국의 책임을 떠안은 모든 군주에게 가해지는 비판과 다르지 않다. 정도의 차이는 있을지언정 한 국가를 지켜내지 못한 군주에 대한 평가는 가혹할 수밖에 없다. 일각에서 의자왕에 대한 동정의 눈길을 보내기도 하지만, 멸망한 나라의 군주를 성군이라 칭송할 수는 없다. 그렇기 때문에 의자왕은 앞으로도 백제 멸망의 장본인으로 역사의 지탄을 받는 군주로 영원히 남을 것이다.

의자왕이 당연히 백제 멸망의 책임을 져야 하지만, 의자왕에 대해 일반적으로 우리가 지우는 책임이 과연 역사적 진실인지에 대해서는 숙고해볼 필요가 있다. 이 자리에서는 의자왕에 대한 지금까지의 비난이 정말 타당한지 살펴보고, 백제 멸망의 참모습에 대해서 알아보고자 한다.

2. 낙화암 전설과 3000궁녀

백제의 마지막 도읍지 부여를 여행한 경험이 있는 사람은 대부분 부여 읍내 북쪽 백마강변에 솟은 부소산성을 둘러보았을 것이다. 부소산 정상 부근에서 고란사皐蘭寺와 나루터로 난 길을 따라 서쪽으로 가면 작은 봉우리에 백화정이란 정자가 있는데, 바로 그곳이 낙화암이다. 낙화암 서쪽은 낭떠러지로 부소산을 감아 흐르는 백마강의 물줄기와 마주한다. 백제 멸망 당시 나당연합군에 의해 성이 함락당할 위기에 처하자 3000명의 궁녀가 바위에 올라 스스로 강물에 몸을 던졌으므로 낙화암이라고 이름 붙여졌다는 곳이다.

낙화암은 조선 초기의 지리지인 『신증동국여지승람新增東國輿地勝覽』 부여현 고적古蹟조에 지명으로 기록되었다. 그리고 서거정徐居正 등이 조선 성종 16년(1485)에 편찬을 마친 『동국통감東國通鑑』 권7에 "왕궁의 여러 희첩姬妾이 대왕포의 바위 위로 달아나 떨어져 죽으니, 후세 사람들이 그 바위를 이름해 낙화암으로 했다"는 기록이 있다. 낙화암과 더불어 3000궁녀가 등장하는 최초의 기록은 조선 초기 김흔金訢(1448~1492)이 지은 시 「낙화암落花巖」과 성종과 명종 대의 문신인 민제인閔齊仁(1493~1549)이 지은 「백마강부白馬江賦」다. 「백마강부」는 낙화암 아래 절벽에 세운 고란사에 목판으로 새겨져 오래전부터 걸려 있었다. 그리고 고란사 극락보전 남쪽 벽에는 3000궁녀가 나당연합군에 쫓겨 강으로 몸을 던지는 그림이 그려져 있다. 백제 멸망과 의자왕을 비난하는 얘기를 할 때면 단골로 등장하는 벽화다. 이 벽화를 보고는 마치 의자왕과 3000궁녀 얘기가 역사적 사실인 양 이야기한다. 아무런 의심도 하지 않고 받아들인다. 그런데 이 벽화가 언제 그려졌는지 아는 사람은 드물다. 벽화를 조성하면서 남긴 기록에는 1983년 3월 송은松隱 유병

팔庚炳八이 그린 것이라고 적혀 있다. 불과 30년 전에 그린 것이다. 고란사 벽화는『삼국유사三國遺事』의 낙화암 전설을 토대로 창작된 것으로 그렇게 유래가 오래된 것이 아닌데, 역사적 진실을 증명하는 자료로 쓰이고 있다. 과연 역사적 사실은 그럴까?

『삼국유사』태종춘추공太宗春秋公조에서 인용한『백제고기百濟古記』에 "부여성 북쪽 모퉁이에 큰 바위가 있는데, 아래로 강물이 맞닿아 있다. 전해오는 이야기에 의자왕과 후궁들이 더불어 난을 면할 수 없음을 알고 서로 말하기를, '차라리 목숨을 끊을지언정 남의 손에 죽지 않겠다' 하고는 서로 이끌고 이곳에 이르러 몸을 던져 죽었다. 그러므로 세속에서는 타사암墮死巖이라 하는데 이것은 바로 잘못된 속설이고, 다만 궁인들이 떨어져 죽은 것이다. 의자왕은 당에서 죽었고, 당사唐史에 명문이 있다"라고 했다.『삼국유사』에서는 낙화암이란 이름이 원래는 '타사암'이었고 궁인들이 떨어져 죽은 것은 맞지만, 의자왕이 이곳에서 죽지는 않았다고 이미 지적했다.

김흔과 민제인의 시에 백제의 궁녀가 3000이라고 표현한 것은 맞으나, 정말로 3000명의 궁녀가 낙화암에서 떨어져 죽었다고 하지는 않았다. 백제의 궁녀가 3000명이라고 한 것은 많은 궁녀를 시적인 수사로 표현한 것에 불과하다. 이러한 시적인 수사를 그림으로 표현한 것이 고란사의 벽화인데, 벽화에 그려진 궁녀들이 벼랑에서 백마강을 향해 몸을 던지는 그림으로 말미암아 정말로 3000궁녀가 있었던 것처럼 더욱 오해하게 만들었다.

낙화암과 3000궁녀의 전설은 의자왕을 3000궁녀를 거느린 호색한 이자 음탕한 왕으로 만들어버렸다. 이러한 전설이 만일 사실과 가깝다고 하더라도 궁녀란 궁에서 일하는 여관女官들이지 왕의 성적 노리개가 아니었다. 백제 멸망의 책임을 당연히 져야 할 의자왕에 대한 도덕적인 비난이 낙화암 전설과 결부 지은 조선시대 문인들의 시적 수사와 어우러져 마치 역사적 사실처럼 오인된 것이다.

3. 성충과 흥수의 간언

의자왕이 충신의 말을 버리고 간신의 말을 들었기 때문에 백제가 멸망했다고 한다. 충신인 성충成忠과 흥수興首가 외적이 침범할 것을 미리 알고 백강의 입구와 탄현을 적들이 들어오지 못하게 막아야 한다는 간언을 했음에도, 의자왕은 간신들의 말만을 믿었기 때문에 나당연합군의 침입을 막지 못하고 멸망했다는 것이다.

　성충은 의자왕 16년(656)에 간언을 하다가 옥에 갇혀 병들어 죽은 인물이다. 성충은 전쟁이 있을 것을 예측하고 육로와 수로를 모두 대비해야 한다고 했다. 성충은 외적이 침입하면 육로로는 침현沈峴(또는 탄현炭峴)을 넘지 못하게 하고, 수로로는 기벌포 해안으로 들어오지 못하게 하라고 했다. 여기서 육로를 방어하라는 것은 신라에 대비하라는 것이고, 수로를 방어하라는 것은 당의 침략에 대비하라는 방어 전략으로, 수륙으로 협공해오는 나당연합군의 침입까지 예측한 것이다. 성충은 의자왕이 당과의 외교 관계를 소원히 하고, 당과 신라가 가깝게 지내자 신라가 당을 끌어들여 백제를 공격할 것이라고 예견했던 것이다.

　성충이 예견한 대로 나당연합군의 침입을 당하자 의자왕은 유배 중이던 흥수에게 방어 전략을 물었다. 흥수는 성충이 제시한 것과 거의 같은 방어 전략을 제시했다.

　당병은 많고 군율이 엄명하고, 더구나 신라와 협공을 공모하니, 만약 넓은 들판에서 대진하면 승패를 알 수 없다. 백강(혹은 기벌포)과 탄현(혹은 침현)은 우리나라의 요로다. 일부단창一夫單槍을 만인도 당할 수 없을 것이니 마땅히 용사를 가려서 가서 지키게 해, 당병으로 하여금 백강의 입구로 들어오지 못하게 하고, 신라인으로 하여금 탄현을 넘지 못하게 하라. 대왕은 성문을 닫고 굳게 지키고 있다가 (적의) 군량이 다하고 사졸이 피로해지기를 기다려, 그런 후에 분격하면 반드시 적병을 깨뜨릴 수 있다.(『삼국사기三國史記』권 28, 백제본기百濟本紀6 의자왕義慈王 20년;『삼국유사三國遺事』권1, 기이紀異 상上 태종 춘추공太宗春秋公)

성충과 흥수가 제시한 방어 전략은 사비도성으로 향하는 육로상의 요충인 탄현(침현)과 수로상의 요충인 백강 입구(기벌포)에서 적군을 막아 사비도성으로 진격하지 못하도록 하라는 것이었다. 흥수는 성충의 계책에 더해 농성을 통한 지구전을 펼칠 것을 주장했다. 그러나 달솔達率 상영常永을 비롯한 백제의 군신들은 "흥수는 오랫동안 유배 중에 있어 임금을 원망하고 나라를 사랑하지 않을 것이니 그 말을 채용할 수 없다. 만약 당병이 백강에 들어오면 흐름을 따라 배를 나란히 할 수 없게 하고, 신라군이 탄현에 오르면 길을 따라 말을 나란히 할 수 없게 한 다음, 이때를 당해 군사를 놓아 치면, 마치 조롱 속에 있는 닭을 죽이는 것이고, 그물 속의 고기를 잡는 것과 같다"는 반대 의견을 제시해 그의 주장을 묵살하도록 했다.

백제의 군신들이 흥수의 말을 믿지 않고, 오히려 당군이 백강 입구에 들어오게 하고 신라군이 탄현에 오르면 쉽게 공격해 이길 수 있을 것이라고 한 것은 막연한 반대는 아니었다. 성충과 흥수가 요충지로 지목한 백강의 입구와 탄현을 지키는 것에 대해서 큰 의미를 두지 않았으며, 오히려 백강 입구와 탄현으로 당군과 신라군이 오지 못할 것이라는 주장을 폈다. 결과적으로 성충과 흥수가 지적한 요충지인 백강의 입구와 탄현이 갖는 방어상의 이점을 간과했던 것이다.

흥수의 전략에 반대한 군신들은 의자왕 15년(655) 대성팔족大姓八族으로 통칭되는 구舊 귀족 세력을 대신해 새로이 정권을 장악한 정치 세력으로 비非대성팔족의 신진 귀족 세력이었다. 이들은 성충과 흥수 같은 구 귀족 세력을 견제하기 위해 다른 방어 전략을 제시한 것이다. 이는 구 귀족 세력의 정치적 복귀와 그에 따른 자신들의 정치적 입지의 약화 내지는 몰락을 좌시하지 않았던 것이다. 결국 구 귀족 세력의 방어 전략이 채택되지 않자 자연히 신진 귀족 세력의 전략이 받아들여져 신라군과 먼저 결전하는 것으로 전략이 결정되었다.

백제 조정에서 나당연합군의 침공 사실을 안 것은 660년 6월 21일 당군이 덕물도에 도착한 뒤였다. 당과 신라의 군대가 해로와 육로로 협공을 해오자, 의자왕은 그때서야 군신들과 이에 대한 방어 전략을 논의했다.

좌평佐平 의직義直이 나아가 말하기를 "당병은 멀리서 바다를 건너왔으므로, 물에 익숙지 못한 자는 배에서 반드시 피곤할 것이니, 처음 육지에 내려서 사기가 안정치 못할 때 급히 치면, 가히 뜻을 얻을 수 있을 것이다. 신라인은 대국의 도움을 믿는 까닭에 우리를 가벼이 여기는 마음이 있을 것이니, 만일 당인의 불리함을 보면 반드시 두려워해 날카롭게 나오지 못할 것이다. 그러므로 먼저 당인과 결전함이 옳을 것"이라고 했다. 달솔 상영 등이 이르기를 "그렇지 않습니다. 당병은 멀리서 와 속전할 의욕을 가지고 있으므로, 그 예봉을 당하지 못할 것입니다. 신라인은 앞서 우리에게 여러 번 패했으므로 지금은 우리의 병세를 바라보고 두려워할 것입니다. 오늘의 계획은 당인의 길을 막아 그 군사의 피로함을 기다리고, 먼저 일부 군사로 하여금 신라군을 쳐서 그 예기를 꺾은 후에 적당한 때를 엿보아 합전하면 군사를 온전히 하고 국가를 보전할 수 있을 것"이라고 했다. 왕은 주저해 어느 말을 따라야 할지 몰랐다.(『삼국사기』 권28, 백제본기6 의자왕 20년)

위 기록을 보면 백제는 당군과 신라군을 한꺼번에 상대할 전략을 세우지 못하고 있었다. 의자왕 초기부터 신라 공격에 적극적으로 참여했던 좌평 의직은 우선 백제 공격에 주도적인 역할을 하는 당군과 결전할 것을 주장했으나, 달솔 상영 등은 신라군과 먼저 결전할 것을 주장했다. 좌평 의직의 주장은 당군이 원거리 항해에 지친 틈을 타서 상륙하는 당군을 맞아 친 후에 신라군을 치자는 것이고, 달솔 상영 등은 신라군과의 전투에서 승리한 경험을 내세워 일부 군사를 내어 신라군을 먼저 쳐서 그 예기를 꺾은 뒤에 당군을 물리치자는 주장을 했다.

이것은 백제군이 당군과 신라군 중 어느 쪽과 먼저 결전을 해야 할지를 놓고 갈팡질팡했다는 것을 알려주는 기록이다. 의자왕은 어찌해야 할 바를 모르고 주저했다. 의자왕이 주저하며 결정을 하지 못한 데는 나름의 이유가 있다. 의자왕이라고 해서 모든 것을 마음대로 결정할 수 있었다고 생각하는 것은 착각이자 편견이다. 고대 국가의 왕이라고 해도 모든 권한을 행사할 수 있었던 것은 아니다. 신하들의 견제 내지 간섭을 받지 않은 왕은 거의 없었다.

의자왕 초기부터 정권의 핵심부에 있던 의직은 의자왕 15년의 정변에도 불구하고 말년까지 여전히 정치적인 위상을 가지고 있었다. 그렇지만 군사 문제에서만큼은 의자왕의 전폭적인 신임을 얻기에는 부족한 일이 너무 많았다. 의직은 일찍이 의자왕 7년(647) 신라의 무산·감물·동잠성 등 세 성을 공격했다가 김유신에게 대패해 필마로 돌아왔고, 648년에도 요거성 등 10여 성을 공격했다가 옥문곡에서 또다시 김유신에게 대패하는 등 대對신라 전쟁에서 연패를 거듭했었다. 더욱이

655년 이후 백제 내부의 정치적 주도권이 구 귀족에서 신진 귀족으로 넘어간 상태였으며, 구 귀족 출신의 성충과 흥수는 의자왕의 신임을 잃고 정치권 밖으로 쫓겨난 뒤였다.

좌평 의직의 당군 선공 전략과 달솔 상영 등의 신라군 선공 전략이 대립되는 가운데, 결론을 내리지 못한 의자왕은 당시 고마미지현古馬彌知縣(전라남도 장흥)에 귀양가 있던 좌평 흥수에게까지 대책을 물었다. 그러나 흥수가 제시한 대책은 의자왕 16년(656)에 이미 성충이 극간해 외적의 침입을 막을 방책을 상서한 것과 거의 다름이 없는 것이었다.

그러나 이보다 더 큰 문제는 흥수가 지적했듯이 우세한 당군의 전력이었다. 당군은 수군과 육군 13만 대군으로 편제되었는데, 이중 수군은 4만 명 정도였다. 660년 당군이 13만 대군을 1900척의 배에 나누어 타고 출정한 것은 당 역사상 최대 규모의 해상 출정이었다. 백제보다 강력한 군사력을 가진 고구려 출병에도 이런 어마어마한 규모의 수군을 보낸 적이 없었다. 당군은 소정방蘇定方 휘하에 유백영劉伯英과 풍사귀馮士貴가 거느린 9만의 육군과 방효태龐孝泰가 거느린 4만의 수군으로, 바다를 건너와 총공격을 감행했다. 신라도 정병 5만과 수군을 거느리고 당군에 합세했다.

그간 신라에 비해 우세한 군사력을 바탕으로 공세를 취하던 백제는 18만이라는 역사상 경험하지 못했던 나당연합군 대군의 침략을 맞이했다. 백제는 당시 5만 정도의 병력을 보유하고 있었다. 이러한 백제군의 전력으로는 육로와 해로로 협공하는 18만 나당연합군의 갑작스런 침입을 쉽게 막아낼 수 없었다. 의자왕과 백제의 군신들은 백제군의 주력을 신라군과 당군 중 어느 한쪽에 우선 투입해서 결전하고자 치열한 논의를 거듭했고, 결국 신라군과 먼저 결전하는 것으로 방어 전략이 결정되었다.

4. 계백의 행동

좌평 성충과 의직 등 구 귀족 세력이 제시한 방어 전략은 신진 귀족 세력과의 정치적 대립으로 인해 끝내 수용되지 않았고, 결국 전략적 요충지인 백강 입구와 탄현에서 방어할 기회를 잡지 못했다. 의자왕은 당군과 신라군이 이미 백강과 탄현을 넘어섰다는 소식을 듣고서야 계백堦伯과 결사대 5000명을 황산벌로 보내 신라군을 막게 했다. 그러나 5000명의 병력으로 5만의 신라 정병을 막기는 어려웠다. 계백의 결사대는 백제군의 주력도 아니었다. 백제군의 주력은 당군을 막기 위해 사비도성에서 당군을 기다리고 있었다.

그런데 계백은 출전에 앞서 처자를 자기 손으로 죽이는 사건을 일으켰다.『삼국사기』계백 열전에 "한 나라의 사람으로서 당나라와 신라의 대병을 당하니 나라의 존망을 알 수 없다. 내 처자가 잡혀서 노비가 될까 두렵다. 살아서 욕을 보는 것이 죽어서 마음 편한 것만 못하다" 하고는 처자를 다 죽였다고 한 기록이 있다. 계백이 황산벌 출정에 앞서 가족을 모두 자기 손으로 죽였다는 내용이다. 이 기록은 논란의 여지없이 그가 패배를 예견했다는 사실을 알려주는 것이다. 계백은 출전에 앞서 이미 패배할 것이라고 판단했던 것이다. 미리부터 질 것이라고 판단한 계백이 5000명의 결사대를 이끌었다는 것은 전투를 시작하기도 전에 이미 심리적으로 패배한 것이었다. 백제군이 황산벌에서 신라군과 먼저 네 번을 싸워 네 번을 이겼지만 결국에 패배할 수밖에 없었던 것은 중과부적인 신라군의 숫자도 문제가 되었겠지만, 계백이 심리전에서 이미 완패한 결과였다.

조선 초기의 문신 권근權近(1352~1409)은 계백의 이런 문제점을 낱낱이 비판했다. 그는 "계백이 명을 받아 장수가 되고 군사를 거느리고

160

장차 출발함에 앞서 그 처자를 죽였으니, 그 부도덕함이 심하다. 비록 반드시 국난에 죽을 마음은 있었으나, 힘을 다해 싸워 적을 이길 계책은 없었던 것이다. 이는 먼저 그 사기를 잃고 패배를 취하는 일이었다. …… 계백의 광패하고 잔인함이 이와 같으니, 이는 싸우지 않고 스스로 꺾인 것이다"라며 계백이 전투에 앞서 패배를 자초했다고 했다. 계백이 출전에 앞서 패배할 것이라고 판단했던 까닭은 의자왕을 비롯한 백제 조정 내부의 분열로 인해 국력을 결집시켜 나당연합군을 방어하기 어려운 상황이었다는 것과, 압도적인 군사력의 우위를 가지고 있던 나당연합군의 전력을 도저히 감당할 수 없다는 현실 인식에서 나온 행동이라고 볼 수 있다.

그러나 도리어 계백의 행동을 충신의 표상으로 격상시킨 평가도 있다. 『동국통감』의 사론은 계백에 대한 권근의 부정적인 평가를 비판하고 오히려 "의자왕의 우매하고 잔악함이 백제를 멸망에 이르게 했고, 계백은 나라가 망할 줄 알면서도 자신을 아끼지 않았는데 처자를 아끼겠으며, 그 처자를 아끼지 않았는데 더구나 임금을 배반했겠습니까? 백제가 망할 때 하나의 충신이나 의사도 나라를 위해 목숨을 바치는 사람이 없었는데, 유독 계백이 절의를 지켜 두 마음을 갖지 않았다"고 해 계백의 죽음을 높이 평가했다.

『동국통감』의 이러한 평가는 신하 된 자가 국가를 위해 죽는 것은 다른 어떤 행위가 있었더라도 흠이 아니라는 조선 유학자들의 지나친 국왕 중심주의적 인식과 국가에 대한 충성을 제일로 여기게 하려는 의도적인 역사 인식으로부터 나온 것이었다. 이와 더불어 아버지가 자식을 사지로 몰아넣어 죽게 만든 김품일金品日과 김흠순金欽純의 처사 역시 국가를 위한 것이고, 죽을 줄 알면서도 백제 진영에 돌격했던 관창官昌과 반굴盤屈의 무모함 역시 국가를 위한 충성을 실천한 것으로 미화했다.

계백의 5000명의 결사대는 오히려 신라의 화랑 관창과 반굴을 영웅으로 만들었다. 계백의 죽음에 대한 『동국통감』의 평가는 이후 그에 대한 조선 유학자들의 잘못된 인식의 출발점이자 기준이 되었다. 많은 조선의 유학자들은 계백이 출전에 앞서 가족을 스스로 죽인 것에 대해 더 이상 비판을 가하지 않았고, 무능한 군주 의자왕에게 백제 멸망의 모든 책임을 돌렸다. 이러한 인식은 사실상 군주의 도덕적 정치를 이상적인 모델로 삼았던 조선 사대부들의 염원을 반영한 것이며, 한편으로는 어린 화랑 관창과 반굴의 죽음을 미화하려는 신라 중심적인 역사 인식의 한 단면을 반영한 것이다.

5. 백제 멸망의 또 다른 주역

백제는 황산벌에서 신라군을 막지 못했고, 백강 입구의 기벌포에서 당군의 상륙도 막지 못했다. 신라군과 당군은 오늘날 충청남도 강경 부근에서 병력을 합쳐 사비성泗沘城으로 진군했다. 7월 12일 나당연합군이 사비성 외곽 벌판까지 진격해 들어오자 의자왕은 상좌평上佐平과 좌평 등 최고위 관료와 왕자들을 당군에게 보내 사죄의 글을 올리기도 하고, 재물과 음식을 보내 회유하면서 당군이 퇴각할 것을 애걸했다.

의자왕이 당군에 퇴병을 애걸한 것은 당군이 백제 공격의 주도권을 쥐고 있었다는 사실을 알아냈기 때문이다. 또한 백제는 신라와는 관계를 회복하기 어려울 정도로 100년에 걸쳐 원수가 되어 싸웠지만, 당군과는 직접적으로 싸운 일이 없었기 때문에 어떻게든 당군을 설득해 위기 상황을 타개하고자 한 것이었다. 의자왕은 나당연합군의 주력인 당군의 환심을 사기 위해 모든 수단을 동원해가며 멸망의 위기에서 벗어나고

자 했다. 그러나 소정방은 모든 것을 거절했고, 4개 군단으로 구성된 나당연합군은 사비성을 포위하고 공격하기 시작했다. 당군에 대한 회유와 사죄를 통해 위기를 극복하고자 했던 백제의 전략은 결국 실패로 돌아갔고, 18만 대군의 공격을 받은 백제 도성은 함락 위기에 몰렸다.

7월 13일 밤, 나당연합군이 사비도성을 포위하고 공격해오자 의자왕은 성충의 간언을 받아들이지 않은 것을 후회하면서 사비도성을 떠나 북방의 웅진성熊津城으로 달아났다. 그리고 사비성에는 여러 왕자와 백성들만이 남아서 지켰다. 그러나 왕자들 사이의 내분과 민심 이반으로 사비도성은 하룻밤도 지켜지지 못하고 함락되었다.

의자왕이 웅진성으로 달아난 것은 사비도성에서는 더 이상 버티지 못할 것을 알고 북방의 요충지이며 전 도읍지였던 웅진에서 후일을 도모하고자 한 것이었다. 웅진성은 금강에 둘러싸인 천험의 요새로 방어하기에 매우 유리한 곳이었다. 또한 475년 고구려 장수왕의 공격으로 개로왕이 피살되고 한성이 함락되는 위기 상황에서 남쪽으로 피난해 새로운 도읍지로 삼은 곳이기도 했다. 웅진성은 백제가 무령왕武寧王과 성왕聖旺 대를 거치면서 국력을 회복해 중흥의 기틀을 다진 곳으로, 백제 역사상 매우 중요한 상징성을 가진 곳이었다.

그러나 의자왕은 웅진성에서마저 5일도 버티지 못하고 나당연합군에게 항복했다. 의자왕의 항복에 대해 『삼국사기』 신라본기에서는 "의자왕이 태자 및 웅진방령熊津方領이 거느린 군대와 함께 웅진성에서 사비성으로 와서 항복했다"라고 기록했다. 그런데 이런 『삼국사기』의 기록만으로는 의자왕이 갑자기 5일 만에 사비성으로 돌아와 항복한 이유를 알 수가 없었다. 그러나 『구당서舊唐書』 소정방 열전의 "그 대장인 예식禰植이 또한 의자왕을 거느리고 와서 항복했다其大將禰植 又將義慈來降"는 기록에 주목해, 의자왕의 항복이 웅진성의 대장 예식과 관련이 있을 것이라는 주장을 하기도 했다. 하지만 얼마 전까지도 대부분의 학자들은 이 기록을 "그 대장 예식과 또한 장차 의자왕이 와서 항복했다"고 번역해, 의자왕의 항복에 대해 특별한 의문을 제기하지 않았다.

『삼국사기』와 『구당서』의 기록은 상호 보완적인 것으로 '웅진방령군의 대장은 예식이고, 의자왕과 함께 사비성으로 와서 항복했다'고 볼 수 있다는 데 대해서는 누구나 동의할 수 있다. 그러나 『구당서』에 대장 예식을 먼저 기록하고, 그 뒤에 의자왕에 대해 기록한 것은 뭔가 미심쩍다. 의자왕의 항복이 자발적인 것이었다면 신하인 예식 다음에 기록되지 않았을 것이다. 『삼국사기』의 기록과 같이 의자왕과 태자, 웅진방령군 등의 순서로 기록되어야 마땅하다. 과거 전통 시대의 역사 기록에 신하가 왕 앞에 온다는 것은 반드시 합당한 사유가 있었을 것이다. 그러나 기왕의 일반적인 견해는 '예식이 웅진성에서 의자왕을 거느리고 와서 항복한 것'이 아니라, 아무런 의문이나 비판도 없이 '의자왕이 예식과 함께 와서 항복한 것'이라고 보는 것이 합당하다고 여겼다. 예식이 누군지에 대해서도 관심을 기울이지 않았다.

예식에 대해 알려진 것은 불과 몇 년 되지 않았다. 2006년 중국 뤄양洛陽의 골동품 상가에서 발견된 백제 유민 예식의 묘지명이 국내 학계에 소개되면서, 예식은 백제에서 대대로 좌평을 지낸 예씨 집안 출신으로 당군에 투항해 출세한 인물이라는 사실이 알려졌다. 그리고 2010년 봄 중국 산시성陝西省 시안시西安市 남쪽 근교에서 예식의 아들 예소사禰素士, 손자 예인수禰仁秀, 형 예군禰軍의 묘지명이 잇따라 찾아졌다. 이들 예씨 일족의 묘지명에 대한 분석 결과, 백제의 멸망은 웅진성으로 피신한 의자왕이 자발적으로 항복한 것이 아니라 예식의 배반에 의한 것임이 분명히 밝혀졌다.

특히 예식의 손자인 예인수 묘지명에 기록된 참담한 내용(有唐受命 東

討不庭 即引其王 歸義于高宗皇帝 由是拜左威衛大將軍封來遠郡開國公)은 백제의 비극적인 최후를 증언해준다. 이 기록은 "당이 천명을 받아 동쪽(백제)을 토벌할 때 (백제왕이) 조정(당)에 복속하지 않으므로, (조부 예식이) 그 왕(의자왕)을 끌고가서 고종 황제에게 귀의했다. 이로 말미암아 좌위위 대장군에 제수되고, 내원군 개국공에 봉해졌다"고 번역할 수 있다. 이러한 묘지명의 기록은 예인수의 할아버지인 예식이 의자왕을 잡아다 당군에게 끌고가서 바친 공으로 좌위위대장군의 벼슬을 받고 내원군 개국공에 봉해졌다는 역사적 사실을 가감 없이 알려주는 것이다. 결국 『구당서』의 기록대로 예식이 의자왕을 거느리고 사비성으로 와서 당군에게 항복했다는 사실이 예식의 후손 예인수의 묘지명 기록을 통해 확인된 것이다.

그뿐만 아니라 예식의 형인 예군도 공모해서 의자왕을 사로잡아 당군에게 바쳤다는 사실이 기록되어 있다. 예식의 손자인 예인수 묘지명과 예식의 형인 예군 묘지명의 '웅진으로 피난해서 후일을 도모하려던 의자왕을 사로잡아 당군에 바친 대가로 당에서 출세했다'는 기록은, 지금까지 백제의 멸망과 의자왕에 대해 가지고 있던 인식의 오류를 수정하는 증거가 되기에 충분한 것이다.

사비도성이 함락되고 의자왕이 당군의 포로가 됨으로써 백제는 사실상 멸망했다. 백제 고토古土의 각지에서 부흥 운동이 줄기차게 일어났지만, 백제의 운명은 의자왕의 항복으로 일단락되었다. 660년 8월 2일 사비성에 차려진 당군의 진영에서 백제의 수많은 신하들과 점령군인 당과 신라의 군인들이 지켜보는 가운데 의자왕은 섬돌 아래 꿇어 앉아 신라 태종무열왕 김춘추와 김유신, 당의 소정방을 비롯한 여러 장수에게 술을 따라 잔을 올리는 치욕적인 항복식의 주인공이 되고 말았다.

6. 의자왕의 최후

사비성에서 항복식을 거행한 후 신라는 의자왕을 바로 처형할 것을 요
구했지만, 소정방은 신라의 요구를 들어주지 않았다. 생포한 의자왕
을 뤄양에서 기다리고 있는 당 고종高宗에게 끌고가 포로로 바쳐야 했
기 때문이다. 신라군으로부터 목숨을 건진 의자왕은 사비성에서 한 달
정도 있다가 660년 9월 3일 1만 2807명의 백성과 함께 배를 타고 당
으로 끌려갔다. 약 보름 동안의 항해를 거쳐 9월 18일경 산둥山東 펑라
이蓬萊에 도착한 의자왕은 육로로 2000여 리의 길을 따라 뤄양으로 향
했다. 40여 일간의 행군 끝에 뤄양성에 도착한 의자왕은 다시 한 번 당
고종에게 포로로 바쳐지는 수모를 당했다.

의자왕이 당 고종에게 포로로 바쳐지는 장면은『구당서』와『일본서
기日本書紀』에 실려 있다.『구당서』는 "소정방이 백제왕 부여의자扶餘義
慈와 태자 등 58인을 측천문則天門에서 포로로 바치자 꾸짖고는 사면했
다"고 기록했다.『일본서기』에는 "11월 1일 장군 소정방 등이 백제왕
이하 태자 융隆과 여러 왕자 등 13인, 대좌평 사택천복沙宅千福·국변성
國辨成 이하 37인 등 50여 명을 끌고가서 조당朝堂에 바치고, 서둘러 천
자에게 끌고가니, 천자의 은칙으로 그 자리에서 풀어주었다"라고 기록
되어 있다.『일본서기』의 기록은 당시 뤄양에 왜국의 사신으로 와 있
던 이키노무라지 하카도코伊吉連博德가 직접 현장에서 보고 남긴 것이
므로 매우 구체적이다.

660년 11월 1일 백제 원정을 마치고 개선한 소정방은 뤄양성의 황
궁 정문인 측천문으로 의자왕을 끌고가 고종과 측천무후則天武后에게
전리품으로 바치고 백제 원정의 결과를 보고했다. 당시 전쟁 포로는 대
개 죄를 물어 처형하거나 유배를 보내는 것이 일반적인 경우였다. 그러

나 의자왕과 백제 포로들은 처형되지 않았다. 당 고종은 비록 죄를 물어 엄중히 꾸짖었을 뿐 모두 사면했다. 여기에는 소정방의 노력이 있었을 것이다. 소정방은 자기가 사로잡은 포로들을 처형하지 않고 모두 사면하도록 황제에게 늘 주청해 허락을 받아냈다. 의자왕은 포로로 바쳐진 뒤 즉시 사면되었다. 그렇지만 며칠 만에 바로 병으로 죽고 말았다.

의자왕의 갑작스런 죽음은 나당연합군의 침공을 받아 사비도성이 함락되고 웅진성으로 피난했다가 사로잡혀 끌려오는 과정에서 겪었을 극심한 정신적인 충격으로 말미암은 것이었다. 게다가 이미 60대를 넘어선 고령의 몸으로 두 달여에 걸쳐 바닷길과 육로를 통해 당으로 끌려가는 동안에 피로가 누적되어 생긴 병이 직접적인 원인이었을 것이다.

의자왕이 죽은 뒤 당 고종은 백제의 신하들이 가서 곡을 할 수 있도록 했고, 뤄양 북쪽 망산에 장사를 지내고 비석도 세워주었다. 의자왕은 오吳의 마지막 군주인 손호孫皓와 남조南朝 진陳의 마지막 군주인 진숙보陳叔寶의 무덤 곁에 묻혔다. 그러나 구체적인 위치는 알지 못한다. 의자왕의 무덤을 찾기 위한 노력이 1980년대부터 계속되었으나 아직 찾지 못하고 있다. 앞으로 의자왕의 무덤을 찾고 묘지명이나 묘비가 발견된다면 의자왕의 삶과 백제 멸망에 대한 구체적이고 새로운 사실들이 밝혀질 것이다.

7. 맺음말

백제는 나당연합군 18만 대군의 침략을 받아 졸지에 멸망하고 말았다. 비록 성충 같은 대신이 예견하기는 했지만, 당이 13만 대군을 거느리고 바다를 건너와 신라와 연합해서 백제를 공격할 것이라는 사실은 까많게 모르고 있었다.

660년 6월에 13만 당군은 1900척의 전선에 나눠 타고 산둥반도를 출발해 6월 21일 서해의 덕물도에 도착한 뒤 신라 수군의 보급과 안내를 받아 오늘날 금강 하구인 백강의 기벌포로 진군했고, 5월 26일 경주를 출발한 신라군은 5만 정병으로 백제의 동방 경계인 탄현을 넘어 사비성으로 진격해 들어왔다.

백제에서는 당군이 덕물도에 도착한 6월 21일 이후에야 나당연합군이 출병한 사실을 알고 대책을 마련하느라 부심했다. 백제 조정은 당군과 우선 결전을 주장하는 좌평 의직 등 구 귀족 세력과 신라군과의 우선 결전을 주장하는 달솔 상영 등 신진 귀족 세력으로 나뉘어 대립했다. 이에 의자왕은 고마미지현에 귀양 가 있던 흥수에게까지 대책을 물었다. 흥수는 656년 의자왕에게 간언하다가 옥사한 좌평 성충이 나당연합군의 침공을 예견하고 제시한 방어 전략과 마찬가지로 육로로는 탄현을 넘지 못하게 하고, 해로로는 백강의 입구로 적병이 들어오지 못하게 막은 뒤에 반격을 해야 할 것이라고 대답했다. 그러나 흥수의 대책도 군신들의 반대로 수용되지 않았고, 결국 백제의 전략적 요충지로 지목된 탄현과 백강 입구로 신라군과 당군이 들어오는 것을 막을 기회를 놓쳤다.

7월 9일 탄현을 넘어선 신라군을 막기 위해 출정한 계백이 이끄는 5000명의 결사대는 김유신이 이끄는 5만 정병의 신라군을 맞아 황산벌에서 이틀에 걸친 혈전을 펼쳐 네 번의 싸움을 승리로 이끌었으나, 신라 화랑들의 분전으로 결국 패배하고 말았다. 백제군은 백강 입구인 기벌포에서 당군의 상륙을 막으려고 분전했으나 수천 명의 희생자만 낸 채 실패했다. 수군 1개 군단과 육군 2개 군단으로 구성된 당군은 7월 9일에 금강 남안의 군산 방면으로 상륙한 뒤, 금강의 물길을 따라 사비성으로 진격하다가 7월 10일 강경 부근에서 잠시 진군을 멈췄다. 백제군은 이때를 틈타 당군에게 대대적인 공세를 펼쳤으나 1만 명의 희생자만 내고 패전하고 말았다. 7월 11일에 신라군과 합군한 당군은 사비나성을 돌파했고, 7월 12일 소부리 벌판에 진주해 사비도성을 공격할 준비를 했다. 이에 백제는 왕자와 상좌평 등을 당군 진영에 보내 철군할 것을 애걸했으나 소용이 없었다. 7월 13일 나당연합군이 사비도성을 포위하고 공격해오자 의자왕은 왕자들에게 사비도성 방어를 맡기고는 태자와 함께 웅진성으로 피신해 후일을 도모하고자 했다. 그러나 왕자들의 내분으로 사비도성은 맥없이 함락되었다. 7월 18일에는 웅진방령 예식의 배반으로 의자왕이 사비성으로 잡혀왔고, 8월 2일 당의 대장군 소정방과 신라 태종무열왕 김춘추에게 항복식을 거행함으로써 백제는 역사의 뒤안길로 사라졌다.

백제가 멸망한 직접적인 원인은 신라의 치밀하고 용의주도한 외교 전략과 군사력 운용에 제대로 대처하지 못한 데 있다. 즉 신라는 고구려를 제압하자면 먼저 백제를 제압해야 한다고 당을 설득해, 당으로부터 13만 대군의 파병을 이끌어냈고, 여기에 5만의 신라군을 보태 18만 대군으로 순식간에 백제를 기습 공격해 멸망시킨 것이다. 그렇지만 백제 내부에서도 의자왕의 실정에 따른 민심 이반과 국론 분열로 효과적인 방어 전략을 수립하지 못했고, 신라와의 전쟁에만 전념한 나머지 당과의 외교 관계를 소홀히 해 당군의 출병을 미리 막지 못한 외교적 실책을 저질렀다. 또한 나당연합군의 출병 사실을 사전에 미리 알아내지 못한 정보력의 결핍과 당과는 바다를 사이에 두고 있어 거리적으로 멀고 험하기 때문에 감히 공격해오지 못할 것이라는 안이한 생각을 가지고 있던 것이 화근이 되었다. 여기에 피난해서 후일을 도모하고자 했던 웅진성의 방령 예식이 의자왕을 잡아 당군에게 바치자 백제는 더 이상 국가를 유지할 수 없게 되어 멸망하고 말았던 것이다.

의자왕의 외교 실패와 지배층 내부의 분열, 이에 따른 국정 운영 능력의 저하는 나당연합군의 침공에 대처하지 못한 결과를 가져왔고, 예식의 배반은 백제를 역사 속으로 사라지게 만들었다.

:: 참고문헌

김수태, 1991, 「백제의 멸망과 당」, 『백제연구』 22, 충남대학교 백제연구소.

김영관, 1999, 「나당연합군의 백제침공전략과 백제의 방어전략」, 『STRATEGY 21』 2-2, 한국해양전략연구소.

_____, 2007a, 「나당연합군의 백제공격로와 금강」, 『백제와 금강』, 서경문화사.

_____, 2007b, 「나당연합군의 침공과 백제의 멸망」, 『백제의 멸망과 부흥운동』, 충청남도 역사문화연구원.

_____, 2012, 「중국 발견 백제 유민 예씨 가족 묘지명 검토」, 『신라사학보』 24, 신라사학회.

김주성, 1988, 「의자왕대 정치세력의 변동과 백제멸망」, 『백제연구』 19, 충남대학교 백제연구소.

노중국, 1995, 「백제 멸망후 부흥군의 부흥전쟁연구」, 『역사의 재조명』, 한림대학교 한림과학원.

양종국, 2003, 「의자왕과 백제 멸망의 역사적 의미」, 『호서사학』 36, 호서사학회.

_____, 2004, 『백제 멸망의 진실』, 주류성.

이도학 등, 2008, 『백제실록 의자왕』, 부여군청.

ε/ꝏ

발해사 연구의 길

송기호(서울대학교 국사학과 교수)

처음 한국사를 연구하려 하면 무엇부터 손을 대야 할지 당혹스럽다. 대학원에 진학하기 전에 학부 과정에서 무엇을 준비해야 할지도 막연하다. 근래에는 아무런 준비 없이 대학원에 들어와 갈피를 못 잡는 경향이 있다. 그럼에도 아직 우리에게는 연구자가 되는 과정을 안내해주는 가이드북이 없다.

이 글은 한 연구자로서 그동안 발해사를 연구해온 과정을 회고함으로써, 이제 막 시작의 길에 들어선 이들에게 각자의 길을 찾는 데 조금이나마 도움을 주고자 한다. 다른 학문도 마찬가지겠지만, 한국사 연구자의 길은 수많은 모색의 과정이요, 끝없는 고민의 행로다. 더욱이 사료가 적은 고대사는 칠흑 속에서 실낱같은 빛을 찾는 격이니, 그 방황의 강도는 더할 수밖에 없다.

1. 발해를 찾기까지

발해사를 연구하겠다는 생각을 대학 3학년을 마치고 군복무를 위해 휴학한 1978년경에 처음 가지게 되었다. 지금까지 35년 이상 발해사 연구에 매진하는 시발점인 것이다. 대학에 입학한 후 몇 차례의 탐색 끝에 얻은 결론이었다.

처음 인문계열에 입학한 뒤에 국사학과 김철준 교수의 교양 강의를 들으면서 한국 고대사를 연구하기로 마음을 먹었다. 물론 대학 입학 전의 경험도 그런 결정에 영향을 주었다. 내 고향 대전에는 산성이나 보루가 많아서, 어렸을 적에 산 위에서 쉽게 접하곤 했다. 이들이 바로 삼국 항쟁의 산물이란 것은 연구자가 되어서 알게 되었다. 그뿐 아니라 중학생 때 무령왕릉이 발굴되어 신문에 대서특필되었는데, 신문을 스크랩해두었던 기억이 난다. 그 뒤로 역사 관계 기사를 스크랩해두곤 했다. 가난했지만 신문은 구독해 보았던 시절이다.

이리하여 고대사로 방향을 정했지만, 앞으로 어떤 것을 연구해야 할지 막막했다. 대학 초년생으로서는 당연한 고민이었지만, 고등학교 3학년 때부터 국사학과에 입학해서 한국사를 연구하겠다고 공언한 마당에 기대에 부응하려는 조바심도 있었을 것이다.

처음에는 기마민족설에 심취해서 이와 관련된 책이나 논문을 읽었다. 지금 봐도 시베리아에서 한반도를 거쳐 일본 열도에 이르는 장대한 스케일은 초년생을 반하게 할 만한 주제다. 이 무렵에 사서 읽은 에가미 나미오江上波夫의『기마민족국가』문고본을 지금도 연구실에 가지고 있다. 3학년 1학기에 선택한 한국 고대사 강의는 오픈 노트로 시험을 보았다. 내가 문제를 정하고 이에 대해서 논하는 식이었다. 그래서 기마민족과 관련된『삼국사기』의 자료를 나름대로 정리해서 답안을 작성했더니 성적은 C+ 학점이 나왔다. 말과 관련된 자료를 정리한 것으로 기억되는데, 자기 스스로 공부한 것을 적는 것이 중요하다는 말만 믿었다가 낭패를 보았고, 이 주제는 안 되겠구나 하는 생각에 과감히 포기해버렸다.

그다음에 포착한 주제가 샤머니즘이다. 기마민족설 때문에 시베리아에 눈을 돌리게 되었고, 거기서 시베리아 샤머니즘과 한국 샤머니즘의 관련성을 알게 되었다. 니오라제G. Nioradze의 책을 번역한 『시베리아 제민족의 원시종교』라든가 엘리아데Mircea Eliade의 『샤머니즘』 등을 접하게 된 것이다. 특히 샤머니즘이 시베리아에서 출발해 한반도까지 퍼져나갔지만, 대부분의 지역이 공산화되면서 한국에 샤머니즘의 원형이 잘 남아 있다는 엘리아데의 설명이 매력적으로 느껴졌다. 그러나 이를 역사 연구에 어찌 활용할 수 있을지 도무지 방안이 서지 않았다. 그래서 이 주제도 포기했다.

시베리아에서 조금 가까이 만주로 눈을 돌리자 발해가 눈에 들어왔다. 교과서에는 우리 역사로 되어 있지만 연구하기가 어렵다는 이유만으로 방치되어 있었다. 이 사실에 내가 한번 해보겠다는 도전 의식이 생겼다. 내 인생관은 지금도 '남이 하지 않는 것을 한다'는 것이다. 한국사를 택한 것도 이 때문이고, 발해사를 택한 것도 역시 이 때문이다. 이리하여 마침내 앞으로 일구어갈 황무지를 발견한 것이다.

2. 연구의 첫걸음

발해사를 연구하겠다고 결정했지만, 어디부터 손을 대야 할지 막막했다. 지침이 될 만한 글이 하나도 없었다. 도대체 국내외에서 무슨 연구가 이루어졌는지도 도통 알 수 없었다. 그래서 처음 시작한 것이 논저 목록을 작성하는 일이었다. 이때가 마침 휴학 시절이었다. 1978년에 6개월간의 병역의무를 마치고 가을 학기에 복학했으나 두통 때문에 다시 1년 반을 휴학했었다. 이 휴학 기간에 자료 수집차 곳곳을 돌아다니게 되었다.

서울대학 도서관의 신간과 구간 도서실은 물론이고 국회도서관과 남산에 있던 국립중앙도서관도 뒤지면서 목록을 작성하고 자료를 복사했다. 도리야마 기이치鳥山喜一의 『발해사상의 제문제』란 책은 국내에 국회도서관에만 보관되어 있어서, 당시 국회의원 보좌관으로 있던 선배의 도움을 받아 복사할 수 있었다. 일제시대에 간행된 『신동아』의 글을 복사하기 위해서 동아일보에도 찾아갔지만, 하필 그 책은 결본이었다. 나중에 유득공의 『발해고』(2000)를 번역해낼 때도 이 당시에 국립중앙도서관에서 복사한 필사본을 저본으로 삼았다.

이러다 보니 적성국가의 불온간행물로 분류된 중국이나 북한 자료를 입수하는 것이 문제였다. 일본에서 수입된 서적은 북한을 비롯한 공산권 관련 내용을 칼로 도려내거나 매직으로 검게 칠하던 시절이었다. 삼청동에 있던 경남대학 극동문제연구소에서 선배의 도움을 받아 일부 간행물을 열람했고, 이 기관의 이름으로 지금의 민속박물관 자리에 있던 국립중앙박물관의 불온간행물 서고에서 중국의 고고학 자료를 복사할 수 있었다. 1973년 『문물』에 발표된 허난툰河南屯 고분 발굴 보고를 이렇게 해서 구했다. 당시에 불온간행물을 보려면 비밀취급인 가증이 있어야 했고 복사는 꿈도 꾸지 못했던 때라서, 선배들의 도움을 받아 어렵게 구한 것이다.

북한 자료는 더욱더 구하기가 어려웠다. 순수 학술 자료도 쉬쉬하며 비밀리에 복사해 보았기 때문이다. 마침 북한의 고고학 연구를 집대성한 주영헌의 『발해문화』가 일본어로 번역된 것을 구해 읽으면서 노트에 빼곡히 정리했다. 몇 년 뒤에 고고학과 대학원 강의에 나오신 윤무병 충남대학 교수가 북한에서 나온 원본을 빌려주어서 복사할 수 있었다. 이렇게 북한 간행물을 간접적으로 구해서 볼 수 있었다.

일제시대에 나온 『동경성』(1939) 보고서를 구하는 것도 쉽지 않았다. 학교 구간 도서실을 비롯해 어디를 가도 동방고고학총간 시리즈 가운데 이 책이 빠져 있었다. 역시 고고학과 동료를 통해서 일본 오카야마 이과대학의 조수이던 가메다 슈이치龜田修一 선생과 연결되어 전체를 복사해 받을 수 있었다. 이 책은 나중에야 국내에 영인본으로 나왔다. 또 규슈대학의 니시타니 다다시西谷正 교수는 내가 발해사를 공부한다는 사실을 알고서 정효공주 무덤 발굴 보고서 및 화룡 북대고분군 발굴 보고서가 실린 학술지를 보내주셨다. 서해5도 조사 때 인연을 맺은 서울신문 황규호 문화부장님과 연결되어 정효공주 벽화가 1984년 국내에 처음 소개되었고, 이 인연이 1990년 서울신문의 특집 사업으로 처음 만주 땅을 밟는 데까지 이어질 수 있었다.

친구 모친이 두계 이병도 선생과 친척이어서 함께 댁을 방문한 적이 있었다. 이때 가지고 계시던 정효공주 묘지명에 관한 논문을 보여주셨다. 이렇게 해서 김육불 선생이 1956년에 쓴 논문을 구할 수 있었는데, "김육불이 아직 살아 있어"라고 하신 말씀이 지금도 기억에 쟁쟁하다. 두계 선생은 이 무렵에 출판된 『한국고대사연구』 일본어판에서 정효공주가 삼년상 치른 것을 지적한 코멘트를 달았는데, 이것 또한 발해의 고구려 계승성에 주목하는 계기가 되었다.

이 무렵 전곡 구석기 유적 발굴 현장에서 만난 최무장 건국대학 교수를 통해서도 논문 한 편을 구할 수 있었다. 최 교수는 당시 발해 고고 논문을 모아서 번역서를 준비하고 있었기에, 마침 두계 선생으로부터 얻은 자료를 주고 왕청리王承禮 선생이 1979년에 발표한 육정산고분군 논문을 얻을 수 있었다.

이런 자료들을 토대로 「길림성 돈화지방을 중심으로 한 발해고고학의 현황에 대하여」란 제목의 학부 졸업논문을 작성했고, 이 가운데 정혜공주 묘지명에 관한 내용만 추려서 「발해 정혜공주묘비의 고증에 대하여」(1981)란 논문을 발표했다.

또 노트 가득 논저 목록을 작성했고, 그 노트를 본 이태진 국사학과 교수가 학술지에 발표하라고 권유했다. 『한국사연구』에 실린 「발해사 관계 논저 목록」(1981)이 바로 그것이다. 학술지에 논저 목록이 실린 것이 지금은 이상하겠지만, 당시로서는 그 정도로 발해사 연구에 대한 정보가 없었다.

자료 수집과 관련해서 에피소드 하나가 기억난다. 서병국 당시 관동대학 교수가 1980년에 발해와 신라의 국경선인 니하가 강릉 부근의 연곡천이라는 논문을 발표했다. 설악산 등반을 간 길에 홀로 떨어져 주문진을 거쳐서 성터 등의 유적이 있다는 논문 내용을 확인하러 시골 버스를 타고 소금강으로 갔다. 그런데 그게 막차였다. 오도 가도 못한 채 시골 가게 앞에서 한잔 걸치던 청년들이 따라주는 소주를 사발로 받아먹고 어느 할머니 집에 들어가 잔 적이 있다. 물론 술에 견디지 못해 비 오는 밤에 마당에 나와 토해내는 고생을 했다. 다음 날 일어나 식사를 하고 나니 할머니가 민박 요금을 내라고 해서 호의로 재워준 줄 알았던 나는 잠시 당혹스러웠다. 논문에서 지적한 현장을 둘러보며 연곡천은 그야말로 개천 정도라서 도저히 국경선이 될 수 없다는 결론을 내렸다. 그런 다음에 강릉문화원을 찾아가 논문의 근거가 된 『임영지』를 빌려서 복사했다. 당시는 복사기가 갓 나온 때라서 지금처럼 건식이 아니라 파라핀을 입힌 습식 복사지였다. 서울에서 찾아온 학부생에게 자료를 친절히 보여주고 복사할 수 있도록 배려해주었던 고마운 기억이 있다.

　이렇게 해서 발해사 연구의 길로 접어들었고, 주변의 동료는 이런 나를 '송발해'로 불러주었다. 같은 시기에 가야사를 공부하던 김태식 현 홍익대학 교수는 '김가야'라 했다. 나중에 아들에게도 진국이란 국명에서 '진震' 자를 따와서 이름을 지어 내 연구에 의미를 부여하고자 했다.

3. 고고 자료의 활용

한국사를 전공하려면 사회학이나 인류학 같은 인접 학문을 공부해야 한다는 얘기를 듣고, 사회학사와 인류학 과목을 수강했다. 특히 고대사와 인류학의 결합은 김철준 교수의 '이부체제' 논문으로부터 내려오는 전통이었다. 그러나 얄팍한 공부였지만 인류학 이론으로는 도저히 연구에 적용하기 어렵겠다는 생각을 가지게 되었고, 이에 고고학에 생각이 미쳤다. 인류학은 이론이나 사례의 활용과 관련되지만, 고고학은 원사료를 찾아내는 것이나 마찬가지였기에 매력이 있었다. 더구나 문헌기록이 거의 없는 발해를 공부하려면 고고 자료를 이용하는 것이 필수였다.

　이리하여 국사학과생으로서 처음 고고학을 부전공하게 되었다. 국사학과와 고고학과 학부생실을 번갈아 드나들었고, 학부와 대학원을 통틀어서 고고학과 김원용 교수의 강의를 제일 많이 선택했다. 나를 필두로 해서 1980년대 중반 무렵까지 고고학을 부전공하는 국사학과 학생이 이어지다가, 지금은 단절되고 말았다. 대학원에 가서 연구자가 되겠다는 꿈을 학부 시절부터 꾸는 학생들이 사라지던 1980년대의 어둠과 함께 중단된 것이다.

　고고학을 공부했지만 발굴 현장을 경험하기란 타학과생으로서 쉬운 일이 아니었다. 흔암리 유적이나 전곡 구석기 유적의 현장을 방문한 적이 있었다. 전곡에서는 주변의 벽돌 공장에서 추려낸 돌 가운데 석기 같은 것을 마대 가득 주워서 끌고왔더니, 황용훈 경희대학 교수가 그렇게 하면 석기가 부서진다고 하면서도 하나씩 감정을 해준 적이 있었다. 충주댐 발굴 현장에 며칠간 있으면서 유물 촬영을 해주고, 고고학과 최몽룡 교수가 쥐어준 수고비로 스위스 칼과 여름용 침낭을 사서 지금도 보관하고 있다. 발굴 때마다 사용하는 트라월도 최몽룡 교수가 미국에서 사온 것을 선물로 받은 것이다.

　발굴 경험은 4학년 말인 1980년 가을에 시작되었다. 국립문화재연구소에서 경기도 양주에 있는 대모산성을 발굴하게 되었는데, 지도교수이신 김철준 교수가 추천해주어 참여했다. 산성 발굴은 국내에서 처음이었기에 쉽지 않은 일이었다. 매일 아침 산을 올라야 하는 일도 고되었으나, 이 때문에 성치 않은 내 건강이 제법 좋아졌다. 대학원에 입학해서 학과 조교가 된 이듬해에도 학과의 배려로 발굴에 참여했다. 이 당시에 주머니 모양의 저장혈을 국내에서 처음 발굴했다. 이뿐 아니라 최몽룡 교수의 배려로 1981년과 이듬해에 서울신문이 주최한 백령도, 연평도 등의 서해5도 조사를 다녀온 것도 큰 자산이 되었다.

　1984년 한림대학으로 자리를 옮긴 뒤에 본격적으로 발굴에 관여했다. 춘성군 신매리의 지석묘와 주거지를 노혁진 교수와 함께 발굴했다. 또 여주 매룡리 용강골고분군은 김정기·최영희 교수와 함께 두 차례 발굴해 사진 촬영에서 보고서 작성까지 책임을 맡았다. 또 양구군, 평창군, 영월군, 홍천군의 유적 조사를 담당해『강원도의 선사문화』(1986),『홍천군의 전통문화』(1987)란 책을 공저로 펴냈다. 이 과정에서

사학과에 함께 몸담고 있던 노혁진·김정기·최영희 교수의 도움을 많이 받았다.

이런 경험들은 발해 고고 자료를 이해하는 데 간접적이나마 큰 도움이 되었다. 비록 현장에 가보지는 못하지만, 보고서에서 어느 부분이 중요하고 어느 부분이 문제가 있는지를 판별할 수 있는 능력을 키워주었기 때문이다. 예를 들어 중국 지린성 둔화시의 강동 24개석 옆에서 쪽구들(온돌) 유구가 발굴되어 병존했던 것이라 보고되었으나, 층위를 자세히 보면 선후 관계의 유구란 결론을 얻을 수 있다. 앞으로 고대사를 연구하려면 발굴 현장에 참여해야 하고, 가능하면 보고서까지 써봐야 발굴 보고서를 있는 그대로 받아들이지 않고 비판적으로 활용할 수 있다고 지금도 학생들에게 강조하고 있다.

이런 발굴 경험은 마침내 연해주의 발해 유적 현장에서 활용할 수 있었다. 고려학술문화재단의 지원을 받아 러시아 연구자와 공동으로 1993년 8월에 아브라모프카 말갈 주거지를 발굴했고, 1995년 여름에는 마리야노프카 발해 성터를 발굴했다. 그 외에도 몇 차례의 시굴 조사가 있었다. 1997년 말에 외환위기가 닥치면서 발굴은 더 이상 이루어지지 못했지만, 2000년대에 들어서는 다른 기관에서 시행한 체르냐치노 고분군과 주거지, 크라스키노 성터, 소콜로프카 유적, 콕샤로프카 1 성터 등의 발굴에 자문위원으로 참관할 수 있었다. 중국의 발해 유적은 발굴은커녕 현장에 접근하기조차 어려운 것이 현실이지만, 동청고분군과 서고성의 발굴 현장을 비공식적으로 참관할 수 있는 행운도 있었다. 그러나 북한의 발해 유적에는 아직 접근조차 할 수 없어 안타깝다.

고고 자료를 확보했다고 해서 이를 연구에 제대로 활용하는 것은 쉽지 않다. 고고학자의 연구와 역사학자의 연구는 접근 방식에서 다를 수밖에 없다. 국내의 고고학자는 유형 분류와 편년이란 기초 작업에 집중

하는 경향이 강하지만, 역사학자는 여기에 머물 수 없다. 어떻게 해서든지 문헌 사료와의 결합을 시도하고 역사적 의미를 끌어내는 데 집중해야 한다. 그러나 결코 쉬운 일이 아니어서 이 고민은 항상 따라다녔다.

처음에는 학부 졸업 논문처럼 돈화 지방의 고고 자료를 종합적으로 정리하고 내 코멘트를 다는 정도였다. 대학원에 들어와서도 고고 자료를 이용해서 석사 논문을 쓰려고 노력했다. 묘상 건축물에 관한 것을 쓰느냐 다인장多人葬에 관한 것을 쓰느냐 등 한 주제를 선택하지 못하고 고민만 거듭했다. 이를 들은 노태돈 교수가 다인장을 쓰라고 해서 석사 논문의 주제가 될 수 있었다. 당시에는 고분의 구조나 출토 유물에 대한 연구가 주류를 이루었고, 인골 출토가 희귀해서 매장법에 대한 연구가 거의 없었다. 하지만 발해 고분에서는 인골이 흔히 발굴되었고, 그것도 여러 사람이 함께 매장된 경우가 많았다. 더구나 인골 배치에서 주종 관계가 드러나는 것으로 생각되어, 이를 발해의 사회구성과 연결시켜 해석해보았다. 당시에는 수집 가능한 고고 자료를 망라해서 정말 심혈을 기울여 쓴 것이었지만, 지금에 와서는 역시 하나의 시도였다고 평가할 수밖에 없다. 이 때문에 학사 논문과 석사 논문은 『발해 사회문화사 연구』(2011)에 수록하지 않았다.

이후로는 발해 성지城址나 연해주의 발해 유적 연구 동향 같은 자료 정리 성격의 글을 발표하기는 했지만, 주로 문헌 연구에 집중했다. 그러다가 고고 자료를 중심으로 연구한 「육정산 고분군의 성격과 발해 건국집단」(1998)을 발표했으니, 「대조영의 출자와 발해의 건국 과정」(1991)이란 문헌 연구를 뒷받침하는 것이었다. 「속말말갈의 원류와 부여계 집단 문제」(2003)는 속말말갈족의 원류를 밝힌 것으로서 그 후속 연구였다. 그 뒤에도 「용해구역 고분 발굴에서 드러난 발해국의 성격」

(2010), 「연해주 콕샤로프카1 성터 건물지의 성격」(2012) 등에 이르기까지 고고 자료를 활용하는 글들을 발표했다.

발해사는 아니지만 「사당동 요지 출토 명문 자료와 통일신라 지방사회」(1997), 「고대의 문자생활」(2002), 「부여사 연구의 쟁점과 자료 해석」(2005) 등도 고고 자료를 중심으로 한 연구였다. 그리고 급기야 온돌에 관한 연구로 발전했다. 발해 유적에서 온돌 유구가 상당수 발굴되었고, 과거에 에.붸. 샤프쿠노프E.V. Shavkunov 교수와의 대화에서 온돌은 고조선에서 시작되어 발해까지 전래된 것이란 말을 들은 것이 계기가 되었다. 물론 온돌은 한국 고유의 것이라는 전제 아래 발해의 고구려 계승성을 주장하는 근거로도 활용되고 있었다.

그러나 막연한 추정에 그치고 있었을 뿐이지, 실증적인 연구는 없었다. 온돌에 관한 문헌 기록은 희소하지만, 20년 전부터 국내에서 본격적으로 발굴되기 시작한 온돌 유구들이 나를 이 연구에 끌어들였다. 북방의 온돌 보고서를 모두 정리한 결과 온돌은 두만강 유역의 북옥저 지역에서 처음 시작되어 고구려로 유입되었고, 그 뒤에 다시 발해로 전수되었다는 결론을 얻은 『한국 고대의 온돌』(2006)을 간행했고, 당시에 자료가 너무 방대해서 정리하지 못한 남한 지역의 보고를 정리해 발생시기부터 조선시대까지 이르는 통사로서 『한국 온돌의 역사』란 책으로 장차 마무리하려 한다.

4. 넓어지는 시야

발해사 연구는 국제적일 수밖에 없다. 영토가 한국과 중국 및 러시아에 걸쳐 있고, 이에 더해서 일본까지 연구에 참여하고 있으니, 한국사에서 가장 국제적인 연구 대상이 되어 있다. 그러니 발해사를 제대로 연구하기 위해서는 문헌과 고고 자료를 함께 다룰 수 있어야 하고, 여기에다가 일본과 중국 및 러시아의 연구를 읽을 수 있어야 한다고 누누이 학생들에게 강조하곤 한다. 이런 준비는 학부 시절부터 해야 하는데 지금은 그런 준비 없이 막연히 대학원에 진학하는 형편이니, 발해사 연구자를 배출해내기가 쉽지 않다. 3년 전에는 대학원 수업에 중국어 책을 포함했더니 아무도 수강 신청을 하지 않아서, 할 수 없이 강의를 변경해야만 했다.

앞으로 한국사를 연구하겠다는 마음으로 대학에 입학했고, 그러기 위해서는 일본어가 필요하겠다는 생각이 들어서 학부 1학년 겨울방학 무렵에 일본어 학원을 다녔다. 불과 3개월 정도였지만, 그 뒤로는 직접 사전을 찾아가면서 일본어 책을 읽어나갔다. 처음에 '많다'는 의미의 택산澤山을 한자식으로 읽어서 무슨 뜻인지 혼란을 겪었던 기억이 있다. 그 당시 광화문 근처에 살고 있었는데, 종로1가에 일본어 서점이 있어서 자주 드나들며 책을 샀다. 에가미 나미오의 문고본을 포함해서 내 연구실에 있는 일본어 책들 가운데 이때 구입한 것이 많다.

그런데 발해사를 연구하겠다고 마음먹고 중국 자료를 구하면서 중국어를 해득해야만 하는 상황이 되었다. 당시에는 중국과 단절되어 있어서 장차 중국어가 필요할 것이란 생각을 전혀 하지 못하던 시절이다. 대학 3학년을 마치고 병역 의무를 지던 기간에 중국어 문법책을 읽었고, 그다음에는 사전을 찾아가면서 논문을 떠듬떠듬 읽어나갔다. 중국어 발음은 한마디도 못하는 절름발이였다. 처음에는 간자簡字를 알지 못해서 고생이 많았다. 곡谷이 곡穀, 운云이 운雲의 간자란 사실을 몰라서 문장을 해석하는 데 혼란을 겪기도 했다. 곡식을 가는 갈판인 곡마반穀磨盤을 곡마반谷磨盘이라 쓰니 왜 '골짜기'란 말이 나오는지, 운문

云紋이 도대체 어떤 무늬라서 '이를' 운云 자가 나오는지 혼란스러웠다. 홍콩에 있는 친척을 통해 간단한 사전을 구하면서 간체자 읽는 것이 한결 편해졌다.

정효공주 무덤에서 '31건의 사람 골격骨骼'이 채집되었다는 보고서를 보고, 석사 논문을 쓸 때 31개체의 인골이 발굴된 것으로 이해했으나 옌볜을 방문했을 때 알아보니 2명분 31개 인골이란 의미였다. 보고서 작성에 참여한 엄장록 선생에게 '골격'이란 단어를 사용해서 오해할 수밖에 없었다고 하니, 그도 나중에 사전을 찾아보고 수긍을 했다. 대륙에 대한 정보가 전혀 없었던 때라서 당시 다른 연구자의 번역서를 보면 고유명사를 번역하기도 하는 등 오류가 많은 것도 이 때문이다.

그런가 하면 중국에서는 ㄱ자형 평면을 가진 석실분을 도형刀形이라고 하는 이유를 도무지 이해할 수 없었다. 나중에야 방학봉 선생에게 물었더니 넓적한 중국식 칼을 그려주는 것이었다. 우리의 칼만 생각하니 이해가 될 리 없었다.

석사 논문을 준비하던 무렵에 고고학과 대학원생을 통해서 한양대학 김병모 교수가 중국의 고고학 잡지를 구독한다는 사실을 알게 되었고, 감사하게도 순장殉葬에 관한 자료들을 복사할 수 있는 기회를 얻었다. 그리고 1983년부터는 홍콩의 산롄서점을 통해서 중국의 고고학 잡지를 구독하기 시작했고, 그 인연은 30년 가까이 지난 지금까지 이어진다. 많을 때는 16종까지 구독했지만 지금은 6종으로 줄였다. 지금 가지고 있는 잡지에 결호가 많은 것은 당시의 사정을 반영한다. 적성국가에서 발행된 것이면 순수 고고학 잡지라도 불온간행물로 취급되어 중간에서 압수되었기 때문이다. 때로는 연세대학 앞에 있던 국제우체국으로 호출되어 압수 절차를 밟기도 했다. '고고 공작'이니 '사회과학전선'이니 하는 용어는 중국에서 흔히 쓰는 말이지만, '공작'이니 '전선'

이니 하는 용어 때문에 압수되기도 했다.

삼련서적을 통해서 구입한 책에는 왕청리 선생의 『발해간사』(1984)가 들어 있었다. 이 책을 보는 순간 발해 역사도 체계적으로 공부할 겸 해서 번역해보겠다는 욕심이 생겼다. 석사를 마치고 1984년 2월에 한림대학 아시아문화연구소의 연구원으로 간 직후였다. 한문 실력이나 중국어 실력이 제대로 갖추어지지 않았지만 나름대로 심혈을 기울여 번역했고, 마침내 『발해의 역사』(1987)란 제목으로 연구소 번역총서로 간행했다. 그런 과정을 거치면서 발해에 대한 그림을 어느 정도 그릴 수 있게 되었고, 중국의 발해사 연구 시각을 비판할 수 있게 되었다. 이 책이 중국에도 알려져서 1990년 처음 연변에 갔을 때 역자 서문을 읽은 엄장록 선생이 내가 나이가 지긋한 줄 알았다고 말한 기억이 있다.

학부 시절에 일본어 서점에 갔다가 발해사를 연구하는 데 중요한 책을 하나 발견했다. 일본에서 간행된 『세계 고고학 사전』에는 중국과 북한 및 러시아의 고고학 정보가 담겨 있었다. 상권은 사전이고, 하권에는 논저 목록과 분포 지도 등이 수록되어 있었다. 그런데 아쉽게도 북한 부분은 잘려나간 상태였다. 그래서 일본에서 직접 구할 수 있는 방법을 모색했다. 마침 아르바이트하던 학생의 이모가 재일교포여서, 두 달 아르바이트를 하는 대신에 책을 사달라고 부탁했다. 당시에 한 달 아르바이트비가 4만 원인데, 책값은 8만 원 정도였던 것으로 기억한다.

이와 비슷한 경험이 하나 더 있다. 이화여대 교수가 자신의 조상인 강홍립 장군의 전기를 쓰면서 만주 역사를 개관해줄 사람을 찾았고, 그 부탁이 내게 왔다. 어떻게 사례를 해야 하느냐는 물음에 나는 사전을 하나 사달라고 했다. 당시 중국 서점은 명동 중국 대사관 부근과 창덕궁 앞에 있었다. 집에서 가까운 창덕궁 앞의 알타이서점에 종종 갔으나, 25사나 『중국고금지명대사전』은 돈이 없어 구경만 하고 있었다. 그

래서 이 사전이 필요하다고 했으니, 내 연구실 책상 앞에 꽂아두고 종
종 참고하는 것이 이것이다. 당시에 종로2가 와이엠시에이YMCA 건물
양식당에서 티본스테이크라는 것을 처음 얻어먹어 보았다.

『세계 고고학 사전』을 통해 연해주에서도 발해 연구가 이루어지고
있다는 사실과 함께 샤프쿠노프 선생이 쓴 책의 존재도 알게 되었다.
그래서 이 책을 구하고자 백방으로 노력해 일본 교토대학 도서관에 소
장되어 있는 것을 확인했다. 학교 도서관을 통해 복사 신청을 하면서
사진 부분은 마이크로필름으로도 보내달라고 요청했다. 마이크로필름
은 인화할 곳을 찾지 못하다가 경향신문 박석흥 문화부장의 도움을 받
을 수 있었다. 이렇게 해서 경향신문에 자료를 공개했고, 이것이 인연
이 되어 나중에 「발해사 연구의 몇 가지 문제점」(1987)이란 글을 『계간
경향』에 발표하면서 추후 연구해갈 방향을 잡을 수 있었다. 이 글은 초
보자로서 몇 가지 중요 주제에 대한 생각을 서툴게 정리한 것인데, 의
외로 반응이 있어서 영어, 불어, 일본어로 번역되었다.

샤프쿠노프 선생의 책을 읽기 위해서 러시아어를 공부할 방도를 찾
았다. 마침 언어학과에 러시아어 강좌가 학부 과목으로 개설되어 있는
것을 알고서 대학원생이지만 청강할 수 있는지 물었다. 하지만 강사 선
생이 안 된다고 해서, 할 수 없이 정식으로 수강을 했다. 엉성한 러시아
어 실력으로 연해주의 발해 고고학 부분만 번역해서 「연해주의 발해
문화 유적」(1985)이란 글로 발표했고, 이것은 연해주의 발해 유적을 이
해하는 길잡이 역할을 했다. 그러나 번역은 쉽지 않았다. 당시에는 국
내에 러시아어 사전이 없었고, 일본 사전 또는 복사를 거듭해서 잘 보
이지도 않는 북한의 로조사전을 이용하는 수밖에 없었다. 그러나 고고
학 용어는 사전에 제대로 등재되어 있지 않았다. 연해주에서는 지금 중
국의 고고 용어를 차용하고 있지만, 당시에는 치미나 귀면와 등을 일본

어로 부르고 있었다. 이를 몰랐으니 '시비'니 '오니가와라'니 하는 용어의 뜻이 무엇인지 몰라 애를 먹었다. 나의 번역은 모스크바대학 유학생이던 정석배 전통문화대학 교수와 함께 작업한 『러시아 연해주와 발해 역사』(1996)란 책으로 마무리되었고, 그 뒤로는 러시아 학자의 논문이 국내에 직접 실리기 시작했다.

1980년대 전반 처음 번역할 때 연해주의 유적들이 도대체 어디에 있는 것인지를 알 수 없었다. 『세계 고고학 사전』의 지도에 간략히 몇 개가 표시되어 있는 것이 전부였다. 연해주의 상세 지도를 국내에서 구하는 것은 불가능했다. 이 또한 미국에 유학하고 있던 선배의 도움을 받았다. 도서관에서 A4 용지에 나누어 복사한 것을 우송받아, 일일이 결합해서 테이프로 붙인 다음에 전지 복사를 했다. 그러나 아무리 찾아보아도 유적의 정확한 위치를 찾기는 어려웠고, 1992년에 처음 답사하면서 비로소 고고학 사전의 분포도도 정확하지 않다는 것을 알았다.

하나의 언어를 더 이해하면 그만큼 시야가 넓어진다. 똑같이 발해를 바라보지만 각 나라에서의 문제의식이 다르기에 중국인의 사고, 러시아인의 사고, 북한인의 사고, 일본인의 사고는 다를 수밖에 없다. 우리가 미처 생각하지 못한 것까지 모두 고려하면서 연구를 해야 더욱 객관적이면서 시야도 넓어질 것이다. 그런 점에서 어학은 시야를 확대하는 데에 필수적인 도구다.

5. 글자 하나의 힘

발해사를 선택했으나 학부생으로서 사료가 무엇이 있는지조차 알 수 없었다. 그래서 카드에 사료를 하나씩 적어나갔다. 당시에는 이런 식으로 카드를 만들어 카드 박스에 분류해서 담았는데, 컴퓨터가 보급되면서 이 방식은 사라졌다.

그러던 중에 태학사에서 갓 영인한 김육불의 『발해국지장편』을 알게 되었다. 사료가 모두 정리되어 있으니 정말 반가운 책이었다. 그러나 기쁨도 잠시였고, 막상 사료를 읽으려 하니 도대체 어디서부터 끊어 읽어야 할지 막막했다. 이 무렵에 방점이 찍힌 25사도 영인되어 서로 대조하면서 읽기 시작했고, 기왕의 논문에 인용된 사료와도 대조하면서 조금씩 해석하고 이해하기 시작했다. 그런 점에서 김육불의 책은 나에게 발해사 연구를 인도한 첫 번째 등불이었다.

1970년대까지는 동국대학 이용범 교수가 유일한 발해사 연구자였다. 서울대학 동양사학과에도 강의를 나왔지만, 아쉽게도 발해사 강의는 듣지 못하고 복학한 뒤에 거란사 강의를 들을 기회를 가졌다. 발해사를 공부한다는 사실은 석사 논문을 쓰고 난 뒤에야 말씀드릴 수 있었다.

1980년대 초에 졸업정원제를 실시하면서 교수 정원이 대폭 확대되어, 석사 논문만 쓰면 교수가 되던 호시절이었다. 나도 1년 뒤에 교수가 되는 조건으로 1984년 초에 한림대학 아시아문화연구소의 연구원으로 가게 되었다. 그런데 석사 논문 작성에 온 힘을 쏟고 나니 그다음에 또 무엇을 써야 할지 막막했다. 당시에는 석사 논문 심사를 받고 나면 몸이 아프거나 심하면 입원까지 하는 일이 잦았다. 그 정도로 다들 진을 빼며 논문을 썼었다.

고대사는 사료가 적은 만큼 일관된 주제를 가지고 연작으로 논문을 쓰기가 어려운데, 발해사는 더욱 그러하다. 하나의 논문을 쓰고 나면 그다음에 무엇을 써야 할지 연구 주제를 찾느라 허덕인다. 그렇기에 조그만 꼬투리 하나도 놓치지 말아야 한다. 우연히 떠오르는 발상도 항상 메모해두는 버릇을 가져야 한다. 석사 논문을 쓸 때 고민하던 문제의 해답을 꿈속에서 얻어 벌떡 일어나 메모한 적도 있다. 꿈속에서도 이것은 꼭 적어두어야지 하는 생각에 잠을 깬 것이다. 그러한 것들이 발전해서 논문으로 완성되는 경우가 많았다.

이기백 교수가 부여 사료에 보이는 '단형옥斷刑獄'의 단斷 자 하나에 대한 해석으로 논문을 쓴 것도 고대사 연구에서 글자 하나가 지닌 역사적 무게를 느끼게 한다. 그렇기에 사료를 한 글자씩 되새기면서, 그리고 '왜 그런가?'의 물음을 반복하면서 읽어나가는 습관을 들여야 한다. 거기서 어느 날 갑자기 아이디어가 튀어나오는 경험을 할 때가 있다.

조선시대 발해 연구를 정리했지만 어떤 식으로 논문을 구성해야 할지 감이 잡히지 않았는데, 버스를 타고 다른 대학에 시간 강의를 가다가 갑자기 정리된 목차가 떠올랐다. 그렇게 해서 발표한 것이 「조선시대 사서에 나타난 발해관」(1991)이다. 문제가 풀리지 않으면 내던지고 여행을 떠나는 것도 좋은 방법이라 생각한다. 차창을 바라보며 사색에 잠기다가 어느 순간 엉킨 실타래가 풀리는 경험을 몇 번 했기 때문이다. 반대로 정리되지 않은 채 생각나는 대로 붓 가는 대로 쓰다 보면 문제가 정리되는 경우도 있다.

1980년대에 발표한 글들은 발해사 연구를 위한 방황과 모색의 결과다. 발해사를 탐색하면서 내 자리를 찾아가는 과정이었다. 그런 과정에서 발표한 「동아시아 국제관계 속의 발해와 신라」(1989)는 발해와 신라가 대립적인 것만은 아니었다는 사실을 밝힌 것으로, 교과서에서 서로 대립적이었다고 한 서술이 바뀌는 계기가 되었다. 이 글은 남북국시대론의 한 근거를 제시한 것으로서, 그 뒤 한국고대사연구회에서 발표한 「남북국시대론의 기초적 검토」(1991)로 확장되었으나, 이듬해에 연구회 회보에 실리는 바람에 그 뒤 연구자들이 읽지 못하는 결과를 가져왔다.

1990년대에 들어서야 비로소 내 나름으로 의미 있는 글을 쓰기 시작했고, 그런 논문들을 재정리해서 「발해의 역사적 전개 과정과 국가 위상」(1995)이란 제목으로 박사학위 논문을 제출했으며, 다시 『발해 정치사 연구』(1995)란 제목으로 출판했다. 거창한 제목과는 달리 발해사가 도대체 어떻게 전개되었는지를 밝히는 실증적인 논문들로 구성했다.

여기서 나름으로 자부를 하는 것이 발해가 추구했던 국가적 위상 문제다. 발해는 대외적으로 왕국이면서 내부적으로 황제국을 지향했던 외왕내제外王內帝의 이중성을 띠는 국가였음을 밝힌 것이다. 이것도 아주 조그만 단서에서 출발했다. 1990년에 처음 연변에 갔을 때 연변대학 방학봉 교수가 정효공주 묘지명에 보이는 황상皇上이란 단어를 언급한 적이 있다. 내가 왕청리 선생의 번역서 서문에서 중국의 발해관을 비판했고, 방학봉 교수도 이에 동조하면서 문왕을 황상이라 불렀는데 어찌 당나라 지방 정권이 될 수 있는가 해서 의기투합했었다.

그 뒤에 중요한 금석문 자료를 구해서 「함화 4년명 발해 비상 검토」(1992)를 발표했고, 이것이 위의 대화를 발전시키는 계기가 되었다. 황수영의 『한국금석유문』에 일본 오하라미술관大原美術館에 소장된 발해 불상의 명문이 소개되어 있었지만, 띄엄띄엄 누락되어 있어서 해독하기 어려웠다. 그래서 자료 수집을 모색하다가 당시 국립중앙박물관의 후배를 통해 오하라미술관으로부터 사진을 받을 수 있었다. 사진 속 명문을 모두 읽어낼 수 있었고, 논문도 작성하게 되었다. 1996년 초에는 명문의 신빙성에 반신반의하던 규슈대학의 하마다 고사쿠濱田耕策 교수와 함께 미술관에 직접 가서 실견할 수 있었다.

이 명문에 허왕부許王府란 관청이 등장한다. 허왕부란 허왕의 관청이니, 이것은 발해 왕 아래 허왕이란 또 다른 왕이 있는 것을 의미한다. 왕 아래 왕이 있는 것이다. 이것이 황상이란 단어와 연결되니, 비록 왕이라 불렸지만 발해 왕은 황제와 같은 존재였다는 사실이 떠올랐다. 그런 생각을 하니 흔히 알고 있는 『신당서』 발해전의 구절이 새삼 눈에 들어왔다. 선조성宣詔省이나 조고사인詔誥舍人에 '조詔'가 들어가 있는 것이다. 이것은 왕의 명령인 교敎가 아니라 황제의 명령인 조詔로 불렸기 때문일 것이란 생각이 들었다. 글자 하나 속에 큰 역사상이 숨어 있었던 것이다. 그러다 보니 통일신라에서 선교성宣敎省이라 부른 것과도 대비되었다. 게다가 발해는 연호를 '사사로이' 사용했다고 했으니, 연호의 사용도 황제의 권한에 속하는 것이었다. 이러한 작은 사실들을 모아서 「황제 칭호와 관련된 발해 사료들」(1993)이란 학술 발표문으로 완성했다.

정효공주 무덤이 있는 고분군을 발굴한 결과를 근래에 발표한 잡지를 받아본 순간 뛸 듯이 기뻤다. 발해 왕의 배우자를 황후皇后로 지칭한 비문이 발굴된 것이다. 20년 전의 내 주장이 옳았다는 것을 증명하는 것이었기에 「용해구역 고분 발굴에서 드러난 발해국의 성격」(2010)이란 글로 발표했다. 국립문화재연구소가 연해주에서 발굴한 건물지도 황제국에 걸맞은 7묘廟가 있던 자리로 생각되어 「연해주 콕샤로프카1 성터 건물지의 성격」(2012)으로 발표했다.

이처럼 글자 한둘에서 출발해 마침내 발해국의 위상을 밝히기에 이른 것이다. 고대사에서 글자 한 자의 힘이 이처럼 크기에 사료를 곱씹으며 읽는 훈련이 무엇보다 필요하다.

6. 만주로, 연해주로

초기에는 발해 현장에 갈 수 있다는 생각을 꿈에도 하지 못했다. 1989년에야 해외여행 자유화 조치가 내려졌으니, 그 전에는 외국으로 간다는 생각을 갖기 어려웠고, 더욱이 공산권 국가는 그 가능성이 거의 없어 보였다. 학교에서 영어를 배웠지만 그것을 써먹을 수 있을 것이란 기대를 하지 못하던 시절이다. 그렇기에 장래를 위해서 발해사는 그만 두고 백제사와 같이 접근 가능한 분야로 바꾸라는 진심 어린 충고도 교수로부터 들은 적이 있다.

이런 상황에서 현지의 발해 유적은 머릿속의 상상으로 떠올릴 수밖에 없었다. 그런데 어느 날 갑자기 중국이 열리면서 그 기회가 내 옆에 와 있었다. 1990년 8월에 서울신문사에서 기획한 중국의 발해 유적 조사단에 참여하는 행운을 얻었다. 지금은 옌볜을 2시간 정도면 갈 수 있지만, 당시에는 서울에서 홍콩을 거쳐 베이징에 들어간 다음에 하루를 자고 국내선 비행기를 타고 다시 선양을 거쳐 옌지로 가야 해서 꼬박 이틀이 걸렸다. 화룡 서고성과 정효공주 무덤, 동청고분군, 둔화 강동 24개석, 상경성을 주마간산으로 돌아보았지만 그 자체가 무한한 감동이었다. 비공식적이나마 발굴 현장도 참관했다. 차 안에서는 정영진 당시 옌볜박물관 관장을 붙들고 그동안 궁금했던 사항들을 봇물처럼 쏟아내서 다른 일행으로부터 그만하라는 말까지 들었다.

이듬해 8월에 다시 한 번 발해 유적을 찾았다. 이번에는 중국어 한마디 못하면서 옌지를 홀로 들어갔다. 중국과의 수교는 이로부터 1년 뒤에 이루어졌으니 무시무시한 '중공'을 홀로 여행하는 것은 그야말로 모험이었다. 그렇지만 1년 전에 가보지 못한 발해 유적을 꼭 찾고 싶었다. 이때 발해 건국지인 둔화의 동모산을 한국인으로는 처음 올라갔고, 내 학부 졸업 논문을 쓰게 해준 육정산의 정효공주 무덤도 방문했으며, 북한이 건너다보이는 훈춘의 팔련성에도 가볼 수 있었다. 또 전년에 찍은 삼채 그릇 사진이 국내 한 연구자의 책에 실린 사실을 안 중국 연구자가 박물관에 책임을 추궁하는 것을 목격하고는 중국과의 교류가 쉽지 않을 것임을 실감했다.

이렇게 시작된 만주 답사는 발해 유적을 넘어서 청동기시대, 고구려 유적으로 확대되었다. 수교 1년 뒤인 1993년 여름에 국사학과 대학원생을 인솔해 고조선, 부여, 고구려 유적을 답사한 것을 필두로 만주의 남쪽 끝인 뤼순에서 북쪽 끝인 만저우리까지, 서쪽 끝인 옌산산맥에서 동쪽 끝인 둥닝과 훈춘까지 16차례 만주를 돌아다녔다. 여기에 중국의 오르도스 등 다른 지역까지 포함하면 중국 방문이 28차례에 이른다.

특히 2000년 9월에는 중앙일보의 답사단 일원으로 압록강, 두만강을 따라 국경선 탐사를 했는데, 압록강 상류에서 개울 하나를 사이에 둔 북한 땅을 건너다보면서 통일에 대한 염원을 더욱 다졌다. 이때 국경선 탐사에서 깊숙한 오지에 있던 장백의 영광탑을 새벽안개 속에서 찾았고, 3국의 국경이 만나는 두만강 하구의 방천까지 내려갈 수 있었다.

지금도 중국은 고구려나 발해에 관한 국제회의를 금지하고 있다. 1993년 지안에서 열린 고구려문화 국제학술회의의 여파다. 은퇴한 70대의 노학자가 일본 연구자로부터 발해사 특강을 해달라는 요청을 받았으나 당국의 허락을 받지 못해 일본 방문이 무산되었을 정도다. 2001년에 하얼빈에서 비공식적으로 발해사 학술 토론이 펼쳐져 중국 연구자들과 이틀에 걸쳐 열띤 토론을 벌인 적이 있다. 나는 녹초가 되어 휴식 시간에 숙소에 올라가 누워 있는 사이에 중국 측에서는 한 노학자의 주도 아래 단체로 대응회의를 했던 사실이 기억에 새롭다. 그러나 이 회의가 문제가 되어 조직을 맡았던 연구자는 하얼빈을 떠나고 말았다. 그 뒤로는 그런 회의가 한 번도 열린 적이 없다.

20여 년의 세월이 지나면서 중국은 급격하게 발전했다. 그럴수록 유적 상황도 크게 변해가고 있으니, 하루라도 빨리 현장을 보지 않을 수 없다. 1991년에 방문했을 때는 방치되다시피 하던 육정산고분군이 그 뒤 한국인의 방문이 늘자 철조망을 치고 경찰이 지키면서 접근을 금지했다. 2011년에 다시 방문한 훈춘 팔련성에는 유적을 발굴한 뒤에 전시관을 세우고 있었지만, 한국인은 접근도 하지 못하게 했다. 성터 부근에는 훈춘으로 들어가는 고속도로 인터체인지가 들어서 있어, 온통 논이어서 어디가 성터인지 알 수 없었던 20년 전과 주변 환경이 크게 변해 있었다. 변하기는 서고성도 마찬가지다. 과거에는 성안에 마을이 있고 북벽 옆으로 도로가 지났지만, 지금은 모두 정비되어 변해버렸다. 정효공주 무덤 아래 있던 고분들은 풀 더미 속에 잠들어 있었으나, 그로부터 20년 뒤에는 전체를 발굴해서 유적 공원을 만들어놓고는 역시 한국인의 접근을 막았다.

1997년에 무단강 하류의 해림 양초구 고분군을 답사하니, 석실분들이 발굴된 상태로 노출되어 있었다. 댐이 건설되면서 수몰 위기에 처해 있어 구제발굴을 하고 복구하지 않은 것이었다. 당시에 가보지 않았더라면 영원히 볼 수 없었을 것이다.

현장에 가보아야 자연환경을 이해할 수 있고, 그것은 역사를 제대로 이해하는 밑거름이 된다. 2001년 10월에 상경성에 가다가 시골 음식점에서 점심식사를 하게 되었다. 메뉴 가운데 누에 요리가 있어서 갑자기 누에를 무엇으로 키우는지 궁금해졌다. 뽕나무가 자라지 않는 북쪽 지방이었기 때문이다. 그곳에서는 누에를 참나무 숲에 풀어놓아 키운다는 대답을 듣고, 발해 상경성에서 명주가 특산물이 될 수 있었던 환경을 이해하게 되었다.

또 북한에서는 발해 동경이 팔련성이 아니라 청진 부거석성에 해당한다는 주장을 펴왔다. 초겨울에 배를 타고 일본으로 가려면 항구가 얼지 않아야 한다는 근거를 내세웠다. 제법 그럴듯해 보였다. 그런데 연해주 크라스키노 성터를 방문했을 때 러시아 학자에게 물었더니, 특이하게도 이 성터 앞의 포시에트 만은 염도가 달라서 겨울에 얼지 않는다는 것이다. 그래서인지 이곳은 발해 때 염주鹽州였고, 근대에는 소금 생산지였다. 그러니 발해 사신이 연해주에서도 초겨울에 배를 탈 수 있었던 것이다. 이 대답으로 역시 현장의 중요성을 깨달았다. 그 뒤 팔련성을 방문한 북한 학자들이 부거석성보다 더 크다는 사실을 확인하고는 당혹스러워했다는 후문이다.

연해주의 발해 유적을 방문할 기회를 얻은 것도 행운이었다. 1990년 국교가 수립된 뒤 2년이 지나고 군사도시인 블라디보스토크가 대외적으로 개방된 해인 1992년 8월에 꿈에도 생각하지 못한 연해주를 답사했다. 현장에 가보니 과거에 크루글라야 성터라고 하던 것이 노보고르데예프카 성터로 이름이 바뀌어 있었다. 또 막연히 찾아두었던 유적의 위치를 제대로 확인할 수 있었다. 그 뒤로 몇 차례의 답사와 학술회의, 말갈 주거지와 발해 성터의 발굴에 참여했으니, 이것은 전적으로 장도빈 선생의 자제이신 고합그룹의 장치혁 회장님 덕택이었다. 그렇기에 답사 초창기에는 먼 거리를 고생하지 않고 헬기를 타고 누빌 수 있었다.

블라디보스토크의 아르세니예프 박물관에는 발해 유물이 전시되어 있는데, 발해 귀고리를 착용한 모습을 보여주기 위해서 일본 여인의 모습을 그려놓았다. 당시에 이 그림은 잘못된 것이라고 지적했으나, 지금도 그대로 걸려 있다. 앞서 언급한 고고학 용어처럼 일본의 영향을 많이 받고 있었다. 그러다가 이러한 교류를 통해 러시아 연구자들이 비로소 한국의 연구를 이해하기 시작했다. 나도 샤프쿠노프 교수 외에 다수의 연구자들과 교유하는 계기가 되었다.

1997년 말에 일어난 외환위기로 러시아 답사에 제동이 걸렸다. 그러나 이후에 러시아에서 공부한 고고학자들이 배출되어 국내에 자리 잡으면서 몇몇 기관에서 연해주 발굴에 참여했다. 이런 과정에서 유적 발굴의 자문 역할을 하면서 여러 차례 현장을 참관하는 기회를 더 가질 수 있었다. 그 결과 학술발표회까지 포함해 21차례 연해주를 방문했다. 서양인들이 극동까지 와서 발해사를 연구하니, 우리와 다른 그들의 발상은 발해사 연구에 새로운 자극을 주곤 한다. 중앙아시아 문화와의 연계성을 알게 된 것도 그들의 연구가 준 선물이다.

1996년 초에는 하마다 고사쿠 교수의 초청으로 일본 규슈대학에 50일간 머물면서 일본의 발해 관련 유적과 유물을 찾아다녔다. 오하라 미술관의 발해 불상을 찾아갔고, 발해란 글자가 쓰인 목간이 발굴된 백화점 자리를 찾아갔으며, 이시야마테라石山寺에 가서는 발해 사신 이거정이 전해준 다라니경 발문을 보자고 했다가 연구자를 소개받아 사진을 처음으로 구할 수 있었다. 또 후루하타 도루古畑徹 교수 연구실을 무작정 찾아가 처음 만났고, 고지마 요시다카小嶋芳孝 현 가나자와가쿠인 대학 교수로부터 눈이 펑펑 내리는 날 발해 사신이 도착했던 후쿠라 항구까지 안내를 받을 수 있었다.

연해주의 연구자가 몽골에서 공동 발굴을 한 친톨고이 유적은 발해 유민이 멀리 몽골에까지 끌려간 역사적 사실을 고고 자료로 확인해주었고, 2009년에 현장을 답사하는 기회를 가졌다. 이렇게 해서 중국과 러시아, 일본과 몽골의 현장을 찾아다녔으나, 아쉽게도 북한의 발해 유적은 접근조차 못하고 있다. 2009년 국립문화재연구소의 도움으로 평양을 방문해 박물관에서 발해 유물을 실견할 수 있었던 것은 그나마 다행이다.

초창기 유적 답사는 『발해를 찾아서』(1993)로 정리했고, 북한의 발해 유적을 찾는 날이 오면 그때 증보판을 내려고 한다. 또 그 뒤의 답사기를 포함한 대중적인 글을 모아서 『발해를 다시 본다』(1999)로 펴냈고,

2008년에는 개정증보판을 냈다. 서울대학 박물관장직에 있을 때는 중국과 북한의 유적에 제대로 접근하지 못하는 아쉬움을 달래고자 위성사진과 항공사진으로 전시회를 열면서 『하늘에서 본 고구려와 발해』(2008)란 도록을 냈다.

7. 마무리하며

발해사 논문을 쓸 때는 우리 견해의 대척점에 있는 중국 연구자들마저 수긍할 수 있는 논리인지를 항상 염두에 두었다. 그러기 위해서는 민족주의적 해석이나 아전인수 격 국내용 주장은 배제시킬 수밖에 없다. 사료가 적다고 하지만 실증적 근거를 제시하지 못한 채 단지 자신의 주견만 내세워서는 안 되는 것이다.

이런 생각이 결실을 맺어서인지 일반 중국 연구자들도 내 주장을 경청해주고, 논문도 여러 편 번역해주었다. 1997년 지린성 고고연구소 왕샤王俠 소장은 내 논문을 읽었다고 하면서 투병 중인데도 저녁 대접을 해준 고마운 기억이 있고, 2004년 헤이룽장성 박물관에 갔을 때도 이런 이유로 대접을 받았다. 그런가 하면 발해의 건국에 관한 내 의견에 당혹스러웠는지 노학자인 웨이궈중魏國忠 선생이 중심이 되어 집필된 『발해국사』(2006)에서는 나에 대한 비판이 상당 부분을 차지한다.

연구에서 핫이슈가 되는 문제는 뒤로 미루어두었다. 고구려 계승성 문제가 그것이다. 첨예하게 대립되어 있는 문제를 초보 시절에 잘못 다루면 두고두고 수렁에 빠질 수 있겠다는 생각이 들어서, 먼저 주변 문제를 건드리다가 마지막에 핵심 문제로 뛰어들고자 했다. 그래서 이 주제에 대해서는 나중에 와서야 하버드대학 학술회의에서 「발해의 고구려 계승성」(2005)이란 글로 처음 발표했고,「발해의 고구려 계승성 보론」(2007) 등으로 이어졌다.

발해사는 연구자가 별로 없는 외로운 분야다. 고대사 교수 채용에서도 현장이 없는 발해사는 신라사나 백제사 등에 밀리기 십상이다. 논문 인용지수로 연구 업적을 평가하면 연구자들이 신라사 등으로 몰려가고 발해사는 자칫 고사할 수밖에 없다. 그러나 미래 통일한국을 위해서는 꼭 필요한 분야다. 북한이 남한과 통일되어야 하는 역사적 당위성은 북방의 고구려나 발해 역사가 한국사의 한 부분이었다는 데서 찾아야 한다. 미래를 위해서는 현장에 접근할 수 없다는 이유로 북방의 역사를 소홀히 해서는 안 된다. 조선 후기 실학자들이 발해사를 연구했기에 200여 년이 지난 지금 후손들이 우리 역사라고 자신 있게 말할 수 있는 것이다. 조선 전기만 해도 발해사를 우리 역사로 다루지 않았기 때문이다. 이처럼 지금 당장보다는 몇십 년 내지 몇백 년 뒤를 위한 학문이 인문과학이 아닌가?

지금까지 연구의 핵심은 발해가 '고구려를 계승한 외왕내제의 국가'였음을 실증적으로 밝힌 것이라 할 수 있다. 이 명제는 처음부터 연역적으로 생각해낸 것이 아니라 그간의 연구를 통해서 귀납적으로 얻어진 것이다. 그런 연구들을 모아서『발해정치사연구』(1995)와『발해 사회문화사 연구』(2011)로 정리했고, 앞으로『발해 사학사 연구』를 출판해 3부작으로 삼고자 한다. 그런 다음에 내 나름의 발해사 역사상을 정리해서 개설서를 내놓을 예정이다.

발해사 연구에서 보람을 찾을 수 있었던 것은 발해와 신라의 관계에 대한 서술을 바꾼 점이다. 또 2005년부터 국립중앙박물관에 발해실을 처음으로 마련했는데, 일본 유물이나 러시아 유물을 빌려오는 데 조금이나마 도움을 주었다. 이보다 앞서 서울대학 박물관에서 일본 도쿄대

학의 발해 유물을 빌려와 전시회를 열면서 『해동성국 발해』(2003)를
펴냈던 것이 인연이 되었고, 또 러시아 연구자와의 교류도 인연이 되
었다.

2013년 케임브리지대학에 연구년으로 가 있으면서 들은 얘기다. 유
럽에서 한국학에 관심을 갖는 이유 가운데 하나가 한국이 중국 옆에서
어떻게 살아남았는가 하는 점이라는 것이다. 유럽 거리 곳곳에서 중국
어가 들리는 상황이니, 중국에 대한 유럽인의 공포가 점점 커지는 것
같다. 나도 중국을 여러 차례 다니면서 나날이 변하고 발전하는 것을
목격했다. 처음 방문했을 때부터 압도하는 무서운 힘을 절감한 바 있
다. 2003년에 불거진 동북공정은 그런 생각을 정리하는 계기를 만들어
주었다. 「중국의 한국고대사 빼앗기 공작」(2003)에서 시작해 『동아시아
의 역사분쟁』(2007)이란 책으로 발전했고, 『The Clash of Histories in
East Asia』(2010)로 번역되었다. 또 이를 주제로 하는 핵심교양 과목을
개발해서 지금까지 강의하고 있다.

40대 후반이 되면서 발해사만 연구해서는 안 되겠다는 생각이 들었
다. 고대사는 사료가 적어서 하나의 주제만 파고들다가는 정년 때까지
새로운 연구를 해내기가 쉽지 않은 것을 보아왔다. 또 발해사란 한 주
제에 매몰되어 깊고 좁게 천착했으니, 이제는 얕고 넓게 한국사를 바라
보고 싶었다. 그래서 『삼국사기』에서 시작해 『고려사』를 거쳐 『조선왕
조실록』에 이르기까지 10년 이상 틈틈이 생활사와 관련된 사료를 추려
냈다. 실록 번역본만 완독하는 데 7년이 걸렸다. 이렇게 해서 모은 사
료를 주제별로 분류해 매달 60매 정도로 2005년 2월부터 연재해오고
있고, 2015년 무렵에야 연재가 마무리될 것 같다. 그런 가운데 기왕의
원고를 정리해 『이 땅에 태어나서』(2009), 『시집가고 장가가고』(2009),
『말 타고 종 부리고』(2009), 『농사짓고 장사하고』(2014), 『과거보고 벼

슬하고』(2014), 『임금되고 왕비되고』(2014) 여섯 권으로 출판하고, 앞으로 대외 관계를 다룬 한 권을 더 펴낼 예정이다.

그동안 연구자의 길을 돌아보건대 도구의 발달은 내겐 막대한 도움이 되었다. 조교 시절에 처음 타자기를 두 손가락으로 두드리기 시작했고, 1984년 한림대학으로 옮긴 뒤에는 전동타자기로 발전했다. 그리고 1988년 초에 마침내 20메가 하드디스크가 장착된 컴퓨터를 처음 구입해서 삼보의 보석글 프로그램을 사용하니, 글을 쓰는 데 너무나 편리했다. 그로부터 몇 년 뒤에 흔글 프로그램이 나오면서 지금까지 의존하고 있다. 악필에다가 꾹꾹 눌러쓰는 버릇을 가진 나로서는 마음대로 편집하고 검색할 수 있는 컴퓨터의 편리성을 누구보다도 잘 활용한 것 같다. 너무 매달리다 보니 지금 키보드 병에 걸리고 말았지만.

마지막 하나는 운동이다. 나는 병약한 체질로 태어나서 개근상을 받은 적이 거의 없었다. 더구나 고등학교 2학년 때 앓게 된 폐결핵으로 대학 1학년 때까지 3년간 치료를 받아 건강이 더욱 나빠졌다. 위장 장애와 두통은 평생 안고 사는 고질이다. 이 때문에 대학원에 들어가서도 과연 장차 연구 생활을 해나갈 수 있을지 심각한 고민에 빠진 적이 있었다. 그나마 이를 이길 수 있게 해준 것이 30년간 쳐온 테니스였다. 그러지 않았으면 벌써 스스로 도태되었을지 모른다. 40대까지는 능력 있는 연구자와 그렇지 않은 연구자로 나뉘지만, 50대부터는 건강 때문에 연구할 수 있는 연구자와 그렇지 못한 연구자로 나뉘는 것 같다. 그런 점에서 지속적인 연구를 위해 건강 관리는 무엇보다 중요하다.

발해 도성 연구의 현황과 과제

윤재운(대구대학교 역사교육과 교수)

1. 머리말

발해는 중국 동북 지역을 중심으로 북한의 동북부와 러시아의 연해주 일대에 걸쳐 229년간 대제국을 형성했던 국가다. 이렇게 넓은 발해의 영역 안에서는 오늘날까지 다양한 유적이 각종 조사를 통해 확인되었는데, 발해와 같이 자신이 남긴 문헌 자료가 극히 적은 경우에는 이들 문화 유적이 발해의 역사와 문화를 이해하는 데 기초적인 자료를 제공한다.

　일반적으로 전근대 사회에서 도성은 그 나라의 정치와 문화의 중심으로 이해할 수 있다. 나아가 도성의 중심축을 이루는 궁궐은 왕권의 상징성을 그대로 보여주는 공간이라고 할 수 있다. 따라서 도성에 대한 이해는 그 나라의 역사를 명확히 이해하는 데 필수적인 것이라 할 수 있다.

17세기 청淸나라의 몇몇 유배된 학자에 의해 '고대성古大城'이라 불리던 유적이 조사되기 시작했다. 이 유적은 당시 학자들에 의해 금金의 수도로 여겨졌는데, 19세기가 되어서야 현재 우리가 알고 있는 것과 같이 발해의 도성인 상경성上京城으로 이해하기 시작했다. 그리고 1931년 9월 하얼빈 박물관의 포노소프V. V. Ponosov가 동경성東京城(상경용천부上京龍泉府)에 대한 트렌치 발굴 조사를 실시한 이래 발해 도성에 대한 고고학적 조사가 현재까지 진행되고 있다.

다음에서는 발해의 도성에 대한 연구 현황을 시기별, 국가별, 주제별로 살펴보아 향후 발해사 연구 지평의 심화와 확대에 기여해보고자 한다.

2. 시기별 연구 동향

발해는 지방을 효과적으로 통치하기 위해 5경, 15부, 62주라는 행정조직을 운영했고, 5경 가운데 상경과 중경·동경을 수도로 이용했다. 수도는 도성을 포함하는데, 발해의 도성으로 기록을 통해 확인할 수 있는 것은 건국지인 구국舊國을 비롯해 현주顯州, 상경上京, 그리고 동경東京이다. 구국은 현재의 중국 지린성吉林省 둔화시敦化市 오동성敖東城, 현주는 지린성 허룽시和龍市 서고성西古城, 상경은 헤이룽장성黑龍江省 닝안시寧安市 동경성東京城, 그리고 동경은 지린성 훈춘시琿春市 팔련성八連城이 그 유지遺址로 비정되고 있다.

발해가 229년 동안 지속되는 가운데 위의 도성을 대상으로 네 번의 천도를 단행한다. 먼저 '천보天寶(742~756) 중'에는 대조영에 의해 건국된 '구국'에서 '현주(중경)'로 이동하고, '천보 말'에는 '상경'으로 이도移都했다. 그리고 '정원貞元(785~805) 연간'에는 상경을 떠나 동남쪽의 동경으로 천도하고, 얼마 뒤 성왕成王의 즉위와 함께 상경으로 다시 돌아왔다. 이후 발해는 926년 나라가 망할 때까지 '상경'에 정도定都한다(임상선, 1988). 발해에서는 상경이 160여 년간, 가장 오랫동안 수도의 역할을 수행했지만 다른 도성들도 수도로 이용되었다는 것이 한 특징이다.

이들 발해 도성에 대한 연구는 만주국 점령 이후 신중국新中國 건국 전까지는 대부분 일본과 러시아 학자들을 중심으로 이루어졌다. 그중 대표적인 것이 1933년 6월 8일부터 1934년 7월에 걸쳐 이루어진 동경성 발굴이다. 이후 1937년에는 지린성 훈춘의 팔련성이 발굴되었는데, 1942년 봄 발굴 때는 일본 군대가 동원되기도 했다. 1943년에는 도리야마 기이치鳥山喜一 등이 지린 허룽의 서고성을 발굴했다. 신중국 건국 이후에는 1949년 류딩산六頂山의 정혜공주묘貞惠公主墓 발견이 연구의 획을 그었는데, 이를 통해 둔화 지역이 발해 건국지라는 점이 분명해졌다. 1960년에는 단칭린單慶麟이 오동성 내성의 해자와 수구 그리고 성문의 옹문 등을 소개하고, 출토된 유물에는 당만이 아니라 고구려적 요소도 있다는 것을 설명했다. 더불어 오동성의 중성重城 형태가 오대五代 때 유행한 것이라는 전제 아래 오동성의 축조 시기에 의문을 제기했다(單慶麟, 1960, 566쪽). 이후 무단강牧丹江 상류의 발해 유적 중 자연조건이 우월하고 주위의 비교적 밀집된 많은 유적의 중심적 위치에 있는 영승유지永勝遺址가 주목을 받았다.

1963년에서 1964년에 걸쳐 조중공동고고학발굴대朝中共同考古學發掘隊에 의해 본격적인 상경용천부유지와 그 부근 지구에 대한 고고 조사가 실시되어 상경궁성 서구西區, 외성구 가방지街坊址 등에 대한 이해의 폭을 넓힐 수 있는 기회를 갖게 되었다(임상선, 2005). 이후 1981년에서 1984년 사이에는 헤이룽장성 문물고고공작대, 무단강牧丹江 지구문물관리참, 닝안현寧安縣 문물관리소가 연합해 상경용천부 궁성문과 하나의 궁전, 회랑 등에 대한 정리·발굴을 진행했다. 이를 바탕으로 웨이춘청魏存成은 1982년 발해의 성지를 그 분포와 배치 상태로 볼 때 대체로 당 현종玄宗 천보 말년 발해가 오동성에서 상경성으로 천도하던 때를 경계로 두 시기로 나눌 수 있다고 했다(魏存成, 1982). 1987년에는 상경성의 구조 변화와 연원에 대해서, 상경성이 종래의 견해와 달리 궁성을 황성이, 황성을 외성이 감싸는 삼중성으로 구획되었다고 주장했다(劉曉東·魏存成, 1987). 1990년대에는 '발해국상경용천부유지 보호구규획'에 따라 헤이룽장성 문물고고공작대·지린대학 고고계·무단강 지구문물관리참 연합이 계획에 따라 상경성의 여러 구역에 대한 중점 발굴을 진행했다. 주요한 것은 1997년 동경성-샤오란沙蘭 공로의 이전 신도로 구역 조사, 1998·1999년 외성 정북문지 발굴, 1999년 제2궁전 발굴이다. 특히 이 시기에 외곽성 성문지 한 곳을 새로이 인정하고, 11호문으로 명명했다. 문지門址의 위치는 외성 북벽의 동단, 서쪽으로 어화원御花園 동벽과 70여 미터 떨어진 지점이고, 정리 발굴한 유적으로부터 이 문이 빠르고 늦은 두 시기의 건축이었다는 것을 알게 되었다. 이로 인해 외성 정북문지의 정리, 상경성 용문用門 제도와 건축 형식이 더욱 명확해지는 계기가 되었다. 이후에도 상경성의 발굴은 2000년 제3궁전 발굴에 이어 2001년 제4궁전의 발굴, 2002년 5궁전과 4궁전, 5궁전의 격장隔墻, 문지의 발굴로 이어졌다. 이러한 수년간의 발굴 결과는 보고서로 간행되기에 이르렀다(黑龍江省文物考古研究所, 2009).

이 밖에 지린성 문물고고연구소는 옌볜(조선족)자치주 문화국, 옌볜자치주 박물관, 허룽시 박물관, 왕창汪淸현문관소와 함께 2000~2001년 서고성에 대한 고고 발굴을 진행해 4400제곱미터의 면적을 발굴했다. 2000년 9~10월, 서고성 외성 남쪽 성문지와 그 인접한 성벽에 대한 600제곱미터의 발굴을 했고, 2001년 5~11월에는 서고성 내성 남부의 정중앙에 위치한 1호 궁전 지구 3800제곱미터에 대한 발굴을 진행했다. 이후 추가적인 조사가 이루어졌고, 이를 정리해 2007년에 보고서가 발간되었다(吉林省文物考古硏究所 外, 2007).

이들 도성에 대한 조사와 연구는 발해의 역사를 이해하는 데 전제가 되는 것으로, 이전의 연구에서 빠지지 않고 언급되었던 것이다. 그럼에도 아직까지 명확한 실체가 밝혀졌다고 말하기에는 부족함이 너무 많다. 이는 기본적으로 발해 도성에 대한 인식 방향에서 각 연구자, 각 국가별로 많은 차이가 나기 때문이다.

3. 국가별 연구 동향

(1) 일본

일본에서의 발해사 연구는 대체로 1945년을 경계로 전·후기로 구분할 수 있다. 전기, 즉 일제강점기 발해사 연구는 그들의 만주 침략과 깊은 관련이 있다. 또한 역사 지리 고증과 고고학적 조사가 연구의 중심이었다. 시라토리 구라키치白鳥庫吉는 처음으로 영고탑寧古塔을 발해의 수도로 단정하고 그 유적 조사의 필요성을 제안했다. 이후 그들은 동경성 등을 직접 조사, 발굴해 연구 결과를 내놓기도 했다. 1933년부터 2년 동안 동아고고학회가 일본 정부의 후원과 만주국의 양해 아래 발해의 왕도인 동경성, 즉 상경용천부에 대한 조사를 행했고, 이를 주관한 하라다 요시히토原田淑人는 "200여 년에 걸쳐 양국이 발해인으로 일본에 귀화하는 자가 많고 일본인이 발해에 귀화한 자도 적지 않았다. 따라서 일본·만주 양국 사람의 피는 1200년 전부터 이어져 있었다"고 해 일본·만주 양국의 우호 일체화를 발해시대의 옛날로 소급해 역사적으로 확인한다는 선전 효과를 담당한 것으로 보았다(이효형 외, 2009, 205~210쪽).

이와 관련해 현재까지 발해 상경성에 대한 조사에서 1920년대 이후 하얼빈을 중심으로 활동한 러시아 고고학자들의 역할을 검토한 연구가 주목된다(강인욱, 2013). 이에 따르면 러시아 고고학자 포노소프는 일본의 동아고고학회보다 2년 앞선 1931년에 상경성을 발굴하고 무단강 유역 일대의 발해 유적을 조사했다고 한다. 이러한 검토는 현재 국가 간에 난맥상을 보이는 발해 고고학에 대한 새로운 시사점을 줄 것으로 기대된다.

후기가 되면 일단 연구가 활발하지는 않으나 대외관계사 분야에서 연구의 진전이 있었다. 즉 1945년 이후 1970년대 전까지는 이전의 연구 성과를 이어받아 발해의 지리, 발해와 고구려의 연관성, 발해와 일본의 교류 등의 주제를 정리했다. 1970년대의 발해사 연구는 남북국시대론 등 한국 학계의 연구 동향이 소개되면서 자극을 받고, 기왕의 연구에 대한 사학사적 정리를 시도해 발해사에 대한 관심을 환기시켰다(이효형 외, 2009, 205~210쪽).

일제강점기에 발해 수도를 직접 발굴한 경험을 가졌던 일본의 경우, 1990년대 후반 연구자들이 러시아 연해주의 발해 유적을 다시 발굴하기도 해, 문헌 연구 외에 고고학 분야에서도 여전히 발해사에 대한 관심을 갖고 연구를 진행하고 있다. 일본학계의 발해 도성 관련 최신 연구 성과는 다무라 고이치田村晃一가 2005년에 동양문고논총 64권으로 편찬한 『동아시아의 도성과 발해東アジアの都城と渤海』다. 이 책은 기존의

발해 도성 연구에서 논의의 한 부분을 차지하던 고구려 도성이 거의 고려되지 않고 당의 고성인 장안을 중심으로 이해한다는 특징을 가지고 있다. 나아가 동시대 신라의 도성 역시 논의에서 배제된 채 일본 헤이조쿄平城京을 발해 상경용천부 조영의 전범으로 이해할 수도 있다는 가능성까지 열어놓았다. 다무라가 서문에서 언급한 세 가지 전제 가운데 두 가지인 '고고학적 연구 조사'와 '동아시아 세계에 대한 인식'은 바로 동아고고학회가 만들어진 표면적인 이유이기도 하다. 그리고 동아고고학회의 대표적인 성과 가운데 하나가 이 책에서 말하는 세 번째 전제다. 따라서 이 책은 이들 연구자들이 바라보는 발해 인식의 기원이 동아고고학회의 『동경성東京城』 보고서에 있음을 잘 보여주는 종합 보고서라 할 수 있다.

(2) 중국

신중국 건설 이후 현재까지 발해 도성 관련 중국의 유적 조사 현황은 다음과 같이 크게 네 시기로 나누어볼 수 있다. 첫 시기는 1945~1949년이다. 1949년 8월부터 9월 사이에 지린성 둔화시 류딩산六頂山 발해 고분의 발굴과 정혜공주 묘지의 발견이 이루어졌는데, 당시 학계에 적지 않은 반향을 불러왔다. 둘째 시기는 1950~1966년까지다. 이 시기는 중국의 발해 고고 조사 발굴이 더욱 확대되고 연구가 정리되어 중요한 성과를 얻은 단계다. 1957~1958년에 발해 상경성 등 발해 유적을 조사했다. 1963~1964년까지 조중연합고고대가 상경용천부 유지와 그 부근 지역을 조사한 이래, 상경성 궁성 서쪽 지역, 외성 지역의 도로와 마을 유적 등을 발굴했다. 1964년에 조중연합고고대가 육정산 발해 고분을 발굴해 매우 많은 성과를 올렸다. 셋째 시기는 1966~1977년까지다. 이 시기는 발해 고고에 대한 연구가 대체로 정체 상태에 있던 때였다. 이 기간에 발해 상경성 유적에서 중요한 발견이 있었는데, 발해의 불교 관련 유물·유적이었다. 1975년 봄, 발해 상경성에서 처음으로 사리함이 발견되었다. 아울러 우물이 발견되었는데, 우물 안에서 적지 않은 유물, 특히 도기·쇠로 만든 문지도리·청동기·세 발 달린 쇠로 만든 솥 및 대량의 도기편 등이 발견되었다. 넷째 시기는 1978년부터 현재까지다. 1970년대 말 발해 상경성 발굴에서의 또 하나의 중대한 성과는 궁성 제1호문지(궁성 정남쪽 동쪽 문지)를 발굴한 것인데, 이것은 '오봉루五鳳樓' 기단 아래 문이 없다고 했던 결론이 정확하다는 사실을 증명한 것이다. 1981년부터 시작해 1985년까지 상경 궁성 오문대지, 제1호 궁전지와 그 양쪽 회랑지와 궁성 성벽 등에 대해서, 대규모 발굴과 재발굴을 해 이미 중요한 발견과 수확을 얻었다(朱國忱·朱威, 2002).

(3) 한국

한국에서 실질적인 발해사 연구는 1960년대부터 조금씩 이루어지기 시작해 1970년대까지는 동양사 연구자인 이용범이 일본 학자들의 연구 성과를 수용하면서 주도해나갔다. 1980년대는 한규철·송기호·노태돈 등이 발해사 연구를 본격화하는 동시에 한 단계 도약하는 시기였다. 2000년대 들어 연구 인력은 더 늘어났으며, 지금까지 한 학자가 발해사 모든 분야를 연구하는 분위기에서 벗어나 이제 서서히 특정 분야를 연구하는 방향으로 나아가는 추세다. 게다가 복식, 건축, 교육학 등 인접 학문으로까지 연구 범위가 확대되어 주목할 만한 연구 성과가 나오기도 했다. 한편 고구려연구재단, 뒤이은 동북아역사재단의 출범과 함께 발해사 연구가 활성화되었다는 점도 눈여겨볼 부분이다. 재단의 발해사 연구자가 내놓은 연구 성과도 무시할 수 없으며, 재단에서 추진한 사업의 연구 결과 역시 상당수에 이른다. 초창기 재단의 출범은 동북공정 대응 차원이었지만, 발해사 연구의 발전에도 큰 디딤돌이자 전환점이 되었다고 할 수 있다. 그 결과 발해사의 외연은 점차 확대되었고, 동아시아 국가간의 학술 교류는 물론 발해사가 대중에게 더 가까이 다가가는 중개 역할을 충실히 수행했다(이효형 외, 2009, 25~30쪽).

4. 주제별 연구 동향

지금까지 발해의 도성 연구는 천도 문제와 도성 구조에 대한 논의로 크게 나눌 수 있다. 전자는 주로 도성의 입지와 대외적인 관계 속에서 그 원인을 구명하는 데 목적을 둔 것으로, 도성지와 그 주변에 분포하는 유적들을 분석해 영역 지배의 특징, 도성체제를 도출한 것이다(孫玉良, 1983; 임상선, 1988·2006; 何光岳, 1990; 방학봉, 1992a·1992b; 酒寄雅志, 2001; 송기호, 2004; 김기섭·김진광, 2007; 권은주, 2012).

5경 가운데 상경, 중경, 동경은 수도로 이용했고, 서경과 남경은 수도가 되지 못했다. 5경제는 고구려의 5부제와 신라의 5소경 및 백제의 5방제, 그리고 당나라의 5경·5도제 등이 서로 영향을 주고받으면서 발전했다. 때문에 발해도 넓은 강역을 통치하기 위해 앞선 다른 왕조의 제도를 본받아 실시했겠지만, 5경제는 당나라보다 앞섰다고 볼 수도 있다는 견해가 있다(한규철 외, 2007, 34쪽). 반면에 5부, 5소경의 영향을 받았다기보다는 당나라의 5경·5도를 기본 골격으로 삼았던 것으로 판단하는 연구도 있다(송기호, 2002, 230쪽). 이와 관련해 도성의 입지 조건과 교통로와의 상관관계를 검토한 연구도 있다(윤재운, 2011). 즉 발해 도성의 입지 조건은 농경 지역에 대한 통치 기능과 유목 지역에 대한 외교적 정치 기능을 수행하기 위해 선택되었고, 이러한 도성의 기능을 원활히 하기 위해 발해 주변의 모든 세력으로 이어지는 교통로가 설치되었다는 것이다.

이러한 5경의 설치 목적과 그 기능은 정치, 군사적 목적의 도성과 경제, 무역, 문화 교류를 위한 도성도 상정해볼 수 있으나, 5경 15부 62주의 지방 통치를 고려해 발해 영역에서 골고루 분포시켰을 가능성도 있다. 그리고 5경제의 연원과 요遼와 금金으로의 계승 관계도 더 많은 검토가 필요하다.

5경의 위치에 대해서는 다양한 견해가 제기돼 확실한 비정은 어려우나 조금씩 의견 접근이 이루어지고 있다. 130여 년간 수도였던 상경은 지금의 헤이룽장성 닝안시 발해진渤海鎭 지역을 그 옛터로 보는 것이 정설이다. 문왕 초기 수도였던 중경은 소밀성蘇密城, 둔화, 서고성설 등 여러 설이 있으나, 현재는 서고성설이 정설화되고 있다. 동경은 훈춘의 팔련성에서 도시 구획 자리와 다수의 발해시대 유물이 발견·수습됨으로써 이곳을 옛터로 비정하는 설이 유력하다. 물론 북한에서는 함경북도 청진 부거리 유적에 주목해 이곳을 동경으로 주장하고 있다. 서경은 지안, 린장臨江 설 등이 제시되어 린장설이 유력하나 지안에서 린장으로의 이동설을 제시한 경우도 있다(한규철, 1998, 393쪽). 남경은 함흥, 북청 설 등 각종 설이 제시되었으나 북청설이 유력하다.

한편 네 차례나 단행된 천도 이유나 그 배경에 대한 연구도 중요하다. 구국(698년)→중경(732년 전후)→상경(756년 무렵)→동경(785년 무렵)→상경(794년)으로 이어지는 천도 이유에 대해서는 정치, 군사, 경제 등 다양한 측면에서 고려되었으나 다소 특이한 주장도 있다. 즉 발해 전기의 도읍 기간은 동경을 제외하고는 구국, 중경, 상경 모두 30년 정도라는 공통성을 보인다는 것이다. 이에 도읍 기간의 공통성은 특정한 의도 아래 정기적으로 천도를 행했을 가능성도 배제할 수 없다는 것이다(한규철 외, 2007, 104쪽). 하지만 천도 배경은 각 시기의 대내외적인 상황을 종합해 해석할 필요가 있으므로 기간만으로 논하기에는 설득력이 부족하다.

후자는 주로 상경성을 대상으로 해 발해 도성이 당의 장안성과 중국의 문화 전통을 계승했다는 것에 초점을 둔 중국 학계의 연구(姜華昌, 1988; 魏存成, 2004)와, 발해 궁전의 계보를 고구려 안학궁에서 찾거나(양정석, 2008·2009·2010) 문왕 시기 발해의 국가 운영 원리가 반영되었다고 보거나(김진광, 2010·2012a·2012b), 상경성의 도시 계획에 대한 분석을 통해 황제 도성으로의 성격을 규명한(정석배, 2013; 이병건, 2013) 한국 학계의 연구로 나누어볼 수 있다.

발해 도성의 형성 과정을 고찰할 때 가장 중요한 대상은 상경성이다. 바둑판식 좌우 대칭으로 구성되어 궁성-황성-외성의 3중성 구조를 지닌 상경성은 발해뿐만 아니라 동아시아에서 가장 전범적인 도성 구조를 갖추었기 때문에, 상경성의 축조 시기는 더욱 주목된다고 할 수 있다.

상경성 조영 시기와 관련해 현재 확인되는 구조는 문왕, 성·강 왕, 대인수 시기에 궁성·황성·외성으로 발전했다는 3단계 발전설(劉曉東·魏存成, 1987, 579~581쪽; 秋山日出雄, 1988, 625~626쪽; 김종복, 2003, 123쪽; 魏存成, 2004, 287~289쪽), 외조·중조·내조 등 당나라의 삼조제三朝制를 받아들이면서 현재와 같은 규모를 갖추게 되었다는 설(趙虹光, 2010; 劉曉東, 2006), 발해의 건축 형태에 말갈의 가옥 구조를 부각시켜 중원의 영향력을 과대 포장함으로써 발해 자체의 문화나 고구려적 문화의 영향을 축소시키려는 설(李强, 2007) 등이 있다.

발해 상경성 보고서에 의하면, 기본적으로 상경성 1·2호 궁전과 3·4호 궁전의 계보를 나누어서, 3·4호 궁전은 원래 발해의 궁전 인식 하에 만들어진 초기 모습으로, 1·2호 궁전은 당의 영향을 받아 확대된 것으로 이해한다. 이는 발해 도성의 변천 과정에 대한 기존 중국 학계의 인식(劉曉東·魏存成, 1991)이 타당함을 고고학적인 성과를 바탕으로 논증한 것이라고 할 수 있다. 최근에는 한국에서도 이러한 성과를 바탕으로 상경성을 이해한 연구(김종복, 2003)가 나오고 있다.

이와 관련해 중국 학자들은 상경성 궁성 1·2·3호 궁전을 『주례周禮』의 삼조三朝제도에 의해 축조된 것으로 이해한다. 『주례』에 따르면 왕궁을 내조·중조·외조로 구분하는데, 내조는 천자가 휴식하는 곳이고, 중조는 천자가 직접 정사를 보는 곳이며, 외조는 군신들이 정사를 의논하는 곳이다. 이러한 삼조제에는 세 가지 유형이 있는데, 하나는 수당隋唐 장안성의 태극궁太極宮 모델이고, 다른 하나는 태극궁과 대명궁大明宮의 조합 모델이며, 또 다른 하나는 대명궁 모델이다. 첫 번째는 승천문承天門-태극전太極殿-양의전兩儀殿을 상경성 궁성 남문-2호 궁전-3호 궁전(劉曉東·李陣奇, 2006)에, 두 번째는 상경성 1호 궁전-2호 궁전-3·4호 궁전(魏存成, 2004, 294쪽)에, 세 번째는 대명궁의 함원전舍元殿-선정전宣政殿-자신전紫宸殿을 상경성 1호 궁전-2호 궁전-3호 궁전에 해당하는 것(趙虹光, 2009, 184~185쪽)으로 본다.

이와 같은 보고서의 견해는 내성의 구조적 유사성에 주목해 서고성→상경성→팔련성으로의 발전을 염두에 둔 것이다. 이는 이른바 발해 도성의 단계적 조영설을 상경성·서고성을 통해 증명한 것이라 할 수 있다. 단계적 조영설(劉曉東·魏存成, 1991)에 의하면, 상경성의 조영은 3단계에 걸쳐 이루어졌다고 한다. 제1기(문왕 시기)에 궁성, 궁성 내의 3·4·5호 궁전이, 제2기(성왕과 강왕 시기)에 궁성과 황성을 포함한 내성 부분이, 제3기(대인수와 대이진 시기)에 1·2호 궁전, 궁성 남문, 그리고 외성을 포함한 전체가 각각 건설되었다는 것이다.

이러한 단계적 조영설에 대해 서고성과 팔련성의 내성이 상경성

3·4·5호 궁전 구역의 건축 구조와 동일한 데 착안한 도성의 평면에 근거한 분석으로 고고학적인 근거에 의한 분석이 아니어서 입론의 근거가 부족하다고 한다. 나아가 상경성 축조 당시에 축조 계획이 이미 존재했을 것으로 보인다(김진광, 2010). 그 근거로 '경외매장京外埋葬'을 들 수 있다(김진광, 2012b, 212~220쪽). 상경성이 위치하는 무단강의 동안東岸과 남안南岸에서는 아직 발해시대 무덤이 발견된 바가 없다. 발해 무덤은 모두 무단강 건너편인 서안西岸과 북안北岸에만 분포한다. 삼령둔고분군三靈屯古墳群, 대주둔고분군大朱屯古墳群, 동연화고분군東蓮花古墳群, 홍준어장고분군虹鱒魚場古墳群 등이 모두 그러하다. 따라서 고분군이 발견된 곳은 도성 밖이고, 상경성은 축조 초기부터 지금과 같은 규모의 계획이 이루어졌음을 보여준다.

물론 발해 상경성은 수당의 장안성 및 일본의 중세 도성들과 많은 점에서 유사하다. 예컨대 궁성을 가장 북쪽 가운데 배치한 점, 남북 방향의 중심 도로를 기준으로 외성 내부를 동구와 서구로 구분하는 점, 외성 내부를 종횡의 도로를 통해 일정 면적의 방으로 구획한 점 등이다. 그러나 상경성의 궁전 배치 현상이 장안성의 태극궁이나 대명궁과 일정한 차이가 있다는 점, '경외매장'을 통해 본 상경성의 도시 계획 존재 증명 등을 통해 보았을 때 재검토되어야 한다고 생각된다.

발해는 천손天孫의식을 가진 동북아시아의 패자로서 천하에 그 위엄을 드러낼 수 있는 도성을 만들고자 했다. 때문에 고구려의 도성과 수당의 도성을 연구하고, 일본의 도성도 참고해 도성 계획을 수립했다. 발해가 상경성의 전체 구도와 구획에서 수당의 장안성을 참고한 것은 황제국의 위상을 보여주기 위한 것이었고, 궁전의 배치를 고구려의 안학궁과 같이 한 것은 천손으로서의 고구려 계승의식을 보여주기 위한 것이었다(윤재운, 2013).

5. 맺음말: 연구의 진전을 위해

기존의 발해 도성에 대한 연구는 서고성과 상경성에 대한 발굴 보고서의 출간에도 불구하고 해결해야 할 점이 아직 많다고 생각된다. 우선 계속 되풀이되던 발해에 대한 자국사적 인식이 도성 연구에도 그대로 투영되고 있다는 점을 들 수 있다. 다음으로 발해를 주체적으로 보는 시각, 다시 말하면 외부적인 관점이 아니라 발해 내부의 관점에서도 보아야 한다는 점을 들 수 있다. 마지막으로 발해의 통치자가 거주하던 공간의 구체적인 기능이나 의미에 대한 검토가 부족하다고 생각된다.

이러한 연구의 한계를 극복하기 위해서는 우선 고고학적인 연구 결과의 적극적인 수용과 연구 시야의 확대가 필요하다. 한국 고대사의 다른 분야와 마찬가지로 발해사, 그 가운데 도성에 관한 사료는 극히 적다. 발해의 옛 영역은 대부분이 현재 중국 내에 위치한다. 상경성과 서고성 발굴 보고서가 나오기는 했지만, 발해 도성에 대한 논의는 이제 비로소 시작 단계에 있다고 말할 수 있다. 최근 러시아 콕샤로프카1 성터에서 발굴된 건물 터의 성격을 후발해의 종묘로 보는 설(송기호, 2012, 129~130쪽)은 고고학 조사의 결과를 반영한 좋은 사례로 생각된다. 이에 따르면 7개의 건물지는 한 건물에 하나의 신주를 모신 주周 대의 동당동실同堂同室 소목제昭穆制의 종묘 형식을 취했고, 건물 내부의 쪽구들이 있는 후반부와 아무런 시설이 없는 전반부는 전묘후침前廟後寢의 이념에 따라 공간을 구분한 것이며, 7묘제를 택한 것으로 보아 황제의 태묘太廟 형식을 취한 것으로 보인다고 한다. 아울러 발해 유민의 활동 근거지였던 이곳에 상경의 태묘를 모방해서 설치한 것으로 보았다.

둘째로 발해 도성 연구의 한 단계 도약을 위해서는 인접 학문과의 공동 연구 및 학문간의 경계를 넘나드는 통섭의 연구 자세가 필요하다. 발해는 물론 발해를 전후한 시공간적 영역의 고고학, 인류학, 민족학, 언어학, 민속학 등의 연구 결과에 대한 적극적인 활용과 발해사 연구자와의 공동 연구가 활성화돼야 할 것이다. 특히 국내 학계에서 기존에 강조해온 고구려-발해의 계승 관계만이 아니라 요·금 시기와의 비교사적인 검토가 절실하다고 생각된다.

마지막으로 발해사 연구의 개방화와 열린 자세가 필요하다. 연구 자료의 부족이든, 광범위한 영역의 분점이든, 현재 동아시아 각국은 발해사를 공유하는 상황이다. 어느 특정한 나라가 발해 역사를 독점적으로 영유하기에는 상황이 너무 복잡하고 공감을 얻기도 힘든 게 현실이다. 그런데 중국은 지나칠 정도로 발해사의 독점적 소유를 고집한다. 이는 현재의 목적을 위해 과거 역사를 독차지하려는 연구 자세의 전형이다.

:: 참고문헌

강인욱, 2013, 「V.V. 포노소프의 발해 상경성 발굴과 동아고고학회」, 『발해 상경, 여러 성들을 거느리다』(2013 고구려발해학회 동계학술대회 발표 요지문), 한국학중앙연구원.

권은주, 2012, 『발해 전기 북방민족 관계사』, 경북대학교 사학과 박사학위 논문.

김기섭·김진광, 2007, 「발해의 상경 건설과 천도」, 『한국고대사연구』 45, 한국고대사학회.

김종복, 2003, 「발해 상경성의 구조」, 『한국의 도성: 도성 조영의 전통』, 서울시립대학교 서울학연구소.

김진광, 2010, 「서고성의 궁전배치를 통해 본 발해 도성제의 변화」, 『고구려발해연구』 38, 고구려발해학회.

_____, 2012a, 「발해 도성의 구조와 형성과정에 대한 고찰」, 『문화재』 45-2, 문화재관리국.

_____, 2012b, 『발해 문왕대의 지배체제 연구』, 박문사.

다무라 고이치 외, 임석규 옮김, 2008,『동아시아의 도성과 발해』, 동북아역사재단.

방학봉, 1992a,「발해의 중경에 관한 몇 가지 문제」,『한국사학논총』상, 수촌박영석교수 화갑기념논총간행위원회.

_____, 1992b,「발해는 무엇 때문에 네 차례나 수도를 옮겼는가」,『우강권태원교수정년기념논총』, 우강권태원교수 정년기념논총간행위원회.

송기호, 2002,「발해 5경제의 연원과 역할」,『강좌한국고대사』7, 가락국사적개발연구원.

_____, 2004,「발해의 천도와 그 배경」,『한국고대사연구』36, 한국고대사학회.

_____, 2012,「발해건축사 연구 동향과 콕샤로프카1 성터 건물지의 성격」,『건축역사연구』21-1, 한국건축역사학회.

양정석, 2008,『한국 고대 정전의 계보와 도성제』, 서경.

_____, 2009,「공간구조를 통해 본 신라의 오소경과 발해의 오경」,『역사와 담론』53, 호서사학회.

_____, 2010,「발해 궁궐구조의 계보에 대한 검토」,『역사와 담론』56, 호서사학회.

윤재운, 2011,「발해의 5경과 교통로의 기능」,『한국고대사연구』63, 한국고대사학회.

_____, 2013,「발해 도성의 의례공간과 왕권의 위상」,『한국고대사연구』71, 한국고대사학회.

李强, 2007,「물길과 발해의 '총상작옥'에 대한 초보적인 인식」,『고구려연구』26, 고구려연구회.

이병건, 2013,「발해 상경성의 건축 조영과 형식」,『고구려발해연구』45, 고구려발해학회.

이효형 외, 2009,『동아시아의 발해사 쟁점 비교 연구』, 동북아역사재단.

임상선, 1988,「발해의 천도에 대한 고찰」,『청계사학』5, 청계사학회.

_____, 2005,「중국 발해 도성 연구와 복원」,『중국의 한국고대문화연구 분석』, 고구려연구재단.

_____, 2006,「발해의 도성체제와 그 특징」,『한국사학보』24, 고려사학회.

정석배, 2013,「발해 상경성의 도시계획: 황제도성으로서의 발해 상경도성」,『고구려발해연구』45, 고구려발해학회.

한규철, 1998,「발해의 서경압록부연구」,『한국고대사연구』14, 한국고대사학회.

한규철 외, 2007,『발해 5경과 영역 변천』, 동북아역사재단.

姜華昌, 1988,「渤海上京龍泉府與唐長安城建築布局的比較」,『北方文物』2, 黑龍江省文物管理委員會, 黑龙江省 哈尔滨市.

吉林省文物考古研究所 外, 2007,『西古城: 2000~2005年度渤海國中京顯德府故址田野考古發掘報告』, 文物出版社, 北京.

單慶麟, 1960-6,「渤海舊京城址調查」,『文物』, 文物出版社, 北京; 1997,『高句麗·渤海研究集成』5(渤海 二), 哈爾濱出版社, 黑龙江省 哈尔滨市.

孫玉良, 1983,「渤海遷都淺議」,『北方文物』3, 黑龍江省文物管理委員會, 黑龙江省 哈尔滨市.

劉曉東, 2006,『渤海文化研究』, 黑龍江人民出版社, 黑龙江省 哈尔滨市.

劉曉東·李陣奇, 2006,「渤海上京城三朝制建制的探索」,『北方文物』1, 黑龍江省文物管理委員會, 黑龙江省 哈尔滨市.

劉曉東·魏存成, 1987,「渤海上京城舊營築造時序與刑制淵源研究」,『中國考古學會第六次年會文集』, 文物出版社, 北京.

_____, 1991,「渤海上京城主體格局的演變」,『北方文物』1, 黑龍江省文物管理委員會, 黑龙江省 哈尔滨市.

魏存成, 1982-1,「渤海城址的發現與舊分期」,『東北考古與歷史』, 文物出版社, 北京.

_____, 2004,「渤海都城的布局發展及其與隋唐長安城的關係」,『邊疆考古研究』2, 邊疆考古研究 編輯部, 北京.

趙虹光, 2009,「渤海上京城宮殿建制研究」,『邊疆考古研究』8, 邊疆考古研究 編輯部, 北京.

_____, 2010,「渤海上京城研究補遺」,『北方文物』4, 黑龍江省文物管理委員會, 黑龙江省 哈尔滨市.

_____, 2012,『渤海上京城考古』, 科學出版社, 北京.

朱國忱·朱威, 2002,『渤海遺跡』, 文物出版社, 北京.

何光岳, 1990,「渤海大氏的來源和遷都」,『求索』2, 湖南省社会科学院, 湖南省 長沙市.

黑龍江省文物考古研究所, 2009,『渤海上京城: 1998~2007年度考古發掘調查報告書』, 文物出版社, 北京.

_____, 2010,『海曲華風: 渤海上京城文物精華』, 文物出版社, 北京.

216

酒寄雅志, 2001,「渤海の王都と領域支配」,『渤海と古代の日本』, 校倉書房, 東京.

秋山日出雄, 1988,「古代宮室發展段階の初步的研究: 渤海諸宮を手掛りとして」,『橿
　　　原考古學研究所論集』9, 吉川弘文館, 東京.

2부

개념과 이론

ↁ

한국사에서 민족의 개념과 형성 시기

기경량(서울대학교 국사학과 강사)

1. 머리말

'민족民族'이라는 용어만큼 널리 쓰이면서도 또 위태로운 용어는 없을
것이다. 많은 이들이 '민족'의 개념을 범주화해 정의 내리기 힘들다고
고백하곤 하는데, 이는 '민족'의 사례와 용도가 너무도 다양하기 때문이
다. 민족은 일반적으로 서구의 네이션nation[1] 개념의 번역어로 알려져
있는데, 민족 개념의 불안정성은 사실 네이션 개념의 불안정성에서 기
인한 것이기도 하다. 서구에서 처음 등장한 네이션 개념은 여러 언어로

---

1) 이 글에서는 민족과 네이션을 동일한 것으로 보지 않으므로, 양자를 분리해 지칭하도록 하겠
다. 다만 기존 연구에서는 네이션의 번역어로서의 민족이라는 용어가 이미 널리 사용되고 있기 때
문에, 네이션의 번역어로서의 민족을 나타낼 때에는 '민족'이라 표기하도록 하겠다.

번역되며 세계적으로 확산되었고, 이와 동반한 내셔널리즘nationalism은 정치·학문·사상·문화 등의 분야에서 오랜 기간 강력한 영향력을 발휘했다.

내셔널리즘의 영향을 받은 분야는 역사학도 예외가 아니다. 한국사에서는 신채호申采浩가 민족주의 사관을 선구적으로 활용한 이래 그 영향력이 최근까지 이어지고 있다. 그러나 네이션 개념의 발상지인 서구에서는 이른 시기부터 내셔널리즘에 대해 비판적이고 반성적인 시각들이 대두되었다. 서구에서는 네이션 개념이 근대의 발명품이라고 보는 경향이 강한데, 이는 민족이라는 용어에 대한 한국인들의 일반적인 인식과 큰 차이가 있다. 이에 따라 서구 학계의 네이션 비판 이론을 수용해 한국사를 세계사의 보편성과 합치시켜 이해하려는 일련의 연구가 등장하는가 하면, 이에 대한 반론이 제기되기도 했다.

'민족'을 근대의 산물로 보는 시각과, 전근대부터 존재했다고 보는 시각은 토론회나 논문 등 지상을 통해 이미 여러 차례 부딪친 바 있으나 아직 뚜렷한 합의 지점이 나타난 것 같지는 않다. 필자는 완고하게 평행선을 그리고 있는 것으로 보이는 이 논쟁이 근본적으로 네이션이라는 용어의 번역과 개념 설정의 오류 문제라고 인식하고 있다. 이에 이 글에서는 첫째, 역사적 용어로서의 민족·국민·네이션 개념에 대해 정리를 할 것이고, 둘째는 정리된 민족 개념을 한국사에 적용했을 때 그 형성 시기를 어떻게 설정해야 할지 검토하고자 한다.

2. 역사적 용어로서의 민족·국민·네이션

민족의 형성 및 성격에 대한 시각과 접근법에 대해서는 일찍이 네 가지로 구분이 시도된 바 있다(노태돈, 1997, 159쪽). 이에 따르면 첫째는 민족을 체질 인류학적인 개념으로 이해하는 견해이고, 둘째는 민족을 공통의 생활 양식과 귀속의식을 지닌 인간 집단으로 보는 견해이며, 셋째는 민족이 근대 국민 국가나 민족주의의 산물이라고 보는 견해이고, 넷째는 두 번째 시각을 바탕으로 하되 각 시기의 역사성을 반영해 단계를 설정하는 견해다. 두 번째와 네 번째는 하나의 묶음으로 보아도 큰 무리가 없다고 여겨지므로 이를 다시 정리하자면, 민족의 형성에 대한 인식은 크게 전근대 형성론과 근대 형성론으로 나눌 수 있으며, 전근대 형성론은 다시 생물학적 형성론과 역사·문화적 형성론으로 구분할 수 있겠다.

이중 학계에서 주로 논의의 대상이 되는 하나의 모델은 전근대 형성론에 속하는 역사·문화적 형성론이고, 또 다른 모델은 근대 형성론이다. 전근대 형성론의 또 다른 한 축인 생물학적 형성론은 학계의 연구 경향에서 크게 벗어난 상황인데, 이는 민족의 개념을 생물학적으로 접근할 경우 실증성에서 그 실체를 확보하기 힘들 뿐더러, 대상을 원초적이면서도 불변의 존재, 초역사적인 존재로 보는 문제점을 가지기 때문이다. 생물학적 형성론이 과거 파시즘에서 정치적으로 활용되었던 우생학을 연상케 하는 측면이 있다는 것 또한 이러한 접근법이 선호되지 않는 이유 중 하나가 아닐까 여겨진다.

한편 유럽에서는 일반적으로 '민족'의 형성을 세 개의 범주로 나눈다고 한다. 첫째, 영국과 프랑스처럼 사회적 생산력의 발전에 힘입어 '민족 국가'의 형성이 수행된 경우다. 부르주아 계급의 성장과 그들이 축적한 경제력을 바탕으로 혁명이 일어나고, 이것이 민주주의를 확산시키고 국민 주권론을 발달시켜 민족의 귀속의식을 만들어냈다는 것이다. 이 경우 '민족'의 특성은 객관적 요인들이 아니라 주관적 선언·

결단에 의해 결정된다. 이를 '국가 민족'이라고 한다. 둘째, 독일과 같이 문화·언어·혈연·풍습·전통 등의 객관적이고 복고적인 공통성을 바탕으로 하는 '민족' 형성이다. 40여 개의 소국가로 분열되었던 독일은 나폴레옹 전쟁의 직접적인 영향을 받아 민족 통일을 정력적으로 추진해 마침내 성공했다. 이렇게 해서 모습을 드러낸 것을 '문화 민족'이라고 한다. 셋째, 이민족의 지배를 받던 폴란드, 체코 등 이민족의 지배로부터의 '민족 해방'을 겨냥한 국가 건설 운동으로 탄생한 경우다. 이것은 '문화 민족' 관념에 토대를 둔 '저항 민족'의 개념이다(박호성, 1992, 37~38쪽). 이중 '저항 민족'의 개념은 독자적인 것이 아니라 '문화 민족'의 개념에 기대는 것이므로, 앞의 두 유형과 병렬적으로 논할 대상은 아니라 여겨진다. 그렇다면 유럽에서의 민족 구분은 대체로 '국가 민족'과 '문화 민족'으로 나뉜다고 할 수 있겠다. 이는 일찍이 한스 콘 Hans Kohn이 시도한 바 있는 서유럽형의 합리적인 정치적 내셔널리즘과 동유럽형의 비합리적이고 신비주의적인 내셔널리즘으로의 유형 구분과도 부합한다.

여기에 더해 스탈린의 '민족' 개념을 살필 수 있다. 스탈린은 '민족'을 규정하는 요소 가운데 가장 중요한 것으로 '경제적 공통성'을 꼽았는데 이는 자본주의 단계에 와서야 비로소 형성되는 것이라고 한다. 자본주의 단계에서 구성원들 간의 활발한 물질적·정신적 교류를 바탕으로 비로소 '민족natsiya'이 형성된다는 것이다. 또한 그는 '민족'의 형성 이전 단계에 있었던 문화·언어·지역 등의 요소를 느슨하게 공유하던 인간공동체를 '준민족' 혹은 '민족체narodnost'라고 규정했다(노태돈, 1992, 20쪽).

이상에서 보이는 유럽 학계에서의 구분은 모두 근대 형성론의 기반 위에서 구성된 것이다. 하지만 근대 형성론 중에서 특히 인상적이고 최근에 영향력을 발휘하는 것으로는 어네스트 겔너Ernest Gellner와 베네딕트 앤더슨Benedict Anderson의 연구를 꼽을 수 있다. 어네스트 겔너는 "민족주의는 민족들이 자의식에 눈뜬 것이 아니다. 민족주의는 민족이 없는 곳에 민족을 발명해낸다"고 한 바 있으며, 베네딕트 앤더슨은 "민족은 본래 제한되고 주권을 가진 것으로 상상되는 정치공동체다"(베네딕트 앤더슨, 윤형숙 옮김, 2002, 25쪽)라고 정의했다.

이중 베네딕트 앤더슨이 제기한 '상상의 공동체'라는 개념은 대단한 반향을 일으켜 이후 민족에 대한 논의가 있는 곳에서는 거의 반드시라고 해도 좋을 정도로 자주 인용되는 표현이 되었다. 베네딕트의 연구는 한편으로 적지 않은 부작용을 동반하기도 했는데, '상상의 공동체'라는 수사가 가지고 있는 강렬한 힘 때문에 사람들에게 민족 자체가 가상적이고 허구적인 존재라는 인식을 심어준 것이 그것이다. 물론 이는 잘못된 이해이며 오독이다.

베네딕트 앤더슨이 말한 '상상의 공동체'란 구성원들이 자신이 속한 '민족'이라는 공동체를 인지하는 방식에 대한 이야기지, 공동체 자체가 허구적 존재라는 의미는 아니다. 베네딕트 앤더슨 자신이 이미 "면대면의 원초적 마을보다 큰 공동체는 상상의 산물이다"(베네딕트 앤더슨, 윤형숙 옮김, 2002, 26쪽)라고 언급했기 때문이다. 이에 따르면 '민족'뿐만 아니라 구성원들이 일상적으로 서로 얼굴을 마주 볼 수 없는 일정한 규모 이상의 인간공동체는 모두 상상의 대상, 즉 '상상의 공동체'다. 물론 그중에서도 '민족'에 대해 굳이 '상상의 공동체'라고 명명한 것에는 나름의 의도가 있겠으나, 베네딕트 앤더슨이 '민족' 자체를 허구이며 실재하지 않는 것이라 주장한 것은 아니라는 이야기다.

'민족'에 대한 서구 학계의 일관된 연구 경향을 보면 '민족'의 근대 형성론은 너무도 자명한 것으로 보인다. 하지만 이는 한국의 일반 대중을 비롯해 많은 한국사 연구자들이 공유하는 민족의 용법이나 인식과는 큰 괴리가 있다. 이와 관련해 서구 학계의 연구 성과를 수용한 서양사 연구자는 한국사 연구자들의 "과잉된 민족의식"(임지현, 1999, 65쪽)을 지적하는 한편, "전근대 한반도 사회에 대한 한국사 학계의 논의는 상당 부분이 민족을 초역사적인 자연적 실재로서 부당 전제하는 데서 출발한다"(임지현, 1999, 84쪽)고 비판하기도 했다. 이러한 지적은 경청할 부분이 있다. 하지만 과연 전적으로 타당한 것일까.

민족은 원래 영어 네이션nation의 번역어이며, 그 어원은 라틴어인 나티오natio에서 비롯되었다. 나티오는 출생과 관련한 개념으로서 로마인들이 외국인을 지칭하는 의미로 사용되었다. 중세 유럽에서는 대학 내의 동향인들을 가리키는 말로 쓰였는데, 동향인들은 대개 같은 의견을 갖는 경향이 있었기 때문에 일종의 의견공동체를 의미하기도 하고, 또 동향인들의 대표라는 의미를 가지기도 했다(장문석, 2011, 17~18쪽).

리아 그린펠드Liah Greenfeld에 따르면 근대 네이션의 등장은 16세기 영국에서부터였다고 한다. 영국의 신흥 귀족들이 평민 태생으로서의 신분적 차이를 극복하기 위해 엘리트 인민elite people으로서의 네이션 개념을 창출해냈다는 것이다(김인중, 2010, 311~312쪽). 네이션은 이후 프랑스혁명을 거치면서 엘리트로서의 의미가 탈각되고 전체 인민을 포괄하는 강력한 정치적 개념으로 활용되면서 주변국으로 폭발적으로 파급되었다. 이를 보면 네이션의 개념 자체에 역사적으로 상당한 변동폭이 존재했음을 알 수 있다.

그런데 주지하다시피 네이션의 일반적인 한국어 번역으로는 '민족'과 '국민'과 '국가'가 있다. 이중 국민과 국가는 상호 밀접한 연관성이 있으므로 한데 엮는다 치더라도 민족과 국민은 대단히 큰 의미적 차이가 있다. 국립국어원의 표준국어대사전에 따르면 민족은 "일정한 지역에서 오랜 세월 동안 공동생활을 하면서 언어와 문화상의 공통성에 기초해 역사적으로 형성된 사회 집단. 인종이나 국가 단위인 국민과 반드시 일치하는 것은 아니다"라고 서술되어 있다. 그에 비해 국민은 "국가를 구성하는 사람. 또는 그 나라의 국적을 가진 사람"으로 정의되고 있다. 여기에 문제의 핵심이 존재한다.

단적으로 말해 네이션은 민족이 아니다. 민족의 의미와 국민의 의미가 결합되어 있는 네이션이라는 단어에 정확하게 상응하는 한국어 단어는 없다. 또한 네이션은 민족의 개념과 국민의 개념을 포괄하지만, 굳이 말하자면 둘 중 국민의 개념을 훨씬 강하게 품고 있다. 많은 한국사 전공자들과 '네이션' 개념을 수용한 서양사 연구자들 간의 논쟁이 평행선을 그리는 이유는 그들이 민족이라는 같은 기표記標를 논의의 대상으로 하고 있기는 하지만 각자 가리키는 기의記意는 불일치하기 때문이다.

이는 '학자들 간에 민족에 대한 정의가 서로 다르다'는 식으로 쉽게 넘어갈 수 있는 문제가 아니다. 애초에 용어에 대한 개념이 상이한 상태에서 형성 시기나 성격 등에 대한 추가적인 논의는 무의미할 수밖에 없다. 대화가 끊임없이 미끄러지는 비생산적인 현상이 발생하기 때문이다. 실상 양자의 논쟁에서 발생한 많은 쟁점들은 논리 전개나 설득의 문제라기보다는 사용하는 용어에 대한 합의나 조정을 통해 자연스럽게 해결될 수 있는 것들이다.

가장 명쾌한 방법은 네이션의 번역어로서 '민족'이라는 용어를 포기하고 국민이라는 번역어로 대체하는 것이다.[2] 물론 '네이션=민족'이

---

2) 최갑수는 네이션nation의 번역어로는 국민, 에스닉 그룹ethnic group의 번역어로는 민족을 제시한 바 있으며(최갑수, 1995, 15쪽), 내셔널리즘의 발원지라고 할 수 있는 독일에서도 네이션과 에스닉 그룹의 구분법을 네이션Nation과 폴크Volk로 유지했음을 언급하며 같은 입장임을 재차 확인했다(최갑수, 2003, 2~3쪽). 노태돈 역시 네이션은 국민(국가)이라고 해야겠다고 밝혔고(노태돈, 1997,

아닌 것처럼 '네이션=국민' 또한 아니다. 그러나 네이션을 민족으로 번역하는 것보다는 네이션을 국민으로 번역하는 편이 훨씬 더 많은 오류를 줄일 수 있다. 일반적으로 국민으로 번역을 하되 만약 영어 네이션이 가지고 있는 민족과 국민을 포괄하는 개념을 반드시 살려야 할 상황이라면, 그냥 네이션으로 표기하는 것이 정확한 이해를 도모하는 방법이라 할 수 있겠다.

물론 애초 민족이라는 용어가 근대에 들어와 영어인 네이션의 번역어로서 만들어진 만큼 '민족'이라는 기표가 지니는 내용을 네이션과 완전히 합치시켜 명실상부한 일대일 대응어로 만들자는 의견이 제시될 수도 있다. 하지만 이는 민족과 국민을 명쾌하게 구분하는 한국어 개념의 장점을 없앤다는 측면에서 오히려 개악이라고 할 수 있다. 학문을 함에 있어 바람직한 것은 개념을 보다 섬세하게 구분하는 것이지, 둔탁하게 만드는 것은 퇴행에 다름 아니다. 이 문제와 관련해 다음의 자료들이 참고가 된다.

(가) 족민과 국민의 이름은 서로 비슷하나 그 뜻은 다르다. 족민은 종족이 서로 같은 일정한 인민의 무리를 말함이고, 국민은 같은 나라에 거주하는 일정한 인민의 갈래를 말함이다. 족민은 인종학상의 의미로서 법인의 자격을 갖지 않으며, 국민은 법률상의 의미로서 법인의 자격을 갖는다. 따라서 족민은 국가와 반드시 그 구역을 같이하지 않아 한 족민이 몇 나라에 나누어지기도 하며 한 국가가 몇 개의 족민을 포함하기도 하나, 국민은 국가와 반드시 그 구역을 함께하여 국경 내에 거주하는 사람들로 종족을 불문

173쪽), 진태원은 네이션을 민족이나 국민으로 혼용 내지 혼동하는 것을 비판하고 우리말 '민족'은 에스니시티ethnicity나 에스니ethnie에 가깝다고 지적했다(진태원, 2011, 170쪽).

하고 모두 한 국가의 민이니 한 국가가 몇 개의 국민을 가질 수는 없는 것이다.(유길준, 한석태 역주, 『유길준, 「정치학」』, 경남대학교 출판부, 1988, 42쪽)

(나) 민족民族이란 자는 지시只是 동일한 혈통血統에 계系하며 동일한 토지에 거居하며, 동일한 역사를 거據하며, 동일한 종교를 봉奉하며, 동일한 언어를 용用하면 편시便是 동일한 민족民族이라 칭하는 바이어니와 국민國民 이자二者는 여차如此히 해석하면 불가할지라. …… 국민國民이란 자는 기其 혈통, 역사, 거주, 종교, 언어의 동일한 외에 우又 필동일必同一한 정신精神을 유有하며, 동일한 이해利害를 감感하며, 동일한 행동을 작作하야 기其 내부內部의 조직이 일신一身의 골격骨格과 상동相同하며 기대외其對外의 정신精神이 일영一營의 군대軍隊와 상동相同하여야 시是를 국민國民이라 운云하나니…….(「민족과 국민의 구별」, 『대한매일신보』 융희隆熙 2년(1908) 7월 30일)

전자는 유길준이 1895년 이후 어느 시점에서 저술에 착수했다가 완결을 보지 못하고 미완성 원고로 남은 「정치학」의 일부 내용이고, 후자는 신채호가 1908년에 작성한 신문 사설의 내용이다. 유길준의 글에서는 민족이라는 용어 대신 족민이라는 용어를 사용했지만 사실상 상통하는 용어라 할 수 있겠다. 주목되는 점은 네이션 개념이 수입되고, 민족과 국민이라는 용어가 만들어진 지 얼마 안 되는 시점에서 유길준과 신채호 모두 민족과 국민의 개념을 뚜렷하게 구분해 인식하고 있다는 사실이다. 특히 신채호가 논하는 '국민'의 개념은 네이션의 개념과 매우 흡사하다.

근대 초기에 일본인들이 네이션의 번역어로서 국민과 민족 등을 제시하며 두 용어가 혼용되기도 하고 경쟁을 하기도 했지만, 한국인들이 먼저 주목했던 용어는 민족보다 국민이었던 것으로 여겨진다. 『대한매일신보』의 논설과 시평에 보이는 단어의 빈도수를 참고하면, 1908년에 국민이라는 용어는 363회 사용된 데 반해 민족이라는 용어는 불과 7회 사용되었다. 민족이라는 용어는 1909년 이후에야 비로소 활발하게 사용되었다. 1909년『대한매일신보』의 논설과 시평에서는 국민이 616회, 민족이 189회 사용되었고, 1910년에는 국민이 291회, 민족이 130회 사용되었다(김동택, 2002, 378쪽).[3] 그러나 국권 상실 이후 국민이라는 개념은 사실상 의미를 잃고, 한국인의 정체성을 대변하는 개념으로서 국민 대신 민족이라는 용어가 부각되었던 것으로 보인다(노태돈, 1997, 172쪽; 박찬승, 2008, 116쪽). 분명한 것은 당시 한국인들이 역사적·문화적 공동체인 민족과 정치적·법률적 공동체인 국민의 의미 차이를 비교적 명확히 인식했으며, 자신들이 처해 있는 상황의 변화에 따라 가장 적합한 용어를 취해 사용했다는 점이다. 한국에서 민족이라는 용어가 가지고 있는 이러한 역사적 맥락을 감안한다면, 민족을 네이션과 동일한 개념으로 간주하는 것은 역시 곤란하다고 할 수 있겠다.

무엇보다 영어 네이션의 번역어로서 '민족'을 포기하고 '국민'이나 '네이션'이라는 표기를 사용함으로써 얻는 장점은 한국사 연구자들과 서구 연구자들 사이에 발생했던 개념적 불일치와 긴장을 상당 부분 해소할 수 있다는 점이다. 예를 들어 대표적인 '민족' 근대 형성론자인 베네딕트 앤더슨은 네이션에 대해 ① 구성원들이 자기 동료를 보지 못함에도 친교의 이미지가 살아 있다는 점에서 상상의 산물이며, ② 전체

---

3) 이러한 집계는 연구에 따라 다소 차이를 보인다. 권보드래의 2007년 연구에 따르면『대한매일신보』에서 민족이라는 단어는 1906년에 26회, 1907년에 47회, 1908년에 139회, 1909년에 126회 등장했다고 한다(박찬승, 2008, 99쪽 재인용). 하지만 민족이라는 용어의 사용예가 국권의 상실이 현실화되어가는 시간의 흐름의 따라 점차 증가했고, 1910년 이후 국민이라는 용어를 사실상 대체하게 된 흐름은 이 집계에서도 확인할 수 있다.

인류에 대비해 제한된 존재이고, ③ 주권을 가진 것으로 상상되는 존재이며, ④ 수평적 동료의식과 형제애를 내포한 것으로 상상되는 것이라 했다. 사실 이러한 규정은 민족보다 국민의 개념과 훨씬 잘 어울리는 것이다. 예컨대 '민족은 상상의 공동체'라는 번역보다는 '국민은 상상의 공동체'라는 번역이야말로 베네딕트 앤더슨의 의도와도 훨씬 잘 부합한다고 여겨진다. 이는 이 글의 모두冒頭에서 살핀 바 있는 민족의 전근대 형성론과 근대 형성론이라는 대립 구도의 해체를 의미하는 것이다. 당연한 것이 네이션을 국민의 개념으로 바라보게 될 경우, 우리 앞에 남게 되는 것은 '전근대 민족 형성론'과 '근대 국민 형성론'이 되기 때문이다. 한국사 연구자 중에서 민족을 전근대에 형성되었다고 믿는 이들은 많을지 몰라도 국민이 전근대에 형성되었다고 주장하는 이들은 거의 없기 때문에 양자는 전혀 갈등 관계를 형성하지 않는다.

그간 '민족'이 근대에 형성되었다고 주장한 이들도 전근대에 존재했던 혈통·언어·문화 등 객관적인 동질성과 통합성을 전면적으로 부인했던 것은 아니다. 다만 이를 민족이라 인정하지 않고 '민족체' 혹은 내셔널리티nationality라고 지칭했다. 그러나 그들이 '민족체' 혹은 내셔널리티라고 지칭했던 대상이야말로 오히려 한국사에서 일상적으로 사용되는 민족 개념에 가까운 것이라 할 수 있겠다.

네이션이 국민으로 번역되어야 한다면 내셔널리티도 민족체가 아닌 '국민체'로 번역되는 것이 합당하겠다. 다만 국민체가 가리키는 대상이 민족이라는 용어가 가리키는 대상과 겹친다 하더라도 양자를 완전히 동일시할 수는 없다. 국민체는 국민 형성의 전 단계, 혹은 국민으로 전화하기 위한 객관적인 주요 요소를 가리키는 개념이다. 하지만 민족은 국민의 전 단계이거나 국민으로 전화하기 위한 요소가 아니다. 또한 민족은 국민이 형성된 후에 소멸하는 존재도 아니다. 민족과 국민은 그저 각기 다른 기준에 따라 규정된 다른 범주의 개념일 뿐이다. 양자는 종속적인 관계가 아니며, 상황에 따라 일치되거나 중첩·병존하는 것이 가능하다. 정치적 동력으로서 하나의 민족으로 하나의 국민을 구성하고자 하는 움직임도 존재하지만 현실 세계에서는 다민족으로 구성된 하나의 국민, 혹은 하나의 민족으로 구성된 다수의 국민의 존재가 얼마든지 가능하며, 이들 각각의 구성체들은 결코 불완전하거나 결핍적인 존재가 아니다.

민족과 국민에 대한 명쾌한 개념 구분이 가능한 한국인의 입장에서는 오히려 두 개념이 분리되지 않은 네이션이라는 모호하고 불편한 용어가 서구 학계에서 오랜 기간 사용되어온 점에 의아함을 느끼지 않을 수 없다. 서구에서는 근대적인 '국민 국가'를 건설하는 과정에서 과거와는 다른 새로운 인간공동체인 국민을 만들어냈다. 또한 독일이나 이탈리아 등의 예에서 볼 수 있듯이 국민 구성원들을 결속시키는 접합체로서 인종·언어·문화·종교 등 민족적 요소들을 활용해 국민과 민족을 일치시키고 그 시원성과 영속성을 강조하기도 했다. 네이션이라는 용어의 복합적인 성격은 이러한 과정에서 개념의 화학 작용을 거쳐 형성된 것이라고 볼 수 있다. 물론 동아시아의 국민 형성 과정에서도 서구에서와 비슷한 현상은 나타났지만, 민족으로서의 개념과 자기 정체성이 서구보다 훨씬 뚜렷한 상태에서 국민 국가와 국민 만들기 작업이 진행되었다는 점에서 결정적인 차이가 있다. 이는 동아시아와 서구의 역사적 경험이 다른 데서 비롯된 것이다.

민족에 해당하는 적절한 영어 번역어로는 여러 학자에 의해 에스닉 그룹ethnic group과 에스니시티ethnicity, 에스니ethnie 등이 언급된 바 있다. 그런데 에스닉 그룹과 에스니시티는 어떤 사회의 소수 집단으로서의 문화·관습 공동체를 의미하는 사회학적인 용어다(신용하, 2006,

51쪽). 주류를 이루는 문화·관습에 동화되어 사라질 위기에 있는 마이너리티를 지칭하기 위해 설정된 용어라는 점에서 일반적인 민족의 개념과는 다소 차이가 있다고 할 수 있겠다. 경우에 따라서는 에스닉 그룹과 에스니시티를 민족의 번역어로 사용할 수도 있겠지만, 현재로서는 앤서니 스미스Anthony D. Smith가 네이션 형성 전의 전통적인 공동체를 가리키는 용어로서 제시한 바 있는 에스니를 민족의 영어 번역어로 사용하는 것이 그나마 적합하다고 여겨진다.

3. 한국사에서 민족 개념의 형성

앞에서 논의한 바에 따라 민족의 전근대성이 인정된다면, 한국사에서 민족의 형성과 범위는 어떻게 설정할 수 있을까. 이를 위해 필자 나름대로 인종·종족·민족·국민에 대한 개념을 제시해보고자 한다.

인종이란 특정한 생물학적 유전자를 공유하는 인간 집단을 의미한다. 그런데 역사적 의미에서 중요한 인종의 요소는 눈에 보이지 않는 유전적 데이터가 아니라 시각을 통해 즉각적으로 확인이 가능한 생김새 정도에 머문다. 유전자에 대한 과학적 지식의 축적은 인류 역사 전체를 보았을 때 극히 최근에 이루어진 것이므로, 이러한 지식이 역사 전개에 미친 영향은 크지 않다. 유전자 정보 등을 활용한 분석은 그 나름대로 의미가 있겠으나 역사학보다는 인류학적 접근에 가깝다고 할 수 있다. 따라서 역사적 의미에서의 인종이란 피부나 머리카락의 색깔, 얼굴 형태와 관련한 유전자가 일정한 편차 내에 있어 시각적으로 동류로 여겨지는 집단이라 할 수 있다.

종족은 생물학적 유전자와 문화적 유전자를 동시에 공유하는 인간 집단이다. 종족을 구분하는 문화적 유전자 중 핵심적인 것은 언어다. 유사한 생물학적 유전자를 공유하고 있어 비슷한 외모를 갖추었다 하더라도 언어가 공유되지 않는다면 같은 인종이라고 할 수 있을 뿐 같은 종족이라고 할 수는 없다. 다만 종족 단계에서의 구성원들은 공동체로서의 자의식을 갖추지는 못한 상태로 본다. 객관적인 실체로서 유사한 생김새와 상통하는 유사한 언어체계를 갖춘 이들의 존재를 상정할 수 있으나, 종족 단계에서 당사자들의 시야에는 자신이 속한 마을이나 부족 혹은 인접 지역 정도가 사회 관계망 및 세계관의 전부일 뿐이다.

민족은 자의식을 확보한 종족 집단이라고 할 수 있다. 민족의 개념을 이렇게 규정한 이유는 민족을 구성하는 핵심 요소가 귀속의식이라고 여겨지기 때문이다. 앞서 종족을 생물학적 유전자와 문화적 유전자를 동시에 공유하는 인간 집단이라고 했다. 이중 생물학적 유전자는 외양에서 일정한 정도의 편차 범위 내에만 들어오면 성립하는 것으로 절대적인 것은 아니다. 한국인과 일본인, 중국인 등 동북아시아인은 대개 같은 인종으로 분류할 수 있다. 예를 들어 일본인 아이를 어렸을 때 한국으로 입양해 데려와 키울 경우 외모적인 면에서 구분이 갈 여지는 거의 없다. 물론 통계 처리를 하면 유의미한 수치적 차이가 나올 수도 있겠으나, 어디까지나 일정한 편차 내에 있다.

문화적 유전자는 사회적이고 후천적인 것으로, 생물학적 유전자보다도 훨씬 고정성이 떨어진다. 특별히 아이의 출신에 대해 지속적으로 언급해서 정체성을 주입한다든지, 일본어와 일본 문화를 교육한다든지 하는 조치가 이루어지지 않는다면 결국 일본인 아이는 한국인으로 자라날 것이다. 이때 일본에서 태어난 아이를 한국인으로 만든 결정적 요인은 한국인으로서의 정체성과 귀속의식, 즉 문화적 유전자다.

민족이라는 것은 일정한 생물학적·문화적 유전자 풀 내에서 자신이 속한 종족에 대한 귀속의식 내지 동류의식을 바탕으로 생긴 관념적인 인간 집단의 범위다. 종족이 즉자적 존재라면, 민족은 대자적 존재인 셈이다. 민족이 형성되기 위해서는 필연적으로 자신이 속한 종족에 대한 객관적인 관찰과 타 종족 혹은 타 민족에 대한 인식과 이해가 전제되어야 한다. 따라서 일정한 수준의 인문지리적 지식이 축적되어야 하며, 타 종족 및 민족과의 관계 진전이 상당한 수준에 있어야 한다. 이러한 조건이 충족되지 않은 상태에서 민족은 출현하지 않는다.

국민은 근대에 들어와 성립한 새로운 인간공동체다. 국가라는 정치체에 귀속감을 가지고 정치적 주체로서 행위하는 인간 집단을 의미한다. 근대의 국가는 국민을 형성하고, 그 결합도를 높이기 위해 역사적으로 존재했던 민족을 도구로 활용하곤 했다. 국민은 국가로부터 많은 권리를 보장받는 존재이기도 하지만, 많은 의무를 부여받은 존재이기도 하다. 때문에 국가는 의무를 수행해야 하는 공동체 구성원들에게 왜 성실한 국민이 되어야 하는가에 대한 손쉬운 답으로 '오랜 옛날부터, 원래부터 국민이었던 것'이라 제시하곤 했던 것이다. 그 과정에서 '국민=민족=한핏줄'과 같은 허위적인 관념이 강화되기도 했다.

위와 같은 개념을 이용했을 때 민족 형성의 시기는 대자적 존재로서의 민족의식이 발생한 시기로 설정할 수 있겠다. 이러한 인식틀을 바탕으로 한국사의 각 시기에 보이는 민족의식의 양상들을 살펴보도록 하자.

조선시대 민족의식과 관련해서는 박찬승의 연구를 참고할 수 있다. 박찬승은 조선시대에 '족류族類'라는 용어와 '동포同胞'라는 용어의 사용 예를 살펴본 바 있는데, 이중 족류가 오늘날의 민족과 비슷한 뜻으로 사용되었다고 보았다(박찬승, 2008, 83쪽). 족류라는 용어가 등장하는 조선시대의 기록 중에는 다음의 것들이 눈에 띈다.

(가) 북쪽으로는 야인野人의 내조來朝하는 자가 있고, 동쪽으로는 왜노倭奴의 통신通信하는 자가 있어, 수륙水陸으로 연락부절하여 방물方物을 드리니, 이것은 성상聖上의 덕화德化가 미친 것이요, 인력人力으로 이를 수 없는 것입니다. 그러하오나, 모두가 우리의 족류族類가 아니어서 그 마음이 반드시 다를 것이니, 와서 조공朝貢할 때 이미 엿보는 마음이 있는지 어찌 알겠습니까. 겉으로는 조빙朝聘을 하는 체하고 속으로는 간사하고 속임을 품는 자가 예전에도 있었고, 지금도 또한 그런 사람이 있는데, 하물며 왕래할 때 역로驛路가 조폐凋弊하고, 접대[館待]할 때 비용이 과다할 뿐 아니라, 시랑豺狼의 탐욕이 요구하는 데 만족함이 없으니, 한정이 있는 물건으로 한이 없는 요구에 응하는 것이 옛날에도 어려운 것이었고, 지금은 더욱 어려운 것입니다.(『세종실록』 28년(1446) 5월 10일)

(나) 평안도 연변의 주현州縣이 상국上國과 경계를 연하여, 지금 요동遼東 인민이 나와 사는 것이 송참松站까지 이르고, 동녕위東寧衛 백성은 원래 우리나라에 계통을 두고 있어, 우리나라 사람과 족류族類가 서로 속하니, 무식한 무리들이 족척을 만나본다고 칭탁稱託하고 가만히 서로 왕래하여, 혹은 중국 사람을 꾀어오거나, 혹은 재물과 우마를 도둑질하여, 이것으로 인해 흔단釁端이 생기어 드디어 대국을 섬기는 의리를 잃게 될 것을 염려하지 않을 수 없으니, 엄하게 금하고 막는 것을 세워 사사로이 서로 접촉하거나 마음대로 왕래하지 못하게 하고⋯⋯.(『세종실록』 30년(1448) 7월 14일)

『조선왕조실록』에 등장하는 족류의 사용 예에서 주목되는 부분은 야인들은 우리와 족류가 다르니 '마음도 다를 것'이라고 간주하며 경계한다는 점이다. 단순히 풍습과 언어가 다른 것을 인지하는 데 그치지 않고 내면에 해당하는 마음의 차이를 의식해 야인들을 전적으로 다른 인간 집단으로 상정하고 있음이 확인된다. 이러한 시각은 왜인에 대해서도 마찬가지이며 실록에 반복적으로 나타난다.

이와 대조적으로 현재의 조선 국경선 안에 있지는 않으나 중국 땅에 살고 있는 '족류가 서로 속하는 자'들에 대한 언급도 눈에 띈다. 여기에는 '아국我國'과 '국인國人'이라는 표현도 등장하는데, 명明이 요양遼陽 지역에 설치한 동녕위에 속해 있는 백성民은 아국에 속한 국인은 아니지만 족류는 같은 자들이라고 언급하고 있다. 고려 말에 심양瀋陽 지역에 고려인들이 많이 옮겨 살았고 고려의 왕이 심양왕에 봉해지기도 했는데, 조선 초까지도 그들이 정체성을 유지한 채 존재했음을 확인할 수 있다. 이 사례는 조선시대에 국경을 기준으로 하지 않은 인간 집단의 구분과 경계 짓기가 있었던 예로서 특기할 만하다.[4]

조선시대에 사용된 족류라는 용어의 또 다른 사용 예들을 보면 친족 집단, 무리 등을 가리키는 것으로서 혈연적 의미가 강하게 부여된 것이다. 족류라는 용어가 혈연성을 지닌 친족 집단을 가리키는 의미와 종족적 차이를 가진 집단을 가리키는 의미를 복합적으로 가지고 있었다는 점은 현재 민족 용어의 일반적인 사용에서 보이는 혈연성의 강조와 상통하는 면이 있어 주목된다. 그렇다면 조선시대는 민족의식 및 민족이 이미 형성된 시기였다고 볼 수 있을 것이다.

고려시대의 민족의식과 관련해서는 다음 자료가 참고가 된다.

---

4) 지금은 민족과 동의어처럼 사용되는 동포라는 용어의 경우 조선시대에는 다른 의미로 사용되었다. 용례를 보면 대체로 인간 집단을 구분 짓는 용도라기보다는 일반 백성을 왕의 혈족처럼 여긴다는 애휼의식의 발로다. 민족의식보다는 박애博愛의 개념에 가까워 보인다. 신분을 뛰어넘어 인간으로서의 동질성을 강조했던 이 용어는 외세의 침입이 있었던 한말을 거쳐 '우리'와 '저들'의 구분이 명확해지는 상황 속에서 민족 집단 내부의 동질성을 강조하는 용어로 변화했던 것으로 여겨진다.

(가) 이해에 관리들에게 다음과 같은 조서를 내렸다. "북번北蕃 사람들은 사람의 탈을 쓰고도 짐승의 심리를 가진 자들로서 주리면 오고 배부르면 가며 자기 이익을 위해서는 염치를 잊어버리나니 지금은 비록 우리에게 복종하고 있으나 복종과 배반이 대중없다. 그들이 지나다니는 주진들에서는 성 바깥에 여관을 지어놓고 접대하게 할 것이다."(『고려사』 권2, 세가2 태조 14년 (931) 겨울 11월)

(나) 우리 동방은 옛날부터 중국의 풍속을 흠모해 문물과 예악이 다 그 제도를 따랐으나 지역이 다르고 인성人性도 각기 다르니 구태여 꼭 같게 할 필요는 없다. 거란契丹은 짐승과 같은 나라로 우리와는 풍속이 같지 않고 언어 또한 다르니 복식이나 제도를 본받지 말도록 하라.(『고려사』 권2, 세가2 태조 26년943 계묘년 여름 4월)

(다) 그대가 여진을 정벌한 것은 돌아가신 부왕의 뜻을 받든 것이요, 나의 의사를 본받은 것으로서 목숨의 위험을 무릅쓰고 적진 깊이 쳐들어가서 적을 살해하였고 포로한 수도 일일이 계산할 수 없으리만큼 많았으며 백 리의 국토를 넓히고 아홉 성을 쌓아 국가의 오랜 치욕을 갚았으니 그대의 공로야말로 크다고 하겠다. 그런데 오랑캐란 외모는 사람이나 마음은 짐승이라 반복叛伏이 무상無常한데 남아 있는 놈들이 의거할 곳이 없어진 까닭에 그 추장들이 항복하고 화의를 청원해왔다. 그래서 모든 신하들이 그러는 것이 온편하다는 의견을 가졌었고 나 역시 그놈들을 불쌍히 여기고 드디어 그 땅을 반환한 것이다.(『고려사』 권96, 열전9 윤관)

고려시대에도 조선시대와 마찬가지로 '우리'와 '저들'에 대한 민족적 구분이 뚜렷했다. 왕건은 중국의 풍속을 흠모해 본받은 점이 있음에도, 굳이 같게 할 필요는 없다고 해서 문화적 교류와 모방을 전제하면서도 정체성을 분명히 하고 있다. 또한 거란과 여진에 대해서는 '짐승'에 비유하며 '우리'와는 전혀 다른 족속으로 신뢰할 수 없다는 인식을 강렬하게 보이고 있다. 이와 관련해 고려인들이 여진을 '인면수심'이라 지칭한 것이 반드시 부정적인 것은 아니며, 저들의 독자성을 용인하고 특전을 주어 회유하기 위한 전제로 사용한 수사로 설명하는 경우도 있다(김남규, 1995, 137쪽). 하지만 이 역시 '우리'와 이종족異種族에 대한 뚜렷한 구분을 전제로 하고 있다는 점에는 차이가 없다.

고려시대의 민족의식과 관련해 또 한 가지 유의되는 것은 발해와 관련한 것이다. 주지하다시피 발해는 고구려계와 말갈계의 이원적 구성원들로 이루어진 국가였다. 이들은 발해가 멸망한 후 거란 영역에 이주한 뒤에도 거란과 동화되지 않은 채 '발해인'과 '여진인'으로 정체성이 분화된 채 남았다. 발해 멸망 후 고려에는 수만 호에 달하는 발해인들이 내투來投했는데, 그 과정에서 문화적 차이에 의한 마찰과 갈등의 흔적은 거의 남기지 않았다(노명호, 2009, 96~97쪽). 『자치통감資治通鑑』에서 고려 태조는 발해를 지칭해 '아혼인我婚姻'이라 했으며, 『속통감續通鑑』에서 '오친척지국吳親戚之國'이라 했다. 타국에 대한 이러한 각별한 관념은 민족적 동류의식에 기인한 것으로 보아야 하겠다. 고려시대의 민족의식 발현과 관련해 대몽항쟁기를 주목하는 경우가 많지만, 실제 민족의식은 이미 고려 초에 뚜렷하게 형성되었던 것으로 볼 수 있다.[5]

---

5) 조선시대 초에는 발해를 말갈의 국가로 인식해 타자화하는 모습도 보인다. 이는 이미 소멸한 발해와 발해인에 대한 기억과 동류의식이 희미해진 상황을 의미한다. 그런데 이러한 '망각'은 오히려 망국 이후 고려로 대규모 내투한 발해인들이 그만큼 고려인과 동질적인 이들이었고, 그로 인해 쉽게 동화되었다는 반증일 수도 있겠다. 만약 고려 인구의 5~10퍼센트에 이르는 발해인들이 이질적인 고려 내부에서 독자적인 정체성을 유지하며 활동했다면 훨씬 강렬한 기억으로 남게 되었을 것이다.

삼국시대와 통일신라기의 민족의식과 관련해서는 삼한의식과 삼한 유민의식이 주목된다. 삼한은 본래 중국 사서인 『삼국지三國志』 동이전에서 존재가 확인되는 한반도 남부의 마한馬韓·진한辰韓·변한弁韓을 가리키는 것이나 삼국시대 말기인 7세기에는 중국 측에서 고구려·백제·신라를 지칭하는 개념으로 통용되었다. 이러한 인식이 성립한 것은 수隋·당唐 사람들이 삼국을 사회적·문화적·인종적으로 동질한 성격을 지닌 국가군으로 이해했음을 말해준다고 할 수 있다(노태돈, 1982, 133쪽).

그런데 적어도 고구려인들은 스스로를 한족韓族으로 인식하지는 않았다. 광개토왕비문이나 중원고구려비문에서도 볼 수 있듯이 5세기의 고구려인들에게 한예韓濊는 타자화된 종족명이었으며, 신라는 동이東夷로 지칭되는 이들이었다. 시간이 흐른 7세기라 하더라도 고구려인들이 스스로를 삼한이라고 인정하거나 지칭했을 것 같지는 않다. 하지만 기본적으로 고구려·백제·신라가 중국이나 일본과는 구별되는 동질성을 갖춘 집단이라는 이해는 갖추고 있었을 것이다.

삼국 통일 과정에서 신라는 힘들게 확보한 한반도 중남부의 영토와 당의 간섭으로부터 정치적 독립을 지키기 위해 전쟁을 치르면서 그 자신이 멸망시킨 고구려와 백제 유민들을 동원해야 했다. 그 과정에서 의도적으로 삼한의식을 강조했다고 여겨진다. 신라는 당의 세력을 한반도에서 축출한 뒤에도 흩어진 세 집안을 하나로 모았다는 삼한일통의식을 강렬하게 표출했다. 전국을 9주로 나누되 각각 고구려·백제·신라의 옛 땅에 3주씩 고르게 편제했다고 인식한 것도 그중 하나다.

삼한일통의식의 등장 배경과 실제 활용 양상을 보면 신라인들의 정치적 필요에 의해 만들어진 프로파간다임을 강하게 느낄 수 있다. 그러나 달리 생각해보면 그러한 프로파간다가 제시되고 효용성을 보일 수 있는 배경을 감안하지 않을 수 없다. 근대 독일과 이탈리아의 통일 과정에서도 볼 수 있듯이 구성원 전부는 아니더라도 민족으로서의 '우리'를 인식하고 공감하는 인간 집단이 있었기에 '민족'을 앞세운 통일 과제가 제시되고 수행될 수 있었다. 따라서 통일 과정 혹은 그 후 신라인들이 내세웠던 삼한의식, 삼한일통의식은 일방적이고 허위적인 선언이 아니라 구성원들이 가지고 있는 최소한의 공감대를 기반으로 한 것이라 할 수 있을 것이다.

적어도 삼국시대 말기에는 타자인 중국 측뿐 아니라 당사자인 삼국인들 사이에서도 동류로서의 민족의식은 형성되어 있었다고 여겨진다. 이는 수세기에 걸친 삼국간의 교류와 전쟁, 그리고 중국이나 일본 등다른 언어와 문화를 가진 타 민족과의 교류를 통해 획득할 수 있는 자의식이었다. 다만 서로 다른 왕조를 형성하고 있었기에 민족으로서의 귀속의식은 낮은 단계에 머물렀으며, 그보다는 자신이 속한 나라에 더강한 귀속의식을 가지고 있었을 것이다. 이를 굳이 정의하자면 '국인國人'으로서의 귀속의식이라 할 수 있을 것이다. 물론 국인으로서의 귀속의식 또한 하층민들보다는 상층 엘리트 계층에서 훨씬 강하게 나타났을 것이다.

통일신라 말기에 이르면 사회 모순이 심화되면서 진성여왕眞聖女王대 전국적인 반란이 발생했고, 옛 고구려 지역에서는 궁예弓裔, 옛 백제 지역에서는 견훤甄萱이 일어나 나라를 세웠다. 이들은 각각 고구려와 백제를 계승했음을 표방했고, 신라에 대한 복수를 천명하기도 했다. 이를 근거로 고구려·백제·신라가 각기 다른 민족의식을 유지했으며, 그것이 신라 말의 혼란기에 표출되었다고 보기도 한다. 하지만 그보다는 삼국이 각기 다른 국인의식을 가지고 있었고, 신라 말에 표출된 삼한유민의식 역시 국인의식의 잔재라고 해석하는 것이 더 적절하다고 여겨진다. 즉 삼국시대 말기의 사람들이 가지고 있던 귀속의식은 민족의식과 국인의식의 중층적인 것이었다고 볼 수 있다.

삼국시대 이전의 민족의식에 대해서는 확인이 어렵다. 삼국시대 이전에도 다른 민족이나 종족과의 접촉은 존재했다. 당장 고조선의 왕이었던 위만衛滿부터가 중국에서 건너온 사람이며, 고조선 내부에는 중국계 인물들이 상당수 있었던 것으로 여겨진다. 민족의식이 성립하기 위해서는 '우리'와 '저들'에 대한 이해와 인식, 그리고 인문지리적 지식이 구성원들에게 비교적 균질한 수준으로 축적되어 있어야 할 것이다. 그러나 고조선이나 삼한 시기에 그러한 단계에 도달했는지는 확인이 어렵다. 또한 광개토왕비의 예에서 볼 수 있듯이 고구려인들이 한족과 예족을 타자화해 인식했던 흔적이 5세기 초까지 확인되는 만큼, 한국사에서 민족과 민족의식 형성은 삼국시대 내내 상호 교섭과 전쟁, 주변종족들에 대한 지식과 경험의 축적을 통해 장기간에 걸쳐 서서히 이루어졌고, 삼국 통일 전쟁기에 이르러 '삼한일통'이라는 정치적 구호에 반응할 수 있을 정도로 그 형체를 갖추게 된 것이 아닌가 짐작된다.

4. 맺음말

근대 역사학이 한국에 도입된 이래 한국사 연구는 민족을 중심으로 한 것이었다. 이에 대한 반동으로 서구 학계의 네이션 개념을 수용한 연구자들이 민족주의적으로 경도된 한국사 학계의 성향과 민족 개념의 비역사성에 대해 비판을 가하기도 했다. 하지만 그 비판의 상당 부분은 민족이라는 용어에 대한 양자간 개념의 불일치에 따른 것이다. 네이션을 민족이 아니라 국민으로 이해할 경우, 국민이 근대에 형성되었음을 부정하는 한국사 연구자는 존재하지 않으므로 애초에 논쟁이 될 일도 아니었다.

한국사에서 민족은 전근대부터 이미 존재했다. 하지만 민족은 생각만큼 단단한 실체는 아니며 일정한 생물학적 기준의 편차 안에만 들어온다면, 귀속의식이라는 관념에 크게 의존하는 존재다. 따라서 민족의 형성 시기를 구명하는 작업은 그러한 자의식이 역사적으로 언제 만들어졌는가를 살피는 작업이 된다.

한편 민족에 대한 연구 방법론과 관련해 오랜 기간 한국사 연구의 중요한 부분을 담당했던 민족주의 사학이 여전히 유용한 것인가 생각해볼 필요가 있다. 민족주의 사학이 가지고 있는 시대적 역할을 강조하는 시각이 있다. 민족주의 사학이 과거 식민지 시기나 독재 정권 시기 민주화 운동 과정에서 수행한 저항적인 역할들이 언급되기도 하며, 남북 분단의 현실과 관련해 통일을 위한 미래의 역할을 기대하기도 한다. 하지만 역사학에서 '시대적 역할'을 강조한다면 이미 우리 눈앞에는 과거와는 전혀 다른 낯선 환경이 펼쳐져 있음을 환기하지 않을 수 없다.

지식과 기술의 눈부신 발달로 우리가 속한 세계의 시공간적 간격은 과거 어느 때보다도 좁혀진 상태다. 이제 지구 반대편에서 한 아이돌 가수의 동영상을 보고 있는 외국인과 방 안에서 스마트폰으로 같은 동영상을 보고 있는 한국 아이의 간극은 같은 집 거실 소파에서 TV 사극을 보고 있는 아버지와의 간극보다 좁을 수 있다. '우리'와 '저들'의 구분은 더 이상 과거와 동일한 것일 수 없게 되었다.

더구나 한국은 더 이상 '단일 민족'의 나라도 아니다. 한국의 산업 기층에서 중요한 역할을 수행하는 외국인 노동자들은 차치하더라도, 농촌 지역을 중심으로 이루어진 광범위한 국제결혼으로 인해 한국 국적을 획득한 타 민족의 수가 이미 무시할 수 없는 수준에 이르렀다. 게다가 한 세대 뒤에는 이들 사이에서 태어난 혼혈들 또한 한국 사회의 중요한 구성원이자 국민이 될 것이다. 과거 한국의 민족주의가 구성원들을 결합시키는 접착제 역할을 했음을 인정하더라도, 앞으로는 오히려 공동체 구성원간의 소외와 갈등의 기화제가 될 수도 있음을 인지해야 한다.

역사학의 '시대적 역할'을 생각한다면 역사학자들에게는 새로운 시대에 맞는 새로운 역할과 방법론을 고민해야 할 과제가 주어진 때다. 민족은 여전히 중요한 역사 연구의 소재지만, 더 이상 역사 연구에서 가장 중심적인 지위에 있다고 볼 수 없다. 민족을 연구하기 위해 굳이 민족주의라는 도구에 의존할 필요도 없다. 민족주의라는 옷을 벗어버리는 것은 역설적으로 민족에 대한 더 정확하고 심도 있는 이해를 위해서이기도 하다. 이와 관련해 홉스봄Eric Hobsbawm의 다음과 같은 말은 곱씹어볼 필요가 있다. "민족과 민족주의를 연구하는 진지한 역사가가 정치적 민족주의자여서는 안 된다"(에릭 홉스봄, 강명세 옮김, 1994, 28쪽).

:: 참고 문헌

『고려사高麗史』

『대한매일신보』

『속통감續通鑑』

『자치통감資治通鑑』

『조선왕조실록朝鮮王朝實錄』

강종훈, 2008, 「최근 한국사 연구에 있어서 탈민족주의 경향에 대한 비판적 검토」, 『한국고대사연구』 52, 한국고대사학회.

김남규, 1995, 「고려전기의 여진관: 여진회유정책과 관련하여」, 『가라문화』 12, 경남대학교 가라문화연구소.

김동택, 2002, 「근대 국민과 국가개념의 수용에 관한 연구」, 『대동문화연구』 41, 성균관
　　대학교 대동문화연구원.

김인중, 2010, 「민족주의의 개념」, 『프랑스사연구』 22, 한국프랑스사학회.

노명호, 2009, 『고려국가와 집단의식』, 서울대학교 출판문화원.

노태돈, 1982, 「삼한에 대한 인식의 변천」, 『한국사연구』 38, 한국사연구회.

＿＿＿, 1992, 「한국민족의 형성시기에 대한 검토」, 『역사비평』 21, 역사문제연구소·한
　　국역사연구회.

＿＿＿, 1997, 「한국 민족형성시기론」, 『한국사 시민강좌』 20, 한글학회.

박명규, 2009a, 「네이션과 민족: 개념사로 본 의미의 간격」, 『동방학지』 147, 연세대학
　　교 국학연구원.

＿＿＿, 2009b, 『국민·인민·시민』, 소화.

박종기, 2009, 「고려 전기 주민 구성과 국가체제」, 『동북아역사논총』 23, 동북아역사재
　　단.

박찬승, 2008, 「한국에서의 '민족' 개념의 형성」, 『개념과 소통』 1-1, 한림대학교 한림
　　과학원.

＿＿＿, 2010, 『민족·민족주의』, 소화.

박호성, 1992, 「유럽 근대민족 형성에 관한 시론」, 『역사비평』 21, 역사문제연구소·한
　　국역사연구회.

베네딕트 앤더슨, 윤형숙 옮김, 2002, 『상상의 공동체: 민족주의의 기원과 전파에 대한
　　성찰』, 나남출판.

송규진, 2005, 「근대 한·중·일 '네이션' 개념의 수용과 변용」, 『동아시아 근대 '네이션'
　　개념의 수용과 변용』, 고구려연구재단.

신용하, 2006, 「'민족'의 사회학적 설명과 '상상의 공동체론' 비판」, 『한국사회학』 40-1,
　　한국사회학회.

에릭 홉스봄, 강명세 옮김, 2005, 『1780년 이후의 민족과 민족주의』, 창작과비평사.

역사문제연구소·역사비평사, 1992, 「대토론 한국민족은 언제 형성되었나 본토론」, 『역
　　사비평』 21, 역사문제연구소·한국역사연구회.

오수창, 2002, 「조선시대 국가·민족체의 허와 실」, 『역사비평』 58, 역사문제연구소·한

국역사연구회.

유길준, 한석태 엮음, 1998, 『유길준, 「정치학」』, 경남대학교 출판부.

이영식, 1999, 「문화로 본 한민족의 형성」, 『역사비평』, 46, 역사문제연구소·한국역사연
　　구회.

이정덕, 2008, 「서구적 개념의 번역에서 오는 혼란『신민족주의의 세기』: 이광규 저, 서
　　울:서울대 출판부, 2006년」, 『한국문화인류학』 41-1, 한국문화인류학회.

임지현, 1994, 「한국사학계의 '민족' 이해에 대한 비판적 검토」, 『역사비평』 26, 역사문
　　제연구소·한국역사연구회; 1999, 『민족주의는 반역이다』, 소나무.

장문석, 2011, 『민족주의』, 책세상.

진태원, 2011, 「어떤 상상의 공동체? 민족, 국민 그리고 그 너머」, 『역사비평』 96, 역사
　　문제연구소·한국역사연구회.

채웅석, 2002, 「고려시대 민족체 인식이 있었다」, 『역사비평』 58, 역사문제연구소·한국
　　역사연구회.

최갑수, 1995, 「서구에서의 근대 국민국가의 형성과 민족주의」, 『근대 국민국가와 민족
　　문제』, 지식산업사.

_____, 2003, 「내셔널리즘의 기원과 특성」, 『서양사연구』 31, 한국서양사연구회.

허동현, 2009, 「한국 근대에서 단일민족 신화의 역사적 형성」, 『동북아역사논총』 23, 동
　　북아역사재단.

Anthony D. Smith, 1987, The Ethnic Origins of Nations, Oxford/Cambridge:
　　Blackwell.

_____, 1995, Nations and nationalism in a global era, Polity Press.

Ernest Gellner, 1964, Thought and change, London: Univ. of Chicago Press.

_____, 1983, Nations and Nationalism, Ithaca: Cornell University Press.

Hans Kohn, 1944, The idea of nationalism: a study in its origins and
　　background, New York: Macmillan.

ભ

공동체론

김창석(강원대학교 역사교육과 교수)

1. 머리말

공동체는 한국 고대 사회를 분석할 때 사용되는 핵심 개념의 하나다.
친족'공동체', 읍락'공동체', 촌락'공동체' 등의 용례를 들 수 있다. 이
들은 각기 고대 사회를 구성하는 기초적인 단위 집단이라고 상정되었
다. 이를 추출해 사회·정치적 성격을 규명하고, 그 역사적 변천 과정을
통해 고대 사회의 변화를 이해하고자 했다. 공동체론은 한국 고대사 연
구의 유력한 도구이자 방법론이었다.

그런데 이른바 공동체는 고대 사회뿐 아니라 고려와 조선 시기에 향
도공동체, 향촌공동체 등이 존재했음이 지적되었다. 심지어 한민족공
동체, 유럽경제공동체라고 해서 현대의 남·북한, 나아가서는 국제 관

계 분야에 사용되기도 한다. 이대로라면 인류공동체까지 나올 지경이다. 공동체 문화 혹은 공동체 의식처럼 정치적 레토릭의 성격이 강한 경우를 제외하더라도 공동체의 개념과 이에 입각한 연구 방법은 더 이상 고대사 연구에 국한되어 쓰이지 않는다.

공동체가 이와 같이 남발된 이유는 그 개념이 모호한 데서 비롯된 면이 크다. 예컨대 일상적으로 사용하는 공동체의 의미는 퇴니스F. Tönnies의 공동사회Gemeinschaft 이론을 바탕으로 한다고 생각된다. 그는 인간의 본성과 자발성에 의해서 공동사회가 형성되며, 이것은 역사적으로 보면 전근대 시기의 사회 형태라고 주장했다. 근대 자본주의 사회는 이에 비해 인위적이고 기계적인 이익사회Gesellschaft라고 했다(퇴니스 F. Tönnies, 황성모 옮김, 1982). 고대에서 근세에 이르는 장구한 시기를 공동체적 유대로 결합된 하나의 사회 형태, 즉 공동사회로써 일괄한 것이다.

따라서 이러한 틀을 가지고는 공동체의 내포와 외연을 분명히 규정하기가 어렵다. 그리고 공동사회론은 공동체 질서의 오랜 존속을 장기지속의 관점에서 접근할 수 있는 여지를 제공하지만 한편에서는 그 때문에 오히려 공동체의 역사성이 휘발되어버릴 우려가 있다. 실제 한민족공동체는 고대부터 현대까지 적용될 수 있는 개념이고, 심지어는 앞으로 성취해야 할 미래의 과제이기도 하다.

이 글에서는 이러한 면에 유의해 공동체론이 한국사 연구에 수용되어 논의되어온 양상과 문제점을 살펴보고, 이를 바탕으로 고대사 연구에서 공동체를 거론할 때 유의해야 할 점을 몇 가지 짚어보고자 한다.

2. 공동체론의 수용과 전개

공동체의 존재는 한국 고대 사회의 특성 가운데 하나로 손꼽힌다. 일찍이 한국사의 출발로서 원시 씨족사회를 설정하고, 그 공동체적 특징을 모계 씨족제·추장酋長 선거·족외혼·씨족 평의회·공동 제전祭典 등에서 찾은 바 있다(백남운, 1933, 104~119쪽). 주지하듯이 마르크스K. Marx는 역사 연구에서 공동체의 개념을 적극 활용했다. 지배-피지배 관계가 발생하기 전의 무계급 사회를 원시공동체 혹은 원시공산제라고 정의했고, 이를 마르크스주의 사학자들이 한국사 연구에 적용했던 것이다.

원시공동체 사회의 존재에 관한 연구는 이후 비非마르크스주의 사학자에게 광범하게 영향을 끼쳤다. 이를 적극 수용하거나, 비록 명시하지 않은 경우에도 고대 사회의 전단계로서 공동체 사회는 대부분 전제되었다. 예컨대 손진태는 부족국가가 성립되기 전을 원시시대로 설정하고, 이를 신석기 문화를 배경으로 한 씨족 공동사회라고 파악했다. 이 시기는 왕자王者와 귀족이 없는 생활 공동군共同群이 산재했으며, 이 씨족들은 원시 퉁구스Tungus족으로서 동일 혈족과 문화를 가지고 있었으므로 우리 민족의 태동기를 이루었다고 한다(손진태, 1948, 31~42쪽). 부족국가는 이와 달리 사유 재산이 발생하고 이를 바탕으로 한 세습제와 가족제도, 그리고 노예제가 시행되었다(손진태, 1948, 47~50쪽). 씨족 공동사회의 모습은 마르크스가 제시한 원시공동체와 다르지 않았다.

한국사 연구에서 공동체론을 본격 거론한 것은 이병도였다. 그는 앞에서 밝힌 공동사회Gemeinschaft 개념을 원용해 공동체를 다음과 같이 정의했다. 공동체, 즉 "공동사회는 중다인衆多人의 의지의 완전 통일체로서 지속적이고 유기체"라는 것이다(이병도, 1955, 64쪽). 마르크스의 원시공산제론을 수용하는 한편 사회학계의 공동사회론을 통해 공동체의 범주를 확대하고 그 존재를 한국사 전반에서 검출하고자 했다. 원시공동체, 화랑도, 두레, 향도香徒 또는 상두꾼, 계契, 향약 등이 사례로 제시되었는데, 그 역사적 성격보다는 공동체의 원리라고 상정된 통일성과 지속성, 그리고 유기체성에 초점이 맞춰졌다. 이러한 면모는 공동체의 유형을 혈연·지역·정신 공동체로 분류함으로써(이병도, 1955, 66~107쪽) 그 역사성을 상대적으로 홀시한 데서도 확인할 수 있다.

이병도가 우리 역사에서 공동체에 주목한 이유는 1950년대 중반의 한국 사회를 이끌고 갈 지도 이념指導理念, 즉 시대정신이 협동과 타협주의이며, 이것은 한국사의 공동체 전통에서 배태되었다고 판단했기 때문이다(이태진, 2012). 그의 연구는 한국전쟁이 끝난 뒤 전후 복구와 한국 사회에 자유민주주의체제를 정착시키려는 현실적 요구와 직결되어 있었다. 이는 동시에 공동체를 몰역사화함으로써 그 시대적 성격을 도외시하는 위험성을 안고 있었다.

김철준은 고대 사회에서 친족 집단親族集團이 공동체의 핵심을 이룬다고 이해했다. 금속기가 사용되면서 친족공동체를 기본 단위로 한 부족 국가가 성립되었고, 이것이 연맹체 단계를 거쳐 고대 국가로 발전해간다고 보았다. 그리고 골품제骨品制로 상징되듯이 고대 왕권은 부족장의 족적 기반을 해체시키지 못해 신라 말까지 공동체적 질서가 강고하게 존속했다고 한다(김철준, 1956). 친족공동체를 고대 사회의 기본 구성 단위로 파악하고, 이에 기초해 고대의 지배체제가 편성되었다는 이해다.

흥미로운 점은 한국 고대 국가의 경우 씨족 집단으로 구성된 원시사회가 붕괴되었음에도 그 혈연적 유제가 잔존했다고 파악하고 이것을 고대 사회의 특성으로 제시했다는 것이다. 그리고 나말여초羅末麗初의 사회 변동을 거쳐 골품제가 폐지되고 유교 정치 이념을 배경으로 하여 과거제科擧制와 3성 6부제가 실시된 것을 새로운 시대의 지표라고 이해했다.

이에 의하면 고대인의 정치·사회적 지위와 생활을 규제하던 혈연 관계 망, 즉 친족공동체 질서는 신라 말에 소멸한 것이 된다(김철준, 1970).[1]

문제는 과연 고대 사회에서 친족공동체의 실재를 검증할 수 있는지, 이것이 골품제도 성립의 사회적 기반이 되었는지 여부에 있다. 친족의 규모와 조직을 살펴볼 수 있는 기초 자료인 고대의 호적戶籍이나 족보 族譜는 남아 있지 않다. 기원전 시기에 낙랑군이 지배하던 지역의 인구 상황을 보면 호당戶當 5~7구口 정도였다. 백제의 목간 자료를 보면, 단편적이기는 하나 사비기泗沘期의 중앙과 지방에서 6~9명 정도가 하나의 호를 이루거나 역역力役 징발의 단위가 되었다(김창석, 2011). 통일기의 자료인 「신라촌락문서」는 공연孔烟이 평균 7~12명의 인원으로 이뤄 졌음을 보여준다. 여기에는 노비와 같은 비친족원이 포함되어 있다.

물론 공연·호 등은 수취를 위해 국가가 인민을 파악해서 편제한 단위다. 그러나 당시 인민의 존재 형태와 무관할 수 없다. 위의 자료가 호적 자체는 아니지만 당시 주민의 사회경제 상황을 반영한다고 볼 수 있는 것이다. 과연 노비를 포함한 5~12명 정도의 인원을 씨족이 분해된 친족이라고 파악할 수 있을까? 몇 개의 가호家戶가 혈연관계망으로 연결되어 친족을 이루었을 가능성이 있으나, 그것이 집단성을 가진 공동체로서 기능했는지를 파악하려면 다른 입증 자료가 필요하다. 김철준이 친족공동체의 근거로 든 김범청金範淸의 족강族降 사례는 방계화보다는 정치적 이유에서 비롯되었다고 생각된다(남동신, 2002).

골품제의 원리가 조상의 신분을 후손이 이어받고 신분의 변경이 제

---

1) 김철준은 나말여초에 친족공동체의 규모가 1/4로 축소되었다고 했으므로 친족 집단 자체는 고려 이후에도 존속한 것이 된다. 그러나 고려 사회의 친족은 성격이 바뀌어 사회 전체를 규제하는 족적族的 원리로 작동하지 못했다고 한다. 사회 구성의 기본 단위로서의 친족공동체는 신라 말에 소멸했다고 본 것이다.

도적으로는 불가능한 것이었으므로 골품제도가 혈연 질서와 밀접하게 연관되었음은 말할 필요가 없다. 그런데 골품제가 성립된 배경에는 신라를 건국한 핵심 지배 세력이 자신의 특권을 유지하기 위한 정치적 의도가 자리 잡고 있었다고 보인다(전덕재, 2002, 268~282쪽). 골품이 계승될 때 친족 집단의 범위와 사회적 지위가 세습되는 친족의 계보가 작동한 것은 분명하지만, 골품이 부여되어 신분적 상하 관계로 편성될 때는 핵심 지배층 내부의 정치적 위상이 기준이 되었다. 따라서 골품제도의 성립과 운영에는 정치적 요소와 친족 관계가 복합적으로 영향을 미쳤다고 할 수 있다.

다만 그 혈연관계망의 규모가 그렇게 크고 친족'공동체'라고 규정할 정도로 사회의 기본 구성 단위가 되었는지, 그러한 체제가 신라 중대 말까지 유지되었는지에 대해서 의문의 여지가 있다는 것이다. 이러한 면을 고려해 종래의 친족공동체를 친족 집단 혹은 가계家系(Lineage) 집단의 한 형태로 파악할 것을 제안하고자 한다. 친족제도는 고대의 고유한 현상이 아니라 전근대 사회에서 보편적으로 존재하며, 고려 때는 고대의 친족 집단과 성격이 다른 양측적 친속親屬으로 존재했다(노명호, 1995). 고대의 친족 집단이 뒤 시기보다 대규모일 수 있다. 하지만 적어도 삼국 중기 이후에 그것이 공동체로서의 자기 운동성과 폐쇄성·배타성을 갖고 있었다고 보기는 어렵다.

이러한 논의를 배경으로 고대 사회의 기본 구성 단위를 친족 관계가 아니라 정치체政治體에서 찾는 견해가 제기되었고, 공동체론은 새로운 국면을 맞았다. 한국의 고대 국가는 여러 층위의 정치체가 연합·결집하는 과정에서 형성되었다고 보는 것이다. 골품제 성립의 사회적 근거 역시 혈연관계망이 아닌 부部 사이의 정치적 우열 및 부 내에서 친족 집단이 차지하는 현실적인 세력의 크기에서 찾고자 했다. 이들이 주목한 대표적인 정치체가 부部와 소국小國이었으며, 그 사회경제적 기초가 된 것은 읍락邑落이었다.

3. 읍락공동체론의 제기

(1) 읍락과 부部

『삼국지三國志』 동이전東夷傳을 보면, 3세기 전반의 남만주와 한반도에는 읍락이 산재해 있었다고 한다. 삼한 사회를 대상으로 읍락 집단의 문화 양상과 성격에 주목한 것은 이현혜였다. 그는 읍락이 청동기·철기 문화를 배경으로 형성되었으며, 삼한 소국의 기본 구성 단위를 이루었다고 보았다. 이에 따르면, 소국은 여러 개의 읍락으로 구성되며, 그 가운데 중심 읍락이 국읍國邑이었고 여기에 주수主帥가 거소居所를 두고 여타 읍락을 통솔했다고 한다(이현혜, 1976).

노태돈은 고대 국가의 형성 과정을 설명하면서, 철기 문화의 확산을 바탕으로 각지에 지역 집단이 성립하며, 이것이 성장해서 문헌 기록상의 읍락으로 등장한다고 보았다. 그리고 읍락 사회의 공동체로서의 성격을 강조했다.

『삼국지』 위서魏書 동이전東夷傳 예조濊條에 책화責禍의 습속이 실려 있다.

> 풍속에 산천山川을 중히 여긴다. 산천에는 각각 부분部分이 있어서 서로 함부로 건너거나 들어갈 수 없다. …… 읍락간에 상호 침범하면 곧 그 벌책으로 생구生口와 우마牛馬를 내야 하니 이를 책화責禍라고 한다.(『삼국지』 권30, 위서30 동이전 예)

산천에는 읍락 성원들이 공동으로 이용하는 삼림, 초지草地, 하천, 호소湖沼가 있었다. 그 가운데 토지는 읍락 성원들이 나누어 경작한다 하더라도 '함부로 들어갈 수 없는 부분部分'에 대한 소유권은 읍락의 거수渠帥와 성원 전체가 함께 갖고 있는 일종의 공유지共有地였다. 따라서 다른 읍락원이 공유지를 침범하면 책화라고 해서 책임을 물었다. 읍락 공유지의 존재, 그리고 책화로 상징되는 읍락의 폐쇄성과 배타성은 읍락 사회의 공동체적 성격을 뚜렷이 보여준다고 한다.

개별 읍락은 공유지에서의 채집과 농경을 통해 단순 재생산이 가능했다. 자기 완결성을 갖춘 일종의 소우주小宇宙였다. 이러한 상황은 읍락의 통솔자에게 부여된 수장권首長權에 의해 지지되고 다시 역으로 수장권을 강화시켰다. "국읍에 주수가 있지만 읍락이 잡거雜居해서 이들을 잘 제어하지 못한다"는 『삼국지』 한전韓傳의 기록은 읍락의 이러한 독자성과 자율성을 보여준다.

외부의 지배자는 피복속 집단에 대해서 그 읍락 내부의 유대 관계를 깨지 못하고 읍락의 수장인 거수를 통해 공납을 수취할 수밖에 없었다. 『삼국지』 옥저전沃沮傳을 보자.

고구려가 (옥저의) 대인大人을 사자로 삼아 그 땅을 주관하고 통솔하도록 했다. 그리고 (고구려의) 대가大加로 하여금 그 수취를 책임지도록 했다. (옥저 주민은) 맥포와 생선·소금·해초류를 1천 리나 되는 곳으로부터 등에 지고 날랐다. 또한 옥저가 미녀를 보내면 (고구려 사람은) 첩으로 삼고 마치 노비처럼 대우했다.(『삼국지』 권30, 위서30 동이전 옥저)

옥저를 복속시킨 고구려는 중앙의 유력자인 대가大加에게 수취를 책임 지웠다. 대가들은 종래 자신이 지배하던 읍락과 국왕으로부터 할당

받은 읍락에 대해서 그 수장인 대인을 중간 매개자로 삼아 공납을 수취했다(노태돈, 1975). 수취품의 일부는 왕권 측에 납부하고 일부는 자신, 그리고 자신이 통솔하는 부部의 자산으로 흡수했다.

따라서 중앙의 부라고 할지라도 그 존립 기반에는 읍락이 자리 잡고 있었던 셈이다. 여기에는 동예·옥저와 같은 이종족異種族의 읍락까지 포함된다. 삼국의 부는 읍락, 나那, 평評 같은 지역 집단이 성장하고 이들이 상호 통합 과정을 거쳐 성립된 것으로, 각국을 건국하고 이끌어간 중심 집단이었다(노태돈, 1999, 98~100쪽). 부의 기원은 읍락에 있었던 것이다.

국읍과 소읍小邑·별읍別邑 등 다양한 규모의 읍락이 완만한 서열 관계를 이루면서 병존하다가 서서히 통합 과정을 거쳐 5개 혹은 6개의 부로 결집되었다. 이 과정에서 중심 읍락에 편입된 군소 읍락은 나중에 부 소속의 부내부部內部로 재편된다. 그리고 부가 된 다음에도 자신이 영유하던 읍락으로부터 공납을 수취함은 물론 이종족의 읍락을 집단예민集團隸民의 형태로 지배했다. 따라서 부와 읍락은 규모와 정치체로서의 성장도에서 큰 차이가 나지만 본질에서는 지역에 기반을 둔 단위 정치체로서 동일한 성격을 갖는다.

삼국 초기의 국가의 내부 구조를 보면, 위와 같이 다양한 규모와 층위의 지역 정치체, 즉 읍락·집단예민·후국侯國·부·부내부 등이 병렬되거나 상하 관계를 맺은 상태에서 왕권 혹은 중앙의 부에 개별적으로 연결되어 통솔되었다. 노태돈은 이러한 지배 구조와 성격을 가진 초기의 고대 국가를 부체제部體制 국가라고 규정했다. 이 시기의 국가는 중앙의 집권력이 약해 복속한 지역에 지방관을 파견하지 못하고 공납을 수취하는 간접 지배에 그쳤으며, 정치의 운영은 왕권이 외교 교섭·전쟁·교역 등의 대외 부문에만 전권을 행사하고 부의 내부의 일에 대해서는 자치를 허용할 수밖에 없었다고 한다(노태돈, 2009, 62~67쪽).

이러한 면을 유의한다면, 학계 일부에서 부체제를 고대의 정치 운영의 한 형태로만 보는 것은 일면적인 이해가 아닐까 생각된다. 이에 따르면, 부체제는 고대 국가 초기에 국정이 제가회의諸加會議를 통해 합의제로 운영되며, 이로 인해 부장部長들이 왕권에 버금가는 권력을 행사할 수 있었던 정치체제라고 한다. 그런데 부체제의 저변에는 고대 국가가 지배하는 공간에 흩어져 있던 각급의 자치체가 자리 잡고 있었다. 부체제 국가의 핵심은 중앙의 부지만 여기에만 시선을 국한시키면 정치 현상에 매몰되어 부체제에 대한 피상적 이해에 그칠 우려가 있다. 당시의 고대 국가 전체를 놓고 보면 부는 수면 위에 솟아 있는 빙산의 일각이고, 읍락은 눈에 보이진 않지만 수면 아래서 그 봉우리를 떠받치고 있는 육중한 저부라고 할 수 있다(김창석, 2009, 389~391쪽).

부 중심의 정치 운영이 이뤄진 것은 그 정치체제의 기반에 읍락이 있었기 때문이다. 부체제 국가의 기본 인자因子는 읍락이고, 이러한 점에서 당시 국가의 본질은 부 자체보다는 읍락 집단에서 찾아야 하는 것이다.

(2) 읍락공동체의 역사적 성격

읍락이 자치성·폐쇄성·배타성을 가진 지역 집단이었고, 그 사회경제적 기초가 읍락 수장의 통솔과 공유지에 있었다면 읍락공동체의 역사적 위치는 어떻게 보아야 하는가? 공동 소유와 공동 생산을 특징으로 하는 원시공동체의 일종인가?

읍락 내부의 상황을 살펴보자.

邑落有豪民 民下戶 皆爲奴僕(『삼국지』 권30, 위서 동이전 부여夫餘)

주지하듯이 위의 문장을 놓고 여러 해석이 제시된 바 있다. 여하튼 분명한 것은 부여의 읍락에 호민과 민의 계층 구분이 있었다는 점이다. 『삼국지』 백납본百衲本에는 위의 '민하호'가 '명名하호'로 되어 있는데 (윤용구, 2010), 이에 의거하면 문장 구조상 읍락에 호민과 하호가 있었다는 해석이 자연스럽다. 다른 판본 역시 부여의 읍락에 적어도 두 개의 계층이 존재했음을 보여준다.

신석기시대가 되면 생산 경제 단계에 접어들면서 종래의 무리 사회 내부에 농경과 가축 사육을 지휘하는 통솔자가 등장한다. 그는 집단의 리더 역할을 했다. 만약 부여전에 나타난 호민이 이와 같은 성격의 존재라면 부여의 읍락은 원시공동체라고 볼 수도 있을 것이다. 하지만 3세기 전반의 중국인이 보기에 부여의 호민은 민 혹은 하호를 노복奴僕처럼 취급하고 있었다. 제3자의 눈에 신분적 예속인으로 비친 이들을 원시공동체의 성원이라고 하기는 어렵다. 앞서 언급한 동예의 책화 습속에 생구生口, 즉 노비가 등장하는 것은 읍락이 원시 사회가 아니었음을 단적으로 보여준다.

읍락공동체는 청동기·철기 문화를 배경으로 성립한 지역 집단으로서 이미 내부에 계층 분화가 상당히 이뤄진 상태였다. 이러한 점에서 읍락은 분명히 원시공동체가 아니다. 그렇다면 읍락공동체는 과연 어떤 의미에서 '공동체'인가? 그것은 원시공동체와 무엇이 같고 다르다는 것인가?

위의 『삼국지』 위서 동이전 부여조에 나오는 호민의 성격은 사실 모호한 점이 있다. 뒤이어 민民 혹은 하호下戶가 나오므로 호민은 일반 읍락민 가운데 부유한 자라고 볼 수도 있다. 민이 호민과 일반 민, 그리고 하호로 계층이 세분되어 있었다는 견해다(김삼수, 1965, 546·618쪽). 그런데 부여전 기록의 서술 순서를 보면, '부여국의 위치−크기와 인구−주요 시설-지리와 산업-인성人性-정치제도'로 이어지고, 정치제도는 다시 '국왕-중앙의 관명官名-읍락의 상황-사출도'로 구성된다. 호민은 정치제도에 관한 서술 중 읍락 부분에 들어 있는 것이다. 중앙의 관명으로 제가諸加와 대사, 대사자, 사자가 있었다. 그렇다면 이에 대비되는 읍락 역시 내부의 계층 질서를 정치적 상하 관계에 따라 기술했다고 보아야 합리적이다. 중앙에는 국왕 밑에 최고의 지배층으로 마가, 우가, 저가, 구가의 제가가 있었다. 그렇다면 호민은 제가에 해당하는 읍락의 최고 지배자로서, 단순히 경제적으로 우세한 민이 아니라 읍락의 수장으로 보아야 한다. 옥저전과 한전에서 거수渠帥라고 기록된 읍락의 우두머리[2]가 바로 부여의 호민에 해당한다.

옥저와 삼한의 경우 읍락의 수장을 거수라고 특칭한 데 비해 부여의 수장은 호민이라고 기록한 이유는 무엇일까? 부여는 사출도를 통해서 알 수 있듯이 읍락 집단에 대한 중앙의 통제력이 옥저·삼한보다 강했다. 이를 배경으로 읍락의 수장이라고 하더라도 국왕에 대한 민의 관계로 파악하고, 민 가운데 호강豪强한 존재라고 해 호민이라 부르지 않았을까 한다.

고구려의 대가大家는 호민과 상통하는 표현이다.

그 나라의 대가大家들은 농사를 짓지 않으므로, 앉아서 먹는 인구(坐食者)가 만여 명이나 되는데, 하호下戶들이 먼 곳에서 양식·물고기·소금을 운반해 그들에게 공급한다. 그 백성들은 노래와 춤을 좋아해, 나라 안의 촌락마다 밤이 되면 남녀가 무리지어 모여서 서로 노래하며 유희를 즐긴다. 큰 창고

---

2) 삼한에서는 이들이 세력의 크기에 따라 신지臣智·험측險側·번예樊濊·살해殺奚·읍차邑借 등으로 불렸으며, 거수渠帥 혹은 장수長帥는 이들을 총칭하는 중국식 용어였다.

는 없고 집집마다 조그만 창고가 있으니, 그 이름을 부경桴京이라 한다.(『삼국지』 권30, 위서30 동이전 고구려高句麗)

이들은 농사를 짓지 않고 하호가 날라오는 식량으로 생활할 수 있었다. 고구려의 대가와 하호의 관계는 부여 사회에서 호민과 하호가 맺고 있던 관계와 기본적으로 성격이 같다. 그리고 읍락에서는 밤에 남녀가 모여서 노래하고 춤추며 연희를 즐겼다. 신석기시대 이래의 제의祭儀의 전통이 지속되고 있었다. 적어도 국중國中, 즉 왕도에 속한 읍락에는 공공 저장 시설로 여겨지는 큰 창고가 없고, 집집마다 부경이라 불리는 작은 창고를 갖고 있었다. 원시공동체 시기의 공동 생산과 공동 소유의 질서가 더 이상 작동하지 않고 있다. 부경을 소유한 이들은 읍락민 가운데 상층에 속하는 부류일 것이다. 이들이 각자 토지와 생산도구까지 사유화했는지는 알 수 없으나 예濊처럼 공유지가 생업 경제에서 큰 비중을 차지하는 수준은 벗어났다고 볼 수 있다. 공동 생산과 분배가 이뤄졌다고 하더라도 이와 더불어 가호별 경영과 소유의 부문이 병존하면서 점차 확대되는 추세를 보여준다.

그럼에도 읍락은 공동체의 성격을 유지하고 있었다. 앞서 살펴본 책화의 습속, 소국의 국읍에 대수장이 있었으나 주변의 여러 읍락을 제대로 통제하지 못했다는 사실이 이를 단적으로 보여준다. 중앙의 부 역시 마찬가지였으니 고구려의 소노부消奴部는 3세기 전반까지 부장이 고추가를 칭하고 독자적인 종묘·영성·사직에서 제사 지내며 부 내부의 결속을 도모했다.

공동체 질서와 그 내부의 계층 분화는 일견 모순되어 보인다. 그러나 두 측면의 공존이 바로 읍락 사회의 특징이었다. 이러한 면과 관련해 북한 학계의 농업공동체론을 유의할 필요가 있다. 황기덕은 기원전

2000년기 후반에서 1000년기에 걸친 농업 기술의 발전과 인구 증대, 그리고 경지 확보를 위한 집단간의 분쟁을 배경으로 농업공동체가 형성되었다고 보았다. 이것은 지연적地緣的·사회적 연합체지만 혈연을 기반으로 한 원시공동체를 극복한 것이 아니라 그 마지막 단계라고 한다. 농업공동체에서는 단혼 소가족이 등장하고 집과 텃밭을 사적으로 소유하며 이를 기초로 계급 관계가 발생했지만, 경지·산림 등은 여전히 공동체적 소유가 지속되었다(황기덕, 1978a, 39~40쪽).

농업공동체가 원시공산제 사회의 말기에 발생했다는 이해는 마르크스·레닌주의에 의해 체계화된 세계사의 발전 법칙에 따른 것이다. 마르크스는 「자본제 생산에 선행하는 제형태」에서 공동체의 세가지 형태로서 아시아적·고전고대적·게르만적 공동체를 거론했다. 그 실체와 역사적 성격에 대해서는 주지하듯이 논란이 분분하다.[3] 특히 아시아적 공동체가 원시 단계로서 아시아적 생산 양식의 기초가 되었고, 이후 고전고대적 및 게르만적 공동체로 계기적으로 발전한다는 견해에 대해, 위의 공동체들은 농업공동체의 세 가지 유형으로서 역사적으로 병존했다는 반론이 제기되었다.

이른바 계기론과 유형론의 대립인데, 이후 논쟁은 실증적 연구에 의해서 후자 쪽으로 우세하게 전개되었다. 원시 사회가 붕괴하고 계급 사회로 나아가는 과도기인 '본원적本源的 소유' 단계에서 농업공동체가 등장하며(이영훈, 1982, 118~119쪽), 자연·사회적 여건에 따라 농업공동체를 몇 가지로 유형화시킨 것이 위의 세 공동체라는 것이다.

황기덕은 한국사의 초기에 성립한 농업공동체가 어느 유형에 속하

---

3) 이에 관해서는 '岡崎次郎 編, 1980, 『現代マルクス=レ—ニン主義事典 上』, 社會思想社, 415~417쪽' 참조.

는지 밝히지는 않았다. 그러나 농업공동체의 수장이 지배하던 영역은 읍락 또는 국읍의 전신이고, 소국은 여러 농업공동체를 포괄한 것이라고 해서 읍락이 농업공동체임을 분명히 했다. 그리고 청동기가 보급되면서 여러 소국이 다시 연합체를 이루고 국가로 발전했으니, 기원전 8~7세기에 고조선이 처음으로 고대 노예 소유자 국가로 성립했다고 보았다(황기덕, 1978b, 38~40쪽).

농업공동체론은 지연성地緣性을 바탕으로 형성된 집단을 대상으로 삼고, 고대 국가로 이행하는 과도기의 사회라고 이해한다는 점에서 읍락공동체론과 상통한다. 그러나 양자 사이에는 차이점도 발견된다. 전자는 농업공동체의 기본 성격이 원시공산제 사회를 벗어나지 못한 것으로 보고, 토지의 공동 소유와 공동 노동 등 생산 단위로서의 경제적 성격에 주목한다. 이에 비해 후자는 읍락이 이미 계급 사회로 접어들었으며, 읍락을 비롯한 각급의 자치체가 늦게는 6세기 초까지 이어졌다고 본다. 그리고 읍락공동체의 기본 성격을 지역 정치체로 파악한다.

따라서 읍락공동체론은 농업공동체론의 일면을 수용하면서도 여기에 정치적 성격을 부가해 새롭게 개념화한 것이라고 할 수 있다. 읍락공동체는 원시공동체가 아니다. 그 존속 시기는 원시 사회로부터 집권적 고대 국가로 넘어가는 과도기에 해당하며, 그 기간 동안 읍락은 소국과 부체제 국가의 기저를 이루었다. 읍락 내부의 계층 분화와 중심 집단과의 길항 관계를 주목해 그 정치적 성격을 발굴해내고, 읍락 자체는 물론 집단 예민과 피복속 소국, 그리고 중앙의 부까지 공동체로서의 성격이 바탕에 깔려 있었으며, 이로 인해 부체제 국가 시기까지 공동체적 질서가 장기 지속되었다는 사실을 밝힌 점이 읍락공동체론의 독창적 면모이고 성과다.

4. 맺음말: 시대 구분과 관련해

읍락의 내부가 계급으로 성층화되었고 지역 집단으로서 정치적 자율성을 가지고 광역의 공간에 편만해 있었으며, 이를 기초로 지배와 수취의 체제가 형성되었다면 읍락의 존재, 즉 공동체적 질서의 지속과 그 해체는 시대를 구분하는 주요한 기준이 될 수 있다.

이미 이를 지표로 삼아 고구려사를 시기 구분한 성과가 제출된 바 있다. 즉 산상왕山上王 대부터 왕위의 부자 상속이 확립되고, 서천왕西川王 이후로 고유명의 부部가 방위명으로 바뀐 것은 부체제 국가가 중앙 집권적 영역 국가로 전환되었음을 의미한다는 것이다(노태돈, 1988). 정치적 지위가 형제가 아니라 부자간에 계승되는 것은 종래의 친족 집단이 분해되어 직계 가족 중심의 사회 질서가 성립된 결과다. 친족 내부의 혈연적 유대는 읍락공동체가 유지될 수 있었던 기반 가운데 하나였으므로 기존 친족 집단의 해체는 곧 읍락공동체의 소멸을 뜻한다. 고구려 사회에서 형사취수혼Levirate이 이 시기부터 널리 행해지지 않은 것도 기층에서 진전되던 사회 분화가 반영된 것으로 보았다(노태돈, 1983).[4]

강종훈은 읍락 및 친족 공동체가 해체되고 개별 가호의 자립성이 증대되는 4~6세기가 한국사의 전개 과정에서 중요한 획기라고 보았다. 그리고 이를 사회의 전 영역에 확대 적용해 이 시기에 집권체제가 성

---

4) 한편 고국천왕故國川王 사후의 취수혼이 형제 상속의 전통에서 이뤄진 것이 아니라, 후사가 없던 고국천왕이 왕비와 왕제王弟 사이에서 난 자식에게 왕위를 물려주려는 의도에서 행해졌다는 견해(김수태, 2005)가 제기된 바 있다. 하지만 고구려 사회에서 형수와 결합해서 낳은 자식을 형의 자손으로 인식하는 관념을 확인할 수 없다. 그리고 왕실의 혼속이 이처럼 정치적 의도에 따라 바뀔 수 있는 것인지,『태평어람太平御覽』고구려조에 인용된『위략魏略』의 형사취수혼에 관한 기록을 고국천왕 대에 한정된 것으로 볼 수 있을지 의문이다.

립하고 토지의 경제적 비중이 증대하며 불교와 같은 선진 문물이 수용되는 등 총체적인 변화상이 나타났다고 한다(강종훈, 2007). 공동체의 해체가 한국사 전반에 걸친 시대 구분의 지표로 활용된 것이다.

그런데 한편에서는 분권적分權的인 정치 구조와 공동체적 질서의 성립이야말로 중세 사회의 보편적인 현상이라는 견해가 제시되었다. 이에 따르면 후삼국 이후 지방 사회에서 농정권農政權을 장악한 호족을 중심으로 향도香徒공동체가 형성되었다고 한다. 이로부터 중세가 시작되었고, 여말선초에 공동체의 규모가 축소되면서 중세 후기로 진입한다고 보았다(이태진, 1995).

읍락공동체론에서는 늦어도 삼국 중기에 이미 공동체 질서가 소멸되었고, 신라 하대가 되면 문객門客과 같이 정치적 유력자에게 몸을 의탁하는 새로운 주종主從 관계가 출현한다고 본다(노태돈, 1978). 이에 반해서 위의 견해는 나말여초에 오히려 공동체가 형성되었다고 이해하는 것이다. 동일 시기에 대해서 이처럼 서로 모순되어 보이는 현상이 함께 지적되는 상황을 어떻게 이해해야 할까? 사실 파악의 오류라고 하기보다는, 양자가 가리키는 공동체의 실체와 개념이 달라서 초래된 결과라고 생각된다.

즉 향도는 신라 말에 지방 사회에서 성장한 토호 세력이 반독립적인 세력을 구축하면서 전면화되지만, 원래는 공동으로 종교 의례를 거행하던 사신祀神 단체 혹은 노동 조직에서 기원한 것이다. 나말여초의 혼란기를 거치면서 여기에 군사적·경제적 성격이 더해지고 규모가 확대되어 지방 세력 활동의 사회적 기반으로까지 성장했다.

향도는 자발적으로 결성된 일종의 결사체고 자율성을 갖고 있다는 점에서 공동체성을 인정할 수 있다. 하지만 향도 조직 자체를 공동체라고 보기는 어렵지 않을까 한다. 향도의 계보는 「명활산성비」에 보이는 역역力役 수행 단위로서의 도徒나 화랑도와 같은 사회제도 혹은 조직체에서 찾을 수 있다. 이것이 특정 시기에 성장해 활동 범위를 넓힐 수는 있으나 그 기본 성격이 바뀌어 공동체 수준으로 상승했다고 보기는 어렵다.

이를 고려하면 나말여초 시기에 향도의 존립 기반으로서 지역 단위의 자위自衛공동체가 형성되었다는 지적은 향도공동체론보다 한 단계 진전된 것이다. 신라의 집권체제가 붕괴하면서 지방 세력 할거의 거점이 된 것이 지역 자위공동체였으며, 이것은 고려 중앙 정부의 간섭을 받으면서도 그 군사적·행정적 자치성을 고려 말까지 유지했다고 한다 (노명호, 2009).

그렇다면 자위공동체는 지방 사회에 존재하며 고려 국가를 구성하는 단위체의 하나로 볼 수 있다. 여기서 공동체 개념은 그보다 상위의 조직체인 국가를 구성하는 기본 단위의 의미로 사용되었다. 읍락공동체가 소국 및 부체제 국가의 구조를 보여주는 정치적 단위였던 것과 같다. 이와 같이 인간 사회의 어떤 조직체를 구성하는 사회적 단위로서 자율성·자치성을 갖는 것을 공동체라고 한다면 이러한 공동체는 역사상 발생과 소멸을 반복하거나 혹은 시기에 따라 성격이 다른 공동체가 출현할 수 있다. 읍락공동체는 해체되었으나 이후 역사적 조건이 변화해 지역의 자위공동체가 형성되고, 이것이 소멸한 다음 다시 새로운 성격의 공동체가 등장할 수 있는 것이다.

그러나 다른 측면에서 보면, 공동체를 하위의 사회 단위가 아니라 그것이 사회 자체인, 즉 독자적으로 존립해 운동하는 사회적 실체로서 이해하는 것도 가능하다. 원시공동체와 농업공동체론이 이러한 시각에 입각한 논의라고 할 수 있다. 이에 따르면 원시'공동체'는 원시 사회에서 생산의 주체와 노동의 대상 및 조건이 혼연일체가 되어 있는 상태를 가리킨다. 이러한 의미에서 원시공산제 사회에서는 공동체가 토지를 비롯한 생산 수단을 본원적本源的으로 소유하거나 공동체를 전제로 해서 이에 대한 소유가 이뤄졌다고 이해된다.

부여와 고구려의 읍락 상황은 각종 자원과 생산 수단이 공동 소유의 대상이었다고 하기 어렵다. 그런데 그간 읍락의 공동체성에 관한 연구가 주로 지역을 기반으로 한 단위 정치체, 즉 국가의 구성 단위로서의 면모에 초점을 맞추었고, 공동체 자신이 생산과 소유의 주체가 되는 성격에 비중을 둔 것이 아니어서 이를 단정할 수 없다.

이러한 면을 유의한다면 앞으로 읍락공동체론을 보다 공고히 하기 위해서는 읍락 내부의 소유 관계, 생산관계, 그리고 읍락 성원의 경영 형태에 관한 연구가 필요하다. 읍락 사회의 경제적 기초에 대한 해명은 그간 수취 부문에 치중되어온 부체제 시기의 경제 구조에 관한 연구를 보완할 것이다. 이를 통해서 농업공동체와 읍락공동체의 공통성과 차별성도 드러날 수 있다. 또 읍락공동체의 질서가 장기간 지속되었으므로 소국의 읍락과 부체제 시기 읍락의 차이, 그리고 고구려·부여와 같은 선진 지역의 읍락과 옥저·예·삼한의 읍락과의 차이도 검토해야 한다.

읍락공동체의 본질이 그 정치성에 있다는 점을 유의하면, 여기서 '공동체'는 원시공동체나 농업공동체와 다른 맥락에서 사용되었다는 것을 알 수 있다. 즉 학계에서 구사되는 공동체의 개념은 두 가지 의미로 사용되어왔다고 정리된다. 사회를 구성하는 기본 단위와 원시 사회에서 소유와 생산의 본원적 주체를 각각 공동체라는 같은 용어로 지칭했다.

양자 가운데 어느 것이 사실과 부합한다거나 어느 편이 우수한 방법론이라고 판정할 수는 없다. 모두 나름의 논리체계를 갖추고 있고, 이론으로서의 장단점을 갖고 있기 때문이다. 전자는 한국사에서 나타나는 다양한 자율적 조직이나 집단을 공동체라는 일관된 틀로서 접근·분석해 그 시대적 변화상을 추적할 수 있는 시각을 제공한다. 하지만 역사적 접근을 결여할 경우에 한국 사회사社會史가 수많은 공동체가 명멸하는 혼란스러운 모습으로 그려질 수 있다. 이에 비해 후자는 원시 사회 말기에 형성된 농업공동체가 계급 분화와 함께 해체되면서 고대 사회로 진입한다고 보아 공동체 사회의 역사성을 선명히 부각시킬 수 있다. 반면 고대 이후 근세까지, 심지어 현대 사회에도 잔존하는 정치·사회적 분파와 사회 기층 조직의 공동체성을 간과할 우려가 있다. 현재로서는 양자의 차이점을 분명히 인식하고 해당 연구에서 공동체가 어떤 맥락에서 사용되었는지 구분하고 그 함의를 음미하는 것이 중요하다.

마지막으로 제언하고 싶은 것은 공동체론을 포함한 이론과 방법론은 복잡다단한 역사 현상을 합리적으로 설명하기 위한 개념 또는 도구지 사실史實 자체는 아니라는 점이다. 공동체론은 남만주와 한반도에 서식하던 인류가 무리 사회를 거쳐 신석기시대의 씨족 집단을 형성하고, 이어서 지배-피지배 관계를 바탕으로 정치적인 사회를 성립시킨 다음 고대 국가로 진입하기까지의 장구한 시기를 체계적으로 이해하는 데 기여했다. 그러나 개념상의 모호함과 여러 문제점을 안고 있는 것 또한 사실이다. 이러한 한계는 결국 새로운 자료의 발굴과 해석으로 극복될 수밖에 없다. 이를 통해서 공동체론이 보다 풍부·정교해지고, 이것이 다시 자료 해석에 활용되어 생동하는 역사상을 재구하는 데 기여할 수 있기를 기대한다.

:: 참고문헌

강종훈, 2007, 「한국사의 획기로서의 4~6세기」, 『韓國古代史研究』 47, 한국고대사학회.

김삼수, 1965,「韓國社會經濟史: 諸共同體 및 그와 關聯된 諸問題」,『韓國文化史大系』 2, 고려대학교 민족문화연구소.

김수태, 2005,「2세기말 3세기대 고구려의 왕실혼인: 취수혼에 대한 재검토를 중심으로」,『韓國古代史研究』38, 한국고대사학회.

김창석, 2009,「포항 中城里新羅碑에 관한 몇 가지 고찰」,『韓國史研究』147, 한국사연구회.

_____, 2011,「7세기 초 榮山江 유역의 戶口와 農作: 羅州 伏岩里 木簡의 분석」,『百濟學報』6, 백제학회.

김철준, 1956,「高句麗·新羅의 官階組織의 成立過程」,『李丙燾博士華甲記念論叢』, 일조각; 1975,『韓國古代社會研究』, 지식산업사.

_____, 1970,「韓國 古代社會의 性格과 羅末·麗初의 轉換期에 대하여」,『韓國史時代區分論』, 을유문화사.

남동신, 2002,「聖住寺 無染碑의 '得難'條에 대한 考察」,『韓國古代史研究』28, 한국고대사학회.

노명호, 1995,「羅末麗初의 社會變動과 親族制度」,『韓國古代史研究』8, 한국고대사학회.

_____, 2009,『고려국가와 집단의식』, 서울대학교 출판문화원.

노태돈, 1975,「三國時代의 '部'에 關한 研究」,『韓國史論』2, 서울대학교 국사학과.

_____, 1978,「羅代의 門客」,『韓國史研究』21·22, 한국사연구회.

_____, 1983,「高句麗 초기의 娶嫂婚에 관한 一考察」,『金哲埈博士華甲紀念史學論叢』, 지식산업사.

_____, 1988,「고구려의 성립과 변천」,『韓國古代史論』, 한길사.

_____, 1999,『고구려사 연구』, 사계절.

_____, 2009,『한국고대사의 이론과 쟁점』, 집문당.

문창로, 1990,「三國時代 初期의 豪民」,『歷史學報』125, 역사학회.

백남운, 1933,『朝鮮社會經濟史』(一卷), 개조사.

손진태, 1948,『韓國民族史槪論』, 을유문화사.

윤선태, 2004,「新羅 中古期의 村과 徒: 邑落의 解體와 관련하여」,『韓國古代中世 地方制度의 諸問題』, 집문당.

윤용구, 2010, 「'三國志' 판본과 '東夷傳' 교감」, 『韓國古代史硏究』 60, 한국고대사학회.

이병도, 1955, 『國史와 指導理念』, 일조각.

이영훈, 1982, 「역자 후기: 연구사적 소개를 중심으로」, 『共同體의 基礎異論』(大塚久雄 著), 돌베개.

이태진, 1995, 「社會史的으로 본 韓國中世의 시작」, 『韓國古代史硏究』 8, 한국고대사학회.

_____, 2012, 「斗溪 李丙燾 한국사학에서의 공동체 문제」, 『震檀學報』 116, 진단학회.

이현혜, 1976, 「三韓의 '國邑'과 그 成長에 대하여」, 『歷史學報』 69, 역사학회.

전덕재, 2002, 『한국고대사회의 왕경인과 지방민』, 태학사.

주보돈, 2006, 「신라의 部와 部體制」, 『釜大史學』 30, 부산대학교 사학회.

퇴니스F. Tönnies, 황성모 옮김, 1982, 『共同社會와 利益社會』, 삼성출판사.

황기덕, 1978a, 「조선에서의 농업공동체의 형성과 계급사회에로의 발전(1)」, 『력사과학』 1978-3, 과학백과사전종합출판사.

_____, 1978b, 「조선에서의 농업공동체의 형성과 계급사회에로의 발전(2)」, 『력사과학』 1978-4, 과학백과사전종합출판사.

∽

고대 개발론

김재홍(국민대학교 국사학과 교수)

1. 연구의 제언

일반적으로 역사 개설서에서는 사회 변동 요인을 생산력의 발전과 생
산관계의 변화로 설명할 정도로 생산력의 발전 수준을 정확히 이해하
는 것이 중요함에도 그동안 연구 성과는 미비했다. 고대 사회의 생산
력에 관한 기존의 연구에서는 주로 철제 농구와 우경의 보급에 의해서
고대 사회가 성립·발전하거나 중앙집권 국가로 발전했다고 이해하면
서도, 생산력 발전의 구체적인 지표와 보급도에 대한 정확한 해명보다
는 사회 변동의 한 요인으로만 주목했다. 생산력 발전이 사회 변동의
전제로서 중요한 위치를 점하고 있다면, 이에 대한 정확한 이해는 고대
사회의 변화와 성격을 파악하는 지름길이 될 것이다.

한국 고대 사회의 성격은 생산 양식을 통해 이해할 수 있는데, 생산 양식은 생산력生産力과 생산관계生産關係의 역사적 결합이라 할 수 있다. 전근대, 특히 고대 사회에서 농업은 당대를 살았던 사람들의 삶 자체이자 국가 산업의 토대였다. 따라서 농업 생산력의 발전은 고대 사회의 성격을 변화시키는 동인이었다. 농업 생산력은 노동력·노동 수단·노동 대상의 3가지 구성 요소가 어우러져 총체적으로 발휘된다. 특히 노동 수단(생산 용구)과 인간의 노동력이 결합해서 고대 사회의 농업 생산력을 규정하게 된다. 이러한 농업 생산력이 생산관계와 결합해서 농업 경영을 이룬다. 따라서 한국 고대의 농업 생산력의 발전을 해명하면 농업 경영의 역사적인 발전을 파악하는 기초가 확립될 것이다.

그러나 한국 고대의 농업 경영을 파악하는 데는 현실적으로 여러 어려움이 있다. 가장 먼저 지적할 수 있는 것은 자료의 한계성으로 인해 농법이나 농업 경영을 논하기가 쉽지 않다는 점이다. 이 시점에서 노동 수단인 농구와 인간의 노동력이 결합해서 노동 대상인 토지에 가하는 행위가 이루어지는 개발에 대한 관점이 필요하다. 한국 고대 농업 생산력을 해명하기 위해서는 고대 사회의 개발 과정을 이해하는 것이 필요하다. 기본적으로 개발은 자연과 인간의 관계에서 이루어진다. 단지 경관적으로 미개간지인 자연을 개발 대상지로 전환하는 것이 아니라 사회적으로 자연 상태인 대지를 경지로 전환하는 적극적인 행위라 할 수 있다. 고대 여러 계층이 미개간지인 자연을 개발해 경지로 전환하는 과정에서 어떠한 역할을 했는가를 살피는 것도 중요한 논점이 되어야 한다.

이 글은 한국 고대의 농업 생산력을 해명하기 위한 목적으로 고대 개발론의 시각에서 미개간지인 자연을 경지로 전환하는 고대인들의 생산 활동을 검토하고자 한다. 그 과정에서 먼저 노동 수단인 철제 농구를 실증적으로 검토해 각 시기의 주도적인 농구를 파악하고 이를 바탕으로 농구를 소유한 계층을 추출하려고 한다. 생산 도구인 농구를 집적해서 개발을 주도한 각 시기의 계층을 통해 고대 개발 과정에서 인간의 역할을 살펴보려는 의도도 가지고 있다. 고대에 농구를 통해 개발을 주도한 계층과 국가는 경지를 가지고 있던 공동체인 촌락과 밀접한 관련을 맺고 있었으므로 공동체의 구조에 대한 이해도 필요하다. 이와 같이 한국 고대사를 개발의 과정으로 볼 경우 철제 농구, 계층 분화, 촌락의 형태 등 여러 사회적인 요소를 유기적으로 이해해야 한다. 이 점에서 고대사를 이해하기 위해 개발을 주요한 논점으로 보아야 하는 것이다.

2. 농업 생산력의 제 요소

(1) 철제 농구

고대 농업 생산력의 발전은 다양한 측면에서 검토할 수 있으나 실물 자료가 가장 풍부한 농구의 발전을 기준으로 해야 한다. 다른 자료에 비해 고고학적인 조사에서 이루어진 실물 자료를 바탕으로 실증적인 연구가 진행될 수 있기 때문이다. 철제 농구는 크게 소나 말의 축력을 이용한 우경구牛耕具와 인간의 손을 이용해 조작하는 농구(手耕具)로 나눌 수 있다. 전통 시대에는 기본적으로 이 두 가지가 결합해 농작업에서 기능했으나 처음부터 우경구가 농작업에 사용된 것은 아니었다. 손으로 조작하는 농구의 발전 과정에서 우경구인 쟁기가 출현했던 것이다.

철제 농구는 한국 고대 문헌 자료에는 거의 나오지 않고 주로 고고학 발굴 조사에서 얻은 자료가 중심을 이룬다. 발굴 자료에 기초해서 농구로 확정할 수 있는 자료는 판상철부, 주조괭이, 단조괭이, 외날따비, 쌍날따비, U자형 쇠날〔따비 및 화가래〕, 쇠스랑, 철서鐵鋤(호미), 살포, 낫, 보습, 볏 등이다. 이를 기능에 따라 분류하면 쟁기(보습과 볏), 괭이(판상철부, 주조괭이, 단조괭이, U자형 화가래), 따비(외날따비, 쌍날따비, U자형 따비), 쇠스랑, 호미(철서), 살포, 낫 등으로 구분할 수 있다.

이것을 농작업에 따라 정리하면, 보습과 볏·따비·U자형쇠날·괭이·판상철부 등의 갈이 농구〔起耕具〕, 살포와 같이 논에 물을 대는 농구〔水田給水具〕, 쇠스랑과 같은 삶는 농구〔治田具〕, 철서와 같은 김매는 농구〔除草具〕, 낫과 같은 걷는 농구〔收穫具〕 등으로 구분할 수 있다. 따라서 삼국시대에는 갈이-물 대기-삶기-김매기-걷이 등의 작업이 일관되게 이루어졌음을 알 수 있다. 이러한 철제 농구체계가 모두 갖추어지는 시기는 고구려는 4세기, 신라는 6세기 이후로 확인할 수 있다.

다양한 철제 농구는 출현하는 시점에 따라 각 시기 농작업의 특성을 잘 반영하고 있다. 철제 농구가 출현하는 기원전 2세기(고구려 지역은 기원전 3세기)의 철제 농구는 쌍날따비, 주조괭이, 쇠낫 등으로 갈이와 걷이 작업을 수행했다. 따비와 괭이 중심의 갈이 작업이 주를 이루었으며, 이는 기원후 2세기까지 지속되었다. 이 기간에 따비의 형태는 쌍날과 더불어 외날이 부가되고, 괭이는 주조괭이·단조괭이·판상철부 등의 형태가 추가되었다. 그러나 기본적으로 따비-괭이 중심의 갈이 작업이 경작의 주류를 이루는 농경이었다. 즉 갈이(따비, 괭이)-걷이(낫)의 과정을 철제 농구로 수행했다. 물론 굳은 땅에서는 주로 철제 농구가 사용되었고, 낮은 자연 저습지에서는 나무 괭이가 주로 이용되었다.

2세기 후반 무렵에 U자형 쇠날(갈이 농구)과 쇠스랑(삶는 농구)이 출현했는데, 이것은 주로 대형 고분에서 출토되었다. U자형 쇠날(따비·화가래)과 쇠스랑의 출현은 다양한 농구의 확대뿐만 아니라 새로운 농사 기술의 발전을 의미한다. 즉 논의 토양은 점성이 강하기 때문에 논농사에 적합한 갈이 농구는 땅에 꽂혔을 때 생기는 진공 상태의 저항도가 낮은 것이 바람직하다. U자형 쇠날과 쇠스랑은 가벼우면서도 흙에 대한 저항력이 낮고 강하기 때문에 논농사의 작업 효율을 크게 높일 수 있었다.

4세기에 가장 두드러진 변화는 철제 농구가 갈이 중심에서 벗어나면서 세밀한 농작업이 가능한 농구가 출현한 것이다. 논에 물꼬를 트는 농구인 살포와 밭에 김을 매는 농구인 철서라는 새로운 농구가 등장했다. 살포는 논농사에서 가장 중요한 물을 대는 기능을 가진 농구로서 수리 관개 기술의 발전 선상에서 이해해야 한다. 철서는 우리나라 농업의 가장 중요한 특징 중 하나인 중경제초中耕除草와 관련된 농구이므로 대단히 중요한 농구의 하나다. 살포와 철서가 나타나면서 손으로 작업하는 철제 농구는 따비·U자형 쇠날·괭이·판상철부 등의 갈이 농구, 살포와 같이 논에 물을 대는 농구, 쇠스랑과 같은 삶는 농구, 철서와 같은 김매는 농구, 그리고 낫과 같은 걷는 농구로 그 체계가 완성되었다.

현재 살포는 백제 지역의 한강 유역·금강 유역·남해안, 신라의 전 지역에서 집중적으로 발견되고 있다. 주로 한강 이남 지역에서 출토되어 남부 지방의 독특한 농구로 여겨진다. 이들 지역은 백제와 신라가 있었던 곳으로 고구려 지역인 한강 이북의 유적에서 발견된 예는 아직 없다. 이는 살포가 논이 많았던 남부 지역에서 주로 사용하던 농구라는 사실을 반영한다. 이렇게 논농사가 발전한 백제와 신라에서는 살포가 발달했으나 가야에서는 살포가 출토된 예가 빈약하고, 출토된 살포도 백제나 신라와 관계 있는 유물과 함께 출토되고 있다. 한편 철서는 논보다는 밭에서 사용한 농구로 보인다. 그런데 고구려 지역에서는 백제·신라와 달리 논농사에 가장 많이 사용되던 살포가 한 점도 출토되지 않고 밭농사에 사용되는 호미에 해당하는 철서가 널리 사용되고 있었다. 이로 보아 고구려 지역은 산간의 평지를 이용한 밭농사가 발달했음을 알 수 있다. 삼국이 위치한 지역은 북쪽으로 갈수록 산이 많고 밭농사가 발전했으며, 남쪽으로 내려올수록 평야가 넓고 논농사가 발전했다. 이러한 지형적인 요소가 농구에도 그대로 반영되어 있다. 비교적 평야가 많은 백제와 신라에서는 논농사용 농구인 살포가 광범위하게 발견되고, 구릉이 많은 고구려와 가야에서는 밭농사용 농구인 철서(호미)가 주로 발견되고 있다.

6세기(고구려에서는 4세기)에 쟁기날(보습)이 사용되면서 소가 끄는 우경이 전국적으로 보급되고, 신라 통일기에는 쟁기에 볏이 달리게 된다. 이 시기에 수경구와 우경구가 모두 갖추어지면서 한국의 전통적인 농작업체계가 완성되었다.

이와 같이 새로운 농구의 출현을 중시해 기원전 3~2세기, 기원후 2세기 후반, 4세기, 6세기를 변화의 시기로 볼 수 있다. 기원전 3~2세기에 따비-괭이 농작업이 출현하고, 기원 2세기 후반에 따비-괭이 농작업이 한 단계 발전한다. 이 기간에는 주로 따비-괭이의 갈이 농작업이 농업 생산력을 주도했다. 새로운 변화는 논과 밭의 농작업에서 정밀한 기술을 구사하는 철제 농구가 출현하면서 나타났다. 이런 점에서 4세기 살포와 철서의 출현은 한국 고대 농업사에서 중요한 위치를 점한다. 다음으로 새로운 변혁은 6세기에 이미 전국적으로 보급된 쟁기의 사용이다. 물론 고구려 지역에서는 4세기에 이미 고구려식 쟁기가 사용되었으며, 신라에서는 6세기에 전국적으로 보급되었다.

(2) 우경
철제 농구 중에서 가장 중요한 것은 쟁기를 구성하는 보습과 볏이다.

보습犁과 볏鏵이 삼국시대 유적에서 출토되는 예는 다른 농구에 비해 적은 편이나 차츰 증가하고 있다. 삼국시대에는 볏이 출토되지 않고 보습만 발견되었는데, 보습은 평양 상원 돌방무덤, 안변 용성리 신라 고분, 서울 구의동 유적, 아차산 제4보루 등에서 출토되었다. 이들은 대부분 6세기 이후의 자료지만 고구려에서는 그 전부터 중국 한나라의 영향으로 중국제 보습을 사용하다가 4세기 무렵 '고구려식 보습'을 제작하기 시작했다. 고구려식 보습은 그 형태가 V자형을 기본으로 하고 있다. 고구려에 비해 백제·신라 지역에서는 늦게 우경이 실시되었는데, 그 등장 시점은 보다 이를 가능성이 있지만 실물 자료는 6세기 이후에야 나타난다. 안변 용성리 고분 등에서 출토된 보습은 그 형태가 고구려 지역과는 달리 U자형을 기본으로 하고 있다. 삼국시대에 한강 이북지역의 주 작물은 밭 작물이며, 신라 지역인 영남은 벼농사와 밭농사가 병행되었지만 한강 이북보다는 벼농사의 비율이 높았을 것이다. 따라서 고구려의 삼각형 보습은 한강 이북의 밭농사 지역에서 사용되었으며, 끝이 둥근 U자형 보습은 진흙이 많은 남부 지역에서 주로 사용되었을 것으로 추정된다.

4세기 이후 고구려식 쟁기는 경작에 사용되었고, 이어 6세기를 전후해 남부 지역에는 논의 형태와 쟁기날 흔적으로 보아 우경이 상당할 정도로 보급된 것으로 추정된다. 남부 지역의 세장방형 계단식 논은 철제 농구의 발전과 관련이 있을 것으로 보이며, 특히 쟁기를 끄는 우경의 보급과 일정한 관련을 맺고 있다고 추정된다. 그것은 창원 반계동과 대구 서변동의 논에서 쟁기날 흔적이 확인되는 것으로 증명할 수 있고, 반계동에서는 주변에서 소의 발자국도 확인되어 가능성을 더한다.

이와 함께 문헌에도 우경에 대한 기록이 나타나기 시작한다. 신라에서는 지증왕 4년(503)에 처음으로 우경을 실시했다고 기록하고 있으나, 일반적으로 이전부터 실시되어오던 우경을 국가적인 차원에서 적극적으로 장려한 조치로 이해되고 있다. 이것은 우경을 지방 사회까지 널리 보급하겠다는 국가의 권농책과 관계가 있을 것이다. 신라 통일기에는 볏 달린 쟁기가 나타난다. 그것은 이천 설봉산성, 용인 언남동 유적 등에서 출토되었다. 쟁기날인 보습은 삼국시대에 출토되었으나 보습으로 간 흙을 한 방향으로 모으는 볏은 신라 통일기부터 나타난다. 쟁기에서 볏은 흙을 뒤집어 깊이 갈이를 가능하게 해 토양의 비옥도를 높이고, 논에서 이어짓기와 밭에서 돌려짓기를 가능하게 하는 조건이었다고 한다.

(3) 수리 시설

문헌 기록에는 수리 시설과 관련해 지池, 제堤, 언堰 등의 기록이 보인다. 벽골제는 사서에 따라 '제'나 '지'로 기록되었으나 물을 가두는(池) 둑(堤)이라는 의미에서 동일한 수리 시설을 일컫는다. 현재의 벽골제는 계곡 사이를 흐르는 하천을 막아 구릉과 구릉을 연결해서 둑을 쌓아 물을 가두는 수리 시설이다. 4세기경에는 기록에 표현된 '지'나 '제' 형태의 수리 시설을 이용해 새로운 토지를 개척했다고 여겨진다. 신라 눌지왕 때 쌓았다는 시제矢堤는 현재 그 위치를 알 수 없으나 '제'라는 용어로 보아 벽골제와 같이 흐르는 하천을 막아 둑을 쌓아 물을 가두던 수리 시설로 추정된다.

그런데 5세기에는 이와 다른 형태의 제방이 존재했다. 백제 개로왕 때 한강변을 따라 둑(堰)을 쌓아 하천의 물이 농경지로 넘쳐흐르는 것을 막았다고 한다. 이러한 둑은 계곡 사이를 막아 물을 저장하는 수리 시설의 형태에서 더 나아가 하천을 따라 둑을 쌓아 농경지로 물이 넘치지 않게 하는 형태다. 이러한 4~5세기 대의 '제'와 '언'은 개인이나 지역의 유력자가 조영造營한 것이 아니라 국가 주도로 이루어진 대규모 수리 시설이었다.

4~5세기 '제'와 '언'으로 이루어진 수리 시설은 6세기에 백제와 신라에서 전국적으로 보급되었다. 백제에서는 무령왕 10년(510)에 제방을 튼실하게 하라고 명령을 내렸고, 신라에서는 법흥왕 18년(532)에 담당 관리에게 명해 제방을 수리하게 했다. 이와 같은 조치는 이전부터 조성되어오던 '제'와 '언'을 국가 차원에서 전국적인 범위로 만들라는 것으로 이해된다. 6세기에는 제방을 만들거나 수리를 할 때 중앙의 담당자인 유사有司를 통해 인원을 일괄 편성해서 관리했다. 이는 축제築堤에 동원되는 역역 관리체계가 일반 행정 단위를 중심으로 하는 복속 의례적인 동원체계가 아니라 국가에서 직접 관장하는 중앙 행정체계를 중심으로 정비되었기 때문일 것이다.

6세기에 제방을 축조하면서 세운 비석이 현재 남아 있으며, 제방도 현존한다. 이 시기에 세운 비석은 영천 청제비와 대구 무술오작비이며, 영천 청제는 현재도 사용하고 있다. 두 비문에는 당시의 수리 시설을 '오塢'라고 표현했는데, '오'는 원래 마을을 방어하기 위해 둘러싼 둑이었으나 제방의 둑으로도 사용되었다. 두 비문에 나오는 '오'는 성격상 '제'와 '언'으로 나누어볼 수 있다.

청제비(법흥왕 23년, 536)는 산곡을 막아 물을 가두는 저수지인 청제를 쌓으면서 건립한 공사 기념비고, 무술오작비(진지왕 3년, 578)는 하천변에 있던 영동리촌另冬里村에 위치한 '오'를 축조하면서 세운 비다. 청제는 산곡을 흐르는 작은 하천을 막아 물을 가두는 '제堤'형의 제방이고, 오작비와 관련된 제방은 대구의 중심부를 흐르는 금호강과 같이 큰 하천의 범람을 막아 유량을 조절하고 농경지에 물을 대는 '언堰'형의 제방이다. 오작비의 제방은 물의 흐름을 조절하면서 대구 분지 내의 저습지를 개발하기 위해 쌓은 수리 시설로 보인다.

실제로 발굴 조사에서 확인된 제방도 두 가지 방식의 수리 시설이 확인된다. 제형 제방(청제비형 제방)은 울산 약사리, 영천 청제, 상주 공검지, 제천 의림지 등이 있으며 산곡을 흐르는 작은 하천을 막아 물을 가두어 저수지를 조성했다. 언형 제방(오작비형 제방)은 함안 가야리, 밀양 수산제, 김해 봉황동 68호 제방 등이 있으며, 하천의 범람을 막아 유량을 조절하고 농경지에 물을 대는 형태다.

3. 개발의 주체

(1) 거수층渠帥層

철제 농구의 발전상을 검토하다 보면 자연스럽게 소유 계층에 대한 문제로 옮겨가게 된다. 일반적으로 철제 농구는 손으로 조작하는 농구(手耕具)와 우경구(쟁기)로 나눌 수 있다. 시대에 따라 철제 농구를 사용하는 계층이 변화하고 가변적이기 때문이다.

일반적으로 신라는 4~6세기에 철제 농구의 보급, 우경의 보급, 논농사의 발전, 종자 개량 등을 통해 농업 경영의 자립화를 진전시켰다고 정의한다. 그러나 현재 철제 농구 외에 우경의 보급, 논농사의 발전, 종자 개량 등의 측면에서 이루어진 연구 성과는 거의 없다. 그 방면의 발전이 있었다는 정도의 정의에 그치고 있다. 그럼에도 농업 경영의 자립화는 가호家戶의 사회적 역할과 계층 분화를 증대시키고 기존 읍락 사회의 성격을 변질시켰다고 한다. 이러한 읍락 사회의 변화는 중국사에서 춘추전국시대의 변화와 유사한 과정을 보이고 있다. 우경을 농경에 도입한 대토지 부호 농민층이 등장하면서 계층 분화가 촉진되고 집체적 농업 경영에서 개체 노동으로 농업 생산 방식이 전환되었다. 일반 농민들도 단혼 소가족 단위로 농업 경영을 영위하면서 읍락공동체는 해체되어가고, 국가는 소농민층을 국가의 공민으로 직접 지배할 수 있게 되었다. 이것이 중국 고대사의 연구 성과를 인용해서 구성한 한국 고대사의 변화상이다.

그러나 중국이나 일본의 고대사가 우리 고대사와 비슷한 발전 방향을 보인다고 해서 해당 국가의 한정된 자료에 대한 분석을 그대로 인용하는 것은 위험한 발상일 수 있다. 중국 고고학이 발달하면서 우경에 사용된 쟁기를 소유한 계층은 국가나 한정된 계층으로 제한되고 있기 때문이다. 따라서 우리나라의 고고학 자료와 문헌 자료를 이용해 한국 고대 사회의 특성을 해명함으로써 동아시아사의 보편성을 확보해야 한다. 현재 한국 고대에 관한 자료를 가지고 우경을 통한 단혼 소가족 단위의 농업 경영을 이해하기는 어려운 측면이 있다. 고구려나 신라 유적에서 보이는 쟁기犁는 개인의 무덤에서 출토되는 경우는 드물고 국가 단위의 유적에서 주로 출토되기 때문이다.

이것이 현재 자료가 정리된 철제 농구를 중심으로 한국 고대의 생산력 발전을 구체적으로 논할 필요가 제기되는 이유다. 자료가 빈약한 우경을 중심으로 논하기보다는 출토된 철제 농구를 분석해서 계층 분화와 연결할 필요가 있다. 같은 종류의 농구라 하더라도 시기에 따라 다양한 계층이 사용했을 가능성도 고려해야 한다.

삼한 사회, 곧 읍락 사회는 철기 문화를 바탕으로 형성되었다는 것이 일반적인 견해다. 철기 문화의 형성을 기준으로 한다면 부여와 고구려에서는 기원전 3세기, 삼한 지역에서는 기원전 2세기에 읍락 사회가 형성되었을 것이다. 삼한 사회를 예로 들면 주조철기가 처음 출현하는 중남부 지역의 유적들은 대부분 충청남도와 전라북도를 중심으로 하는 중서부 지방에 밀집해 있다. 특히 기원전 2세기경으로 비정되는 충청남도 당진군 소소리와 부여군 합송리, 전라북도 장수군 남양리와 완주군 갈동 등지의 유적에서 초기 철기시대의 철기가 출토되었다. 이들 유적은 대부분 나무널무덤積石木棺墓으로 연화보-세죽리 문화의 철기 중에서 쌍날따비, 주조괭이, 쇠낫을 이용한 농작업 농구가 출토되었다. 새로운 철기와 더불어 세형동검, 동모, 정문경 등 청동기시대의 유물이 출토되어 거수층[1]의 무덤임을 알 수 있다.

이와 같이 연화보-세죽리 철기 문화의 영향 아래서 거수층은 따비-괭이-낫 등의 농구를 먼저 철기로 전환시켰다. 이들은 청동기시대 한국식 동검 문화기의 농경을 토대로 중국 연나라 전국계 철기를 수용해서 따비-괭이-낫 등의 철제 농구를 기초로 농작업을 발전시키고 있었다. 이로 보아 당시 철제 농구는 일반 읍락민에게까지 널리 보급되지 못했고, 종류와 수량도 풍부하지 않았다. 따라서 대부분의 읍락민들은 목제 농구에 주로 의존했고, 철제 농구를 소유한 층들은 거수층으로 제한되었을 것이다. 당시 소국이나 읍락 내에서는 간干을 중심으로 하는 거수층과 노동력을 편제당하는 하호下戶로 계층 분화가 이루어졌다. 거수들은 집단 내부의 하호들을 통제하는 한편 주변의 후진 지역 집단을 장악하면서 이들과 뚜렷이 구별되는 세력 집단으로 성장했을 것이다.

2세기 후반에는 거수층의 철제 농구에도 변화가 일어난다. 기존의 따비-괭이-낫 등의 농구를 사용하는 농작업이 한층 발전했다. 따비는 경지를 가는 데 더 효율적인 U자형 따비(화가래)로 형태상 발전했고, 새로이 흙을 부수고 북돋우는 쇠스랑이 추가되었다. 갈이-북돋기에 사용

---

1) 거수층渠帥層은 읍락 사회에서 존재한 소국 주수主帥와 읍락 거수 등을 지칭하는 계층에 대한 용어다. 경우에 따라 수장이나 간干으로 표현하기도 한다.

된 농구가 보완되어 농작업이 발전했던 것이다. 이러한 U자형 쇠날과 쇠스랑 같은 새로운 농구가 거수층을 중심으로 소유되었고 거수층들은 새로운 농구를 이용한 농업 기술로 생산력의 증대를 꾀했다. U자형 쇠날과 쇠스랑을 통해 농업 생산력을 향상시킨 거수층(주수)은 주변 지역을 통합해서 소국간의 통합을 진행시킨다.

거수층의 농구는 기원 4세기에 들어와 정밀한 농작업을 수행하는 단계로까지 발전했다. 이 시기에 주목되는 것은 살포와 철서의 출현이다. 논에 물꼬를 트는 살포가 나타나면서 이제 거수층은 U자형 따비·괭이(갈이)-쇠스랑(삶기)-살포(물 대기)-철서(김매기)-낫(걷이)이라는 손으로 조작하는 농작업 도구(手耕具)를 갖게 되었다. 특히 거수층의 무덤에 논에 물을 대는 농구인 살포가 새로이 부장되고 있어 논농사를 장악하고 통치하는 모습을 잘 보여준다. 특히 쇠자루 살포는 백제 지역의 공주 수촌리 1·4호, 신라 지역의 의성 대리 고분, 대가야 지역의 합천 옥전 M3호 등 중남부 지역 전체에서 확인될 정도로 농구와 권력의 관계를 잘 보여준다. 거수층과 살포의 관계는 이후에도 계속되는데, 조선시대에 임금이 신하에게 하사하는 의장과 지팡이(几杖)에도 그 모습이 남아 있다.

이렇게 중·남부 지역의 거수층들은 U자형 따비·괭이 등의 갈이 농구, 쇠스랑과 같은 삶는 농구, 철서와 같은 김매는 농구, 살포 등의 물 대는 농구, 낫과 같은 걷이 농구 등 대부분의 수경구를 갖추었다. 이로 보아 갈이-삶기-김매기-걷이 등의 농작업이 일관되게 이루어졌음을 알 수 있다. 이제 거수층은 철제 보습을 제외한 모든 철제 농구를 보유한 채 농작업을 수행하고 있었다.

(2) 호민층

앞에서 살펴본 바와 같이, 기원전 2세기 무렵에 농경지를 가는 농구인 따비와 괭이가 철기로 제작되면서 시작된 거수층의 철제 농구 소유는 기원후 5세기에 절정을 이룬다. 거수층은 U자형 따비·괭이(갈이 농구), 쇠스랑(삶는 농구), 살포(물 대는 농구), 철서(김매는 농구), 쇠낫(걷이 농구) 등의 수경구를 완비하게 되었다. 이와 더불어 철제 농구의 보급이 확대되면서 거수층이 아닌 일반민(下戶)도 철제 농구에 접근할 수 있는 가능성이 생겼다.

그에 따라 단조괭이-쇠낫을 기본적인 농구로 사용하는 계층인 호민층이 성장하면서 거수층에서 호민층까지 철제 농구 소유의 범위가 확대되었다. 호민층은 4~6세기에 1~4제곱미터 크기의 무덤을 축조하고 단조괭이-쇠낫의 농구, 쇠창-쇠살촉의 무기를 소유한 계층이다. 이것은 4세기 이후에 나타나기 시작해(김해 예안리, 합천 봉계리 유적 등) 5세기 후반 이후에는 지방에서 크게 증가하는 추세였다. 이러한 형태의 무덤을 조영하고 농구와 무기를 부장하는 계층을 읍락 내에서 성장하는 호민층으로 상정할 수 있다. 이들은 전 시대의 거수층의 계보를 잇는 존재이거나 새로이 철기를 부장하는 하호의 상층으로 해석할 수 있다. 이들은 4제곱미터가 넘는 중대형 고분의 피장자와는 계층을 달리하는 부류로 읍락민인 하호 중에서 성장하는 계층과 관련지을 수 있을 것이다. 읍락 사회에서는 거수와 하호로 계층이 나누어져 있었으나 4세기 이후 새로이 무덤을 조성하는 계층이 늘어나면서, 거수층의 하부는 계층이 하강하고 하호의 상부는 계층이 상승했을 것이다.

이와 같이 4~6세기에는 단조괭이-쇠낫의 농구, 쇠창-쇠살촉의 무기를 가진 계층이 출현했다. 이들은 간단한 무장을 했으므로 유사시에는 읍락의 방어를 주도하고, 평상시에는 철제 농기구를 농업 생산에 이용해 경지 확대를 도모하거나 개간을 통해 토지를 확대하면서 새로운 계층으로 성장하고 있었다. 물론 철제 농기구를 가장 많이 소유한 거수층도 농업 생산력을 주도했을 것이다. 이에 따라 읍락(혹은 읍락 성격의 지역공동체) 내에서는 거수(간), 성장하는 계층(호민층), 일반 읍락민(하호)으로 계층이 나뉘어가고 있었다. 그러나 새로운 계층의 성장으로 인해 몰락하는 읍락민들도 있었을 것이며, 유망민도 증가했을 것으로 보인다.

(3) 국가

이와 별도로 국가 단위에서 이루어진 생산력의 발전은 우경의 보급과 수리 시설의 확대를 통한 저습지 개발에서 찾을 수 있다.

4세기 무렵 남부 지역에서 거수층을 중심으로 농경이 발전하는 것과 더불어 고구려에서는 쟁기犁가 농경에 이용되었다. 고구려는 처음에 중국 연나라의 주조 농구와 한나라의 단조 농구를 받아들여 농경에 철제 농구를 사용했으나 4세기 이후에는 '고구려식 철제 농구'를 완성했다. 고구려의 철제 농구는 우경에 사용한 쟁기를 비롯해 U자형 쇠날, 쇠스랑, 철서, 쇠낫 등 중국과는 다른 고구려만의 독특한 형태를 지니고 있었다. 특히 고구려의 전형적인 보습은 한대의 보습에서 발전한 형태지만, 이후 우리나라 지형에 맞는 삼각형(v자형) 보습으로 정착해 최근까지 그 형태를 유지하고 있다. 그런데 출토된 농구의 상당수는 국가와 관련된 방어 시설에서 발견되었으며, 요하 유역·대동강 유역·한강 유역 등 고구려 전역에서 출토되었다. 새로이 출현한 쟁기와 더불어 흙을 부수고 고르는 쇠스랑을 이용하는 농작업은 전통 시대 우리나라 농사의 기본적인 요소가 되었다. 고구려의 쟁기는 대부분 국가와 관련된 시설에서 출토되어 국가와 연관되어 있음을 알 수 있다. 평양 상원 돌방무덤에서는 유력 계층의 무덤에서 쟁기가 출토되어 우경을 지배 계층과 연결할 수 있는 실마리를 제공했으나, 그 숫자가 많지 않다는 약점이 있다. 즉 고구려에서는 4세기에 쟁기를 사용하는 우경이 출현했으나 6세기 무렵까지도 우경의 보급은 귀족에게도 제한적으로 이루어졌다.

신라와 백제에서도 6세기 이후는 우경과 대개발大開發의 시대로서, 우경의 전국적인 보급과 수리 시설의 확충을 통한 국가 주도의 개발이 이루어졌다. 5세기까지 거수층이 철제 농구의 발전을 주도했다면, 6세기 이후의 우경과 수리 시설은 국가가 주도했다. 이제 개인보다는 국가 단위, 전국 규모의 농업 생산력의 발전이 중요한 과제가 되었다.

당시 수리 시설은 국가 차원에서 축조가 이루어지고 있었다. '제'와 '언'의 축조는 촌에 파견된 지방관을 통해 행해진 것이 아니라 중앙에서 직접 장악해서 운영되었다. 즉 법흥왕 대에는 유사有司나 사인使人이, 진지왕 대에는 무술오작비에 보이듯이 아척간阿尺干이라는 경위京位를 가진 도유나가 수리 사업을 행할 때 관리로 파견되어 수리 시설을 축조했다. 전자에서는 책임자와 기술자가 모두 왕경 6부인이었으나, 후자에서 책임자는 왕경 6부인이지만 기술자는 지방의 촌민이었다. 승려가 제방 축조에 참여한 것은 불교의 사회사업과 관련이 있었기 때문이다. 이는 불교의 도입과 더불어 중국의 발달된 토목 기술이 승려를 통해 들어왔기 때문일 것이다. 불교의 사회사업에는 교량과 도로의 건설, 우물의 조성, 관개지 건립 등의 토목 사업이 들어 있었다고 한다.

4. 개발과 공동체

(1) 읍락(촌)의 개발 과정

한국 고대에서 읍락이 공동체적인 성격을 띠고 단위 집단으로 존재한 시기의 사회를 읍락 사회로 정의할 수 있다. 대체로 기원전 1세기~기원 3세기까지의 고대 사회에서 기능했으며, 4세기부터 해체 과정을 걷기 시작해 6세기 무렵에 해체된 것으로 본다. 부여·고구려 사회는 신라·가야 사회보다 일찍 읍락 사회가 해체되었다고 본다. 당시의 읍락邑落은 문자 그대로 '읍邑'과 '낙落'의 모임이었다. 읍은 중심 취락군으로 비교적 많은 인구와 집들로 구성되고, 낙은 흩어진 취락들로 이루어져 있었다. 이 단계에 취락은 대개 구릉지대나 계곡 사이의 좁은 평지에 있었고, 넓은 저습지와 산림 등의 황무지는 아직 인간이 자유롭게 이용하기 곤란했다. 물론 읍락과 읍락 사이에도 이용되지 않은 황무지가 존재했을 것이다. 이렇게 읍락이 고립적이고 분산적으로 존재한 것은 당시 농경지와 취락이 입지할 수 있는 환경이 한정적이었기 때문이다.

이러한 사정은 신라의 왕경인 경주에서도 마찬가지였다. 5세기까지도 신라는 주거 영역이 산간·구릉지·자연제방을 크게 벗어나지 못했고, 중심부의 저습지에는 주로 죽은 이의 영역인 무덤이 있었다. 이는 하천의 흐름을 어떻게 제어하는가 하는 문제와 결부되는데, 경주 시내의 중심부는 저습지여서 개발이 곤란했던 것이다. 이는 당시의 저습지가 해마다 홍수로 인해 범람하고 하천의 잦은 유로 변경으로 구릉지에 비해 토지로서의 가치가 열악했기 때문이다. 따라서 저습지는 구릉지에 비해 후대에 가서야 농경지나 주거지로서 기능을 하게 되었다.

이러한 상태에서 개발은 철제 농구나 도구를 중심으로 이루어졌고, 이를 주도한 계층은 읍락 사회의 거수층이었다. 부여의 읍락에는 경제적 차이를 기준으로 호민과 하호가 있었으며, 제가諸加는 이들을 가호 단위로 지배했다. 고구려도 정치·사회적으로 대가와 소가가 있었는데, 경제적으로 부유한 대가大家는 제가와 호민을 지칭한다. 대체로 부여· 고구려의 경우 계층 분화가 발달해 읍락에는 호민과 하호가 있었으며, 이들은 대가大加나 가加 세력에 의해 가호 단위로 지배당했다.

이에 비해 『삼국지』 위서魏書 동이전東夷傳 한조韓條에서 삼한三韓의 읍락을 구성하는 계층으로 거수渠帥와 하호의 존재가 확인된다. 삼한의 읍락에는 거수-하호가 있었는데, 이들은 주된 대립 관계였다. 하호의 성격에 대해서는 고전적인 노예, 집단 예민으로서의 총체적 노예 또는 농노 내지 봉건적 예속 농민으로 파악하기도 하지만, 읍락 사회의 일반 구성원으로 보는 것이 일반적이다. 이 시기의 하호는 기본적으로는 읍락 사회의 공동체적인 규범에 따라 제약을 받으며 경제적·신분적으로는 거수층에 예속된 존재였다.

이러한 상태의 삼한 지역에서 농업 생산력과 관련된 철제 농구가 출토된 무덤은 대부분 거수층에 해당하는 대형분이다. 당시 거수층의 농구는 U자형 따비(화가래)-쇠스랑-쇠낫 등 손으로 조작하는 농구였다. 이것들은 주로 구릉지나 하천변의 자연제방 등에 조성된 경지를 경작하는 데 사용되던 농구다. 따라서 경지가 조성된 지역이 한정되었으며, 거수층을 중심으로 읍락 단위의 개발이 진행되었을 것으로 추정된다.

삼한 사회 읍락의 공동체적인 성격은 계층 분화 과정에서도 유지되었으나 거수-하호의 대립 관계에서 새로이 호민층이 성장했다. 『삼국지』 위서 동이전 한조에서 거수는 인수印綬를 받고 하호는 의책衣幘을 받아 양자가 구분되고 있다. 이때의 하호는 읍락 거수를 따라 한군현漢郡縣에 갔다가 의책을 받은 일반 읍락 구성원이었다. 이들 하호들은 읍락 거수나 한군현과의 정치적 관계를 매개로 한군현과의 무역을 통해 사회·경제적 지위를 향상시키고 있었지만, 일반 읍락민과 구분해서 호칭될 정도는 아니었다. 이들은 한군현으로부터 받은 의책을 통해 읍락 내에서의 지위를 향상시켰다. 이러한 일부 하호들이 정치·경제적인 지위를 상승시키거나 거수층의 일부가 호민으로 성장하고 있었다.

4~6세기에 삼국(신라)의 읍락(촌)에는 호민-하호의 계층 분화가 존재했으나 기본적으로 거수층도 촌주나 촌간村干으로 전환되어가면서 정치적인 위상을 존치했다. 부여·고구려 사회에 비해 신라 사회에서는 읍락의 공동체적인 성격이 좀 더 유지되면서 거수층이 정치적인 위상을 유지하고 있었다. 이러한 관점에서 신라 중고기 '촌村'을 이해하기 위해 촌주의 역할에 주목할 필요가 있다. 촌에는 지방관으로 도사가 파견되었으나 촌을 대표하는 지방민은 촌주村主였다. 촌주도 계층적으로는 호민층이었으나 정치 및 사회·경제적인 위상이 다른 호민보다 월등했으며, 촌주직이 세습되는 모습도 보이고 있다. 신라 중고기에 촌주를 호민층과 분리해서 이해할 필요가 있는 이유다.

(2) 국가 주도의 개발

대략 6세기를 전후해 선상지를 포함한 저습지가 개발되면서 이용 가능한 토지가 늘어나고 읍락의 영역이 확대되었다. 이전에도 읍락의 활동범위는 있었고 서로 침범하지 않는 게 관례였지만,[2] 이때부터는 읍락 간의 간격이 좁아지고 중간의 공지가 사라지는 상황이 예견된다. 이러한 상황은 신라 왕경인 경주에서 잘 나타난다. 6세기에 경주 중심부의 저습지가 본격적으로 개발되면서 새로운 전기가 마련된다. 저습지가 주거 영역이나 경작지로 이용되기 위해서는 하천의 이동이 빈번한 알

---

2) 其俗重山川 山川各有部分 不得妄相涉入 同姓不婚 …… 其邑落相侵犯 輒相罰責生口牛馬名之爲責禍(『三國志』卷30, 烏丸鮮卑東夷傳 濊條).

천의 흐름이 제어되어야 하고, 더 나아가 지금의 서천·북천·남천에 둘러싸인 경주 시내의 저습지가 개발되어야 했다.

백제와 신라에서는 6세기 대에 대개발大開發의 시대가 열렸다. 6세기 백제 무령왕과 신라 법흥왕 대에 수리 시설의 하나인 '제'나 '언'을 국가적·전국적인 규모에서 축조하거나 수리하는 역사를 대대적으로 전개했다. 이전부터 계곡 사이를 흐르는 하천을 막아 물을 가두어두는 청제비형(堤型) 저수지뿐만 아니라 하천을 따라 둑을 쌓아 농경지에 물을 관개하는 오작비형(堰型) 저수지도 축조하면서 산곡 계류 지역의 평탄지와 하천 주변의 저습지들을 모두 개발하는 방향으로 진행되었다. 이러한 수리 시설의 축조와 수리는 지방관을 통해 행해진 것이 아니라 중앙에서 직접 관리를 파견해서 운영했다. 당시로서는 고도의 기술을 필요로 하고, 많은 인력 동원이 요구되었으므로 중앙 정부가 직접 관련할 사항이었기 때문이다. 제방을 수축할 때 동원된 지역민들은 수리 시설의 혜택을 입는 지역의 주민만이 아니라 수리 시설의 혜택과 관계없는 지역의 주민들도 포함되었다.

이와 같이 백제와 신라는 새로운 수리 시설의 축조와 관리를 통해 하천이나 계곡의 유량을 조절할 수 있었고, 이를 바탕으로 새로운 토지를 개발할 가능성을 열어가고 있었다. 특히 하천 주변의 토지가 논으로 개발되었을 것이다. 이러한 사정은 『수서』 신라전에도 반영되어 "(신라는) 농경지가 비옥해서 수륙겸종水陸兼種한다"고 기록될 정도로 수전 농업이 발전했다. 『삼국사기』 기록에 나오는 작물의 출현 빈도를 보아도 6세기 이후에는 수전 농업과 쌀米에 대한 기록이 많다. 현재 문헌 기록상으로 수전 농업의 발전을 찾을 수는 없으나 수리 시설의 수축과 도작稻作에 대한 기록으로 보아 백제·신라 사회에서 6세기를 수전 농업에 있어서 하나의 발전적인 획기로 볼 수 있을 것이다.

이와 같이 6세기 무렵에 신라 국가는 새로운 수리 시설의 축조와 관리를 통해 하천이나 계곡의 유량을 조절할 수 있었고, 이를 바탕으로 새로운 토지를 개발할 수 있는 가능성을 열어가고 있었다. 이 당시에 저습지와 같이 새로운 토지가 개발될 가능성이 있었다면, 신라는 새로이 형성된 토지에 대한 전면 조정을 단행해야 했다. 이 같은 당시의 상황을 알려주는 것이 진흥왕 22년(561)에 건립된 '창녕진흥왕척경비'에 보이는 기록이다.

창녕비에는 '해주백전답海州白田畓', '산염하천山鹽河川' 등의 경제 관련 글자와 더불어 "…… 토지가 협소했으나 …… 수풀을 제거해 …… 토지와 강역과 산림은 …… 대등大等과 군주軍主·당주幢主, 도사道使와 외촌주外村主가 살핀다"는 구절이 나온다. 원래 신라는 땅이 협소해서 농경지나 주거지로 활용할 토지가 부족했으나 "수풀을 제거해" 새로운 토지를 개발하면서 토지가 산림과 구분될 정도로 늘어났다. 또한 토지와 산림은 중앙관·군지휘관·지방관·재지 세력 등의 조사를 통하여 국가에서 파악했다. 이는 국가 권력이 앞장서서 기존의 황무지를 토지와 임야로 새로이 개척하고 나서 국가에서 토지나 임야의 지목地目을 파악한 상황을 말하는 것이다. 그리고 '산염하천'이란 글자로 보아 산지·소금밭·하천으로의 구획이 이루어질 정도로 국토를 효율적으로 이용하고 있었음을 알 수 있다.

이러한 6세기 이후의 대개발은 국가와 관련이 있다. 그 핵심은 국가 차원에서 우경을 전국적으로 보급하고 수리 시설을 완비하는 과정에 있다. 국가 주도의 개발이 진행되면서 신라 중고기의 촌락은 변화를 겪게 된다. 기존의 읍락을 촌으로 편제하면서 개발 과정에서 새로운 촌락인 '신촌新村'이 형성되기도 했다. 성산산성 목간 자료에 보이는 '신촌'은 신라 중고기 국가 주도 개발과 관련해서 해석해야 한다. 당시의 개발은 하천 주변의 저습지를 농지로 개척하는 것이 중요한 과제였으므로 자연 취락 단위보다는 더 큰 범위의 지역 단위에서 이루어졌다.

따라서 중고기의 촌은 다시 몇 개의 자연 취락으로 구성되었으며, 촌이 모여 군郡을 형성했다. 이때까지 신라 국가에서는 촌(자연촌)이라는 단위를 사용해서 자연 취락까지 지배하지는 못했다. 이렇게 본다면 삼국시대 후기의 촌은 자연 취락이 모여서 이루어진 큰 마을임을 알 수 있다. 요즘의 촌은 일반명사로서 마을을 의미하지만 당시에는 작은 마을이 모여 이루어진 큰 마을이었다. 이러한 촌이라는 용어는 처음에는 큰 마을을 가리켰으나 점차 작은 마을 단위를 지칭하다가, 후대에 마을을 가리키는 일반명사로 바뀌는 등 그 과정이 촌락 사회의 모습을 반영하고 있다. 자연 취락이 개발의 중심으로 등장하는 것은 신라 통일기 이후다. 자연 취락 단위까지 촌이라는 단위성을 부여하는 과정은 신라 국가의 개발 과정과 짝을 이루는 것이다. 신라 통일기 「신라촌락문서」에 나오는 자연촌의 성장은 삼한의 읍락 사회 이후에 이루어진 개발 과정에서 출현했던 것이다.

5. 새로운 방향 설정

한국 고대 생산력의 발전을 개발 과정으로 이해하는 연구 성과는 이제 출발점에 서 있다고 할 수 있다. 전체적인 흐름은 개괄적으로 연구 성과를 내고 있으나 구체적인 자료를 집적해서 전체상을 만드는 과정에 있는 것이다. 이 시점에서 연구 방향을 설정하는 일은 매우 중요하다.

먼저 물질적인 자료가 가장 풍부한 철제 농구에 대한 연구를 심화해야 한다. 다른 분야의 연구 성과를 종합하기보다는 기본적인 고고학 발

290

굴 조사 현장에서 얻은 철기 자료를 기초로 연구를 진행하는 것이 필요하다. 철제 농구는 금동관이나 장식대도 등과 같이 다양한 형태와 변화를 보이지 않아 그 형태만 가지고는 형식 분류와 편년을 시도하기가 곤란하다. 철제 농구의 형태를 통한 검토와 더불어 기능에 대한 검토가 필수적이다. 그러나 철제품은 철기와 함께 붙어 있던 나무 자루가 거의 남아 있지 않아 사용 방법(기능)을 알기가 곤란하므로 민속예나 농서 등 고문헌에 나오는 자료와 비교 검토해야 하는 어려움이 있다. 이 경우 우리나라의 민속예뿐만 아니라 비슷한 역사적 전통을 가진 이웃 중국과 일본 등 동아시아 국가의 예를 참조해야 한다.

또한 조선시대 농서인 『농사직설』, 『농가집성』 등에 나오는 농구를 참조해서 농구의 명칭과 기능을 확인해야 한다. 더 나아가 『삼국사기』, 『삼국유사』 등의 문헌 사료와 울산 약사리나 함안 가야리 제방의 실물 자료 등을 참조해 농업 기술사의 흐름을 파악해서 철제 농구의 변화상을 검토해야 한다. 이와 같이 철제 농구를 통한 한국 고대 농업 기술사의 연구는 고고학·민속학·농업사·문헌사학 등의 피상적인 이해에 머물러서는 안 되며, 다양한 분야의 연구 성과를 유기적으로 연결해서 이해할 필요가 있다.

그다음에는 대상으로 하는 연구 영역을 확대할 필요성이 있다. 최근 10년 사이에 노동 대상(경지)인 논과 밭에 대한 발굴 조사가 증가하고 있으며, 연구 성과도 제출되고 있다. 아직 시작 단계지만 직접 발굴 조사를 진행한 고고학 연구자가 발굴 사례를 중심으로 실증적인 연구를 추진하고 있다. 앞으로 발굴 조사 자료를 집적해서 학문적인 연구 성과로 축적하기를 기대한다.

또한 철제 농구를 중심으로 진행된 연구에서 개발과 관련된 노동 도구를 중심으로 연구를 확대해야 한다. 최근 경주 쪽샘지구 41호 돌무지덧널무덤의 딸린덧널에서 대형 철제 도구가 출토되었다. 이 철제 도구는 날 부분이 길고 넓적한 형태를 이루고 있어 땅을 파내는 굴지용掘地用이라기보다는 농경지나 도로의 터를 고르는 정지용整地用 도구로 보인다. 특히 평탄한 평야지대에서 경지의 터를 고르는 용도로 사용되었을 것이다. 그 크기가 다른 농구에 비해 두 배 이상 큰 것으로 보아 사람이 조작하기보다는 소나 말 같은 가축을 이용한 농경 작업에 활용되었을 것으로 보인다. 이러한 도구는 당시 경지 작업이나 도로 등의 정지 작업에 사용되었을 것이다. 다양한 농구 및 도구에 대한 이해를 통해 개발 과정을 해명할 필요가 있는 이유다.

최근 주목받고 있는 새로운 자료는 목간木簡이다. 목간은 기존 사료의 공백을 메워주는 역할을 할 뿐만 아니라 생활사와 관련된 자료를 제공하고 있다. 경지의 지목을 알려주는 '수전水田', '백전白田', '화전禾田'과 더불어 '적미赤米' 등의 곡물 종류를 알려주는 자료가 다수 출토되고 있다. 이는 철제 농구 중심의 농업사를 벗어나 종합적인 농업사 연구를 위한 좋은 자료라 할 수 있다.

종래 농업 생산력의 물질적인 기준은 철제 농구의 발전이었다. 그 외에 경지 이용 방식, 비료, 종자의 개량, 경지의 입지 등이 지적될 수 있으나 현재의 자료로는 철제 농구를 통해 검토할 수밖에 없었다. 철제 농구를 통해 검토하면 한국 고대의 생산력과 사회 변동의 시기를 기원전 3~2세기 철기와 철제 농구의 사용으로 볼 것인가, 아니면 4세기 이후 철제 농구의 확대를 기점으로 잡을 것인가가 문제다. 이는 한국 고대 국가 형성 시기를 어느 시점으로 잡는가의 문제와도 직결되어 있다. 단지 농구의 발전 과정을 연구하기보다는 고대 국가의 형성과 발전에 대한 구체적인 이해를 철제 농구를 통한 고대 개발에서 찾을 수 있는 것이다.

지난 세기 마지막에 고고학계와 역사학계에서 4세기를 변동의 시점으로 다루면서 고고학계에서는 4세기를 고대 국가의 성립기로, 역사학계에서는 중세 사회의 시작이나 고대 전제 국가의 출현기로 보는 견해가 제기되었다. 또한 4~6세기의 변동기를 지나 신라 통일기에 중세 사회가 시작되었다는 견해도 나왔다. 이처럼 다양한 견해들이 나왔다는 사실은 이 시기가 변동기에 처한 다이내믹한 시기로 시대 구분상에서 논란이 되는 중요한 시기라는 점을 반영하는 것이다. 이 시기에 대한 정확한 이해는 고대 사회의 성격과 시대 구분에 대한 이해를 증진시켜 줄 것이다.

:: 참고문헌

김재홍, 1995, 「신라 중고기의 저습지 개발과 촌락구조의 재편」, 『한국고대사논총』 7, 한국고대사회연구소.

_____, 2003, 「신라 통일기 전제왕권의 강화와 촌락지배」, 『신라문화』 22, 동국대학교 신라문화연구소.

_____, 2011, 『한국 고대 농업기술사 연구: 철제 농구의 고고학』, 고고.

_____, 2012, 「중·근세 농구의 종합적 분석」, 『중앙고고연구』 10, 중앙문화재연구원.

_____, 2013a, 「신라 왕경의 개발 과정과 발전 단계」, 『한국사학보』 52, 고려사학회.

_____, 2013b, 「한국 고대 쟁기의 규격성과 국가적 성격」, 『고고학탐구』 14, 고고학탐구회.

古島敏雄, 1967, 『土地に刻まれた歷史』(岩波新書), 岩波書店, 東京.

中國史硏究會, 1983, 『中國史像の再構成: 國家と農民』, 文理閣.

수장제론首長制論의 기초적 이해

홍기승(국사편찬위원회 편사연구사)

1. 머리말

한국 고대사의 모든 분야가 그렇겠지만, 고대 지방 사회의 모습을 보여
줄 만한 자료는 매우 부족하다. 다행히 여러 선학의 노력으로 그동안
연구의 지평을 꾸준히 넓혀왔지만 아직까지 규명되지 못한 부분이 많
은 것도 사실이다. 그런 까닭에 우리보다 자료가 풍부하게 남아 있고
다양한 측면에서 연구가 진전된 일본 고대사의 연구 동향을 살펴보는
작업은 우리에게 많은 시사점을 줄 것이다.

　일본 고대사의 여러 성과 가운데 이른바 '수장제론首長制論'은 고대
일본의 지방 사회를 이해하는 중요한 관점 가운데 하나로 꼽을 수 있
다. 1970년대에 처음 제기된 이래 여러 연구자가 수장제론의 시각에서

고대 일본 지방 사회의 구조를, 더 나아가 율령국가의 지배 구조를 밝히려고 노력했다. 이제는 예전만큼 논의가 활발하지 않지만, 수장제론이 일본 고대사를 이해하는 중요한 키워드 중 하나인 것만은 분명하다. 그럼에도 지금까지 한국 고대사의 입장에서 수장제론을 정리하거나 활용한 연구는, 과문한 탓이겠지만 찾을 수 없다. 물론 도식적인 대입이나 맹목적인 추종은 당연히 금물이겠지만, 새로운 관점에서 한국 고대사를 돌아보는 작업은 그동안 미처 생각지 못했던 부분들을 규명하는 데 큰 도움이 될 것이다.

이 글은 이와 같은 문제의식 속에서 수장제론의 기초적 이해를 시도해보고자 한다. 먼저 수장제론의 기폭제가 된 이시모다 쇼石母田正의 논의를 정리하고, 이후 제기된 여러 견해를 간략하게 살펴보겠다. 그리고 수장제론의 시각에서 한국 고대의 지방 사회를 어떻게 이해할 수 있을지 시론적인 차원에서 검토하겠다. 처음 주제를 정할 때 일본 고대사에 대한 기초 상식이 매우 부족해 몹시 주저했지만, 이후 연구에 조금이나마 보탬이 되지 않을까 하는 일말의 기대감이 더 컸기에 이렇게 글을 쓰게 되었다. 많은 질정을 바란다.

2. 이시모다 쇼의 수장제론

앞서 언급했듯이 수장제론을 처음 제기한 이는 이시모다 쇼였다. 1960년대 들어 본격적으로 일본 고대사 연구에 나선 그는 1971년 1월에 간행된 『日本の古代國家』(이하 『고대국가』)[1]에서 '수장제'라는 개념

---

1) 본래 1971년 초간初刊 당시의 『日本の古代国家』는 '国家成立史における国際的契機', '大化

을 통해 일본 고대 국가의 성립 과정과 그 특성을 심도 있게 검토했다. 이제 『고대국가』의 주요 내용을 정리해가면서 이시모다의 수장제론을 살펴보겠다.

먼저 이시모다는 마르크스Marx가 제시한 아시아적 생산 양식을 기반으로 한 공동체를 일본 고대 사회의 기초 단위로 파악했다. 이시다모가 수용한 아시아적 공동체 개념은 마르크스가 일찍이 『자본제 생산에 선행하는 제諸 형태』에서 제시한 것이었다. 여기에 따르면 자본주의가 등장하기 전 공동체의 토지 소유 형태는 아시아형, 그리스-로마의 고전고대古典古代형, 게르만형의 세 가지 유형으로 나눌 수 있는데, 이 가운데 아시아형은 토지사유제가 발달하지 못하고 촌락공동체가 토지의 소유권을 갖는 점을 특징으로 한다.

이러한 아시아적 공동체를 이끌어가는 주체는 바로 수장이었다. 이시모다는 마르크스의 논의와 폴리네시아Polynesia, 통가Tonga 등지에서 이루어진 인류학 연구 성과를 참고하면서, 수장이 아시아적 공동체의 '공동성共同性'을 대표하는 인격으로서 중요한 역할을 했음을 강조했다. 수장은 공동체 구성원과 외부 사회 간의 '교통'[2]을 장악했으며, 자신의 통치권이 미치는 영역 내 토지의 소유자로서 공동체 생산을 주관했다. 또한 공동체의 결속을 다지는 제의를 주재하고 구성원에 대한 재판권을 행사할 수 있는 위치에 있었다. 수장은 이러한 자신의 권한을

改新の史的意義', '国家機構と古代官僚制の成立', '古代国家と生産関係' 4개의 장으로 구성되었다. 이시모다는 여기에 「古代官僚制」, 「官僚制国家と人民」, 「国家と行基と人民」 3편의 논문도 실으려 했으나 분량 문제로 1973년 5월에 출판된 『日本古代国家論』 제1부에 별도로 수록되었다. 이런 사정을 감안해 저자 사후에 발간된 『石母田正著作集 第三巻: 日本の古代国家』(1989, 岩波書店)는 『日本古代国家論』 제1부를 '제2부'로 함께 실었다.

2) 이시모다는 '교통'을 "경제적 측면에서는 상품 교환이나 유통, 상업 및 생산기술의 교류이며, 정치적 영역에서는 전쟁이나 외교를 포함한 대외 관계고, 정신적 영역에서는 문자의 사용부터 법의 계수繼受에 이르는 다양한 교류다"라고 정의했다(石母田正, 1971, 20쪽).

활용해 공동체를 총괄하면서 구성원과 인격적 예속 관계를 맺었다. 반면 사적 토지 소유가 발달하지 않았고 단지 공동체의 토지를 점유하는 데 그쳤던 구성원들은 재생산을 위해서는 수장에 의존하고 그의 지배 아래 놓이는 것이 불가피했다. 이러한 양상은 사적 토지 소유에 기반을 둔 자립적 주체간의 상호 관계를 바탕으로 형성된 민회民會가 공동체를 대표했던 게르만형과는 상반된다.

이처럼 일본 고대의 아시아적 공동체는 구성원=직접생산자가 수장에게 인격적으로 예속·의존해 생산 활동에 종사하는 이른바 '수장제 생산관계'를 토대로 형성되었다. 이는 야요이彌生 시대부터 율령제 국가가 소멸될 때까지 여러 차례의 정치적 변혁에도 불구하고 일본 고대 사회의 기저에 유지되었던 것이다. 따라서 국가의 성립 문제도 제도적 변혁에 초점을 맞출 것이 아니라 '수장제 생산관계의 총괄이자 그 경제적 관계의 집중적 표현'이라는 시각에서 접근해야 한다고 주장했다. 이시모다는 이러한 관점에서 율령제 국가로 귀결되는 6~8세기의 변혁 과정을 검토해 일본 고대 국가의 성립 문제와 그 특성을 규명하려 했다.

먼저 그는 7세기 중반의 다이카大化 개신을 율령제 국가로 향하는 중요한 전환점으로 보고, 다이카 개신의 가장 큰 의의로 인민을 지배하는 방식이 '왕민제王民制'에서 '공민제公民制'로 전환되었다는 점을 들었다. 왕민제는 개신의 전대前代인 6세기부터 7세기 중엽 단계의 지배 질서로, 야마토大和 왕권에 복속한 중앙과 지방 각지의 수장층을 토대로 성립되었다. 야마토 왕권은 수장들을 쿠니노미야츠코クニノミヤツコ(国造)·토모노미야츠코トモノミヤツコ(伴造) 등에 임명하고 씨성氏姓을 사여 또는 공인함으로써 그들의 지배 영역에 대한 기왕의 권리를 인정했으며, 이들을 매개로 인민을 지배할 수 있었다. 반조伴造·부민제部民制는 이러한 왕민제의 지배 질서를 대표하는 사례로, 영역이 아닌 신분적·족제族制

적 단위로 인민을 파악했다는 점이 큰 특징이다.

반면 개신 이후에 성립된 공민제는 '인민의 지역적 편성'이라는 점에서 왕민제와 큰 차별성을 가졌다. "인민을 그 거주지에서 파악하고 그것을 지역성의 원리에 의해 편성해, 통치 권력을 영역에 따라 중층적으로 구축하는" 일이야말로 고대 국가의 기본적 속성이라고 전제한 이시모다는 개신을 통해 지역성의 원리에 기반한 인민의 편호編戶가 가능해졌다고 보았다. 개신 전후 사료에 보이는, 호적과 계장 작성을 통한 민호民戶의 철저한 조사와 모든 토지에 대한 교전校田 사업은 국가의 영역 지배 방식을 잘 보여주는 사례다. 율령제 국가의 국國-군郡-리里라는 지방 행정체제는 인민에 대한 새로운 편성 원리를 바탕으로 성립될 수 있었던 것이다.

그렇다면 왜 다이카 개신을 통해 인민의 지역적 편성으로의 원리 전환을 시도해야만 했을까. 여기에 대해 이시모다는 외적 동인으로서 개신 전후의 국제적 위기에 대응한다는 정치적·군사적 측면과 함께, 내적 동인으로서 재지 사회의 생산관계 변화에 주목했다. 5세기 후반부터 철제 농경구가 일반화되면서 생산력이 크게 증대되어, 재지 사회에서 개간이 활발해지고 집약화된 수전 경작과 다양한 농업 생산물 재배가 가능해졌다. 이는 공동체 내의 계층 분화를 가져왔으며, 소비 단위로서 가부장적 가족 공동체가 성립하는 계기가 되었다. 이러한 변화에 대응해 공동체적 소유를 체현하는 단계에 머물던 수장은 이제 공동체의 재산 일부를 사유하면서 부를 축적해 구성원에 대한 본격적인 계급 지배에 나설 수 있었다.

한편 이 시기 왕민제에 이미 편성되어 있던 수장층과 다른 계통의 군소 수장층이 새롭게 등장한 점도 주목할 만하다. 당시 활발히 조영된 군집분群集墳은 바로 새로운 수장층의 등장이라는 재지 사회 내부의 변

화를 잘 보여주는 지표인 셈이다. 이들은 개신 과정에서 설치된 코오리 노미야츠코ㄱオリノミヤツコ(評造)로 활약하거나 군郡의 신설을 적극적으로 청신請申하는 등 자신의 정치적 권리를 확보하고자 노력했으며, 이를 위해 공민제의 원리에 입각한 개신 정부의 각종 정책에 적극 협력했다. 그래서 이시모다는 이들이야말로 개신의 주체였다고 설명하기도 했다.

이처럼 왕민제에서 공민제로 원리 전환을 한 배경은 생산력의 발전에 따른 재지 사회의 변동에서 찾을 수 있다. 그런데 중요한 점은 농업 생산력의 발전이 일반 민호의 자립화와 새로운 계층의 대두를 이끌었지만 수장제 생산관계는 본질을 잃지 않고 유지되었다는 것이다. 다만 6~8세기의 수장제 생산관계는 생산력 발전의 결과 이전과는 다른 양상을 보이는데, 이시모다는 이를 '총체적 노예제總體的 奴隷制(allgemeine Sklaverei)'의 개념으로 파악해야 한다고 주장했다.

이시모다가 제시한 총체적 노예제의 내용은 다음과 같다. 먼저 총체적 노예제는 '노예'라는 용어의 어감과 달리 수탈의 정도가 심하지 않았으며, 공동체 구성원인 직접생산자가 토지에 대해 갖는 세습적 점유권을 부정하지 않았다. 이 점에서 직접생산자가 소유자의 '생산의 자연적 조건의 일부'로서 존재하는 노예제나 농노제와는 구별된다. 총체적 노예제는 원시공동체의 해체 이후 봉건제 시대까지의 지배적인 생산관계로, 원시공동체의 생산관계가 발전해 계급 분화가 진행되면 필연적으로 성립한다. 그리고 그 기초에는 생산력 발전으로 생겨난 잉여 생산물 또는 잉여 노동을 수장층이 수취하는 구조가 있었다. 이처럼 부를 축적한 수장층이 구성원과 맺는 인격적인 의존·예속 관계는 계급 대 계급, 즉 수장층의 계급 지배로 파악해야 한다.

이러한 총체적 노예제는 다이카 전대의 정치체제가 율령제 국가로 발전, 완성되는 6~8세기의 근본적인 생산관계로서 중요한 의미를 가진다. 정치체제의 변동이 생산관계의 질적 변화를 가져오지 못했던 것이다. 예를 들어 반전제班田制는 직접생산자의 사적 토지 소유의 결여와, 그와 분리될 수 없는 수장층의 공동체에 대한 인격적 지배라는 생산관계가 국가적 규모로 확대되고 제도화된 것에 불과했다. 따라서 율령제 국가는 총체적 노예제라는 기본적, 1차적 생산관계를 바탕으로 성립되었다고 할 수 있다.

그런데 율령제 국가가 제1차적 생산관계만으로 이루어진 것은 아니었다. 이시모다는 제1차적 생산관계 위에 '국가 대 공민公民의 관계에서 성립하는 생산관계', 즉 '최고의 지주地主'인 국가와 반전班田 농민農民의 관계, 조·용·조·잡요雜徭의 수취자인 국가와 피수취자인 공민과의 관계에서 성립하는 생산관계를 설정한다. '제2차적 생산관계'라고도 할 수 있는 이 생산관계는 국가적 토지 소유에 기반을 둔 것으로, 인민(공민)에 대한 국가의 지배와 수취라는 측면이 강조된다. 6세기 이래 국조제國造制와 그것의 발전된 형태인 율령제 국가의 국사제國司制는 제2차적 생산관계를 대표하는 국가 기구다.

따라서 율령제 국가는 '두 개의 생산관계'를 총괄하면서 그 위에 성립했다고 할 수 있다. 즉 제2차적 생산관계와, 그 기저에 있으면서 국가의 수취·지배가 실현될 수 있게 하는 수장층과 인민 사이의 지배-예속적인 제1차적 생산관계=총체적 노예제인 것이다. 여기서 더 중요한 것은 후자로, 수장제 생산관계는 제1차적, 기본적인 속성을 가지며 사회로부터 '독립'된 채 존재한다. 반면 율령제 국가의 지배-수취 관계는 아무리 강력한 힘을 가지더라도 여전히 후자의 제2차적, 파생적인 성격에 불과하며, 그것에 의존할 수밖에 없다. 그런 까닭에 제1차적 생산관계가 소멸하고 봉건적 생산 양식으로 이행할 때 비로소 율령국가가 소멸되고 일본의 중세가 열릴 수 있는 것이다.

　이상으로 6~8세기를 중심으로 한『고대국가』의 수장제론을 정리해보았다. 방대한 이시모다의 수장제론을 한두 단어로 요약할 수는 없겠지만, 일본 고대 사회가 수장제 생산관계를 바탕으로 하는 아시아적 공동체로 구성된 점, 6~8세기 수장제 생산관계의 성격을 총체적 노예제로 규정할 수 있다는 점, 그리고 율령국가는 두 개의 생산관계를 총괄하면서 성립했다는 점 등을 핵심 내용으로 꼽을 수 있을 것이다. 특히 그의 논의는 일반적으로 '재지수장제론'으로 불릴 만큼 재지 수장의 역할을 강조했는데, 이는 율령국가와 인민을 바로 연결하고 직접 생산관계로 파악하던 기존설과 달리 고대 국가의 기반이 공동체적 관계를 전제로 한 재지 사회의 수장제에 있었음을 확인한 점에서 중요한 의미를 가진다.

　이시모다의 수장제론은 논리적 구조나 개념 사용에 대한 비판에도 불구하고, 일본 고대 사회의 구조, 특히 지방 사회의 구조와 운영을 설명하는 데 유용한 개념으로 받아들여졌다.『고대국가』 이후 수장제론의 시각에 선 후속 연구가 일일이 거론할 수 없을 만큼 이루어졌는데, 여기서 장을 바꾸어 주요 논의의 특징적인 내용들만 간단히 정리해보겠다.

3. 수장제론의 확장과 변용

먼저 율령국가의 군郡 단위 재지 수장의 하위에 있던 촌락 수장에 주목, 그 성격과 의미에 대한 검토가 이루어졌다. 이시모다는 율령제의 군사郡司에 비견되는 재지 수장층을 제1차적 생산관계로 파악했을 뿐 그 하위의 촌락(또는 집락)공동체를 이끌던 수장의 존재 자체를 설정하지 않았다. 이와 달리 촌락공동체 단계의 소小수장=촌락 수장의 존재를 인정하고, 촌락 수장과 공동체 구성원 간의 인격적 지배 관계를 일본 고대 사회의 기본 단위로 파악하는 이른바 '촌락수장제론'이 제기되었다.

처음 촌락수장제론을 주창한 요시다 아키라吉田晶는 6세기 가부장적 세대공동체가 성립되는 사회 변동 속에서 아시아적 농경공동체를 이끌며 유력한 개별 경영을 영위하던 가부장으로 규정했다. 사료에 '촌수村首'로 등장하는 이들은 공동체의 토지 소유의 주체로, 공동체의 생산과 제사를 주재했으며 민사民事 재판권을 가졌다. 촌락 수장은 공동체의 실질적인 지배자이자 공적 질서와 관습을 인격적으로 체현했지만, 그 지배는 4~5세기의 구舊 수장층이자 중앙 권력과 결합한 지역 내 최고 수장인 국조國造를 중심으로 한 공적 질서에 정치적·경제적으로 의존해야만 했다.

그런데 7~8세기 가부장적 세대공동체 중심의 개별 경영이 크게 발달하면서 공동체 구성원 상호간의 빈부 차와 계층 분화가 극심해졌고, 그 결과 공동체의 결속과 상호 부조 기능은 유명무실해졌다. 이 과정에서 동산과 토지 소유에서 우월한 가부장적 경영주인 촌락 수장은 안정적으로 자립하지 못한 공동체 구성원을 사적으로 수탈했다. 비록 이념적으로 종래의 공동체적 관계를 강조했지만 이제 촌락 수장과 구성원 간에는 명확한 대립 관계가 발생했으며, 결국 촌락 수장 중심의 아시아적 공동체는 해체되어갔다. 특히 공동체에 대한 촌락 수장의 토지 지배가 국가적 토지 소유의 확립으로 부정되면서 그러한 경향은 더욱 심화되었다. 요시다는 이와 같은 촌락 수장의 존재 양태를 '총체적 노예제의 최후 단계'로 규정했다. 이러한 요시다의 논의는 이시모다가 간과한 촌락 수장의 존재를 설정하고 그들과 가부장적 세대공동체 간의 인격적 지배 관계를 기본적인 생산관계로 파악한 점이 특징이다.

오마치 겐大町健도 촌락 수장의 존재를 인정하고 재지 수장의 지배란 하위 촌락 단계의 수장이 지배하는 공동체를 기반으로 해야만 가능하다는 점을 강조했다. 이 견해 역시 촌락수장제론의 하나로 분류할 수 있다. 다만 그는 농경공동체의 해체로 인해 촌락 수장의 지배가 쇠퇴해 갔다는 요시다의 설을 부정하고 율령국가에서도 개별 경영에 대한 촌락 수장의 인격적 지배·예속 관계가 기본적인 생산관계였다고 보았다. 그리고 생산관계를 규정하는 요인으로 토지 소유 여부 대신 촌락 제사를 통한 개별 경영에 대한 개입과 수취를 들었다.

이처럼 촌락 수장의 존재 양태에 대한 상반된 견해는 촌락 수장의 상위 권력이라 할 수 있는 율령국가의 군사제郡司制에 대한 이해에도 그대로 반영되었다. 이시모다는 군사=재지 수장으로, 군사제란 재지 수장층의 전통적인 지역 내 권력을 제도화한 것에 불과하며 군의 영역도 재지 수장의 지배 영역을 그대로 설정한 것으로 보았다. 요시다 역시 여기에 동의하면서 아울러 촌락 수장이 군의 지배에서 차지하는 중요성에 대해서도 강조했다. 즉 율령국가는 군내郡內의 수장적 질서를 활용, 재편성하는 방향으로 나아갔으며, 이 과정에서 촌락 수장도 공적 지배의 일원으로 편제했던 것이다. 촌락 수장의 입장에서도 흔들리는 공동체적 질서 속에서 안정적인 지위를 확보하기 위해 공적 질서에 편입될 필요가 있었다. 그 결과 촌락 수장은 행정 실무를 담당하는 군 잡임郡雜任, 이장里長 등의 형태로 군의 지배체제 내로 조직되어, 군사郡司 중심의 공적 질서의 하위 담당자로서 자리매김했던 것이다.

반면 오마치는 군郡이나 그 전신인 평評을 기반이 서로 다른 복수의 재지 수장을 편성한 기구로 파악했다. 재지 수장 1인의 지배 영역을 그대로 제도화하지 않았다는 것이다. 율령국가가 이처럼 복수의 재지 수장을 군사제로 편제한 데는 당시 심화되던 촌락 수장의 사적 수탈과 연관이 있다. 즉 촌락 수장이 사익 추구 과정에서 공동체 질서를 깨뜨리도록 두는 것보다 그들의 지배-생산관계를 공동체 질서의 틀 속에 가두는 편이 촌락 수장을 비롯한 수장층 전체에 이익이었기 때문이다. 이를 위해서는 촌락 수장의 자기 규제에 맡겨두기보다 상위 권력인 재지 수장을 통해 제어하는 편이 더 효율적이다. 그래서 율령국가는 군郡을 중심으로 재지 수장을 조직화했고, 군의 기능 또한 군내 여러 공동체적 관계를 일원적으로 총괄하는 데 중점을 두었다.

군사제의 의미가 이와 같다면, 촌락 수장을 굳이 공적 편성의 대상으로 삼을 필요는 없어진다. 촌락 수장이 군 잡임 등에 임용되기는 해도 어디까지나 군아의 보조 요원에 불과할 뿐, 국가의 공인을 받고 지배체제 내에 정식으로 제도화된 것은 아니었다. 당령唐令에 보이는 '촌村', '촌정村正' 규정이 일본 호령戶令에서 삭제된 사실은 공동체의 질서 유지를 도맡았던 촌과 촌정의 기능을 일본에서는 군과 군사가 대신했음을 잘 보여준다.

한편 사회인류학적 관점에서 수장제의 지배 구조를 탐구한 연구들이 있다. 요시다 다카시吉田孝의 씨족제론氏族制論이 그 대표적인 사례다. 그는 율령국가의 기본 사회 구조를 씨족제로 본 이노우에 미츠사다井上光貞의 견해와 이시모다의 두 가지 생산관계론을 함께 수용해, 율령국가를 율령제-재지수장제의 이중 구조로 파악하면서도 수장제를 넓은 의미에서 씨족제의 일본적 형태로 이해했다. 그리고 이시모다가 사회인류학에서 수장제 사회의 원리로서 중시하는 친족 조직 문제를 거의 다루지 못했음을 지적하고, 이를 통해 일본 고대 사회의 구조를 밝히고자 했다.

요시다에 따르면 일본 고대의 친족 조직은 부계와 모계를 구별하지 않고 단계單系 출자 집단을 갖지 않는 쌍계적 성격을 가졌다. 각 개인의 귀속 집단이나 정체성은 특정 선조로부터의 단계 출자에 의해 자동적으로 결정되는 것이 아니라 개인을 중심으로 형성하는 사회적 관계에 바탕을 두었다. 이러한 사회의 기초 단위는 부부와 미혼 자녀로 구성된 소가족으로, 일반 서민의 소가족은 경제적으로 자립할 수 없었고 혼인과 생산 활동에 따라 이합집산을 반복해야 했다. 그래서 복수의 소가족이 모인 집합체를 형성할 수밖에 없었는데, 이 집합체는 다시 상위 집단에 포섭되었고, 그러한 과정이 반복되면서 율령국가의 군 단위 집단을 이루게 되었다. 그 결과 각 집단은 공동체를 이루고 유력 가장 출신인 수장에 의존해 농업 경영을 영위했다. 이처럼 일본 고대 사회는 소가족에서 군에 이르는 여러 층위의 공동체로 중층적으로 구성되었으며, 하위 공동체의 수장은 상위 공동체의 수장과 지배-종속 관계를 형성했다.

그렇다면 수장이 수장일 수 있게 만드는 조건은 무엇인가. 일본의 수장은 기본적으로 토지의 개간자이자 소유자로, 5~6세기 농업 생산력의 발전이 중요한 계기였다. 즉 특정 출자 집단의 귀속이나 집단 내 위치가 필수 조건은 아니었다. 그럼에도 유력 수장층은 자신과 일족의 특권을 보장받고 재산 상속이나 지위 계승의 권리 범위를 명확히하고자 특정 선조와의 계보 관계를 창출해냈다. 위대한 시조와 혈연으로 연결되어야만 시조의 마나Mana를 계승한 수장이 될 수 있다는 것이다. 이 계보 관계는 기층 사회의 친족 관계와 달리 부계적인 경향이 강한데, 수장인 '우지노카미氏上'와 그의 '이헤家(イヘ)'를 중심으로 여러 집단이 결집된 일본 고대 호족의 '우지氏(ウジ)'도 이를 토대로 형성되었다. 요시다는 이 우지를 넓은 의미에서 인류학에서 말하는 '씨족'으로 규정

하고, 일본 고대 수장제를 씨족제로 이해했다.

그런데 우지의 부계적 계보 관계는 수장 후보군의 범위가 넓어서 수장의 지위 계승에 불안정한 측면이 컸으며, 그에 따라 구성원도 끊임없이 변하는 속성을 가졌다. 이는 지배층을 조직화해 안정적인 지배체제를 구축하려 했던 율령국가에 적합하지 않았다. 그래서 중국 율령의 부계제적인 요소를 대폭 수용, 적자제嫡子制를 도입하고 부자간의 계승이 일반화된 이헤家를 설정했다. 율령국가는 가장의 부父-적자 계승을 확립하고 이헤를 율령국가의 지배 기구의 기초 단위로 창출했던 것이다.

하지만 이 변화는 기나이畿內의 귀족층과 소수의 상층 농민에게만 해당되었다. 여전히 수장제적 사회 구조는 유효했으며, 농민 소가족의 경제적 자립은 요원했다. 율령국가의 중앙 귀족층은 이러한 상황을 고려해 사회 전체를 이헤 단위로 재편하는 대신 기존의 재지공동체를 잔존시킨 채 율령제적인 지배 기구를 구축했다. 따라서 일본 율령국가는 재지 수장(=군사층)이 체현하는 공동체 위에 율령제적인 지배 기구를 구축한 이중 구조였다고 할 수 있다.

스즈키 야스타미鈴木靖民 또한 기왕의 수장제론이 인류학의 수장 개념만 차용했다고 비판하고, 신진화주의 문화인류학의 논의를 바탕으로 일본 고대 사회를 분석했다. 그에 따르면 수장제Chiefdom 사회는 부족Tribe과 국가State의 중간 단계로, 공동출자 집단의 수장을 정점으로 하는 원추형 클랜conical clan으로 이루어진 서열 사회 혹은 성층 사회 stratified society였다. 공동체 구성원의 서열은 최고 수장과의 원근 관계에 따라 결정되는데, 엄밀한 의미에서 계급 사회로 보기는 어렵다. 그리고 호혜성reciprocity과 재분배를 통해 구성원 간 또는 공동체 간에 사회·경제적 관계를 맺었다.

일본에서는 야요이 시대 후기부터 율령국가 전까지가 수장제 사회에 해당되는데, 초기에는 평등한 부족 사회의 실력자Big Man가 수장으로 탈바꿈하면서 수장국이 성립된다. 4세기 후반부터 5세기에는 야마토 지역의 수장층을 중심으로 여러 수장국이 결집된 집단적 수장 사회가 형성되었는데, 이윽고 정치·경제적으로 왜 왕권으로의 결집이 심화되면서 일본 전체를 아우르는 집권적 성층 사회로 전환되었다. 집권적 성층 사회는 6세기를 거치면서 중앙 집권화가 진전되었고, 7세기 후반 율령국가의 성립과 함께 고대 국가(성숙 국가)로 완결되었다.

한편 생산관계 자체에 중점을 둔 연구들도 있다. 예컨대 요시무라 다케히코吉村武彦는 고대의 정치적 지배 예속 관계로서 이시모다의 재지수장제 개념을 수용하면서도, 그 생산관계를 총체적 노예제가 아닌 '아시아적 예농제隸農制'로 파악했다. 그에 따르면 일본 고대의 직접생산자는 인신적 종속 관계와 인격적 부자유라는 제약에도 불구하고, 생산수단을 사실상 소유하고 독립적으로 노동하며 경영하는 점에서 노예제로 볼 수는 없다. 다만 경지에 대한 사적 토지 소유가 발달하지 못했기에 고대 일본의 예농제는 공동체적·수장제적 토지 소유를 전제로 한 개별 경영 단계에 머물렀다.

율령국가의 국가적 토지 소유제는 위의 토지 소유 구조를 토대로 구축되었다. 요시무라는 다이카 개신을 통해 사지사민제私地私民制가 공지공민제公地公民制로 이행됐다는 통설을 비판하고, 율령제적 토지 지배는 국조 단계의 수장으로 체현되던 공동체적 토지 소유를 기초로 생성된 국가적 토지 소유제였음을 강조했다. 국가적 토지 소유 아래서 농경지는 공권력의 인민 징발을 통한 부단한 노동력 투입 덕분에 유지될 수 있었다. 율령국가 성립기에 획일적인 조리제지할條里制地割의 시행을 수반한 국가적 개간은 그 좋은 예다.

또한 요시무라는 '공지공민제'에서 '공민'보다 '공지'에 주목해 율령

국가의 국가적 토지 소유 방식을 '공지제公地制'로 정의했다. 공지의 개간과 유지는 공동체적 노동과 국가가 조직한 공동 노동에 의존해야만 했다. 따라서 공지는 일정한 공동체적 규제가 작용하는 공간이자, 국가가 공동체적 규제를 매개로 백성의 생산 활동을 지배하던 토지였다. 물론 율령국가는 사적 개간(이른바 '사공私功')을 통한 토지 획득을 허용했지만, 당시 농업 경영은 공동체적·국가적 공동 노동에 일정 부분 의존해야만 했다. 따라서 핵심 생산 수단인 경지는 기본적으로 국가적 소유 단계에 있었으며, 일반 농민의 사적 소유권 형성은 쉽지 않았다.

이시가미 에이이치石上英一 또한 이시모다의 재지수장제론을 '수장제 생산관계'론으로 계승하면서도, 수장제 생산관계의 내실은 총체적 노예제가 아니라 정치적 종속 관계에 기반을 둔 '공납과 봉사의 법적 관계'라고 규정했다. 그에 따르면 일본 고대 사회의 경제적 발전 단계는 노예제, 농노제, 봉건제도 아닌 제3의 범주=수장제 생산관계로, 농민의 자립적인 개별 경영이 성립하지 않은 단계였다. 이러한 경제 구조 위에선 공동체 수장과 구성원은 생산 및 생활을 위한 조직으로서 집락 공동체를 구성했는데, 양자 간에는 정치적인 지배 예속 관계가 형성되었으며, 그 법적 관계는 공납-봉사 관계로 표면화되었다. 일방적인 의무 관계인 공납-봉사 관계에서 공동체 구성원은 법적인 권리를 전혀 갖지 못하며, 공동체는 법적 존재로서의 자립성은 없고 대신 수장이 공동체를 대표했다. 일본의 율령제도 이러한 사회·경제적 구조 위에 성립했는데, 다만 자립적인 농민의 개별 경영이 전제된 중국 율령을 그대로 수용하지 않고 수장제 생산관계에 적합한 방향으로 변용, 계수했다.

4. 수장제론으로 바라본 신라 지방 사회의 변천
:맺음말을 대신해서

앞 장에서 수장제론의 여러 논의를 장황하게 정리해보았다. 이제 앞서 살펴본 내용과 한국 고대 지방 사회의 모습을 비교함으로써 고대 지방 사회의 특질을 시론적인 차원에서 간략하게 검토하는 것으로 맺음말을 대신하고자 한다. 다만 수장제론은 그 범주가 너무 넓기에 이 글에서는 수장제론의 핵심 내용인 수장제 생산관계론에 초점을 맞추겠다. 또한 논의의 대상도 신라 지방 사회로 한정하겠다.

3세기 사로국을 비롯한 삼한 소국을 구성하던 기본 단위는 읍락이었다. 읍락은 중심 취락인 읍邑과 주변 취락落이 결합된 형태였다. 소국 내 읍락들은 국읍 주수主帥를 중심으로 통합되었지만 강한 자치력을 가지는 배타적 공동체였다. 읍락 구성원은 6촌 설화에서 보듯이 동일 시조의 자손이라는 의제적인 혈연의식을 공유했으며, 제천의식을 통해 유대감을 강화해나갔다. 또한 생산 활동은 개별 경영이 아닌 일종의 집단적 농업 경영이 중심이었으며, 토지의 사적 소유가 발달하지 못했고 산림, 하천 등은 공유지로 여겨졌다.

그런데 읍락의 구성원은 관념적인 공동체의식과 달리 수장인 거수渠帥와 그 아래의 하호下戶로 계층이 나누어져 있었다. 수장을 비롯한 지배 집단은 하호에 대한 단순한 정치적 지배자가 아니었다. 이들은 대외 교역을 독점하고 공동체의 토지 소유권을 장악했으며, 철제 농기구를 독점적으로 소유함으로써 경제적으로도 우위에 있었다. 반면 하호는 직접생산자로서 토지를 점유했지만 사적 소유로까지 나아가지는 못했고, 생산력의 한계로 공동체와 수장을 벗어나 자립할 수도 없었다. 따라서 삼한 사회는 수장제 생산관계, 즉 읍락 수장과 구성원이 생산관계에 의한 지배 예속 관계를 맺는 상태였다고 할 수 있다. 다만 수장층도 아직까지는 공동체를 완전히 벗어난 개별 경영의 단계에는 이르지 못했던 것으로 추정된다.

고구려나 백제에 비해 계층 분화가 상대적으로 더뎠던 삼한 사회는 4세기부터 큰 전환을 맞았다. 이미 많은 연구에서 지적했듯이 신라는 4세기부터 철제 농기구의 보급과 개량이 활발히 이루어졌으며, 이후 우경도 본격적으로 도입되었다. 이러한 변화는 사회 전반의 농업 생산력을 크게 증대시켰다. 특히 수장층은 살포, 철서鐵鋤 등 새로운 철제 농기구를 활용하고 수리 시설을 축조해 수전을 확대해나갔다. 그들은 여전히 공동체의 생산 전반을 주도했지만, 그 이익의 상당수를 개인적으로 축적하고 사적 토지 소유를 확장해감으로써 구성원과의 격차를 더욱 벌려나갔다.

4세기의 농업 생산력 증대는 새로운 계층을 창출해내기도 했다. 하호, 즉 구성원 가운데 일부가 단조鍛造 팽이와 철부鐵斧 등의 철제 농기구를 가지고 생산 활동에 참여함으로써 다른 구성원보다 우월한 경제적 기반을 구축할 수 있었던 것이다. 사료에 '호민豪民'으로 기록된 이들은 종래 수장 중심의 생산관계에 도전하는 계층이었다. 다만 교역을 통해 철제 농기구를 입수해야 할 경우나 개간 사업, 수리 시설 축조 등 대규모 노동력 동원이 필요할 때도 있었기에 수장층에 일정 부분 의존할 수밖에 없었을 것이다.

한편 호민층이 되지 못한 다수의 공동체 구성원도 소규모 토지를 경작하면서 점차 자립화의 길을 걸었는데, 그 규모는 매우 영세했다고 추정된다. 또한 철제 농기구나 우경에 필요한 소를 제대로 갖추지 못한 경우가 대부분이어서, 생산 활동을 위해 수장층이나 호민층에 크게 의존할 수밖에 없었을 것이다. 이처럼 취약한 재생산 기반은 전쟁이나 자연재해가 발생할 경우 언제든지 무너질 수 있었을 테고, 노비로 전락하거나 공동체를 이탈해 유망민이 되는 일도 빈번했을 것이다. 이 시기에 종종 등장하는 백성들의 유망 기사는 그 단적인 사례다.

이상과 같이 농업 생산력의 증대는 계층 분화를 가속화하고 공동체적 생산관계에 변화를 가져왔다. 이제 수장층은 공동체적 소유를 체현하는 대표자보다는 사익을 추구하는 지배자의 측면이 한층 강해져 구성원을 수탈하기에 이르렀다. 그런데 이는 역설적으로 수장층의 지배 기반이기도 한 공동체의 해체를 촉진하는 결과를 가져왔다. 즉 수장층의 개별 경영의 발달과 지배 기반의 파괴는 동전의 양면과도 같았다. 비록 수장층은 공동체의 생산 활동에서 여전히 중심 주체였지만, 호민층의 성장이나 유망민의 발생이 말해주듯이 수장층과 구성원 간의 지배 예속 관계를 벗어난 계층의 등장은 수장제 생산관계가 이전처럼 강고하지 못했음을 의미한다. 특히 호민층은 성장 정도에 따라 충분히 수장층의 지위를 위협할 수 있었을 것이다.

수장층은 이러한 상황에서 기득권을 유지하기 위해 신라의 중앙 권력에 종속되어 자신의 권위를 인정받는 방식을 택한다. 5세기 신라 세력권에서 출토되는 금동관이나 신라 양식의 토기는 이러한 추정을 뒷받침한다. 지방에 대한 직접 지배를 지향했던 신라도 이들의 요구에 호응함으로써 지방 사회에 대한 통제력을 강화해갔다. 다만 이 시기 신라의 지방 지배는 수장층의 동의와 협조에 크게 의존해야 한다는 점에서 한계를 안고 있었다. 예컨대 5세기 후반 신라의 활발한 축성 사업을 위한 대규모의 노동력 동원은, 신라에 의존해 자신들의 지위를 유지하려 했던 수장층의 협조가 있어야만 가능했던 일이다.

하지만 수장층의 의도와는 달리 6세기에 들어 공동체의 계층 분화는 더욱 심화되었으며, 그에 따른 구성원간의 갈등도 두드러졌다. 「포항 냉수리 신라비」에 보이는 '재財'를 둘러싼 분쟁은 그 좋은 예로, 더 이상 공동체 내부의 갈등을 수장층만으로 제어할 수 없는 상황에 이르렀음을 보여준다. 여기에 6세기 중반부터 삼국 간의 전쟁이 격렬해지면서 공동체 구성원의 이탈은 가속화되었을 것이다. 특히 이 시기에 크게 성장한 호민층은 국가로부터 외위를 받음으로써 지배 체제에 편입되었으며 이를 매개로 행정촌 단위의 지방 사회에서 정치적 영향력을 키워 나갔다. 또한 생산관계에서 더 이상 수장층에 의존하지 않아도 될 만큼 성장했다. 영남 각지에서 소형 고분군이 급증하는 현상은 호민층의 정치적·경제적 성장의 단적인 표현이다.

한편 기존 수장층은 개별 경영을 통해 자신의 경제적 부를 축적했지만 급속한 공동체의 해체를 제대로 막지 못하면서 이전처럼 공동체에 대한 정치적 지배력을 행사하지 못했다. 그리고 호민층의 성장에 반비례해 정치적 영향력도 계속 줄어들었다. 「대구 무술오작비」는 이러한 사정을 잘 보여준다. 비문의 외위 소지자 대부분은 비非 간군干群으로 도척道尺이란 직명을 가지고 실제 작업에 참여한 반면 수장층이 속한 간군 외위 소지자는 2인에 불과하고, 이들이 속한 촌村의 출신자는 도척에 포함되지 않았다. 이는 수장층이 비록 명목상 가장 높은 외위를 가졌지만 실제 지방 사회의 운영은 호민층이 장악했음을 의미한다.

이상의 내용을 종합해볼 때 소국 단계 이래로 명맥을 이어오던 수장층을 중심으로 한 생산관계는 6세기를 지나면서 사실상 소멸되었다고 할 수 있다. 이는 수장층을 정점으로 한 지방 사회의 공동체적 질서가 해체되었음을 의미하기도 한다. 그렇다면 그 뒤 지방 사회의 질서와 생산관계는 어떻게 이해할 수 있을까. 이와 관련해 6세기 신라가 지방 사회의 생산 활동에 큰 관심을 갖고 국가 차원에서 우경의 보급이나 수리 시설 축조와 같이 농업 생산력의 발전을 꾀하는 정책을 시행했음이 눈길을 끈다. 여기에 대해 그동안은 주로 생산력 향상을 통한 농민 생활의 안정이란 측면에 초점을 맞추어 설명해왔다. 매우 타당한 지적이나 조금 다른 각도에서 생각해볼 수도 있다. 즉 신라는 생산력의 증대를 통해 수장층이나 호민층만이 아니라 일반 구성원의 개별 경영까지 지원함으로써 공동체의 완전한 해체와 수장제 생산관계의 부정도 함께 시도했던 것이다. 예컨대 우경의 보급은 그에 필요한 소와 철제 농기구를 갖추기 힘든 일반 소농민에게 가장 큰 혜택으로 작용했을 것이다.

이처럼 신라가 지방 사회의 생산관계에 관여하고 이를 변혁시키려 한 배경에는 간접 지배에서 직접 지배로의 전환이라는 신라의 일관된 정책 기조가 숨어 있었다. 6세기 신라는 주-군-(성)촌의 지방 지배체제 확립, 본격적인 지방관 파견, 외위제 정비 등을 통해 지방 사회에 대한 통제력을 강화하고자 했다. 그런데 수장제 생산관계를 토대로 한 공동체적 질서가 온존한다면 신라의 의도가 효율적이고 수월하게 관철될 수 없음은 당연하다. 설령 기존 수장층을 배제한다 하더라도 호민층과 같은 또 다른 계층이 새로운 수장으로 성장할 수 있기 때문이다. 따라서 수장제 생산관계를 완전히 해체하고 수장과의 지배 종속 관계에서 미처 벗어나지 못한 공동체 구성원을 분리하는 작업이 지방 제도의 정비와 함께 진행되었던 것이다.

새로운 지방 사회의 질서는 지방관으로 표상되는 국가 권력을 중심으로 재편되었다. 물론 과거의 호민층이나 몰락한 수장층 출신의 유력자들은 영향력을 행사하며 지방 사회의 운영에도 계속 참여했지만, 그 위상은 이전과 크게 달랐다. 촌주村主는 이를 단적으로 보여주는 사례였다. 본래 촌주는 중고기 수장층 출신으로 군郡마다 2인씩 두었으며, 지방 지배에서 중요한 역할을 담당했다. 하지만 수장제 생산관계가 해체된 이후 촌주는 그 수가 늘어나면서 영향력은 크게 축소되고 지방관을 보좌하는 직역職役으로 전락했다. 이제 촌주를 비롯한 지방 사회의 유력자는 더 이상 공동체를 이끌던 수장이 아닌, 단지 부유한 개별 경영자로서 국가 권력과 일반 지방민을 연결하는 중간 관리자에 불과했던 셈이다.

이와 관련해 각 촌의 사정을 상세히 기록한 「신라촌락문서」가 주목된다. 「신라촌락문서」에는 촌별로 전답의 면적과 우마, 수목의 수량까지 3년마다 점검한 내용이 담겨 있어, 7세기 말 신라가 지방 사회의 생산 활동에 꾸준히 관심을 기울였음을 알 수 있다. 이처럼 철저히 촌락민의 생산 기반을 파악했던 배경에는 국가가 지방 사회의 생산관계에 적극 관여함으로써 농민 생활의 안정을 통한 자립화를 최대한 이끌어내려 했던 신라의 정책적 지향이 있었다고 조심스레 추정해본다. 즉 원활한 지방 지배를 위해 지방 사회에 새로운 유형의 수장제 생산관계가 성립될 가능성을 애초부터 제거하고자 했던 것은 아닐까. 통일신라시대 철제 농기구가 주거 유적 대신 성곽, 사원 등 국가 시설에서 집중적으로 출토된다는 사실도 이러한 맥락에서 이해할 수 있다.

이상으로 수장제 생산관계의 관점에서 신라 지방 사회의 흐름을 아주 거칠게나마 살펴보았다. 그런데 신라의 경우를 일본과 비교해보면 한 가지 큰 차이점을 확인할 수 있다. 일본에서도 6세기 전후로 농업 생산력이 크게 증대되고 공동체의 계층 분화가 진전되는 등 4~6세기 신라와 동일한 현상이 나타난다. 그럼에도 신라와 달리 수장제 생산관계가 중앙 집권체제가 정비된 율령국가 단계에서도 사회·경제적 원리로서 계속 유지되었다. 이러한 차이의 근본적인 배경에는, 필자의 짧은 소견으로는 농업 생산력의 발전 정도의 차이가 있었다고 생각된다. 다시 말해 일본에서는 신라처럼 기존 수장층과 비견되는 새로운 계층의 성장과 토지의 사적 소유의 심화를 가져올 만한 농업 생산력의 발전을 달성하지 못했던 것이다. 그래서 율령국가 단계에서도 수장층의 정치적 권한이 군사郡司를 통해 상당히 보장되고 국가적 토지 소유에 기초한 반전제가 시행될 수 있었던 것이 아닐까. 추후 비교사적 검토를 통해 구체적인 연구가 진행되기를 기대하며, 몹시 부족한 글을 마무리하고자 한다.

:: 참고문헌

김재홍, 2001, 「신라 중고기 촌제의 성립과 지방사회 구조」, 서울대학교 박사학위논문.

_____, 2011, 『한국 고대 농업기술사 연구』, 도서출판 고고.

노태돈, 1999, 『고구려사 연구』, 사계절.

다나카 사토시田中聰, 2009, 「'공동체론'의 차질: 이시모다 쇼石母田正의 일본 고대사학」, 『역사학의 세기』, 휴머니스트.

윤선태, 2000, 「신라 통일기 왕실의 촌락지배」, 서울대학교 박사학위논문.

이인철, 1996, 『신라촌락사회사연구』, 일지사.

전덕재, 2006, 『한국고대사회경제사』, 태학사.

주보돈, 1998, 『신라 지방통치체제의 정비과정과 촌락』, 신서원.

鬼頭淸明, 1976, 「8世紀の社会構成史的特質: 首長制論をめぐって」, 『日本史研究』, 172, 日本史研究会.

今津勝紀, 2002, 「首長制論の再檢討」, 『歴史評論』 626, 歴史科學協會.

吉田晶, 1980, 『日本古代村落史序說』, 塙書房.

_____, 2003, 「石母田古代史学の批判と継承」, 『歴史学研究』 782, 歴史学研究会.

吉田孝, 1983, 『律令国家と古代の社会』, 岩波書店.

吉村武彦, 1996, 『日本古代の社会と国家』, 岩波書店.

大町建, 1986, 『日本古代の国家と在地首長制』, 校倉書房.

鈴木靖民, 2012, 『倭国史の展開と東アジア』, 岩波書店.

門脇禎二, 1978,「在地首長制と古代共同体: 最近の研究動向にふれて」,『歴史学研究』 462, 歴史学研究会.

石母田正, 1971,『日本の古代国家』; 1989,『石母田正著作集 第三巻: 日本の古代国 家』, 岩波書店.

_____, 1973,『日本古代国家論』, 岩波書店; 1989,『石母田正著作集 第三巻: 日本 の古代国家』, 岩波書店.

石上英一, 1996,『律令国家と社会構造』, 名著刊行会.

小林昌二, 1992,「本書の課題と研究史」,『日本村落史講座 1』, 雄山閣.

原秀三郎, 1973,「日本古代国家論の理論的前提: 石母田国家史論批判」,『歴史学研 究』, 400, 歴史学研究会.

田中禎昭, 1995,「古代村落史研究の方法的課題: 70年代より今日に至る研究動向の 整理から」,『歴史評論』, 538, 歴史科学協会.

平澤加奈子, 2003,「問題提起:『日本の古代国家』と古代史研究の現在」,『歴史学研究』 782, 歴史学研究会.

한국 고대의 교역사 연구에 있어서
개념의 문제

박남수(국사편찬위원회 연구편찬정보화실장)

1. 서론

지난해 제15회 한국고대사학회 하계 세미나 '한국 고대 교역사 연구의 과제'(공주박물관, 2013. 7. 19. ~ 7. 20)에서는 교역과 무역, 유통의 개념을 어떻게 정의할 것인가 하는 문제가 주요 쟁점으로 떠올랐다. 이러한 논의가 이루어진 데는 한국 고대 교역사 연구에서 1980년대 고대 국가 형성 이론의 도입과 장보고張保皐에 대한 연구가 활발해지고, 지금까지 연구 성과가 어느 정도 축적된 때문이라 할 수 있다.

우리 학계에 교역사 관련 개념의 문제가 제기된 것은 고대 국가 형성 이론이 도입되면서부터였다. 이때 교역과 무역을 어떻게 구분할 것인가 하는 문제가 부상浮上되었다. 곧 칼 폴라니Karl Polanyi는 'trade'

를 '호혜성reciprocity - 재분배redistribution - 교환exchange'의 단계로 나누고, 군장 사회chiefdom 단계를 재분배 경제 단계, 고대 국가의 단계를 시장을 통한 교역 단계라고 설명한다. 이에 대해 연구자들은 'trade'를 무역으로, 'exchange'를 교역으로 번역하고, 교역을 무역의 하위 개념으로 풀이하기도 한다.

또한 교역과 무역을 동일한 개념으로 보고 대외 교역을 (원거리) 국제 교역으로 풀이하거나, 대외 경제 교류만을 무역이라고 일컫기도 한다. 아울러 칼 폴라니의 'trade'를 물질적 재화의 흐름에만 한정된 '유통'이란 개념으로 풀이하고, 호혜성과 교환을 교역의 범주에서 이해해 교역을 대내 교역과 대외 교역으로 구분하기도 한다. 나아가 근대 이후의 순 경제적인 교역 활동만을 무역으로 규정하고, 기왕에 조공 무역이라고 일컫던 것을 국가 교역으로 보아야 한다는 견해가 제기되기도 한다(박준형, 2013, 2~5쪽).

한편 8세기 일본과 신라 간의 외교 관계에서 양국은 외교 형식에 대한 논쟁이 끊이지 않았고, 그러한 과정에서 일본과 신라 간의 교역을 어떻게 규정할 것인가 하는 문제가 쟁점으로 떠올랐다. 장보고와 관련해서는 그의 대외 교역을 사무역으로 규정해왔다.

제15회 한국고대사학회 하계 세미나에서 교역 관련 용어 문제가 부상된 것은 그동안 축적된 연구 성과에도 불구하고 논자마다 사용하는 교역 관련 용어의 개념에 차이가 있기 때문이었다. 동 세미나의 토론에서는, 먼저 국가 형성기의 이론을 과연 삼국·통일신라 시대의 역사상에 적용할 수 있는가 하는 문제가 제기되었다. 또한 기왕의 조공 무역이란 조공朝貢이라는 정치적 용어와 혼합된 것으로서 경제사 용어로는 적합하지 않은 것으로 지적되었지만, 교역과 무역, 유통의 개념에 대한 뚜렷한 결론은 내리지 못했다.

특히 토론자 가운데는, 필자가 교역이라는 용어를 사용한 것을 지적하고 교역보다는 무역이라는 용어가 더 적절하다는 의견을 제시하기도 했다. 아마도 필자의 저서 『한국 고대의 동아시아 교역사』(2011)의 표제와 관련된 지적일 것으로 생각한다. 필자는 동 저서에서 현대의 '무역'이란 개념과 구별하기 위해 '교역'사라는 용어를 취했다. 그럼에도 당시에 필자는 그 개념을 명확히 정의하지 않았고, 또한 최근에 교역 관련 개념이 쟁점이 되고 있는 만큼, 이에 대한 필자의 견해를 제시하지 않을 수 없게 되었다.

일반적으로 말한다면 교섭은 정치적 현안에 따른 국가간의 협의 과정을, 교류는 정치·문화적 관계라고 할 수 있는 인적·물적·정신적 내왕을 포괄하는 개념이다. 그리고 유통은 교역 또는 무역에 수반한 물품의 전달체계와 서비스업까지를 포함한 개념이다. 또한 교역이란 좁게는 직접적인 물물교환을 뜻하며, 넓게는 물품의 교환 및 매매를 포함하는 개념으로서 무역과 동의어로 사용되고 있다. 상품 교환으로서의 교역이 사회적 규모나 사회적 재생으로 확대되기 위해서는 화폐 경제의 성립, 나아가서는 자본주의적 상품 생산이 확립되어야 한다. 특히 오늘날의 무역은 단순히 특정 상품을 효용 가치가 적은 곳에서 효용 가치가 많은 곳으로 옮김으로써 재화의 효용 및 경제 가치를 높일 뿐만 아니라 모든 재화의 생산 요소, 즉 원료·서비스·운송·여객·노동 및 자본의 이동까지도 포괄하는 개념이다. 이처럼 오늘날 사용하는 교역 또는 무역의 개념은 한국 고대사 자료에 나타나는 교빙交聘, 조공朝貢, 교역交易, 교관交關, 매물賣物, 회역廻易 등의 용례와는 차이가 있다.

한국 고대의 교역사 연구는 교역 물품들을 언제, 누가, 어디서, 어떻게 만들고, 그것이 어떠한 과정을 거쳐 누구에 의해, 어떻게 매매되어 누구에게 소용되었는가를 밝히는 것을 목적으로 한다. 이러한 과정은 수공업 생산부터 교역, 유통의 과정을 포괄하는 것으로서, 단순한 물품의 거래뿐만 아니라 기술, 사상적 전이까지 포괄한다. 이에 교역의 개념을 살피기 위해서는, 물품의 생산부터 교역의 주체와 장소, 이러한 과정을 담당하는 관서 등을 살핀 후에, 그 유형을 나누고 정의해야 한다.

이 글은 이러한 관점에서 한국 고대의 대외 교역에 주목해 그 성립·전개 과정을 살피고자 한다. 나아가 그동안 논의된 공·사 무역의 개념과 관련해 각종 사서에 나타나는 교빙, 조공, 교역, 교관, 매물, 회역, 궁시宮市, 관시官市, 관시關市, 호시互市, 시박市舶, 박역博易 등의 갈래와 개념을 살피고자 한다.

2. 대외 교역의 전개와 변화의 기점

한국 고대사에서 국가간의 교류는 고조선부터 있었다고 할 수 있는데, 당시에는 이를 교빙交聘이라 일컬었다. 삼국시대 초기의 국가 상호간의 관계 또한 수빙修聘, 보빙報聘이라 일컬었거니와, 신라가 마한과 동옥저, 왜인倭人과 교류한 것을 교빙이라 했다. 중국과의 관계에서도 진흥왕眞興王 대에는 진陳나라에 사신을 보내 방물을 바쳤다고 하지만, 진의 사신이 신라에 오는 것을 내빙來聘이라 했다. 따라서 당시에 교빙, 내빙, 수빙, 보빙, 헌방물獻方物 등은 동일한 의미로 사용되었으며, 이는 동아시아 전통적으로 국가간 사신을 주고받는 의례적 관계, 곧 빙례를 지칭한다.

빙례란 제후간에 사신을 보내어 안부를 묻는 의례를 일컫는데, 여기에는 예물을 주고받는 것이 수반된다. 『삼국사기三國史記』에 보이는 교빙 관계 기사에서 예물의 이름은 드러나지 않았으나 동옥저가 신라 박

혁거세朴赫居世에게 사신을 보내어 양마良馬 20필을 바쳤다는 것으로 보아, 국가간 빙례에는 방물方物 또는 토물土物로 일컬어지는 각국의 특산물을 주고받았던 것으로 여겨진다.

이러한 빙례의 형식은 4세기부터 7세기 초엽에 걸치는 시기에 후대 조공 관계의 양상으로 바뀌기 시작했다. 고구려의 경우 문자왕文咨王 13년(504) 북위에 조공하면서 비로소 상공常貢이란 표현이 나타나지만, 아무래도 항속적이고 책봉에 의한 의례적 조공 형식이 나타나기 시작한 것은 당나라 초(618)부터 신라의 삼국 통일(676)까지의 시기라고 할 수 있다. 특히 신라는 당나라에 군대를 청하는 정치적 교섭 과정에서 당나라의 제도·문물을 채용했다. 이때는 후대의 징구徵求와 정례적인 사신 파견 등과 같은 형태는 없었지만, 사신을 접대하는 빙례의 과정에 조공하고 회사回賜하는 경제적 내용을 포함하는 형식을 갖추기 시작했다.

7세기 중엽부터 9세기에 이르는 동북아시아의 국제 관계는 국가간 역학 관계와 함께 사신의 내왕, 문물의 전수를 수반했다. 당나라와 신라의 외교 관계는 나당전쟁 이후 한때 단절되었으나, 성덕왕聖德王 12년(713)에 이전의 관계를 회복했다. 신라는 당나라에 사신을 보내는 목적, 곧 조공, 신년 하정賀正, 고애告哀, 사은謝恩 등에 따라 '표문表文'과 '공물貢物'을 갖추고 사행에 임했다. 이에 대해 당나라는 신라의 입당사에게 관직과 물품을 하사하고 왕을 책봉하는 조서와 함께 국왕 이하 왕족에게 물품을 회사回賜했다. 이는 외교 사절단에 대한 빙례의 과정에서 폐백을 주고받거나 사신단의 노고에 대해 치하하는 정도였다.

이러한 과정에서 이루어진 물품의 수수를 지금까지는 공무역 또는 조공 무역이라 일컬어왔다. 그러나 이는 동아시아 전통적으로 국가간 사신을 주고받는 빙례가 의례화된 것이라 보아야 할 것이다. 이른바 공무역이라 일컬을 수 있는 경제적 조공, 회사의 관계가 항례적인 의례

절차 안에 정착된 것은 아무래도 명·청 대에 이르러서야 가능했기 때문이다(전해종, 1970, 6쪽·22쪽·51~53쪽·77~111쪽). 다만 나당전쟁 이후 신라와 당의 평화적 관계가 장기간 지속됨으로써 당나라의 각종 문물과 제도가 신라에 전래될 뿐더러, 양국 왕실의 수요를 충당하기 위해 수수授受된 물품의 양이 확대된 점만은 인정해도 좋을 듯하다.

7세기 중엽을 지나면서 동아시아 사신의 내왕에 따라 일어난 주요한 변화 가운데 하나는, 동아시아 각국에서 파견하는 사신단의 규모가 급격히 증가했다는 점이다. 당나라의 신라·일본에의 사행 인원은 7세기 중엽에 600여 명에 이르는 규모로 증가했다. 곧 당나라는 665년 유덕고劉德高 등 254명을 일본에 보낸 데 이어, 669년에는 곽무종郭務悰 등 600명을 일본에 사신으로 보냈고, 개원開元 21년(733)에는 발해를 치기 위해 군대를 청하는 사행단 604명을 신라에 보내기도 했다.

신라가 당나라에 보낸 사행인의 수효는 보이지 않으나 일본에 보낸 사행의 경우 674년에는 김승원金承元 등 중객中客 이상이 27인, 714년에는 김원정金元靜 등 20여 인, 723년에는 김정숙金貞宿 등 15인이었던 것이, 738년에는 김상순金想純 등 147인, 742년에는 김흠영金欽英 등 187인, 그리고 752년에는 김태렴金泰廉 등 700여 인을 파견한 것으로 전한다.

735년 이후 일본에 파견한 신라 사신단의 성격에 대해 대부분의 일본 학자들은 다이호율령大寶律令(701) 이후 일본의 대신라관對新羅觀을 이른바 '부용국付庸國·번국관蕃國觀'의 시각에서 『일본서기日本書紀』나 『속일본기續日本記』의 기록을 바탕으로 조공사로서 이해해왔다. 이에 일본 측의 활발한 대對신라 접근책에 주목해, 통일을 완수한 신라의 높은 국가의식과 유교·불교 문화를 섭취하고자 하는 일본 귀족층의 문화 운동으로 풀이하기도 한다.

반면에 우리 학계에서는 신라 사신 스스로가 번국사藩國使, 조공사를 자처하는 등 일본 측 자료의 중화적 이념으로 포장된 역사상의 굴절을 제거한 엄밀한 사료 비판을 통해 역사상을 재구성해야 한다고 본다. 또한 신라와 일본의 외교 관계를 신라의 정치 상황을 중심으로 검토하기도 한다.

필자로서는 7세기 후반 신라가 선진 문물 전수의 주요한 통로로서 기능했던 만큼, 신라는 일본에 대해 교린에 기초한 외교 정책을 고수했다는 관점이다. 특히 701년 일본의 다이호율령 이후 양국 간에 외교 형식의 문제로 인한 갈등이 나타나기 시작했다. 그 뒤 성덕왕 33년(734) 김상정金相貞의 왕성국王城國 발언 사건 이후 엔랴쿠延曆 18년(799) 5월 일본의 견신라사遣新羅使가 정지될 때까지 일본 측 사서에 보이는 '신라 사신'을 정상적인 외교 사절로 보기는 어려운 것으로 이해한다. 왜냐하면 이들 '신라 사신'은 국서를 지니지 않고 국왕의 의사를 구두로 전달하는 등 전통적인 외교 형식을 전혀 갖추지 않았다. 또한 김태렴의 경우 그가 가져간 물품을 '개인 자격으로 준비한 신라의 물품'이라 했고, 김삼현金三玄은 스스로가 '공조사貢調使'가 아님을 천명했으며, 조와承和 9년(842) 후지와라노아손 마모루藤原朝臣衛는 그의 청원문에서 일본 관료들이 쇼무 천황聖武天皇(재위 724~749) 때부터 '신라 사신'을 신라의 공식 외교 사절로 인정하지 않았음을 밝혔기 때문이다. 더욱이 734년 이후 엔랴쿠 18년(799) '견신라사 정지' 조치 때까지(제2기) 일본에 전한 신라 토모土毛는 그전 시기인 7세기 후반부터 734년 왕성국 발언 이전까지(제1기)의 신라 '공조貢調' 물품과 크게 차이가 있었다. 곧 1기의 물품이 신라 궁중 수공업 제품이었던 데 대해, 2기의 물품은 귀족이나 일반 수공업장에서 제작된 것이었다는 점에서, 2기의 교역을 진골 귀족이 주도하는 사私무역으로 규정할 수 있지 않을까 생각했다(박남수, 2007).

따라서 애장왕哀莊王 4년(803) 일본과의 '교빙결호交聘結好' 기사는 정관貞觀 중에 당나라 사신 고표인高表仁을 송사送使하던 정신을 이어 신라와 일본 간에 다이조칸太政官과 집사성이 상호 첩牒을 주고받으며 협조 관계를 맺은 것으로 풀이할 수 있다. 이에 애장왕 4년 일본과의 결호를 교빙이라 일컬은 것은 동아시아 전통적인 빙례의 그것을 이은 것으로 이해할 수 있으며, 이러한 점은 중국과 신라의 빈례에 따른 외교 관계와는 차이가 있었다.

아무튼 이 무렵 신라에 파견된 일본 사신들의 규모도 전 시기에 비해 크게 증가했다. 이는 성덕왕 2년(703) 신라에 파견된 일본 국사가 204명이었다는 데서 짐작할 수 있다. 아마도 당나라에 파견한 신라 사신단의 규모 또한 일본에 파견한 사신단이나 당나라가 신라에 파견한 사신단의 규모에 버금가지 않았을까 여겨진다.

이와 같이 7세기 중엽을 지나면서 동아시아 각국의 사신단 규모가 커지며 사행에 수반한 교역이 성행했으리라 여겨진다. 이러한 배경은 경덕왕景德王의 조문 사절로 신라에 사신으로 파견된 귀숭경歸崇敬의 사례에서 살필 수 있다. 곧 대력大曆 3년(768) 경덕왕의 조문 사절로 신라에 파견된 귀숭경을 "당나라에서 신라에 사신으로 파견된 자들이 해동海東에 이르러 구하는 바가 많아, 많은 비단을 가지고 가 신라의 물품을 무역해 이익을 취했으나, 귀숭경은 일체 그러지 아니했다"고 칭송한 데서, 사행에 수반한 교역이 매우 성행했음을 알 수 있다. 이러한 사례는 발해 사신이 일본에 파견되어 사적으로 교역한 데서도 살필 수 있다. 덴초天長 3년(826) 3월 무진 초하루에 후지와라노아손 오츠구藤原朝臣緒嗣는 발해 사신을 상인의 무리와 같다고 여기면서 그 폐해를 지적했다. 이들 사례는 7세기 중엽 이후 동아시아 사회에서 사행에 수반한 교역이 일반화되었음을 보여준다.

사신단을 매개로 이루어진 교역은 9세기 후반까지 지속되었다. 조간貞觀 14년(872) 5월 발해 사신이 쿠라료內藏寮를 비롯해 경사인京師人, 시전인市廛人 들과 서로 교역했다는 것이나, 간교元慶 6년(882) 11월 28일 가가노쿠니加賀國로 하여금 발해객을 잘 접대하되 발해객이 가져온 물품의 회역을 금지하는 관부官符를 내리는 등의 조치는 그러한 사정을 잘 보여준다. 이와 같이 7세기 중엽 이후 동아시아 각국의 사신단 규모가 커진 것은 사신단의 사적 교역이 성행한 데 따른 것이라 할 수 있다.

성덕왕 33년(734) 김상정의 왕성국 발언 사건 이후부터 신라와 일본 양국 사이의 외교 관계가 경색되고, 마침내 엔랴쿠 18년(799) 5월에는 일본의 견신라사 파견이 정지되었다. 그럼에도 이 기간 동안 '신라 사신'의 교역이 성행할 수 있었던 것은, 그들이 일본 측에 의해 반각返却되더라도 가지고 간 물건을 교역해 많은 이익을 남길 수 있었기 때문이다. 이들이 교역한 물품은 752년 김태렴이 가져간 신라 물품 신청서인 '매신라물해買新羅物解'에서도 잘 드러나지만, 일본 조정이 신라 교관물을 구입하도록 조정 대신들에게 다자이후 면大宰府綿을 지급했다는 데서 그에 대한 일본 관료층의 수요를 짐작할 수 있다. 곧 진고케이운神護景雲 2년(768) 10월 갑자조에는 일본 조정이 신라 교관물을 구입하도록 일본 조정 대신들에게 7만 둔(약 15톤)의 다자이후 면을 지급했다(이기동, 1997a, 219쪽)는 내용이 실려 있다. 필자는 838년에 제정된 다자이후관내지자교역법大宰府管內地子交易法에 따라 면 1둔을 직도直稻 8속束으로 계산해, 7만 둔의 다자이후 면이 '쌀 26만 133.3석'에 해당함을 밝힌 바 있다(박남수, 2006, 165~166쪽). 이와 같은 규모의 대가가 '신라 사신'들에게는 엄청난 유혹이었으리라는 것은 상상하기 어렵지 않다. 이들 '신라 사신'은 김태렴이 가져간 물품이 '사적으로 마련한 것'이라는 점에서, 신라 귀족들이 주를 이루었을 것으로 여겨진다.

8세기 신라 귀족들의 교역은 9세기 초엽부터 신라 해상海商들이 활발하게 일본과 당나라를 오가며 교역함으로써 새로운 양상으로 변화했다. 헌덕왕憲德王 2년(810) 무렵 신라의 상인들이 빈번히 일본 규슈九州 지방에 표착한 것이나, 9세기 초 일본의 구법승 엔닌圓仁이 중국 양저우揚州에서 만났던 신라 상인 왕청王請과 왕종王宗이 일본과의 교역을 통해 큰 부자가 되었다는 것 등은, 당시 신라 해상들의 활발한 교역 양상을 보여준다. 이처럼 일본과의 교역에서 귀족들을 대신해 민간 해상들의 활동이 두드러진 것은, 엔랴쿠 18년(799) 5월 일본의 '견신라사 정지' 조치 이후 신라-일본 간의 관계가 중단되고, 애장왕 4년(803) 양국 간에 교빙 관계를 체결한 데 따른 것이라고 믿어진다. 이때부터 민간 교역상들은 이전의 진골 귀족들의 교역을 대신했거니와, 8세기 전반 당-신라-일본을 오가며 교역한 장보고의 활동은 이와 같은 배경에서 가능한 것이었다.

민간 해상들의 교역이 활발해짐에 따라 당나라의 해적이 서남해안에 출몰했고, 흥덕왕興德王은 즉위 3년(828) 장보고를 청해대사에 임명해 교역로를 위협하는 당나라 해적을 소탕하도록 했다. 장보고가 지닌 청해대사라는 직함 가운데 대사는 본래 당나라의 절도사를 절도대사·진수대사·관찰대사 등으로 일컫는 직함이었고, 신라에서는 조공사 등 사신단의 우두머리를 지칭했다. 이로써 '장보고 세력의 반독자적인 성격'을 반영하는 것이라는 지적이 있었지만, 사실 장보고의 대사라는 칭호는 당 현종玄宗이 성덕왕에게 영해군대사寧海軍大使를, 그리고 김충신金忠臣(信)에게 영해군부사寧海軍副使의 관작을 내려 발해를 토벌하게 한 데서 비롯한다. 청해와 영해는 모두 바다를 깨끗이 하거나 편안하게 한다는 의미다. 따라서 당 현종이 성덕왕에게 내린 관작인 대사를 흥덕왕이 장보고에게 내린 것은, 서남해안의 해적을 소탕하라는 의미로 새길 수 있을 것이다.

이에 장보고는 해적을 소탕하고, 독자적인 교역망〔다자이후大宰府→양저우揚州→장화이江淮 지역→덩조우登州→강화→당성진(남양만)→회진→흑산도→청해진→청주(강주)→쓰시마섬對馬島→이키시마壹岐島→다자이후〕을 구축했다. 장보고는 신라-당-일본을 하나의 교역체계 아래 편제함으로써 기왕에 집사성이 관장하던 교역 관련 업무를 위임받았다. '흥덕왕릉비편興德王陵碑片'(836)에 '무역지인貿易之人'이나 '창고충일사倉庫充溢史', '인호부요人戶富饒' 등을 특기特記한 것은, 흥덕왕의 적극적인 의지로서 장보고로 대표되는 대외 교역의 융성함과 그로 인한 국고의 충실, 백성들의 풍족함을 드러내는 것으로 이해할 수 있다. 따라서 장보고를 청해진대사로 임명한 것은 해적 소탕의 임무뿐만 아니라 사신들에 의한 기존의 교역을 포괄하며, 민간 상인들의 교역을 관리 조정함으로써 효과적인 동아시아 교역 정책을 수행하고자 한 것이라 할 수 있다. 이는 기존 진골 귀족 중심의 교역체계에서 청해대사 장보고에 의한 '사무역 관리 시스템'으로의 전환이라고 할 수 있다.

장보고의 사무역 관리 시스템은 장보고가 피살된 후 붕괴되어 신라-당, 신라-일본, 당-일본의 교역으로 단편화되었지만, 서남해안의 군소 상인에 의해 승계되었다. 엔닌이 당나라에서 일본으로 되돌아갈 때 신라 상선을 이용했다는 것이나 일본 측 사료에 보이는 신라 상선들에 관한 기사, 그리고 대중大中 7년(853) 일본 천태종 승려인 엔친圓珍이 당나라에 들어갈 때 신라인 해상 김(흠)양휘·왕초의 상선을 이용했다는 것, 신라승 대통大通이 경문왕景文王 6년(866) 귀국할 때 회역사廻易使 진량陳良의 선편을 이용했다는 사실 등은, 서남해안 지방 군소 해상들의 활동이 장보고의 몰락을 계기로 오히려 활기를 띠었던 상황을 보여준다(이기동, 1997b, 4~12쪽).

9세기 중엽 이후 당나라 내지에서의 교역은 강남도를 중심으로 운영되었다. 여기에는 재당 신라 상인과 서남해안의 신라 상인들도 당나라 강남도 일대를 중심으로 활동했던 것으로 보인다. 이는 당시에 당나라 강남도가 당 조정의 정책적 지원을 받아 동서 교류의 교차점으로 기능했기 때문이다. 당시에 당나라는 동북 지방으로부터 서남 지방의 친저우欽州에 이르기까지 연해의 주군州郡에 시박市舶과 유사한 것을 두었으나, 당나라 조정이 번상蕃商들을 회유하고 필요한 물품을 확보하기 위해 광저우廣州와 취안저우泉州에 제거시박사提擧市舶司를 설치했다. 따라서 취안저우와 광저우는 당연히 서역과 동남아시아 지역에서 몰려온 번상들뿐만 아니라 당상과 신라·발해 상인들의 집결지였다. 이에 강남도 일원의 신라 상인들은『제도로諸道路 및 제왕국지諸王國志』와『제번지諸蕃誌』에서 일컫은 다양한 신라 물품을 비롯해 향약香藥 등 남방의 물품까지 유통했다. 재당 신라 상인이 당에서 유통한 물품을 그들의 선박으로 일본에 운송해 교역함으로써 당물唐物이라 일컬었으나, 그 물품 가운데는 신라물도 혼재해 있었다.

3. 교역 관련 명칭의 갈래와 개념

지금까지의 연구에서는 국가간 사신을 파견해 교빙하거나 조공하는 것을 공무역 또는 국가간의 교역으로 간주해왔다. 교빙이나 수빙, 보빙, 조공 등을 통해 방물을 바치고 회사품을 내리는 행위를 교역의 일종으로 이해한 것이다. 교빙이나 수빙, 보빙은 모두 빙례를 일컫는다.『의례儀禮』빙례편 제소題疏의「정목록鄭目錄」에는 "빙례란 제후가 서로 오랫동안 무사한 데 대해 서로 경상卿相의 신하를 사신으로 보내어 안

부를 묻는 것인데, 소빙小聘은 대부大夫를 사신으로 보내야 한다"고 했다. 여기서 무사하다는 것은 회맹會盟과 같은 것이 없다는 것인데, 임금이 죽어 아들이 그 위를 승계할 경우 대국은 조알朝하고, 소국은 빙례聘를 베풂으로써 천자를 높인다고 한다. 빙례에서 해마다 하는 것을 소빙이라 하고, 3년에 1회씩 하는 것을 대빙이라 한다.

중국의 천자는 빙례를 통해 공·후·백·자·남의 명등命等과 작호의 위계를 분명히 하고, 춘·하·추·동 사시四時에 빙례를 베풀면서 이에 참여한 각 빈객들의 규홀이나 면복, 구슬치레, 수레뿐만 아니라 종묘에 올리는 폐백과 초향, 음식 등을 규정했다. 『주례周禮』의 체계에서는 사방의 사자가 대객인 경우 행인이 인도자로서 접대하고, 소객의 경우 폐백을 받고 그 온 사유를 들었다. 여기서 사이四夷 제국인 번객蕃客의 사신은 소객으로서, 각국의 휘장을 정해진 법식에 따라 정절旌節로 사용해 도성으로 들어가는 신표로 삼았다. 행인이 도성까지의 의례를 관장하는 것이라면, 사의는 위의와 사령, 읍양의 법식에 따라 사신을 접대하고 인도해 종묘에 폐백과 술, 음식을 드리고 국왕에게 고하는 의식, 그리고 명을 받는 절차를 관장했다. 여기에는 대부로 하여금 사신에게 폐백을 내리는 절차가 포함되었다. 이러한 접객 과정에 사신의 소식을 전하는 행부行夫, 정절로써 길을 통해 사방에 이르게 하는 환인環人, 사이의 국사를 관장해 국왕의 명을 전하는 상서象胥, 그리고 사방 빈객의 희생과 제사에 음식을 올리는 일을 관장하는 장객掌客 등이 각각의 직임을 맡았다.

본래 『주례』에서는 중국 내의 공·후·백·자·남 등을 영접하는 의례를 대빈의 의례로 삼아 대행인이 관장했다. 이러한 것을 주변의 사이四夷로 확대하면서, 사이의 국왕을 소빈으로, 사이의 국왕이 보낸 사신을 소객으로 삼아 대빈의 자와 남에 상응하는 의례로 소행인이 관장했다.

여기에서 중국 주변국의 경우 중국 자·남에 상응하는 의례를 갖추긴 했으나, 그와 달리 조공의 정해진 연한이 없고, 전왕이 죽거나 왕위를 이어 즉위한 경우에 한 번 가는 정도였다. 또한 중국 내의 공·후·백·자·남이 제사를 위한 폐백을 공물로 드린 것과 달리 자국의 귀한 보물, 곧 특산물을 예물贄로 삼는 정도였다. 우리나라 삼국 초기에 양마 등 특산물을 예물로 삼은 것은 이러한 빙례에 따른 것이라 할 것이다. 빙례는 수·당 대에 이르러 빈례로서 인식했는데, 이는 빈례가 『주례』의 빙례에 기반을 두고 발전한 의례임을 반영한다.

당나라의 빈례는 사이四夷의 군장君長과 그 사신을 접대하기 위한 것으로 요약된다. 『대당개원례大唐開元禮』에는 홍로시鴻臚寺로부터의 의례만이 수록되어 있으나, 번국 사신이 당나라에 도착하면 도착지의 소관 주州 혹은 도독부를 통해 중앙 정부로부터 입국 허가를 받아야 했다. 이들 견당사들이 첩문帖文으로써 소관 현 또는 진에 도착한 사실을 알리면, 현·진은 주 혹은 도독부에 보고하고 다시 중앙에 알린 다음 입국을 허가하는 칙지에 따라, 식량과 숙박지를 제공받고 일정한 인원만이 관할 관청의 호송 겸 안내인의 안내로 조공물과 함께 장안으로 향했다. 이때 사신들에게는 해당 국가의 대소에 따른 정절旌節이 내려져 각 관문을 통과하는 신표로 삼았다.

신라·일본의 견당사는 대체로 덩조우·양저우·쑤저우蘇州에 도착해 장안 동쪽 장락역長樂驛에 이르면, 당제는 칙사를 보내 이들을 영접했다. 견당사들은 홍로객관이나 예빈원 등의 관관官館에 머물렀는데, 이로부터 황제가 사신을 보내어 맞이하고, 사신을 불러들여 보거나 연회를 베풀었다. 여기에서 사신이 국경을 들어서면서 가지고 간 예물(공물)은 그 종류와 수량을 검열받아 홍로시에 보고되고, 홍로시에서는 그 가격을 산정하고 회사품의 물량을 정해 태부시가 증여하는 방식으로 이루어졌다. 예물은 주로 상대국 국왕과 왕실, 대신 등에게 주어졌으며, 사임을 수행한 사신에게도 등급에 따라 일정 물품이 주어졌다(권덕영, 1997, 170~187쪽).

빈례가 『주례』에 바탕을 둔 것이고, 빈례 과정에서 당나라 천자가 객관에 머무는 사신에게 폐백을 내리고, 사신이 천자 봉견일에 표문과 함께 폐백幣를 올리며, 황제가 베푼 연회에서 태부太府가 의복衣物을 순차에 따라 내리는 등 철저히 외교 의례에 따른 절차 안에서 양국 간 물품이 수수된 점을 주목할 수 있다. 이때 수수된 물품은 각국의 특산물뿐만 아니라 왕실의 궁중 수공업장에서 만든 것도 있었다. 그러한 과정에서 새로운 문물이 전래되기도 했다.

빙례나 빈례 과정에서 주고받은 물품은 해당국의 특산물이나 새로운 문물, 그리고 궁중 수공업장에서 만든 물품이었고, 물품 수수의 주체는 항상 국왕 또는 왕실이었다. 그러므로 최소한 고대 사회에서 빙례와 빈례 과정에 주고받은 조공품과 회사품, 그리고 문물의 전수는 경제적 이익을 추구하는 교역의 성격이라기보다는 양국 왕실간 교류에 따른 위계의 설정과 위세품의 성격을 띤 예물로 보아야 하지 않을까 한다.

한편 빙례나 조공 외에 사료상에 보이는 교역 관련 명칭으로는 무역貿易, 교역交易, 교관交關, 회역廻易, 시역市易 등을 들 수 있다. 동아시아에서의 무역이란 개념은 『사기史記』의 "물건으로써 서로 무역한다以物相貿易"에서 비롯한 것이지만, '흥덕왕릉비편'(836)에도 '무역하는 사람貿易之人'이 등장한다. '일본 헤이조교平城宮 출토 발해사 목간'(727)에는 발해사와 함께 '교역사(?)를 보내…… 遺交易○', '교역交易' 등의 용례가 보인다. 또한 대력 3년(768) 경덕왕의 조문 사절로 신라에 파견된 귀숭경을 평가하면서 당나라 사신단이 '화물을 무역했다貿易貨物' 하고, 일본 세이와 천황淸和天皇 조간貞觀 14년(872) 5월 20일에는 일본 왕실 재정을 담당하는 쿠라료內藏寮가 발해 사신과 '화물을 회역했다廻易貨物'고 했으며, 간교元慶 7년(883) 5월 8일에는 일본의 쿠라료가 발해 사신과 교관交關했다고 했다.

먼저 교역과 무역에 대해서는 『선화봉사고려도경宣和奉使高麗圖經』 권 3, 성읍 무역조에서 "시장에서 자기가 가지고 있는 물건으로 교역한 다"고 해, 동일한 의미로 사용했다. '흥덕왕릉비편'에 보이는 '무역하는 사람'의 무역이 오늘날의 무역trade을 지칭하는지는 분명하지 않으나, 발해사의 경우 일본과의 교역을 '교역, 회역, 교관'으로 일컬었던 것은 분명하다.

회역과 교관은 장보고 당시에 사용된 용어이기도 하다. 『입당구법순례행기入唐求法巡禮行記』에는 개성開成 4년(839) 6월 27일에 장대사 교관선 2척이 적산포에 도착해 그의 대당매물사大唐賣物使 최병마사가 법화원에 있는 엔닌을 위로했다고 한다. 또한 같은 해 8월 13일에는 청산포구青山浦口에 발해 교관선이 정박했다는 사실을 전한다. 『속일본후기續日本後紀』 조와 9년(842) 봄 정월조에는 장보고가 일본에 파견한 회역사廻易使 이충李忠·양원揚圓 등이 등장하는데, 일본에 파견한 교관선의 지휘자를 회역사라 일컬었다. 이 회역사는 '월광사 원랑선사탑비月光寺圓朗禪師塔碑'(890)에 "함통咸通 7년(경문왕 6, 866)에 회역사 진량陳良을 따라서 〔원랑선사圓朗禪師 대통大通이 중국으로부터〕 신라에 돌아왔다"고 한 데서도 살필 수 있다.

장보고의 대당매물사의 매물賣物은 물건을 팔았다는 의미이므로, 대당매물사는 오늘날 수출을 관장하는 직함으로 이해할 수 있다. 회역사는 대체로 신라 또는 발해가 일본이나 중국과의 교역을 일컬은 것이므로, 일종의 물물교환 형식으로 사신들이 교역한 것을 지칭하는 의미가 아닐까 한다. 이에 대해 교관交關은 '관關', 곧 국경을 넘나들며 교역한다는 의미로, 오늘날 국가간의 국제 교역을 지칭한다고 할 수 있다. 시역은 시장에서 이루어진 교역을 일컬은 것으로, 동아시아 각국이 국가의 관리하에 시전을 중심으로 교역했던 만큼 교역이나 무역, 시역 등은 시전에서 이루어진 물품의 거래를 지칭하는 동일한 의미로 새겨도 좋을 것이다.

한편 사료상에는 교역장의 성격에 따라 궁시宮市, 관시官市, 관시關市 등의 용례가 보인다. 이들 명칭은 중국과 일본 측 사료에 나타나는데, 궁시는 궁중에 소용된 물품을 구매하기 위해 설치된 시전을, 관시는 관청에 소용되는 물품을 구매하기 위한 시전을 지칭한다.

당나라의 경우 궁시와 관시는 궁중 또는 관청에 소용되는 물품 구입을 빙자한 관료들의 폐해를 지칭한 이름으로 등장하는데, 이들은 공문첩이나 황제의 칙명으로 시전에서 물품을 구매하는 것이 원칙이었다. 특히 외국 사신들이 당나라에 오는 경우에는 사신들의 객관 안에 관사를 베풀어 행포行鋪를 설치하고 상품을 진열해 교역하기도 했다. 일본의 경우 사신이 도착하면 헤이조교 켄레이몬建禮門 앞에 천막을 세워 당물唐物을 벌여놓고 쿠라료의 관인官人과 내시內侍 들이 교역을 한 궁시官市, 그리고 다자이후에서 사신들의 물품을 교역한 관시官市 등을 베풀었다. 관시를 관장했던 다자이후에는 신라와의 왕래를 위해 신라 통역관을 두거나, 일본 조정에서 교역 물품을 매입하기 위한 면綿을 재배하고 비단을 다루는 능사綾師를 설치하거나 관리들의 교체 시기 등을 조정하는 등 특별한 조치들을 취하기도 했다.

사실 『당률소의唐律疏議』위금률衛禁律에는 사신들과 사적으로 교역할 수 없을 뿐더러 사신들과 말을 해서도 아니 되며 주현의 관인들이 일 없이 서로 만나도 안 된다고 규정하고 있다. 이는 사신을 통해 국가의 기밀이 유출되는 일 등을 통제하기 위한 것이었다(石見淸裕, 1997, 72쪽).

사신들에 대한 규제에도 불구하고 7세기 후반 동아시아 각국에서는 사신들의 사적인 교역이 성행했다. 일본의 『유취삼대격類聚三代格』 권 19, 금제사조에는 엔랴쿠 21년(802) 적국狄國 사신의 토산물을 사사로 이 교역하는 것을 금하는 조항이 전한다. 이는 왕신, 제가들이 다투어 사신들의 좋은 물품만을 구매함으로써 이를 필요로 하는 관청에 오히 려 나쁜 물품만 진상하는 폐단을 막기 위한 것이었다. 이로써 볼 때 최 소한 일본에서는 사신들이 가져온 물품 가운데 우선적으로 관청에서 필요로 하는 물품을 교역하고 나서, 나머지 물품을 귀족들이 교역하도 록 했음을 알 수 있다. 이는, 조간 14년(872) 5월에 발해 사신이 빈례에 서 대충피大虫皮와 표피豹皮, 웅피熊皮, 밀蜜 등을 신물信物로서 올린 데 대해 관등과 녹, 조복朝服 등을 하사받고, 이와는 별도로 쿠라료와 물품 을 회역했을 뿐만 아니라 경사인, 시전인 들과 서로 교역할 수 있도록 허락받은 데서도 살필 수 있다.

사신들의 회역이 융성했던 것은, 덴초天長 3년(826) 3월 무진 초하루 에 후지와라노아손 오츠구藤原朝臣緒嗣가 발해 사신을 상인들 무리와 같 아 폐해가 많다고 지적하거나, 간교元慶 6년(882) 11월 28일 가가노쿠 니加賀國로 하여금 발해객을 잘 접대하되 발해객이 가져온 물품의 회역 을 금지하는 관부官符를 내린 데서도 살필 수 있다. 이들 발해 사신의 교역은 빈례 과정에서 수수되는 공물 내지 폐백의 수수와는 별개의 것 으로, 처음에는 정해진 관례로서 왕실의 재정을 담당하는 쿠라료와 교 역했지만, 특별히 경사인이나 시전인과의 교역이 허락되면서부터 매우 활성화되었던 것으로 여겨진다. 더 이상의 자료를 확인하지 못했으나 일본의 사례로 미루어볼 때, 당나라나 신라에서도 사신이 내왕할 때 왕 명에 따라 특정 장소에 궁시나 관시를 베풀지 않았을까 생각한다.

한편 관시關市는 국경 요해처의 관문에 관리를 두고 개설한 시전을 지칭한다. 이에 대해서는 별도의 관시령을 두어 관리했다. 현재 당나라 관시령의 잔편만이 전하지만, 이에 따르면 국경 연변에서 여러 번국의 상인들과 상호 시역했다고 한다. 이를 호시互市라고도 일컫지만, 엄밀한 의미에서 호시란 '제번들과 상호 교역한다'는 동사에 다름 아니다. 관시에서 번인들과 시역市易 또는 흥역興易한다는 의미라고 할 것이다.

이들 국경의 관시에는 호관사互官司를 두어 물품을 검교하고, 비단류나 얼룩소 꼬리氂牛尾, 진주, 금·은·철 등 교역 금지 물품을 규제하는 한편 물가를 정해 교역하게 했다. 이때 시장의 사면에 구덩이를 파고 울타리를 둘러 문을 지키게 했으며, 교역하는 날 묘시에는 상인들로 하여금 물건 값을 정해 교역하게 했다. 교역에 참여한 상인들에게는 별도의 관시세關市稅를 거두었는데, 관시세는 북제 때 시행된 후로 당대까지 지속되었다. 당나라 관시령에 따르면 제시諸市의 사肆에서는 표標를 세워 행명行名을 내걸고 한 달에 세 번씩 가격을 매겨 보고하고, 궁시弓矢나 장도長刀, 여러 기물器物에는 공인의 성명과 제작 연월을 명기해 팔도록 했다고 한다.

당나라가 공적인 외교 외에는 국경의 출입을 엄금하는 상황에서도, 수공垂拱 원년(685) 상호商胡, 곧 소그드인 상인을 대상으로 관시에서의 호시互市를 넘어 당 내지에서의 교역을 정식으로 인가하기도 했다(荒川正晴, 1997, 174쪽). 이로써 당나라 관關 이서已西 제국의 흥판興販 왕래가 그치지 않았으나 천보天寶 2년(743)에 이를 일체 금단했다. 이들 소그드인 상인들의 내왕 당시에 당나라는 흥호興胡를 당 내지의 행객行客(본관을 떠난 객商·객호客戶)과 마찬가지로 기우주현寄寓州縣에 세전稅錢을 납부하는 존재로 처우하고, 그들의 입경과 이동을 관사가 발급하는 과소過所로써 보증했다(荒川正晴, 1999, 83~92쪽·96~99쪽). 다만 이들이 당나라에 들어온 뒤로는 원칙적으로 귀국이 허락되지 않았다. 이들 소그드인의 교역이나 당 내지에서의 상황은 일면 9세기 신라방이나 신라소의 신라인들을 연상케 한다.

관시와 유사한 형태로서 당나라 강남도 일대에 등장한 것이 시박市舶과 박역博易이다. 곧 시박은 남해 무역으로 상징되는 당나라 강남도의 취안저우, 광저우, 밍저우明州 등지의 무역항에 시박사市舶司를 두어 교역하는 것을 지칭하는데, 개원 2년(714) '영남시박사嶺南市舶司'에서 기원한다. 제거시박사는 매년 10월에 번상들에게 교역의 장을 베풀었으므로, 번상들은 여름에 도착해 상세商稅를 내고 제거사提擧司의 보호하에 명향名香·서상犀象·금은 등을 가져와 능綾·면綿·나라羅·포布나 지紙·필筆·미米 등과 교역했다. 또한 내륙에도 옹주邕州 횡산채橫山寨·영평채永平寨와 친저우欽州에 박역장博易場을 설치해 번상들과 교역하게 했다.

이들 시박항과 박역장에서 이루어진 교역은, 번상들과 당나라 상인 간의 교역이라는 점, 그리고 해당 관사의 검교와 관리하에 교역되었다는 점, 관시세 내지 상세를 낸다는 점에서 모두 동일한 성격의 국경 교역이라 할 수 있다. 관시가 북쪽 내륙의 국경 지역에서 번상들과 이루어진 교역이라면, 시박은 주로 남쪽 해상 교통 요지의 무역항에서 이루어진 교역을, 박역은 서남 내륙의 국경 지역 교통 요지에 별도의 교역장을 두어 교역하는 것을 지칭함을 알 수 있다.

요컨대 기왕에 공무역으로 구분해왔던 조공은 고대 동아시아 사회에서는 교역의 유형으로 분류하기 어려운 점이 있다. 곧 수·당 대에 빙례를 빈례로 인식했는데, 이는 빈례가 『주례』의 빙례에 기반을 두고 발전한 의례임을 보여준다. 따라서 빙례나 빈례에서 이루어진 폐백의 수수는 양국 왕실간 교류에 따른 위계의 설정과 예물 수수의 성격으로 여겨진다. 다만 이때 사신들이 조공 물품으로 가져간 물품을 관시官市에서 매각하는 것은 공적인 사행에 수반한 것이었던 만큼, 사행에 필요한 비용이나 파견국 관사의 비용에 충당되는 공적인 성격의 교역이라 할 수 있을 것이다. 또한 신라에 파견된 당사 귀숭경이나 일본에 파견된 김태렴이 사적으로 교역할 물품을 마련했다는 데서, 사신단들이 사적으로 물품을 준비해 교역했던 것으로서, 이러한 경우 사교역의 범주로 분류할 수 있으리라 여겨진다.

빈례와 조공 외에 사서상에 나타난 무역과 교역이라는 용어는 일정 지역에서 물품을 거래하는 행위를 지칭한다. 따라서 교역·무역·회역은 시전에서의 거래를 지칭하는바, 오늘날 'trade'를 뜻하는 대외 교역(무역)과는 구분된다. 그러므로 교역(무역)은 대내 교역(무역)과 대외 교역(무역)으로 구분할 수 있다.

대외 교역(무역)은 고대 동아시아 사회에서는 '교관交關'이라 일컬었다. 따라서 장보고가 사용한 교관선은 국경을 넘나들며 교역하는 오늘날의 무역선을 지칭하며, 대당매물사는 당나라에 물품의 수출을 관장하는 직임을, 그리고 회역사는 신라 또는 발해가 일본이나 중국과의 교역을 일컬은 것으로서 일종의 물물을 교환 내지 거래하는 형식의 교역을 지칭하는 것이 아닌가 한다.

한편 사서에 보이는 궁시宮市, 관시官市, 관시關市는 시전을 설치한 장소 또는 물품 수요처에 따라 일컬은 명칭이다. 궁시宮市는 궁중에 소용되는 물품을 구매하기 위해 궁궐 내지 궁문 밖에 설치한 것이며, 관시官市는 관용에 필요한 물품을 공급하기 위해 시전에 별도의 교역처를 베푼 것이다. 관시關市는 국경 지대에 설치한 시전을 일컫는다. 외국 사신단의 교역은 주로 궁시와 관시官市에서 이루어졌으며, 이들 사신단이 당해국의 관사와 교역하고 남은 물품에 한정해 일반 민간 상인과 교역할 수 있었던 것으로 보인다. 말하자면 관시에서 사신단을 통해 관무역이 행해지는 한편으로 사신단과 민간 상인의 교역, 곧 사무역이 이루어졌다고 할 수 있다.

관시關市는 일시 폐지되기도 했는데, 기왕에는 이를 호시互市라고도
일컬었다. 그러나 호시는 국경 지역에 베풀어진 관시關市에서 당나라
상인과 번국 상인들이 '서로 교역한다'는 동사적 의미이므로, 이를 교
역의 한 형태로 분류할 수는 없다. 따라서 종래에 호시라 지칭했던 것
은 관시로 규정되어야 할 것이다.

한편 8세기 전반에 당나라 강남도 지역에 시박市舶의 항구와 박역장
博易場이 등장했다. 이는 강남도의 교역항에 시박사를 두거나 강남 서
북 내륙 지역에 관리를 배치해 시전을 베푼 것이다. 여기에 베푼 시전
은 관시官市라고도 할 수 있는데, 이들 교역항이 외국 선박들이 정박하
는 일종의 관문의 성격을 띠며, 내륙의 박역장 또한 번국과의 국경 지
대 교통 요로에 설치했다는 점에서 관시關市의 일종이라고도 할 수 있
다. 이들 교역항과 국경 지대의 관시關市에서는 주로 당나라 민간 상인
과 서역 및 신라·발해 등 번국 상인들의 교역이 활발했거니와, 민간 상
인간에 이루어진 교역, 곧 본격적인 사무역은 관시關市로부터 비롯했다
고 할 수 있다.

4. 맺음말

한국 고대사에서 교역의 전개 과정과 그 변화의 기점, 그리고 동아시아
고대 사료상에 나타난 교역과 무역, 교관과 회역 등 물품 거래를 뜻하
는 의미 외에 빙례와 조공, 궁시와 관시, 관시와 시박, 박역 등의 용례
를 살폈다. 지금까지 살핀 내용을 정리하면 다음과 같다.

먼저 한국 고대에 중국을 포함한 주변 여러 나라와의 정치적 교섭

과정에서 빙례를 행했다. 4세기 무렵부터 나타나기 시작한 조공은, 7세기 중엽 신라가 당나라에 군대를 청하면서 후대의 조공 형식을 갖추기 시작했다. 이로써 종래의 빙례는 빈례로 발전했는데, 삼국은 일본에 대해서는 종래의 빙례 형식인 교빙 관계를 유지했다. 그러나 빙례든 빈례든 의례의 안에서 왕실간에 예물을 주고받았다는 데서, 후대의 공무역 또는 조공 무역으로 보기보다는 오히려 양국 왕실간 교류에 따른 위계의 설정과 위세품의 성격을 띤 예물의 수수로 보아야 할 듯하다. 공무역으로서의 조공 무역은 광범위한 물산의 징구와 정례적인 사신 파견 등의 체계를 전제로 하거니와, 이른바 공무역이라 일컬을 수 있는 경제적 조공, 회사의 관계가 항례적인 의례 절차 안에 정착된 것은 아무래도 명·청 대에 이르러서야 가능했다고 보기 때문이다.

그러나 사신의 내왕과 왕명이나 황제의 칙명에 따라 특정 장소에 궁시나 관시를 베풀어 사신단의 물품을 교역하거나 사행에 필요한 물품을 구입하도록 했다. 또한 사신들이 가져온 물품 가운데 우선적으로 관청에서 필요로 하는 물품을 교역하고 나서, 나머지 물품을 귀족들이나 민간인들이 교역하도록 했다. 전자의 경우 일종의 관무역이라 할 수 있으며, 후자는 사무역의 범주에 들 수 있는 것이었다.

7세기 후반 동아시아 각국에는 사신들의 사행이 빈번해지면서 사신단에 의한 사적인 교역이 성행했다. 이는 결국 사신단이 급격히 증가하는 요인이 되었거니와, 이에 수반해 민간 상인들에 의한 사교역이 성행하는 요인으로 작용했다. 곧 사신단이 내왕하는 과정에 민간 상인들이 동행함으로써 민간인들의 사교역이 점증하지 않았을까 한다. 8~9세기 무렵 신라 귀족들과 민간 상인들의 활약은 이러한 배경에서 이해할 수 있다.

또한 당나라 북쪽 국경 지역에는 소그드인들의 잦은 출입과 동북방

이민족과의 교역을 위한 관시關市가 등장함으로써 바야흐로 민간 상인에 의한 사무역이 본격화되었다. 당나라 북쪽 국경 지역의 관시는 일시 폐지되기도 했으나 8세기 전반부터 강남도의 거점 교역항에 동서 교역을 위한 교역장, 곧 시박항과 강남 내륙 서북쪽의 박역장에 관시官市가 베풀어짐으로써 새로운 유형의 관시關市가 등장했다. 이는 사신단에 의한 제한적인 사무역과는 유형을 달리하는 것으로, 9세기 전반에 활동한 민간 상인이나 장보고의 교역은 그러한 배경에서 가능한 것이었다.

그러므로 고대 동아시아 각국의 교역은 크게 관무역과 사무역으로 구분할 수 있는데, 관무역은 빙례나 빈례에 수반해 사신단이 당해국의 관사와 필요 물품을 교역하는 것을 지칭하며, 관무역 외의 잉여 물품을 민간 상인과 교역하는 사무역도 함께 행해졌다고 할 수 있다. 그러나 민간 상인에 의해 본격적으로 사무역이 활성화된 것은 소그드인들과 당나라 국경 이민족이 당나라 북쪽 국경 지역에서 행한 관시關市로부터라고 할 수 있다. 이러한 관시는 8~9세기 무렵 강남도 일대 시박항과 박역장에 시전을 베풀어 동서 교역이 활발해지면서 새로운 형태로 변화했지만, 그 성격은 동일한 것이었다.

〈표 1〉 교빙·교관의 사적 전개

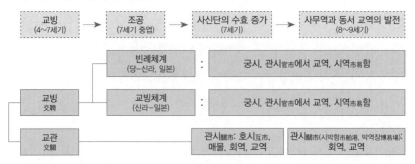

사신단에 의해 이루어진 관무역의 경우 입국 시에 이미 물건을 검열하고, 당해국 관사에서 먼저 구매할 물품을 정해 이에 상응하는 대가를 지불하는 한편으로 민간 상인과의 교역이 허락되곤 했다. 여기서 사신단은 궁시나 관시의 교역에서 면세 등의 혜택을 누렸을 것으로 추정되지만, 관무역 외에 사적인 교역의 경우 민간 상인이 상세를 지불했다고 여겨진다. 이에 대해 관시關市에서는 교역 물품의 검교가 이루어진 다음에 시전을 관장하는 관리가 이들 물품에 대한 가격을 매기고, 민간 상인들이 관시세 내지 상세를 납부한 후에야 교역에 임할 수 있었다. 관시의 개설은 당해국에는 새로운 재원을 마련한다는 관점에서 만족스러운 것이었으므로 장려하는 측면이 없지 않았던바, 8~9세기 각국의 관시關市를 중심으로 한 교관交關은 오늘날 'trade'라 일컬을 수 있는 대외 교역 또는 대외 무역이라고 할 수 있을 것이다.

〈표 2〉 빈례·교관의 과정과 교역의 유형

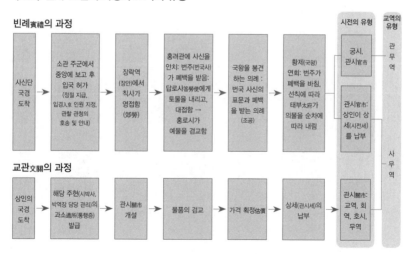

:: 참고문헌

권덕영, 1997, 「입당과 귀환절차」, 『고대한중외교사』, 일조각.

박남수, 2006, 「8~9세기 한·중·일 교역과 장보고의 경제적 기반」, 『대외문물교류사연구』 4, 해상왕장보고연구회.

_____, 2007, 「통일신라의 대일교역과 애장왕대 '교빙결호交聘結好'」, 『사학연구』 88, 한국사학회.

박준형, 2013, 「고조선-삼국시대 교역사 연구의 검토」, 『한국고대 교역사 연구의 과제』 (제15회 한국고대사학회 하계 세미나 발표자료집, 한국고대사학회).

이기동, 1985, 「장보고와 그의 해상왕국」, 『장보고의 신연구』, 완도군 문화원; 1997a, 『신라사회사연구』, 일조각.

_____, 1997b, 「나말여초 남중국 여러 나라와의 교섭」, 『역사학보』 155, 역사학회.

전해종, 1970, 『한중관계사연구』, 일조각.

荒川正晴, 1997, 「唐帝國とソクド人の交易活動」, 『東洋史研究』 56-3, 東洋史研究會, 京都.

_____, 1999, 「ソクド人の移住聚落と東方交易活動」, 『岩波講座 世界歷史: 商人と市場』 15, 岩波書店, 東京.

石見淸裕, 1997, 「唐代外國貿易·在留外國人をめぐる諸問題」, 『魏晉南北朝隋唐時代史の基本問題』, 汲古書院, 東京.

낙랑군 연구와 식민주의

오영찬(이화여자대학교 사회과교육과 교수)

1. 머리말

한의 군현이 그들의 식민정책을 수행한 중심지는 낙랑군이었다. 그 낙랑군
에는 군태수 이하의 관리와 상인 등 한인이 와 살면서 일종의 식민도시를
건설하고 있었다. …… 호화로운 식민도시의 건설에도 불구하고, 한의 식
민정책은 심한 정치적 압박을 수반하는 것은 아니었던 듯하다.(이기백, 1990,
『한국사신론』 신수판, 41쪽)

낙랑군은 한의 식민지로서 그 묘제, 문물은 거의 모두 중국 한 대의 것이기
때문에 그것이 비록 우리나라 안에 있었다 하더라도 우리나라의 고고학이
나 미술사에서 제외해야 한다는 것이 필자의 생각이다.(김원룡, 1986, 『한국고

우리나라의 대표적인 한국사와 한국 고고학 개설서에 기술된 낙랑군에 관한 서술인데, 적시된 바와 같이 낙랑군의 성격을 식민도시 또는 식민지로 규정하고 있다. 기원전 108년 한 무제가 고조선을 평정한 후 서북한 일대에 낙랑군을 설치했다는 것은 이론의 여지가 없는 역사적 사실이지만, 낙랑군의 성격을 한 제국의 식민도시 내지 식민지로 규정한 것은 어디까지나 저자의 주관적인 해석이 덧씌워진 것이다. 하지만 우리는 이러한 학계의 통설적 견해를 언젠가부터 무비판적으로 받아들이면서 인식의 틀 자체를 거의 자각하지 못하고 있다. 낙랑군을 식민지로 해석하는 것은 중세 사학에서는 확인되지 않으며, 근대 사학 성립 이후에 논의가 시작되었다는 점에서 인식의 연원에 대한 검토가 필요하다고 하겠다.

지난 100여 년간 한국 고대사의 연구 과정은 민족, 발전, 실증이라는 세 단어로 강력하게 웅변될 수 있다. 국민 국가의 단위를 넘어선 새로운 역사 인식에 대한 요구와 함께 다원적인 사회와 세계에서 조화로운 공존을 추구하기 위해서는 고대사 연구에서 민족은 계속 화두가 될 것이다(노태돈, 2008, 12쪽). 한국 고대사의 형성과 전개 과정에서 중원 왕조가 설치한 한사군을 어떻게 위치시키고 성격을 규정하는가의 문제는 우리 민족의 형성 과정을 설명하는 데 해결되어야 할 과제다. 개화기 이후 한사군의 위상과 역사적 성격에 대한 해석은 각 시기와 부면마다 상이하게 이루어졌는데, 이는 중국을 타자로 하는 역사공동체를 전제로 한 한국사 체계의 형성뿐 아니라 일본 제국주의의 식민 지배 과정과 밀접한 관련이 있었다. 이 글에서는 이러한 점에 유의하면서 한사군 및 낙랑군을 한의 식민지로 이해하는 해석의 틀이 언제 어떻게 창출되었는지 그 연원에 대해 파악하고, 이러한 해석이 확대 재생산되는 역사적 맥락과 추이에 대해 살펴보고자 했다.

이를 위해 먼저 개화기에 이르러 중세 정통론적 역사관에서 벗어나는 과정에서 한사군의 설치라는 역사적 사실을 어떻게 이해하면서 역사상을 구축해나갔는지를 살펴보았다. 중화주의적 조공 관계를 극복하고 만국공법 질서를 수용하면서 종래 동일한 문명공동체로 인식하던 중원 왕조를 중국 또는 지나支那라는 별개의 역사적 실체, 즉 외세로 새롭게 규정하게 된다. 근대 국민 국가의 국민을 양성하는 교과서에서 수립된 역사체계 속에서, 민족 담론의 형성과 연관해 한사군의 역사상을 어떻게 구축해나가는지 추적해보고자 했다.

한사군의 설치가 외세의 지배로 인식되기 시작하는 과정의 한편에서는 제국 일본의 식민지 침탈과 궤를 같이하면서 식민주의 역사학이 구축되어나갔다. 일제는 한사군의 설치라는 역사적 사실을 식민주의적 시각에 입각해 식민지로 성격을 부여하고, 이를 타율성론의 정립 차원에서 적극 활용하고자 했으며, 아울러 조선총독부가 주도한 고적 조사를 통해 낙랑군의 존재를 별도로 설정해 부각시켜나갔다. 즉 한사군을 식민 지배의 이데올로기로 활용하고 확대 재생산하는 과정에 대해서 살펴보았다. 식민지로서 낙랑군의 역사상이 정립되면서 군현 내부의 지배 구조와 주민 구성에도 관심을 기울였다. 주민 구성에서는 타자인 한인漢人과 토착인의 이분법적 구분이 이루어지며, 이러한 종족의 구분을 문헌 자료와 고고학 자료로 증명하는 데 많은 노력을 기울였는데, 이를 통해 낙랑군에 대한 성격 규정이 확대 심화되어나가는 과정을 검토하고자 했다.

이 글에서는 중세 사학에서 근대 사학으로의 전환을 맞으면서 한사군과 낙랑군의 역사적 실체와 의미가 새롭게 발견되고 재인식되는 과정을 살펴봄으로써, 식민 본국인 제국 일본의 관점으로 형성된 낙랑군의 역사상이 확대 재생산되어 오늘에 이르는 과정을 확인하고자 했다. 동시에 동아시아에서 근대 민족 국가인 중국과 한국의 개념이 고대 사상에 투영되었다는 점도 유념해야 한다. 이를 통해 낙랑군의 역사상 자체에 대한 재검토의 기회를 마련하고자 한다.

2. 민족: 한말 정통론의 탈피와 한사군

근대 역사학은 경학에 예속된 상태에서 벗어나고 중화주의 질서에 바탕을 둔 서술체계를 극복하며, 왕실 중심의 서술과 정통론, 편년체 서술 방식을 탈피하고, 서구 역사학의 성과를 수용하되 일본 제국주의 역사학을 비판 극복하면서 성립된다(도면회, 2008, 172쪽). 17~18세기에 이미 정통론이라는 사론을 통해 한국사를 보다 자주적이고 체계적으로 재구성하려는 시도를 확인할 수 있다(이만열, 1985, 127~134쪽). 1894년 청일전쟁 이후 동아시아 국제 관계의 변화에 따라 조선과 청의 관계는 일변했고, 조선은 역사 서술에서 스스로를 '동국東國', '동사東史'라 부르는 데서 벗어나 중국, 중원, 중화를 '지나支那'로 지칭하듯이 중화주의 질서를 탈피하려는 면모를 보인다. 그러나 이 역시 완전한 자주 독립국의 면모를 갖추지는 못한 채, 청을 여전히 상국上國으로 운운하거나 일본의 압제 속에서 조선은 겨우 명맥만 유지했다. 근대 일본의 국학자들이 중국中國이라는 용어에 담긴 야만, 문명 혹은 내부, 외부라는 의미에서 일본을 분리하기 위해 지나支那를 사용한 것(스테판 다나카, 2004, 18쪽)을 그대로 채용한 데서도 일본의 영향을 엿볼 수 있다.

개화기에는 역사 체계나 서술에서 제한적이나마 근대 국민 국가와 연계된 민족이라는 실체를 서서히 자각하면서 타자로서 중국을 인식하기 시작했다. 이러한 근대 민족 담론이 형성됨에 따라, 종래 동일한 문명공동체에서 파생된 문명화의 상징이었던 기자조선과 위만조선, 그리고 한사군에 대한 서술이 달라지지 않을 수 없었다. 연인燕人인 위만이 건국한 위만조선과 한 제국漢帝國이 설치한 한사군漢四郡을 한국사의 체계에서 어떤 관점에서 서술하는가에 대한 문제는 기존 정통론적 역사 인식에서는 감지될 수 없었던 새로운 이해를 요하게 되었다. 개화기에는 한국사 관련 저술이 드물고 역사 교과서의 편찬을 통해 역사 서술이 주로 이루어졌으므로, 당시의 역사 교과서를 통해 민족 담론의 형성 과정에 따른 역사 인식의 추이를 추적해보도록 하겠다.

갑오개혁 이후 학부 편집국에서 편찬된 『조선역사』(1895), 『조선역대사략』(1895)은 모두 조선 후기 실학자들의 정통론적 역사 인식을 그대로 계승하고 있었다. 삼국시대 이전을 단군기檀君紀, 기자기箕子紀, 삼한기三韓紀로 설정하고, 기자기 아래 위만조선과 삼한, 사군四郡, 이부二府를 기술하고 있다. 당시 서술에서 한사군과 관련해서는 조선 후기 실학자들의 저술에 비해 실증성이 오히려 퇴조해 역사적 사실 관계를 파악하는 데서 착오를 일으키고 있는 점이 눈에 띈다. 즉 위만조선이 멸망한 후 사군이 설치되었다가, 한 소제昭帝 시기에 사군을 이부로 바꾼 것으로 파악하고 있다. 이부는 평주도독부平州都督府와 동주(부)도독부東州(府)都督府로 설정되었으며, 46년 만인 원제元帝 시기에 고구려의 시조에 의해 병합된 것으로 보았다. 이부의 설정 자체가 오류임은 이미 17세기 말 18세기 초 남구만南九萬에 의해 해명된 이래, 18세기 말 19세기 초 『해동역사』에서 충분히 실증된 바 있는데, 이러한 성과들을 제대로 숙지하지 못하고 오류를 범하고 있다(오영찬, 2012, 12~16쪽). 사군과 이부에 대한 잘못된 이해는 김택영金澤榮의 『동국역대사략東國歷代

史略』(1899)에서뿐 아니라 현채玄采의 『보통교과 동국역사』(1899)까지 계속 답습되는데, 이러한 오류는 후술할 하야시 다이스케林泰輔의 『조선사朝鮮史』에서도 마찬가지로 확인된다.

현채의 『중등교과 동국사략』(1906)은 하야시 다이스케의 『조선사』를 번역한 것으로 일반적으로 이해되고 있다(주진오, 1994, 45~46쪽). 그러나 태고사, 상고사, 중고사 등으로 시대를 구분하고 주제사와 관련된 항목을 설정한 것 등은 하야시 다이스케의 영향을 받은 것으로 보이지만, 고대사의 서술 내용과 관련해서는 뚜렷한 차이가 있다. 무엇보다 현채는 위만조선과 한사군에 관한 언급을 거의 하지 않았다는 점이 특징적이다. 위만조선에 관한 기술은 "衛滿은 平壤을 竊據ᄒ야 其旁小邑을 服屬ᄒ더니 其孫右渠에 至ᄒ야ᄂ 支那漢武帝劉徹의게 滅ᄒ비되니 歷年이 八十七年이오이다"가 전부다. 하야시 다이스케의 『조선사』에서는 제2편 태고사 5개 장 중에 '제3장 위씨의 흥망과 군현'이라는 별도 항목을 설정하고 자세하게 서술한 것과는 대조를 이룬다. 아울러 한사군에 관한 언급도 별도로 없고, 다만 마한기의 앞부분에 "支那의 漢國이 朝鮮의 地를 分ᄒ야 郡縣을 作ᄒ더니"라고 언급한 것이 전부다. 여기서는 사군이라는 언급도 찾아볼 수 없다. 현채는 위만조선과 사군을 다루면서 '한국漢國'을 지나로 인식하고, 조선에 대비되는 실체로 파악했다는 점에서 타자와 대비되는 주체의 인식을 명확히 확인할 수 있다. 이에 따라 위만조선과 사군에 대한 언급을 의도적으로 하지 않은 것으로 파악되며, 이러한 기술 태도는 하야시 다이스케의 『조선사』와는 명확히 구분되는 것이라고 할 수 있다.

통감부기의 다른 교과서에서는 하야시 다이스케식의 태고사, 상고사, 중고사 등의 시대 구분을 대부분 받아들이지 않는다. 이 시기에 발간된 교과서에서는 대개 기존의 정통론적 역사 서술체계는 유지하지만, 현채와 마찬가지로 위만조선과 한사군에 대한 서술은 지극히 소극적인 태도를 취하고 있다. 『대동역사략』(1906)에서는 여전히 단군기-기자기-마한기-신라기로 이어지는 정통론적 역사체계를 고수하지만, 지나 한국漢國을 명시하고 있으며 위만조선에 대한 언급을 최소한으로 하면서 사군에 대한 언급은 찾아볼 수 없다는 점에서 앞서 현채의 서술 태도와 맥을 같이한다고 볼 수 있다. 한편 이 시기가 되면 기존의 정통론적 역사체계에서 진전된 새로운 역사체계가 수립된다. '기자조선→〔(위만조선→사군 이부→고구려)(마한→백제)(진한→신라)(변한→가야)〕→통일신라→(후백제, 태봉)→고려→조선'으로 이어지는 새로운 체계를 구성했다. 연인燕人 위만이 조선이라는 국호를 잉칭仍稱했다는 점을 강조하면서 삼조선三朝鮮으로 묶어서 파악하거나, 영토를 기준으로 위만조선과 뒤이은 사군 이부가 고구려에 의해 병합된 사실을 강조함으로써 한국사의 체계 속에 편입시키고자 했다. 이러한 체계 아래서는 위만조선과 사군 이부 이후에 고구려에 의한 병합으로 이어지면서, 이들 간에 영토를 매개로 하는 나름의 계승성을 설정하고 있다. 여기서는 고구려가 위만조선과 사군 이부의 영토를 종국적으로 병합함으로써 고구려에 의해 아강我疆으로의 회복이 이루어졌다는 점을 강조하면서 의미를 부여하고 있다. 이러한 기술은 원영의元泳義·유근柳瑾이 함께 저술한 『신정동국역사新訂東國歷史』(1906)에 나타나기 시작해 이후 많은 교과서에서 유사한 입장을 취하고 있다. 『신정동국역사』와 유근이 편찬한 『신찬초등역사』(1910)에서는 위만조선을 '부附'로 처리한 반면, 조종만의 『초등대한력ㅅ』(1908)에서는 단군조선, 기자조선, 위만조선을 대등하게 처리하면서 삼조선을 설정하고 있다. 이러한 역사체계에서는 사군 또는 사군과 이부에 대해 아주 간단히 언급하고 있으며, 류근의 『초등본국역사』(1908)에서는 사군을 설치한 사실 자체도 언급을 피하고 있다. 한편 기자와 관련된 주周, 위만과 관련된 연燕, 한 무제와 관련된 한漢 등을 표기할 때는 모두 지나支那를 병기하거나 부기한 점이 주목된다. 이는 역대 중원 왕조를 타자로서의 지나이자 만국공법체제하에서 대등한 관계를 맺는 상대로 인식했다는 점을 보여주는 것으로 해석할 수 있다. 물론 이러한 역사 인식의 과정을 민족의식의 형성이나 민족주의 사학의 성립으로 이해하기에는 아직 뚜렷한 한계를 보인다. 지나라는 용어를 포함해, 당시 청으로부터의 탈피는 조선을 잠식하려는 일본의 영향과 의도가 농후하게 개입된 것이므로 이러한 제한적 의미에 대해서는 명확한 인식이 필요하다. 다만 조선 후기 이래 정통론적인 역사 인식을 극복하면서 만국공법체제에 대한 새로운 인식을 기반으로 타자로서 중국과 분리시키려는 역사 인식 내지 민족의 자각이 맹아적으로나마 이루어지고 있었다는 점에 나름의 의미를 부여할 수 있겠다.

갑오개혁기를 거쳐 통감부에 이르는 시기에는 정통론적 역사체계를 극복하면서 중국의 역대 왕조를 조공체제적인 시각에서 탈피해 만국공법하의 근대 국가 지나로 인식해나갔으며, 이러한 과정에서 위만조선과 사군에 대한 새로운 인식이 맹아적으로나마 이루어지기 시작했다. 갑오개혁기에는 아직 정통론적 역사체계에 기반한 중세 사학의 면모를 크게 벗어나지 못했으며, 일부의 경우지만 오히려 실증적으로는 퇴조하는 측면도 나타났다. 하지만 조선과 구분되는 타자로서의 지나에 대한 인식에 기반을 두어 우리 역사체계에서 위만조선과 사군에 대한 언급을 최소화하거나 의도적으로 기피하는 현상을 확인할 수 있다. 그렇다면 일제 식민지 침략 과정을 거치면서 식민주의에 입각해 한사군에 대한 인식이 어떻게 형성되고 확대되어나가는지를 살펴보자.

3. 식민지: 낙랑군의 발견

일본의 근대 역사학은 1880년대 이후 성립되기 시작하면서 문헌고증 사학이 발전했으며, 한국사와 관련해서는 침략주의적 대륙 정책과 결부되었다(이만열, 1985, 127~134쪽). 하야시 다이스케의 『조선사』(1892)는 근대적인 서술 방법에 입각해서 서술한 최초의 조선 역사 전문서다. 하야시 다이스케는 동경제국대학 고전강습과 출신으로, 서양 역사서체제를 모방해 조선의 역사를 태고, 상고, 중고, 금대今代의 네 시기로 나누고, 지리와 인종, 풍속, 법률, 군사 제도, 문학, 공업과 기술, 물산 등 주제별로 서술했다. 종래 일본 국학의 부정적인 한국 인식을 기반으로 하면서 독일 실증사학의 영향을 받은 근대 역사학적 방법론에 입각해 서술된 개설서라고 볼 수 있는데, 여기서는 중세 정통론적 역사관에서 벗어나 근대 민족 국가를 단위로 한 역사 인식과 함께 식민주의 역사관의 단초가 드러나기 시작한다는 점에서 주목된다.

조선의 역사에 대한 하야시 다이스케의 기본적인 시각은 총설에 잘 나타나 있는데, 다분히 부정적인 측면이 부각되어 있다. 즉 조선은 나라를 세운 지 오래되었지만 그 영토가 중국에 가까운 까닭에 항상 견제를 받았으며, 중국인이 와서 왕이 되거나 그 땅을 군현으로 삼아서 거의 중국의 속국과 같았다고 했다. 그리고 기자에서 한군현에 이르기까지 1000여 년 동안 모두 중국인이 통치한 셈이라는 것이다. 조선사를 기술하면서 근대 국민 국가 형성에 기반을 두어 '조선'과 대비되는 외부의 타자로서 '중국', '중국인'을 명확히 설정하고 있다.

총설의 선명한 입장과는 달리 실제 고대사 부분의 기술에서는 『사기』조선열전의 관련 사료를 정리하는 수준에 그치고 있으며, 그나마 사료에 대한 이해도도 별반 높지 않은 것으로 평가할 수 있다. 제2편

태고사 중에서 '제3장 위씨의 흥망 및 군현'을 별도의 장으로 설정해 서술하고 있는데, 사실 관계의 파악에 심각한 오류를 범함으로써 총설에서 의도한 방향의 서술에는 미치지 못하고 있다. 즉 한사군이 소제昭帝 시원始元 5년(기원전 82)에 평나와 현도군을 평주도독부平州都督府로 하고, 임둔과 낙랑군을 동부도독부東府都督府로 삼았기 때문에 실제 군현 지배는 50여 년밖에 이루어지지 못한 것으로 이해했다. 사실 관계의 실증적인 오류뿐 아니라 중국 군현으로서 한사군의 성격에 대해서도 내지內地와는 달리 기미羈縻 제도를 이용해 다스렸다는 정도로만 파악하고 있다.

하지만 1912년에 간행된 하야시 다이스케의 『조선통사朝鮮通史』에서는 서술이 크게 바뀐다. '한위漢魏의 군현 및 삼한'이라는 별도 항목을 설정하고, 이부二府 즉 평주도독부, 동부도독부 부분이 삭제되면서 사군의 지배가 부각되어 서술되고 있다. 한사군이 숫자가 조정되지만 400여 년간 계속 강력하게 존치된 것으로 이해했는데, 4군이 소제 시원 5년에 2군이 되며 대방군이 설치되면서 다시 3군이 되는 것으로 파악했다. 한사군에 대한 사실 관계의 확인이 제대로 이루어짐에 따라 새로이 역사적 의미를 부여할 수 있게 되었는데, '무제가 처음으로 사군을 두어 식민殖民했'다는 표현이 등장한다. 여기서 주목할 것은 '식민殖民'이라는 표현의 등장이다. 이보다 앞서 시데하라 탄幣原旦은 조선의 식민 지배를 위해 한의 군현 지배를 감계적鑑戒的 차원에서 해석한 논문을 발표했으며, 뒤이어 낙랑군을 식민지로 규정한 논문을 발표한 바 있다(幣原旦, 1907). 사실 일본에서는 19세기 후반까지 '콜로니'라는 유럽적 개념을 표현하는 적절한 용어가 없었다. 1870년대 홋카이도北海道 개발에 의해 '식민'이라는 용어가 사용되기 시작했고, 후쿠자와 유키치福澤諭吉 등이 서양의 사상을 수입하는 과정에서, 그리고 1895년 타

이완 복속을 시작으로 해외 침략을 실행하면서 이 용어를 본격적으로 사용했다(マーク ピーティー, 1996, 120~121쪽). 이러한 과정에서 수입된 식민지 개념이 한사군을 설명하는 데 도입되기 시작한 것이 바로 이즈음이다. 무엇보다 표면적으로 드러난 이민족 지배 현상을 곧바로 식민지로 규정하는 것은 몰역사적 해석이라 할 수 있는데, 서양사에서도 고대사가인 모리스 핀리Morris Finley가 근대의 특수 현상인 식민지에 대해 명확한 개념 정의가 필요하다고 역설하고 근대적 개념을 고대사에 곧바로 적용하는 데 따른 문제점을 제기한 바 있다(Moris Finley, 1976, 167~188쪽). 당시 한사군을 식민지로 규정한 것은 단순히 이민족의 지배를 식민지로 규정하는 해석의 차원에서 그치지 않는다. 이러한 해석의 이면에는 우월의식과 차별의식이 내재되어 있으면서 제국주의의 역사적 침략을 돕는 이데올로기인 식민주의가 전제되어 있다는 점에서 문제를 지적하지 않을 수 없으며, 이는 이후 식민주의 역사학의 근간을 이루게 된다.

러일전쟁 후 일본은 남만주와 조선을 수중에 넣자, 만선滿鮮을 단순히 일본의 현실적인 세력권이라는 생각을 넘어 하나의 역사적·문화적 지역으로 파악하려는 적극적인 움직임을 취한다. 만철滿鐵의 후원을 받은 만선 역사지리 연구가 그것인데, 주재자인 시라토리 구라키치白鳥庫吉는 고대 동북 시베리아와 만주, 그리고 한반도에 걸친 퉁구스계 여러 민족의 활동에 관한 역사학적 연구에 중점을 두었다(나카미 다츠오, 2009, 193쪽). 개별 연구들은 만주와 조선의 관계사 또는 만주사와 조선사가 각각의 영역에 머문 성과에 그쳐 그 계획은 성공하지 못했지만, 이러한 맥락에서 1913년에 간행된 『만주역사지리滿洲歷史地理』에서는 한사군의 역사지리에 관한 연구가 집중적으로 이루어졌다.

문헌사를 중심으로 한 한사군의 역사지리 연구가 다수 이루어지는 것과 별개로, 1910년대 이후 고대사 체계에서 한사군의 존재는 점점 사라지고 그 자리를 낙랑군(대방군을 포함해)이 대체하면서 시대 구분에서 '낙랑군 시대'가 별도로 설정된다. 낙랑군과 대방군이 갑자기 부각되는 배경으로 우리는 1909년부터 활발하게 이루어진 소위 '고적조사古蹟調査'에 주목하지 않을 수 없다. 당시 평양 일대의 고분 발굴 자료와 명문 자료의 증가에 따라 고고학 분야에서는 괄목할 만한 성과를 거두었으며, 이러한 성과는 낙랑군과 대방군에 대한 지식과 정보뿐 아니라 성격을 이해하는 데 결정적인 영향을 미쳤다. 이에 따라 종래 한사군을 대체해 낙랑군이 독자적인 단위체로서 집중적인 관심을 받았던 것으로 보인다.

낙랑군 관련 유적에 대한 발굴 조사는 동경제국대학 공과대학의 건축학자였던 세키노 다다시關野貞 등에 의해 1909년부터 시작되었다. 당초 조사자들은 평양의 전실묘를 낙랑군과 관련된 유적이 아니라 고구려의 유적으로 파악할 만큼 관련 연구의 수준이 높지 않았다. 다만 요동 지역 전실묘를 조사한 경험이 있었던 도리이 류조鳥居龍藏는 1910년에 낙랑군 유적설을 내놓았지만, 반향을 일으키지는 못했다. 이어 이마니시 류今西龍는 대동강면 을분乙墳에서 발굴된 금칠기부속금구의 '왕□王□'이라는 명문을 문헌 자료에 등장하는 낙랑군의 왕씨王氏와 연결시키면서 종래 고구려설에서 낙랑군설로 입장을 바꾸었으며, 이후 학계의 통설이 되었다(駒井和愛, 1972, 22쪽).

평양 일대를 중심으로 한 이러한 고고학 조사와 연구는 낙랑군의 위상을 전면적으로 부각시키는 데 결정적인 역할을 했다. 세키노 다다시는 1909년부터 매년 실시된 고적조사 성과를 정리해 『조선고적도보朝鮮古蹟圖譜』(1915~1935, 조선총독부)를 발간했다. 1915년에 발간된 이 책의 제1권은 '낙랑군급대방군시대樂浪郡及帶方郡時代'부터 시작하며, 이후

'고구려시대', 마한시대, 백제시대, 옥저(?)시대, 예(?)시대, 고신라시대, 신라통일시대, 고려시대, 조선시대로 모두 15권을 이루고 있다. 종래 한사군과 달리 '낙랑군급대방군시대'가 통사체계 속에서 하나의 시대로 자리매김하는데, 이는 당시까지 확보된 유물과 유적을 대상으로 하는 특성을 고려해 이루어진 것으로 보인다. 이러한 흐름은 이후 세키노 다다시의 『조선미술사朝鮮美術史』(1932, 조선사학회朝鮮史學會)에서도 계승되었는데, 낙랑군시대, 고구려, 백제, 고신라와 가야제국, 통일신라시대, 고려시대, 조선시대로 구분하고 있다. 종래 한사군을 하나의 시대 서술 단위로 취급하던 데서 벗어나 낙랑군 또는 낙랑군과 대방군을 하나로 묶어서 부각시키는 방식은 이후 많은 개설서에서 받아들였는데, 이는 고고학적 실체가 제대로 확인되지 않는 다른 3개의 군과는 달리, 유물 및 유적으로 낙랑군의 실체가 구체적으로 확인됨으로써 낙랑군이 한사군의 위치를 대체했던 것이다.

조선총독부는 1916년 7월 '고적급유물보존규칙'을 제정하고 중추원 산하에 고적조사위위원회를 설치했으며, 5개년 계획의 '고적조사계획'을 입안함으로써 소위 '고적조사'가 본격적으로 이루어졌다. 1차 연도인 1916년에는 낙랑군을 대상으로 했는데, 세키노 다다시의 주도로 평안남도 대동군 대동강면 정백리와 석암리 일대에서 대동강면 1호분~10호분까지 모두 10기의 고분을 발굴하면서 큰 반향을 일으켰다. 한漢 문화의 영향을 받은 귀틀묘와 전실묘 등은 '식민지' 낙랑군을 증명할 수 있는 결정적인 증거로 주목을 받았으며, 집중적인 조사가 이루어졌다.

이후 낙랑 고분 자료가 꾸준히 증가함에 따라 묘제나 칠기, 동경 등 중원제 개별 유물에 대한 성격 파악을 통해 낙랑 문화와 한漢 문화의 친연성이 밝혀졌다. 낙랑군 관련 유적의 성격은 "완전히 지나支那 본국

本國의 것과 동일한 것이다 …… 금일今日까지 발견된 유물은 완전히 한 진식漢晉式이다 …… 털끝만치도 토민土民의 수법이라고 생각되는 것은 섞이지 않았"으며, "한민족漢民族이 남긴 유적"으로 규정되었고(關野 貞, 1932, 30~31쪽), 일제 식민사학자들은 낙랑군을 "앞서의 지나인支那人〔위만조선衛滿朝鮮〕으로 지나인을 다스린 군郡으로, 지나인의 군현이며 완전히 지나支那와 같고 지나의 일부"(今西龍, 1935, 174쪽)라거나 "한대漢代 일대一大 콜로니로서 반도에서 만주 동변東邊에 건설"(稻葉君山, 1926, 31~32쪽)된 군현이라는 식으로 해석했다. 낙랑군 연구를 통해 한국사는 그 출발부터 낙랑군 설치를 통한 대륙 선진 문화의 이입에 따라 역사의 발전이 타율적으로 추동되었음을 입증할 수 있게 되었으며, 이는 식민주의 역사학의 근간 중 하나인 타율성론의 중요한 논거가 되었다.

한漢 문화의 영향을 받은 귀틀묘와 전실묘 단계의 낙랑 문화를 중심으로 이해하는 데서 한 걸음 나아가 1930년대에는 고조선 문화에 대한 접근이 이루어졌다. 이는 당시까지 조사된 세형동검 문화 관련 유적, 명도전 출토 유적 등의 조사 사례가 증가한 데 기인하는데, 이 유적들은 한漢 문화로 인식된 전형적인 낙랑 문화와는 계통이나 시기를 달리하는 것이었다. 1921년 평양平壤 동대원리東大院里 허산許山 유적 출토 일괄 유물, 1932년 대동군大同郡 상리上里 유적 출토 유물 등 한국식 동검 문화 관련 유적이 본격적으로 알려지면서 낙랑 고분에 선행하는 문화, 즉 위만조선 문화에 대한 논의가 시작되었지만, 당시 세형동검 문화에 대한 지식이 박약했기 때문에 체계적인 해석이 이루어지기는 힘들었다.

만주와 한반도에 걸쳐 분포하는 명도전 출토 유적은 문헌 사료에 보이는 전국말戰國末 한초漢初 중국계 유이민 기사와 관련되어 주목을 받았는데, 선진 금속 문화의 이입을 한족漢族의 식민 진출 결과로, 그리고 고조선을 한족이 세운 최초의 식민지로 파악했다(藤田亮策, 1948, 136쪽). 이러한 논의의 이면에는 '만선사관滿鮮史觀'이 자리하고 있었는데, 역사적으로 만선 사이에는 경계가 없으며 낙랑군과 요동군이 한漢 동방東方의 2대 거점으로서 만주 및 한반도가 같은 한漢 문화의 영향으로 장족의 발전을 이룬다고 하면서, 만선여일滿鮮如一의 개념하에 만주와 한반도의 친연적 관계를 중시하고 있다(藤田亮策, 1941, 29쪽). 낙랑군 설치에 따른 한족漢族의 진출도 이전 한족漢族의 고조선 식민 지배에 연원을 두었다는 데서 알 수 있듯이, 일제의 대륙 침략이 급속도로 추진되는 시기에 낙랑군에 대한 역사 인식도 위와 같은 인식에서 결코 자유로울 수 없었던 일면을 보여준다. 낙랑군은 연구 초기에 단순하게 이민족의 피지배지라는 의미에서 '식민지' 또는 '콜로니'로 규정되었으나(稲葉岩吉, 1915, 24쪽), 이후 위만조선衛滿朝鮮은 '식민지적 국가植民地的國家', 낙랑군樂浪郡은 '직할지直轄地'로 구분되기도 했다(三上次男, 1966, 19~20쪽). 위만조선의 성격을 중국인 권력자가 모든 권력을 행사했다는 점에서 식민지적 성격으로 파악했으며, 이러한 위만조선의 정치사회 구조가 이후 낙랑군 사회 구조의 기반이자 출발점이 되는 것으로 이해했다. 이 과정에서 양자간의 차이에 착목해 개념의 분화가 이루어졌던 것이다.

4. 종족성: 지배 구조와 주민 구성

한사군에서 분리되어 식민지로의 낙랑군의 의미가 강화되면서, 그 내부의 주민 구성에 대한 해명이 본격적으로 이루어졌다. 즉, 식민지 낙랑군의 종족 구성과 관련된 군현의 지배 구조와 주민 구성에 대한 문제에 관심을 기울이게 되었는데, 낙랑군이 한제국의 식민지임이 밝혀진 이상 지배 세력은 한인이며, 피지배 세력은 고조선인이라는 도식이 설정되었다. 여기서 한 걸음 나아가 고적조사의 성과를 기반으로 낙랑 고분의 묘제와 출토 유물을 통해 고분의 피장자를 밝히고, 이러한 낙랑 고분의 피장자를 통해 지배 세력의 종족을 규명하고자 했다. 바로 낙랑 고분에서 나타난 중원 계통의 묘제와 다량의 중원계 유물들은 자신들 의 입론을 뒷받침하는 데 호재였던 것이다.

일인 학자들은 낙랑 고분의 피장자를 단순히 '한인漢人'으로 보던 데 서 한 걸음 나아가 보다 구체적으로 "지나支那 본토에서 부임한 당대當 代 관리官吏"로 보거나(梅原末治, 1947, 36쪽), 군郡의 태수太守 등은 임기가 정해져 있고 고향에 묻히는 귀장제歸葬制가 지켜졌으므로 "현縣의 영장 令長 이하 속리屬吏"라고 해석하기도 했다(藤田亮策, 1947, 606쪽). 이러한 연구 시각을 기반으로 낙랑군의 지배 구조는 한인漢人을 지배층으로, 토착민을 피지배층으로 파악하는 이원적 종족지배 구조론으로 귀결되 었다. 본격적인 작업은 해방 이후 미카미 쓰기오三上次男의 연구에서 체 계화되었는데, 낙랑군의 이원적 종족지배 구조는 중국계 이민移民과 토 착 호족의 연합으로 이루어진 위만조선의 국가 구조에서 비롯된 것으 로 보았다. '식민지적 성격'을 띤 위만조선 시기에 이주 한인 호족移住漢 人豪族과 병존하면서 사회적 세력을 형성했던 토착 유력자는 점차 쇠멸 의 과정을 겪다가, 낙랑군 시기에 와서는 자취를 감추고 결국 한인漢人 관리官吏와 토착 한인에 의한 종족적 지배가 이루어진 것으로 파악했 다. 이에 대한 고고학적 논거로 '목곽묘(귀틀묘)'와 전실묘를 토착 한인 의 묘제로, 석관묘와 지석묘를 토착 원주민 유력자의 묘제로 주장함으 로써 종래 식민주의적 시각을 공고히했다(三上次男, 1966, 23~82쪽). 이러 한 미카미 쓰기오의 견해는 다무라 고이치田村晃一의 부분적인 수정을 거쳐 더욱 보강되었다(田村晃一, 2001, 59~196쪽).

국내에서는 중국사의 관점에 서서 고대 중국적 세계 질서 속에서 한漢 군현 지배의 한 유형으로 낙랑군에 접근한 연구가 있었다(권오중, 1992). 낙랑군은 동이 지역에 위치한 내속군으로서 예濊·한韓·왜倭의 내속을 관리하는 임무를 맡았으며, 내부적으로 중국이 이식한 군현체제와 원주민의 국읍체제가 혼합된 형태로, 위만조선 이래 토착 한인이 원주민을 종족적으로 지배했다는 것이다. 이 견해는 한 대 군현 지배의 성격을 내군內郡과 변군邊郡으로 구분하고, 낙랑군을 변군 중에서도 특수한 형태인 내속군內屬郡으로 파악한 점에서는 나름의 의의가 있으나, 낙랑군의 지배 구조에 대해서는 역시 미카미 쓰기오 이래의 이원적 종족지배 구조론의 입장에 서 있는 것이라 할 수 있다.

이러한 한인과 토착인 또는 한계와 고조선계의 구분에는 선진 문명의 담지자인 한계와 개화의 대상인 미개 토착인이라는 단선 진화적 시각에 기반을 둔 대립 구도가 포함되는 동시에 근대 국민 국가인 중국과 한국의 개념이 고대 역사상에 투영된 것으로 볼 수 있다. 필자는 이원적 종족지배 구조론에 대한 비판적 대안으로, 고조선계와 한계의 종족 융합을 통한 낙랑인의 형성이라는 틀을 제시한 바 있다. 즉 고조선 멸망 후 낙랑군이 설치된 뒤인 기원전 1세기 대에 고조선계 재지 세력의 지역적 기반을 충분히 용인한 가운데 군현 지배가 관철되었으며, 기원 1세기에는 한계 주민이 장기간 재지화되는 한편 고조선계 유민도 한화되는 과정, 즉 양자의 종족적 융합을 거쳐 '낙랑인'이 형성되는 것으로 이해했다(오영찬, 2006, 159~169쪽). '호한초별胡漢稍別'에서 알 수 있듯이 외부에서 유입된 세력은 시간이 지나 현지에 장기간 정착하면서 재지화되었는데, 신래新來 한인도 시간이 지나면 토착 한인화되었을 것이므로, 신래 한인과 토착 한인은 고정된 개념이 아니라 시간에 따라 집단의 성격이 자체 변화하는 것으로 파악했다. 낙랑 고분의 묘제나

출토 유물을 통해 피장자가 신래 한인인지, 토착 한인인지, 고조선계인
지를 분별해내는 것은 극히 어렵다. 종족성은 본질적으로 특정 상황에
처한 사람들의 인식 또는 생각이어서 이에 대한 고고학적 접근 자체가
무리라고 회의를 하고 있으며, 특정 양식상의 정형성을 근거로 모든 문
화의 종족성을 가려내는 일은 불가능한바, 다만 구체적인 사회적·역사
적 맥락 안에서 일부 가능성을 열어두고 있다(박순발, 2006, 7~9쪽). 낙랑
군과 종족성의 문제는 다음으로 미루고, 다만 여기서는 이원적 종족지
배 구조론이 내포하고 있는 식민주의적 함의에 대해서만 지적하고 넘
어가고자 한다.

낙랑군의 종족 구성에서 한계와 고조선계의 구분 문제는 한계와 고
조선계의 개념적 정의에서 출발하는데, 한과 고조선이라는 정치체의
구분에 입각해서 이루어진 종족적 계통 차원의 정의가 가능한지 문제
가 될 수 있다. 이는 결국 중국과 한국이라는 근대 민족 국가의 개념을
한과 고조선에 투영시킨 것은 아닌지, 그리고 중원에서 한족 내지 한계
의 개념 문제는 차치하고라도 고조선계의 규정과 관련해 한반도를 중
심으로 고조선에서 삼국으로 이어지는 '민족'적 실체를 선험적으로 전
제하고 입론에 임하는 것은 아닌지 되돌아볼 필요가 있다. 이러한 논의
는 다시 우리 민족의 성격과 형성 시기 문제에 이른다. 민족을 근대의
산물로 파악하는 근대 민족 형성설의 입장에서는 당시 한계와 고조선
계의 구분 자체가 무망한 것이 될 수도 있다. 하지만 민족의 역사성이
나 종족성 등을 고려할 때 단지 상상의 공동체로 치부하기는 곤란하며,
유럽에서도 최근에는 영속주의나 종족–상징주의 입장을 통해 민족으
로 칭해지며 내려온 집단의 실제 모습을 설명하려는 노력이 경주되고
있다(앤서니 D. 스미스, 2012, 87~103쪽).

종족성의 전통이 비교적 강고한 동아시아의 역사 전개 과정에서 전

근대 시기의 민족을 어떻게 이해할지에 대해서는 아직 명확한 해답을 갖고 있지 않다. 근대 민족과 전근대 민족을 구분하고, 전근대 민족을 다시 고대 민족과 중세 민족으로 구분하는 견해도 있으며(노태돈, 1991, 34~39쪽), 전근대 민족을 민족체Nationality로 이해하거나 종족 집단 Ethnic group으로 이해하는 접근도 있다. 후자는 현대 사회에서 다른 집단과 병존하면서 독자적인 정체성을 유지하고 있는 집단을 이론적으로 설명함으로써 다양한 민족 갈등이나 종족 정체성의 정치 현상을 해명하려는 문화인류학의 에스니시티ethnicity론에 기반하고 있다. 발해사에서 근대 국민 국가의 민족 개념을 무자각적으로 실체화해 안이하게 과거에 투영했기 때문에 다원적이고 역동적인 민족 상황을 파악하기 위해, 에스니시티론의 '민족' 개념을 도입해서 발해의 복합적이고 다원적인 민족 구성을 파악하려는 시도도 이루어진 바가 있다(이성시, 2001, 118쪽). 하지만 문화인류학을 중심으로 한 에스니시티론은 국민 국가 이전 단계에 대한 시각을 갖지 못했기 때문에 전근대에 역사적으로 존재하는 집단에 동일한 이론을 적용시킬 수 있을지에 대해서는 논란의 여지가 있다(田中史生, 1997, 16~17쪽).

5. 맺음말

이 글에서는 한의 식민지로서의 낙랑군이라고 하는 통설적 명제가 근대 역사학의 성립 과정에서 어떻게 형성되었는지를 살펴보았다.

개화기 교과서에 보이는 한사군에 대한 서술 추이를 통해, 조선 후기 정통론적 역사 인식에서 벗어나 근대 민족 국가의 담론에 기반해 타자로서의 중국을 인식해나가는 모습을 확인할 수 있었다. 그리고 1892년 하야시 다이스케가 쓴 『조선사』는 최초의 근대적 역사서로서 조선과 대비되는 중국의 실체를 명확히 인식했으며, 이후 일제의 조선 침략 과정에서 저술된 논저를 통해 한사군을 식민이라는 개념에서 출발해 식민지로 인식함을 살펴보았다. 그 뒤 일제의 '고적조사' 사업을 통해 다른 3군과는 달리 낙랑군과 대방군의 고고학적 증거를 발굴함으로써 그 실체가 명확히 밝혀졌다. 그러자 일제의 관심은 낙랑군과 대방군에 집중되었으며, 한국 고대사의 체계에서 '낙랑군 시대'를 별도로 설정하고 식민주의 역사학의 근간 중 하나인 타율성론에서 적극 활용했다. 1930년대 들어 이민족의 피지배지라는 단순한 의미로 식민지 개념을 사용하던 데서 한 걸음 나아가 위만조선을 식민지, 낙랑군을 직할지로 구분하는 등 개념의 분화가 이루어졌으며, 이민족 피지배지로서 낙랑군 연구는 내부 종족 구성과 지배 구조로 그 연구 분야가 확대되었다. 지배 세력은 한인, 피지배 세력은 토착인이라는 이원적 종족지배 구조론을 구축했는데, 여기에는 고고학의 고분 자료가 결정적인 근거가 되었다. 이러한 시각은 역시 근대 국민 국가로서 중국과 한국의 구분이 고대사에 투영된 것으로 볼 수 있다.

한반도와 그 인근에 사군이 설치되던 즈음, 한 무제는 대외 팽창 정책에 기반을 두어 중원 주변 지역에 다수의 군현을 설치했다. 한 무제가 설치한 다른 군에서는 변군 지배의 차원에서 인식할 뿐 이를 식민 지배로 해석하지는 않았으며, 한대사漢代史의 관점에서는 군현 지배의 양상을 크게 내군 지배와 변군 지배로 구분해서 이해하고 변군 지배에서 이민족에 대한 지배 양상에 대한 파악이 이루어졌다. 하지만 20세기 전반기 한국사에서 한사군, 특히 낙랑군은 철저하게 한 제국의 식민지라는 구도하에서 해석되고 이해되었다. 이러한 과정은 앞서 살펴보았듯이 일제 식민 지배 구축 과정에서 식민주의 역사학의 성립과 밀접한 관련이 있으며, 20세기 초 일본 제국주의 침략 과정에서 조선 지배를 위한 식민주의 이데올로기 구축 과정에서 이루어진 작업의 일환이었던 것이다.

아울러 이는 중국과 한국이라는 별개의 근대 국민 국가가 성립되면서 국가간 구분을 과거의 역사에 투영해 이루어진 결과임을 고려할 필요가 있다. 한 무제 당시 대외 팽창 정책에 의해 확대된 군현의 영역은 대부분 현재 중국의 영토 내에 있지만, 한반도와 인근에 설치된 네 개의 군현은 한국(북한 포함)이라는 별도의 국경으로 중국과 분리된 영역 안에 있다. 이로써 이들 네 개의 군현은 고대에 중국이 한국의 영역을 침범해서 지배한 식민지의 역사가 되는 것이고, 이러한 관점은 근대 국민 국가의 영토 구분을 과거의 역사에 투영시켜 해석한 결과라고 할 수 있다. 한 제국이 근대 국민 국가 중국으로 대체되고, 낙랑군의 영역이 근대 국민 국가인 한국의 영토 내에 있기 때문에 식민지 지배의 성격으로 해석하고 재현되었는데, 한국이 주체가 된 고대사 인식의 틀이 한사군, 낙랑군의 해석과 재현에 투영된 것으로 볼 수 있다. 근대 국민 국가인 한국과 중국의 구분을 한사군, 낙랑군의 지배 관계에 투영시켜 이민족에 의한 식민 지배로 인식했고, 군현 내부의 지배 관계에까지 확장시켜 지배층을 한계 주민으로, 피지배층을 고조선계 주민으로 이분화시켜 이해했던 것이다.

이 글에서는 한사군, 특히 낙랑군의 역사를 한의 식민지로 해석하는 견해의 역사적 맥락을 연원적으로 추적함으로써 그러한 해석이 근대 역사학의 산물임을 규명하고자 했다. 낙랑군 연구의 진전을 위해서는 식민지 지배라는 근대적 관점에서 벗어나, 한대 군현사의 입장에서, 고조선 유민사의 입장에서, 고구려사의 입장에서 다양한 시각과 방법론이 적용되는 열린 접근이 이루어질 필요가 있다.

:: 참고문헌

권오중, 1992, 『낙랑군 연구: 중국 고대변군에 대한 사례적 검토』, 일조각.

나카미 다츠오, 2009, 「지역개념의 정치성」, 『만주연구』 9, 만주학회.

노태돈, 1991, 「한국민족 형성과정에 대한 이론적 고찰」, 『한국고대사논총』 1, 가락국사
　　　적개발연구원.

_____, 2008, 「고대사 연구 100년」, 『한국고대사연구』 52, 한국고대사학회.

도면회, 2008, 「한국 근대 역사학의 창출과 통사 체계의 확립」, 『역사와 현실』 70, 한국
　　　역사연구회.

박순발, 2006, 「한국 고대사에서 종족성의 인식」, 『한국고대사연구』 44, 한국고대사학회.

스테판 다나카, 박영재·함동주 옮김, 2004, 『일본 동양학의 구조』, 문학과지성사.

앤서니 D. 스미스, 강철구 옮김, 2012, 『민족주의란 무엇인가』, 용의숲. (Anthony D.
　　　Smith, 2001, *Nationalism: Theory, Ideology, History*, Polity Press Ltd.)

오영찬, 2006, 『낙랑군 연구』, 사계절.

_____, 2012, 「조선 후기 고대사 연구와 한사군」, 『역사와 담론』 64, 호서사학회.

이만열, 1985, 「19세기 말 일본의 한국사 연구」, 『청일전쟁과 한일관계』, 일조각.

이성시, 2001, 「발해사를 둘러싼 민족과 국가」, 『만들어진 근대』, 삼인.

주진오, 1994, 「김택영, 현채」, 『한국의 역사가와 역사학』 하, 창비.

關野貞, 1931, 『樂浪帶方兩郡の遺蹟及遺物』, 雄山閣, 東京.

_____, 1932, 『朝鮮美術史』, 朝鮮史學會, 京城.

_____, 1941, 「樂浪時代の古墳」, 『朝鮮の建築と藝術』, 岩波書店, 東京.

駒井和愛, 1972, 『樂浪』(中公新書 308) 中央公論社, 東京.

今西龍, 1919, 「朝鮮の文化」(講演手記); 1935, 『朝鮮史の栞』, 近澤書店, 東京.

稻葉君山, 1926, 「支那文化より見た樂浪遺品」, 『朝鮮』 139, 朝鮮總督府, 京城.

稻葉岩吉, 1915, 『滿洲發達史』, 大阪屋号出版部, 大阪.

藤田亮策, 1934, 「朝鮮古代文化」, 『岩波講座 日本歷史』, 岩波書店, 東京.

_____, 1941, 「考古學上より見たる滿鮮關係」, 『朝鮮』 313, 朝鮮總督府, 京城.

_____, 1942, 「朝鮮の石器時代」, 『東洋史講座』 18, 雄山閣, 東京.

_____, 1947, 「樂浪の思い出」, 『世界』 7月, 岩波書店, 東京.

_____, 1948,『朝鮮考古學研究』, 高桐書院, 京都.

マーク ピーティー, 淺野豊美 譯, 1996,『植民地: 帝國50年の興亡』, 讀買新聞社, 東京.

梅原末治, 1932,「樂浪の調査と露西亞の蒙古・西伯利亞に於ける發掘に就いて」,『朝鮮』197, 朝鮮總督府, 京城.

_____, 1947,「朝鮮に於ける漢代遺蹟の調査と其の業績」,『東亞考古學槪觀』, 星野書店, 京都.

三上次男, 1954,「古代の西北朝鮮と衛氏朝鮮國の政治社會的性格」,『中國古代史上の諸問題』; 1966,『古代東北アジア史研究』, 吉川弘文館, 東京.

田中史生, 1997,『日本古代國家の民族支配と渡來人』, 校倉書房, 東京.

田村晃一, 2001,『樂浪と高句麗の考古學』, 同成社, 東京.

鳥居龍藏, 1910,「洞溝に於ける高句麗の遺蹟と遼東に於ける漢族の遺蹟」,『史學雜誌』21-5, 南京中國史學會, 南京.

幣原坦, 1907,「支那が朝鮮を統治したる最初の經驗」,『地學雜誌』19, 東京地學協會.

Morris. Finley, 1976, An Attempt at a Typology, *Transactions of the Royal Historical Society,* Fifth Series, Vol. 26, Royal Historical Society.

가야加耶, 우리 안의 오리엔탈리즘

윤선태(동국대학교 역사교육과 교수)

1. 들어가며

이 글에 대한 구상은 필자가 대구에서 개최된 가야 관련 학술대회에 토론자로 참여했을 때 뜻하지 않게 찾아왔다. 필자는 발표장에 조금 늦게 도착했고 프레젠테이션으로 약간 어두워지고 조용해져 발표자의 목소리가 더욱 또렷해진 가운데 앉을 자리를 찾고 있었는데, 반복되는 발표자의 말투가 필자의 귀를 자극했다. "가야는 백제보다 못하지만 ……", "가야는 신라보다 못하지만 ……", 가야의 유물과 유적을 설명하는 거의 모든 슬라이드마다 그는 연신 가야가 신라보다, 또 백제보다 못하다는 발언을 계속 반복하고 있었다. 물론 그의 결론은 가야 유물의 기술적 수준이 우수하다는 것이었지만, 항상 신라보다, 백제보다 못하다는 비교의 말 또한 잊지 않았다. 필자는 그 '못하다'는 비교 반복되는 마이크의 울림에 갑자기 울적해졌고 가야가 불쌍해 보였다.

이후 학교에 돌아와 학부생이나 대학원생들과의 수업을 이용해서 그들이 상상하고 있는 가야의 이미지를 추출해봤다. 가야는 학생들에게 '약하고', '작고', '열등한' 그래서 '패망한' 나라로 각인되어 있었다. 물론 '철의 왕국'이라는 최근에 등장한 강하고 멋진 이미지를 알고 있는 학생도 있었지만 소수에 불과했고, 대다수 사람들이 생각하는 가야에 대한 이미지는 위에 열거한 형용사들을 벗어나지 않았다. 가만히 되돌아보면 필자 역시 그간 학생들에게 가야의 존재를 신라, 백제보다 열등한 국가로 늘 설명했던 것 같다.

가야의 역사가 이렇게 소비되는 것은 일차적으로 현재의 가야사 서술이 그렇게 구성되어 있기 때문이다. 예를 들어 가야의 역사는 우리의 교과서에서도 백제, 신라 등과 비교되고, 그래서 항상 미숙하고 '열등한' 역사로 늘 표현되어왔다.

> 가야는 중앙집권 국가로 발전하지 못하고 소국들이 각각 독자적인 정치 세력을 유지하고 있었다. 그 결과 통일된 지배력을 갖추지 못해 신라와 백제의 침략에 효과적으로 대응하지 못했다.(『중학교 역사 교과서』, 68쪽)

이는 2013년에 간행된 최신 『중학교 역사 교과서』(2013, 천재교육)에 실린 한 구절이다. 이 교과서에는 여전히 연맹체에 머물렀던 가야와 고대 국가로 발전한 고구려, 백제, 신라 등 삼국의 정치 구조를 서로 비교하는 그림 설명도 곁들여져 있다. 결국 이 역사적 평가가 한국사에서 가야가 삼국보다 발전하지 못한 열등한 국가로 자리매김된 유일한 근거다. 이는 필자가 초등학교에 다닐 때부터 배웠던 구절이기도 하다.

40년이 지나도록 변하지 않고 있는 셈이다. 그러나 '고대 국가'라는 어휘는 가야가 존재했을 당시의 역사적 실체는 분명 아니다. 이 말은 근대의 역사가들이 '만들어낸' 것으로, 가야를 설명하는 하나의 주관적인 기준에 불과하다.

가야를 후진적이며 열등한 존재로 설명하는 이러한 시각의 지속성과 그 힘을 보면서, 필자는 '오리엔탈리즘Orientalism'이 떠올랐다. 필자가 여기서 말하는 오리엔탈리즘은 에드워드 사이드Edward Said가 정의했던, "동양을 서양과는 다른 후진적이며 수동적인 성향을 지닌, 그래서 서양에 의해 지배되고 교정되어야 할 열등한 타자로 바라보는"의식을 말한다. 가야를 삼국보다 못한 열등한 존재로 바라보는 우리의 시선 속에서 '오리엔탈리즘'을 읽어내는 것은 그리 어려운 일이 아니다.

가야를 삼국보다 '못한' 열등한 존재로 만들어버린 이 기준이 이처럼 오랫동안 무너지지 않고 지속되는 것은 무엇 때문일까? 이 기준이 가야 당시의 역사적 실체를 진짜 그대로 보여주고 있기 때문인가? 한 가지 분명한 것은 이 기준이 '발전'을 키워드로 하는 서구 중심의 근대 역사학의 세례를 받아 탄생했다는 점이다. 이 글은 가야를 통해 우리 안에서 재생산되고 있는 오리엔탈리즘을 비판하는 데 목적이 있다. 즉 '가야를 지배하고 재구성하려는' 우리 안의 욕망과 그 근원에 대한 탐색이다. 이를 위해 우선 한반도 남부 영산강 유역에 존재하는 전방후원분前方後圓墳을 둘러싸고 전개된 한·일 학계의 갈등을 통해 민족사가 충돌하는 최전선에 가야가 위치했음을 확인하려고 한다.

2. 민족사의 최전선, 가야

지난 2005년 10월 31일 KBS 방송국의 저녁 9시 뉴스는 "서울에서 500미터급의 전방후원분이 발견되었다"는 엄청난 소식으로 시작되었다. 앵커는 "한성백제시대漢城百濟時代 초대형 고분이 서울 강동구 일대에서 10여 기 발견되었습니다. 고분의 외형이 고대 일본 야마토大和 정권의 왕릉인 전방후원분과 동일하고, 그 크기가 500미터에 달해 사카이시堺市에 있는 일본 최대 전방후원분인 486미터의 다이센大山 고분보다도 큽니다. 이 발견으로 한성백제가 중국 요서와 일본 열도로 진출한 강력한 국력을 가진 고대 왕국이었음이 다시 한 번 증명되었습니다"라며 목소리의 톤을 높였다.

이에 덧붙여 "우리나라에서는 1980년대 초부터 영산강 유역에서 전방후원분이 발견되었습니다. 그런데 이들 고분의 연대나 규모가 일본의 것보다 늦고 작아, 일본 학계에선 이러한 고분 양식이 고대 일본에서 전래되었고, 고대 일본이 한반도 일부를 지배했다는 소위 '임나일본부설任那日本府說'의 움직일 수 없는 증거로 주장해왔습니다. 그러나 이제 한성백제의 수도 주변에서 고대 일본의 것보다 빠르고 더 큰 초대형의 전방후원분이 발견됨으로 인해 한일 고대사를 새롭게 쓸 수밖에 없게 되었습니다"라며 흥분을 감추지 못했다.

사안이 너무나도 중요했기 때문에 문화재청은 그다음 날 곧바로 실사에 들어갔고, 굴착해본 경사면에서 자연구릉의 풍화암반층이 드러나, 이것이 인공적인 구조물이 아니라 자연구릉이라는 사실이 밝혀졌다. 즉 시굴을 통해 고대의 무덤이 아님이 명백해졌다. 방송에서 오보는 흔히 일어날 수 있다. 그러나 이 오보는 한국의 전방후원분을 둘러싼 한일 학계의 충돌 접점을 그 무엇보다도 가장 솔직하게 표현했다는 점에서, 또 이 글의 주제인 가야에 대한 학계의 인식과도 밀접한 관련을 맺고 있다는 점에서 쉽게 넘겨버릴 수 없는 유익함이 있다.

이 오보에 대해 같은 해 11월 7일 한국고고학회韓國考古學會 총회에서 소속 회원들이 졸속적인 방송 보도를 성토하고 강력한 대응책을 요구했다(『한겨레신문』 2005. 11. 7.)는 점만 본다면, 이번 오보는 한국의 기성 학회와는 전혀 관계가 없고, 오보의 소스를 제공했던 아마추어리즘의 '백제문화연구회' 때문에 일어났다고 말할 사람도 있을 수 있겠다. 그러나 필자는 백제문화연구회의 회원들이 한성백제 지역에서 500미터 이상의 전방후원분을 찾으려고 했던 그런 발상 자체가 무엇 때문에 야기되었는가에 더 주목하고 싶다. 그것은 분명 '위기'에 처한 민족사를 구한다는 일념 때문이었다고 생각된다.

이 오보가 발생하게 된 '백제문화연구회'나 KBS 기자들의 지적 배경에는 그동안 한국의 학계가 만들어놓은 민족사에 입각한 폐쇄적인 '국사체계國史體系'가 깊숙이 자리 잡고 있다. 학계조차 고대 사회의 문제를 그동안 현재의 민족 단위나 영토 주권에 입각해서 이해하고 설명했기 때문에, 아마추어들은 더욱더 강렬한 민족주의의 최전선에서 역사 분쟁을 야기했던 것이라 생각된다.

전방후원분은 일본 고훈시대古墳時代(기원후 3~7세기 초)의 대표적인 무덤 양식이다. 무덤의 외형이 앞(前)이 네모(方)지고, 뒤(後)가 둥근(圓) 모양이기 때문에 붙여진 이름이다. 후원부에 피장자가 묻힌 무덤 시설이 있고, 전방부는 제사 의례의 공간으로 이해되고 있다. 이 고분 형식은 일본에서 3세기에 출현해 7세기 전반에 소멸했는데, 현재 홋카이도北海道를 제외한 일본 열도 전역에서 2000기 이상이나 발견되었다.

한국에도 이러한 형식의 전방후원분형 고분이 존재한다는 것은 이미 1983년 강인구에 의해 제기되었다. 그런데 당시에는 일본보다 한반도의 전방후원분이 시기가 더 앞서는 조형祖型으로 간주되었다. 후술하지만 이 가설은 잘못된 것이며, 이 잘못된 가설의 수립 역시 이미 민족적 시선이 작용한 결과였다.

전방후원분형 고분은 전남·전북의 해안과 영산강 유역에 현재 14기가 집중적으로 분포하는데, 1990년대 들어 해당 고분들에 대한 발굴이 연차적으로 이루어지면서 이 고분들이 일본의 전방후원분과 밀접한 관련을 맺고 있음이 사실로 입증되었다. 이처럼 일본의 전방후원분과 축조 방식이나 장례의식까지도 유사한 고분이 한국의 '영토 안에서', 더욱이 근대 일본의 역사가들에 의해 '임나일본부'와 관련된 지역으로 지목되었던 곳에서 발굴을 통해 여러 기가 확인되면서, 이 고분들은 기존에 한국에서 출토된 왜계倭系 유물遺物들과는 비교할 수 없을 정도로 큰 파장을 불러일으켰다.

1994년 전남 광주시 명화동 고분에서 일본의 전방후원분에서 장식용으로 사용했던 하니와埴輪와 유사한 원통형 토기가 무덤 주위를 돌아가며 세워져 있었던 사실이 확인되자, 일본의 『아사히신문朝日新聞』은 즉각 "일본 문화가 한반도에 유입됐다"고 대서특필했고(『아사히신문』 1994. 5. 20.), 그다음 날에는 한국 정부 측 인사가 광주박물관에 전화를 해 "뭔가 대응책을 세우라"고 언급했다는 웃지 못할 일화(KBS 역사스페셜, '한일역사전쟁, 영산강 유역의 장고형 고분', 2005. 7. 22.)는, 이 고분이 과거의 역사에 국한되는 것이 아니라 이미 현재의 민족적 문제로 인식되고 있고, 장차는 현행의 한국사 체계 내에서 대응책을 세워 민족사에 상처를 주지 않는 방향으로 '어떻게든 소화해야'만 하는 과제로 부각되었음을 잘 말해준다.

물론 이를 실현하려는 역사 해석이 이미 한일 학계에 제출되어 있다. 예를 들어 전방후원분이 존재하는 영산강 유역이 『송서宋書』에 '왜5왕

가야, 우리 안의 오리엔탈리즘   371

倭五王'이 자기 관할 지역의 하나로 언급했던 바로 '모한慕韓'이라면서, 5세기 말에 이미 일본 열도를 넘어서는 '거대한 왜왕권'을 그리려고 한 일본 측의 주장(東潮, 1995)을 비롯해서, '임나일본부설'과 결부될 가능성이 있는 모든 주장은 애초부터 주의해야 한다고 선언하고, 약체인 임나를 대신해서 구원투수인 '백제'를 내세워 그 지배력이 6세기 초에 이미 이 지역에 왜계 백제 관료倭系百濟官僚를 통해 관철되고 있었다고 주장한 한국 측의 견해(주보돈, 2000; 박천수, 2005) 등이 나와 있다.

지금까지 진행된 한반도 남부의 전방후원분을 둘러싼 논쟁은 오로지 무덤 속 피장자의 '국적國籍'이 어디인가에 모든 연구자의 관심이 집중되어 있다. 고분의 양식이나 부장품 자체만을 분석한 연구들도 하나같이 그 귀결점은 언제나 국적 분석에 자신의 연구가 기여할 수 있다는 입론에 서 있다. 이러한 현상이 초래된 것은 그간의 역사 기술을 지배해온 '일국사적─國史的' 관점이, 이 경우에도 예외 없이 연구자들의 연구 방향을 결정했기 때문이다. 겉으로는 왜나 백제의 국적이지만, 그 본질은 현재의 일본과 한국임이 자명하다.

결국 전방후원분을 둘러싼 한일 학계의 시각은 큰 편차가 있는 것 같지만 실제로는 모두 '동질적'이며, 20세기 이래 역사 기술을 지배해온 근대 역사학의 '민족'과 '발전'이라는 두 개념에 입각해 있다. "민족사든 문명사든 그것을 검증하기 위한 관심의 초점은 오로지 복합적인 국가 제도를 갖춘, 거대한, 집권화된 사회의 발전에 맞춰져 있다"는 테사 모리스 스즈키Tessa Morris Suzuki의 언급을 빌리지 않더라도, 현재 한반도 남부의 전방후원분을 둘러싸고 전개되는 한일 학계의 논쟁은 서로 간에 '경합적으로 만들어낸' 백제와 왜라는 강력한 고대 국가를 내세워, 그 틈새에 위치한 가야를 비롯한 소사회小社會 그룹을 배제, 말살, 왜곡해온 민족사와 궤를 같이한다.

3. '삼국'에 짓눌린 가야

한국의 고대사 체계는 한반도를 분점한 고대 사회의 최종 승자였던 고구려, 백제, 신라의 '삼국三國'을 고대사 전체를 종관縱貫하는 문명사적 키워드로 삼고 있기 때문에, 삼국 내부의 다양성보다는 통합성을 강조하고, 주변 소사회를 그에 종속시켜왔다. 김원룡은 1~3세기조차도 '원삼국시대原三國時代'로 설정했다. 이로 인해 1세기 이래 한반도의 역사는 고대 국가로 진화해간 삼국만을 민족사의 '적자適者'로 설명한다. 우리에게 익숙한 '삼국시대三國時代'라는 역사적 시공간은 그렇게 탄생했다. 가야는 엄연히 존재했음에도 '삼국시대'라는 언어적 폭력 속에서 소외되었다.

혹자는 이렇게 말할지도 모른다. 삼국시대라는 말은 근대에 만들어진 것이 아니라고. 그러나 그렇지 않다. 고려시대에 이미 『삼국사기三國史記』가 있고, 가야가 존재했던 시기를 이미 고려 이전부터 삼국으로 표현했다고 해서, 그 용어를 그대로 근대 역사학이 묵수墨守한 것이라고 착각해서는 안 된다. 전통 시대의 가야는 멸망으로 인해 역사 속에서 사라졌거나 기억 속에서 희미해진 존재였지만, 근대 역사학에서 가야는 분명 뚜렷이 인식되는 존재라는 점을 명심해야 한다. 오히려 가야는 삼국보다 덜 발달된 사회라는 근대적 판결에 의해 제외되었고, 그 결과로 고대 국가로 '발전한' 삼국이 탄생했다.

한편 앞서 살펴보았지만 가야는 근대 일본이 조선을 침략할 때 '정한론征韓論'의 역사적 배경으로 이용했던 왜倭의 임나(=가야) 지배라는 소위 '임나일본부설'과 맞물려 들어가면서 역사상이 더욱 심하게 왜곡되었다. 왜의 한반도 남부 지배나 가야 지배를 허설화하기 위해, 한국의 고대사 학계에서는 고대 국가로 발전하지 못한 가야를 대신해, 고구려, 백제, 신라 등 삼국의 입지를 더욱 키워나갔고, 이와 반비례해서 가야의 역사적 위상은 점점 줄어들어버렸다. 천관우는 3세기 진·변한의 12국을 통제했던 마한 사회의 독자적 실체였던 진왕辰王마저 후대의 승자였던 백제왕伯濟王과 신라왕(斯盧王)에 억지로 분리, 대입했다.

이처럼 현재의 '삼국시대론'은 민족과 발전에 입각한 근대적 '국사 체계'를 가장 상징적으로 보여준다. 이 점을 말없이 증명해주는, 우리의 영혼을 사로잡았던 지도 한 장이 있다. 〈그림 1〉은 이기백의 『한국 사신론』(1967)에 전재되어 있는 '고구려 전성시대도'다. 이러한 유의 고구려 전성 지도는 그 연원이 이병도의 『조선사대관』(1948)으로까지

〈그림 1〉『한국사신론』의 '고구려 전성시대도'

올라가며, 최근의 역사 및 한국사 교과서에도 빠짐없이 '전성시대'라는 제목까지 똑같이 계승되고 있다.

지도를 보면 요동과 만주, 그리고 한반도의 중부 지방까지 석권한 고구려의 거대한 땅덩어리 밑에 백제, 신라, 가야가 짓눌려 있다. 더욱이 가야는 백제, 신라보다도 열악한 상황으로 그 둘 사이에 끼여 겨우 숨을 쉬고 있는 형국이다. 여기에다가 '전성全盛'이라는 역사가의 의도된 판결이 가야에게 회복 불능의 일격을 가해버렸다.

'전성'은 전통 시대에도 자주 사용된 어휘지만, 이 지도를 그린 역사가는 고구려의 역사에서 가장 넓은 영토를 차지했던 순간을 '전성'으로 파악했다. 이 역사가는 가야의 역사에서도 과연 '전성'을 상상했을까? 존재하는지도 모를 정도로 지도 속에 쪼그라져 있는 가야, 필자는 이 지도가 가야의 역사에서 아예 '전성'이라는 말 자체를 쓸 수 없게 만들어버렸다고 생각한다.

이 지도는 역사적 사실에서도, 역사 인식의 수준에서도 많은 문제가 있고, 그로 인해 우리의 현실 인식에 심각한 영향을 끼쳤다. 우선 사실 관계부터 보자. 물길勿吉의 존재를 고려할 때 과연 5세기 고구려가 이 지도에서처럼 북류 송화강 너머 그 동편까지 자신의 영토로 차지했었을까? 〈양직공도梁職貢圖〉로 볼 때 백제 남경南境은 5세기에는 아직 남해안에 도달하지 않았다. 영산강 유역에는 '지미止迷', '마련麻連', 그리고 섬진강 유역에는 '상기문上己文'이 독립적인 소국가나 소사회를 유지하고 있었고, 백제 스스로도 이들을 직접 지배하는 22담로와 구분해 자신들이 거느리는 '이웃 소국傍小國'으로 표현하고 있다. 〈그림 1〉의 지도는 고구려와 백제의 국경이 분명 과장되어 있다. 특히 백제의 남쪽 국경은 가야를 비롯한 한반도 남부 소사회들의 존재를 애써 지워버렸다.

결국 이렇게 탄생된 '삼국시대'는 다양하고 이질적인 고대 사회의 제 요소, 또는 복합적 국가체를 지향하지 않거나 중도에 멸망한 주변 소사회들의 역사적 시공간을 빼앗아버리고 말았다. 전방후원분이 발견된 영산강 유역을 비롯해 섬진강 유역까지도 4세기 근초고왕 때 이미 백제의 영토로 묘사하는 앞의 지도가 지금껏 아무런 비판 없이 계속 재생산되고 있는 것은 백제를 '강력한' 고대 국가로 이미지화하려는 의도와 깊숙이 결합되어 있다. 이는 왜왕권, 본질적으로는 현재 일본과의 민족적 대결까지도 고려한 측면이 있다.

이런 지도가 제작된 데는 연구자가 어떻게든 고구려·백제의 영토를 확대하는 방향에서, 고구려·백제의 영토 여부를 우호적으로 판단하고 인식했던 것이 제일 원인이라 할 수 있다. 이는 국가의 '전성'을 영토 크기로 인식한 그의 논리에서는 필연적인 귀결이었다. 결국 이로 인해 이 지도는 더욱 심각한 문제를 초래하게 된다. 국가의 전성을 영토 크기로 재단했기 때문에 이 지도를 보고 교육받은 세대의 머릿속에는 국가가 추구해야 할 가장 중요한 목표로 '영토 팽창'이 자리 잡게 된다.

역사 해석은 단순히 과거에 그치는 것이 아니라, 현실의 판단에까지 영향을 미친다. 과거를 그렇게 해석하고 바라본 것은 현재이기 때문이다. 〈그림 1〉의 지도와 같은 발상이라면 현재의 일본이 제2차 세계대전 때 이웃을 침략해 확보했던 소위 '대동아공영권大東亞共榮圈'을 '일본의 전성기'로 표현하고 가르쳐도 우리는 아무 말도 할 수 없지 않겠는가? 일전에 필자는 타이완臺灣을 방문한 적이 있었는데, 타이베이臺北의 '토지은행'에 복원 전시된 1940년대 일제시대의 은행 내부 모습을 보면, 실제로 '대동아공영권' 지도를 패망 직전까지 선전·선동물의 하나로 그려서 '오족협화五族協和'의 슬로건과 함께 전시했다.

그런데 현재 우리의 『동아시아사 교과서』(2012, 천재교육)에서는 〈그림 2〉처럼 제2차 세계대전 당시 '태평양전쟁의 전개'라는 지도에서 '일

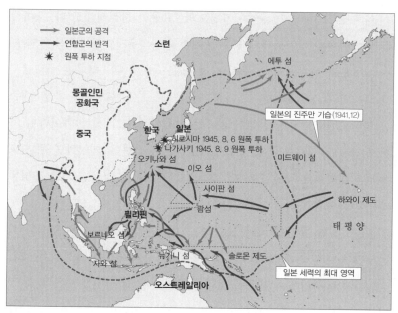

〈그림 2〉『동아시아사 교과서』의 '태평양전쟁의 전개'

본 세력의 최대 영역'이라는 표현을 서슴없이 사용하고 있다. 이는 일본에서 제작한 지도를 제외하고는 찾아보기 어려운 명명이다. 조르주 뒤비Georges Duby의 『지도로 보는 세계사』처럼 서구에서 제작한 제2차 세계대전 당시 일본의 지도는 제1차 세계대전 이전의 공간과 그 이후의 불법적 공간을 색깔을 달리해 명징하게 구분해서 그리고 있다. 우리 교과서가 제2차 세계대전 당시 일본의 '최대 영역'이라는 표현을 서슴없이 쓰는 것은 국가의 불법적 영토 확대에 대해 무감각한 우리의 의식 수준을 잘 보여준다.

이는 〈그림 1〉의 지도처럼 우리의 역사 서술과 교육이 '영토 확장'을 국가의 지상至上 사명으로 받아들이도록 유도하고 있기 때문이다. 단군조선이 자그마한 화하(중화)족 영역을 품에 안은 채, 저 멀리 중앙아시아 지역까지 장악하는 소위 재야사학의 '대쥬신 천손족 영역'이라는 지도도 그 아버지(起源)는 이병도의 '고구려 전성시대도'다. 재야사학은 이병도를 식민사관의 하수인으로 몰아세우지만, '대쥬신 영역도'는 이병도와 이기백의 '고구려 전성시대도'에 영혼을 빼앗긴 학도로서 그 배움의 결과로 제출한 또 다른 '전성시대도'에 불과하다. 물론 '대쥬신 영역도'와 '고구려 전성시대도'는 양자의 땅 크기에 어마어마한 차이가 있지만, 필자는 결국 오십보백보라고 생각한다. 왜냐하면 두 지도 속엔 본질적으로 동일한 사고, 즉 국가의 '전성'이 영토 크기로 결정된다는 인식이 도사리고 있기 때문이다.

후술하지만 발전을 키워드로 하는 이러한 삼국시대론은 일제의 식민사관에서 연원한 것이라는 점에서 재야사학자들은 자신의 줄기가 식민사관의 뿌리에서 자라난 것임을 알아챈다 해도 아마 모른 체할 것이 분명하다. 그런 이율배반에 번민할 사람들이라면 그런 지도나 이런 표현은 나타나지도 않았을 것이다. 필자가 과문寡聞한 탓인지는 몰라도 세계 어느 나라도 FTA의 체결을 '경제 영토의 확대'로 설명하지 않는다. 그런데 우리는 이 자유무역협정이 체결될 때마다 '영토'가 얼마나 넓어졌나를 수도 없이 반복하고 있다. 영토 확대에 굶주려 있는 한국인들, 〈그림 1〉의 지도는 한국인의 욕망 속 깊숙한 곳에 자리 잡고 있다. 혹여 고삐 풀린 국가 권력이 만주라는 역사공동체를 전쟁의 명분으로 사용할까 겁난다. 한국인은 만주를 '우리의 영토'라고 추호도 의심하지 않고 있다.

〈그림 1〉을 그린 역사가는 국가가 추구해야 할 가치관이 '영토 확대'라고 단언하고 있다. 그러한 힘을 지니지 못한 작디작은 가야의 땅뙈기는 결국 가야 사회가 한반도의 고대 사회에서 가장 열등하다는 것을 무언으로 강요한다. 이러한 역사 인식하에서는 고구려, 백제, 신라 등 삼국과 같이 영토 경쟁에서 살아남은 자는 참이고 우월한 존재가 되는

반면, 가야와 같이 그 과정에서 패배한 자는 아무런 역사적 가치를 지니지 못한 열등한 존재로 각인될 수밖에 없다. 경쟁에서 밀린 약자를 경시하고, 경쟁에서 살아남는 강자가 되라는 나쁜 울림이 앞의 지도에 가득 차 있다.

〈그림 1〉의 지도는 '5세기 고구려 형세도'가 가장 적합한 명명이라고 생각된다. 그런데 왜 역사가는 거기에 '전성'이라는 자신의 가치 판단을 내린 걸까? 그가 삼국이라는 고대 국가를 중심에 두고, 가야를 열등한 소사회라고 당연히 받아들인 이유는 무엇 때문일까? 그의 이러한 역사 인식은 어디에서 기원한 것일까?

4. 아버지 죽이기

근대에 성공한 서구 제국은 자신들의 근대화 달성에 자부심을 느꼈고, 서구 사회를 기준으로 발전과 진화에 입각해서 전 사회를 자신들의 뒤에 줄지어 세웠다. 단선적으로 서열화시킨 이 역사의 선 위에 우등과 열등, 발전과 정체된 사회를 배치해 차별했다. 서구로부터 이러한 사회 진화론을 전수받은 일본은 조선에 대한 식민 통치를 강화하고 정당화하는 데 근대 역사학을 이용했다. 실증이라는 이름으로, 과학이라는 이름으로 근대 역사학으로 증명된 것처럼 떠들어댔다. 식민주의 사관의 대표로 거론되는 '조선의 사회경제적 정체停滯와 타율적他律的 역사 전개'는 그렇게 탄생했다. 일제는 이러한 발전적 역사 법칙을 이용해서 식민 통치를 조선의 정체를 일거에 해소해준 해방자로 찬미했다.

해방 이후 남한과 북한에서는 조선이 정체되었다는 식민사관을 극복하기 위해 전력을 다했다. 그 결과 양국의 역사학계는 모두 동일하게 조선은 내재적으로 근대 자본주의에 도달할 수 있는, 또는 그 맹아에 이미 도달한 자생적인 발전 과정이 있었다는 인식을 발표했다. 두 학계가 서로 왕래하지도 않았는데, 이렇게 동일한 결론에 도달한 것은 시사하는 바가 무척 크다. 왕래하지는 않았지만 그들의 목표는 명확히 똑같았다. 식민지를 벗어난 양국은 과거 조선이 근대를 달성한 서구나 일제에 못지않은 발전된 사회, 발전할 수 있는 사회라는 자부심을 확인하는 것이었다. 뜻이 있는 자에게 길이 있었고, 양국 역사학계는 동일한 결론에 도달했다.

그러나 이를 통해 식민사관이 극복되었다고 생각한 것은 큰 잘못이었다. 오히려 식민사관의 극복이 우리의 국사체계가 서구의 근대 역사학과 그 재판再版인 일본 제국주의의 식민주의 역사관을 더욱 깊숙이 받아들여 체화하는 시간이 되어버렸다. 그 극복의 시간이 실증, 발전, 민족이라는 근대 역사학의 키워드에 대한 무비판적인 수용이었기 때문에, 역시 그에 기초하고 있는 서구, 일본의 근대 역사관이 갖고 있는 문제점인 단선적이고, 배타적인 근대주의의 속성도 그대로 공유하게 되었다(임지현, 2004).

예를 들어 현재 우리는 "소수의 고구려 유민이 다수의 말갈족을 지배했기 때문에 발해는 고구려 역사를 계승한 것이고, 이것이 발해가 우리의 역사인 이유다"라고 설명하고 있다. 일본이 우리 조선에 규정했던 역사를 우리는 이제 극복했다 말한다. "우리 역사는 정체되지도 않았고, 타율적이지도 않았다. 내재적으로 발전했다." 그러나 보라! 우리는 이런 항변조차 못하는 말갈족에게, "소수의 고구려 유민이 다수의 말갈을 지배했으니, 발해는 고구려의 계승자다. 또 말갈족은 고구려 유민에 의해 비로소 고대 국가로 발전할 수 있었다"고 말하고 있지 않은가? 일제가 조선에게 가했던 정체와 타율을 현재의 우리는 과거의 시간으로 끌어올려 고구려와 그 주변 이웃의 역사에 그대로 대입해서 우리의 영광된 민족사를 서술하고 있다. 이러한 점에서 한국 고대사 연구의 군사주의적·패권주의적 민족주의 성향을 지적하고, 그 속에 근대 지향의 제국주의, 식민주의가 내재되어 있다는 비판은 반드시 경청할 필요가 있다(정다함, 2011).

따라서 식민주의의 극복은 우리 역사가 정체되지 않았고 내재적으로 발전했다는 사관을 확립하는 것으로 끝날 수 없다. 일제가 역사를 어떻게 정치적으로 이용했고, 우리도 그것을 적대적으로 변용하면서 닮아가고 있는 현실을 직시하는 것이 식민주의 극복의 진정한 시작이라고 생각한다. 그때라야 비로소 민족, 실증, 발전이라는 키워드로 무장한 근대 역사학이 우리에게 어떻게 이식되었고, 그토록 무섭도록 우리의 사고를, 우리 과거의 사건에 대한 판단력을 지배하고 있었는지를 깨달을 수 있다.

정체성과 타율성은 일제 식민주의만의 담론이 아니라, 그 아버지 격인 근대 역사학 자체의 담론이며, 서양에서 배운 일본이 다시 우리에게 심어준 것이다. 신채호의 역사관을 우리 근대 역사학의 출발로 보는 입장에서도 이 점은 마찬가지다. 그 역시 동양에 소개된 서구의 사회진화론에 기초한 근대 역사관의 직접적인 세례를 받았다. 결국 근대 역사학의 발전론적 인식이 가져온 폐해를 비판적으로 바라볼 수 있어야 한다(李成市, 2011). 발전을 키워드로 하는 근대 역사학의 폐해를 가장 잘 보여주는 것이 바로 '가야사' 연구다.

최근 '삼국시대'라는 역사 용어 대신에, 기존의 삼국과 거기에 가야를 포함시켜 '사국시대'로 불러야 한다는 견해가 제기되었다(김태식, 2002). '삼국시대'란 용어가 갖고 있는 폭력성을 단절하기 위해서는 분명 이 용어 자체에 변화가 일어나야 한다는 점에 필자 역시 동의하며,

이 주장은 매우 신선한 충격이었다. 그러나 이 연구자 역시 그동안 가야사에 가했던 근대 역사학의 폐해를 뿌리 뽑을 생각이 없다. 오히려 그는 '삼국시대론'의 전파자다. 그는 '미완의 문명'이라는 용어를 가야의 수식어로 사용하고 있다. 이는 그 자신이 앞장서서 '삼국시대'의 입장에서 가야에 '미완'이라는 폭력을 가하는 것이다.

즉 그간의 가야사 연구는 근대의 역사가들이 가야를 사국으로 인식하지 못한 것이 아니라, 가야를 삼국과 함께 강하게 인식하면서도 의도적으로 배제했다는 것에 문제의 심각성이 있다. 이와 관련해 탄생된 것이 그도 사용하고 있는 '가야연맹'이라는 개념이다. 그가 가야를 '미완의 문명'으로 본 것은 발전이라는 근대 역사학의 세례를 받은 우리 학계의 현재 수준을 가장 잘 보여준다. 「고대국가발달사」(김철준, 1964)라는 제목이 상징하듯이, 현재 우리는 고대 사회가 소국에서 연맹을 거쳐 중앙집권화된 고대 국가로 발달해갔다고 생각하고 있다. 소국과 연맹은 고대 국가보다 미숙하고 열등한 사회로 이해하고 있다.

이는 근대 서구 중심의 사고가 만들어낸 왜곡된 역사관이다. 테사 모리스 스즈키가 말했듯이 "소사회는 미숙하지도, 복합 사회보다 열등하지도 않다." 또 칼 폴라니Karl Polanyi도 지적했듯이, "우리는 언제나 중앙집권화되지 않은, 사회가 혼란 속에서 살았다고 잘못 판단하고 있다." 필자는 이 글에서 가야가 삼국보다 "더 진보해 있었음을 논증하자는 것이 결코 아니다. 오히려 일부 연구자들이 자명하다고 받아들이는 '진보'라는 가설 그 자체에 대해 이의를 제기하려는 것이다."

이러한 발전사관의 왜곡 속에서, 임나일본부에 맞서야 했음에도 맞서지 못한 가야는 항상 미숙하고 그래서 무언가 '아쉬운' 역사로 늘 표현되었던 것이다. 이제는 가야사에 대한 이러한 역사적 평가에서 벗어나야 한다. 가야연맹이라는 표현은 우리의 지적 오만이며, 가야인에 대한 모독이라고 생각한다. 오히려 그들은 그들 스스로 소사회를 지향했고, 강대국 사이의 정치적 완충 지대, 중립 지대로서 교역의 활성화를 이끌어냈다. 소사회에 기초해 중국, 한반도, 일본 열도에 이르는 고대 동아시아 세계를 교역으로 묶어낸 열린 공간이었다.

이와 관련해 최근 3~4세기 금관가야의 교역장交易場이 보여주는 '중립성'에 주목한 연구가 발표되어 주목된다(김창석, 2012). 서구 인류학계와 경제사학계의 연구 성과에 따르면, 고대 사회의 교역장은 항구·포구·오아시스 등 지리적 경계 지점에 입지한다. 다양한 국적의 교역인들이 이곳에서 활동했으며, 일부는 교역장에 거주하기도 했다. 이들에게는 자치권이 부여되었고, 관세 등의 부담도 최소로 적용되었다. 교역장을 보유한 정치체는 교역의 안전과 편의를 보장하기 위해 하역·창고·운송 등의 용역과 시설을 제공하지만 군사적 수단은 자제했다. 고대 교역장의 최대의 특징은 바로 정치적 중립성이었다. 교역장을 관리하기 위해 현지인이 아니라 교역 참가국 출신 인물을 대리인으로 파견하는 것은 그것을 상징한다.

원격지 교역장의 기능과 성격에 관한 이러한 일반 이론을 배경으로 할 때, 3~4세기 가야 사회의 교역에서도 이와 유사한 여러 공통점이 발견된다. 김해 지역에는 중국 군현·한韓·예濊·왜倭에서 온 사절과 교역인들이 왕래하면서 원격지 교역 활동을 벌였다. 이곳에서는 철鐵 자원이 자체 생산되어 현물 화폐와 대외 결제용으로 사용됨으로써 국제 교역의 중심지 역할을 수행할 수 있었다. 금관가야는 종래의 중립성을 보존하는 것이 교역의 활성화에 유리하다는 점을 알고 있었으므로 교역체계나 교역장 운영에 간섭하지 않았다.

그런데 이 연구 역시 근본적으로는 발전이라는 개념에 입각한 기존의 「고대국가발달사」에 기초하고 있다. 당시 금관가야를 중심으로 한

'가야연맹체'가 존재했으며, 다만 연맹국들의 광범한 자율성이 보장되는 체제였다고 보고 있다. 그러나 이 자율성이 가야가 고대 집권국가로 성장하는데 '장애'가 되었다고 이해하고 있다. 즉 이 견해 역시 소사회가 집권국가로 나아가야 발전한 것이라는 당연한 전제가 밑바탕에 깔려 있다. 예컨대 고구려가 책구루幘溝漊를 설치해 대외 교섭과 교역의 창구를 일원화하는 등, 교역 채널을 유지하면서도 예하 집단들에 대한 통제력을 높이는 전략을 택한 것을 가야보다 발전된 고구려 국가의 대응 양상으로 설명하고 있다.

그러나 다양한 지역 환경에 따라 그에 적응해가는 정치체의 변화 양상은 다를 수밖에 없다. 이러한 적응 양상을 모두 일원적인 단선적 발전론 속에 넣어서 하나의 틀로 줄 세워서는 안 된다. 결과적으로 가야가 사라졌다고 해서 그것이 삼국보다 못한 사회, 덜 발달된 사회라고 말할 수 있는 것은 아니다. 가야에는 가야의 시간이 있다. 시간은 단수가 아니라 복수로 존재하기 때문이다. 근대 자본주의적 효율성만으로 과거를 해석하는 우를 범해선 안 된다. 이 세상은 늘 번영하고 성취하는 이들의 편이었다. 몰락한 이들에겐 관심이 없다. 이제 가야를 통해 소사회의 부활을 노래할 차례가 되었다.

앞서 언급했지만 가야는 현재적 관점에서 바라보면 민족사 충돌의 최전선에 위치하지만, 근대 국민국가의 엄격한 국경의식을 대입하지 않고 그 자체의 시간 속에서 바라볼 필요가 있다. 이 경우 왜와 백제가 가야 지역을 모두 자기 관할이나 간접 지배하는 것으로 묘사하는 것에서 잘 드러나지만, 가야와 같은 고대의 '변경邊境'은 경계境界 넘나들기가 가능하며, 이질적인 문화가 교류하는 독특한 역사적 공간임을 알 수 있다. 백제도, 일본 열도의 세력도, 가야의 재지 수장도 모두 공존할 수 있었던 공간, 그러한 공간이 과거일지라도 분명히 한반도에 있었다.

이 소중한 공간을 필자는 '변경邊境'이라 부르려 한다. 변경은 근대 국민국가의 엄격한 국경과 대비해 경계 넘나들기가 가능하고 유연한, 다양하고 이질적인 문화가 만나 서로 갈등, 대립, 적응, 혼합, 통합되는 교류의 장場이자 독특한 '하이브리드Hybrid' 문화를 만들어나가는 역사적 공간을 칭한다. 이러한 명명에는 변경의 역동성을 주변의 시선에서 새롭게 인식하기 위한 목적도 숨어 있다(임지현, 2004).

또한 이러한 공간에는 '한국'이나 '일본'이라는 근대 국민국가의 국적·국경·민족 개념을 대입해서는 안 된다. 더욱이 그러한 개념의 재생산에 헌신해온 현재의 '일국사-國史' 체계로는 이 공간을 제대로 이해할 수도 없다. 새로운 동아시아적 관점, 지역사적 관점에서의 접근과 해석, 더 나아가 일국사를 대체해가는 새로운 입론만이 이와 소통할 수 있는 출발점이 될 수 있다. 이와 관련해 이러한 공간이 어떻게 존속할 수 있었는가 하는 점은 반드시 검토할 필요가 있다고 생각된다.

3세기의 상황을 묘사한 『삼국지三國志』 동이전東夷傳에서는 이 공간을 둘러싼 낙랑·대방군과 왜를 잇는 해로가 포착된다. 이 자료에는 이 길을 통해 낙랑·대방군과 왜와 삼한의 제 세력이 '철'을 소재로 교역을 행한 사실이 비중 있게 기술되어 있다. 이는 이러한 길 위에 존재했던 한반도 서, 남해안의 세력들이 '철 교역'을 통해 서로 긴밀히 연결되고 있었음을 말해준다. 이러한 교역을 가능케 하기 위해서는 공동체 서로 간에 길이 열려 있어야 하며, 그러한 상태를 안정화하기 위해서는 공동체간에 네트워크가 지속될 수 있는 상호 신뢰와 협력이 중요했다고 생각된다.

한편 전북 부안 죽막동 제사 유적에서는 5세기 말~6세기 전반의 유구에서 백제의 제사 유물 외에도 대가야 토기에 매납된 봉헌품, 왜계倭系의 제사 유물인 석제 모조품(단갑, 검, 도자, 유공원반, 곡옥), 토제마土製

馬, 그리고 중국 남조의 도자기 등이 출토되었다. 해안가에 위치한 이 제사 유적은 백제, 가야, 왜가 이곳을 중국으로 가는 해로의 출발지나 제사지로서 공유했음을 잘 보여주고 있다(한영희 외, 1994). 이 부안 죽막동 제사 유적은 6세기 전반을 끝으로 백제계 유물 일색으로 완전히 변모한다. 또 공교롭게도 이 시점 이후에는 이 지역에 전방후원분도 더이상 축조되지 않는다. 변경이 닫힌 시점이다.

한반도 남부의 공동체가 상호 통합되지 않은 채 이웃하는 복합적인 다른 고대 국가들과 장기간 공존했다는 점에서, 주변의 고대 국가들도 이 공간을 상호 인정하고 있었음이 분명하다. 복합적 국가체들 역시 이러한 변경을 통해 완충적인 공간을 갖고, 서로 간에 평화적으로 소통할 수 있는 여지를 더욱 크게 가졌기 때문에, 그것이 역으로 이러한 변경의 장기간 존속에 다시 일정하게 기여했다고 생각한다.

결국 한반도 남부와 일본의 규슈九州를 포괄하는 독특한 고대의 지역 문화권이 일정 기간 존속했고, 이 변경은 중국에서 일본 열도에 이르는 고대 동아시아 세계를 서로 긴밀히 소통시켰다고 말할 수 있다. 물론 이 변경은 6세기 전반 이후 복합적인 국가체들에 의해 무너져갔다. 특히 한성백제의 멸망과 남하는 이 지역의 소멸에 절대적인 역할을 했다. 한반도 남부의 제 세력이 백제와 신라에 의해 소멸되고 있을 때, 규슈로는 왜왕권이 이와이磐井 세력을 물리치며 진군했다. 그러나 이것이 변경의 소멸일 수는 없다. 그들 복합적인 국가체의 국경 속에서도 상대적으로 이 공간은 한·일 양국을 잇는 지리적 위치로 인해 이후에도 계속 자신의 모습을 드러냈다.

5. 맺으며

한·일 양국은 아직도 미래에 분쟁의 소지가 될 '고통의 역사관'을 계속 만들어내고 있다. 이웃한 공동체들 사이의 이해관계를 신뢰와 협력으로 열어놓는 현대의 변경을 만들어가는 일이 절실하다고 생각된다. 한국의 전방후원분이나 가야의 역사적 위상을 통해 확인할 수 있는 고대의 변경에 대한 탐구는 앞으로 한·일 양국 역사의 풍요로움과 다양함을 음미하는 데 일조할 수 있을 것이라 생각된다. 이를 통해 국사를 동아시아사 속에서 해소시키는 새로운 역사 읽기도 가능하다.

가야에 대한 연구는 발전을 키워드로 한 삼국시대론의 타파, 전통적 인식의 부정과 기존 체제를 깨뜨리는 '아버지 죽이기'에서 새로운 서막이 열릴 것이다. 통념과 관습에 의문을 품고 문제를 제기하는 사람이 있기에 역사는 존재한다. 이 글도 그 여정에 조그마한 디딤돌이 될 수 있기를 빈다.

:: **참고문헌**

『동아시아사 교과서』(2012), 천재교육.

『아사히신문朝日新聞』1994. 5. 20.

『중학교 역사 교과서』(2013), 천재교육.

『한겨레신문』2005. 11. 7.

강인구, 1984, 「한국의 전방후원분」, 『한국사론』14, 국사편찬위원회.

김원룡, 1973, 『한국고고학개설』, 일지사.

김창석, 2012, 「고대 교역장의 중립성과 연맹의 성립: 3~4세기 가야연맹체를 중심으로」, 『역사학보』216, 역사학회.

김철준, 1964, 「고대국가발달사」, 『민족문화사대계』 1, 고려대학교 민족문화연구소.

김태식, 2002, 「서설: 가야를 포함한 사국시대를 제창하며」, 『미완의 문명 7백년 가야사』 1, 푸른역사.

박천수, 2005, 「5세기 후반 고구려의 남진과 백제·왜」, 『동아시아 속에서의 고구려와 왜』, 한일관계사학회 국제학술대회.

이기백, 1967, 『한국사신론』, 일조각.

이병도, 1948, 『조선사대관』, 동지사.

李成市, 2011, 「한국고대사연구와 식민지주의: 그 극복을 위한 과제」, 『한국고대사연구』 61, 한국고대사학회.

임지현, 2004, 「국사의 대연쇄와 오리엔탈리즘」, 『한국사학사학보』 10, 한국사학사학회.

임지현 편, 2004, 『근대의 국경, 역사의 변경』, 휴머니스트.

정다함, 2011, 「근대 한국의 역사서술과 타자화된 여진족」, 『근대 한국, 제국과 민족의 교차로』, 책과함께.

주보돈, 2000, 「백제의 영산강유역 지배방식과 전방후원분 피장자의 성격」, 『한국의 전방후원분』, 충남대 출판부.

천관우, 1991, 『가야사연구』, 일조각.

한영희 외, 1994, 『부안 죽막동 제사유적』, 국립전주박물관.

東潮, 1995, 「榮山江流域と慕韓」, 『展望考古學』, 考古學硏究會, 岡山.

田中俊明, 2002, 「韓國の前方後圓形古墳の被葬者·造墓集團に對する私見」, 『前方後圓墳と古代日朝關係』, 同成社, 東京.

Tessa Morris Suzuki, 2000, 『邊境から眺める』, みすず書房, 東京; 임성모 옮김, 2006, 『변경에서 바라본 근대』, 산처럼.

ᘒ

신라사 연구에 있어서
'귀족' 개념의 도입 과정

이재환(서울대학교 국사학과 강사)

1. 머리말

신라의 오랜 역사를 『삼국사기三國史記』는 상대上代·중대中代·하대下代
로, 『삼국유사三國遺事』에서는 상고上古·중고中古·하고下古로 각각 구분
했다. 아울러 신라에 의한 '삼국 통일' 또한 신라사를 크게 구분 지을
수 있을 만한 변화의 기점으로 간주되었다. 근대 역사학적 방법론이
도입된 이후 신라 정치사의 시기 구분은 이러한 기존의 구분 방식들
에 기반을 두어, 각 시기에 정치적·사회적 의미를 부여하고 필요에 따
라 획기의 시점을 조정하는 방식으로 이루어져왔다. 시기 구분의 기준
으로는 고대와 중세의 구분을 비롯해, '민족'의 형성 과정(손진태, 1948;
신형식, 1990)이나 신라 국가의 정치 발전 단계 또는 왕명 사용 방식(김

철준, 1964), 그리고 왕위 계승 방식(신형식, 1990)이나 왕실 집단(이광규, 1976) 등 다양한 요소들이 제기되었지만, 가장 널리 받아들여진 기준은 '(전제) 왕권'과 '귀족'의 대립이라는 도식에 기반을 둔 것이다.

이와 같은 도식은 '왕권'과 '귀족'을 대립항으로 설정하는 데서 출발한다. 그에 따라 신라 정치사의 전개 과정은 '왕권'의 강화와 '귀족'의 권리 추구라는 두 지향의 갈등·대립 혹은 타협을 통해서 설명해왔다. 이들 대립항 가운데 '왕권'의 성장은 합목적성을 가진 긍정적인 지향이고, 이를 제약하려 하는 '귀족'의 지향은 역사의 '진보'를 가로막는 장애물과 같이 인식되었다(하일식, 2006, 306~307쪽). '왕권의 성장사'로서 신라사를 서술하는 가운데, '귀족'은 극복해야 할 대상으로 간주된 것이다. 유교 정치 이념이나 특정 불교 종파, 그리고 '관료제'가 '왕권'을 뒷받침하는 요소로서, '귀족'의 반대편에 '왕권'과 함께 놓였다.

이러한 이해의 틀은 이기백李基白에 의해 제시되었다. 그는 기존에 중대에서 하대로의 전환을 단순히 왕계의 변화로만 이해해왔던 데 대해 문제를 제기하고, 혜공왕 대 정치적 변혁의 성격을 규정하는 과정에서 처음으로 중대의 전제주의적 경향을 하대의 귀족연립적 경향과 대비시켰다(이기백, 1958). 이후 '귀족회의'의 의장이자 '귀족' 세력의 대표자로 간주한 상대등上大等과 그와 대립해 관료적 성격을 가지고 '왕권'을 뒷받침한 집사부執事部 중시中侍에 대한 분석을 거치면서(이기백, 1962·1964), 상대 '귀족 연합'의 시기를 넘어 중대에 '전제 왕권'의 시대가 성립했다가, 하대에는 상대의 양상으로 되돌아가 '귀족 연립'의 시대가 되었다는 신라 정치사의 시기 구분을 완성했다.

비슷한 시기에 이노우에 히데오井上秀雄가 제시한 ① 원시 촌락 국가(혁거세~흘해)→② 원시 통일 국가(내물~지증)→③ 귀족 집단 지배(법흥~진덕)→④ 왕권 지배(무열~혜공)→⑤ 왕권 쟁탈(선덕~정강)→⑥ 지방 세력의 성장(진성~경순)이라는 여섯 단계의 시기 구분안은 왕권의 성장과 행사 방법을 기준으로 한 것인데(井上秀雄, 1962), '왕권'과 '귀족'을 주요한 대립항으로 설정하고, '왕권의 성장'이라는 방향성을 상정했다는 점에서 이기백과 동일한 전제에 기반을 두었다고 하겠다. 획기의 시점 및 상대등과 집사부 중시에 대한 성격 규정에서도 이기백의 도식과 일치하는 측면이 확인된다.

이기백이 제시한 귀족 연합→전제 왕권→귀족 연립의 도식은 약간의 조정을 거치면서 신라 정치사의 시기 구분과 정치 형태 규정에 관한 통설로 널리 받아들여졌다. 하지만 이 같은 도식이 '전제 왕권'과 '귀족'에 대한 명확한 개념 규정에 기반을 두어 설정된 것은 아니었다. 1980년대 후반부터 '전제 왕권'의 개념을 재검토하고 그 기점과 종점을 다르게 파악하는 등 통설에 대한 문제 제기가 나타나기 시작했다(신형식, 1985·1990; 이정숙, 1986; 김영미, 1988). 1990년대에는 상대등과 중시의 성격 규정이나 '친왕' 혹은 '친귀족'으로 분류되던 인물과 사건에 대한 재평가, 재해석을 통해 중대를 '전제 왕권'의 시대로 볼 수 있을지에 대한 논의가 본격적으로 전개되었다(이영호, 1995; 주보돈, 1990; 이기동, 1991; 이인철, 1993). 지배체제론적 접근에 입각해 역으로 중고기를 '대왕 전제체제'의 시기로 설정하고, 중대는 '중앙집권적 골품 귀족 관료체제'로 규정하는 견해도 나왔다(김영하, 2007, 160~195쪽).

이러한 논쟁 과정에서 '전제 왕권' 또는 '전제 정치'의 개념에 대해서도 검토가 진행되어, 해당 개념을 신라사에 적용하는 데 대한 문제 제기가 이루어졌지만(하일식, 2006, 312~321쪽), 그 대척점에 위치한 '귀족'에 대해서는 명확한 개념 규정이 없었다. 아울러 '전제 왕권'론을 비판하는 논자들 또한 '왕권'과 '귀족'으로 정치 세력을 양분하는 기본적인 시각에서 벗어나지 못했다. '절대적' 개념으로서의 '전제 왕권'을 포기

⟨표 1⟩ 신라 정치사 시기 구분안 대비표

	이전	통일 이전 혁거세~흘해	내물~지증	법흥~진덕	통일 이후 무열~혜공	선덕~정강	진성~경순	이후
삼국사기		상대上代			중대中代	하대下代		
삼국유사		상고上古		중고中古	하고下古			
후쿠다 요시노스케 福田芳之助		상고						중고
		창업시대 創業時代	삼국시대三國時代		일통시대—統時代			
장도빈	상고	중고			남북국南北國			
		전기前期	후기後期					
안확	상고上古 소분립小分立 정치	중고中古 대분립大分立 정치						근고 귀족 정치
		전기(삼국)			후기(남북조)			
이나바 이와키치 稲葉岩吉		부락 정치			귀족 정치			
백남운	원시 부족 국가	노예 국가			(이행기)			아시아적 봉건제
전석담		봉건 조선						관료적 집권봉건제의 발전
		고대 아세아적 국가			관료적 집권봉건제의 성립			
손진태	부족 국가	귀족 국가						민족의식 왕성기
		귀족 국가 확립기			귀족 국가 융성기			
	민족 형성 시초기	삼국 내쟁시대 민족 통일의 추진기			신라 통일시대 민족 결정기			
스에마쓰 야스카즈 末松保和		제1기	제2기	제3기	제4기	제5기		
경성대학 조선사연구회		부족 국가			봉건적 귀족 국가			
이인영		민족 태동기			민족 성장기			
한우근 김철준	부족 연맹	고대 사회						집권적 봉건 국가
국사연구회		고대 전제 군주 국가						봉건 사회
이기백		귀족 연합			중대 전제 왕권	하대 귀족 연립		
	부족 연맹	고대 국가의 성장			고대 전제 국가	호족의 시대		귀족 정치의 융성
	연맹 왕국	왕족 중심의 귀족 사회 중앙집권적 귀족 국가			전제 왕권의 성립	호족의 시대		문벌 귀족의 사회
이노우에 히데오 井上秀雄		원시 촌락 국가	원시 통일 국가	귀족 집단 지배	왕권 지배	왕권 쟁탈	지방 세력의 자립기	
김철준		니사금 시대	마립간 시대	왕 시대				
		신라 고유식 왕명		불교식 왕명	한식 시호			
		부족 연맹기		고대 국가 성립기	고대 국가 발전기	고대 국가 해체기		
이광규		박씨 집단	석씨 집단	중고 집단	무열 집단	후기 내물 집단	하대 김씨 왕실 집단	
신형식		왕위 추대	부자 상속 과도기	부자 상속 확립				
		국가 형성기		국가체제 완성 · 민족 결정기	민족 문화 개발기 · 민족 국가 발전기	국가체제 동요기	국가체제 해체기	
김용섭		고대 사회			중세 사회			
김영하		귀족 평의체제		대왕 전제체제	중앙집권적 골품 귀족 관료체제			

※ 단순히 왕조 단위 혹은 삼국과 '통일신라'만을 구분하고 별도의 시기 성격을 규정하지 않거나, 신라를 전후한 시기를 포괄하는 큰 단위로 시대를 구분한 경우는 표에 포함시키지 않았음.

했을 뿐, '전제'라는 용어가 특정 시점의 정치적 상황을 가리키는 데 사용되고 있으며(김영하, 2007; 전덕재, 2007, 134쪽), 하대의 개막은 진골 '귀족'의 상쟁과 연립을 통해 설명된다(조인성, 2007, 163쪽). 여전히 "고대의 정치체제는 국왕과 귀족이라는 양대 정치 세력을 근간으로 운영되어왔다"고 해서 이러한 구분을 중대 정치사 검토의 기본 전제로 간주하는 경우를 확인할 수 있다(한준수, 2012, 253쪽).

그러나 실제로 신라의 정치 세력으로서 '왕권'과 '귀족'을 분리할 수 있는지에 대해서는 검토가 필요하다. 나아가 '왕권'과 '귀족'의 개념 규정 또한 본격적으로 시도되어야 할 것이다. 이 글은 이러한 개념의 재정의에 앞서, '귀족'이라는 개념이 어떠한 맥락에서 신라사 연구에 적용되었는지 살피는 것을 목적으로 한다. 이를 위해 '왕권'과 '귀족'을 서로 분리된 정치 세력으로 설정하고, 양자의 역관계 변화를 통해 신라의 정치사를 설명하려는 이해 방식에 초점을 맞추어, 그 기원을 추적해보도록 하겠다.

2. 번역어로서 '귀족' 개념의 도입

'귀족'이라는 용어가 신라 당대부터 '왕권'의 대립항으로 설정할 만한 정치 세력 또는 특정 신분 계층을 지칭하는 데 사용된 것은 아니었다. 애초에 신라에 관계된 사료에서 확인되는 '귀족'의 용례는 매우 적어서, 다음과 같은 사례들을 찾을 수 있을 뿐이다.

① 그 나라의 왕족을 제1골이라고 부르고, 나머지 귀족貴族을 제2골이라고

부른다.[1]

② …… 경卿은 일방一方의 귀족이니 …….[2]

③ 신라국에 제1귀족인 김가金哥가 있었는데, 그의 먼 조상은 이름이 방이旁
仡였다.[3]

①에서는 왕족이 아닌 제2골을 '귀족'으로 지칭했으나, 이들은 전체 '귀족' 가운데 왕족을 뺀 '나머지 귀족'이라고 했으므로, 여기서 '귀족' 자체는 기본적으로 왕족까지를 포괄하고 있음을 알 수 있다. ②는 당 헌종憲宗이 헌덕왕 2년(810)에 입당했다가 귀국하는 김헌장金憲章에게 내려준 글로서, 직접적으로 신라왕을 가리켜 '귀족'이라고 언급했다.

신라의 사례는 아니지만, 고구려 유민인 고진高震의 묘지명에서도 "공公은 곧 부여扶餘의 귀종貴種이며 진한辰韓의 영족令族"이라고 한 뒤, 명銘에서 이를 '조선 귀족朝鮮貴族'으로 표현한 바 있다. 해당 묘지명에 따르면 그는 고구려 마지막 왕인 보장왕의 손자로, 여기서의 '귀족' 또한 고구려의 왕족에 해당한다. 아울러 문무왕 10년(670)에 검모잠劍牟岑이 안승安勝을 군주로 추대한 사실을 신라에 전하면서 그를 '나라(고구려)의 귀족貴族'이라고 지칭했다(『삼국사기』 권6, 문무왕 10년 6월조). 해당 기사에서는 안승이 고구려 대신大臣 연정토淵淨土의 아들이라 했지만, 「고구려본기」에는 보장왕의 서자庶子 또는 외손外孫으로 나온다(『삼국사기』 권22, 보장왕 27년조). 문무왕이 그를 고구려왕으로 책봉하면서 '고구려의 사자嗣子'라 지칭했고(『삼국사기』 권6, 문무왕 10년 가을 7월조), 『삼국유사』에서 고구려를 정벌한 뒤 진골의 위位를 주었다고 한 '그 나라의

---

1) 其國王族謂之第一骨 餘貴族爲第二骨(『신라국기新羅國記』).

2) 卿一方貴族(『백씨장경집白氏長慶集』 권56, 여신라왕김중희등서與新羅王金重熙等書).

3) 新羅國有第一貴族金哥 其遠祖名旁仡(『유양잡조酉陽雜俎 속집續集』 권1, 지낙고支諾皋 상上).

왕손' 또한 안승으로 보이므로, 그는 고구려 왕실의 일원이었거나 적어도 고구려 왕위를 이어나갈 만한 자격을 갖춘 것으로 인식되었다고 할 수 있다.

이처럼 신라 관련 사료에 등장하는 '귀족'은 왕족까지 포함될 수 있는 '고귀한 족속'의 일반적인 의미로 사용되었지, 특정 신분층이나 정치 세력을 가리키는 용어는 아니었으며, 그 사용례 또한 매우 드물다. ①을 직접 인용한 경우를 제외하고, 신라를 다룬 전근대 역사서에서 '귀족'이라는 용어가 사용된 사례는 찾아볼 수 없다. 이는 신라의 경우에만 국한된 것이 아니라 전근대 동아시아에서 일반적인 현상으로서, 대표적인 '귀족제' 사회로 간주되어온 중국 위진남북조시대의 전적에도 '귀족'의 용례는 많지 않다(박한제, 1982, 127쪽). 『조선왕조실록朝鮮王朝實錄』에서 역시 '귀족'은 고종高宗 32년(1895) 4월 전까지 약 10건 정도만이 확인될 뿐이다. 귀족貴族, 귀족가貴族家, 명문귀족名門貴族, 세신귀족世臣貴族, 권문귀족權門貴族 등의 용례가 주로 평민에 대비되어 등장해, '고귀한 족속'을 가리키는 일반적인 의미로 사용되었음을 알 수 있다. '왕권'과 대립하거나, 그로부터 독립해서 독자적 이익을 추구하는 세력으로서의 이미지는 나타나지 않는다.

『조선왕조실록』에서 '귀족'의 용례가 본격적으로 등장하기 시작하는 것은 귀족사貴族司가 설치되면서부터다. 고종 31년(1894) 7월에 궁내부 관제를 개정하면서 부마駙馬를 관장하던 의빈부儀賓府를 의빈원儀賓院으로 바꾸고, 외척·왕친王親을 관장하던 돈녕부敦寧府를 돈녕원敦寧院으로 고쳐 종정부宗正府에 소속시켰다가, 고종 32년(1895) 4월에 이 둘을 통합해 장례원掌禮院에 소속시키면서 '귀족사'라고 이름 붙였다. 이후 11월에는 장례원으로부터 독립시켜 '귀족원貴族院'으로 개편해서, 광무 4년(1900) 돈녕원으로 개칭할 때까지 그 명칭을 유지했다. 기존에 흔하게 사용되지 않던 '귀족'이라는 용어가 관서의 명칭으로까지 등장한 배경으로, 당시 서양의 'nobility'나 'aristocrat'가 '귀족'이라는 번역어로 소개되고 있었음이 주목된다.

최초의 근대 신문인 『한성순보漢城旬報』는 1883년부터 아프리카와 유럽, 그중에서도 영국, 아일랜드, 프랑스, 러시아, 이탈리아 등의 사정을 소개하면서 '귀족'이라는 용어를 사용했다. '귀족원'이라는 이칭異稱을 갖는 상원上院을 포함하는 영국의 의회제도도 소개된 바 있다(1883년 12월 20일 자 영국지략英國智略). '귀족'이 언급된 18건의 사례 중 국내와 관련된 경우는 1884년 4월 6일 자 '주일생도駐日生徒' 기사에서 일본에 유학하고 있던 서재필을 '귀족'이라고 지칭한 사례뿐인데, 이는 일본 신문의 게재 내용을 인용한 부분이다. 국내에서도 '귀족'이라는 용어가 본격적으로 사용되는 것은 역시 귀족사·귀족원이 설치된 후에 발간된 신문들부터다.

일본에서는 이보다 앞서 후쿠자와 유키치福沢諭吉 등이 서양 사정을 소개하면서 '귀족'이 번역어로 보급되기 시작했다. 메이지明治 2년(1869)에 기존의 공경公卿·제후諸侯를 사족士族이나 평민平民보다 높은 새로운 상위 신분으로 창설하면서 '화족華族'이라는 명칭을 붙였는데, 그 과정에서 '귀족' 또한 히로사와 사네오미広沢真臣·오쿠보 도시미치大久保利通·소에지마 다네오미副島種臣 등의 지지를 받으며 새로운 신분 명칭의 후보로 고려된 바 있으며(小田部雄次, 2006, 15쪽), 메이지 23년(1890)에는 중의원과 더불어 입법부를 구성하는 기관으로서 황족皇族과 화족으로 구성된 '귀족원'이 설치되었다. 헤이안平安 시대 일본에도 '귀족'의 용례가 없었던 것은 아니나, 번역어로서의 '귀족'은 일본인에게도 '낯선' 것이었다(小田部雄次, 2006, 108쪽). 그런데 새로이 창설된 화족은 '황실의 번병藩屏'이 될 것으로 기대했으며, 황족의 결혼 상대로서 황실과 밀접한 관계를 맺을 수 있는 특권을 보장받았다. 따라서 '왕권'과 대립하고 '왕권'을 위협하는 '귀족' 이미지의 기원을 여기서 찾기는 어렵다고 하겠다.

서양의 'nobility'와 'aristocrat' 개념은 일본을 거치면서 '귀족'이라는 번역어를 통해 조선에 소개되었다. 유길준은 『서유견문西遊見聞』에서 정부의 종류를 나열하면서 '귀족이 주장하는 정치체제'를 하나의 항목으로 들었다. 『서유견문』 중 많은 부분이 후쿠자와 유키치의 『서양사정西洋事情』을 번역한 것이며, 일본에서 번역한 한자 어휘를 대폭 수용했음은 익히 알려진 바와 같다.

아울러 1903년에 발간된 량치차오梁啓超의 『음빙실문집飮氷室文集』이 들어오면서 한말의 개화 근대 사상에도 큰 영향을 미쳤는데, 이 가운데 「중국 전제정치 진화사론中國專制政治進化史論」에서 유럽의 다양한 정치체 분류 이론을 소개하면서 아리스토텔레스나 몽테스키외 등의 구분 중 'Aristocracy'에 대한 번역어로 '귀족정체貴族政體'라는 용어를 사용했다. 량치차오는 유럽의 정치 진화를 ① 족제정체族制政體→② 추장정체酋長政體→③ 신권정체神權政體→④ 봉건정체→⑤ 군주전제정체→⑥ 입헌군주정체 또는 혁명민주정체의 여섯 단계로 설정하면서, 중국은 아직 여섯 번째 단계에 이르지 못했으며, 앞의 네 단계는 진秦이 통일하기 전 이른 시기에 이미 거쳤고, 청淸 대에 이르기까지 오랫동안 군주전제정치가 유지된 점이 특징적이라고 보았다.

그런데 이 여섯 단계 외에 별도로 '귀족 정치'의 단계를 설정하고, 그것이 추장정체에서 기원하므로 모든 국가는 귀족 정치의 단계를 겪게 되어 있다고 보았음이 주목된다. 추장정체→귀족 정치→군주 전제→입헌 정치의 시대 구분 또한 상정되어 있었던 것이다. 이는 신채호가 인류의 진화 과정 다섯 단계 중 마지막 국가적 생활을 영위하는 단계를 다시 추장 시대, 귀족 시대, 전제 시대, 입헌 시대로 구분한 것과 일치한다(신채호, 1908). 특히 '귀족 정치'야말로 광의의 '전제'에 걸맞은 정치 형태라고 하면서도, 귀족의 전제가 '군주 전제'의 장애 요소가 될 수 있음을 지적하고, 귀족 정치를 '평민 정치'와 대립하는 동시에 '군주 전제'와도 대립하는 존재로 보면서, 군주·귀족·평민의 상호 견제 가능성을 제기한 부분은 매우 선구적이라 할 수 있다.

그러나 그가 귀족 정치의 장단점을 논하면서 군주 전제에 대한 견제 가능성을 든 것은 서양의 귀족 정치에 대해서였다. 중국의 경우 유럽이나 일본보다 훨씬 앞서 귀족 정치의 단계를 겪어 주周 대가 그 전형이며, 기본적으로 진秦·한漢 이래로는 중간에 육조六朝시대와 같이 '귀족'이 존재했던 시대는 있어도 그 정체는 오직 군주전제정체였을 뿐이고, 귀족 정치는 이미 소멸했으므로 그에 의한 군주 전제의 견제와 민권의 성장은 불가능했다고 보았다. 군주·귀족·평민의 상호 견제 구도 설정에서 핵심적인 부분은 평민의 권리가 어떻게 신장되어갔는가 하는 점으로, 서양의 역사는 곧 귀족과 평민이 서로 다툰 역사라고 할 수 있다는 것이다. 결국 량치차오의 귀족 정치 이해는 군주 전제와 귀족 정치의 대립 가능성을 제시했다는 데 의미가 있으나, '(전제) 왕권'과 귀족의 대립·갈등에 의한 정치사 시기 구분이나 왕권 성장을 발전적인 방향성으로 간주하는 인식의 기원이라고 보기는 어렵다고 하겠다.

대한제국기에 만들어진 세계사 교과서『정선만국사精選萬國史』에서도 '귀족'이라는 용어가 각국의 신분제와 정치체제를 설명하는 데 빈번하게 사용되었다(김상연, 1906). 그리스 아테네에 대해서 그 정체政體가 처음에는 다른 나라와 마찬가지로 왕정이었다가, 이후 왕을 폐지하고 공화정체를 행했는데, 공화정은 본래 귀족들만 정치 행위를 담당하는 '귀족정체'였다가 1등에서 4등에 이르는 인민들까지 정치에 참여할 수 있게 되면서 민주정체로 변화했다고 설명했다. 여기서 설정된 군주정체→귀족정체→민주정체의 도식은 1인의 군주에서 다수의 귀족을 거쳐 전체 인민에 이르기까지 정치 참여의 폭이 확대되어간 과정을 발전의 방향으로 인식하고 있음이 주목된다. 이는 '전제 왕권'의 확립이라는 지향을 발전적인 방향으로 파악하고, 귀족은 그에 저항하는 반동 세력으로 간주한 이해 방식과는 근본적으로 상당한 차이를 보인다고 할 수 있다.

한편 영국의 청교도혁명과 명예혁명에 대한 설명에서는 영국 스튜어트 왕가가 '전제 정치'로 백성들을 학대한 것을 두 차례에 걸친 변란의 원인으로 들면서, '군민상쟁君民相爭'의 변란에서 왕의 군대는 귀족과 국교 신도로 이루어지고, 의회의 군대는 평민과 청교도로 구성되었다고 했다. '전제'적인 왕권의 대척점에 '귀족'이 아닌 '평민'을 위치시키고, '귀족'은 왕에 종속된 '왕당'으로 파악한 것이다. 이처럼 왕과 귀족을 한편으로 두고, 제3신분과 평민을 다른 한편으로 설정해, 그 대립을 통해 정치적 변동을 설명하는 구도 설정은 프랑스혁명에 대해서도 마찬가지였다. 결국 20세기 초에 소개된 서양의 '귀족'과 '귀족 정치'는 '왕권'의 대립항으로 설정된 것이 아니라 군주권에 결합된 종속 변수로서, 주요한 갈등 관계는 왕 및 귀족으로 대표되는 특권층과 평민 사이에 형성되었다고 간주되었던 것이다.

근대 역사학적 방법론을 도입한 이후 신라사 서술에서 사용된 '귀족' 개념 또한 '고귀한 족속'을 포괄적으로 가리키는 전근대의 용법이라기보다는 서양의 'nobility'나 'arstocrat'에 대한 번역어로 도입되었다고 할 수 있다. 근대 역사학적 접근으로 가장 이른 시기의 성과라고 평가되는 하야시 다이스케林泰輔의 『조선사朝鮮史』의 경우, 신라사 서술 부분에서는 '귀족'이라는 용어가 확인되지 않는다. 대아찬大阿湌

이상의 관官에 진골만이 임명될 수 있는 제한이 있었고, 주주州主·군주郡主 같은 직책에도 종척宗戚을 등용했다고 언급하면서, 진골은 곧 '왕족'이라고 주註를 달았다. 『정선만국사』와 비슷한 시기에 간행된 근대 초기의 한국사 교과서들에서도 마찬가지로, '귀족'이라는 용어는 찾아보기 힘들다. 현채玄采의 『중등교과中等教科 동국사략東國史略』에 ①의 내용을 인용하면서 한 차례 등장할 뿐이다. 아울러 동양사 교과서에도 '귀족'은 보이지 않는다. 이는 세계사 교과서에서 해당 용어가 흔히 사용되었던 것과는 매우 다른 양상이다.

신라사 서술에서 '귀족' 개념이 본격적으로 사용되기 시작하는 것은 1910년대 말 이마니시 류今西龍의 연구에서부터 확인된다. 그는 귀족 가운데 왕이 선발되는 정치 형태를 지칭하는 데 '귀족 정치'라는 용어를 채택해, '왕족만 있고 왕가王家가 없었다'고 하면서 신라 정치의 성격이 '군주 전제'가 아니라 '귀족 정치'였음을 명시했다(今西龍, 1933, 36·99·235쪽). 그러나 이마니시 류의 개념 규정에 따르면 왕이 곧 귀족의 일원이므로, 귀족을 '왕권'으로부터 분리해 대립항으로 설정했다고는 할 수 없다. 이후 신라사를 다룬 저술에서 '귀족'이라는 용어가 점차 널리 쓰였지만, 역시 이기백·이노우에 히데오 이래 '전제 왕권'과 '귀족'의 대립이라는 도식적 이해에 기반을 둔 귀족 개념과는 차이를 보인다.

이처럼 전근대에 '고귀한 족속'을 가리키는 포괄적인 개념으로 드물게 사용되던 '귀족'이라는 용어는, 서양의 정치체제와 신분 구조가 소개되면서 'nobility'와 'aristocrat'에 대한 번역어로 채택되면서 신라사 서술에도 본격적으로 활용되기 시작했다. 그런데 '왕권'과 '귀족'의 대립항 설정이나, '왕권의 성장'을 발전적 방향성으로 상정하는 이해 방식은 전근대의 '귀족' 용례에서 그 기원을 찾기 어려우며, 서양의

'귀족'이나 '귀족 정치'에 대한 이해로부터 직접적인 영향을 받았다고도 할 수 없다. 그렇다면 그와 같은 이해 방식은 이기백에 의해서 처음 시도된 것일까? 비슷한 시기 일본에서도 거의 유사한 접근이 이루어진 것은 우연에 불과할까? 이를 확인하기 위해서는 신라사의 범위를 넘어서 '귀족'과 '귀족 정치' 개념이 역사 서술에 어떻게 활용되었는지 검토할 필요가 있다.

3. '귀족' 개념의 기원 찾기: 중국사와 일본사에서의 '귀족'

지배 세력을 기준으로 시기를 구분하면서, '귀족'을 특정 시기를 대표하는 지배 세력으로 설정한 것은 신라에 대해서만이 아니었다. 고려를 '귀족의 시대'로 파악하는 고려 귀족제 사회설은 1960년대에 이미 정설로 널리 받아들여지고 있었다. 1970년대에 들어서 이에 대한 비판이 처음 제기될 당시에는 그 원초적 형태가 하타다 다카시旗田巍의 『조선사朝鮮史』에서 처음 출현한 것으로 보았다(박창희, 1973, 36쪽). 해당 저서의 제4장 제2절 '귀족정치와 사원貴族政治と寺院'에 나타난 고려 귀족제에 대한 서술 내용이 고려 귀족제설의 원형이라고 할 수 있다는 것이다. 하타다 다카시는 이 같은 고려 왕조의 성격이 기본적으로 신라 왕조와 다를 바 없는 것으로, 신라 출신의 구 귀족 세력이 고려 왕조에 흡수되어 신료의 중핵을 이루며 국가 건설을 추진했다고 보았다.

그러나 이기백은 고려 귀족제설에 대한 비판을 반박하면서 그 원형이 하타다 다카시에 의해 성립했다는 주장을 전면 부정하고, 이미 1948년에 손진태孫晉泰가 고려의 정치 형태를 '귀족 지배 정치'로 규정한 바 있으며, 처음으로 고려시대를 '귀족 정치'로 파악한 것은 그보다도 앞서는 1920년대 초의 안확安廓이었음을 밝혔다(이기백, 1974, 152쪽). 손진태는 계급적 불평등을 기준으로 한국사의 발전을 씨족공동사회→부족 국가 시대→귀족 국가 시대로 도식화하고, 삼국시대부터 귀족 지배 정치가 시작된 것으로 간주했다. 하지만 그의 귀족 지배 정치는 왕자 전제 정치王者專制政治와 권력 귀족 지배 형태勸力貴族支配形態의 정치를 포괄하는 명칭으로서, 내부의 계급적 불평등이 최고조에 달한 단계를 지칭하는 용어일 뿐 '전제군주정치'에 대비되는 개념이 아니었다. 따라서 이기백이 받아들였던 '귀족' 개념의 기원은 손진태가 아니라 안확에서 찾아야 한다.

안확은 『조선문명사朝鮮文明史』의 한 편으로 기획해 1923년에 간행한 『조선정치사朝鮮政治史』에서 한국의 정치사를 다음의 4단계로 구분했다.

① 상고上古 소분립小分立 정치 시대: 단군 건국에서 열국(삼한) 말에 이르는 2200년간

② 중고中古 대분립大分立 정치 시대: 삼국 초기에서 남북조에 이르는 1000년간

③ 근고近古 귀족 정치 시대: 고려 500년

④ 근세近世 군주 독재 정치 시대: 조선 500년

서양 정치사와 달리 조선은 본래 봉건제가 박약하고 부족 자치와 각 왕 분립의 정치가 주를 이루었다고 보아 봉건 정치 시대를 별도로 설정하지 않은 점이 눈에 띈다. 그러나 봉건제의 존재를 아예 부정한 것은 아니었다. 제3장 제7절 '봉건정치급기성질封建政治及其性質'에서는 단군 시대의 '기솔삼천인其率三千人'과 삼천단부三千團部가 프랑스의 3000봉토와 같은 봉건적 관계를 가진 것으로 보았다. '조선 봉건제'는 타족他族이 침입해서 성립한 서양의 봉건제나, 군주제가 먼저 성립한

뒤에 나타난 한족漢族의 봉건제와는 다른 것으로, 혈족 관념으로부터 자치적 정치에 기반을 두어 국가를 건설하던 당초에 성립했다는 것이다. 그러나 다른 지역의 봉건제도와 마찬가지로 국가의 구심력이 약화되면서 각 단부團部가 독립적인 정치를 행하게 되어, 곧 소분립 정치 시대小分立政治時代에 이르렀다고 보았다. 결국 '분립 정치 시대'는 봉건제도의 연장 선상에 있다고 할 수 있으므로, 안확의 시대 구분은 기본적으로 봉건 정치 시대→귀족 정치 시대→군주 독재 정치 시대의 발전론적 인식에 기반을 둔 것이라 하겠다.

아울러 중고 대분립 정치 시대하에서도 군권君權과 귀족의 성장을 추출하고, 귀족의 정치적 성장을 귀족회의와 연관지어 설명하는 한편, 귀족들이 불교를 수용한 계기를 왕과 동등하게 되고자 하는 바람에서 찾는 등 어느 정도 '귀족 정치'라고 말할 수 있는 측면의 존재를 인정하고 있음이 주목된다. 물론 최종적으로 주권이 귀족에게 넘어가는 것은 고려시대부터로 간주했다. 구체적으로 태조가 혁명 초에 투화자投化者에게 새로운 성씨를 하사하면서 귀족의 반열에 들인 것이 세족世族의 발생 계기가 되었다고 보고, 불교 승려 및 외척外戚을 겸하는 무신武臣, 내시內侍로 대표되는 폐신嬖臣을 귀족 정치의 세 요소로 들었다. 이러한 귀족 정치가 군주 독재 정치 시대로 넘어가기 전에 '귀족 정치의 파괴'가 일어났는데, 그 원인은 외국 관계, 남반南班의 득세, 유교도의 활동, 가족제의 문란에서 찾았다. 귀족과 귀족 정치에 대한 이와 같은 안확의 인식은 귀족을 군주와 권력을 다투는 정치 세력으로 간주하고, '군주 독재 정치'로의 발전적 방향성을 상정했다는 점에서 이기백의 이해 방식과 상통하는 바가 크다고 할 수 있다.

그렇다면 안확의 시대 구분 도식과 '귀족 정치'에 대한 인식은 이전과는 다른 완전히 새롭고 독자적인 것이었을까? 그와 관련해 안확의

『조선정치사』와 비슷한 시기에 출간된 이나바 이와키치稲葉岩吉의「조선민족사朝鮮民族史」역시 비슷한 시대 구분 방식을 제시했음이 주목된다. 이나바 이와키치의 한국 정치사 시대 구분은 다음과 같다.

① 부락 정치 시대: 삼국~통일신라
② 귀족 정치 시대: 고려
③ 전제 정치 시대: 조선

삼국에서 통일신라에 이르는 기간을 '대분립 정치 시대'가 아니라 '부락 정치 시대'로 명명했는데, 안확이 단군 이전의 원시 사회를 '부락 정치 시대'라고 지칭했음을 감안할 때, '분립 정치 시대'가 빠진 것을 제외하면 부락 정치 시대에서 귀족 정치 시대를 거쳐 군주 독재 또는 전제 정치의 시대에 이른다는 기본적인 도식을 양자가 공유했다고 할 수 있다. 이기백은 두 시대 구분안의 유사성에 주목하면서도, 이나바 이와키치의「조선민족사」가 안확의「조선정치사」보다 약간 늦게 출간되었다는 데 근거해 이나바 이와키치가 안확의 설을 그대로 추종한 것이라 주장한 바 있다. 그러나 이나바 이와키치가 앞의 시대 구분안을 통해 의도한 바는 나이토 고난内藤湖南의 중국사 시대 구분 방식을 한국사에 적용해보는 것이었다.

더욱이 이나바 이와키치는 이보다 앞서 1918년에『지나정치사강령支那政治史綱領』을 통해 나이토의 설에 의거해서 중국의 정치사를 개괄한 적이 있었다. 그런데 1923년에 나온 안확의 한국 정치사 서술이 이 책의 내용과 상당 부분 일치하고 있음이 주목된다. 먼저 이나바 이와키치는 중국 정치사를 다음의 세 단계로 구분했다.

① 봉건 정치 시대: 개국에서 주周 말에 이르는 약 2000년간

② 귀족 정치 시대: 진한에서 당唐 말 오대에 이르는 약 1000년간

③ 독재 정치 시대: 북송에서 청淸 대에 이르는 약 900년간

'독재 정치'와 '군주 독재 정치'의 차이만 있을 뿐, 봉건→귀족→독재의 도식은 안확의 설과 동일하다. 봉건 정치의 시대도 주권이 인민에게 있지 않다는 점에서는 일종의 귀족 정치라고 할 수 있다는 인식도 같다. 귀족 정치의 전성기는 '세족世族'이 가장 성했던 육조六朝 대로 간주했다. 귀족 정치의 요소로는 제후와 외척, 환관을 들었는데, 군주권에 위협이 될 수 있었던 존재들을 '귀족'으로 설정했다는 점에서, 왕권의 대립항으로서 귀족의 이미지를 엿볼 수 있다. 안확이 제시한 귀족 정치의 요소를 이것과 비교하면 불교 승려가 추가되어 있을 뿐이다. 이나바 이와키치가 귀족 정치 시대의 종교적 사건으로 불교의 전래를 들고 있는 점도 눈길을 끈다.

아울러 귀족 정치 시대에서 독재 정치 시대로의 전환에 대해 사용한 '귀족 정치의 파괴'라는 용어 또한 완벽히 일치한다. '귀족 정치의 파괴'에 이른 요인으로는 새외민족塞外民族의 침입과 그에 의한 지나민족支那民族의 파천播遷, 무사 계급의 변화, 가족제도의 파괴 등을 거론했다. 국제적인 요인과 가족제도의 변화에 주목한 점이 안확의 설과 유사하다. 이처럼 발전론의 도식과 사용된 용어, 주요 요소로 간주된 사항 등에서의 공통점을 살펴볼 때, 안확은 이나바 이와키치가 중국사를 바라본 틀을 그대로 차용해, 이를 한국사에 적용해보고자 했음을 알 수 있다. 안확이 고려의 일반 제도는 한漢·당唐에 의거함이 많았다는 사실을 언급하면서, 고려의 귀족 정치를 한·당의 그것과 비교하고 있음이 이를 뒷받침한다. 이나바 이와키치와 안확의 한국 정치사 시대 구분에서

〈표 2〉 나이토·이바나의 중국사 시대 구분과 안확의 한국사 시대 구분 비교

	나이토 고난(1914)	이나바 이와키치(1918)	안확(1923)
정치사 시기 구분	상고上古 봉건	봉건	상고上古 소분립小分立 중고中古 대분립大分立
	귀족	귀족	근고近古 귀족
	근세近世 군주 독재	독재	근세 군주 독재
귀족 정치의 요소	세족世族, 명족名族	세족	세족
	외척 재상 환관	제후 외척 환관	승려 외척을 겸하는 무신 내시로 대표되는 폐신嬖臣
전환 과정 지칭 용어	독재 정치의 완성	귀족 정치의 파괴	귀족 정치의 파괴
근세 전환의 원인	군주 지위의 변화	새외민족의 침입	외국 관계
	신료 지위의 변화	지나민족의 파천	남반南班의 득세
	무인武人의 발흥	무사 계급의 변화	유교도의 활동
	가족제도의 파괴	가족제도의 파괴	가족제의 문란

의 유사성은 이 때문에 발생한 현상이라고 하겠다.

그런데 중국사를 바라보는 이와 같은 틀이 이나바 이와키치에 의해서 처음 만들어진 것은 아니었다. 그는 『지나정치사강령』의 주요 참고 서적으로 나이토의 『지나론支那論』을 들었는데, 실제로 시기 구분과 그 도식, 귀족 및 귀족 정치에 대한 묘사 등이 모두 여기에 기반하고 있음이 확인된다(〈표 2〉). 나이토 전까지는 중국 정치사에서 시대에 따른 변화상을 추출하려는 시도가 본격화되지 않았다. 중국에는 정치사가 없고, 있다면 기껏해야 궁정 일각의 사사로운 일을 기록한 것일 뿐이라는 평가가 지배적이었다. 앞서 살펴본 량치차오 또한 세계 각국의 다양한 정체 변천에 대한 설들을 소개하고, 이를 중국사와 연관 지으면서도 근본적으로는 시종 유일 정체로서 전제 정치만이 유독 진화했다고 평한 바 있다.

이에 대해 나이토는 시대 구분의 당위성을 주장하면서, 일본사의 시대 구분을 통해 그 가능성을 제시했다. 서양의 근세와 동일하게 일반 민중의 성장에서 일본의 근세를 찾을 수 있으므로, 중국에 대해서도 같은 기준을 적용하면 근세를 설정하는 것이 가능하다고 보았다. 그에 따라 근세로의 전환을 귀족 정치로부터 군주 독재 정치로의 이행으로 간주했다. 근세에는 황제가 독재 군주로서 지배층 일반을 초월하면서 귀족이 몰락하고 평민이 대두했다는 것이다.

열국列國이 나뉘어 있던 봉건제도의 시대를 지나, 통일 왕조가 성립된 직후에는 얼마간 군주 독재 및 평민 정치의 요소가 귀족 정치에 더해지기도 했지만, 전한前漢 대부터는 확실히 권력이 귀족의 손에 들어갔다고 보았다. 군주는 귀족에 대해서 절대적인 지배권을 행사할 수 없었는데, 특히 전한前漢의 외척과 육조六朝의 명족名族이 '귀족'의 대표적인 예로 거론되었다. 이것이 곧 일본 후지와라藤原 시대와 같은 양상이라고 설명하고 있음이 주목된다. 중국의 '귀족'을 논하면서 일본의 후지와라 씨를 비교의 대상으로 삼은 사례는 이 밖에도 『지나론』 곳곳에서 확인할 수 있다. 즉 나이토는 군주에 종속된 존재가 아니라 군주로부터 분리되어 권력을 다툴 수도 있는 존재로서 '귀족'을 설정할 때, 그 모델로 일본 헤이안平安 시대의 귀족을 떠올렸던 것이다(中村圭爾, 2013, 534~535쪽). 결국 군주권의 대립항으로 귀족을 상정하는 도식의 기원은 일본사에서 찾을 수 있다.

메이지明治 유신의 의의는 기본적으로 왕정의 복고에 있었기 때문에, 메이지 유신 이후 '일본사'를 만들어내야 할 이들에게 일본사의 여정은 곧 천황의 권력이 소가蘇我 씨나 후지와라 씨 등의 천권擅權을 거치면서 상실되었다가, 메이지 유신을 통해서 최종적으로 되찾아지는 과정이었다고 할 수 있다. 이러한 관점에서 다이카大化 개신은 '단칼에 소가 씨를 죽이고 대권大權을 황실로 거두어' 단행한 개혁으로서, 메이지 유신의 이미지가 투영되면서 중요시되었다. 이와 같은 경향은 1890년대 구메 구니타케久米邦武의 저술에서 이미 찾아볼 수 있다(篠川賢, 1991, 42~43쪽). 당시에 후지와라 씨 이후 공가公家나 무가武家 정권의 시대를 합해 '귀족의 시대'로 명명한 것은 아니지만, 이들이 '귀족'으로 통칭되기도 했음이 확인된다(久米邦武, 1907; 津田左右吉, 1918).

쇼토쿠聖德 태자의 섭정 또한 황위 계승에 관여할 정도로 강력해진 '귀족'의 천권에 맞서려는 시도로 높이 평가되었다. 불교의 흥륭은 이와 관련된 인심 개조책이자 학문·예술 부흥 시도였고, 관위冠位의 수여는 세습적 문벌을 넘어 개인의 능력에 따른 인재 등용을 추구한 것이며, 헌법 반포는 군신君臣의 분分을 확고히 하려는 의도를 가지고 있었다고 보는 등 그의 정책은 군주권을 위협하던 '귀족'에 대한 견제·억압책으로 간주되었다(坂本太郎, 1933). 군주권과 '귀족'의 대립항 설정이 전제에 깔린 역사 서술이라고 할 수 있다. 이처럼 왕권을 위협하는 '귀족'의 성장 및 그것을 억압하고 '전제'를 지향하는 왕권이라는 도식과, 그에 바탕을 두고 도출된 해석들이 이후 신라사 서술에 나타나는 도식과 매우 유사하다는 점은 주목되는 바다. 이러한 '귀족'의 상이 뒤에 율령律令 조문에 보이는 '귀貴'·'통귀通貴'에 기반을 두어 설정한 '귀족'의 정의와 공존하면서 일본사에서 '귀족'의 이미지를 형성했고, 다시 중국과 한국의 역사 속에서 '귀족'을 찾아내는 데까지 큰 영향을 미쳤던 것이다.

4. 맺음말

지금까지 살펴본 바와 같이 '귀족'은 서양 개념의 번역어로 채택되면서, 특정 정치 세력이나 신분층 및 그들에 의해 주도된 정치 형태를 지칭하는 데 본격적으로 사용되기 시작했다. 그러나 '왕권'과 대립·경쟁하는 주체로서의 '귀족' 개념이 단순히 서양 정치사를 소개하는 과정에서 성립한 것은 아니었다. 중국 정치사의 변화 과정을 설정하고자 했던 나이토는, 메이지 유신 이후 일본사 서술 과정에서 과거의 소가 씨나 후지와라 씨 등에 대한 인식에 기반을 두어 만들어진 '귀족'과 '귀족 정치'의 이미지를 받아들여 중국사에 적용함으로써 한·당 시대 중국사로부터 '귀족' 개념을 추출해냈다. 이렇게 만들어진 '귀족'과 '귀족 정치'의 개념은 이나바 이와키치를 거쳐 안확에 의해 한국사 서술에도 도입되었다.

해방 이후 신라 정치사에 대한 체계적 이해가 요구되자, 이기백은 이러한 '왕권'과 '귀족'의 대립항 설정이라는 도식을 받아들여, 그에 맞추어 단편적으로 남아 있는 사실들을 해석하고 의미를 부여함으로써 신라사를 체계화했다. 이는 사료에 기반을 두어 '귀족'의 이미지를 구축한 것이라기보다 도식화된 이미지를 투영한 것이었지만, 전제를 이루는 도식이나 개념에 대한 정교한 검토나 세밀한 재정의는 이후에도 시도되지 못했다. 때문에 여전히 개별 인물이나 사건의 성격에 대해서는 전혀 다른 해석들이 대립하는 경우가 많다.

이처럼 도식 적용이 선행된 원인으로는 '보편성'에 대한 강박을 들수 있다. '세계사적 보편성'에 맞추기 위해서, 그리고 '정체停滯'의 이미지를 벗어나 '변화'를 이야기하기 위해서 한국과 중국의 역사 속에서도 '귀족'과 '귀족 정치'를 발견해야만 했던 것이다. 그런데 '세계사적 보편성' 자체에 대한 의문은 미뤄두더라도, 이렇게 적용된 '귀족'이나 '귀족 정치'에 대한 이해 방식은 '보편'으로 상정되고 있던 개념과 사뭇 다른 것이었다. 이는 '보편성'을 가진다고 여겨온 도식이 애초에 일본사의 특정 시점이라는 '특수성'에서 출발했기 때문이다. 따라서 신라에도 '귀족'이 존재했으며, 그것이 '왕권'과 분리되어 대립하는 정치 세력을 이루었는지에 대해서는 개념의 엄격한 정의에서 출발하는 전면적인 재검토가 필요하다. 과연 신라 정치·사회사에서 '귀족'을 설정하는 것이 유의미하고, 당시를 이해하는 데 도움이 되는지부터 점검해보아야 할 것이다. '왕권'과 '귀족'이라는 대립항의 틀을 벗어나 신라 정치사 자체를 바라볼 때가 되었다.

:: 참고문헌

경성대학 조선사연구회, 1949, 『조선사개설』, 홍문서관.

국민교육회 편, 1906, 『보통교과 대동역사략』; 박광연 옮김, 2011, 『근대 역사교과서 3』, 소명출판.

국사연구회, 1966, 『신고국사』, 형설출판사.

김상연, 1906, 『정선만국사』, 황성신문사; 임이랑 옮김, 2011, 『근대 역사교과서 6』, 소명출판.

김영미, 1988, 「성덕왕대 전제왕권에 대한 일고찰: 감산사 미륵상·아미타상명문과 관련하여」, 『이대사원』 제22·23합집, 이화여자대학교 사학회.

김영하, 2007, 『신라중대사회연구』, 일지사.

김용섭, 1983, 「전근대의 토지제도」, 『한국학 입문』, 대한민국학술원.

김철준, 1964, 「한국고대국가발달사」, 『한국문화사대계 1: 민족·국가사』, 고려대학교 민족문화연구소; 1975, 『한국고대국가발달사』, 한국일보사.

박창희, 1973, 「고려시대 '관료제'에 대한 고찰」, 『역사학보』 58, 역사학회.

박한제, 1982, 「위진남북조시대 귀족제연구에 대하여」, 『한국학논총』 5, 국민대학교 한국학연구소.

백남운, 1933, 『조선사회경제사』, 개조사.

손진태, 1948, 『조선민족사개론』, 을유문화사.

_____, 1949, 『국사대요』, 을유문화사.

신채호, 1908, 「독사신론」, 『대한매일신보』, 대한매일신보사; 1977, 『개정판 단재신채호
　　　전집』 상, 형설출판사.

신형식, 1985, 『신라사』, 이화여자대학교 출판부.

_____, 1990, 『통일신라사연구』, 삼지원.

안종화, 1909, 『초등본국역사』; 강영심 옮김, 2011, 『근대 역사교과서 3』, 소명출판.

안확, 1923, 『조선문명사』, 회동서관.

유길준, 1895, 『서유견문』, 교순사; 허경진 옮김, 2004, 『서유견문』, 서해문집.

유옥겸, 1908, 『동양사교과서』; 박기수·차경애 옮김, 2011, 『근대 역사교과서 5』, 소명
　　　출판.

이광규, 1976, 「신라왕실의 혼인체계」, 『사회과학 논문집』 1, 서울대학교 사회과학대학.

이기동, 1991, 「신라 흥덕왕대의 정치와 사회」, 『국사관논총』 21, 국사편찬위원회.

이기백, 1958, 「신라 혜공왕대의 정치적 변혁」, 『사회과학』 2, 한국사회과학연구회.

_____, 1962, 「상대등고」, 『역사학보』 19, 역사학회.

_____, 1964, 「신라 집사부의 성립」, 『진단학보』 25·26·27, 진단학회.

_____, 1967, 『한국사신론』, 일조각.

_____, 1971, 「한국사 연구에 있어서의 분류사 문제」, 『민족문화연구』 5, 고려대학교
　　　민족문화연구원; 1978, 「한국사 연구에서의 분류사 문제」, 『한국사학의 방향』,
　　　일조각.

_____, 1974, 「고려귀족정치의 형성」, 『한국사』 4, 국사편찬위원회.

_____, 1982, 『한국사신론』(개정판), 일조각.

_____, 1992, 『한국사신론』(신수판), 일조각.

이영호, 1990, 신라 혜공왕 12년 관호복고의 의미: 소위 '중대 전제왕권'설의 일검토」,
　　　『대구사학』 39, 대구사학회.

_____, 1995, 「신라 중대의 정치와 권력구조」, 경북대학교 사학과 박사학위논문.

이인영, 1950, 『국사요론』, 민족사.

이인철, 1993, 『신라정치제도사연구』, 일지사.

이정숙, 1986, 「신라 진흥왕대의 정치적 성격: 소위 전제왕권의 성립과 관련하여」, 『한
　　　국사연구』 52, 한국사연구회.

장도빈, 1923, 『조선역사요령』, 고려관.

전덕재, 2007, 「신라 중대」, 『한국 고대사연구의 새 동향』, 서경문화사.

전석담, 1948, 『조선사교정』, 을유문화사.

정인호, 1908, 『초등대한역사』; 강영심 옮김, 2011, 『근대 역사교과서 3』, 소명출판.

조인성, 2007, 「신라 하대·후삼국」, 『한국 고대사연구의 새 동향』, 서경문화사.

조종만, 1908, 『초등대한력ᄉ』; 강영심 옮김, 2011, 『근대 역사교과서 3』, 소명출판.

주보돈, 1990, 「6세기초 신라왕권의 위상과 관등제의 성립」, 『역사교육논집』 제
       13·14집, 역사교육학회.

하일식, 2006, 『신라 집권 관료제 연구』, 혜안.

한우근·김철준, 1954, 『국사개론』, 명학사.

한준수, 2012, 『신라중대 율령정치사 연구』, 서경문화사.

현채, 1899, 『보통교과 동국역사』; 나애자 옮김, 2011, 『근대 역사교과서 1』, 소명출판.

____, 1906, 『중등교과 동국사략』; 임이랑 옮김, 2011, 『근대 역사교과서 2』, 소명출판.

梁啓超, 1902, 『飮氷室文集』, 錦章圖書局; 1960, 臺灣中和書局 印行, 臺北.

久米邦武, 1907, 『奈良朝史』, 早稻田大学出版部.

今西龍, 1933, 『新羅史硏究』, 近澤書店, 京城.

旗田巍, 1951, 『朝鮮史』, 岩波書店, 東京.

內藤虎次郎, 1914, 『支那論』, 文會堂書店, 東京.

稻葉岩吉, 1918, 『支那政治史綱領』(參謀本部 編), 早稻田大學出版部, 東京.

_____, 1923~1924, 「朝鮮民族史」, 『朝鮮史講座』(分類史), 朝鮮史學會, 京城.

末松保和, 1954, 『新羅史の諸問題』, 東洋文庫, 東京.

福田芳之助, 1913, 『新羅史』, 若林春和堂.

小田部雄次, 2006, 『華族: 近代日本貴族の虛像と實像』, 中央公論新社, 東京.

篠川賢, 1991, 「久米邦武と大化改新論」, 『久米邦武の硏究』(『久米邦武歷史著作集』 別卷),
       吉川弘文館, 東京.

林泰輔, 1892, 『朝鮮史』, 朝鮮總督府 朝鮮史編修會, 京城; 2013, 『조선사 원문』, 인문사.

井上秀雄, 1962, 「新羅政治體制の變遷過程」, 『古代史講座』 4, 學生社, 東京; 1974,

『新羅史基礎研究』, 東出版, 東京.

中村圭爾, 2013, 『六朝政治社會史研究』, 汲古書院, 東京.

津田左右吉, 1918, 『文学に現れたるわが国民思想の研究: 貴族文学の時代』, 洛陽堂.

坂本太郎, 1933, 「聖德太子の鴻業」, 『岩波講座日本歷史』(第2冊 上代)(國史研究會 編), 岩波書店, 東京.

역사 연구 방법으로서의 유형화
– 이기백의 사상사 연구를 중심으로

김수태(충남대학교 국사학과 교수)

1. 머리말

한국 고대사는 최근까지 다른 어느 시대보다도 열기에 가득 찬 연구를 계속적으로 행해온 게 아닌가 한다. 그러나 지금까지의 연구를 되돌아보고 반성해 앞으로의 연구 방향을 모색하려는 노력은 전보다 상대적으로 퇴색한 느낌을 주는 것 같다. 이것은 오늘의 역사학이 사관 부재의 시대로 일컬어질 수 있다는 점에서 쉽게 파악할 수 있을 것이다. 이러한 현상은 역사 연구자들에게 가장 중요한 문제들인 인간과 세계에 대한 고민이나, 연구의 주제와 방법에 대한 반성이 제대로 이루어지지 않고 있음을 의미한다.

그 가운데서도 연구 방법론에 대한 반성은 보다 본질적인 과제라고 말할 수 있을 것이다. 왜냐하면 새로운 주제를 다룬 연구란 모두 방법론적 반성 위에서 이루어진 성과이기 때문이다. 사실 방법론에 대한 반성은 많으면 많을수록, 깊으면 깊을수록 좋은 것이라 할 수 있다. 그것을 통해서 인간과 세계를 새롭게 바라보는 관점이 생겨날 것이고, 그에 따라 주제도 더욱 다양해질 것이며, 연구의 새로운 진전을 가능하게 해준다는 점에서다. 그렇다면 연구자들은 역사 연구에서의 방법론에 대해서 보다 의식적으로, 더 적극적인 관심을 기울여야 할 것으로 생각한다.

이러할 때 양병우의 『역사의 방법』은 역사 연구를 위한 방법론적 성찰을 하려는 이들에게 하나의 훌륭한 발판이 될 것이다(양병우, 1989, 책머리에, 7쪽). 그는 역사에서 연구 방법을 다루는 것은 곧 자기 성찰을 하는 것이라고 말한다. 그리고 그러한 자기 성찰이 혼자만이 아니라 우리의 선학들과 함께하는 공동의 노력이 되기를 바란다. 때문에 그는 역사 연구에 대한 경험이 전혀 없는 사람보다는 그러한 경험을 얼마만큼 쌓은 연구자들에게 방법론적 지식이 크게 도움을 줄 것임을 강조한다.

그런데 양병우는 역사의 기본적인 방법을 잘 안다는 것이 우리가 지금껏 해온 연구를 반성하기 위해서만은 아니라고 한다. 무엇보다 연구자로 하여금 앞으로 잘못된 길로 빠지는 것을 막을 수 있도록 해준다는 것이다. 특히 연구자가 순풍에 돛을 달 듯이 순조롭게 연구를 해나가다 언젠가 벽에 부딪히는 날, 그 벽을 뚫고 나가기 위해서 역사의 방법에 대한 성찰이 반드시 요구된다는 것이다. 그것이야말로 역사가 아니라, 역사의 방법이 가지고 있는 효용이라고 한다(양병우, 1989, 11~14쪽).

역사 연구에서의 방법론적 성찰을 다룬 『역사의 방법』은 사실과 설명, 그리고 종합의 세 부분으로 구성되어 있다. 여기서 특히 주목되는 내용은 그 마지막 부분인 종합에 대한 것이라 할 수 있다. 역사 연구에서 사료를 통해 얻는 사실과, 사실과 사실의 연관성을 통해서 의미를 찾아내는 설명 혹은 해석의 과정이 매우 중요한 구성 요소임은 누구나 알고 있는 것이다. 그러나 그것으로만 그치지 않고 역사란 사실과 설명을 바탕으로 종합의 단계로까지 나아가야 한다고 말하기 때문이다. 역사 연구를 통해서 개별적 연구를 딛고 종합적인 고찰도 해야 한다는 것이다. 즉 종합이란 역사 연구에서 최종적으로 도달해야 할 단계로 설정되고 있다.

종합과 관련해서는 두 가지의 내용을 서술했는데, 바로 비교와 유형이다. 비교 역시 중요한 역사 연구 방법론으로서 우리가 익히 인식하는 것이다. 이를 일반적으로 비교사 연구로 표현하기 때문이다. 그러나 역사 연구 방법으로서 유형에 대한 강조는 조금은 생소한 부분이라고 할 수 있다. 유형은 비교를 바탕으로 하는 것이다. 비교를 통해서 유사한 현상들의 공통점을 추려내어 이들을 묶어 한 유형으로 개괄할 수 있게 해준다는 것이다. 그리고 가능한 범위 내에서 여러 유형으로 이를 나누어 서로 비교함으로써 그 차이와 원인을 규명할 필요가 있다고 한다. 이와 같은 역사 연구 방법론을 유형론으로 정의하고 있다. 이에 점점 하나로 되어가는 세계사의 흐름을 잘 이해하기 위해서라도 연구자들이 이러한 유형적 개괄이나 유형론적 고찰에 대해서 각별한 관심을 가져야 할 것을 주장하고 있다.

이러한 까닭에 한국사, 특히 한국 고대사에서 이러한 유형론에 대한 연구가 어떻게 진행되어왔는가를 살펴볼 필요가 있을 것이다. 현재 필자가 파악하는 한 한국 고대사에서 방법론으로서의 유형론이 깊이 있게 다루어진 것은 이기백의 사상사 연구에서라고 말할 수 있다. 이는 이기백의 사상사 연구에서 나타나는 가장 중요한 연구 방법론의 특징으로 이해되기 때문이다(이기동, 2007, 129~130쪽). 그는 한국사 연구의

416

출발을 사상사로부터 시작했으며, 말년까지 이 분야를 매우 비중 있게 연구했다. 이기백이 기획한 『한국사상사 방법론』(1997)이 잘 보여주듯이, 그가 사상사 연구 방법론에 대해서 남다른 관심을 가졌다는 사실은 크게 주목해야 할 것으로 생각한다. 그러나 현재 이러한 사실만이 간단하게 지적될 뿐, 그 자세한 내용은 제대로 분석되지 못하고 있다. 따라서 이기백의 『신라사상사연구』(1986)를 중심으로 그의 저술에 유형론의 문제가 어떻게 언급되고 있는지에 대해 구체적으로 정리해보고자 한다. 이를 통해 한국 고대사에서 연구 방법론에 대한 새로운 모색이 계속적으로 이루어지기를 바란다(김두진, 2010, 214~218쪽).

2. 인간의 유형화

이기백은 그의 저술에서 유형이란 용어를 인간 및 신앙과 관련해서 사용하고 있다. 먼저 인간의 유형화 문제를 정리해보고자 한다.

1990년대 후반에 들어와서 이기백은 사상사 연구에는 몇 가지 기본적인 방향이 설정되어야 하는데, 그 하나가 인간의 유형화임을 강조했다.

> 둘째로는 역사상에 나타난 일정한 사상체계를 받든 사람이 누구인가 하는 점을 밝히는 것이다. 그 사람은 반드시 개인일 필요가 없다. 비록 일정한 사상을 문자로 써서 남긴 사람은 개인이겠지만, 그 개인으로서 대표되는 인간 집단이 있었다고 보는 것이 옳지 않을까 싶다. 그 같은 인간들이 어떠한 유형의 인간이었는지를 밝히는 작업이 필요하다는 것이다.(이기백, 1997, 6쪽)

사상사 연구에서는 일정한 사상을 받든 사람이 누구인가가 중요하다는 것이다. 이때 그 누구란 개인이기보다는 인간 집단이라고 한다. 그리고 그러한 인간들이 어떠한 유형의 인간인지를 밝히는 작업이 필요하다는 것이다.

인간의 유형화에 대한 보다 구체적인 서술은 이기백의 유고집인 『한국사학사론』(2011)에서 찾을 수 있다.

사학사를 연구하는 방법은 어떠한 역사적 사건에 대해 '누가, 언제, 어디서, 무엇을, 어떻게, 왜'라는 여섯 가지 질문을 던지는 것이다. 이것은 사학사뿐 아니라 인간과 관련되는 모든 사건에서 우리가 당연히 의문을 가져야 할 여섯 가지 질문이라고 할 수 있다. 이 질문에 대한 답을 얻으면 모든 문제가 해결된다고 할 수 있다. 이것은 상식적인 이야기일 수도 있지만 매우 중요한 부분이다. 사료에 나온 것에만 현혹되어 이러한 여섯 가지 질문을 차분히 고찰하지 않는 경우가 많기 때문이다.

우선 '누가'는 역사학의 경우에 저자가 된다. 예컨대 『삼국사기』의 저자는 김부식이다. 그러나 저자 개인의 이름만으로 '누가'에 대한 정답이 된다고는 할 수 없다. 왜냐하면 김부식이 어떤 사람인지를 알아야 하기 때문이다. 당시 고려 중기에는 여러 유형의 인물들이 있었다. 평소의 일상생활에 만족하는 유형, 왕권이라는 특수한 통치권을 가진 왕이라는 유형, 귀족이라는 유형 등이 있었으며, 같은 귀족이라도 유형이 다른 경우가 있었다. 예컨대 묘청과 김부식은 같은 귀족이지만 당시 크게 대립했으므로, 그 둘의 유형은 다르게 구분 지을 수 있다. 한편 묘청과 같은 생각을 가진 사람으로 당시 유명한 시인인 정지상을 들 수 있는데, 묘청과 정지상은 같은 유형으로 분류할 수 있다. 이렇듯 당시에 김부식으로 대표되는 귀족 세력과 묘청이나 정지상으로 대표되는 귀족 세력은 크게 대립하고 있었고 그 유형도 다르다. 김부식은 유학자이며 개경파이고, 묘청이나 정지상은 서경파이며 풍수지리설을 신봉했다는 점에서 성격적으로 차이가 있다. 따라서 김부식이 『삼국사기』를 짓게 되는 배후에는 김부식과 생각을 같이하는 일단의 같은 유형의 인물들이 배경을 이루고 있다고 보아야 한다. 따라서 그 배경을 이루는 사람들이 어떤 유형인지를 알아야 '누가'에 대한 정답이 나오는 것이다. 이것은 학문에서 개인적인 사관을 밝히는 것 이상의 중요한 의미를 갖는다.(이기백, 2011, 「서장: 사학사는 왜 배우는가」, 2~3쪽)

사학사 연구를 위해서는 '누가'에 대해서 질문을 던져야 하는데, 여기서 가장 중요한 것이 그 누가가 어떤 사람임을 알아야 한다는 것이다. 이를 바탕으로 여러 유형의 인간에 대해서 예를 들어 설명하고 있다. 우선 신분에 따른 구분을 찾아볼 수 있다고 한다. 국왕과 귀족 등의 유형을 설정하는 것이다. 이와 함께 같은 신분 안에서도 서로 다른 유형의 인간이 있음을 살펴야 한다고 말한다. 신분만으로 다양한 인간 집단을 유형화시킬 수 없다고 본 것이다. 정치적으로나 사상적으로나 지역적 기반에서도 인간 집단을 구별할 수 있으며, 이를 통해서 성격을 같이하는 같은 유형의 인물들을 새로이 파악할 수 있다는 것이다.

이와 같이 사학사 연구를 통해서 언급하는 인간의 유형화란 이기백이 평생의 연구 과제였던 사상사 연구를 통해 얻어낸 결론이었다. 때문에 그는 『한국사학사론』의 「서장」에서 사학사 연구 방법을 설명하면서 그것이 사상사 연구와는 연구 대상만 다를 뿐 방법론에서는 별로 차이가 없다는 사실을 지적했다. 이는 『신라사상사연구』의 「서」에 나오는 말과 같은 내용이다.

어떠한 사상을 그 시대의 일정한 사회적 여건 속에서 살던 인간들의 생활과 연결지어 생각하지 않는다면, 역사학으로서의 사상사는 성립될 수가 없다.

다른 말로 바꾸어 말한다면, 왜 일정한 시대의 일정한 인간들이 특정 사상에 흥미를 느끼고 혹은 그들의 생명을 걸기까지 했던가 하는 산 인간의 생생한 숨결을 사상사의 흐름 속에서 들어야 한다는 말이다. 예컨대 귀족들의 현실적인 정책적 고려나 민중들의 미래에의 애달픈 소원이나 혹은 반항과 타협의 틈바구니에서 몸부림치는 하급 귀족들의 고민 같은 것을 사상사의 흐름 속에서 찾아봐야 한다는 이야기가 된다. 그렇게 함으로써 우리나라 사상사 연구를 역사학으로까지 끌어올릴 수 있는 것이다.(이기백, 1986, 「서」, v)

그는 사상사 연구를 통해서 산 인간들의 생생한 숨결을 듣고자 노력했다. 귀족이나 민중 등 인간의 생활이나 고민 등을 찾아볼 수 있어야 한다는 것이다. 여기에는 승려 중심으로 이루어진 기존의 불교사에 대한 그의 비판이 자리를 잡고 있었다. 이에 그는 인간의 새로운 유형화에 주목하고 있다. 귀족과 민중으로, 혹은 하급 귀족을 언급하는 것이다. 그가 인간의 유형화에 대해서 관심을 가진 이유는 그래야만 우리나라의 사상사 연구가 역사학으로 제대로 자리를 잡을 수 있다고 보았기 때문이다. 이것은 사상사 연구가 단순히 사실에 대한 고증이나 사상의 교리를 이해하는 데만 전념하는 것이 아니라는 그의 사관에서 나온 것이었다.

이러한 사실은 이기백이 이미 『한국사신론』의 서장에 실린 '인간 중심의 이해'를 통해서 가장 강조한 부분이기도 하다. 그는 역사가 곧 인간의 역사이며, 한국사가 곧 한국인의 역사라는 것은 다툴 수 없는 진리라고 말한다. 이에 그는 종래의 개설서를 비롯해 한국사의 서술이 종종 인간이 없는 역사인 경우가 많았음을 비판했다. 때문에 오늘의 한국사학에서는 인간을 재발견하려는 노력이 필요하다고 역설했다. 특히 사회 세력으로서의 인간에 대한 재인식은 한국사를 생명력이 넘치는 역사로 만들 것이라고 보았다. 이에 여러 인간 집단의 사회적 태도를 표시한 사상의 동향에 대한 관심은 한국사 이해에 새로운 국면을 열어주었다고 평가했다. 그만큼 사상사 연구가 한국사에서 인간 중심의 이해에 중요한 영향을 준다는 것이다.

따라서 인간의 유형화에 대한 이기백의 관심이 어떠한 변화 양상을 보여주는지를 살펴볼 필요가 있을 것이다. 그의 첫 논문인 「삼국시대 불교 수용과 그 사회적 의의」(1954)에서 언급된 인간은 왕실을 포함한 귀족이었다. 이를 중앙 귀족이라고 표현하기도 한다. 그리고 민중이 주목되었다. 국왕 및 귀족인 지배 신분층과 민중인 피지배 신분층으로 구분해, 이들의 사상적 기반을 다루었던 것이다. 그러나 당시에는 인간의 유형화에 대한 이기백의 관심이 구체적으로 드러나지 못했던 것같다. 그것은 이 논문을 통해서 사실 고증에 전념한 것이 되고 말았던 1947년에 쓴 대학 졸업 논문인 「불교전래고」의 한계를 극복하는 데 중점을 두었기 때문일 것이다. 이에 사상과 인간의 관계보다는 사상과 사회의 연관성을 보다 강조했던 것이다.

그러나 1960년대 후반은 이기백에게 인간의 유형화 연구를 위한 중요한 분기점이었다고 할 수 있다. 「원광과 그의 사상」(1968)에 이르면 삼국시대에 불교에 관심을 가진 육두품 신분에 대해서 새롭게 관심을 갖는다. 육두품을 하급 귀족 신분으로 표현했다. 이제 중앙 귀족은 지배 귀족인 진골 귀족과 하급 귀족인 육두품으로 구분해 사상적 동향을 살폈던 것이다. 이때 진골 귀족의 불교와 육두품의 불교가 서로 다른 길을 걸어갔다면서 사상적 차이를 찾아내려고 했다.

하급 귀족 신분인 육두품의 사상에 대한 관심은 「강수와 그의 사상」(1969)으로 계속 이어졌다. 여기서 사상사 연구와 관련된 인간의 유형화 문제를 보다 구체적으로 설명하는 것이다.

일정한 시대적 상황에서 어떤 사상이 발생 발전한다는 것은 그 시대의 모든 인간이 동일한 사상에 관심을 갖고 이를 신봉하게 된다는 뜻은 아니다. 동일한 시대라 하더라도 거기에는 사회적으로나 정치적으로나 또는 그 밖의 여러 면에서 입장을 달리하는 많은 집단의 인간들이 있는 것이다. 그리고 이들은 대개가 서로 다른 사상적 관심을 나타내어왔다. 그러므로 동일한 시대라고 해서 하나의 사상만이 존재할 수는 없다. 비록 표면상으로는 하나의 호칭으로 불리는 것이라 하더라도, 자세히 살펴볼 때는 사람에 따라서 여러 가지 차이점을 드러내는 것이다.(이기백, 1986, 210~211쪽)

동일한 시대라도 사회적으로나 정치적으로 또는 그 밖의 여러 면에서 입장을 달리하는 많은 인간 집단이 있으며, 서로 다른 사상적 관심을 나타내어왔다는 것이다. 이는 『한국사상사방법론』이나 『한국사학사론』에서 언급하는 것과 거의 같은 내용이기도 하다.

이에 이기백은 강수와 원광이 같은 육두품이라도, 삼국시대와 통일신라시대라는 시대적 차이도 있지만 서로 다른 사상적 경향을 보여준다고 말한다. 강수를 통해 원광과 같은 원신라인이 아닌 임나가야 출신이라는 피정복 국민의 사상이 어떠한가에 대해서도 관심을 가졌다. 또한 강수의 지역적 기반이 소경인이었다는 점에서 왕경인과 소경인으로 인간을 새롭게 구별했다. 특히 육두품이 담당한 역할인 관료에 주목해 귀족과 구별되는 인간을 유형화하기도 했다. 즉 강수를 통해서 다양한 인간의 유형화가 시도되고 있음을 보여주었다.

한편 지배 귀족인 진골 귀족에 대한 관심은 「신라 초기 불교와 귀족세력」(1975)에서 다시 정리되었다. 이전의 연구에서 불교 수용과 관련해 국왕이 주도적인 역할을 했다는 부분을 지나치게 강조한 결과 귀족, 특히 신라의 지배 세력인 진골 귀족의 존재를 너무나 무시했다는 점을 반성했다. 이에 지배 귀족은 국왕과 진골 귀족으로 구분되었다. 진골 귀족과 불교의 밀접한 관련성은 「황룡사와 그 창건」(1978)에서도 검토되었다. 이와 같이 국왕, 진골 귀족, 육두품으로 인간이 유형화된 양상은 도교를 다룬 「망해정과 임해전」(1976)에서도 찾아볼 수 있다.

대학 시절 고대사 연습의 과제로 '신라시대의 민중불교'에 일찍부터 주목했던 이기백의 민중에 대한 본격적인 관심은 1980년대에 집중적으로 이루어진 정토신앙을 통해서 나타났다. 첫 논문에서도 주목했던 고대의 민중들이 이 시기에 들어와서 체계적으로 분석되었던 것이다. 「신라 정토신앙의 기원」(1980)에서는 정토신앙이 왕경에 거주하던 하급 귀족이나, 평민들 중에서 골품제도의 모순으로 인해 몰락해서 왕경에 가까운 지역으로 낙향해간 사람들 사이에서 발생했다고 이해했다. 왕경인의 유형화를 다시 시도하는데, 같은 왕경인이라도 사회적으로 몰락한 왕경인 등 여러 인간이 있다는 것이다. 이때 평민의 문제가 본격적으로 등장한다. 정토신앙에 관심을 가졌던 왕경의 평민들이란 관등이 허락된 4두품 이상의 귀족도 아니고, 그렇다고 노비 출신도 아니라는 것이다. 그렇다고 하더라도 아마도 노비로 전락하기 일보 직전의 상태였을 거라고 말한다.

이를 발판으로 이기백은 「신라 정토신앙의 두 유형」(1983)에서 민중의 개념을 구체화시켰다. 자신을 비롯해 기존의 연구에서 정토신앙을 민중과 연결시켜 단순하게 살펴본 점에 대해서 비판적인 입장을 보여주기 때문이다. 종래의 연구 성과에 대한 반성이 필요하다는 것이다. 정토신앙을 골품제 사회, 민중과 연결시킴으로써 사회적 배경 속에서 정토신앙을 이해하는 길을 열어주었으나, 한편 이를 전체적으로 민중이라는 막연한 개념과 결부시킴으로써 명료하지 못한 점을 남겼다는 것이다. 구체적으로 어떠한 인간이 민중이냐는 것이다. 이때 민중을 평민과 노비로 구분해 이해했다. 이러한 민중의 불교에 대한 관심은 「신라 불교에서의 효관념」(1983)을 통해서 언급되기도 했다.

그 결과 「신라 정토신앙의 다른 유형들」(1986)에서는 훨씬 다양하고 풍부한 인간을 보여주고 있다. 여기서도 육두품의 정토신앙을 찾아냈다. 그러나 보다 주목해야 할 사실은 5두품과 4두품 신분에 해당되는 인간까지 다루고 있다는 점일 것이다. 이는 하급 귀족이 더욱 다양하게 유형화되었음을 알려주는 것이다. 이와 함께 소경인이 아니라 지방인의 정토신앙까지 검토된다는 점도 그렇다. 왕경인이 사회적으로 몰락해 지방에 정착한 경우만이 아니라, 지방에 살고 있는 촌주층의 정토신앙을 검토했기 때문이다. 더욱이 임나가야 출신만이 아니라, 이제는 연기 지방에 머물고 있는 백제 유민들의 사상까지 다루었다는 점도 지적해야 할 것이다. 이러한 인간의 유형화를 통해서 이기백은 통일신라시대 정토신앙이 위로는 귀족으로부터 밑으로는 노비에까지, 안으로는 왕경으로부터 밖으로는 변방의 작은 마을에 이르기까지 두루 퍼져 있었던 것으로 파악했다. 이는 「진표의 미륵신앙」(1986)으로 이어졌다. 여기서는 고구려 유민들까지 다루면서 지방인 안에서도 변방인이 또한 구별되기에 이르렀다.

지금까지의 검토를 통해서 볼 때 이기백의 사상사 연구에서 말하는 인간의 유형화란 기본적으로 신분을 바탕으로 한 것이었음을 알 수 있다. 그러나 그는 그것에만 머물지 않았다. 개별 신분만을 강조하는 것은 아니었던 것이다. 왜냐하면 인간이 어떻게 사회적으로 다르냐를 파악하는 기준으로 신분이 유일한 것이 아니기 때문이다. 따라서 그는 여러 기준으로 인간을 가능한 범위 내에서 다양하게 유형화하려고 노력했다. 이에 지배 신분이냐, 피지배 신분이냐로 구분했다. 지배 신분은 지배 귀족과 하급 귀족으로 다시 나누었다. 더욱이 그는 왕경인이냐 지방인이냐로 구분하고도, 왕경인 안에서 소경인을 구별하고, 또 왕경인 안에서도 사회적으로 몰락하는 사람이냐 아니냐로 다시 나누었다. 지방인의 경우에도 그 안에서 변방인이냐 아니냐 등의 유형으로 파악했다. 이 밖에 원原신라인이냐 피복속 국민이냐로 나누기도 했다.

특히 그는 인간을 정치적으로 유형화했다. 「고대 한국에서의 왕권과 불교」(1985)에서 보이듯 불교의 수용을 환영한 사회 세력과 반대하는 사회 세력으로 유형화했다. 정토신앙에 대한 연구를 통해 국가 권력에 추종하느냐, 거기에 대해서 비판적이냐 소극적이냐 등으로도 인간을 유형화하려고 했던 점도 주목해야 할 것이다. 그러나 인간을 사회적인 측면에서 유형화한 것에 비하면 정치적으로나 그 밖의 조건들로 유형화한 양상은 그보다는 구체적이지 않다고 말할 수 있다.

이기백이 시도한 인간의 유형화란 시대와 사회에 대한 그의 이해가 깊어지면서 나타난 결과였다. 그는 사상사 연구로 학문 연구를 시작했지만, 불교의 교리에 어두웠기 때문에 앞으로 나아가는 것이 두려웠다고 한다. 그러나 이후 사회사 및 정치사 등으로 관심을 확대시켜 나갈 수 있었다는 것이다. 이러한 관심 분야의 확대가 그 전의 사상사 연구에서 부딪쳤던 미해결의 문제들 - 사상사 연구와 교리의 상호 관계 등 - 을 새로운 관점에서 볼 수 있도록 해주었다는 것이다(이기백, 1986, 「서」, iii~iv). 무엇보다 사회사 및 정치사에 대한 연구가 그로 하여금 일정한 시대와 사회에서 자신의 삶을 영위했던 인간의 다양성을 계속적으로 일깨워주었을 것이기 때문이다. 그에 따라 그만큼 다양한 인간의 유형화가 이루어졌던 것이다. 이제 그가 사상사 연구를 통해 추구한 목적으로써, 여러 인간의 생활과 고민을 구체적으로 들을 수 있게 되었다고 하겠다.

3. 신앙의 유형화

이기백이 사상사 연구 방법론으로 인간의 유형화와 함께 크게 강조한
사실은 신앙의 유형화였다.

> 이 유형화 작업을 수행하는 데 있어서는 특히 신앙의 주인공인 인간들에 유
> 의하도록 노력했다.(이기백, 1986, 177쪽)

그에 의하면 신앙의 유형화란 바로 인간의 유형화와 매우 밀접하게
연결되어 있는 문제였기 때문이다. 사학사 연구 방법에서 언급했듯이
개인이나, 그러한 개인으로 상징되는 인간 집단은 사상적 추세에서도
차이를 보여주었다. 서로 다른 인간 유형으로 파악되는 김부식과 묘청
이 각각 유교와 풍수지리설이라는 서로 다른 사상적 기반을 가지고 있
었다는 것이다.

무격신앙, 불교, 유교, 도교, 풍수지리설 등 원시 사회로부터 신라 말
까지 고대의 주요 사상을 거의 모두 다루었던 이기백은 이러한 신앙들
이 어떠한 인간과 연결되는가에 깊은 관심을 가졌다.

> 물론 일정한 시대에는 지배적인 사회 세력이 있으므로, 그들의 사상이 곧 지배
> 적인 사상이라고 해서 좋을 것이다. 그러나 여기의 지배적이라는 말은 그 사
> 회를 구성하는 모든 집단의 인간을 지배했다는 뜻일 수는 없다. 가령 삼국시
> 대 신라에서는 불교가 지배적이었다고 할 수 있겠지만, 그렇다고 일반 민중들
> 까지 불교를 믿었다고 생각한다면 이것은 사실과 어긋나는 것이 된다. 그들은
> 대부분이 불교에 대해서 아무런 지식도 가지고 있지 못했다. 아마 여전히 원
> 시적인 무격신앙에 만족하고 있었다고 보아야 할 것이다.(이기백, 1986, 211쪽)

그것은 일정한 시대에 존재한 지배적인 사회 세력이 관심을 가졌던 사상이 무엇이냐에 대한 것이었다. 이때 사회 세력이란 대부분 신분과 관련된다고 하겠다. 「삼국시대 불교수용과 그 사회적 의의」에서 원시 시대에는 무격신앙이, 삼국시대에는 불교가 귀족과 연결된 것으로, 「강수와 그의 사상」에서는 통일신라시대 유교가 육두품의 사상이라고 파악했다. 정토신앙에 대한 연구를 통해서는 민중이 그 주된 흐름을 이끌었고, 또한 선종과 풍수지리설은 지방 호족과 연결되는 것으로 이해했다.

그러나 이기백은 사상의 유형화는 그것만이 아니라고 주장한다. 그렇게만 보아서는 안 된다고 말했다. 이는 사상과 인간의 관계를 살필 때 너무나 피상적인 단순한 접근이라고 할 수 있기 때문이다.

일정한 시대적 상황에서 어떠한 사상이 발생 발전한다는 것은 그 시대의 모든 인간이 동일한 사상에 관심을 갖고 이를 신봉하게 된다는 뜻은 아니다. 동일한 시대라 하더라도 거기에는 사회적으로나 정치적으로나 또는 그 밖의 여러 면에서 입장을 달리하는 많은 집단의 인간들이 있는 것이다. 그리고 이들은 대개가 서로 다른 사상적 관심을 나타내어왔다. 그러므로 동일한 시대라고 해서 하나의 사상만이 존재할 수는 없다. 비록 표면상으로는 하나의 호칭으로 불리는 것이라 하더라도, 자세히 살펴볼 때는 사람에 따라서 여러 가지 차이점을 드러내게 되는 것이다.(이기백, 1986, 210쪽)

그는 일정한 시대의 모든 인간이 동일한 사상에 관심을 갖고 이를 신봉하지는 않는다고 보았다. 동일한 시대라고 하더라도 여러 유형의 인간 집단이 존재하기 때문에 이들은 대개 서로 다른 사상적 관심을 나타내왔다는 것이다. 또한 표면상으로는 하나의 호칭으로 불리는 것이라고 하더라도, 사람에 따라서 드러내는 여러 차이점을 자세히 살펴보아야 한다는 것이다. 그래야만 사상의 다양한 유형화를 파악할 수 있다는 것이다.

이기백은 원광에 대한 연구를 통해서 이것을 구체화시켰다. 삼국시대 진골 귀족의 불교와 육두품의 불교는 서로 다른 차이를 보여준다는 것이다. 더 나아가 이러한 사실은 삼국시대의 불교가 국왕이나 왕실, 진골 귀족에게서 신봉됨으로써 각각 다른 양상을 보여주었다는 사실을 밝혀냈다. 또한 같이 불교에 관심을 가졌다고 하더라도 국왕이나 왕실의 경우에는 석가불신앙으로, 진골 귀족에게는 미륵신앙으로 그 차이를 보여준다고 보았다.

이때 그가 가장 자세하게 언급한 것은 역시 정토신앙이라고 말할 수 있다.

종래 신라의 정토신앙을 이야기할 때는 이 같은 민중들의 정토신앙이 주로 관심의 대상이 되어왔다. 민중들의 정토신앙이 통일신라시대에 들어와서 크게 일어나게 된 정토신앙의 주류를 이루었기 때문에 이것은 당연한 일이긴 하다. 그렇다 해서 통일신라시대의 정토신앙이 이러한 경향의 것만은 아니었다. 그리고 이와는 다른 경우들을 살펴보는 것은 정토신앙의 전체적인 모습을 이해하는 데 매우 중요한 일이라고 믿는다.(이기백, 1986, 150~151쪽)

통일신라시대에 민중들 사이에서 정토신앙이 크게 일어났지만, 당시 정토신앙이 이러한 경향만 있었던 건 아니라는 것이다. 민중 외의 다른 다양한 인간들을 포함해서 거의 전 국민이 이를 믿었다는 것이다. 따라서 다른 신분의 인간이 관심을 가진 정토신앙에 대해서도 관심을 가져야 한다는 것이다.

유교의 경우도 그것이 마찬가지라는 사실을 이야기했다. 이기백에 의하면 유교란 삼국시대에 그것을 담당한 독자적인 사회적 계층이 존재하지 않았다. 그보다는 사회 전체의 것이요, 국가 전체의 것으로서의 공동체적인 성격을 띠고 있었다. 이에 그는 삼국 통일 이후 유교가 어떻게 육두품이라는 개별 신분의 주된 사상이 되었는가를 다루었다.

우리가 여기서 문제 삼고자 하는 신라의 유교에 있어서도 문제의 소재를 다음과 같이 요약할 수 있지 않을까 한다. 즉 신라의 어떤 시대적 상황 속에서, 어떤 사회적 세력에 의해서 유교에 대한 관심이 일어났는가 하는 것이다. 그리고 이에 더하여 유교의 어떤 면이 관심의 대상이 되었는가 하는 문제가 첨가돼야 할 것이다. 왜냐하면 같은 유교라도 믿는 사람에 따라서 관심을 끄는 면은 천차만별일 수 있기 때문이다.(이기백, 1986, 211쪽)

이 시대에 유교를 신봉한 사람들이 주로 신라의 육두품 귀족이었다는 사실이다. 물론 육두품이라고 해서 모두 유교만을 믿은 것은 아니어서, 가령 집사시랑까지 지내다가 토함산 기슭에 감산사를 지은 김지성은 육두품이었지만 불교와 도교에 오히려 심취하고 있었음이 감산사의 두 조상기에 나타나 있다. 또 지리산에 단속사를 짓고 은거한 경덕왕의 충신 이순이 또한 불교에 젖어 있었다. 한편 육두품만이 유교를 받든 것도 아니어서, 예컨대 진골인 김인문도 유교에 깊은 조예가 있었다고 한다. 그러므로 한 가지 기준만에 의해서 육두품은 곧 모두 유학자였다고 규정해버릴 수는 없는 일이다.(이기백, 1986, 243쪽)

통일신라시대에 유교를 신봉한 사람이 주로 육두품 귀족이었다고 하더라도, 그 한 가지 기준만으로 육두품은 곧 모두 유학자였다고 규정해버릴 수 없다고 말한다. 육두품인 김지성은 불교와 도교에 오히려 심취해 있었으며, 이순 역시 불교에 젖어 있었다는 것이다. 한편 진골 귀족인 김인문도 유교에 깊은 조예가 있었다는 것이다. 그것은 통일신라 시대에 불교나 도교에 관심을 갖고 있던 국왕이 유교에 대해서도 주목한 사실에서 알 수 있다고 한다. 때문에 같은 유교라도 믿는 사람에 따라서 관심을 끄는 면은 천차만별일 수 있으며, 그에 따라 유교라는 사상 또한 다양하게 유형화된다는 것이다.

사상의 유형화에 대한 이기백의 이러한 접근 방법은 도교에 대해서도 적용된다.

> 요컨대 같은 도교였지만 이를 믿는 사람의 사회적 처지에 따라서 이를 받아들이는 태도는 달랐다. 국왕이나 진골 귀족이 주로 현세적인 영달을 오래 누리기 위한 불로장생사상에 매력을 느낀 반면, 육두품들은 주로 은둔생활 속에서 개인의 자연적인 생의 고요한 즐거움을 누리려는 생각에서 도교에 접근한 것이라고 하겠다.(이기백, 1986, 292쪽)

같은 도교지만, 국왕이나 진골 귀족이 관심을 가진 것과 육두품이 관심을 가진 내용이 서로 다르다는 것이다.

이는 이기백이 하나의 사상을 하나의 신분과 너무 획일적으로 연결시켜 이해하려는 방식을 비판한 것이라고 할 수 있다. 이것은 너무나 정당한 상식적인 이해라고 할 수 있다. 적어도 역사학의 입장에서 본다면 모든 사상은 일정한 시대적 소산이며, 시대적 발전의 일정한 단계에 호응해 발생 발전하는 것이기 때문이다. 따라서 그 사상보다는 그러한 사상에 관심을 갖는 다양한 인간의 모습에 더 깊은 관심을 기울여야 한다는 것이다. 이때 일정한 시대의 사상을 여러 인간과 관련해서 보다 구조적으로 파악할 수 있으며, 시대별로 여러 인간이 어떠한 사상에 관심을 가졌는가 하는 변화 양상까지 볼 수 있다는 것이다.

그런데 이기백이 『신라사상사연구』에서 이를 사상의 유형화라는 용어를 사용해 설명하지 않았다는 점이 크게 주목된다. 그는 유형화라는 말을 정토신앙에 대한 연구를 통해서 비로소 언급했기 때문이다. 이것은 이기백의 사상사 연구 방법론과 관련된 문제의식에서 나온 것이라고 할 수 있다.

> 그 해결책의 첫째는 정토신앙을 하나의 사회적 현상으로 이해하는 것이라고 생각한다. 역사학의 관점에서 본다면 정토신앙도 그것이 단순한 교리이기보다는 하나의 사회적 현상이다. 물론 그것이 신앙인만큼 교리와 직결되고 있으며, 따라서 교리를 잘 이해하면 할수록 그만큼 더욱 깊은 연구가 이루어질 것임은 틀림이 없다. 그러나 밖으로 나타난 신앙 행위를 분석하더라도 정토신앙에 대한 역사적 연구가 가능할 것이라고 생각한다.(이기백, 1986, 159쪽)

그는 사상사 연구에서 교리 탐구에 집착하는 경향이 농후한 현상에 대해서는 매우 비판적이었다. 그러한 교리에 대해서 올바르게 관심을 갖는 자세는 필요하지만, 그보다 더 중요한 사실은 일정한 사상을 믿는 인간의 신앙 행위를 분석하는 것이라고 강조한다. 따라서 이것이 보다 역사적인 접근 방법이라는 것이다.

여기서 그는 사상이란 용어보다 신앙이란 용어에 더 큰 의미를 부여하고 있다. 신앙이란 어떤 인간이 일정한 사상을 신봉하는 것을 일컫는다. 사상이란 말 대신에 신앙이라는 용어를 사용한 예는 이기백의 첫 논문에서부터 쉽게 찾아진다. 여기서도 불교 사상이라는 말 대신에 불교 신앙이라고 말하고 있다. 이는 아마도 승려들의 발언 속에 나타난 교리의 탐구가 아니라 불교 신앙이 갖는 사회적 의미를 강조하기 위해서였을 것이다. 이에 그는 정토신앙, 아미타신앙, 미륵에 대한 신앙, 현세 이익적인 신앙, 국조신앙이라든지 무격신앙으로, 이후에는 전륜성왕·석가불 및 미륵보살의 신앙, 전생 신앙 등의 용어를 사용했다.

특히 그는 신앙의 성격에 대해서 관심을 가졌다. 그것은 어떤 인간이 왜 어떠한 신앙을 믿었는가를 다룸으로써 파악된다고 보았다. 삼국시대 불교 신앙의 성격으로 현세 이익적인 측면을 강조한 사실과, 통일신라시대 정토신앙이 현세 부정적 측면 – 현실 도피적 – 을 띠고 있음을 구분해 파악하는 데서 알 수 있다. 윤회 전생적이냐, 이를 비판하면서 내세 지향적인 것을 추구하느냐로 구분한 것도 그러하다.

그러나 이기백은 신앙의 성격을 파악하기 위해서 그 어떤 인간의 신앙 행위에까지 관심을 확대시켰다. 신앙 행위란 신앙의 성격을 파악하는 문제와도 서로 연결되어 있는 중요한 요소로 보았던 것이다.

> 필자는 이러한 오랜 숙제를 풀기 위하여 교리보다는 신앙 행위에 중점을 두고 당시의 정토신앙을 유형화해보는 작업을 시도해보았다. 같은 정토신앙이라도 믿는 사람에 따라서, 나아가서는 믿는 사람의 사회적 처지에 따라서 차이가 있는 것 같다는 느낌이 이러한 유형화 작업을 시도해보는 동기가 되었다.(이기백, 1986, 160쪽)

어떠한 인간들이 왜 정토신앙에 관심을 가지게 되었으며, 그 결과 그 신앙은 어떠한 특징들을 지니게 되었는가 하는 것을 좀 더 세밀하게 검토해보기를 바라고 있다. 이러한 검토의 결과를 토대로 하고 어떤 방법으로 정토에 왕생할 수 있다고 믿었는가 하는 특징을 기준으로 삼아 몇 개의 유형으로 나누어보는 작업을 시도해보려고 한다. 여기서 자연히 극히 소박하기는 하지만 교리사적 측면과도 연결을 가지게 될 것이다.(이기백, 1986, 142쪽)

그것은 어떤 인간이 일정한 신앙을 믿을 때 그들의 신앙 행위에서도 역시 차이를 보여주기 때문이다. 왜냐하면 어떤 신앙이든 그것은 믿는 사람의 정신적 요구에 말미암은 것이기 때문이다. 그리고 그러한 요구는 그들이 처해 있는 역사적·사회적 위치와 관련되어 있기 때문이다(이기백, 1986, 117쪽). 따라서 어떤 인간의 신앙 행위를 파악한다는 것은 그들이 믿는 교리나 신앙의 성격을 새롭게 이해시켜줄 뿐만 아니라, 민중과 귀족의 정토신앙으로 단순하게 구분하는 것보다 훨씬 의미가 있는 접근 방법으로 보았다. 즉 신분이라는 인간의 유형화에 의한 구분보다는, 그것에다가 신앙 행위를 첨부한 새로운 유형화를 시도했던 것이다. 그렇다면 이는 신앙의 유형화를 위한 새로운 기준을 제시한 것이라고 말할 수 있을 것이다.

「신라 정토신앙의 두 유형」에 의하면 이기백은 정토신앙을 인간의 신앙 행위를 기준으로 유형화한 동기에 대해서, 신라시대의 정토신앙에 대해 살펴보면 볼수록 그것이 상당히 복잡한 양상을 띠고 있어서, 이를 어느 단일한 원칙에 의해 정리하기가 힘들었기 때문이라고 말한다. 다시 말해서 정토신앙의 전체적인 모습을 파악하기 어려웠다는 것이다. 그렇다고 해서 「정토신앙의 다른 유형들」에서 지적하듯이 이 모든 경우를 다른 성격의 것으로 처리한다는 것은 결국 사실들을 나열하는 결과밖에 가져오지 못하며, 따라서 학문적인 작업이 될 수 없다고 판단했다.

같은 정토신앙이면서도 이를 대하는 정신적 자세와 신앙의 내용이 각기 다른 특색을 지니고 있는 것도 그러한 데에 원인이 있었다고 생각한다. 어느 특정 시대의 특정 사상을 논할 때, 흔히 이를 하나의 측면에서 설명하려고 들 한다. 그러나 그러한 방법은 역사적인 현실을 이해하는 데 있어서 반드시 정당한 것이라고 말할 수가 없다. 비록 갈피를 잡을 수가 없을 정도로 복잡하더라도, 우선 피하지 말고 그 실상을 있는 그대로 파악하는 것이 요망된다. 왜냐하면 그러한 복잡성과 다양성 자체가 그 시대의 실상을 그대로 나타내주는 것이기 때문이다. 그러나 한편 그러한 다양성 속에서 큰 줄기를 찾아내는 작업이 또한 필요하다. 이 작업을 통해서 역사의 큰 흐름을 이해하는 데 도움을 줄 수가 있기 때문이다.(이기백, 1986, 183쪽)

그는 정토신앙이 비록 갈피를 잡을 수 없을 정도로 복잡하더라도, 우선 피하지 말고 그 실상을 있는 그대로 파악해야 한다고 말한다. 그러한 복잡성과 다양성 자체가 그 시대의 실상을 그대로 나타내주는 것이라고 보았던 것이다. 따라서 그러한 다양성 속에서 큰 줄기를 찾아내는 작업이 오히려 필요하다는 것이다.

이에 이기백은 결국 유사한 몇 개의 사실들을 묶어서 그 유사점이나 공통점을 찾는 유형화 작업을 시도할 수밖에 없었다고 한다. 이러한 공통적인 특징이란 결코 우연한 것이 아니기 때문이다. 이때 공통점으로 묶이는 것은 하나의 유형이 될 수 있으며, 그러한 유형은 다른 유형과는 차이를 보여준다는 것이다.

그 해결책의 둘째는 모든 역사적 현상이란 애초부터 시대적 차이나 사회적 차이에 따라서 달라지는 것이기 때문에 정토신앙들 사이에 나타난 그러한 차이를 밝히는 일이라고 생각한다. 요컨대 정토신앙이라고 해서 모두 그 경우가 꼭 같을 수는 없는 일이라고 생각하는 것이다.(이기백, 1986, 159쪽)

그러한 유형화 작업을 통해서 통일신라시대 매우 다양하게 찾아지는 정토신앙들 사이에 나타나는 차이를 찾아볼 수 있다는 것이다. 즉 정토신앙의 공통점과 차이점을 드러내기 위해서 유형화가 필요했다는 것이다.

이기백은 신라시대 정토신앙의 전부를 유형화해볼 욕심을 가졌다고 한다. 그러나 신앙 행위를 통한 신앙의 유형화 작업에도 어려움이 따랐기 때문에 정토신앙을 총망라해서 이를 몇 개의 유형으로 깨끗이 정리하기가 힘들다는 사실을 알게 되었다고 한다. 때문에 처음에는 가장 뚜렷한 두 개의 유형만을 제시했으며, 이후 계속 세 개의 새로운 유형을 다시 언급했다.

그러면 통일신라시대에 들어와서 위로는 국왕으로부터 아래로는 노비에 이르기까지 크게 유행한 정토신앙의 주류는 어디에 있었던 것일까. 앞서 분류한 다섯 유형의 정토신앙을 이를 대체로 다음의 셋으로 묶어서 볼 수가 있을 것으로 생각한다. 그 첫째는 국왕을 중심으로 한 진골 귀족들의 추선에 의한 사자왕생신앙과 육두품 귀족 및 피정복국 귀족 출신 유민들의 공덕과 추선이 결합된 정토신앙이다. 이것은 전제왕권과 이에 추종하는 지배 집단의 정토신앙이라고 할 수가 있다. 둘째는 소외된 하급 귀족들의 공덕에 의한 정토왕생신앙과 촌주층의 공덕에 의한 현신왕생신앙이다. 하급이긴 하지만 귀족 신분이면서도 사회적으로 소외된 사람들의 정토신앙인 것이다. 셋째는 평민 및 노비들의 염불에 의한 현신왕생신앙이다. 이것은 사회적으로 억압받는 민중의 정토신앙이었다. 이렇게 크게 셋으로 나누어진 것 중에서, 둘째와 셋째는 그것이 전제정치에 비판적인 입장에 서 있다는 점에서 이를 하나로 묶을 수 있는 성질의 것이다. 그리고 이 전제정치에 비판적인 입장에 선 정토신앙이야말로 신라 정토신앙의 주류를 이루는 것이었다고 생각한다. 우선 무엇보다도 정토신앙이 지니는 본질에 비추어볼 때 그러하고, 또 그들이 갖는 신앙심의 열성에 있어서 그러하고, 그리고 그것이 끼친 사회적인 영향력에 있어서 그러하다.(이기백, 1986, 183~184쪽)

추선에 의한 사후왕생신앙, 공덕과 추선이 결합된 정토신앙, 공덕에 의한 정토왕생신앙, 공덕에 의한 현신왕생신앙, 염불에 의한 현신왕생신앙의 다섯 유형으로 파악된 정토신앙은 다시 셋으로 묶였다. 이는 신앙의 유형화가 계속적으로 가능한 일임을 알려준다.

한편 이기백은 신라시대 정토신앙의 복잡한 양상들을 이렇게 유형화해 정리해봄으로써 그 실상이 보다 명료하게 우리 앞에 다가서게 된다고 한다. 우선 당시 정토신앙의 주류가 무엇인가를 파악할 수 있게 해주었기 때문이다. 이러한 유형화 작업을 통해서 통일신라시대 정토신앙의 주류란 역시 민중의 정토신앙이었음을 새롭게 확인할 수 있었다. 무엇보다 그것이 신라 정토신앙의 실제와 그 배경이 된 신라 사회를 이해하는 데 조금이나마 도움이 되었을 것으로 보았다. 결국 신앙의 유형화를 통한 최종적인 목표는 당시 사회에 대한 이해였던 것이다. 즉 신앙의 유형화는 인간과 신앙과 사회를 또 다른 방식으로 연결시켜주었다고 하겠다.

4. 맺음말

지금까지 이기백의 사상사 연구를 통해 역사 연구 방법론으로서의 유형화에 대해서 알아보았다. 여기서 검토된 내용들은 유물의 형식 분류를 바탕으로 한 고고학이나, 중세 도시와 경제를 중심으로 했던 『역사의 방법』의 유형론과는 상당한 차이가 남을 살필 수 있을 것이다. 이기백의 유형론에서 가장 중요시되었던 인간과 사상의 문제가 그만큼 덜 주목되었던 것이다. 그는 인간의 유형화를 바탕으로 신앙의 유형화까지 시도함으로써 한국사 연구에서 사상사가 역사학의 한 분야로 올바르게 정립되기를 바랐기 때문이다. 이러한 까닭에 이기백의 사상사 연구에서 보여준 유형화 작업은 아마도 한국의 현대 사학이 도달할 수 있는 최고의 경지를 나타내준 것으로 보아도 좋지 않을까 한다.

그러나 이기백이 그의 사학에서 추구한 이러한 연구 방법은 이후의 사상사 연구에서나 다른 분류사 연구에서 제대로 계승 발전되지 못했다고 생각한다.[1] 이는 인간과 시대와 사회에 대한 깊은 고민이 없는 오늘의 역사학이 당면한 근본적인 한계들과 밀접한 관련이 있을 것이다. 인간의 유형화란 누가 어떠한 인간이냐를 파악하는 것인데, 역사 속에서 자신의 삶을 살았던 인간들에 대한 새로운 이해가 끊임없이 이루어지지 않는 한 사실상 불가능하기 때문이다.

그것은 학문 연구를 처음 사상사로부터 시작했던 이기백이 고대부터 현대에 이르기까지의 한국 사상사의 흐름을 이해함으로써, 우리 민족이 당면한 현실의 문제들과 사상사 연구를 관련지어보고자 했다는 점에서도 알 수 있을 것이다(이기백, 1986, 「서」, iii). 그렇다면 오늘 역사 연구자들의 관심이 단순히 누가 무엇을 했으며, 그것이 어떠한 의미를 지닌다고 설명되는 사실과 해석의 단계를 넘어, 어떤 인간이냐에 대한 이해를 바탕으로 비교와 유형까지를 다루는 종합으로서의 역사 연구 방법에까지 크게 확대되어야 하며, 이를 위해서 보다 진지한 노력을 기울여야 할 때가 아닌가 생각한다.

---

1) 물론 '서영대, 1997', '주보돈, 1998'을 찾아볼 수 있기는 하다.

:: 참고문헌

김두진, 2010, 「종교사상사 연구방법론」, 『한국 역사학연구의 성찰』, 서경문화사.

서영대, 1997, 「고구려왕실시조신화의 유형」, 『동서문화논총 2: 만경이충희선생화갑기념』, 인하대학교 동양사연구실.

양병우, 1989, 『역사의 방법』, 민음사.

이기동, 2007, 「한국사상사 연구자로서의 이기백」, 『고병익·이기백의 학문과 역사연구』, 한림대 출판부.

이기백, 1976, 『한국사신론』, 일조각.

_____, 1986, 『신라사상사연구』, 일조각.

_____, 2011, 『한국사학사론』, 일조각.

이기백 외, 1997, 『한국사상사 방법론』, 소화.

주보돈, 1998, 「부정축재의 고대적 유형과 특질」, 『한국사시민강좌』 22, 일조각.

일본 '동아시아' 용어의 함의

이순근(가톨릭대학교 국사학과 교수)

1. 머리말: 용어로서의 '동아시아'

언제부터인가 한국 역사학계에서도 연구 저서, 논문, 발표 및 토론장에서 '동아시아'라는 용어가 심심치 않게 사용되고, 갈수록 인기를 얻고 있는 것 같다. '동아시아'라는 용어가 사회의 사상적 조류 속에서 철학적·역사적 주제의 하나로 사용되기 시작한 것은 일본이며, 그 시기도 일본의 메이지明治 초로 거슬러 올라간다. 이 용어가 일본의 역사학 분야에서 본격적으로 다시 사용된 것은 전후(일본 패전 후) 1947년 마에다 나오노리前田直典의 연구에 의해서임은 주지의 사실이다. 이후 많은 연구자들이 그의 관점에 동의하든 하지 않든 동아시아적 관점이나 용어는 광범위하게 사용되어왔다. 이 영향은 단지 일본 역사학계뿐만 아니라 우리나라에도 많은 영향을 주었고, 그 용어 또한 광범위하게 쓰이고 있다. 그러나 이 용어를 쓰는 사람마다 그 지역적 범위나 역사적 성격을 달리해 쓰기도 하고, 때로는 별다른 의미 없이, 심지어 습관적으로나 미사적 수식어로 붙이는 예마저 적지 않다. 물론 동아시아라는 용어는 어떤 점에서는 일반명사적인 성격을 갖기 때문에 써서는 안 된다고 할 수는 없다. 다만 그 용어가 학술적으로 사용될 때는 그 개념과 의미의 한정을 고려하고 염두에 두면서 써야 할 필요가 있다고 본다.

우선 '동아시아'는 보통명사로서 지리적 의미를 갖는 말이라고는 하지만, '동부아시아'의 동부가 어디부터 어디까지를 가리키는지가 명료하지 않다. 일반적이든 학술적이든 사용되는 이 용어의 개념을 대별해 간단히 정리해보아도 다음과 같이 나뉜다.

첫째, 일반적인 용어로 중국, 타이완, 몽골, 한국, 북한, 일본 등을 포괄해 칭하는 경우가 많다. 현대의 언론이나 정치학적 용어에서나 보통 '동아시아'라는 지역적인 범주는 대체로 이렇다. 이 경우는 다른 표현으로는 '동북아시아' 혹은 '극동Far East'이라고 칭해지기도 한다.

둘째, 지역적으로 '서아시아'에 대비되는 개념으로서의 '동아시아' 지역이다. 광범위하게 아시아 전체를 두고 동부와 서부로 나누되, 근동 지역과 인도-파키스탄의 서부(아프카니스탄 등의 이슬람제국들), 남부아시아 혹은 동남아시아(인도차이나 반도제국, 필리핀 등)를 제외한 나머지 아시아 동방 지역, 중국을 중심으로 한 티베트, 카자흐스탄, 몽골, 한반도, 일본, 베트남 등의 지역을 묶어 동아시아 지역으로 분류한다. 이는 2012년에 처음으로 간행된 한국의 고등학교 역사 교과서의 하나인 『동아시아사』 교과서 서술에 보이는 동아시아의 범주다.

마지막으로 일본에서 보는 동아시아의 관점이다. 동아시아에 대한 일본의 견해는 앞의 첫째 견해와 약간 비슷하기도 하다. 그러나 일본에서는 '동아시아'에 관한 논의가 일본사와 동양사, 세계사 등 제반 역사 학계에서 활발히 이루어져왔으며, 그 결과 일본에서 사용하는 동아시 아라는 표현은 용어로 정리된 개념을 갖는 표현이라는 점에서 차이가 있다. 현재 일본 역사학계에서는 중국을 중심으로 한반도(조선), 일본, 베트남을 포괄하는 지역을 두고 '동아시아'라고 이르는 것 같다. 이는 주로 한자, 유교, 불교, 율령 등의 중국 문화를 공유하는 지역을 범위로 설정하고 있는 니시지마 사다오西嶋定生의 주장에서 비롯되었는데, 이 설은 중국을 중심으로 하는 책봉·조공 체제를 핵심 논거로 하고 있다. 이 동아시아 개념은 단순히 중심국을 중국으로 보는 견해에 그치지 않 고 일본은 이 체제에 포함되지 않는다고 보는 데 문제가 있다. 다시 말 하면 일본에서 말하는 '동아시아'라는 용어의 개념과 해석에는 이러한 이중성의 복잡한 문제가 개재되어 있다.

이상과 같이 '동아시아'라는 용어는 쓰는 사람에 따라 그 구성 형태, 범위, 성격 등에 차이가 있다. 이중에서도 우리나라에 가장 큰 영향을 주고 많은 의미가 있는 것으로는 일본의 '동아시아' 용어라고 생각한 다. 최근 한·중·일에서 관심이 고조되고 있는 동아시아 담론의 연원이 일본의 동아시아 개념에서 비롯되었고, 이것이 우리 역사학에도 많은 영향을 주기 때문이다. 이 글에서는 우선 이러한 일본의 동아시아 용어 가 어떻게 사용되고 해석되며 그 기준을 무엇으로 잡고 있는가, 그 내 용은 얼마나 타당한가를 살펴보고자 한다.

2. 전전 일본의 동아시아론

동아시아라는 용어는 일본의 역사학계나 사상(이념)적 측면에서의 고민을 대변하는 표현이라 볼 수 있겠지만, 원래 그 뿌리는 일본 종전 전 (이하 줄여서 '전전戰前'이라 표현하겠다) 일본의 동아시아 용어 사용과 개념에 있는 것이 사실이다.

일본은 개항 이후 메이지明治 초년 무렵에는 이 지역을 포괄하는 표현으로 아세아亞細亞, 동아東亞 등을 사용하다가 1930년대에는 '대아시아' 또는 '대동아大東亞'라는 식으로 용어를 변화, 확장해갔다. 태평양전쟁에서 일본은 물론 중국과 조선, 대만 등의 민중에 대해 '대동아공영'을 명분과 슬로건으로 내세우면서 강제 동원의 구실로 삼은 과거는 너무나 생생하다. 일본이 칭하는 동아시아라는 개념이 한국과 다른 점에 주목하는 이유도 동아시아라는 개념이 이러한 전전의 '대동아(혹은 대아시아)' 개념을 완전히 탈피했다고 보기 어렵기 때문이다. 오늘날에도 일본의 보수화 문제와 더불어 '동아시아'론이 한·중·일 삼국의 담론으로 발전하는 것도 원래 이 용어에 이러한 배경이 있다고 보기 때문이다.

일본에서 동아시아 개념이 성립한 시점은 일본의 봉건 막부체제가 무너지고 자본주의체제가 들어오는 과정과 깊은 관련이 있다. 미국에 의한 일본의 개항(1853)과 그 후 이어지는 일련의 불평등 조약이 체결되면서(1854) 밀려오는 서구 세력의 압력과 내부의 반발로 일본에서 막부체제가 무너지고 마침내 정권이 왕정으로 복고되었다(1867년대 정봉환). 당시 유력 번藩의 다이묘 세력들은 천황의 의중에 있던 존왕양이론을 받들어 막부를 무너뜨리는 데 동맹으로 합심했으나 메이지 정부의 개혁 과정에서 우선 현안을 다루는 데서는 의견이 갈라졌다. 이중 동맹의 핵심 세력인 사쓰마, 조슈, 도사, 히젠(사가 번)의 주체 세력 대부분은 그들의 소망이던 정한론을 주장하다가 조정에서 대거 하야해야 했다. 하야한 인사들 중 상당수는 재야에서 자유 민권 운동 세력으로 결집했다. 이후 일본 정계의 사조는 국권론과 (자유)민권론으로 다시 격렬하게 대립했다. 이러한 흐름의 격랑을 타고 일본의 국체는 양 세력의 공통 이념인 존왕론을 근거로 천황제가 확고하게 수립되면서 민권적 측면에서 내각제(1885)와 국회 개설(1890), 그리고 제국 헌법을 통한 외형상의 입헌군주제를 추동했다. 이 당시 국권론과 민권론의 대립은 일본 정치상 내재적 발전 과정에서 나타난 차이지만, 대외적 입장에서도 차이를 보인다. 예를 들면, 일본이 아시아에서 어떠한 입장에 처할 것이며 어떠한 대외 관계의 방향성을 설정할 것인가의 문제에서 '아시아주의'와 탈아(입구)론으로 갈라진다. 이 양자의 입장은 기본적으로 민권주의자들은 '아시아주의', '아시아연대론'을 표방하는 것으로, 그리고 서구식 근대화 지향을 가진 국권론자는 '탈아(입구)론'의 논리와 상통하는 것으로 이해된다. 그러나 양자의 입장과 논리가 선명하게 양분되는 것은 아니며, 상호 중첩적인 측면이 있어 문제는 보다 복잡하다. 초기의 국권론자나 자유민권론자들은 분파로 나누어진 뒤에는 일본의 중세 막부체제가 갖는 봉건성을 극복하고 근대를 수립하는 문제에서 서로 논점의 차이를 가지면서, 그에 따른 대외적 입장에서도 첨예하게 대립했다. '아시아연대론'을 주장하는 아시아주의자들은 주변국의 개화 개혁 세력을 적극적으로 포섭하고 연대를 추구해나갔다. 그러나 얼마 안 가 이 개혁 시도가 실패하고, 뒤이어 일본 제국 헌법이 제정·공포되고 내적 체제가 어느 정도 정비되자 일본의 대외 관계가 해외 침략으로 전개되는 과정에서는 양자의 논점 차이가 점차 현실에 묻혀 보이지 않게 되었다. 그렇게 된 소인은 사실 양론의 초기부터 내재되어 있었던 것으로 보인다. 이를 조금 더 구체적으로 살펴볼 필요가 있다.

먼저 국권파의 경우 이들은 존왕론 이념에 따라 천황제 구축을 우선했다는 점에서 메이지 정부의 주류 권력임은 재론의 여지가 없다. 그런 점에서 이들에 의한 일본 국체의 수립은 내치우선론에서 파악될 수 있다. 일본의 해외 침략의 논리는 존왕론 같은 내적 통치론보다는 양이론 같은 대외적 성격에서 파악해야 할 것이다. 대외적 성격에서 볼 때 막부를 무너뜨리고 천황을 세운(謨王倒幕) 세력의 사상적 근저가 정한론에 닿아 있는 점은 주목해야 할 것이다. 그러나 메이지 초기 국권파는 조선 정벌을 주장한 사이고 다카모리西鄕隆盛 등 정한파를 제거하고 내정을 가다듬는 데 더 주력하고 있었다. 국권파의 대외 관계의 대상은 '서양'이었기 때문에 이들의 주된 관심은 서양이 가진 '근대'적 문명을 배워 일본을 조속히 '서구화'하는 데 있었다. 그러므로 그들의 주된 관심은 당시 '일본의 내재적 발전'에 있었다. 즉 '존왕양이론'에서 '양이'의 개념보다 '존왕'론에 중점을 둔 천황체제 수립에 진력하려는 것이었다.

한편 이 시기 동아시아의 문제와 관련해서는 자유민권파들이 주목된다. 그들은 소위 '아시아주의'를 통해 아시아 문제를 적극적으로 내세우면서 '아시아연대론'을 주장했다. 아시아주의는 원래 정한론과 세이난 전쟁을 통해 국권 신장, 국위 선양을 주장하던 세력이 새로운 정치운동의 사상적 배경으로 서양의 자유사상을 표방하면서 그 대외 전략의 이념적 형태로 전개된 것이다(배성동, 1981, 44쪽). 이들이 전개하는 아시아주의와 아시아연대론이 일본과 우리의 동아시아 문제와 직접 연결될 수밖에 없는 논리라는 측면에 대해 강창일은, "19세기 후반 이후 서양의 진출을 계기로 서양을 타자화하면서 아시아의 문명적·인종적 근친성과 운명 공동체성을 입론의 근거로 삼아 아시아를 하나의 정치적 단위로 설정해 아시아의 연대와 단결 혹은 통합을 주장하는 언설"이라며 아시아주의를 포괄적으로 정의했다(강창일, 2002, 17쪽). 즉 아시아를 하나의 '정치적 단위'로 설정해 아시아의 연대와 단결 혹은 통합을 말하는 이 연대론에는 필연적으로 동아시아, 즉 '동아'론으로 그 언설이 나타날 수밖에 없는 것이다. 이러한 아시아주의가 바로 '동아시아론'과 같은 것으로, 동전의 양면이라는 사실을 알 수 있다.

아시아주의의 성격을 알아보기 위해 대외 관계에서 아시아연대론을 표방하고 있는 자유민권파들의 본질을 살펴보자. 자유 민권의식에 자극을 준 인물로 후쿠자와 유키치福沢諭吉를 첫손에 꼽을 수 있다. 그는 일본의 개항 이후 유럽과 아메리카를 방문하고 돌아와 문명과 신기술을 소개하는 데 적극 힘썼다.[1] 후쿠자와는 이후 1874년 메이지 정부에서 하야한 인사들(이타가키 다이스케板垣退助·고토 쇼지로後藤象二郎·에토 신페이江藤新平·사이고 다카모리西郷隆盛 등)과 소위 '국회개설운동'에 적극 참여했고, 이를 위해 『우편보지신문』에 「국회론」 등의 사설을 게재하면서 대표적인 '자유민권론자'로 인식되고 있었다. 그러나 사실 이 시기 후쿠자와의 의식이 과연 알려진 것만큼 서양의 자유의지를 민권의식과 적극적으로 연결시킨 것으로 볼 수 있는가 하는 점에는 의문이 있다. 그의 행적을 보면 존왕론을 바탕으로 한 국권파적 의식과 활동이 함께 보이면서 개항 전후에 유행했던 존왕양이와 정한론의 사조, 개항 후의 서양 문물에 대한 적극적인 수용 등의 입장에서 국권파와 자유민권파의 양면성을 모두 가지고 있는 것으로 보이기 때문이다.[2]

---

1) 그는 1863년 1월 유럽에서 귀국 후 『서양사정』(1866~)을 집필하고 미국의 독립선언문과 이화학, 기계학 등을 중심으로 서양 문물을 소개하는 데 힘썼다. 이후 사절단으로 뉴욕, 필라델피아, 워싱턴 D.C. 등을 방문했으며(1867. 2), 한편으로 서양 무기, 선박 등의 구조와 제작·소개에도 힘썼다. 그러나 그의 정치적 성향은 다소 복잡하다. 도쿠가와 막부德川幕府 시절에는 막번을 지지하고 삿초동맹에 반대했다가 막부가 무너지자 신정부에는 나아가지 않고 게이오기주쿠慶應義塾를 통한 계몽활동에 주력했다. 그러나 신정부가 단행한 폐번치현 등의 정책에는 찬성, 지지하는 등 민간에서는 활발한 정치 활동을 벌였다.
2) 그는 1874년 『분권론』을 발표했고, 연이어 1878년 『통속민권론』, 『통속국권론』 등을 발표했다. 이 저서에서 보듯 민권론과 국권론을 동시에 쓰고 있다. 1883년 그가 창간한 『지지신보時事新報』에 실은 논설은 전형적인 국권파적 성향을 보인다. 훗날 아시아주의를 버리고 탈아입구론을 주장하며 조선의 멸망을 주장한 것도 우연이 아니라 이러한 그의 성향에서 온 결과로 볼 수 있다.

아시아연대론을 표방한 아시아주의가 구체적인 모습을 갖추고 등장한 것은 1880년에 결성된 '흥아회興亞會'부터라고 볼 수 있다. 흥아회는 서양과 러시아의 압박에 대해 중국과 일본, 조선 등 동양이 단결해서 이를 막아내야 한다는 '아시아연대론'을 위해 만든 관변 단체였다. 흔히 민권파가 표방하는 이념으로 이해되는 '아시아주의', '아시아연대론'은 원래 군부에서 시작되었고, 왕실·고관·군부의 참여와 지원을 받으며 활동한 흥아회가 처음으로 표방한 대외관이었다. 후쿠자와 역시이 흥아회의 지주로서 고문을 맡고 있었다. 흥아회는 1881년 일본에파견된 조선의 신사유람단을 초청해 접대하는 등 조선의 개화파에게도 관심을 보였다. 당시 서구 열강의 위협 아래 놓여 있던 조선에서 활동했던 개화파들은 민권파가 표방하는 '아시아연대론'에서 희망을 발견한 것 같다. 흥아회의 관심과 지지는 조선의 개화파들이 아시아연대론의 열정 전사로 바뀌는 계기가 되었다. 후쿠자와 등은 일본으로 망명해온 유길준·김옥균·박영효·서재필 등을 흥아회에 가입시키고(1881), 김옥균·서재필 등이 일으킨 '갑신정변'을 적극 지원했다. 그러나 조선에서의 정변이 실패로 끝나면서 일본의 '아시아연대론' 논객들은 큰실망과 좌절을 경험했다.

갑신정변 실패 이후 아시아연대론 활동의 주도권은 동 시기에 설립(1881)된 극우 단체인 '겐요사玄洋社'로 넘어갔다. 후쿠오카의 우파 아시아주의자들을 중심으로 구성된 겐요사도 마찬가지로 '아시아연대'를 표방했다.[3] 이 단체 역시 한말 조선의 김옥균과 중국의 쑨원孫文, 인도의 라스 비하리 보스Rash Behari Bose 등 혁명가들을 비호하고 필리핀

---

3) 초기 이들의 핵심은 도야마 미쓰루頭山滿, 하코다 로쿠스케箱田六輔, 히라오카 고타로平岡浩太郎 등이며, 당시 내각의 장관·군부·고위 관리 등이 겐요사의 중심이었다. 이후 이들의 행동 조직은 낭인 출신들이 핵심을 이루었던 것으로 보고 있다.

의 에밀리오 아기날도Emilio Aguinaldo에게도 무기를 보내 지원했다. 이들은 특히 쑨원이 1924년 11월 일본 고베神戸 연설에서 언급한 '대아시아주의'를 빌려 아시아주의의 개념과 지역적 외연을 더욱 확장했다. 그러나 겐요사의 구성원을 살펴보면 옛 후쿠오카 번의 무사를 비롯해 군부·관료·재벌·정계의 실력자를 망라하고, 이후 청일전쟁·러일전쟁·제1차 세계대전·제2차 세계대전에 관여한 것으로 드러났다. 특히 훗날 이들 단체의 회원들로 조직된 집단이라 할 수 있는 천우협天佑俠을 통해 조선의 갑오농민전쟁에서 전봉준을 만나 회담했고, 청일전쟁이 일어나자 바로 일본군에 가담했다. 1901년에는 겐요사의 일원인 우치다 료헤이内田良平 등을 중심으로 행동대인 흑룡회를 만들어 조선의 친일 단체이자 대표적인 아시아연대론 추종 단체인 일진회(이용구)와 연계했으며, 러일전쟁 때는 일본군의 승리를 위해 정보 활동을 전개, 승리에 기여했다.

그러나 조선의 개혁이 실패하면서 한편으로는 국권파의 이념과 연결될 수 있는 후쿠자와의 '탈아론脱亞論'이 나오는가 하면, 다른 한편으로는 다루이 도키치樽井藤吉의 '대동합방론大東合邦論' 등 침략적인 성격의 아시아주의 인식이 팽배해져갔다. 후쿠자와는 탈아론을 주장한 지 5개월 뒤 『지지신보時事新報』 1885년 8월 13일 자에 '조선인민을 위해 그 나라의 멸망을 하賀하다'(조선멸망론)라는 논문을 기고해 공공연하게 조선 정벌을 주창하고 나섰다. 1894년 이 신문에서, "조선은 부패한 유생의 소굴로서 …… 국민은 노예의 환경에서 살고 있다. 상하 모두가 문명이 무엇인지 알지 못하고, …… 그 나라의 질을 평가한다면 글자를 아는 야만국이라 하겠다"라고 해 조선을 침략할 명분을 만들고자 했다. 또 다루이樽井 역시 『대동합방론』에서, "과거 일본은 조선으로부터 배워서 오늘날 융성해졌다. 오늘날 우리가 조선을 지도하는 것은 과거의 은덕에 보답하는 것이다"라고 주장하면서 '동문동조同文同祖의 관계에 있는' 조선과 일본이 합병해 대동국大東國을 건설하고 중국도 연대해 서양에 맞설 것을 주장했다(樽井藤吉, 1893, 12쪽).

이들이 원래 표방했던 '아시아연대론'의 논리가 궁극적으로 국권론자들이 가지고 있던 대외관인 아시아 주변국의 '병합'이라는 논리에 허망하게 빠져들고 있음을 보여준다. 일본 근대사에서 국권론에 대항해 치열하게 대립했던 것처럼 보이는 아시아주의와 아시아연대론이 결국 변질되면서 양론이 동화해가는 것은 무엇 때문일까?

아시아연대론이 그럴 수밖에 없었던 데는 몇 가지 이유가 있다.

첫째, 그들이 주장하는 아시아연대론 자체에 먼저 개화한 선진국인 일본이 이 연대의 중심이 되어야 한다는 인식이 있었기 때문이다. 이 인식은 '아시아맹주론', '중심론', '지도국론' 등으로 표현되기도 하는데, 그 근원은 일본의 근대화 과정에서 나오는 문제점을 주변국과 연대해 해결하고자 하는 데 있었다.

둘째, 탈아론과는 달리 무엇을 발전 모델로 해야 할 것인가에 대한 대안을 갖지 않은 아시아 모델이라는 점이다. 아시아의 동일문화—오카쿠라 가쿠조의 '아시아는 하나다'[4]—를 중심으로 강조하고 있지만, 그들은 아시아 각국 세력이 연대해 서방 열강을 물리쳐야 한다는 논리를 넘어서지 못하고 스스로의 내재적인 발전 모델을 갖는 것은 생각지

---

4) 범아시아주의의 관념은 일본 내에서는 19세기 말에 시작되었다. 일본의 범아시아주의자인 오카쿠라 가쿠조岡倉覚三는 그의 저서 『동양의 이상The Ideals of the East』(1903)에서 '아시아는 하나다'라는 표어를 만들어냈다. 오카쿠라 텐신岡倉天心이라는 예명을 쓰기도 한 그는 이 책에서 동양 불교와 미술을 가장 설득력 있게 서양에 소개했는데, 특히 문화적인 입장에서 동양의 동질성을 찬미했다. 그의 '아시아는 하나다'라는 표현은 대아시아주의 사상 이념을 바탕으로 쓴 것은 아니지만 그가 말하는 아시아 제국이 지닌 동양 문화의 특징과 동질성은 대아시아주의 정신에 논리를 제공한다는 점에서 주목된다.

도 못했다는 점이다.

셋째, 원래 아시아주의를 표방한 자유민권파의 근원이 국권파와 크게 차이가 없었다는 점이 중요하다. 이들은 원래 출발에서부터 '존왕론'이라는 동일한 가치관을 공유하고 있다는 점에서 국권파적 대외관과 결합될 소지를 기본적으로 가지고 있었다. 초기 자유민권파 수괴로까지 생각되었던 후쿠자와 유키치 역시 대표적 정한론자이자 막번 무사 출신인 사이고 다카모리를 적극 지지했던 것을 보면, 이들이 뿌리를 두고 있는 아시아주의-대아시아주의와 아시아연대론의 본질이 어떠할 수밖에 없었는지 너무나 명료하다.

결국 이들이 내세운 아시아연대론과 국권론자들의 이념인 천왕제국의 부국강병론은 1920~1930년대 '대동아주의'에 통합되어 대동아공영의 논리로 발전해나간다. 일맥상통하는 것은 아시아의 각국이 연합해 서양의 침략을 막아내자는 것이며, 대동아공영권의 단계에서는 대일본제국을 중심으로 한 선각의 아시아 국가가 후진 아시아를 서양의 식민 지배로부터 해방시킨다는 슬로건으로 윤색되었을 뿐이다.[5]

〈그림 1〉 태평양전쟁 시기
일본제국 우표(1942~1947년 사용)
※ 대아시아주의의 범위가 잘 그려져 있다.

---

[5] 이들의 논리는 당대에 주변국의 논객을 호도해 중국의 쑨원, 루쉰, 한국의 김옥균, 유대치, 문학인 이광수 등 아시아 제국諸國 지도자들이 포함되고 있다. 예컨대 이광수의 경우 자신을 스스로 조선의 후쿠자와 유키치라고 자부했으며, 연대론에 동조한 대한조선협회, 일진회, 이완용 등 이른바 근대화론자들의 계보도 이러한 일련의 흐름에서 파악할 수 있다.

3. 전후 동아시아론의 재론과 논쟁의 확산

이러한 배경에서 '동아'라는 용어가 등장했기 때문에 한국이나 중국에서 일본이 내세우는 '동아시아'라는 표현에 무의식적인 거리감을 갖거나 경계심을 갖는 것은 자연스러운 현상이다. 전후 일본이 내세운 '동아시아' 용어와 이 용어를 사용한 '동아시아사' 또는 '동아시아 세계'는 앞으로 논의하는 바처럼 전전의 '대동아' 개념과 같은 것은 아니다. 그러나 이 또한 같은 지역을 두고 표현한 것이며, '동아시아 세계' 역시 궁극적으로는 일본의 문제를 일본을 중심에 두고 풀어가려는 인식의 산물이라는 점에서 상통하는 부분이 있다.

해방 직후 한국 학계의 이러한 조심스러운 접근과는 달리 일본의 동아시아사론은 학문적인 측면에서 확대되어갔고, 이러한 영향과 더불어 이제는 한국에서도 점차 자연스럽게 사용되어가는 느낌이다. 그러나 이 시점에서 이러한 용어가 갖는 역사학적 의미뿐만 아니라 사회적 의미를 밀도 있게 재점검해볼 필요가 있다고 생각한다.

일본이 패한 후 한동안 아시아연대론과 같은 아시아주의 사조는 언급되지 않았다. 일본에서 전후 아시아주의와 관련한 동아시아론이 재론된 것은 다케우치 요시미竹內好에 의해서였다. 다케우치는 태평양전쟁에 동원되어 중국에서 종전을 맞았다. 귀국 후 한동안 칩거하며 사상적 혼란을 정리한 그는 자신이 경험한 정치인들의 논리와 일본 지식인들의 언설 간에 적지 않은 괴리가 있다고 생각했다. 무엇보다 대동아공영권과 아시아주의의 본질을 분리할 필요성을 느꼈다.

'대동아공영권'의 사상은 어떤 의미에서는 아시아주의의 귀결점이었지만, 다른 의미에서는 아시아주의로부터의 일탈 혹은 그것의 한 편향이다. ……

그러나 실상을 보면, '대동아공영권'은 아시아주의를 포함한 일체의 사상을 압살한 위에 성립된 '의사사상疑似思想'이라 해도 무리가 없다. 사상이란 생산적이지 않고서는 존재 기반을 가질 수 없는 법인데 이 공영권 사상은 무엇 하나 탄생시키지 못했다.(다케우치 요시미, 2004, 238~239쪽)

다케우치는 '아시아주의'에 본질적으로 침략의 논리가 내재해 있지 않았다고 보고자 했다. 그의 논지의 출발점은 그렇게 시작하고 있다. 그가 말하는 아시아주의론에는 지극히 서정적인 정서가 깔려 있다. 그의 아시아관은 인도 시인 타고르의 아시아관을 끌어들이기도 하고, 더 거슬러 올라가서는 오카쿠라 가쿠조의 '아시아는 하나다'를 인용하기도 한다. 이들을 통해 그가 말하는 아시아는 소를 끌며 농경 생활을 하는 아시아 각국 시골의 농심과 풍경에서 오는 정서를 통한 '아시아의 동질성', 다시 말하면 정서적 동질성을 바탕으로 하는 것이다. 아시아주의의 정서적 동질성은 다케우치의 영향을 받고 근대 일본의 아시아주의를 활발하게 연구하는 마쓰모토 겐이치松本健一에 의해 정치적인 측면의 아시아주의를 배제하고 원리주의적·심정론적 차원의 아시아주의를 재발견하고자 하는 측면으로 승계되고 있다.

일본이 근대화한다고 하는 것은 간단히 말하면, 대외적으로 서구화하고 대내적으로는 도시화하는 길이다. 그리고 그 길은 이 근대화를 근저에서 떠받쳐온 대중의 에토스(생활적 감각)에, 서구의 대극에 위치하는 '아시아'와 도시의 대극에 위치하는 '농촌'에 대한 그리움과 부끄러움의 감정을 잔존시킨 것이다. 그 대중의 에토스에서 근대화에 대한 반작용으로서 아시아주의와 농본주의라는 사상 조류가 발생했던 것이다.(강창일, 2002, 31~32쪽 재인용)

다케우치나 마쓰모토의 이 같은 심정론적 아시아적 정서가 역시 오카쿠라 가쿠조(개명해 오카쿠라 텐신)의 '아시아는 하나다'라는 인식과 불가분으로 결부되어 있는 것은 다케우치의 다음 글에서 엿보인다.

아시아는 하나인가 여럿인가. 대체로 이 물음은 일의적으로 답할 수 없다. 무엇을 아시아라고 생각하는가에 따라 대답은 자연히 달라진다.(다케우치 요시미, 2004, 214쪽)

이 표현 속에 이미 아시아를 '하나'로 동질화하는 인식이 그의 뇌리 속에 착정되어 있음을 알 수 있다. 다케우치는 자신의 정서적 아시아주의론을 변론하기 위해, 일본이 여타 아시아 제국과 달리 이질적이며, 오히려 서구에 포함된다고 주장하는 우메사오 다다오梅棹忠夫의 생태사관설과 이 설을 역사적 해석에 끌어들인 다케야마 미치오竹山道雄 설을 검토하면서 일본의 서구설을 강한 어조로 비판하고 있다. 이러한 그의 인식에는 후쿠자와류의 '탈아론'에 반대하는 논리가 선명하다(고성빈, 2012). 그러나 그의 논리에서 말하는 '아시아는 하나다'라는 관점은 새로운 차원의 '아시아연대론'을 염두에 두고 있는 다른 언법이 아닐까?

······ 그곳의 분위기는, 새로운 학문인 체하면서 그 밑에 흐르는 정조가 얼마나 낡은가를 보여주고 있다. 일본이 아시아가 아니라고 하면서도 아시아에서의 지배권은 잃고 싶지 않은 것이다. 서구(그 오늘날의 챔피언은 미국이다)와 아시아의 중간에 서서 매판으로서 차액을 취하고 싶다는 것이 감추어진 본심이다. 이것은 현재 아시아의 움직임과는 정반대다. '일본인이 얼마나 아시아를 모르는가'라는 우메사오의 경고는 다케야마와 다케야마 설에 찬

성한 사람들에게야말로 적절한 것이다.(다케우치 요시미, 2004, 227쪽)

그의 이 같은 언설에 대해 학자들은 '저항을 위한 연대론적 입장에서의 변론'으로 보고 있다. 저항을 위한 변론이란 지적은 루쉰魯迅의 서양 문물의 침략에 '저항'의 관점이 아시아주의의 순수성과 당위성의 함의를 긍정하고 있다고 보는 다케우치의 견해에 대한 비판적 표현이다(함동주, 1993, 285~293쪽·298쪽; 고성빈, 2012, 207쪽). 다케우치가 말하는 '아시아는 하나다'라는 논리는 결국 오카쿠라의 정서적 논리에 호응하면서 아시아주의라는 옛 보물을 다시 매만지는 것이다. 그가 쓴 '근대의 초극'론에서 이 같은 그의 입장은 보다 선명해진다.

그가 말하는 근대의 초극이란 결국 아시아주의에서 말하는 '서양의 극복'이라는 점과 너무나 닮았다. 근대 서양의 극복은 아시아연대론의 출발이고 귀결이다. 다만 그가 말하는 근대의 초극에서는 아시아주의가 나오는 근거를 아시아적 정서를 회복함으로써 도시적 서구 문명의 근대를 극복할 수 있다는 논리로 전개되었다.

그의 연구가 이전과 다른 점이 있다면, 전전의 아시아주의와 아시아연대론이 정치적·물리적 연대론에서 나오는 사상적 미숙성을 정서적으로 묘사함으로써 보다 세련되고 정치해졌다는 것이다. 이 차이는 물론 작은 것이 아니다. '방법으로서의 아시아'에서 아시아의 정서와 동질성의 발견으로 근대를 초극한다는 방법은 전전 아시아주의의 일본 맹주론이 갖는 침략성이나 불합리성은 탈피하고 있다. 그러나 문제는 그가 입론하고 있는 아시아주의의 출발점이 여전히 오카쿠라의 아시아적 동질성에 바탕을 두고 있다는 데 있다. 오카쿠라의 아시아문화론은 강력하게 '아시아는 하나다'를 주장하는 점에서 아시아의 세계, 여기서는 특히 중국, 한국, 일본 등 동아시아 세계의 일체성(일원성)이 마치 당연히 성립되어 있는 것으로 보고 있어 작위적이다. 다케우치는 오카쿠라의 『동양의 이상』에 나오는 처음 절을 인용하면서, "텐신은 아시아란 이름으로 사랑 혹은 종교(여기서는 중국의 유교와 인도의 불교를 말한다)를 사고했지 무력을 사고하지 않았다"고 했다(다케우치 요시미, 2004, 319쪽). 그러고는 "하나라는 판단은 사실이 아니라 요청이다. 하나로 '되지 않으면 안 된다', 더 정확하게 말하자면 '그럼에도 불구하고 …… 하지 않으면 안 된다'라는 것이었다"고 설명하고 있다(다케우치 요시미, 2004, 320쪽). 여기서 다케우치가 오카쿠라를 인용하는 이유가 선명해진다. 결국 무력이 아닌 정서적인 차원에서, 다시 말하면 문자, 종교, 인종 등이 유사한 문화적인 차원에서 아시아의 동질성과 이에 근거한 공동운명체라는 실체는 근대라는 서양의 도시 문명에 대한 대극적 차원에서 초극을 위해 마찬가지로 '필요'했으며, 그래서 그도 역시 이를 '요청'하는 것이라고 볼 수 있다.

여기서 우리는 다음과 같은 반문을 던져볼 필요가 있다.

과연 아시아는 하나인가? 아니, 하나여야만 하는가? 아시아 제국이 반드시 정서적 동질성을 가지고 있는 아시아 제국끼리 연대해야 근대가 초극될 수 있는가? 이 같은 의문에 아시아주의가 언제나 정답이거나 모범 답안이 되는 것은 아니다. 그러나 일본의 지성계는 아시아적 정서의 동질성 혹은 유사성이라는 것이 주는 오카쿠라의 전제에서 벗어나지 못하고, 전후에도 여전히 새로운 아시아주의 혼령이 걸어오는 암시에 걸려 그 전제의 주위를 맴돌고 있는 것으로 보인다.

이러한 일본의 동아시아론에 대해 비판적이면서도 한편으로는 이를 극복할 수 있는 새로운 관점이 중국의 왕후이王暉에 의해서 제기되었다. 그는 먼저 '아시아 혹은 동양', '근대'에 대한 물음을 제기하며 서양의 근대에 대한 접근을 본질적으로 달리하고 있다. 그는 먼저 아시아와 근대에 대해서, "아시아는 결국 자본주의의 문제 혹은 근대의 문제와 밀접하게 연관되었다"고 주장한다. 유럽적 제국관에서 규정된 아시아(동양)는 식민주의적이자 제국주의적인 양면성을 가지며, 이 때문에 민족-국가와 근대의식의 틀 속에서 벗어나지 못한다는 것이다. 이러한 전제에서 왕후이는 다음과 같이 말하고 있다.

> 아시아의 '근대'라는 문제는 결국 반드시 아시아와 유럽 식민주의, 근대 자본주의의 관계를 다루게 된다. …… 아시아와 유럽은 반드시 내재적으로 연관된 세계체제라는 가설에 근거해야 한다. …… 두 세계를 억지로 묶는 것이 아니라 두 개의 가죽 끈으로 연결되어 기어처럼 한쪽이 돌아가면서 다른 한쪽도 동시에 돌아간다는 의미다(…… 유럽의 역사만 있었다면 유럽의 산업혁명은 발생할 수 없었다. 반드시 동양 무역에서 이룬 자본의 축적과 여기서 나온 프티부르주아의 번창이 있다. …… 원료와 시장을 제공한 곳은 동양이다. 동양과의 교류가 없었다면 산업혁명은 아마 발생하지 못했을 것이다).(왕후이, 2011, 98~99쪽)

그런 점에서 왕후이의 논지는 "자족적 주체도 아니고 종속적 객체도 아닌 '아시아'가 '세계 역사'를 재구성하는 계기"를 말하고 있다. 아시아의 개념에 대해 그는 결국 자본주의의 문제 혹은 근대의 문제와 밀접하게 연관해서 제기하고, 그러므로 여기에는 '근대', '민족', '국가' 또는 '민족-국가'와 시장 관계가 얽혀 있다고 보는 것이다.

이러한 왕후이의 견해는 기본적으로 '아시아'는 서양이라는 개념처럼 실제로 구별하기 어려운 지역에 대해 작위적으로 설정된 지역 개념이며, 동시에 이에 수반되는 '근대'의 개념도 그런 관점에서 볼 수 있다는 것이다. 아시아는 그 자체가 단순하게 구분된 지역에 한정된 것이 아니어서 그 자체로 세계와 연결된 세계이며, 아시아의 역사성도 아시아만의 역사가 아닌 세계의 역사와 깊이 연동되어 있는 세계사라는 것이다.

> 아시아 문제는 아시아의 문제이면서 '세계 역사'의 문제다. '아시아 역사'를 다시 생각하는 일은 19세기 유럽의 '세계 역사'에 대한 재구성이자 21세기 '신제국' 질서와 그 논리를 극복하는 실험이다.(왕후이, 2011, 105쪽)

그가 보는 역사와 문화는 본질적으로 분리 독립된 개체의 교류와 변화가 아니다. 그 자체가 하나의 체계 속에서 상호 관련해 움직여나가는 유기체로 보고 있다. 아시아만 하더라도 독립된 문화 주체가 아니라 불교와 유교, 도교, 크리스트교, 그 외 여타 수많은 다양한 종교 문화의 성격들이 복합적으로 범위를 달리하면서 중첩해 걸치고 있는 세계의 일부라고 본다. 그런 점에서 그는 본질적으로 '동양적 정서'에 바탕을 두고 전개되는 '아시아는 하나다'라는 논리와 여기에 바탕을 두고 전개되는 근대의 초극이나 아시아연대론과 같은 주장에 대해서는 회의적일 수밖에 없다. 그는 차이도 경계도 없는 다양성의 공존을 그리며 우리 인류가 살고 있는 궤적을 그리고자 한다.

  왕후이의 사회론과 지역론에도 문제점이 없다고 할 수는 없겠지만, 그의 입론에서 전달되는 서양 '근대'의 허상, 아시아도 세계 그 자체지 서양과 대립되는 지역으로 볼 수 없다는 그의 관점은 일본의 아시아론을 근본적으로 재고할 수밖에 없게 하는 논설로는 충분하다고 본다. 다만 일본의 아시아주의와 연대론이 일본을 맹주로 혹은 중심으로 두고 전개되는 논리적 구조를 가질 수밖에 없는 것과 마찬가지로, 왕후이가 말하는 트랜스시스템 사회론 역시 티베트 문제 등을 해석하는 데 있어 중국 중심의 관점에서 설명하는 논리일 수밖에 없다. 그런 점에서 그의 동아시아론이 구상화되었을 때 여전히 궁극적으로 중국이나 중국사를 중심으로 한 역사가 전개될 가능성이 높다는 점은 여기서는 차후의 논점으로 두는 것이 좋겠다.

마지막으로 이제 아시아주의가 '동아시아'론으로 연결되는 대목을 다시 주목해보기로 하자. 앞에서 인용한 것처럼 아시아주의는 '서양에 대해 아시아가 이를 타자화하면서 문명적·인종적 동질성을 내세워 아시아를 동일한 운명공동체로 묶어 하나의 정치 단위로 설정해 아시아의 연대와 단결 혹은 통합을 주장하는' 언설이라고 규정했다. 오카쿠라 가쿠조가 말하는 '아시아는 하나다'라는 범아시아주의는 아시아주의의 정서적 표현이었고, 전후 다케우치와 마쓰모토 등에 의해 다시 계승, 재론되고 있다. 이러한 일본의 전후 동아시아론은 전후 역사학계에도 많은 영향을 미치고 있다.

모두冒頭에서 언급했듯이 마에다 나오노리가 이른바 일본의 고대를 '동아시아'라는 틀 속에 묶어 이해하려는 시각은 당시의 일본 동경학파의 시각에서 볼 때는 새로운 시각으로 평가받았다. 그러나 이어서 제기된 니시지마의 '동아시아사' 또는 '동아시아세계론'은 동아시아를 '하나의 세계'로 규정하고 있다. 이 논설이 기본적으로 문화적 동질성(한자·유교·불교·율령)을 근거로 하는 점이나 책봉체제를 통한 중국 중심의 세계관, 그리고 일본을 책봉체제에서 벗어난 존재로 파악함으로써 동아시아를 일본과 중국의 양 중심 체제로 구성된 '하나의 동질적 세계'로 보고 있다는 점에서 전전의 아시아주의론이나 전후의 신아시아주의론과 기본적으로 논리적인 맥이 유사해 보인다.

전전에도 이러한 일본의 사조는 일본의 역사인식과 서술에 지대한 영향을 주었듯이, 전후 일본의 역사학에서도 마에다-니시지마류의 동아시아론이 미치는 영향은 막대하다. 더욱이 새롭게 제기되는 일본의

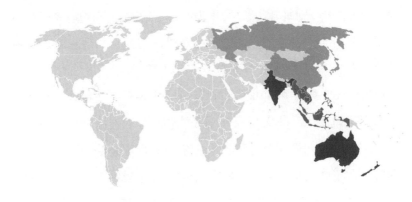

〈그림 2〉 전후 이른바 동아시아 질서에 속하는 나라들

※ 2005년부터 2년에 한 번씩 개최되는 '동아시아 정상회의' 참가국 지도다. 아세안 10국, 한·중·일, 인도,
오스트레일리아, 뉴질랜드의 16국이며, 앞으로 러시아, 미국도 참가 추진 중이다.

신아시아주의, 아시아연대론이 일본뿐만 아니라 한국의 동아시아와 동
아시아 역사 연구에 많은 영향을 주고 있다. 이에 대한 구체적인 연구
는 지면의 여유가 없어 추후 지면을 달리해 서술하고자 한다. 여기서는
앞으로의 이런 연구를 위한 전제로 일본의 전전·전후 동아시아론의 내
용을 살펴보았다.

4. 맺음말

지금까지 살펴보았듯이 '동아시아', '동아'라는 단어는 보통명사가 아
닌 하나의 개념 정의를 갖는 용어로 쓰이기도 하며, 그 용어가 담고 있
는 함의도 다양하고 그 연원도 깊다. 용어로서의 '동아시아'는 일본에
서 시작되었고, 일본 근대사 전개를 배경으로 성립, 변천해왔다. 일본
의 봉건 막부체제가 서양에 의해서 무너지고 서양의 문명과 힘에 의해

'근대'가 구축되면서 일본에서는 자신들의 정체성을 담보할 수 있는 새로운 역사적 방향성을 모색하지 않을 수 없었다.

자신들의 봉건 막부체제를 무너뜨린 서구 문명이 보여주는 '근대'의 모습도 하나의 목적지로 설정될 수 있었을 것이며, 반대로 서구의 침략에 저항하고 대립하는 주체를 상정하는 것도 하나의 방법일 수 있었을 것이다. 전자는 이른바 탈아입구론으로 자신의 정체성을 아시아에서 벗어나 서구 근대화와 도시화에서 구하는 것이었다. 이 방향에서는 일본이 아시아의 선진국으로서 가장 먼저 개화하고 근대화해 서구 대열에 든 것이며, 그런 점에서 여타 아시아와 차별화하는 정체성을 가졌다. 후자는 반대로 아시아의 여러 나라와 연대해 침략의 주체인 서구 열강 세력에 저항하는 방향이었다. 서구가 보여준 '근대'를 아시아적 정서와 방법으로 초극하는 것이 아시아의 발전 모델이라고 인식하고 있다. 서구의 근대가 도시화의 자본주의적·문명적 발전을 바탕으로한 것이라면, 아시아 연대는 정서적이며 '동양'적인 문화로서 이를 초극할 수 있다고 본다. 이것은 기본적으로 아시아 사회가 종교(유교와 불교), 문자(한자), 인종(일선동조론 혹은 만선일가론) 등에 동일성을 가지고 있어 '하나의 아시아'로서 '운명공동체'를 구성할 수 있다는 논리를 바탕으로 한다. 이러한 방향성은 이를 일찍 자각한 일본이 선각자로서 맹주가 되어 이끌어나갈 때 완성될 수 있는 것이라고 보고 있다.

이러한 아시아연대론과 탈아입구론은 막부 봉건체제가 무너지고, 새로운 일본의 근대 자본주의체제를 구축해나가는 데 필수적으로 부수되는 사회·경제적 경비와 일본 천황제를 중심으로 하는 '존왕양이론'에 바탕을 둔 일본식 정치 구조를 수립하는 데 따르는 문제점을 해결해나가는 방안으로서의 성격을 갖는다는 점을 논자들은 과소평가하고 있다. 이런 근대 자본주의라는 체제는 일본 자체에만 그치는 것이 아니라 대외적으로 영향을 주고받으면서 해결해나가야 하는 국제적인 문제를 갖기 때문에 그 속성들이 기본적으로 평등의 호혜적인, 대등한 관계 속에서 전개되어나갈 가능성은 애초부터 없는 것이었다.

일본의 아시아주의가 갖는 아시아연대론이나 부국강병론자들의 탈아입구론이 자신의 근원적인 문제를 해결하지 못했을 때 주변에 대해 침략성을 가질 위험성이 있는 것이며, 일본제국의 팽창도 그런 측면에서 해석되어야 할 것이다.

이 과정에서 왜곡된 아시아상, 즉 정서적 동질성을 갖는 유사성이 반드시 서양과 대극되는 하나의 운명공동체가 되어야 한다는 것은 비약이다. 맹주론적 입장에서 이러한 언설이 적용될 때 운명공동체에 가담하지 않는 대상에 대해서는 맹주의 침략성이 적용될 것이 뻔하다. 아시아주의가 국권론과 합쳐져서 대아시아주의로, 다시 대동아공영권으로 발전해가는 논리는 어떻게 보면 구조가 정해준 맹목의 결과다.

이러한 용어가 해방 후에도 다시 전전의 아시아주의와 맥을 같이하면서 동아시아론으로 담론이 형성되고, 유행하고 있다. 역사학계에도 등장한 '동아시아'의 개념은 '동아시아사'라는 이름으로 확대되고 있는데, 뜻밖에도 우리 역사학계에서는 이에 대한 비판과 성찰이 적은 편이다. 마에다 나오노리가 말하는 '동아시아' 용어나, 현금 역사학계에 큰 영향을 미치고 있는 니시지마의 '동아시아 역사' 혹은 '동아시아 세계'론은 그 자체가 완결된 하나의 세계로 주장되고 있다. 특히 니시지마의 동아시아론은 일본의 '동아시아' 담론이나 '아시아주의' 인식과 연결되는 바가 없는지, 양론간의 그 설을 면밀히 검토할 필요가 있다고 본다. 이에 대해서는 차고로 미룬다.

:: 참고문헌

강창일, 2002,『근대 일본의 조선침략과 대아시아주의』, 역사비평사.

고성빈, 2012,「다케우치 요시미竹內好의 동아시아론」,『아세아연구』147, 고려대학교
　　　아세아문제연구소.

다케우치 요시미竹內好, 서광덕·백지운 옮김, 2004,『일본과 아시아』, 소명출판사.

배성동, 1981,「자유민권운동의 배경과 전개」,『국권론과 민권론』, 한길사.

왕후이王暉, 송인재 옮김, 2011,『아시아는 세계다』, 글항아리.

함동주, 1993,「전후 일본지식인의 아시아주의론」,『이화사학연구』20·21, 이화여자대
　　　학교 이화사학연구소.

樽井藤吉, 1885(초고)·1893(간행),『大東合邦論』, 長陵書林(1975 복각판). (이 책에 대해서
　　　는 '강창일, 2002'에서 재인용.)

— 3부 —

새로운 주제의 모색

고대사 연구와 현대성

— 고대의 '귀화인', '도래인' 문제를 중심으로 —

이성시(李成市, 와세다대학교 문학학술원 교수)

1. 시작하며

고대 일본의 국가 형성에서, 일본 열도 외부에서 도래渡來한 사람들이 정치·사회·문화에서 큰 역할을 담당한 것은 20세기 초 이래 오늘에 이르기까지 일본의 역사학계가 주목해왔다. 그들 외래인은 '귀화인歸化人'이라고 불린다. 귀화인의 역사적 위치를 둘러싼 논의는 논자나 시대마다 고유한 문맥이 있으므로 그 평가는 크게 달라진다. 1970년대에 '귀화인'이라는 호칭에 대한 이의가 제기되었으므로, 현재는 '도래인渡

* 이 글은 일어 원문 "古代史硏究と現代性: 古代の'帰化人''渡来人'問題を中心に"를 고미야 히데타카 (小宮秀陵, 계명대학교 일본어과 초빙교수)가 번역한 것이다.

來人'으로 부르는 것이 일반화되어 있다. 이 글에서는 그들의 실체에 대한 연구, 해석의 변천을 검토해 고대 일본 '귀화인' 문제의 배경에 근현대 일본의 국가관이나 민족관이 관련되어 있다는 것, 그것을 지양하기 위해서는 동아시아 규모로 재검토할 필요가 있다는 것 등을 논하고자 한다.

한국에서 열린 2011년 전국역사학대회(2011년 11월 4~5일)에서는 '이주移住와 이산離散의 역사'가 종합 주제로 설정되었고, 17개 학회가 참가해 이 주제 아래 발표와 토론이 이루어졌다(전국역사학대회 조직위원회, 2011). 기조 강연에서는 정재정(동북아역사재단 이사장)이 20세기 동아시아 인구 이동의 규모를 구체적인 숫자로 보여주면서, 20세기가 동아시아의 '이주와 이산'의 시대임을 새롭게 강조했다.

역사학 연구는 과거에서 구체적으로 연구 대상을 설정할 때 현실에 대한 문제의식이 깊이 관련된다. 이때 역사 연구자가 과거에 던졌던 현실 문제를 스스로 인식하기까지는 어느 정도 시차(タイムラグ)가 존재한다. 전국역사학대회 조직위원회가 그해의 주제를 설정할 때 어떤 의논을 전개했는지 전혀 알 수 없지만, 역사 연구자가 과거에서 주제를 찾을 때는 반드시 동시대의 절실한 상황이 역사 연구자의 문제의식에 영향을 준다는 점에 유의할 필요가 있다.

이 글에서 문제로 삼은 고대 일본에서의 '귀화인', '도래인'은 전후戰後, 특히 1980년 무렵까지 일본 역사학계에서 큰 문제가 되었었다.[1] 이 문제에는 전후부터 1970년대까지의 일본의 현실이 깊이 관련되어 있었다. 1970년대의 논의에서 주목할 점은 일본의 역사 교과서에 원래 '귀화인'이라고 쓰였던 호칭이 '도래인'으로 바뀌었다는 사실이다. 작

---

1) 이러한 과제에 대해서는 '田中史生, 2002'의 견해가 참고된다.

가와 시민들이 학술 세계에 대해 이의異議를 주장한 결과 고대 일본의 외래인에 대한 인식에 큰 변화를 가져온 것이다.[2]

따라서 1970년대에 그러한 역사 해석의 변경을 초래한 시대 상황이 어떠한 것이었는지를 묻는 것이 이 글의 첫 번째 과제다.

나아가 두 번째 과제는 이때까지 왜 '이주와 이산'이라는 주제가 역사 속에서 적극적으로 취급되지 않았느냐는 문제와 연결된다. 뒤집어 보면 동아시아 지역의 역사는 20세기뿐만 아니라 '이주와 이산', 즉 사람의 이동이 고대부터 현재에 이르기까지 큰 변동을 야기해왔다. 중국 대륙이나 한반도에서 왕조의 흥망이나 전쟁, 침략 등에 의한 대규모의 인구 이동이 이루어졌다. 또한 20세기가 동아시아에서 '이주와 이산'을 강제한 격렬한 시대였음은 20세기가 끝나기 전 이미 동시대에 충분히 인식할 수 있었다.

그러므로 두 번째 과제로 왜 이제 '이주와 이산'이 역사 연구의 대상으로 강하게 의식되었는지 물어보게 된다. 그러한 관점에서 보면 2010년대 현재는 1970년대까지와 달리 '이주와 이산'이라는 새로운 시점에서 일본 고대의 '귀화인', '도래인' 문제를 검토하는 것이 가능할 것이다. "역사는 현재와 과거와의 대화다"라고 한다(E. H. Carr, 1962). 과거의 해석은 항상 미래를 지향하는 현재에서 과거로 던지는 질문에 답하는 형태로 이루어진다. 그렇다면 당연히 1970년대까지 이루어진 고대의 '귀화인', '도래인' 문제와, 지금 던지는 고대 일본의 '귀화인', '도래인' 문제는 다른 것이라고 하지 않을 수 없을 것이다.

---

[2] 당시 상황에 연구자가 어떻게 대응했는지를 전한 연구로는 '吉田晶他, 1979'의 글이 있다.

2. 일본 고대에서 '귀화인'의 규정

일찍이 일본의 고대사학계에서 사용된 고대의 '귀화歸化' 개념은 『일본서기日本書紀』에 기반을 둔 것이었다. 그에 따르면 '귀화'는 ① 화외化外의 나라들이 왕의 덕치德治를 사모해 스스로 왕법王法이 미치는 영역 안으로 들어와 왕화王化에 귀부歸附하는 것이고, ② 왕은 일정한 정치적 의지에 기반을 두어 이것을 받아들여 옷과 양식을 주고(衣粮供給), 국군國郡에 안치安置시키며(國郡安置), 호적에 등재시킨다(編貫戶籍)는 내민화內民化 수속을 거쳐 그 나라의 예법禮法 질서에 귀속시키는 일련의 행위 및 현상을 말한다고 규정되었다(平野邦雄, 1993, 1쪽).[3]

『일본서기』의 용례에는 ① '귀화' 기사 다음에 반드시 ② '안치' 기사를 드는 것이 특징이다. 그러므로 앞에서 서술했듯이 정치적 수속 과정이 중시되었다.

또한 중요한 점은 『일본서기』 기사의 용례(17개 사례)는 '귀화', '내귀來歸', '투화投化', '화래化來'라는 단어를 사용하면서 "스스로 참여한다〔オノヅカラマウク〕", "참여한다〔マウク〕"고 훈독訓讀했는데, 한자어와 개념 차이는 없다(平野邦雄, 1993, 2쪽).

한편 『고사기古事記』에 나타난 3개 사례는 '참도래參渡來'라고 기록하며 "マヰワタリキツ", "マウク"라고 훈독했다. '참래參來', '도래渡來'는 '참도래參渡來'의 생략형으로 『일본서기』에 나타난 'オノヅカラマウク', 'マウク'와 전혀 차이가 없다(平野邦雄, 1993, 2쪽). 즉 고대 일본의 위정자爲政者에게 '귀화'는 스스로의 의지에 따라왔다는 의미로 사용된 것이다.

---

3) 단, 해당 부분은 '平野邦雄, 1980'의 요약이다.

이러한 '귀화'와 대비해 이른바 삼국(고구려, 백제, 신라)이 왜倭의 어떠한 정치적 요구('召', '素', '求') 등에 의해 왜왕倭王에게 증여하는 의미('貢', '献', '上送', '貢獻')에서 초래된 인민의 이동이 있다. 이들은 'メス', 'モトム'에 대응해 'タテマツル', 'オクル'로 훈독되고, 양자는 호응 관계에 있다. 이들 용어에서 나타나는 사람의 이동은 '귀화'가 스스로, 혹은 동족·집단의 의지나 권유에 의해 도래한 것에 비해 왕의 정치적인 의지와 강제에 의해 타율적으로 증여되거나 또는 교대로 상번上番한다는 의미로 사용되었다고 보인다(平野邦雄, 1993, 3쪽). 요약하면, '귀화'와는 다른 범주에 속하는 사람이 존재한다는 것이다.

이상과 같이 '귀화' 개념에서 강조되는 점은 그것이 본국으로부터의 도래에서 시작해 일본 고대 국가의 예법 질서에 귀속하기까지 일련의 정치적인 행위 내지 현상을 가리키는 개념으로 간주된다는 것으로, 그러한 정치적 수속을 거쳐 완료되는 것이라고 여겨졌다.

귀화인에 관한 또 하나의 중요한 논점은 '귀화'는 외부에서 도래한 사람들이 고대 일본 국가의 일부가 되는 과정을 중시했다는 점이다. 그 도래 시기는 4세기 말부터 헤이안平安 시대 중기(11세기)까지로 상정되며, 이러한 긴 과정을 거쳐 귀화인은 일본인의 조상이 되었다고 간주되었다(平野邦雄, 1993, 9쪽).

다만 귀화인의 역사적인 중요성을 9세기 초로 생각하는 논자(関晃, 1956, 179쪽)도 있다. 어쨌든 귀화인의 경우 처음으로 도래한 그 사람만이 아니라 몇 세대 후의 자손까지 포함된다는 점에 역점을 두었다.

따라서 '귀화'는 정치 현상이므로 그들에게 '귀화'라는 역사 용어를 사용해야 하고, '도래' 혹은 '도래인'과 같은 물리적인 이동을 나타내는 용어로는 위와 같은 역사적인 유래를 설명하기 어렵다는 점이 강조되

었다(平野邦雄, 1993, 9쪽).[4]

이상은 귀화인 연구의 실증적·선구적인 연구라고 할 수 있는 세키 아키라關晃, 히라노 쿠니오平野邦雄 등에 의한 귀화인 규정으로, 귀화인의 역사적 역할과 의의를 높이 평가했다. 특히 일본사에서 귀화인의 역사적 의의와 평가는 다음의 두 가지로 집약된다.

즉, 우선 '일본의 고대 사회를 형성한 것은 주로 귀화인의 힘이었다'라는 점, '그들이 중국이나 한반도에서 가져온 여러 기술이나 지식, 문물이 당시 일본 사회의 진전과 문화 발달에 결정적인 역할을 담당했다'(關晃, 1956, 2쪽)고 하는 역사적인 의의다.

다음으로 '귀화인은 일본인의 조상이다'라는 그들의 평가다. 특히 세키 아키라는 이 점을 강조해 "우리 조상이 귀화인을 동화同化시켰다는 것과 같은 표현이 자주 보이지만 그렇지 않고 귀화인은 우리들의 조상이다. 그들이 한 일들은 일본인을 위해 한 것이 아니라, 일본인이 한 것이다"(關晃, 1956, 4쪽)라고까지 서술했다. 더욱이 히라노 쿠니오는 "'동화'라는 개념을 적용할 수 있다면, 그 시기는 헤이안 시대 중기까지라고 보아도 좋을 것이다. 이러한 경과를 거쳐 귀화인은 우리들의 조상이 된 것이다. 귀화인은 우리의 조상 이외의 존재가 아니다"(平野邦雄, 1993, 9쪽)라고 해 귀화인이 일본인의 조상 자체임을 강조했다. '동화'에 대한 두 연구자의 견해에 약간 차이가 있지만, '귀화인은 일본인의 조상이다'라고 해 그 역할을 높이 강조했다는 점에서는 전혀 차이가 없다.

오늘날 입장에서 볼 때 두 연구자를 통해 일본 고대사에서의 특별한

---

4) 왜 '귀화인' 대신 '도래인'이 그 용어로 선택되었는지를 밝힌 연구는 없다. 이 글에서 소개한 것처럼 '도래'는 물리적 이동을 보여줄 뿐 정착 과정은 표현되지 않는데, 『고사기』에는 『일본서기』의 '귀화'와 완전히 같은 의미로 사용되었다. 고대 문헌(『고사기』)에 실제로 이용되었고 보다 가치중립적인 '도래'가 선택되었을 가능성이 있다고 필자는 생각한다.

의의와 평가가 '귀화인'에 부여되었다는 점은 놀라운 일이다. '혁신적 시각'(大津透, 2009, 231쪽)이라고 평가되는 이유가 여기에 있다.[5]

3. 전후 일본 역사학계와 '귀화인' 문제

전후 주류 일본사학계에서 귀화인은 앞에서 언급한 것처럼 높은 평가를 받았다. 그러나 유의해야 할 점은 당시 세키 아키라로 대표되는 귀화인론歸化人論이 자명한 사실로 입론된 것은 아니었다는 것이다. 거기에는 그에 선행하는 학문 조류에 대한 엄격한 비판이라는 의도가 있었다. 그것은 세키 아키라의 다음과 같은 지적을 통해서도 알 수 있다.

원래 국학자國學者 쪽의 편협한 태도나 국수주의자가 갖는 독선적인 사관史觀 때문에 귀화인의 활약이 일부러 경시되는 경향이 강했다. 또한 그렇지 않은 경우에도 정당한 사료비판을 거치지 않고, 『고사기』·『일본서기』 등에 기재된 내용을 그대로 이용해 그들 '귀화인'의 역사를 구성하는 것이 보통이었다. 나아가 최근에는 사료비판의 토대 위에서 그들의 활약을 추적하

5) 말할 것도 없지만 근대 국민국가의 '모국인某國人'은 민족의 출자와 관계없고, 그 나라의 국적을 가진 국민은 그 나라 사람으로 규정된다. 그러나 현재 일본에서는 국적을 취득하기 위해 '귀화'라는 수속을 거쳤더라도 그들의 민족적인 출자를 계속 숨기지 않으면 안 되는 경우가 많다. 특히 조선, 타이완台灣 출신 사람들에게 이 경향이 현저하다. 출자를 증명하는 것은 정치적·사회적인 불이익을 초래할 수 있기 때문이다. 또한 그 사람에게 정치적인 피해를 주기 위해 귀화인이라는 것을 의도적으로 폭로하는 일도 있다. 귀화한 국민을 차별하는 구조의 유래는 대일본제국大日本帝國에서 일본 신민臣民이 된 조선인이나 타이완인이 조선 호적, 타이완 호적에 등재되어 내지內地(일본) 호적으로의 이동이 인정되지 않고, 이를 통해 내지 출신 일본인과 외지 출신 신민의 구별을 유지하는 것을 목표로 했다는 사실을 떠올리면 좋을 것이다. 이러한 사실을 보면 세키 아키라가 주장한 "귀화인은 일본인의 조상이다"는 견해가 급진적인 측면을 갖고 있다고 볼 수 있다. 식민지 통치기 호적 제도에 대해서는 '遠藤正敬, 2010'의 글을 참조.

는 작업을 생략하고 이론 등에 의해 곧바로 고대 사회의 형성을 고찰하는 연구가 많아졌다. 오늘날 특히 귀화인 연구가 필요하다고 생각하고, 또 이 책『歸化人』을 집필하려고 한 것은 그러한 사정을 통감했기 때문이다.(『帰化人─古代の政治·経済·文化を語る』, 3쪽)

세키 아키라는『歸化人』(1956)을 집필한 동기를 이야기하면서 전전戰前에 유행한 황국사관皇國史觀 같은 국수적 사관과 함께 '최근'의 연구 동향을 비판 대상으로 삼았다. 세키 아키라의 비판 대상이 된 귀화인 론으로는 도우마 세이타藤間生大의 견해가 있다. 도우마 세이타의 '귀화인' 규정은 다음과 같다.

귀화인이라는 명칭에는 스스로의 의지로 일본에 와서 토착土着을 선호한 것 처럼 받아들여지는 내용이 있다. 이는 사실과 다르다. 귀화인 속에는 그러 한 사람도 있었겠지만, 귀화인 중 다수는 약탈당해 끌려왔거나 대륙의 군주 가 증여함으로써 일본에 온 것이었다. 대륙에서 자유롭지 않은 상황에 있던 귀화인이 자신을 해방시키기 위해 노력해 그 성과를 얻고자 대륙에서 일본 으로 온 경우도 있지만, 그 규모는 적다.(『四·五世紀の東アジアと日本』, 279쪽)

이상에서 알 수 있듯이 세키 아키라나 히라노 쿠니오가『일본서기』사료상의 서술을 중시해 스스로의 의지에 의한 도래를 강조한 것에 비해, 도우마 세이타는 반대로 자신의 의지에 반해 약탈당해온 사람들이라는 점에 역점을 두었다. 그는 "귀화인이 일본 각지에 보인다는 점은 그들 대부분이 자신의 의지로 온 것이 아니라 그 거주지가 그들의 지배자의 의지에 의해 결정되었다"는 점을 지적했다(藤間生大, 1961, 280쪽).

472

또한 중요한 점은 그들이 원래 중국 대륙이나 한반도에서 천민 출신으로 약탈의 대상이 되어 일본에 연행되었다고 평가한 점이다. 예를 들어 고대 일본 초기에 불교 신앙의 담당자는 귀화인이고, 그들의 독실한 불교 신앙은 "자유라는 문제를 내포하고 있었다"고 강조했다(藤間生大, 1961, 283쪽).

즉, 귀화인은 노예와 같은 처지에 있던 '대륙에서 와 일본에 토착한 외국인'이고, "그렇기 때문에 외국인을 이민족으로 생각하기 전에 하나의 종자從者로 생각할 필요가 있었고, 그 성격은 일본의 피억압자인 대중과 같은 입장에 서 있었기 때문에 출신과 전통을 달리하면서도 여기에는 일맥상통하는 부분이 생겼다"고 했다(藤間生大, 1951, 214쪽).

이러한 견해의 배경에는 함부로 귀화인의 역할을 높이 평가한다면 '한반도로부터 도래한 자에 의해서만 발전할 수 있었다고 하는 것과 같은 민족사의 타율적 발전이라는 잘못된 역사 인식에 빠질 위험성'(吉田晶, 1979, 10쪽)에 대한 경계심이 있었다. 비록 타민족의 도래가 중요한 계기였어도 그것은 어디까지나 계기에 불과하고 오히려 중시해야 할 것은 내부의 계급 대립이라고 보는 것이 기본적인 입장이었다. 그에 더해 민족적인 주체성과 자율성이 특별히 강조되었다. 세키 아키라가 "사료비판의 토대 위에서 그들의 활약을 추적하는 작업을 생략하고 이론 등에 의해 곧바로 고대 사회의 형성을 고찰하는 연구가 많아졌다"고 서술한 데는 당시 일본의 마르크스주의 역사학에 대한 비판이 내포되어 있었던 것이다.

실제로 1950년 3월 일본 공산당은 '민족의 독립을 위해 전체 인민 제군에게 호소한다'는 중앙위원회의 성명을 발표했는데, 이 성명에서는 과도하게 '민족'이 강조되었다. 일본의 현상은 미국 제국주의와 미국 자본에 의한 식민지화 및 군사기지화라는 문제로 드러나 민족의 독립이 위협을 받았으므로, 이 상황을 타파하기 위해 계급투쟁보다 민족독립투쟁을 우선해 미국 자본에 대항하는 민족 자본가와도 제휴하며 전국의 애국자를 규합한 민족해방전선의 결성이 제창된 것이다(小熊英二, 2002, 281쪽). 그러한 와중에 개최된 것이 역사학연구회의 1951년도 대회인 '역사에서의 민족 문제'로, 거기에서 도우마 세이타는 다음과 같이 말했다.

이러한 민족의 위기에 대항하기 위해서는, 민족의 자존심을 전체 민족에게 알려 우리 민족이 자신감을 갖도록 하고 지금까지 이루어진 민족 형성에 대한 고민을 알려 현재 우리 민족의 단결을 위한 교훈으로 삼지 않으면 안 된다. 코즈모폴리턴コスモポリタン·근대주의 사상으로 관철된 교양주의教養主意는 외국인에 대한 필요 이상의 열등감을 전체 인민 대중에게 주었고, 또한 민족적인 단결을 방해하고 있다.(「"歷史における民族"のあつかい方─古代史の場合」, 167쪽)

반미反美 내셔널리즘ナショナリズム의 고양 속에서 고대의 귀화인은 '일본의 피억압자인 대중과 같은 입장에 있었다'고 간주되었다. 예를 들어 귀화인이 가져온 문화의 평가와 관련해, 귀화인의 손으로 이루어진 호류지法隆寺의 벽화에 대해 '이국취미異國趣味로 민족적 형성 요소를 가지지 않았다', '그것은 제작자가 귀화인이었다는 점과 당대當代의 지배계급이 인민적인 요소를 적극적으로 받아들여 민족적인 형식의 문화를 발전시키려는 의도가 없었기 때문에 생겼다'(藤間生大, 1951, 215쪽)고 지적했다. 일본 '민족적'이지 않았다는 점이 호류지 벽화에 대한 평가 기준이었다.

뒤에서 다시 서술하겠지만 근대 일본의 역사학계에서는 1900년 전후前後의 국제 정세를 『일본서기』에 실린 전설적인 설화인 '진구 황후神功皇后의 삼한三韓 정벌'에 투영해, 예부터 한반도 제국諸國은 일본에 복속되어 조공하는 등 종속된 존재였다고 평가하는 것이 국민적 상식이 되었다. 1950년대 역사학계에서는 이른바 새로운 내셔널리즘이 고양된 시기였는데, 그 안에서 '귀화인'의 역사적 위치는 낮았다. 그뿐만 아니라 '귀화인'의 다수가 '약탈된 노예'라는 점을 강조함으로써 도우마 세이타의 견해는 본인의 의도와 달리 한국인에 대한 근대 일본의 민족 차별과 귀화인을 연결시키게 되었다. 한편 이론이 앞선 귀화인론에 대한 안티테제Antithesis로 세키 아키라와 같은 급진적인 귀화인론이 등장하기도 했다.

이러한 상황에서 양쪽의 귀화인론이 가진 문제를 비판적으로 검토한 연구자가 우에다 마사아키上田正昭였다. 우에다 마사아키는 저서 『귀화인歸化人』(1965)에서 이때까지의 귀화인관歸化人觀은 '부당하게 왜곡되어 왔다'고 비판하며 다음과 같이 서술했다.

어떤 사람은 고대 귀족의 번국관蕃國觀에 의거한 문헌 기록상의 편견에 영향을 받아 우리 국토에 도래해온 사람들을 모두 귀화인이라고 하거나, 혹은 그들이 모두 왕화王化를 사모해 이주해온 사람들이었던 것처럼 취급했다. 또한 다른 사람은 메이지明治 이후 조선 지배나 중국 침략에서 기인한 식민지 지배의 사상적 영향을 받아 '귀화인'이 모두 옛날부터 멸시당한 것처럼 잘못 이해했다.

그러나 그것들은 사실에 입각한 인식이 아니다. 위정자가 만든 민족적 차별 감이라는 함정에 빠진 관념이다. 동아시아에서 일본의 위치를 재인식하기 위해서라도 우리는 다시 고대에 도래한 조선인이나 중국인 및 그 후예들의 생활과 행동을 진지하게 재검토할 필요가 있다. 그들 중에는 유력한 귀족이

된 사람도 있고, 농민이 되거나 수공업민이 된 사람들도 있다. 그것은 지금까지 다수의 귀화인 연구에서 지적한 것처럼 지배자 계층 상호간의 문화 교류나 전파에 있어서만 주목되는 것이 아니고, 또한 지배층을 중심으로 하는 문화 발전 층위에서만 지적할 수 있는 동향도 아니다. '귀화인'의 활약은 정치나 군사, 외교, 산업의 제 분야는 물론, 민중 생활의 진보에도 크게 공헌했다.(『帰化人—古代国家の成立をめぐって』, 14쪽)

우에다 마사아키의 지적이 중요한 것은 중국 대륙이나 한반도에서 도래한 귀화인들이 오랜 기간에 걸쳐 역사적인 배경을 달리했고 그 안에 다양한 사람이 존재했음을 환기시키면서, 귀화인의 한 면만을 강조할 때의 위험성을 지적했기 때문이다.

또한 더욱 중요한 점은 일본에서는 근세近世 이후 일부 유학자儒學者들에 의해 피차별부락被差別部落의 역사적 기원을 중국이나 한반도에서 도래한 귀화인의 자손이라고 보는 견해가 있었다는 사실을 지적한 점이다(上田正昭, 1965, 182쪽).

그는 이처럼 근세 이후 항간에까지 유포된 속설이 메이지 이후 한국 침략 정책 속에서 한국 멸시관으로 표출되어 한국인 차별과 부락部落 차별이 이중으로 재생산된 것을 논하면서, 반드시 같은 궤적을 그렸던 것은 아닌 민족 차별과 계급 차별이 근대 국가의 성립 과정에서 불가분하게 결합되어 정치적 모순이 가장 집중되는 차별의 실태로 자리매김하게 되었다는 사실을 드러냈다.

우에다 마사아키가 '귀화인' 문제의 비판적 분석을 통해 민족 차별과 계급 차별의 '양자를 연결시켜 체제 유지와 강화를 의도한 시대 구조를 간파하지 않으면 안 된다'(上田正昭, 1965, 183쪽)라고 주의를 환기시킨 사실을 높이 평가해야 할 것이다.

4. '귀화인'인가 '도래인'인가

우에다 마사아키의 저작을 계기로 1970년대에 이르러 '귀화인'이라는 용어의 부당성이 지적되어, 얼마 지나지 않아 귀화인이 교과서 등에서 '도래인'이라는 단어로 치환되는 현상이 나타나기에 이르렀다.

'귀화인'이라는 용어가 부당하다는 이유는 주로 다음의 세 가지로 집약된다.[6] 첫 번째, 앞에서 보았듯이 규정 안에 들어가지 않은 도래인 집단이 많으므로 그 내용이 역사적인 사실과 합치하지 않는다는 점이다.

즉 '귀화인'의 개념 규정에서는 일본 고대 국가의 예법 질서에 귀속되기까지 일련의 정치적 귀부歸附 과정을 중시하는데, 그것은 고대 국가의 존재를 전제로 한 것이다. 국가(=정치권력)의 성립 이전, 즉 고대 율령 국가의 성립 이전 단계의 도래인을 귀화인이라고 규정할 수 없다. 또한 일본 고대 국가에 의해 반강제적으로 연행된 사람들을 '귀화인'의 범주로 파악하는 것은 문제가 있다.

두 번째, 귀화인이라는 용어가 황국사관과 연결된 '귀화인 사관'에 기반을 두었다는 점이다. '귀화인 사관'은 근대 일본이 강조한 독자적인 고대 한국관韓國觀으로, 그에 따르면 진구 황후의 '삼한 정벌'에 의한 복속 이후 황화皇化를 사모해온 사람이 많아졌다고 한다. 오늘날 『일본서기』에 기록된 '삼한 정벌'은 역사 사료로서 전혀 가치가 없다고 단언할 수 있지만, 1960년대의 역사학계에서는 반드시 그렇지는 않았던 것이다(李成市, 2011b). 그러므로 '귀화인 사관' 비판은 당시의 상황 속에서 일정한 의미를 갖는다고 볼 수 있다.

세 번째, '귀화인'은 차별적 용어라는 점이다. 전후 일본에서는 귀화

---

6) 연구사 정리에 대해서는 '中野高行, 2008'의 글이 참조된다.

인을 특별시해 차별감이나 편견을 가지고 보는 상황이 있어 일본인과 다른 멸시해야 하는 존재라는 경향이 있었던 것에 대한 비판이다.

이상을 훑어보면 우선 첫 번째 비판에 관해서는, '귀화인' 규정에 포함되지 않는 시기 일본 열도로의 이주나 도래를, 정치적인 귀속 수속을 강조하는 귀화인의 범주에 넣지 않는다는 점은 명백해 실제로 이러한 지적에 대해 반론을 제기한 연구는 없다. 귀화인이 외래인에 대한 일본 고대 왕권의 정치 의지에 기반을 둔 귀속이라는 정치적 행위라고 한다면, 역사적으로 그 대상을 한정시키지 않을 수 없다는 점에 대해 현재로서는 이론異論이 없다고 할 수 있다.

두 번째 문제는 세 번째 문제와도 겹치는 부분이 있는데, 역사상의 문제로 근대 일본이 메이지 초기의 정한론征韓論 이후 근대 일본과 한국의 관계를 전설상의 진구 황후의 '삼한 정벌'시대로 소급시켜 먼 과거에 고대 한국을 복속시켰음을 강조하고, 근대 일본의 한국 병합을 고대에 이루지 못했던 지배 복속을 달성한 것처럼 이야기한 것은 무시할 수 없는 사실이다(李成市, 2010). 한국 병합을 축하해 1910년 11월에 간행된 월간지 『역사지리歷史地理』의 임시 증간增刊인 『조선호朝鮮號』에는 당시 일본을 대표하는 역사 연구자에 의해 한국 병합이 '삼한 정벌'과 겹쳐져서 논해졌다. 전전戰前의 역사학계에서 진구 황후의 '삼한 정벌'을 고대 일본과 한국의 역사적인 시작 지점으로 중시했던 것이다(李成市, 2010). 그러한 의미에서는 '귀화인 사관' 비판에 기반을 두고 '귀화인'이라는 용어를 부당한 것으로 보는 비판은 일정한 의의가 있다고 할 수 있다.

앞에서 서술한 두 비판의 근거에 비해, 세 번째 '귀화인'이라는 용어 자체가 차별적이라는 논의에 대해서는 여러 반론이 있다. 즉 고대의 '귀화인' 규정 자체에 차별적인 의미는 없고 율령 국가 지배층의 세계관(지배 이데올로기)의 본질을 상징하는 중요한 핵심어로서 7~9세기 일본의 정치사상을 해명하기 위한 불가결한 용어이고, 귀화인이 지닌 학술 용어로서의 중요성도 거듭 지적되었다.[7] 또한 중국 고전어古典語로서도 『고사기』, 『일본서기』나 율령 규정에도 '귀화'에 인종적인 차별감이나 모멸감이 없다는 점이 강조되었다.[8]

실제로 앞에서 지적했듯이 역사 용어로서의 '귀화' 자체에 차별적인 의미가 없음은 틀림없다. 그러나 이러한 '귀화인'은 결코 차별적 용어가 아니라는 재비판에서 궁금한 것은, 첫 번째 문제점 등을 도외시하면서 '귀화인'은 전혀 차별적 용어가 아니므로 적극적으로 사용해야 하고, '도래인'이라는 용어야말로 규정성이 없기 때문에 문제라고 하는 비판이 있다는 점이다. 여기에서는 왜 '귀화인'에서 '도래인'으로의 변경이 강요되었는가라는, 그 사이의 역사적 경위나 시대 배경에 대한 고려가 부족하다. 여기에서 주목하고 싶은 것은 그러한 용어의 변경을 압박하는 계기가 된 역사적인 배경이다.

5. 귀화인관歸化人觀 전환의 배경

1970년대 후반에 들어와 일본의 역사 교과서는 일본 고대의 '귀화인'을 '도래인'으로 변경했는데, 1970년대에 도대체 어떤 배경이 있었는

---

7) 가장 명확하게 주장한 연구로는 '中野高行, 2008'의 글이 있다.
8) 순진하게 이러한 지적을 하는 자들은 일본 국적법에서 근대적인 시민권을 의미하는 'naturalization'의 번역어로 굳이 '귀화'를 선택한 것에 대해 전혀 고려하지 않는다. 근대 국가에서의 'naturalization'에 고대 동아시아 각 왕조에서 사용된 '귀화'를 도입하려고 한 근대 일본의 국적법·호적법의 사상을 검토해야만 한다. 국적법과 호적법에 대해서는 '遠藤正敬, 2010'의 글을 참조할 것.

지 검토해보고자 한다.

우선 큰 분수령이 된 시기는 1972년으로, 이해를 경계로 학계와는 다른 지점에서 고대 일한日韓 관계사에 대한 비판이 제창되었다. 그 계기 중 하나는 나라奈良현 아스카明日香촌에서 다카마츠즈카高松塚 고분이 발견된 일이었다. 7세기 말 귀인貴人의 고분에서 여러 화려한 채색이 있는 벽화가 발견되어 5~6세기 고구려 벽화고분과의 관계가 주목되었다. 또한 같은 해에 고대 일본의 한반도 진출을 뒷받침하는 결정적인 사료로 여겨졌던 「광개토왕비廣開土王碑」가 개찬改竄되었다는 견해가 제기되었다.[9]

다카마츠즈카 고분 벽화의 발견은 고대 한반도 벽화고분과의 관련성이 이목을 끌어, 거의 학술 교류가 없던 시대에 북한과 한국을 대표하는 연구자가 초빙되는 등 고대 일한 관계가 다시 주목을 받게 되었다. 또한 「광개토왕비」 명문銘文의 개찬 문제는 그것이 고대 일본의 한반도 지배를 뒷받침하던 핵심적인 사료였다는 점만으로도 일반 시민에게 큰 충격을 주었다.

두 사건은 이전부터 주장되었던 고대 일한 관계사에 대한 두 가지의 문제 제기를 부각시켰다. 하나는 에가미 나미오江上波夫의 기마민족정복설騎馬民族征服說이고(江上波夫, 1967), 또 하나는 1963년에 발표된 김석형의 분국론分國論이다(김석형, 1963).

에가미 나미오의 기마민족정복설은 동북아시아 계통의 기마민족(부여나 고구려)이 새로운 무기와 말 문화를 가지고 한반도 남부로 진출한 후, 일본 열도의 기타큐슈北九州 혹은 혼슈本州에 침입해서 4세기 말 무

---

9) 이진희李進熙가 1972년에 제창한 「광개토왕비」 비문 개찬이라는 가설도 압도적인 영향력을 가졌지만, 이 가설을 학술적인 근거를 갖고 지지하는 연구자는 현재 거의 없다.

렵에는 기나이畿內 진출을 달성해 그곳에 강대한 세력을 가진 야마토大和 조정을 수립한 뒤 일본 열도의 통일 국가를 형성했고, 예전의 고국故國이었던 한반도 남부도 지배하는 연합 왕국을 형성했다고 보는 견해다. 이러한 정복설의 원형은 1948년에 제창되어 몇 번의 수정을 거친 후 앞에서 서술한 것과 같은 학설로 정리되었다.

한편 김석형의『古代朝日關係史』(1969)에서는 고대 한국과 일본의 관계는 삼한·삼국에서 건너온 사람들이 일본 열도에 수립한 분국의 통합 과정이었다고 했다. 즉 기원전 수세기 이래 몇 세기에 걸쳐 일본 열도로 대규모 이주가 이루어졌고, 각지에 한국인의 분국이 성립했다. 이 현상은 삼국시대까지 이어져 여러 분국은 본국에 대해 식민지적 종속 관계에 있었지만 5세기 후반 이후 점차 야마토 왕권에 포섭, 통합되었고, 7세기 전반 고대 국가의 통일에 의해 분국은 해체되었다. 다만 분국을 통일한 야마토 왕권의 유력자는 한국계 귀족들이었다고 한다. 이른바 정복 왕조와 같이 고대 일본의 지배층은 한반도로부터 도래한 사람들이라고 생각했던 것이다.

이때까지 일본의 고대 국가가 한반도 지배를 바탕으로 성립했다는 것이 의심할 바 없는 사실史實로 여겨진 것에 대해, 김석형의 분국론은 일본에서의 학문 연구가 근대 이후 일본의 한국 지배와 동시에 진행되었다는 점을 지적하며, 제2차 세계대전 및 한국의 해방 이후에도 천황 중심, 일본 중심의 이른바 황국사관, 한국종속사관이 남아 있음을 비난하면서 그러한 인식을 강하게 압박한 것이었다(鈴木靖民, 1983, 45쪽). 김석형의 분국론이 일본에 소개되자 재일 한국인 작가 김달수金達壽는 김석형이『고사기』,『일본서기』,『신찬성씨록新撰姓氏錄』이나 여러 지방의 풍토기風土記에 나타난 한국 관계 씨족의 거주지, 신사, 신궁의 소재지 등을 분국이 있었던 유력한 흔적으로 본 방식에 따라, 일본 전국의

지명과 사사寺社의 연기緣起를 직접 살펴 그들의 유래에 한반도에서 건너온 사람들의 흔적이 남아 있다는 점을 지적했다. 일본 열도에서 고대 국가의 형성이나 선진 문화 수용에 도래인이 담당한 역할을 강조한 『日本の中の朝鮮文化』는 1970년에 간행되었다.[10]

1972년 다카마츠즈카 고분이 발견되고 「광개토왕비」 개찬설이 제창되자, 이러한 기마민족설이나 분국론이 호응해 진구 황후의 '삼한 정벌'에 의해 정식화된 국민의 기억은 뿌리부터 뒤집어져 많은 시민에게 충격을 주었다. 기마민족설과 분국론 양 견해에서 공통된 것은 학계에서는 전혀 찬동하는 사람이 없었지만, 많은 시민에게 압도적인 영향을 미쳤다는 점이다.[11] 1972년의 '사건'을 계기로 점차 일반 시민이 중심이 되어 '東アジアの古代文化を考える会(동아시아의 고대 문화를 생각하는 모임)'를 결성했고, 그들은 계간지 『東アジアの古代文化』(1974~2009)의 간행을 통해 학계에 고대 일한 관계사의 재검토를 묻는 시민운동을 전개했다.

오늘날 한국 학계는 과거의 '임나사任那史'를 대신해 '가야사加耶史'라는 한반도 남부 고대 국가 형성사의 시각에서 논의한 지 오래지만, 일본에서 가야사의 시각에서 고대 일한 관계사의 재검토를 제기한 것은 일반 시민이 조직한 '東アジアの古代文化を考える会'였다.

일본 학계에서도 가야사의 획기적인 학술서가 된 『伽耶はなぜほろんだか』(1991)는 일본과 한국 고대의 문헌학, 고고학 연구의 일선 연구자들이 가야사를 처음 종합적으로 검토한 심포지엄의 기록인데, 그 입

---

10) 이 시리즈는 1970년부터 1991년까지 21년 동안 12권이 간행되었다. 일본 사회에 널리 수용되었다고 볼 수 있다.

11) 두 학설은 동시대에 큰 영향을 미쳤지만 학술적인 가설로서는 성립할 수 없다고 필자는 생각한다.

안과 운영은 '東アジアの古代文化を考える会'의 시민 유지들이 맡았다(鈴木靖民·李成市 外, 2009).

이미 『일본서기』에 실린 진구 황후의 '삼한 정벌'에 대해서는 전후戰後 일본 역사학계에서도 사료비판 논문이 계속 나와 현재 학계에서는 더 이상 문제가 되지 않지만, '사실史實'로서의 고대 일본의 한국 지배는 계속 남아 있었다. 그러한 '사실'로서의 고대 일본의 한국 지배에 큰 타격을 준 것은 가야사 연구의 번성이었다고 할 수 있다.[12] 말하자면 본고장 한국의 고고학이나 문헌학 성과에 기반을 둔 가야사 연구가 있었지만, 일본에서의 가야사 연구에 시민권을 준 것은 앞에서 서술한 것과 같은 1970년대의 동향이었음을 분명히 기록해야 할 것이다.

'귀화인 사관' 비판은 이렇게 고대 일한 관계사에 대한 시민들의 높은 관심이 큰 역할을 했다. 작가 김달수는 귀화인 사관 비판의 선봉 역할을 담당했는데, 김달수야말로 '귀화인'에서 '도래인'으로의 용어 변경을 주장한 사람이었다(金達寿, 1985). 그의 주장은 앞에서 서술한 것처럼 김석형의 분국론의 영향을 받았는데, 이것도 기마민족정복설과 마찬가지로 시민의 호응 없이는 일어날 수 없었다.

6. 맺음말을 대신하여: '이주와 이산'에서 본 고대 일본의 외래인

앞서 서술한 것처럼 1965년 우에다 마사아키의 저작은 일본 고대의 귀화인 문제를 파악할 때 사학사史學史상 특필特筆해야 하는데, 귀화인론의 큰 전환기가 된 1970년대의 동향으로부터 상당히 선행한 것이었다.

---

12) 근년 가야사의 성과 개요에 대해서는 '田中俊明, 2009'의 책이 참고된다.

그러한 역할을 담당할 수 있었던 것은 우에다 마사아키의 문제의식과 그의 직장(京都大學)이 있던 교토京都라는 지역에 존재한 현실적인 문제가 깊게 관련되었다고 생각한다. 교토는 재일在日 한국·조선인의 집주集住 지역이자, 또한 복잡한 피차별 부락 문제를 내포한 지역으로 민족 모순과 계급 모순이 착종錯綜된 지역이다. 그러한 현실을 우에다 마사아키가 마주 보았으므로 선구적인 귀화인론을 세간에 묻는 것이 가능했다고 추정된다. 더욱이 그는 재일 한국·조선인 지식인과의 교우 관계를 통해 김석형의 분국론과 같은 한국 연구자의 문제의식을 취할 수 있는 입장에 있었다.

필자는 항상 현실적인 과제를 다루지 않고는 고대사 연구를 심화시킬 수 없다고 생각한다. 1970년대에는 일반 시민 사이에서 고대 일한 관계사에 대한 관심이 고조되었는데, 이를 거시적으로 보면 1970년대는 구미歐美 제국諸國에서 국가 복지가 민간에 위탁되고 NGO 단체가 비약적으로 증가하는 등 국가의 역할이 저하되던 시대였다. 또한 국제적으로 인구 이동이 격화되고 변동환율제로 이행하는 등 국민국가의 틀이 동요하기 시작한 시기였다. 많은 사람이 국제적인 규모로 유동화流動化되는 중에(당시 6억 명이 1년에 한 번 외국에 나가는 비율에 이르렀다) 1970년대 일본에서도 정주한 외국인에게 협정영주제도協定永住制度를 적용해 외국 국적을 보유하면서도 일정한 권리를 인정받게 되었고, 재일 한국인·조선인의 법적 지위도 상당히 개선되었다.

그러나 1970년대가 그러한 대전환을 달성한 시대였음을 자각한 것은 1990년대 말에 이르러서였다. 국민국가의 틀이 역사 연구자를 강하게 구속하던 시기에는 그러한 현실의 변화를 의식할 수 없었다.[13]

---

13) 이리에 아키라入江昭의 교시에 따른다. 현대사의 기점으로서 1970년대라는 견해에 대해서는

    1970년대 일본에서의 고대사 인식 변화는 그러한 현실 변화 없이는 있을 수 없었다고 여겨진다. 즉 '귀화인'에서 '도래인'으로의 용어 변환은 단순한 용어 변경의 문제가 아니라, 근대 일본의 조선·중국관의 변경이나 정주 외국인의 법적 지위 개선 등 여러 변화를 동반한 것으로, 그러한 변화가 국제적인 국민국가의 변용과 함께 발생한 것은 우연이라고 할 수 없다.

    그런데 현대의 한국으로 시선을 돌리면, 한국 국민은 고대 한반도에서 일본으로 건너간 사람들(동포?)의 문명 전달에 대한 역사 이야기에는 극히 관심이 높다. 또한 고대의 대외 전쟁을 통한 영역 확대에 대해서도 관심이 높다(박노자, 2010). 그런데 동전의 양면과 같은 관계인지, 한편으로는 같은 시기의 재일 한국·조선인에 대한 관심은 거의 없는 것 같으며, 그 인식도 극히 희박하다. 일찍이 일본과 외교상 교섭 과정에서 재일 한국·조선인 문제가 떠오른 적이 있었으나 그 문제로 한정되어 언론에 등장한 정도였다.

    또한 외국인 노동자에 대한 차별은 일본과 거의 비슷할 정도로 열악하다. 한국 내의 외국인 거주자는 100만 명이라고 하며, '다문화 가족'으로 불리는 외국인과의 혼인도 급증하고 있다. 어떤 지역에서는 농업에 종사하는 결혼 적령기 남성 중 반수가 아시아에서 온 외국인 여성과 결혼한다고 한다. 그러나 그녀들에 대한 관민官民의 적극적인 지원은 이제 시작되었을 뿐이다.

    이러한 한국의 현실에 대해, '한일 강제 병합 100년'을 맞이해 방송한 2010년 설날 KBS의 특별 프로그램에서 한국은 지금 100만 명의 외국인과 함께하는 사회이고, 700만 명의 동포가 국외에서 활동하는 세

'入江昭, 2014'의 글을 참조.

계화globalization 속에 있다는 점을 강조해 세계를 향해 열린 사회를 형성할 것임을 선언했다. 여기에서는 일본의 '잃어버린 20년'은 폐쇄적인 일본 사회에 원인이 있으므로, 한국은 이것을 반면교사反面敎師로 삼지 않으면 안 된다는 메시지를 국민에게 전달했다.

필자는 이때까지 일본, 한국, 중국을 포함한 동아시아 제국諸國을 하나의 지역으로 역사 연구의 대상으로 삼을 것을 제창해왔는데(李成市, 2008), 그것은 동아시아 지역을 국민국가의 확대판으로 보고 정치적인 공동체 형성을 지향해야 한다는 주장이 아니다. 국가를 넘어 광범위한 지역을 설정함으로써 일국—國만으로는 해결할 수 없는 공통 문제에 대한 해결 방도를 찾기 위한 '방법으로서의 동아시아'였다. 그러한 '방법으로서의 동아시아'를 설정했을 때, 이 지역의 특징으로 인권의식이 희박하다는 점이 떠오른 것은 아닐까 생각한다(有馬学·松本健一·中島岳志·劉傑·李成市, 2011).

예를 들면 동아시아 각국은 교포가 외국에서 당한 수난에 대해서는 매우 예민하지만, 자국의 외국인 마이너리티Minority가 겪는 어려움에 대해서는 극히 냉담하다. 외국인의 인권을 짓밟아도 무감각한 경향이 현저하다.

일본에서는 현재 재일 한국인을 중심으로 지방 참정권 획득을 목표로 하는 운동이 활발한데, 민주당民主黨도 자민당自民黨도 이에 강하게 저항하고 있다. 외국인에게 지방 참정권을 주는 대신, 쉽게 귀화할 수 있는 방식을 내세우는 것이다.

그러나 문제는 귀화를 촉진하면서도 귀화에 대한 차별의식이 여전히 크다는 점이다. 예를 들어 일본에서는 귀화인에 대해 그 사람이 여러 사정으로 비밀로 했음에도 언제나 원래 어떤 나라에서 귀화한 사람이라는 사실을 폭로하는 것이 허락되어, 때에 따라 귀화인이 아니라는

486

증거 제시를 요구당하는 경우가 있다(李成市, 2011a, 84쪽).

이러한 현실을 직시하지 않으면 "고대 '귀화인'이라는 용어에 차별적인 의미는 없다"고 아무리 주장해도 설득력이 없을 것이다. 특히 교육 현장에서 현실의 차별을 극복하지 않고 '귀화인'은 차별과 무관한 역사 용어라고 강변한다면, 그로 인해 현실의 차별을 조장하는 일은 있어도 역사 인식의 심화는 이루어지지 않을 것이다. "귀화인을 도래인이라고 용어만 바꿔도 차별은 없어지지 않을 것이다!"라는 주장은 궤변에 불과하다.

앞에서 굳이 한국의 사례를 제시한 것은 '귀화인' 문제가 일본만의 문제가 아니라는 점을 강조하고 싶었기 때문이다. '이주와 이산'의 시대에 우선 동아시아 규모로 정주 외국인이나 이주민 등 마이너리티 문제와 싸울 필요가 있다. 그러한 현실 문제가 시야에 들어오지 않는다면 동아시아 규모로 전개된 대륙, 반도, 열도 사이의 역사상의 인구 이동에 관한 학술적인 성과는 기대할 수 없지 않을까? 현실을 충분히 직시하지 않고 멀리 떨어진 과거만 엄밀하게 파악할 수 있는 연구는 있을 수 없기 때문이다.

최근 일본과 한국에서는 산시성陝西省 시안西安에서 발견된 당唐 대의 백제인 예군禰軍(613~678) 묘지墓誌가 화제가 되었다(王連龍, 2011). 그의 일족의 계보와 관인으로서의 업적이 기록된 묘지에 따르면 예씨 일족은 4세기 초 서진西晉의 혼란기에 중국을 벗어나 백제로 건너왔고, 그의 증조부, 조부, 부친은 3대에 걸쳐 최고 관위에 올라 백제의 국정 중추에서 활약했다. 그 자손인 예군도 최고 관위를 지녔고 백제 말기에 당군唐軍과의 전투에서 활약했지만, 백제 의자왕을 투항시킨 공로(660)로 당에 발탁되어 당의 관인으로 활동했다. 그는 인덕麟德 연간(664~665) 두 차례에 걸쳐 일본에 파견되었고, 670년부터 2년 동안 신라에 억류되었다가 당으로 돌아가 678년 장안長安에서 사망했다.

유의할 점은 이러한 예씨 일족이 당시 결코 희소한 사례가 아니었다는 것이다. 중국의 혼란기에 고구려 등 동방 제국諸國으로 건너가 각국에서 고관으로 활약한 사람들의 묘지가 남아 있기 때문이다.

그렇다면 그러한 예씨 일족을 과연 백제 혹은 당의 '귀화인', '도래인'이라 부를 수 있을까? 예군이 백제 땅에서 탄생할 때까지 예씨 일족은 약 300년 동안 이국異國인 백제에서 살았고, 백제 멸망 후 고국을 좇아 당으로 건너간 그의 일족의 자손들은 그 후 당에서 살게 되었다. 예씨 일족을 생각하면 일본 역사학계의 '귀화인' 인식이 얼마나 지역적·시대적으로 한정된 일면적인 이해에 갇혀 있는지 알 수 있다.[14] 귀화인을 '우리 일본인의 조상'이라는 말로 파악하는 것도, 예속민의 시점으로만 파악하는 것도 극히 한 면만 보는 것이다. 일본 고대사에서 '귀화인'은 역사적인 대상이라기보다 널리 전후戰後 일본의 사상사와 깊게 관련된 문제이자, 오히려 동아시아 차원에서 인문학의 예지를 갖고 탐구해야 하는 연구 대상이라고 생각한다.

:: 참고문헌

박노자, 2010, 『거꾸로 보는 고대사』, 한겨레출판.
전국역사학대회 조직위원회, 2011, 『국경을 넘어서: 이주와 이산의 역사』, 제54회 전국

14) 예군의 묘지가 일본에서 주목을 받은 것은 묘지에 기록된 예씨 일족의 내용 때문이 아니라 묘지에 '일본日本'이라는 용어가 사용되었기 때문으로, 이것을 가장 오래된(678) 일본 국호의 등장으로 볼 가능성이 높았기 때문이다. 한편 한국에서는 예씨 일족을 백제 유민流民(= 한국 디아스포라 Diaspora)으로 보므로 둘 다 철저하게 국민국가의 틀에서 나온 관심이라는 점에서 공통적이다. 참고로 예군 묘지에 나타난 '일본'은 많은 연구자의 기대와 달리 일본 국호와는 관계없고, 백제를 지칭하는 것이 틀림없다. 이 점에 대해서는 '東野治之, 2012'와 '李成市, 2014'의 글을 참조.

역사학대회, 서울.

王連龍, 2011, 「百済人『祢軍墓誌』考論」, 『社会科学戦線』 2011-7, 吉林人民出版社, 長春.

江上波夫, 1967, 『騎馬民族国家』, 中央公論社, 東京.

関晃, 1956, 『帰化人 - 古代の政治·経済·文化を語る』, 至文堂, 東京.

吉田晶, 1979, 「古代日朝関係史再検討のために」, 『共同研究日本と朝鮮の古代史』, 三省堂, 東京.

金達寿, 1970~1991, 『日本の中の朝鮮文化』, 講談社, 東京.

_____, 1985, 『日本古代史と朝鮮』, 講談社, 東京.

金錫亨, 1969, 『古代朝日關係史』, 勁草書房, 東京.

大津透, 2009, 「解説」(関晃, 2009, 『帰化人: 古代の政治·経済·文化を語る』, 講談社, 東京).

東野治之, 2012, 「百済人「祢軍墓誌」の日本」, 『図書』 756, 岩波書店, 東京.

藤間生大, 1951, 『日本民族の形成』, 岩波書店, 東京.

_____, 1951, 「'歴史における民族'のあつかい方: 古代史の場合」, 『歴史における民族の問題: 歴史学研究会1951年度大会報告』, 岩波書店, 東京.

_____, 1961, 「四·五世紀の東アジアと日本」, 『岩波講座日本歴史』 1, 岩波書店, 東京.

上田正昭, 1965, 『帰化人 - 古代国家の成立をめぐって』, 中央公論社, 東京.

小熊英二, 2002, 『民主と愛国 - 戦後日本のナショナリズムと公共性』, 新曜社, 東京.

鈴木靖民, 1983, 『増補古代国家の歩み - 邪馬台国から大和政権まで』, 新人物往来社, 東京.

鈴木靖民·李成市 外, 2009, 「座談会『東アジアの古代文化』成果とゆくえ」, 『東アジアの古代文化』 137, 大和書房, 東京.

遠藤正敬, 2010, 『近代日本の植民地統治における国籍と戸籍』, 明石書店, 東京.

有馬学·松本健一·中島岳志·劉傑·李成市, 2011, 『いま'アジア'をどう語るのか』, 弦書房, 福岡.

李成市, 2008, 「古代東アジア世界論再考: 地域文化圏の形成を中心に」, 『歴史評論』

696, 丹波書林, 東京.

_____, 2010,「韓国併合と古代日朝関係史」,『思想』1029, 岩波書店, 東京.

_____, 2011a,「植民地支配の実態解明はなぜ必要なのか」,『'韓国併合'100年を問う』, 岩波書店, 東京.

_____, 2011b,「三韓征伐」,『東アジアの記憶の場』, 河出書房新社, 東京.

_____, 2014,「六－八世紀の東アジアと東アジア世界論」,『岩波講座 日本歴史』2, 岩波書店, 東京.

入江昭, 2014,『歴史家が見る現代世界』, 講談社, 東京.

田中史生, 2002,「古代の渡来人と戦後'日本'論: 1970年代までの歴史学界をめぐって」,『経済経営研究所年報』24, 関東学院大学, 太田.

田中俊明, 2009,『古代日本と加耶』, 山川出版社, 東京.

中野高行, 2008,「『帰化人』という用語の妥当性」,『日本古代の外交制度史』, 岩田書院, 東京.

平野邦雄, 1980,「記紀・律令における'帰化''外蕃'の概念とその用例」,『東洋文化』60, 東京大学東洋文化研究所, 東京.

_____, 1993,『帰化人と古代国家』, 吉川弘文館, 東京.

E. H. Carr, 清水幾太郎 訳, 1962,『歴史とは何か』, 岩波書店, 東京.

김석형, 1963,「삼한 삼국의 일본 열도 내 분국에 대하여」,『력사과학』1, 평양.

역사 지리에서 공간 구조로

박성현(계명대학교 사학과 교수)

1. 머리말

역사 지리는 역사 연구, 특히 고대사 연구에서 가장 기본이 되는 분야
라고 할 수 있다. 일찍이 안정복安鼎福은 『동사강목東史綱目』 지리고地理
考 서문에서 "독사자讀史者는 반드시 먼저 강역疆域을 정定해야 한다"
고 했다. 역사 지리 연구 전통은 이처럼 조선 후기 실학에서부터 찾아
볼 수 있는데, 한백겸韓百謙의 『동국지리지東國地理志』, 안정복의 『동사강
목』 지리고, 정약용丁若鏞의 『아방강역고我邦疆域考』, 한진서韓鎭書의 『해
동역사지리고海東繹史地理考』 등이 대표적이다.

　일제의 한반도 및 만주 침략과 함께 일본인 연구자들도 이 지역의
역사 지리에 대한 조사, 연구를 수행해 『만주역사지리滿洲歷史地理』(전

2권, 1913), 『조선역사지리朝鮮歷史地理』(전2권, 1913), 『만선지리역사연구
보고滿鮮地理歷史硏究報告』(전16권, 1915~1941) 등을 발행한 바 있다. 이 부
분에 대해서는 다양한 평가가 있을 수 있겠지만, 역사 지리 문제에 집
중적으로 연구 역량을 투입해 어느 정도 성과를 거두었다는 점은 부인
하기 어렵다.

중국에서도 일찍이 청말淸末에 양수경楊守敬이 『역대여지도歷代輿地
圖』 등을 간행했으며, 전후戰後 새로운 중국사관에 입각한 『중국역사
지도집中國歷史地圖集』이 편찬되기도 했다. 또 동북 지방의 역사 지리가
『동북역사지리東北歷史地理』로 정리되기도 했다.

근대 이후 우리 학계에서도 이 분야에 대한 연구를 지속적으로 수행
했으며, 대표적인 것으로 이병도의 『한국고대사연구』, 천관우의 『고조
선사·삼한사연구』 등을 들 수 있다. 그렇지만 1970년대 이후 국가 형
성론을 비롯해 정치·사회 구조에 대한 연구가 주를 이루면서 역사 지
리 연구는 다소 뒤로 밀린 듯하다. 그리하여 동아시아에서 거의 유일하
게 역사 지리에 대한 학계의 종합적인 성과물을 갖고 있지 못한 상황
이 되었다.[1]

늦은 감이 있지만, 그동안 축적된 문헌 사학, 고고학적 연구 성과를
바탕으로 한국 고대의 역사 지리 문제들을 체계적으로 정리하는 작업
이 이루어져야 할 것이다. 이와 관련해 동아시아 역사 지도를 우리 시
각으로 편찬하는 사업이 진행되고 있는데, 필자는 이 사업에 참여해 한
국 고대 부분을 담당하고 있다. 앞으로 해야 할 일이 더 많지만, 지금까
지 관련 작업을 하면서 배운 것들, 생각한 것들을 간략하게 제시해보고

---

1) 『삼국사기』에 대한 역주 작업의 일환으로 이루어진 지리지에 대한 주석과 군현 지도(정구복 외,
1997, 155~350쪽 및 부록)는 역사 지리 분야의 중요한 성과로 평가할 수 있다.

자 한다.

역사 지리 연구에서 우선적으로 추구해야 할 것은 시기에 따른 지명 혹은 지명체계의 변화를 규명하는 것이라고 할 수 있다. 그리고 이것을 토대로 영역과 경계, 교통로 등의 문제를 다룰 수 있다. 이때 중요한 것은 양질의 지리지地理志 자료를 바탕으로 특정 시점의 행정 지명체계를 전체적으로 파악하는 것이며, 이것을 다소 불분명한 전후前後 시기, 주변 지역으로 확장시켜나가는 것이 적절한 방법이라고 생각한다. 이 글의 1장과 2장에서는 이처럼 지명체계를 파악하고 그것을 확장시켜나가는 방식에 대해서 다루도록 할 것이다. 또 최근에는 고고학 조사가 활발하게 이루어지면서 지명을 해당 유지遺址에 직접 대응시킬 수 있게 되었는데, 3장에서는 이를 바탕으로 구체적인 공간 구조의 복원까지 나아갈 수 있으며, 그렇게 되어야 한다는 점을 간략하게 제시해보도록 하겠다.

2. 지명체계의 파악

역사 지리에서 가장 기본이 되는 것은 과거 지명을 정확하게 비정比定하는 것이다. 이때 개별 지명보다는 지리지에 정리되어 있는 특정 시점의 행정 지명체계를 전체적으로 파악하는 것이 바람직하다고 생각한다.

한국 고대와 관련해서는 『한서漢書』 지리지, 『삼국사기三國史記』 지리지, 『신당서新唐書』 발해전渤海傳 등이 그러한 정보를 담고 있는 가장 중요한 자료라고 할 수 있다. 『한서』 지리지에는 전한前漢의 행정 지명 목록이 정리되어 있는데, 기준 시점이 분명한 편이고 위치를 추정할 수 있는 단서, 즉 현縣을 경유하는 하천의 흐름이 제시되어 있다는 점에서 유용하다. 이들 중 요동 및 한반도 방면의 군현郡縣을 통해, 전前 시기 고조선의 중심지와 영역, 주변 정치체의 분포 등을 파악할 수 있다.『삼국사기』지리지에는 통일신라의 행정 지명 정보가 체계적으로 정리되어 있는데, 고려·조선으로 이어지는 연혁을 통해 대부분 위치를 추정할 수 있으며,『삼국사기』본기에 나오는 지명 상당수를 그것과 연결시킬 수 있다는 점에서 중요하다.

이와 같은 자료를 다룰 때 가장 문제가 되는 것은 이들의 기준 시점을 정확하게 아는 것이다. 지명 목록은 사서의 편찬 시점에서 최종적으로 정리되었지만, 근거 자료가 만들어진 연대 혹은 경우에 따라서 일부 수정된 연대 등을 파악할 수 있다.『한서』지리지의 군국郡國별 호구戶口는 원시元始 2년(2)의 상계부上計簿에 의거한 것이며, 현縣 목록은 원연·수화지교元延·綏和之交(기원전 9~기원전 8)에 작성되었다고 보는 것이 일반적이고(周振鶴, 1987, 22~24쪽), 얼마 전 낙랑 고분에서 출토된 '낙랑군 초원初元 4년(기원전 45) 현별縣別 호구戶口 다소多少 □□'에서 동일한 군현 목록을 확인할 수 있었다(권오중 외, 2010).『삼국사기』지리지의 기준 시점에 대해서도 논란은 있지만(김태식, 1995; 윤경진, 2012), 경덕왕 16년(757)의 지명 개정 자료에 일부 변경 사항을 반영한 것으로 보는 것이 적절할 것 같다.『신당서』발해전은 833년 발해를 방문한 장건장張建章의『발해국기渤海國記』에 근거했다고 알려져 있다. 이처럼 지명 목록은 대체로 특정 시점의 일괄 자료라는 점에 유의할 필요가 있다.

그리고 각 지명의 위치를 체계적이면서도 구체적으로 파악해야 하는데, 그 방식을 세 가지로 정리해보았다.

(1) 연혁을 통한 비정

가장 기본적인 방법은 각 행정 지명, 즉 행정 거점의 명칭과 위치 변화를 추적해 그것의 현재 위치를 확인하는 것이다. 예컨대『삼국사기』지리지에 나오는 한주漢州는 경덕왕 때 한산주漢山州를 개명한 것으로 고려 때는 광주廣州라고 했다. 광주의 중심지는 조선 전기까지 현재의 하남시 춘궁동이었으므로, 한주라는 지명을 그곳에 비정할 수 있다.

그런데『한서』지리지의 지명체계는 4세기에 들어 민족 이동과 국가 간 영역 변동이 빈번해지면서 많이 어지러워졌다. 빼앗긴 지역의 군현郡縣과 민民을 다른 곳으로 옮겨 설치하는 이른바 교치僑置도 종종 이루어졌다.[2] 이 경우 원래의 군현은 사라지기도 하고, 점령한 측에서 유지하거나 명칭만 바꾸기도 했다. 한국사에서도 이와 같은 교치를 찾아볼 수 있는데, 고려 말 왜구로 인해 도서島嶼 지역의 군현들을 내지로 옮긴 사례들이 있다. 이러한 사실을 정확하게 파악해서 오류를 최소화해야 한다.

『한서』지리지의 요동 방면 군현 중에서는 요동군遼東郡 양평현襄平縣이 후대로 이어지는 연혁을 어느 정도 알 수 있는 사례라고 할 수 있다. 양평현은 4세기에 들어 선비鮮卑 모용부慕容部의 수중에 들어가고 4세기 말 다시 고구려가 차지했는데, 이 시기부터 대체로 요동성遼東城이라는 명칭이 사용되었다. 고구려가 멸망한 뒤에는 당이 그곳에 요동주도독부遼東州都督府(혹은 遼城州都督府)라는 기미주羈縻州를 설치했으며, 발해가 그곳을 어떻게 편제했는지에 대해서는 정확하게 알려져 있지 않다.『요사遼史』지리지의 동경요양부東京遼陽府조에 따르면 요나라는 '요양고성遼陽故城'을 수즙해 그곳에 동경요양부를 두었는데, 그것이 현재까지 이어지고 있다. 물론 각 시기의 구체적인 치소에 대해서는 좀 더 검토가 필요하겠지만, 적어도 요동군 양평현이 현재의 랴오양 시遼陽市

---

2) 4세기 이후 낙랑·대방군, 요동·현도군의 교치에 대해서는 '천관우, 1989, 90~135쪽' 참조.

에 해당한다는 것을 파악할 수 있다.

낙랑군 조선현朝鮮縣의 경우에도 그것이 고구려 평양성平壤城으로 이어졌다는 것을 확인할 수 있다. 북위北魏 시기 역도원酈道元이 저술한 『수경주水經注』 패수浿水조의 주를 보면, 다음과 같은 언급이 있다.

그 땅은 지금 고구려의 수도다. 내가 사신을 찾아 물어보았는데, 말하기를 성이 패수의 북쪽에 있다고 했다. 그 물이 서류西流해 옛 낙랑 조선현을 지나니 곧 낙랑군치樂浪郡治로 한漢 무제武帝가 설치했다. 그리고 서북으로 흐른다고 했으니, 그러므로 지리지에 패수가 서쪽으로 증지현增地縣에 이르러 바다에 들어간다고 한 것이다. 고금古今을 고찰해보았을 때 …….(『수경주』 권 14, 패수)

『한서』 지리지의 패수와 당시의 패수는 지칭하는 대상이 달랐을 가능성이 큰데, 어쨌든 당시의 패수, 즉 대동강을 놓고 보았을 때 고구려의 수도 평양성과 낙랑군 조선현의 위치 관계를 확인할 수 있다. 대체로 낙랑군 조선현이 고구려 평양성으로 이어지되, 각각의 정확한 지점은 약간의 차이가 있었다는 것을 알 수 있다.

한편 『삼국사기』 지리지에 나오는 신라 군현들은 대부분 큰 변화 없이 후대後代로 이어진다. 지리지 본문에 그것이 '현재', 즉 편찬 당시의 어디라는 것이 나와 있으며, 그것은 『고려사高麗史』 지리지에서 다시 확인할 수 있다. 그리고 이후의 변화에 대해서는 조선 전기의 『세종실록世宗實錄』 지리지나 『신증동국여지승람新增東國輿地勝覽』 등을 통해서 알 수 있고, 특히 후자의 고적古跡조를 통해서는 통폐합되어 사라진 군현의 위치도 대부분 확인할 수 있다.

군현의 미세한 위치 변화와 관련해서는 조선시대 지리지나 지도에 보이는 '고읍古邑'에 유의할 필요가 있다. 우리가 흔히 '풍수적'인 것으로 알고 있는 '전통적' 읍치邑治 중에는 조선 전기 세종, 성종 대에 새로 정해진 것들이 종종 있는데, 그렇게 정해지기 전의 읍치가 고읍으로 지칭되었다. 예컨대 낙안읍성은 낙안군樂安郡의 성인데, 이것은『삼국사기』지리지에 나오는 분령군分嶺郡에서 이어진 것이다. 낙안읍성은 조선시대 읍성의 전형적 입지와 형태를 보여주는데, 지리지에는 그 축조 연대가 분명하게 나타나 있지 않다. 다만 부근에 고읍리라고 하는 지명이 있어, 이곳이 바로 낙안읍성 전에 읍치가 있었던 곳으로 추정된다. 고려시대의 낙안군, 신라 시기의 분령군分嶺郡의 정확한 위치를 알기 위해서는 낙안읍성이 아니라 바로 고읍리에서부터 출발해야 한다는 것이다.

이처럼 후대의 지리지를 보다 면밀하게 검토하면 지명의 계승 관계뿐만 아니라 중심지의 위치 변화까지도 어느 정도 추정할 수 있다. 이를테면 한주漢州가 광주廣州로 이어진다는 것을 넘어 그 중심지가 현재의 어디에 해당하는지 알 수 있다는 것이다. 이와 같이 치소治所를 정밀하게 파악해야 하는 것은 그것이 관련 유적을 찾을 때 출발점이 되기 때문이다. 따라서 지명의 계승 관계와 함께 구체적인 치소의 변화에 대해서도 주의할 필요가 있다.

(2) 연관 지명을 통한 비정

지명의 계승이 단절된 경우에는 알고 있는 다른 지명과의 관계를 통해 그 위치를 추정해볼 수 있다.『한서』지리지의 요동 방면 군현들은 대부분 후대로 이어지지 못하기 때문에 연혁을 통한 비정에는 한계가 있다. 이때 지리지에 작은 글씨로 적혀 있는 자연 지명에 대한 설명이 그것의 위치를 파악할 때 중요한 근거가 된다.

예컨대 요동군 요양현遼陽縣에는 대량수大梁水, 거취현居就縣에는 실위산室僞山과 실위수室僞水가 있었다. 그런데 실위수가 북쪽으로 양평에 이르러 양수梁水에 들어가고, 대량수가 서남으로 요양에 이르러 요수遼水에 들어간다고 했다. 양평, 즉 현재의 랴오양을 지나 요수, 곧 현재의 혼하渾河에 들어가는 물은 태자하太子河이고, 북쪽으로 흘러 태자하에 합류하는 물은 탕하湯河에 비정할 수 있다. 이에 따라 요양현과 거취현의 위치를 어림잡을 수 있는 것이다.

또 현도군 서개마현西蓋馬縣에는 마자수馬訾水가 서북으로 염난수鹽難水에 들어가고, 그것이 서남으로 서안평西安平에 이르러 바다에 들어간다고 했다. 『신당서』 지리지에서 서안평현이 "압록강 북의 박작성으로 이어진다"는 것을 확인할 수 있는데,[3] 결국 염난수가 압록강이고 거기에 서북으로 들어가는 마자수는 독로강 정도가 된다는 것을 알 수 있다.[4] 그리고 두 강이 만나는 곳 부근이 서개마현이 된다.

이 밖에 군현의 위치를 특정 지점으로부터의 방향 또는 방향과 이수里數로 나타낸 기록들이 있는데, 이러한 것도 지명체계를 비정할 때 도움이 될 수 있다. 다만 구체적인 지점을 말해주기에는 한계가 있으므로, 이러한 경우 다시 고고학 자료의 도움을 받을 수 있다.

『삼국사기』 지리지에 나오는 군현들은 대체로 연혁에 따라 위치를 알 수 있지만, 편찬 당시에 이미 연혁을 알지 못하는 경우도 종종 있었다. 이 경우 『신증동국여지승람』 고적조에서 일찍이 폐지된 군현의 위

---

3) 營州東百八十里至燕郡城 又經汝羅守捉 渡遼水至安東都護府五百里 府 故漢襄平城也 東南至平壤城八百里 西南至都里海口六百里 西至建安城三百里 故中郭縣也 南至鴨淥江北泊汋城七百里 故安平縣也 ……(『신당서』 권43 하下, 지志제33 하 지리7 하 기미주羈縻州 영주입안동도營州入安東道).

4) 당唐 대 이후의 통설은 마자수가 압록강이고 염난수가 혼강이라는 것이다. 그렇지만 한 대의 지명이 당 대까지 온전하게 이어진 것은 아니기 때문에, 다른 합리적인 안도 고려할 수 있다.

498

치를 확인할 수 있다. 이때 위치 표시는 역시 관할 군현 치소로부터의 방향과 이수로 기록되어 있다. 따라서 위치를 어림잡아야 하지만, 조선 후기의 『여지도서興地圖書』나 『호구총수戶口總數』, 각종 지방지 등을 검토하면 그것과 관련된 지명이 남아 있는 경우가 많다. 그것이 근대에 들어와 어떤 지명 변천을 겪었는지 확인하면 대체로 정확한 지점을 알수 있다.

그렇지만 『신증동국여지승람』에서도 위치를 모르는 경우가 나타나기도 하는데, 이럴 때는 조선 후기의 지방지나 『대동지지大東地志』를 찾아볼 필요가 있다. 다만 『대동지지』에 나오는 정보는 전승에 의거한 것도 있겠지만, 지금 우리가 하는 작업과 같이 저자의 '비정'이 반영된 것이 적지 않다. 그것은 김정호의 설로 보아야 하며, 자료보다는 학설로 접근할 필요가 있다.

이상의 논의는 주로 행정체계 속의 지명을 비정하는 방식에 대한 것이었는데, 나중에는 결국 이러한 체계를 바탕으로 비중이 덜한 지명, 주변 지역의 지명 등도 파악해야 한다. 그 방식 역시 잘 알고 있는 지명과의 관계를 통해 위치를 추정하는 것이라고 할 수 있겠다.

(3) 고고학 자료를 통한 비정

지명체계를 파악할 때 이상과 같이 문헌을 통해 종횡으로 그 위치를 어느 정도 알아낼 수 있다. 그렇지만 그 최종적인 지점을 확인해줄 수 있는 것은 역시 고고학 자료라고 할 수 있다.

『한서』 지리지의 군현을 파악할 때 유리한 점 가운데 하나는 그것이 정형성이 있는 현성縣城에 비정된다는 것이다. 현은 행정 거점으로서 대체로 방형方形의 평지 토성으로 되어 있었다. 특정 현이 있었다고 추정되는 지점의 한 대 토성, 즉 한 대 유물이 출토되는 토성을 현의 치소로 정할 수 있으며, 문헌을 통해 위치를 추정하기 어렵지만 현의 이름이 있는 문자 자료가 출토되어 위치를 알게 되는 경우도 있다.

예컨대 요동군 서안평현의 경우에는 이미 그 위치를 압록강 하구 부근에 비정할 수 있었지만, 애하靉河가 압록강에 합류하는 지점, 즉 애하첨靉河尖에서 고성古城이 발견됨으로써 그 정확한 지점을 알 수 있게 되었다.

낙랑군 조선현은 대동강 남안에서 조사된 낙랑토성에 비정할 수 있는데, 여기서는 '낙랑예관樂浪禮官' 명 와당 등이 출토되기도 했다. 점제현黏蟬縣은 점제현신사비黏蟬縣神祠碑 인근의 온천군 성현리토성에 비정할 수 있고, 또 이로 인해 '점제에서 바다로 들어간다'고 하는 열수列水가 대동강이라는 것을 분명히 알 수 있었다.

낙랑군 대방현帶方縣, 즉 후대 대방군의 치소는 봉산군 지탑리토성과 인근에서 출토된 '대방태수장무이帶方太守張撫夷'라는 명문 벽돌을 통해 비정할 수 있으며, 이에 따라 대수帶水가 재령강의 한 줄기라는 것도 알 수 있게 되었다. 또 소명현昭明縣은 '태강사년삼월소명왕장조太康四年三月昭明王長造'라는 명문 벽돌이 출토된 인근의 신천군 청산리토성에 비정할 수 있다.

이처럼 고고학 자료, 특히 문자 자료를 통해서 과거 지명을 구체적으로 비정할 수 있지만, 문자 자료의 성격에 따라 그것의 출토 지점이 반드시 그 지명에 해당한다는 것을 말해주지는 않는다고 할 수 있다. 예컨대 낙랑토성에서는 낙랑군 소속 현들의 이름이 있는 다양한 봉니封泥가 출토되었는데, 그것은 당시의 문서 행정을 보여주는 것으로 봉니에 찍힌 지명은 문서의 발송처, 출토된 지역은 수신처로 이해할 수 있다.

황해남도 안악군에서는 '일민함자왕군묘逸民含資王君墓'라는 명문전이 출토되었는데, 그 지점이 함자현含資縣일 수도 있고 아닐 수도 있지만 대수帶水, 즉 재령강의 한 줄기가 함자에서부터 '서쪽으로 대방에 이르러 바다로 들어간다'는 서술을 무시할 수 있을 정도라고는 생각되지 않는다. 고고학 자료를 존중해야 하는 것은 맞지만, 그것의 출토 맥락에 따라서 합리적인 판단을 해야 할 것이다.

다음으로 『삼국사기』 지리지의 신라 군현은 어떤 유적에 비정할 수 있을까? 이와 관련해 연혁을 통해 군현 중심지로 추정되는 지점에 신라 산성이 존재한다는 점이 주목된다(박성현, 2002·2009). 이러한 산성은 분명 그 군현과 관계된 것으로 볼 수 있고, 그 내부에서 군현의 이름이 찍힌 기와가 출토되기도 했다. 다만 그것이 산성 형태로 되어 있다는 점에서 한 대의 현성과 같이 치소의 기능을 했는지에 대해서는 논란이 있다.

그럼에도 신라 군현의 위치를 비정할 때 산성을 기준으로 하는 것이 타당하다고 생각하는데, 그것은 다음과 같은 이유에서다. 먼저 산성과 그 아래의 취락을 하나로 묶어서 볼 필요가 있다는 점이다. 실제로 산성 중에는 평지의 읍치에 바로 붙어 있는 경우가 적지 않은데, 이를테면 걸어서 30분 정도면 갈 수 있는 거리다. 특히 고읍과 산성의 위치는 더욱 긴밀해 평지의 취락과 산성이 원래 거의 붙어 있었다는 것을 추정할 수 있다. 여기서 산성과 평지의 취락 가운데 평상시 지방관의 소재지를 단언하기는 어렵지만, 산성의 중심성中心性을 경시할 수는 없을 것 같다. 평지의 취락은 산성 주변에서 약간의 이동이 있을 수 있지만, 산성은 영구적인 구조물로서 위치가 어느 정도 고정되었기 때문이다. 연혁을 통해 지명의 위치를 비정하는 것은 사실 고려시대 정도까지라고 할 수 있다. 산성을 통해서 오히려 신라 군현의 위치를 보다 정확하게 알 수 있다고 생각한다.

이처럼 지명을 현재 남아 있는 유적과 연결시킨다면 지명의 정확한 지점을 확보할 수 있을 뿐만 아니라, 그 유적을 통해 행정 지명 중심지의 구체적인 모습에 접근할 수 있다. 이 부분에 대해서는 뒤에서 다루기로 하고, 바로 다음 장에서는 지명체계의 파악에 이은 확장 과정을 간단하게 정리해보도록 하겠다.

3. 지명체계의 확장

특정 기준 시점의 행정 지명체계를 어느 정도 파악하면, 그것을 전후 시기 혹은 주변 지역으로 확장시킬 수 있다.

『한서』 지리지의 지명체계는 대체로 서진(西晉) 시기까지 지속되는 측면이 있다(〈표 1〉 참조). 그렇지만 동진東晉, 5호 16국 및 남북조시대를 거치면서 지명이 많이 변화했으며, 만주와 한반도에서는 고구려가 독자적인 지명체계를 형성했다. 4세기 이후 삼국의 지명과 지명체계를 복원하는 것은 또 다른 문제인데, 통일신라의 영역에 포함되는 지역은 『삼국사기』 지리지를 통해 어느 정도 접근이 가능하지만, 그렇지 않은 지역, 대체로 고구려 지역은 근거할 만한 자료가 많지 않으며, 경우에 따라서는 『한서』 지리지의 지명 비정이 참고되기도 한다.

〈표 1〉 전한~서진 시기 낙랑군 소속 현의 변천

『한서』 지리지	『후한서』 군국지	『진서』 지리지	비고
조선朝鮮	조선朝鮮	조선朝鮮	1군群
남감誯邯	남감誯邯	·	
증지增地	증지增地	·	
점제黏蟬	점제黏蟬	·	
사망駟望	사망駟望	사망駟望	
둔유屯有	둔유屯有	둔유屯有	

수성遂成	수성遂成	수성遂成	
누방鏤方	누방鏤方	누방鏤方	3군
혼미渾彌	혼미渾彌	혼미渾彌	
패수浿水	패수浿水	·	
탄열吞列	낙도樂都	·	
대방帶方	대방帶方	대방帶方	
열구列口	열구列口	열구列口	
장잠長岑	장잠長岑	장잠長岑	2군: 남부도위 관할 7현,
해명海冥	해명海冥	해명海冥	후한 말 공손씨 정권이
소명昭明	소명昭明	남신南新	대방군으로 분리.
제해提奚	제해提奚	제해提奚	
함자含資	함자含資	함자含資	
동이東暆	·	·	
잠태蠶台	·	·	
불이不而	·	·	4군: 동부도위 관할
화려華麗	·	·	영동 7현, 후한 초 방기,
사두매邪頭昧	·	·	후국으로 삼음.
전막前莫	·	·	
부조夫租	·	·	

※ 순서는 '낙랑군 초원 4년 호구부' 기준, 다만 2군과 3군의 위치만 바꿈.

한국사의 입장에서도 『한서』 지리지를 중요하게 다룰 수밖에 없는 것은 결국 그것을 바탕으로 고조선의 중심지나 영역 문제에 접근할 수 있기 때문이다. 기원전 108년 한 무제는 고조선을 멸망시키고 그 중심 지역에 낙랑군을, 고조선에 복속되어 있었던 진번·임둔 지역에 각각 진번군과 임둔군을 설치했다. 그리고 이듬해 고구려를 경유해 옥저에 이르는 지역에 현도군을 설치했다. 기원전 82년 진번·임둔군을 폐지하고 그 현들을 낙랑·현도군에 소속시켰으며, 기원전 75년 현도군을 혼하의 지류, 소자하蘇子河 유역으로 옮기면서 『한서』 지리지와 같은 형태가 되었다.

이와 같은 과정을 역으로 거슬러 올라가면 4군 설치 직후의 모습, 위만조선의 중심지와 그것에 복속되어 있었던 진번·임둔·옥저·고구려와 같은 정치체 내지 종족의 분포 등을 복원할 수 있게 된다. 물론 고구려나 옥저, 부여나 읍루의 위치는 『삼국지三國志』 동이전東夷傳이나 고구려본기, 그리고 고고학 자료 등과 같은 다른 자료를 통해서도 파악이 가능한데, 그러한 것을 종합적으로 고려해 특정 시기 한반도의 공간 구조를 전체적으로 이해할 수 있다.

이처럼 『한서』 지리지의 지명 체계, 군현의 위치 파악이 중요한 것은 그것을 통해 이른 시기 한국사의 역사 지리 문제들을 풀 수 있기 때문이다. 예컨대 고구려의 영역 확장 과정을 다룰 때도 시기에 따른 군현의 위치를 정확하게 파악하는 것이 전제되어야 하며, 상당수 고구려 성들은 군현의 위치를 계승하는 측면도 있다.

고구려의 행정 지명체계를 온전하게 전해주는 자료는 남아 있지 않다. 『삼국사기』 지리지 말미에 압록 이북 고구려 성들의 목록이 있고, 당이 고구려를 멸망시킨 뒤 설치한 일부 기미주羈縻州 목록, 신라가 차지한 고구려 남부에 설치한 군현 목록 정도를 알 수 있을 뿐이다. 발해의 행정 지명체계는 유감스럽게도 고구려의 그것을 많이 계승하지 못했다. 결국 고구려의 행정 지명체계는 '복원'되어야 하는 것인데, 그것은 더 복잡한 과정을 거쳐야 하므로 이 문제에 대해서는 추후에 본격적으로 다루어보도록 하겠다.

『삼국사기』 지리지의 지명체계는 우선 경덕왕 대를 기준으로 그 전후 시기로 확장시킬 수 있다. 경덕왕 대 한식漢式으로 개정된 지명은 공식적인 복구와 재개정 과정을 거치지만 실질적으로는 두 지명이 병용된 듯하며, 고려 태조 23년(940) 전면적으로 개정될 때까지 유지되었다고 보인다.

문제는 그러한 지명체계, 공간 구조를 언제까지 소급시킬 수 있느냐는 것인데, 임진강 이북 군현의 확장 과정만 별도로 한다면, 대체로 신문왕 대 지방 제도의 개편까지 올려볼 수 있다. 그리고 군현체계를 제외한 지명의 소급은 훨씬 앞 시기까지도 가능한데, 예컨대 원原 신라 지역에 속하는 상주尙州 지역의 군현은 신라본기나 금석문, 목간 등을 통해 그 전 시기부터 지명들이 존재했음을 확인할 수 있다(〈표 2〉 참조).

〈표 2〉 상주 소속 군현 지명의 소급

표제명	본명	『삼국사기』	금석문, 목간
상주尙州	사벌주沙伐州	사량벌국沙梁伐國(열 247~249), 사벌沙伐(신 293, 465, 525…)	수벌須伐?(함안목간)
예천군醴泉郡	수주군水酒郡	수주촌水酒村(열 417)	물사벌성勿思伐城(적성비)
고창군古昌郡	고타야군古陁耶郡	고타古陁(陁)(신 84, 242, 500)	고타古陁(함안목간)
고구현高丘縣	구화현仇火縣	구벌성仇伐城(신 485)	구벌仇伐(함안목간)
문소군聞韶郡	소문국召文國	소문국召文國(신 185)	추문촌鄒文村(적성비), 추문鄒文(함안목간)
안계현安賢縣	아시혜현阿尸兮縣	아시촌阿尸村(신 514)	
숭선군嵩善郡	일선군一善郡	일선一善(신 483, 486, 488, 577…)	
개령군開寧郡	감문소국甘文小國	감문국甘文國(신 231, 열 231), 감문甘文(신 557)	감문甘文(창녕비 561), 감문甘文(함안목간)
김산현金山縣	김산金山	김산金山(열 618)	
영동군永同郡	길동군吉同郡	광석성廣石城(신 474)	
양산현陽山縣	조비천현助比川縣	도비천성刀比川城(열 655), 조천성助川城(열 655)	
황간현黃澗縣	소라현召羅縣	좌라성坐羅城(신 474)	
관성군管城郡	고시산군古尸山郡	구례성仇禮城(신 474)	구리성仇利城(남산신성비 591)
이산현利山縣	소리산현所利山縣	사시성沙尸城(신 474)	사도성沙刀城?(남산신성비 591), 사호성沙尸城?(남산신성비 591)
안정현安貞縣	아동혜현阿冬兮縣		아대혜촌阿大兮村(남산신성비 591), 아차혜촌阿且兮村(남산신성비 591)
삼년군三年郡	삼년산군三年山郡	삼년산성三年山城(신 470, 486…)	
청천현淸川縣	살매현薩買縣	살수薩水(신 494)	
기산현耆山縣	굴현屈縣	굴산성屈山城(신 486)	
화령군化寧郡	답달비군荅達匕郡	답달荅達(신 474)	답대지촌荅大支村(남산신성비 591)
도안현道安縣	도량현刀良縣	도나성刀那城(신 488)	

※ 신=신라본기, 열=열전

이때 문제가 되는 것은 동일한 지명이 아닌 유사 지명이다. 사료에 나오는 지명의 위치를 파악할 때 그것을 지리지 지명과 대조해서 같은 것, 비슷한 것을 찾는 방식이 일반적이다. 이른바 '음상사音相似'에 기반을 둔 위치 비정으로 여기에 대해 비판적인 시각이 있는 것도 사실이다. 물론 고대 지명을 『삼국사기』 지리지가 아닌 후대의 지명과 대조하거나 설득력이 약한 음상사를 근거로 무턱대고 연결시키는 것은 문제가 있지만, 어느 정도 요건이 충족되기만 하면 결국 연혁을 통한 지명비정의 원리가 적용되는 것이기 때문에 정황을 통한 비정보다 오히려신뢰도가 있다고 할 수 있다.

이와 같은 방식으로 『삼국사기』 지리지의 지명은 적어도 원 신라 및가야 지역에서는 4~6세기까지 소급 적용할 수 있는데, 그렇다고 모든지명을 일률적으로 올리는 것은 곤란하다. 삼년산성과 그 일대의 성에 대해서는 신라본기에 축조 연대가 나오는데, 그 무렵에 공식적인 명칭이 성립했다고 보는 것이 타당할 것이다. 이처럼 지명을 소급시킬 때는각각에 대한 신중한 검토가 필요하다.

지리지에 '본本 고구려' 지명으로 되어 있는 한주漢州·삭주朔州·명주溟州의 지명은 어떨까? 먼저 '본' 지명의 성격에 대해 그것이 고구려 때의 지명이라고 생각하는 것은 문제가 있다. 앞에서 논의한 대로 그것은경덕왕 대 지명을 한식漢式으로 개정하기 '직전'의 모습을 보여주는 것이다. 그것을 신라가 그 지역을 점령하기 전인 6세기 중엽 이전, 명주지역의 경우 5세기 전까지 소급 적용할 수 있을지에 대해서는 여러 고려가 필요하다. 물론 이 지역의 지명 중에는 '~홀忽', '~노奴'와 같은 어미를 가지고 있어 고구려 계통의 지명으로 볼 수 있는 것이 존재한다고 할 수 있지만, 그것이 고구려의 지명 '체계'로 존재했는지, 신라가 그것을 그대로 수용한 것인지 등에 대해서는 여러 가지로 따져보아야 한다는 것이다.

마지막으로 백제 지명체계의 복원 문제를 언급하지 않을 수 없는데, 『삼국사기』 지리지를 가지고 백제의 독자적인 지명체계를 파악하는 것은 한계가 있다. 여기에서도 마찬가지로 '본 백제' 지명이라고 해서 그것이 백제 때의 지명을 그대로 반영한다고 이해하면 곤란하다. 그것은 경덕왕 대 바뀌기 전의 이름에 불과할 뿐이며, 통일 이후 신라의 지명이기도 한 것이다. 그것이 백제 때까지 거슬러 올라가는지 아닌지는 개별적으로 확인해야 하는 사안이다. 이때 중요한 자료가 『삼국사기』 지리지 말미에 나오는 웅진도독부熊津都督府의 지명이 아닐까 생각한다. 이것은 당에 의해 일괄적으로 부여된 지명으로 알려지기도 했지만, 최근 발견된 목간에 의해 백제 때의 지명이 상당수 포함되어 있다는 것을 알 수 있게 되었다. 그렇다면 백제 때의 지명에는 오히려 한식漢式 지명이 상당수 포함되었을 가능성도 있다. 그렇지만 지리지의 지명도 어느 정도 유효했던 것으로 판단되는데, 예컨대 지리지의 지명 중에는 『삼국지』 동이전에 실린 마한 50여 국의 명칭과 유사한 것도 존재한다. 이를테면 '비리卑離'와 '부리夫里'의 대응 관계 같은 것이다. 이처럼 백제의 지명체계를 복원하는 작업 역시 다각적인 검토가 필요할 것이다.

4. 공간 구조의 이해

역사 지명을 구체적인 유적에 비정하면, 그곳이 어떻게 되어 있었는지 그 구조를 알 수 있는 근거가 마련된다.

한 대의 현은 토성에 비정되는데 그 규모는 한 변이 500~1000미터 정도라고 하며, 발굴 조사를 통해 그 내부 구조도 어느 정도 파악할 수 있다. 성 내부에는 관청, 이사吏舍, 병영, 창고 등이 배치되어 있었던 것으로 그려진다(오영찬, 2006, 91~109쪽). 성 주변에는 대부분 같은 시기의 고분군이 위치하며, 좀 더 넓은 범위에서 같은 시기의 마을이나 무덤군 유적을 확인할 수 있다면 현성과 주변 지역의 관계에 대해서도 조사할 수 있다(김병준, 2006). 또 이와 같은 현들이 어떻게 연결되어 군을 이루고 있었는지, 군의 영역은 어떤 형태로 되어 있었는지 등에 대해서도 탐구해볼 수 있다. 한반도 방면 군현의 경우 이른바 통치 조직이 어떤 식으로 들어와 있었고, 토착민의 존재 양태는 어떠했는지 구체적으로 생각하는 것이 가능하다.

신라 군현의 경우에도 그것을 산성에 대응시켰을 때 그 공간 구조를 파악해볼 수 있다. 앞서 언급했지만 통일신라시대에는 산성과 아래의 취락이 하나의 중심지를 형성한 것으로 이해해볼 수 있다. 그럴 경우 우선 지방 관아의 위치가 문제가 될 것이고, 세부적으로 정청政廳·병영·창고·촌주村主 들의 거처 등을 찾아볼 수 있을 것이다.

중심지와 함께 영역을 그려볼 수 있는데, 통일신라의 경우 현의 경계를 그릴 수 있는 수준은 되지 않고, 다만 자연 경계와 후대의 행정 구역 경계를 활용해서 군과 소속 현이 하나로 묶이도록 군 경계를 그릴수 있다. 그리고 그 내부에서 현의 영역도 어느 정도 추정할 수 있다. 이때 군현 중심지와 영역의 관계에 대해서도 구체적으로 생각할 수 있다. 「촌락문서村落文書」에 의하면 군현에는 촌역을 갖는 촌들이 분포하고 있었음을 알 수 있다. 만약 통일기에 해당하는 마을 유적이 조사된다면, 그것을 「촌락문서」와 결부시켜 이해할 수 있을 것이다.

이러한 단위들은 교통로를 통해서 서로 연결되고 하나의 광역 행정 구역으로 묶이게 된다. 광역 행정 구역 자체가 길을 따라 만들어지는 경향을 보인다. 예컨대 『삼국사기』 지리지 서문에는 '당은포唐恩浦로 향하는 길'을 상주尙州로 편성했다고 되어 있으며, 이와 유사하게 죽령로를 따라서 삭주가, 동해안로를 따라서 명주가 설정되었다. 교통로를 보다 구체적인 길로 파악할 수 있다면, 각 공간이 어떻게 연결되어 있었는지도 알 수 있을 것이다.

지명의 비정은 이와 같이 사서에 나오는 공간의 이름과 구체적인 유적을 연결시켜준다는 점에서 공간 구조 파악의 시작이라고 할 수 있다. 고고학 자료만으로도 구체적인 삶의 모습을 알 수 있을지 모르지만, 그것이 고대 국가의 전체 구조에서 어떤 위상을 갖는지에 대해서는 말해줄 수 없다. 행정 지명체계를 전체적으로 위치 짓고 몇몇은 정확한 유적에 비정한 뒤에야 그 시기의 유적들이 자신의 위상을 보여줄 수 있는 것이다. 그런 차원에서 진정한 '역사 고고학'이 되는 것이며, 사람들의 일상적인 삶을 넘어 사료에 나오는 통치 구조와 전쟁까지 구체적으로 이해할 수 있을 것이다.

물론 여기서 제시한 것들은 아직 구체적인 연구를 통해 성과를 보인 부분이라고 할 수 없으며, 이러한 연구를 이루어내기 위해서는 넘어야 할 문제가 많다. 지명 비정이 어느 정도 수준에 이르렀을 때, 분명한 지점들을 조금 더 확보하고 그것을 바탕으로 공간 구조의 구체적인 복원 작업이 이루어져야 할 것이다.

이를 위해서는 공간 정보를 다룰 수 있도록 관련 자료들을 축적하는 작업과 시기에 따라 지명과 유적을 지도상에 표시하는 작업들이 필요하다. 물론 고대의 교통로를 유적으로 복원하는 것은 쉽지 않지만, 전통 시대의 교통로를 복원해 참고할 수 있다. 앞으로의 연구는 이처럼 지명 비정과 같은 역사 지리를 넘어 공간 문제를 구체적으로 다룰 수 있어야 할 것이다.

5. 맺음말

역사 지리의 중요성은 항상 강조되어왔지만, 과거의 일제나 현재의 중국에 비해 이 문제가 본격적으로, 또 체계적으로 다루어지지 못하고 있다. 이와 관련해서 역사 지도 프로젝트에 참여하면서 배우고 생각한 것들, 그리고 앞으로의 과제들을 정리해보았다.

이미 논의되었던 것이 대부분이지만 몇 가지 강조하고 싶은 것이 있다. 첫째, 무엇보다 양질의 지리지 자료에서 지명 '체계'를 복원하는 것이 중요하며, 그것을 토대로 다소 불분명한 시기와 지역으로 확정해나가야 한다는 것이다. 노태돈 선생님의 논문 중에는 후대의 확실한 부분부터 시기를 거슬러 올라가 불분명한 앞 시기를 밝히는 구성의 글들이 있는데, 그것이 매우 인상 깊게 남아 있다. 알 수 있는 것으로부터 잘 알지 못하는 것으로, 분명한 것에서 다소 불분명한 것으로 나아가는 것은 학문 연구에서 매우 기본적인 것이지만, 이것을 잘 깨우쳐주셨던 것 같다.

그리고 지명의 비정에 그치는 것이 아니라 구체적인 공간 구조를 복원할 수 있어야 한다는 것을 과제로 제시하고자 한다. 이러한 작업은 결국 사료에 나오는 지명과 현재 남아 있는 구체적인 실물 자료를 연결시키는 것이다. 이러한 '비정'을 통해 사료에 나오는 과거의 공간을 실물로서 이해할 수 있으며, 이를 바탕으로 사회 구조나 정치사, 사람들의 삶을 구체적으로 다룰 수 있을 것이다.

:: 참고문헌

권오중 외, 2010, 『낙랑군 호구부 연구』, 동북아역사재단.

김병준, 2006, 「한대漢代 취락 분포의 변화: 묘장墓葬과 현성縣城의 거리 분석을 중심으로」, 『중국고중세사연구』 15, 중국고중세사학회.

김태식, 1995, 「『삼국사기』 지리지 신라조의 사료적 검토」, 『삼국사기의 원전 검토』, 한국정신문화연구원.

박성현, 2002, 「6~8세기 신라 한주漢州 '군현성'과 그 성격」, 『한국사론』 47, 서울대학교 국사학과.

_____, 2009, 「신라 상尙·양良·강주康州 군현성의 양상과 형성 과정」, 『한국고대사연구』 55, 한국고대사학회.

서영수 외, 2008, 『요동군과 현도군 연구』, 동북아역사재단.

오영찬, 2006, 『낙랑군 연구』, 사계절.

윤경진, 2012, 『고려사 지리지의 분석과 보정』, 여유당.

이병도, 1976, 『한국고대사연구』, 박영사.

정구복 외, 1997, 『역주 삼국사기 4』 주석편(하), 한국정신문화연구원.

천관우, 1989, 『고조선사·삼한사연구』, 일조각.

譚其驤 主編, 1982, 『中國歷史地圖集』, 中國地圖出版社, 臺北.

_____, 1988, 『中國歷史地圖集 釋文匯編 東北卷』, 中央民族學院出版社, 北京.

孫進己 外 主編, 1989, 『東北歷史地理』 1·2, 黑龍江人民出版社, 哈爾濱.

周振鶴, 1987, 『西漢政區地理』, 人民出版社.

箭内亘·稻葉岩吉·松井等, 1913, 『滿洲歷史地理』 1·2, 丸善株式會社, 東京.

津田左右吉, 1913, 『朝鮮歷史地理』 1·2, 南滿洲鐵道株式會社, 東京.

한국 고대 공간사 연구의 가능성 모색

여호규(한국외국어대학교 사학과 교수)

1. 머리말

인간은 공간 속에서 시간의 흐름에 따라 자신의 삶을 영위해왔다. 공간은 시간과 더불어 인류 역사의 근본 조건을 이루는 것이다. 더욱이 공간은 고정 불변적 존재가 아니라, 역사의 전개와 더불어 끊임없이 변화하고 재생산되었다. 인간은 처음에는 자연 공간 속에서 천연 식량 자원에 의존해 생계를 유지했지만, 농경과 정착 생활을 하면서 경작지를 개간하고 취락을 조성하는 등 인공 공간을 생산했다. 인공적으로 생산된 공간은 도시의 발달이나 국가 형성과 더불어 더욱 거대하고 복합적인 양상을 띠었고, 인간의 삶에도 지대한 영향을 미쳤다.

공간이 단순히 역사의 무대를 제공하는 데 머물지 않고, 역사 전개의 핵심 인자로 작용했던 것이다. 이렇게 본다면 공간은 시간과 더불어 역사 연구의 가장 중요한 대상이라 할 수 있다. 그런데 종전 연구는 주로 역사의 주체인 인간, 그리고 그들이 만들고 빚어낸 제도와 삶의 시간적 변화를 추적하는 형태로 진행되었다. 그 결과 시간적 변화는 중시된 반면 공간은 별다른 주목을 받지 못했는데, 이러한 인식은 근대 사회로의 전환과 더불어 형성되었다.

전근대 사회에서는 교통과 통신 수단이 발달하지 않았기 때문에 공간 이동이나 정보 전달이 쉽지 않았다. 이로 인해 인간은 공간에 강하게 매인 삶을 영위하며 그 의미를 크게 의식할 수밖에 없었다. 중국의 화이관華夷觀을 비롯해 전근대 각 지역의 천하관(역사관)이 주로 '공간적 구별과 차이'라는 형태로 표출된 것은 이를 잘 보여준다. 그런데 근대적인 교통수단의 발달은 신속한 공간 이동을 가능하게 해 공간의 압축壓縮을 일으켰고, 통신수단의 발달은 공간의 절멸絶滅을 불러왔다. 이에 따라 전근대 사회의 공간 우세 현상은 점차 시간의 우위로 전환되었는데(마르쿠스 슈뢰르, 정인모·배정희 옮김, 2010, 179~193쪽), 이러한 현상이 19세기에 널리 유행한 진화론적 인식과 결부되면서 공간을 배제하는 결과를 낳았다.

가령 초창기 사회학은 주로 단순 사회에서 복잡 사회로의 이행을 다루었는데, 이러한 이행을 시간적 변화로 이해했다. 그리하여 당시까지 존재하던 단순한 사회 형태는 지나간 시대의 퇴물로 간주되었다(마르쿠스 슈뢰르, 정인모·배정희 옮김, 2010, 17~28쪽). 공시적共時的으로 존재하는 다양한 사회 형태를 진화론적 사유 방식을 통해 시간적 선후 관계로 치환한 것이다. 이러한 인식은 마르크스가 주창한 사적 유물론에서도 확인된다. 마르크스는 계급투쟁을 통한 역사 발전을 강조하기 위해 '혁명적 시간' 개념을 도입했다. 이에 따라 공간을 역사적·사회적 결정

인자로 보는 입장은 폐기되었다. 또한 공간과 기타 물질적 존재 사이에 설정되었던 변증법적 관계도 붕괴되었다(에드워드 소자, 이무용 외 옮김, 1997, 113~114쪽).

이로써 거의 모든 사회 이론이나 역사 이론에서 시간이 공간에 비해 우위를 점하게 되었다. 공간은 단순히 시간적 과정이 작동하는 선재적先在的 배경으로 상정되거나, 인간 행위의 근본 조건이 아니라 우연적인 측면으로 이해되었다. 그리고 사회 이론이나 역사 이론이 사회 변동과 정치적 혁명에 초점을 맞춤에 따라 '진보'를 중시하게 되었는데, '역사적 시간'이 진보의 가장 주요한 차원을 이루었고, 모든 공간적 장벽의 철폐, 궁극적으로 시간을 통한 공간의 절멸을 지향하게 되었다고 한다 (데이비드 하비, 구동회·박영민 옮김, 1994, 243~245쪽).

특히 여러 이론의 준거 틀로 부상한 근대성을 유럽의 산업자본주의와 동일시하는 인식이 확산됨에 따라 근대 유럽 중심의 시간적 서열화가 이루어졌다(에드워드 소자, 이무용 외 옮김, 1997, 45~49쪽). 지구상에 공시적으로 존재하는 공간적 차이가 근대 유럽을 정점으로 하는 시간적 차이, 즉 발전사적 차이로 해석된 것이다. 그리하여 지구상의 모든 지역과 국가는 유럽 중심의 진보와 문명이라는 시간관념에 입각해 발전 단계를 부여받았고, 이는 이른바 '비문명 지역'에 대한 '문명국'의 식민 지배를 정당화하는 근거를 제공했다(오시로 나오키, 심정보 옮김, 2010, 168~169쪽).

결국 공시적으로 존재하는 다양한 사회 형태나 정치체를 진보와 문명이라는 시간관념에 입각해 통시적通時的으로 재편함에 따라 공간이 설 자리를 상실한 것이다. 이러한 경향은 서구 근대 역사학의 영향을 받은 한국 고대사 연구에서도 확인할 수 있다. 한국 고대사 연구는 1930년대 이래 국가발달론을 기본 축으로 삼아 진행되었다. 특히 백남

514

운은 사적 유물론에 입각해 고대의 다양한 정치체를 시간적으로 서열화해 '원시 씨족 사회→원시 부족 국가→노예제 국가(정복 국가)'라는 발달단계론을 제기했다. 이 가운데 '원시 부족 국가' 개념은 많은 비판을 받기도 했지만, 부족 국가 단계를 더욱 세분한 손진태의 견해를 거쳐 1960년대에 김철준에 의해 '원시 사회→부족 국가·부족 연맹체→고대 국가'로 통설화되었다(여호규, 1996).

1970년대에 '부족 국가' 개념을 둘러싸고 다양한 논의가 이루어졌지만, 한국 고대사에 등장하는 무수한 정치체를 '완성된 (중앙집권적·귀족적) 고대 국가'를 기준으로 시간적으로 서열화하는 경향은 지금까지 지속되고 있다. 현행 각종 개설서와 교과서에서는 3세기 만주와 한반도에 존재했던 여러 주민 집단과 정치체를 초기 국가(부족 국가, 성읍 국가, 취프덤 등)와 고대 국가 등의 발달 단계로 구분한 다음, 마치 시간적 선후를 달리해 존재한 것처럼 기술하고 있다. 공시적으로 존재했던 다양한 정치체를 국가발달론에 입각해 시간적 선후 관계로 서열화한 것이다. 이에 따라 다양한 정치체로 구성되었던 3세기의 만주와 한반도라는 공간은 본모습을 잃었고, 각 정치체 사이의 다양한 관계망을 포착하기도 어려워졌다.

이러한 문제점을 해결하기 위해서는 '시간적 변화'와 더불어 '공간'이라는 측면에 주목해 한국 고대사를 연구할 필요가 있다. 전술했듯이 공간은 시간과 함께 인류 역사의 근본 조건을 이루며, 역사 전개와 더불어 끊임없이 변화하고 재조직되었다. 공간은 단순히 자연적으로 주어진 것이 아니라, 역사 전개와 더불어 끊임없이 재생산된 사회적 산물이다. 이러한 점에서 각 시기의 공간 조직은 해당 시기의 사회관계나 정치체제를 형성하는 배경을 이루었다고 볼 수 있다(에드워드 소자, 이무용 외 옮김, 1997, 76~77쪽). 또한 각 시대별, 사회별, 생산관계별로 공간의 특성화가 이루어졌다고 볼 수 있다(앙리 르페브르, 양영란 옮김, 2011, 207쪽). 인간이 생산하고 조직한 공간 구조에는 시간의 흐름에 따른 인류 역사가 고스란히 담겨 있는 것이다. 이러한 점에서 공간은 압축된 시간을 담고 있다고 할 수 있다(데이비드 하비, 구동회·박영민 옮김, 1994, 259쪽).

그러므로 종래 소홀히 다루었던 공간 구조에 주목한다면 한국 고대의 사회 구조나 정치체제를 새롭게 파악할 수 있을 것이다. 또한 여러 차원의 공간 속에서 공시적으로 존재했던 다양한 역사 주체의 존재 양상 및 그들 상호간의 관계망도 새롭게 파악할 수 있을 것이다. 다만 공간 이론은 여러 학문 분야에서 다양하게 전개되었다(국토연구원, 2001·2005). 무수한 공간 이론을 관련 전문가도 아닌 필자가 체계적으로 습득한다는 것은 불가능에 가깝다. 이에 이 글에서는 한국 고대 공간사 연구의 가능성을 모색한다는 차원에서 최근 국내에 소개된 몇몇 공간 이론서를 바탕으로 고대 도성이나 국가 전체의 공간 구조를 새롭게 고찰할 실마리를 확보하고자 한다. 다소 무모하게 보이겠지만, 아낌없는 질정을 바란다.

2. 위치와 장소, 그리고 공간

지리학에서는 '위치location'와 '장소place'가 가장 기본적이면서 중요한 개념이라고 한다. 특히 위치 개념은 지리학자만의 시선을 갖게 만드는 출발점이라고 한다. 위치 개념은 일반적으로 절대 위치와 상대 위치로 구분되는데, 이 가운데 절대 위치는 지표상의 특정한 지점(좌표)을 뜻하며 누구나 공통적으로 인식할 수 있는 객관적인 위치를 말한다. 모든 인간과 집단은 이러한 절대 위치 속에서 행위를 하며, 그를 둘러싼 요소들과 관계를 맺으면서 다양한 경험 세계를 구성한다. 그러므로 인간의 다양한 삶을 파악하려면 먼저 삶의 토대를 이루는 위치부터 정확하게 이해할 필요가 있다(전종한 외, 2012, 29~30쪽).

이러한 점에서 종래 한국 고대의 역사 지리 연구가 위치 비정을 중심으로 이루어진 것은 지극히 자연스러운 현상이다. 위치 비정은 특정 종족이나 정치체 등 역사 연구 대상을 이해하기 위한 출발점에 해당하기 때문이다. 더욱이 고려나 조선 시기와 달리 고대의 지명은 위치를 정확하게 비정하기 어려운 경우가 많다. 또한 삼국시대 이전에 존재했던 종족이나 정치체는 그 위치와 분포 범위를 정확하게 파악하기 힘든 실정이다. 이에 20세기 전반 이래 많은 연구자들이 각종 지명이나 정치체의 위치를 비정하는 데 관심을 기울였다.

위치 비정과 관련해 그동안 논란이 분분했던 대표적인 주제로는 예맥(예·맥)족의 분포 범위, 고조선의 중심지와 세력권의 범위, 한사군의 위치와 범위, 삼한의 위치와 범위, 삼국 초기 도성의 위치, 가야 소국의 위치, 후기 부여의 위치, 삼국 시기의 지명 등을 들 수 있다. 위치 비정과 관련한 주요 주제는 모두 특정 정치체나 국가의 역사 전개 양상을 이해하기 위한 전제 조건에 해당한다. 위치를 정확히 알아야 각 정치체나 국가의 성장 환경이나 주변 지역과의 관계 등을 파악할 수 있기 때문이다. 또한 위치를 정확히 알아야 기존의 문헌 사료와 최근 급증하는 고고 자료를 결합해 연구를 진행할 수 있다.

이러한 점에서 위치 비정과 관련한 연구 성과는 한국 고대사 연구의 토대에 해당한다고 할 수 있다. 실제 한사군과 삼한의 위치를 고찰한 연구 성과는 한사군이나 삼한뿐 아니라 한국 고대사 전체의 전개 양상을 이해하는 기본 토대를 제공한다(이병도, 1976). 또한 고조선의 중심지 변천에 대한 연구 성과는 고조선과 관련한 문헌 사료와 고고 자료를 결합시켜 이해하는 기준을 제공한다(노태돈, 2000). 그리고 최근 고고 조사의 진전으로 삼국 초기 도성의 위치를 비교적 정확하게 비정할 수 있게 되었는데(여호규, 2007), 이를 바탕으로 삼국의 국가적 성장이나 주변 지역과의 교섭 양상 등을 구체적으로 파악할 수 있게 되었다.

이렇게 본다면 위치 비정과 관련한 연구는 향후 더욱 활발하게 이루어질 필요가 있다. 더욱이 예맥족의 분포 범위나 후기 부여의 위치에 대해서는 여전히 논란이 분분하며, 삼한 소국이나 삼국 시기 지명에 대한 위치 비정 연구는 거의 답보 상태다. 한국 고대사 연구의 토대를 마련하기 위해서는 최근 답보 상태인 위치 비정 연구를 더욱 활성화할 필요가 있다. 다만 종래 위치 비정 연구는 주로 특정 정치체나 국가의 활동 무대를 찾는 데 주안점을 두었다. 이러한 방식의 위치 비정 연구에만 몰두할 경우, 공간을 단순히 인간 행위의 무대로만 인식할 위험성이 있다. 이 경우 자칫하면 역사 지리 연구의 가장 극단적인 폐단이라 할 수 있는 지리결정론 내지 환경결정론에 빠질 위험성도 있다.

이러한 점에서 위치와 더불어 '장소'와 '공간space' 개념에 주목할 필요가 있다. 인간은 자신만의 세계를 만들어가면서 절대적이고 객관적인 위치를 상대화시킨다. 이를 통해 절대 위치는 개별 인간이나 집단에게 특정한 의미를 갖는 '장소'로 탈바꿈한다. 또한 개별 인간이나 집단은 특정한 장소에 거처하면서 지속적인 상호 작용을 통해 개인적·집단적 자아를 형성한다(에드워드 렐프, 김덕현·김현주·심승희 옮김, 2005, 128~134쪽). 그러므로 인간이 생산해내는 다양한 의미 세계를 알기 위해서는 그들이 처한 장소를 정확하게 이해하는 것이 중요하다. 특히 각 장소는 저마다 특정한 의미를 갖고 있기 때문에 가능한 행위가 정해져 있다. 장소는 인간이나 집단의 행위를 규정하고 정체성을 형성하는 핵심 요소의 하나인 것이다(전종한 외, 2012, 30~32쪽).

그러므로 개별 장소에 대한 연구를 통해 특정 인간이나 집단의 행동 양식이나 의식 세계를 파악할 수 있다. 또한 유사한 장소에 대한 비교 연구를 통해 각 집단이나 정치체의 특성도 추출할 수 있다. 실제로 종래 신라의 제장祭場(최광식, 1995; 여호규, 2002a; 채미하, 2008)이나 사원(신창수, 1995; 박방룡, 1997; 김복순, 2006) 등 특정한 장소를 연구해 각 장소의 성립 과정과 기능을 파악하고, 고대인의 행동 양식이나 의식 세계를 파악했다. 이러한 점에서 최근 고대 정치 운영의 핵심 공간인 왕궁을 다각도로 분석한 연구 성과들이 주목된다(여호규, 2003; 이영호, 2005; 양정석, 2008; 전덕재, 2009). 이를 통해 왕궁의 구조나 기능뿐 아니라 고대 정치 운영의 구체적인 양상도 새롭게 파악할 수 있을 것이기 때문이다.

그런데 개별 인간이나 집단은 특정한 장소와의 끊임없는 상호 작용을 통해 '장소의 정체성identity of place'을 형성한다. 장소의 정체성은 물리적 환경, 인간의 활동, 의미 등 3요소가 결합되어 형성되며(에드워드 렐프, 김덕현·김현주·심승희 옮김, 2005, 110~115쪽), 장소의 이미지를 통해 사회적으로 구조화된 것으로 이해할 수 있다(국토연구원, 2005, 38~41쪽). 장소의 정체성이라는 개념은 인공적으로 생산된 공간이 어떤 과정을 거쳐 특정한 의미를 지닌 장소로 고착되는지를 이해하는 데 중요한 단서를 제공한다. 또한 고대 국가가 형성되던 초창기에 자연적인 공간의 일부가 특정한 의미를 지닌 장소로 변모하는 양상을 이해하는 데도 중요한 실마리를 제공한다.

가령 1~3세기 고구려 도성의 의례 공간을 분석해보면, 왕궁이나 그 주변의 제의 시설보다 도성 동쪽의 천연 동굴과 압록강변으로 구성된 동맹제의 제장祭場이 최상위 의례 공간의 위상을 확보한 것으로 확인된다. 또한 왕위 찬탈이나 쿠데타 실행 등 중요한 정치 회합이 자연 공간인 수렵 장소에서 거행되는 양상도 확인할 수 있다(여호규, 2013). 인공적으로 조영造營한 왕궁이나 제의 시설보다 천연의 자연 공간이 훨씬 중요한 의미를 가진 장소로 활용되는 것이다. 이는 고구려인들이 주변의 자연 공간과 오랫동안 상호 작용을 하면서 특정한 의미를 갖는 '장소 정체성'을 형성했기 때문으로 풀이된다.

시조 주몽이 "사냥해서 잡은 흰 사슴白鹿을 핍박해 하늘로 하여금 비류국의 왕도王都를 표몰漂沒시킬 비를 내리도록 했다"는 「동명왕편東明王篇」의 기사는 자연 공간에 대한 '장소 정체성'이 어떠한 과정을 거쳐 형성되었는지 검토하는 데 중요한 단서를 제공한다. 고구려 사회의 수렵 전통은 이러한 측면에서 재조명할 필요가 있다(김영하, 1985). 고구려 초기에 정치 회합이 이루어진 수렵 장소나 동맹제의 제장은 외형상 천연의 자연 공간이지만, 실질적으로는 특정한 의미를 가진 정치적 또는 종교적 장소인 것이다. 이는 국가 권력이 형성되던 초창기에 구성원들이 공유하던 전통적인 '장소 정체성'을 활용해 정치권력을 창출하고 또 정당화하는 방식을 이해하는 데 중요한 실마리를 제공한다(앙리 르페브르, 양영란 옮김, 2011, 100~101쪽).[1]

따라서 한국 고대 사회를 구성하던 여러 장소를 다각도로 분석한다면, 한국 고대사의 다양한 면모를 보다 다채롭게 이해할 수 있을 것이다. 특히 국가 권력의 창출이나 정치 운영 양상을 파악하기 위해서는

---

1) 이와 관련해 아프리카 피그미족의 공간 관념이 주목된다. 이들의 마을은 숲 속에 야영지를 조성하면서 형성되는데, 야영지의 중심은 공적 공간, 주변은 친구나 친척과 상호 작용을 하기 위한 사적 공간으로 구분된다고 한다. 다만 야영지라는 인공 공간은 피그미족의 사회 질서를 표현하지만, 종교적 공간으로는 기능하지 못한다고 한다. 그들의 종교적 정서가 주위의 숲과 일치하기 때문이다. 이에 따라 사회적 공간과 종교적 공간은 엄격하게 분리되어 있으며, 인공적으로 생산된 사회적 공간은 삶을 지탱해주는 근간으로 인식되는 주위의 숲과 비교할 때 하찮게 여겨진다고 한다. 인공적인 공간은 결코 종교적 의미를 가질 수 없다는 것이다(이푸 투안, 구동회·심승희 옮김, 1995, 184~187쪽).

각종 의례나 정치 행위가 이루어지던 장소를 분석하고, 고대 중국이나 일본 등의 사례와 비교할 필요가 있다. 다만 장소는 기본적으로 주관적이고 개성적인 성격을 지니므로 다양한 사람이나 집단이 공유하는 사회 구조나 정치체제를 연구하기에 적절한 개념은 아니다. 이러한 점에서 장소보다 보편적이고 일반적인 것을 담아내는 '공간'이라는 개념에 주목할 필요가 있다(전종한 외, 2012, 30~32쪽).

공간 개념도 다양하게 이해되지만, 일반적으로 절대 공간과 상대 공간으로 구분해서 이해한다(기꾸치 도시오, 윤정숙 옮김, 1995, 23~45쪽). 뉴턴 물리학에서 비롯된 절대 공간 개념은 좌표 평면처럼 균질적인 공간으로서 외적 사물과 관계없이 항상 같은 형상을 유지하며 부동 불변적인 것으로 이해된다. 공간이 행위 주체에서 분리된 독립적 객체로 상정되는데, 고전 지리학에서 널리 통용되던 개념이다(데이비드 하비, 구동회·박영민 옮김, 1994, 295쪽; 노자와 히데키, 심정보 옮김, 2010, 213~216쪽). 이러한 절대 공간은 모든 물질과 인간을 수용하는 용기容器로서 그 안에 수용된 물질과 주체가 상호 작용을 할 수 있도록 한다(마즈오카 후지오, 심정보 옮김, 2010, 241~242쪽). 이러한 점에서 절대 공간 개념은 인간 행위의 전제 조건인 물리적 공간을 이해하는 데 많은 시사를 준다.

다만 절대 공간 개념은 행위 주체인 인간과 공간을 분리해 다루기 때문에 인간과 공간의 상호 작용을 거의 상정하지 않는다. 이에 비해 상대 공간 개념은 공간을 '인간의 지각을 통해서 인식한 것'으로 간주하거나 '사회적으로 생산된 것'으로 파악한다(노자와 히데키, 심정보 옮김, 2010, 217~223쪽). 공간이란 기본적으로 인간 활동에 의해 창조된 존재라는 것이다. 이러한 상대 공간 개념에 입각한다면, 사회적 공간의 생산을 강조함과 더불어 공간적 배치가 끼치는 영향력을 다각도로 탐구할 수 있다. 공간이 사회적으로 어떻게 생산되는지, 또 공간 스스로 무슨 일을 하는지 등을 탐구할 수 있는 것이다(마르쿠스 슈뢰르, 정인모·배정희 옮김, 2010, 195~204쪽; 하용삼, 2013, 79~80쪽).

이 가운데 '인간의 지각을 통해서 파악된 공간 개념'은 인공적인 공간을 생산하거나 조직하던 초창기 양상을 탐구하는 데 중요한 단서를 제공한다. 가령 인간은 신체의 감각기관을 통해 공간을 지각하고 해석하는데, 주로 직립해 있을 때 시각을 통해서 공간을 획득한다. 또한 인간의 신체적 도식에 따라 공간을 표현하는데, 공간에서의 객관적 기준점은 인간 신체의 의도와 좌표를 따른다. 그리하여 인간은 직립한 상태의 신체 모양과 자세에 입각해 자신을 기준으로 주위 공간을 전·후, 상·하, 좌·우 등과 같이 대칭적으로 구성되었다고 파악한다(이푸 투안, 구동회·심승희 옮김, 1995, 63~71쪽; 에드워드 렐프, 김덕현·김현주·심승희 옮김, 2005, 42~47쪽).

이러한 이론적 모색을 참조하면, 고구려나 백제 도성의 행정구역인 5부의 설치 과정도 새롭게 이해할 수 있다. 『삼국사기三國史記』에는 고구려나 백제 도성의 5부명이 주로 방위부方位部로 나와 방위 관념에 입각해 행정구역을 설정한 것처럼 보인다. 그렇지만 각종 금석문이나 『일본서기日本書紀』에는 방위부보다 전부前部, 후부後部, 상부上部(左部), 하부下部(右部) 등 주로 위치부位置部로 나온다. 고구려나 백제에서 도성의 5부를 설정하는 방식은 인간이 자신의 신체를 기준으로 주변 공간을 지각하는 양상과 매우 유사하다.

이러한 점에서 고구려 국내성지(여호규, 2012)나 백제 풍납토성(신희권, 2010)에서 왕궁이 성곽 내부의 중앙에 위치했을 것이라는 견해가 주목된다. 이에 따른다면 고구려나 백제 도성의 5부(위치부)는 중앙에 위치한 왕궁, 특히 왕궁에 거주하는 국왕의 신체를 기준으로 창출된 것으로 이해할 수 있다. 결국 고구려나 백제 도성의 5부는 인간이 자신의 신체를 기준으로 주변 공간을 지각하는 방식에서 유래했으며, 이는 '국왕'의 신체가 국가 권력의 담지자라는 고대적인 왕자관王者觀과 연관되어 있다. 고구려나 백제 도성의 5부는 주변국의 영향보다는 신체를 기준으로 공간을 지각하는 보편적인 방식과 연관된 것이다.[2]

다음으로 '사회적으로 생산된 공간 개념'은 공간과 사회의 상호 작용을 탐구하는 데 중요한 단서를 제공한다. 이 공간 개념에 따르면, 우리가 접하는 공간은 기본적으로 '특정한 사회체제 또는 그 사회 내의 정치나 권력관계에 의해 생산된 것'으로 파악된다. 우리는 태어나는 순간부터 자연적으로 주어진 공간을 접하는 것이 아니라, 헤게모니를 쥐고 있는 누군가에 의해 생산되고 만들어진 공간 속에서 삶을 영위해간다는 것이다(전종한 외, 2012, 37~38쪽).

공간을 사회적 소산으로 보는 개념인데, 공간의 사회적 생산 과정 및 공간적 구도가 사회성에 미치는 영향 등을 파악할 수 있다. 즉 공간의 사회적 생산을 통해 사회 구조나 정치체제가 공간 속에 어떻게 투영되는지, 또 공간적 관계나 형태가 사회 집단의 삶이나 형식에 어떻게 영향을 주는지를 탐구할 수 있는 것이다(마르쿠스 슈뢰르, 정인모·배정희 옮김, 2010, 70~72쪽). 이에 이 글에서는 고대 도성의 격자형 가로 구획 및 주치州治와 소경小京 등을 사례로 삼아 한국 고대사에서 사회적 공간의 생산이 어떻게 이루어졌는지 검토하고자 한다.

---

2) 인간은 직립 보행하는 신체 구조로 인해 전방은 잘 볼 수 있지만 후방을 직접 보지는 못한다. 이에 따라 시간적 측면에서 전방 공간은 주로 미래로 간주되고, 후방 공간은 과거로 간주된다고 한다. 또한 전방은 존엄함을, 후방은 속됨을 뜻한다고 한다. 중국의 황제가 남면南面하는 것은 이 때문이라고 한다(이푸 투안, 구동회·심승희 옮김, 1995, 71~73쪽).

3. 대규모 인공 공간의 생산: 도성의 격자형 가로 구획

한국 고대사에서 사회적 공간 생산은 크게 대규모 인공 공간의 건설, 그리고 기존 공간의 분절과 조직화라는 양상으로 나타난다. 대규모 인공 공간을 건설한 사례로는 삼국 후기 도성의 격자형 가로 구획이 대표적이다.[3] 격자형 가로 구획은 중국에서는 북위 대부터 나타나며, 일본에서도 7세기 말경부터 시행했다. 특히 10세기 이후 도성에서는 이러한 양상이 거의 확인되지 않는다는 점에서 격자형 가로 구획은 고대 도성의 중요한 특징이라 할 수 있다.

신라 도성의 가로 구획은 동서로 명활산-서천, 남북으로 포석정-황성동에 걸쳐 시행했고, 각 가로 구획의 규모는 동서 160~165미터, 남북 140~145미터로 파악되었다(우성훈, 1996; 신창수, 2002). 최근 가로 구획의 규모가 지역별로 다르다는 사실이 확인되었는데, 동서 길이는 동일하지만 남북 너비는 황룡사 일대는 140미터 전후, 북천 북쪽은 120미터 전후로 좁아진다. 이로 보아 가로 구획은 6세기 중반 이래 단계적으로 확장된 것으로 파악된다(이은석, 2005; 황인호, 2009). 이와 더불어 일본의 후지와라쿄藤原京나 헤이조쿄平城京처럼 도로 중심선을 기준으로 가로 구획을 등분할한 사실도 확인되었다(藤島亥治郎, 1930; 龜田博, 2000).[4]

고구려의 경우 전기 평양성에서 격자형 가로 구획을 시행했다고 보

---

3) 규모는 다르지만 취락이나 읍락, 삼국 초기의 도성, 지방 행정의 중심지, 군사 방어 시설, 각종 교통과 운송 시설 등도 인공적으로 생산된 사회적 공간이라고 할 수 있다. 향후 다양한 사회적 생산 공간을 비교 검토해 한국 고대사의 시공간적 전개 양상, 특히 불평등한 공간 관계를 다각도로 고찰할 필요가 있다.

4) 최근 택지와 도로 구역을 별도로 설정했을 가능성이 제시되었다(황인호, 2009).

기도 하지만, 그 가능성은 희박하다. 반면 후기 평양성에서는 격자형 가로 구획이 뚜렷이 확인되는데, 동쪽 구간은 동서 120미터, 남북 84미터인 장방형, 서쪽 지역은 한 변 84미터인 정방형의 가로 구획을 조성한 것으로 확인되었다(한인호·리호, 1993). 그리고 이러한 구획이 4개 또는 16개가 모여 대구획을 이루고, 각 구획은 다시 4개의 소구획으로 분할된 사실도 파악되었다. 각 구획을 '전田' 자형으로 등분하는 4분할법이 적용되었던 것이다(김희선, 2010).

백제의 경우 사비 시기부터 격자형 가로 구획을 조영했다. 종래 관북리 일대에 장방형 가로 구획을 상정했지만(박순발, 2000; 이병호, 2003), 최근 조사 결과 그 가능성은 희박한 것으로 밝혀졌다(김낙중, 2012). 또한 GPS 측량 결과를 활용해 도성 전체를 동서 95.5미터, 남북 113~117미터로 조영했다고 보기도 했는데(박순발, 2003), 각 도로의 방향이 조금씩 다른 사실에 유의할 필요가 있다. 이에 구아리 일대에서 검출한 한 변 88.2미터인 정방형 구획을 가로 구획의 기본 단위로 상정하기도 한다(이병호, 2013). 아직 가로 구획의 조영 원리가 명확하게 규명되지 않았는데, 제반 정황상 격자형 가로 구획을 조성한 것은 틀림없다.

이상과 같이 종전 연구에서는 주로 가로 구획의 조영 원리를 고찰해 그 규모나 분할 방식 등을 파악했다. 이를 바탕으로 도성의 전체 모습과 공간 구성도 복원할 수 있었다. 그런데 전술했듯이 고대 도성의 격자형 가로 구획은 대규모로 건설한 인공 공간, 곧 사회적 생산 공간에 해당한다. 사회적 생산 공간은 기본적으로 각 사회의 권력관계에 의해 생산되며, 무수한 사회적 관계를 내포하면서 각종 통제와 생산의 수단으로 활용된다(앙리 르페브르, 양영란 옮김, 2011, 71~72쪽·157쪽). 이러한 사실에 유의한다면 가로 구획의 조영 원리와 더불어 가로 구획의 조영 목적이나 작용 등에도 관심을 기울일 필요가 있다.

이와 관련해 먼저 가로 구획의 조영 시기에 유의할 필요가 있다. 신라의 경우 대체로 6세기 중반부터 가로 구획을 조영했다고 파악된다 (신창수, 2002). 고구려는 552년부터 조영한 후기 평양성, 백제는 538년에 천도한 사비도성에서 격자형 가로 구획을 조영하기 시작했다. 삼국 모두 6세기 중반을 전후해 가로 구획을 조영하기 시작한 것이다. 그런데 고구려나 백제는 4세기에 중앙집권체제를 갖추었고, 신라는 6세기 전반에 중앙집권체제로 전환했다. 삼국 모두 중앙집권체제를 정비한 이후에 격자형 가로 구획을 조영했다고 볼 수 있다.

그러므로 당연한 추론이지만, 가로 구획의 조영 주체는 중앙집권적 국가 권력으로 상정할 수 있다. 그렇다면 국가 권력은 왜 막대한 인력과 물자를 동원해 도성에 격자형 가로 구획을 건설한 것일까? 중국 고대사에서는 일반적으로 구 적국민敵國民이 다수를 이룬 도성민을 통제하기 위해 격자형 가로 구획을 조영했다고 파악한다. 각 구획을 봉쇄한 높은 담장이 이를 반영한다고 본다(박한제, 1990; 楊寬, 1993). 이에 신라도 도성민, 특히 진골 귀족에 대한 통제를 강화하기 위해 격자형 가로 구획을 조영했다고 보기도 한다(전덕재, 2005).

물론 신라 도성의 격자형 가로 구획도 도성민을 통제하는 기능을 지녔을 것이다. 다만 신라를 비롯한 한국 고대 도성에서 가로 구획의 본질적 기능이 도성민의 통제였는가는 재검토할 필요가 있다. 신라 도성의 담장은 가로 구획을 완전히 봉쇄하는 방식으로 쌓지 않았고, 높이도 비교적 낮다. 더욱이 당 장안성과 달리 거주민의 출입을 통제하는 방문坊門이 확인되지 않으며, 각 가옥의 정문이 대로변을 향해 설치된 경우도 많다. 고구려 후기 평양성이나 백제 사비도성에서도 가로 구획을 봉쇄한 높은 담장은 확인되지 않는다. 이는 한국 고대 도성에서 가로 구획의 본질적 기능이 도성민의 통제가 아니라 다른 데 있었을 가능성을 시사한다.

고대 일본의 경우 7세기 말 후지와라쿄에서 처음 격자형 가로 구획을 조영했는데, 이때 가로 구획을 16분할해 관위와 신분에 따라 도성민의 택지 면적을 차등 지급했다(山下信一郎, 1998).[5] 가로 구획이 도성민의 택지를 차등 지급하는 기준으로 활용되었던 것이다. 현재 한국 고대 도성의 택지 분할이나 지급 방식을 보여주는 자료는 거의 없다.[6] 다만 고구려나 신라 도성은 모두 후지와라쿄처럼 4분할법(16분할법)으로 가로 구획을 분할한 것으로 파악된다. 더욱이 후지와라쿄를 조영하던 690~694년에는 당과의 교류가 단절되어 신라 도성을 모델로 조영했고, 가로 구획의 분할이나 택지 지급 방식도 신라에서 도입했다고 추정된다(이근우, 2005; 김희선, 2010). 이렇게 본다면 신라 도성에서도 가로 구획을 등분할 때 신분과 관등에 따라 택지 면적을 차등 지급했을 가능성을 상정해볼 수 있다.[7]

주지하듯이 신라는 진골 귀족 중심의 폐쇄적 신분제인 골품제를 시행했고, 고구려나 백제도 이와 유사한 신분제를 시행했다고 추정된다. 고대 시기에는 지배층이라 하더라도 신분에 의해 관등과 관직의 승진 상한이 엄격히 제한되었고, 이는 경제 기반의 규모와도 직결되었다. 따라서 도성민의 택지를 신분이나 관등에 따라 차등 지급했을 가능성을 상기하면, 격자형 가로 구획의 본질적 기능은 폐쇄적인 고대 신분제와

5) 『일본서기日本書紀』 권30, 지통천황持統天皇 5년 12월 을사乙巳조; 『속일본기續日本紀』 권10, 성무천황聖武天皇 천평天平 6년 9월 신미辛未조; 佐藤信, 1991.
6) 백제 사비도성의 택지와 고분군을 분석해 대구획의 1/16을 중급 관료의 기준 택지로 상정한 다음, 고위 관료는 이것의 2~8배, 하위 관료~서민은 1/2~1/4배 등의 택지를 보유했다고 파악한 견해가 제기되었다(야마모토 다카후미, 2005).
7) 이와 관련해 신라가 삼국 통일 직후 주요 귀족과 관원에게 전국의 목장을 지급한 사례가 주목된다. 총 174곳의 목장 가운데 내성內省과 관청은 32곳을 사여받은 반면, 진골 귀족 36인이 40퍼센트에 가까운 68곳을 사여받았고, 나머지 74곳을 중하위의 귀족이나 관인들이 차등 지급받았다.

연관될 가능성이 높다.

격자형 가로 구획은 인위적으로 건설한 인공 공간인 만큼 건설 당초에는 기존의 장소감이 약화되거나 해체되고, 새로운 장소감은 형성되지 않았을 것이다. 그리고 동일 원리에 입각해 획일적인 공간을 대규모로 조성했기 때문에 각 가로 구획이나 이를 분할해 조성한 택지 사이의 차별성은 거의 없었을 것이다. 격자형 가로 구획의 건설은 도성 곳곳에 각인된 기존의 장소 정체성이나 지배 질서를 약화시키거나 해체시키고, 새로운 장소감과 지배 질서를 배태하는 기반을 제공한 것이다. 이러한 점에서 도성의 격자형 가로 구획 건설은 공간의 생산을 통해 새로운 지배체제를 구축한 사례로 파악할 수 있다(데이비드 하비, 구동회·박영민 옮김, 1994, 301쪽).[8]

이처럼 대규모 가로 구획의 조성과 더불어 기존의 장소감이 거의 소멸되었기 때문에, 각 가로 구획과 택지의 특성이나 장소감은 각급 사용 주체에게 지급한 이후 새롭게 형성되었을 것이다. 격자형 가로 구획은 도성민의 택지뿐 아니라 각 관청이나 사원의 부지를 선정하는 기준으로도 작용했다. 가령 신라 도성에서 가장 중요한 사찰인 황룡사는 가로 구획 4개를 점유한 반면, 영묘사나 분황사는 가로 구획 1개를 점유했다(신창수, 1995). 사원의 위상에 따라 부지의 면적이 달랐으며, 사원의 위상은 부지 면적을 통해 표출되었던 것이다. 이렇게 본다면 차등 지급된 택지 면적도 거주민의 신분(지위)을 나타내는 역할을 했다고 추정된다.

---

8) 공간의 생산을 통한 공간 정복 양상은 정복 지역으로 진출하는 과정에서도 나타난다. 가령 창녕 지역에서는 4세기 말까지 계성 고분군 조영 세력이 주도권을 행사했는데, 5세기 이후 신라가 교동 고분군 조영 세력을 후원하면서 계성 고분군 조영 세력을 약화시키고 영향력을 강화해나갔다(이희준, 2005). 신라가 교동 고분군 중심의 새로운 공간 구조를 창출해 창녕 지역의 기존 공간을 정복한 것으로 볼 수 있다.

이에 따라 새로운 주거지에 대한 도성민의 장소감은 주로 택지 면적의 대소에 의해 형성되고, 이는 도성민에게 자신의 신분적 위상을 각인시키는 매개 역할을 했을 것이다. 도성민에게 택지 면적을 차등 지급함으로써 자연스럽게 자신의 신분적 위상을 자각해 신분제에 순응하도록 만들고, 고대적 신분제를 더욱 견고하게 구축했던 것이다.[9] 도성의 격자형 가로 구획은 당시의 지배적 사회관계인 고대적 신분제를 재생산하는 기반을 제공했으며, 역으로 고대적 신분제는 도성의 격자형 가로 구획 건설을 통해 재생산되었던 것이다.[10]

그런데 고대적 신분제는 왕경인과 지방민을 차별하는 면모도 지녔다. 이러한 점에서 격자형 가로 구획이 도성의 경관을 주변 지역과 구별하는 데 중요한 역할을 했음에 유의할 필요가 있다. 또한 삼국이 모두 격자형 가로 구획을 조성한 다음, 그 외곽에 4교郊를 설정해 각종 의례 공간을 집중 배치한 사실도 주목된다(여호규, 2002a·2005·2013). 이곳에서 각종 의례를 정기적으로 거행함으로써 경계 지역을 신성시함과 더불어 도성 안팎을 구별하는 심상 지리를 형성하고(에드워드 렐프, 김덕현·김현주·심승희 옮김, 2005, 81~85쪽; 마즈오카 후지오, 심정보 옮김, 2010, 269~270쪽), 이를 통해 왕경인과 지방민을 차별하는 고대적 신분제를 정당화했기 때문이다.

이상과 같이 고대 도성에서 격자형 가로 구획의 본질적 기능은 도성민의 통제보다는 고대적 신분제를 재생산하는 데 있었다. 물론 격자형

---

9) "사회적 세계의 견고함은 행위자가 가진 사회 속에서의 자신의 위치에 대한 지식의 결과이며, 그리고 공간적인 배치를 통해 행위자에게 주어진 경계로부터 나온 결과물"이라고 한다(마르쿠스 슈뢰르, 정인모·배정희 옮김, 2010, 94~120쪽).
10) "사회적 관계는 공간의 생산을 통해 유지되며, 특정 사회 조직은 지배적 사회관계의 재생산과 밀접히 연관된다"는 지적이 주목된다(앙리 르페브르, 양영란 옮김, 2011, 207~211쪽; 에드워드 소자, 이무용 외 옮김, 1997, 118~119쪽).

가로 구획은 왕궁을 정점으로 하는 도성의 위계적 공간 구조를 창출하는 데도 중요한 역할을 담당했을 것이다. 신라 도성의 주요 사원이 가로 구획을 단위로 배치된 사실은 이를 잘 보여준다. 아마 각 관청도 가로 구획을 단위로 배치되었겠지만, 관련 자료의 부족으로 구체적인 실상을 파악하기는 어렵다.

그런데 고구려 후기 평양성의 왕궁은 상대적으로 높으면서 가로 구획을 시행하지 않은 내성에 위치했고(최희림, 1978), 신라는 가로 구획을 시행한 후에도 종전의 월성을 계속 궁성으로 사용했다. 삼국이 초기 이래의 입지 조건이나 전통적인 권위를 계승해 위계적 공간 구조를 창출한 것이다. 삼국 후기 도성의 위계적 공간 구조는 초·중기 도성의 전통적인 공간성과 새롭게 도입한 격자형 가로 구획을 결합해서 창출한 것이다. 이러한 점에서 향후 초·중기 도성도 사회적 생산 공간이라는 관점에서 분석할 필요가 있고, 고대 도성이라는 공간 자체가 사회·경제 구조나 정치체제의 변화에 따라 끊임없이 재생산되었을 가능성에 유의할 필요가 있다.

4. 공간의 분절과 조직화: 주치州治와 소경小京

한국 고대사에서 사회적 공간 생산의 또 다른 유형으로는 지방 통치 조직의 정비를 들 수 있다. 지방 통치 조직은 영역 전체를 일정한 행정 구역으로 구획한 다음, 이를 전국적인 차원에서 통합하는 과정을 거치게 된다. 기존 공간을 일정한 단위로 분절해 폐쇄한 다음, 이를 다시 국가적인 차원에서 통제하고 재조직해 새로운 사회적 공간을 생산하는 것이다(데이비드 하비, 구동회·박영민 옮김, 1994, 298쪽). 신라의 경우, 삼국

통일 이후 지방 제도를 9주 5소경으로 정비했는데, 주치州治와 소경小京이라는 두 종류의 거점을 건설한 점이 특징적이다. 그렇다면 신라는 왜 주치와 소경이라는 두 종류의 거점을 건설했던 것일까?

신라는 중고기부터 주州를 설치했지만, 당시에는 지방 행정구역보다는 군관구軍管區의 성격이 강했고, 주치도 군사 거점의 성격이 강했다. 주치가 군사·외교적 상황에 따라 끊임없이 이동한 사실은 이를 잘 보여준다. 주州라는 공간을 통합할 지방 행정 중심지가 별도로 존재하지 않았던 셈인데, 이에 관찰관觀察官인 행사대등行使大等을 두어 지방 통제를 강화했다.[11] 그러다가 신라는 삼국 통일 이후 9주를 설치하고, 하위 행정구역인 군·현과의 영속領屬 관계를 강화했다. 또한 각 주의 지리적 중심지에 주치를 설치해 더 이상 이동하지 않았다. 주치가 명실상부하게 광역 지방 행정구역의 중심지라는 위상을 확보한 것이다.

한편 신라는 중고기에 아시촌소경(의성), 국원소경(충주), 북소경(강릉) 등을 설치했지만, 삼국 통일 무렵에는 아시촌소경과 북소경은 폐지되고 국원소경만 존속했다.[12] 이에 신라는 삼국 통일 이후 9주를 정비하면서 북원소경(원주), 금관소경(김해), 서원소경(청주), 남원소경(남원) 등을 설치해 5소경을 완비했다. 지리적으로 주치가 각 주의 중심지에 위치한 반면, 소경은 한쪽으로 치우쳐 주치와 도성을 잇는 양상을 보인다. 이에 소경의 성격에 대해 지방 문화의 중심지(임병태, 1967), 지방 통치 조직의 하나(전덕재, 2002), 도성과 주치를 잇는 중간 거점(박태우, 1987; 양기석, 1993) 등 다양한 견해가 제기되었는데, 일반적으로 수도의 편재

---

11) "각 지방 관청에 통합을 이룩하기 위한 초지역적 수단이 없을 경우, 관리의 순회가 공간적인 분산 상태를 중앙 집중화시키는 데 가장 효과적이었다"고 한다(마르쿠스 슈뢰더, 정인모·배정희 옮김, 2010, 69~93쪽).

12) 신라 소경에 대한 아래 서술은 '여호규, 2002b'를 수정 정리한 것이다.

성을 보완하면서 지방 통치를 강화하는 기능을 수행했다고 본다.

그렇다면 주치와 소경의 관계, 그리고 소경의 성격을 어떻게 파악해야 할까? 이와 관련해 금관소경을 제외한 여러 소경이 각 하천 중상류의 분지에 위치한 사실에 주목할 필요가 있다. 특히 남원소경이나 서원소경은 하천변의 충적 평지에 도성을 모방해 질서 정연한 격자형 가로구획을 조성했다(박태우, 1987; 양기석, 1993). 소경 자체가 대규모 인공공간의 형태로 건설되었던 것이다. 이러한 입지나 인공 공간의 건설은 대규모 인구의 집주集注와 연관된다. 더욱이 각 소경에는 도성의 6부에 준하는 행정구역이 존재했고, 소경인도 중앙관으로 출사할 수 있었다. 소경은 규모는 작지만 도성에 비견되는 위상을 지녔던 것이다.

그런데 금관소경을 제외한 각 소경은 도성인 경주에서 소백산맥을 넘어 각 주로 나가는 관문에 위치했다. 각 주의 입장에서 본다면 도성으로 나가는 관문에 해당한다. 이러한 점에서 소경은 도성과 주치를 잇는 중간 거점으로서 지방 통치를 강화하는 역할을 수행했다고 파악할 수 있다. 그렇지만 소경의 설치 목적이 단순히 지방 통치 강화에 있었다면, 왜 막대한 인력과 물자를 동원해 왕도에 비견되는 위상을 가진 도시로 조영했는지 설명하기 어렵다. 그렇다면 소경의 본질적인 기능은 무엇이었을까?

이와 관련해 신라의 물류망에 유의할 필요가 있다. 신라 도성인 경주는 동남부에 치우쳐 있을 뿐 아니라, 여러 수계水系나 수로水路와 격절되어 있다. 이에 신라는 각 주의 수취 물자를 소백산맥의 고갯길을 통해 도성으로 운반했다. 이때 각 주의 수취 물자를 주치州治로 집하集荷하면 공력을 이중으로 허비하게 된다. 주치보다 도성에 가까운 군현이 상당수 있는데 주치로 집하하면 운송 거리와 비용이 증가하기 때문이다. 이에 각 군현의 수취 물자는 도성 방면의 제3의 장소로 집하했을 텐데, 가장 유력한 후보로는 소경을 들 수 있다.

소경은 각 주州에서 도성으로 나가는 관문일 뿐 아니라, 주를 관류貫流하는 수로와 소백산맥 고갯길이 만나는 수로·육로의 결절점에 위치했다. 이로 보아 신라는 각 주의 수취 물자를 소경에 집하한 다음, 소백산맥의 고갯길을 통해 도성으로 운송했다고 추정된다. 그런데 조선 시기에도 소백산맥을 넘어 물자를 운송하는 데 막대한 비용이 들었다(김재완, 2000). 그러므로 각 주에서 수취한 물자 가운데 상당 부분은 도성으로 운송했겠지만, 막대한 운송 비용을 고려하면 현지에서 소비하는 것이 훨씬 효율적이었다. 신라가 도성의 인구를 대거 이주시켜 소경을 도성에 비견되는 도시로 조성한 이유도 여기에 있다고 생각된다.

이와 관련해 진골 귀족들도 소백산맥 외곽에 막대한 경제 기반을 보유한 사실에 유의할 필요가 있다. 진골 귀족들도 원격지의 경제 기반을 관리하고, 수취 물자를 집하하기 위한 중간 거점이 필요했을 것이다. 소경은 국가 권력뿐 아니라 진골 귀족의 입장에서도 절실하게 요청되었던 것이다. 이에 진골 귀족들은 자신들과 연계된 왕경인을 소경으로 이주시켜 원격지의 경제 기반을 관리했을 것이다. 이에 따라 각지에서 수취한 물자는 소경에 일시적으로 보관되거나 비축되었고, 이 가운데 상당 부분은 소경민의 생활이나 원료의 가공 처리 등을 위해 소비되었을 것이다. 이를 통해 진골 귀족은 물류비를 최소화하면서 원격지의 경제 기반을 관리할 수 있었고, 소경은 많은 인구가 집주해 복합 기능을 수행하는 도시로 발전할 수 있었다.

이처럼 신라는 각지의 물자를 가장 효율적으로 도성으로 운송할 수 있는 지점에 소경을 건설해 왕경 중심의 물류망을 구축했다. 주치가 각 주의 행정 중심지였다면, 소경은 왕경 중심의 지배체제를 관철하기 위해 건설된 왕경인의 거점 도시라 할 수 있다. 소경은 단순히 도성이나 주치의 취약점을 보완하는 기능을 수행한 것이 아니라, 영역 전체를 상호 연계시켜 도성을 정점으로 조직화하는 역할을 수행했던 것이다. 소경이 영역 전체를 도성을 정점으로 통합하는 데 핵심 역할을 수행했던 것인데, 이 과정은 공간의 통합統合과 집적集積 개념을 통해 보다 명료하게 이해할 수 있다.[13]

지표상의 절대 공간은 좌표 평면처럼 연속적인 균질성과 무한한 등방성等方性을 갖고 있기 때문에 인위적으로 경계를 설정해 유한한 공간 구획을 창출함으로써 지배할 수 있다. 이러한 점에서 국가가 지방 제도를 통해 영역을 인위적으로 분절하고 주민의 이동을 차단하는 것은 영역을 실질적으로 지배하기 위한 조치로 이해할 수 있다. 다만 영역의 분절만으로는 실질적인 지배를 확립하기 어렵다. 각 영역을 분절한 공간 구획, 곧 지방 행정구역 내부에는 각 경제 주체나 사회 집단이 점유하거나 생산한 다양한 상대 공간이 존재하기 때문이다.

국가가 이러한 상대 공간을 포섭해야 실질적인 지배를 이룩할 수 있는데, 이를 공간통합空間統合이라 한다. 공간통합을 위해서는 두 가지 조건을 구비해야 한다. 먼저 통합의 구심점을 확보해야 한다. 일반적으로 상대공간 통합의 구심점은 다양한 행위 주체가 특정 공간에 집적해 행위 공간[14]을 생성함으로써 성립하는데, 이를 공간집적空間集積이라 한다. 지방 행정 치소治所는 국가 권력이 인위적으로 다양한 행위 공간을 생산해 공간집적을 이룩한 곳이다. 다음으로 교통 시설과 운송 수단을 구축해 통합의 구심점과 각 상대 공간 사이의 이동 거리와 시간을 최

---

13) 공간 통합과 집적에 관한 다음 논의는 주로 '미즈오카 후지오, 심정보 옮김, 2010'을 참조했다.
14) 교통로나 유통 공간, 공동 방목지 등과 같이 다중多衆이 사용해 특정 주체에 의해 점유가 유지되지 않고, 공간 점유 형태가 유동적인 것을 '행위 공간行爲空間'이라고 한다(미즈오카 후지오, 심정보 옮김, 2010, 247~248쪽).

소화해야 한다. 그래야 구심점을 중심으로 다양한 상대 공간을 포섭할 수 있다. 국가가 지방 행정의 치소를 각 행정구역의 교통 중심지에 건설하는 것은 이 때문이다.

통일신라의 경우, 영역 전체를 9주로 분절하고, 각 주를 다시 군·현으로 구획한 다음, 각급 행정구역 단위마다 주치, 군치, 현치 등을 설치해 공간통합을 이룩했다. 물론 이들 주치, 군치, 현치 등은 행정구역의 교통 중심지에 설치되었을 뿐 아니라, 지방 통치에 필요한 다양한 기능을 집적해 통합의 구심점 역할을 수행했다. 그런데 영역 전체를 실질적으로 지배하기 위해서는 몇 단계로 분절한 지방 행정구역을 국가적 차원에서 재통합해야 한다. 즉 수평적으로는 각급 지방 행정구역을 상호 연관시켜 통제하는 한편, 수직적으로는 각급 지방 행정구역의 계층 질서를 국가적 차원에서 조직하고 통합해야 하는 것이다.

일반적으로 전근대 왕조 국가에서 국가적 차원의 공간 통제와 조직화는 도성을 중심으로 이루어지며, 이때 도성은 '재화의 공급 집적지集積地'라는 성격을 띠게 된다. 도성이 영역 전체를 통합하는 구심점 역할을 수행하기 위해서는 재화의 공급 집적지라는 입지 조건을 갖추어야 하는 것이다. 그런데 전술했듯이 신라의 도성인 경주는 동남부에 치우쳐 있었고, 다른 수계나 수로와 격절되어 있었기 때문에 이러한 입지 조건을 갖추기 어려웠다. 영역 내부의 재화를 도성으로 운송해 집적하려면 막대한 물류비가 소요되었기 때문이다. 그러므로 신라가 영역 전체를 원활하게 통합하기 위해서는 도성의 이러한 취약점을 보완할 필요가 있었다.

이에 신라는 소백산맥 외곽의 수로·육로 결절점에 '재화의 공급 집적지'인 소경을 건설해 도성의 취약점을 보완했다. 신라의 소경은 도성을 모방해 복합 기능을 수행할 수 있도록 건설한 집적공간集積空間일 뿐 아니라, 도성의 '재화의 공급 집적지' 기능을 수행한 또 다른 도성이었던 것이다. 소경은 단순히 지방 통치를 보완하는 존재가 아니라, 도성과 더불어 각급 지방 행정구역을 통제하고 조직해 영역 전체를 통합하는 구심점의 역할을 수행했던 것이다. 신라가 소경을 도성에 비견되는 위상을 가진 도시로 육성한 이유가 여기에 있다. 신라의 소경은 기존 공간의 분절과 조직화를 통해 영역 전체를 새로운 사회적 공간으로 편성하고 생산하는 데 핵심 역할을 수행했던 것이다.

5. 맺음말

이상을 통해 최근 국내에 소개된 몇몇 공간 이론서를 바탕으로 한국 고대사에서 공간사 연구의 가능성을 모색해보았다. 공간은 시간과 함께 인류 역사의 근본 조건을 이루며, 역사 전개와 더불어 끊임없이 재생산된 사회적 산물이다. 또한 각 시기의 공간 조직은 해당 시기의 사회관계나 정치체제를 형성시키는 배경을 이루었고, 인간이 생산하고 조직한 공간 구조에는 인류 역사가 고스란히 담겨 있다. 이러한 점에서 '공간'에 대한 분석은 한국 고대의 사회 구조나 정치체제 등을 새롭게 파악할 단서를 제공할 것으로 기대된다.

실제 위치, 장소, 공간 개념에 입각해 고대의 공간 현상을 검토한 결과 새로운 사실을 다수 파악할 수 있었다. 가령 삼국 초기에는 천연의 자연 공간을 의례나 정치 회합 장소로 활용한 경우가 다수 있는데, 이는 구성원들이 공유하던 전통적인 장소 정체성을 활용해 정치권력을 창출하던 양상과 연관된다. 또한 고구려나 백제 도성의 5부는 실제로는 위치부로 불렸는데, 이는 인간이 자신의 신체를 기준으로 주변 공간을 지각하는 방식에서 유래했으며, 국왕의 신체가 국가 권력의 담지자라는 고대적 왕자관王者觀과 연관되어 있다.

이와 더불어 최근 공간 이론에서 활발하게 논의되고 있는 '사회적 생산 공간' 개념에 주목해, 도성의 격자형 가로 구획 및 주치와 소경 등을 소재로 삼아 한국 고대사에서 사회적 공간의 생산이 어떻게 이루어졌는지, 또 이렇게 생산된 사회적 공간이 한국 고대사 전개에 어떤 영향을 미쳤는지를 검토해보았다. 그 결과 도성의 격자형 가로 구획이 폐쇄적이고 차등적인 고대적 신분제를 재생산하는 기반을 제공한 사실을 파악했다. 또한 신라의 주치와 소경은 기존 공간의 분절과 조직화를 통해 영역 전체를 새로운 사회적 공간으로 편성하는 데 핵심 역할을 수행한 사실을 파악했다.

그러므로 향후 다양한 공간 이론을 바탕으로 한국 고대의 공간 현상을 다각도로 분석한다면 한국 고대사를 더욱 풍부하게 이해하고, 또 체계화할 수 있을 것으로 기대된다. 다만 이를 위해서는 지리학과 사회학 등 공간 이론과 관련된 분과 학문과의 활발한 소통이 필요하다. 또한 한국 고대의 공간과 관련한 문헌 사료와 고고 자료를 유기적으로 연관시켜 종합적으로 분석할 필요도 있다. 아울러 역사 지리와 관련한 연구 성과가 많이 축적되어 있는 고대 일본사나 중국사와의 비교 연구도 필수적으로 요구된다. 앞으로 많은 연구자들이 역사 전개의 시간적 변화와 더불어 '공간'이라는 측면에 주목하기를 기대하며 글을 마무리한다.

:: 참고문헌

1. 한국 고대사 관련 논저

김낙중, 2012, 「백제 사비기의 도성과 왕궁」, 『백제와 주변 세계』, 진인진.

김복순, 2006, 「신라 왕경 사찰의 분포와 체계」, 『신라문화재학술논문집』, 27, 경주
　　　시, 신라문화선양회, 경주문화원, 동국대학교 국사학과.

김영하, 1985, 「고구려의 순수제」, 『역사학보』106, 역사학회.

김재완, 2000, 「경부선 철도 개통 이전의 충북지방의 소금 유통 연구」, 『중원문화논총』
　　　4, 충북대학교 중원문화연구소.

김희선, 2010, 『동아시아 도성제와 고구려 장안성』, 지식산업사.

노태돈 편저, 2000, 『단군과 고조선사』, 사계절.

박방룡, 1997, 「신라 도성 연구」, 동아대학교 사학과 박사학위논문.

박순발, 2000, 「사비도성의 구조에 대하여」, 『백제연구』 31, 충남대학교 백제연구소.

＿＿＿, 2003, 「사비도성 공간구획 예찰」, 『호서지방사연구』, 경인문화사.

＿＿＿, 2010, 『백제의 도성』, 충남대학교 출판부.

박태우, 1987, 「통일신라시대의 지방도시에 대한 연구」, 『백제연구』18, 충남대학교 백
　　　제연구소.

박한제, 1990, 「북위 낙양사회와 호한체제」, 『태동고전연구』6, 한림대학교 태동고전연
　　　구소.

신창수, 1995, 「중고기 왕경의 사찰과 도시계획」, 『신라왕경연구』(신라문화제학술발표회논
　　　문집 16), 신라문화선양회.

＿＿＿, 2002 , 「신라의 왕경」, 『강좌 한국고대사』 7, 가락국사적개발연구원.

신희권, 2010, 「백제 한성시대 도성제도에 관한 일고찰」, 『향토서울』 76, 서울특별시.

야마모토 다카후미山本孝文, 2005, 「백제 사비도성의 관료와 거주공간」, 『고대 도시와 왕
　　　권』, 서경문화사.

양기석, 1993, 「신라 오소경의 설치와 서원경」, 『호서문화연구』 11, 충북대학교 중원문
　　　화연구소.

양정석, 2008, 『한국 고대 정전의 계보와 도성제』, 서경.

여호규, 1996, 「한국 고대의 국가형성」, 『역사와 현실』 19, 한국역사연구회.

＿＿＿, 2002a, 「신라 도성의 공간구성과 왕경제의 성립과정」, 『서울학연구』 18, 서울시
　　　립대학교 서울학연구소.

＿＿＿, 2002b, 「한국 고대의 지방도시」, 『강좌 한국고대사』 7, 가락국사적개발연구원.

＿＿＿, 2003, 「국가의례를 통해 본 신라 중대 도성의 공간구조」, 『한국의 도성: 도성 조

영의 전통』, 서울시립대학교 서울학연구소.

_____, 2005, 「국가제사를 통해본 백제 도성제의 전개과정」, 『고대도시와 왕권』, 서경.

_____, 2007, 「삼국시기 도성사 연구의 현황과 과제」, 『역사문화연구』 26, 한국외국어 대학교 역사문화연구소.

_____, 2012, 「고구려 국내성 지역의 건물유적과 도성의 공간구조」, 『한국고대사연구』 66, 한국고대사학회.

_____, 2013, 「고구려 도성의 의례공간과 왕권의 위상」, 『한국고대사연구』 71, 한국고 대사학회.

우성훈, 1996, 「신라 왕경 경주의 도시계획에 관한 연구」, 성균관대학교 건축공학과 석 사학위논문.

이근우, 2005, 「신라의 도성과 일본의 도성」, 『신라문화』 26, 동국대학교 신라문화연구 소.

이병도, 1976, 『한국고대사연구』, 박영사.

이병호, 2003, 「백제 사비도성의 구조와 운영」, 『한국의 도성: 도성 조영의 전통』, 서울 시립대학교 서울학연구소.

_____, 2013, 「백제 사비시기 도성의 의례공간과 왕권」, 『한국고대사연구』 71, 한국고 대사학회.

이영호, 2005, 「7세기 신라 왕궁의 변화」, 『국읍에서 도성으로』(신라문화제학술논문집 26), 경주시, 신라문화선양회, 경주문화원, 동국대학교 국사학과.

이은석, 2005, 「신라 왕경 발굴의 과제」, 『신라사학보』 5, 신라사학회.

이희준, 2005, 「4~5세기 창녕 지역 정치체의 읍락 구성과 동향」, 『영남고고학』 37, 영 남고고학회.

임병태, 1967, 「신라소경고」, 『역사학보』 35·36, 역사학회.

전덕재, 2002, 「신라 소경의 설치와 그 기능」, 『진단학보』 93, 진단학회.

_____, 2005, 「신라 리방제의 시행과 그 성격」, 『국읍에서 도성으로』(신라문화제학술논 문집 26), 경주시, 신라문화선양회, 경주문화원, 동국대학교 국사학과.

_____, 2009, 『신라 왕경의 역사』, 새문사.

전재완, 2000, 「경부선 철도 개통 이전의 충북지방의 소금유통 연구」, 『중원문화논총』 4, 충북대학교 중원문화연구소.

채미하, 2008, 「신라의 사해와 사독」, 『역사민속학』 26, 한국역사민속학회.

최광식, 1995, 「신라 상대 왕경의 제장」, 『신라왕경연구』(신라문화제학술발표회논문집 16), 신라문화선양회.

최희림, 1978, 『고구려 평양성』, 과학백과사전출판사.

한인호·리호, 1993, 「평양성 외성 안의 고구려 도시리방과 관련한 몇 가지 문제」, 『조선 고고연구』, 사회과학출판사.

황인호, 2009, 「신라 왕경의 도시계획화 과정 연구」, 『신라사학보』 17, 신라사학회.

楊寬, 1993, 「封閉式的里制和坊制」, 『中國古代都城制度史硏究』, 上海古籍出版社, 上海.

龜田博, 2000, 『日韓古代宮都の硏究』, 學生社, 東京.

藤島亥治郎, 1930, 「朝鮮建築史論」, 『建築雜誌』, 建築學會, 東京; 1969, 『朝鮮建築史論』, 경인문화사.

山下信一郎, 1998, 「宅地の班給と賣買」, 『古代都市の構造と展開』, 奈良國立文化財硏究所, 奈良.

佐藤信, 1991, 「長岡京から平安京へ」, 『古代を考える 平安の都』(笹山晴生 編), 吉川弘文館, 東京.

2. 지리학 및 공간 이론서

국토연구원 엮음, 2001, 『공간이론의 사상가들』, 한울.

_____, 2005, 『현대 공간이론의 사상가들』, 한울.

그레이엄 클라크Grahame Clark, 정기문 옮김, 1999, 『공간과 시간의 역사』, 푸른길.

기꾸치 도시오菊地利夫, 윤정숙 옮김, 1995, 『역사 지리학 방법론』, 이회문화사.

노자와 히데키野澤秀樹, 심정보 옮김, 2010, 「지리학에 있어서 공간의 사상사」, 『공간의 정치지리』(미즈우치 도시오水內俊雄 엮음), 푸른길.

데이비드 하비David Harvey, 구동회·박영민 옮김, 1994, 『포스트 모더니티의 조건』, 한울.

류지석, 2013, 「사회적 공간과 로컬리티」, 『공간의 사유와 공간이론의 사회적 전유』, 소명출판.

마르쿠스 슈뢰르Markus Schroer, 정인모·배정희 옮김, 2010,『공간, 장소, 경계』, 에코리브르.

미즈오카 후지오水岡不二雄, 심정보 옮김, 2010,「공간, 영역, 건조환경」,『공간의 정치지리』(미즈우치 도시오水內俊雄 엮음), 푸른길.

앙리 르페브르Henri Lefebvre, 양영란 옮김, 2011,『공간의 생산』, 에코리브르.

앤서니 기든스Anthony Giddens, 황명주·정희태·권진현 옮김, 2006,『사회구성론』(개정판), 간디서원.

에드워드 렐프Edward Relph, 김덕현·김현주·심승희 옮김, 2005,『장소와 장소상실』, 논형.

에드워드 소자Edward Soja, 이무용 외 옮김, 1997,『공간과 비판사회이론』, 시각과언어.

오시로 나오키大城直樹, 심정보 옮김, 2010,「탈식민주의 상황과 지리학」,『공간의 정치지리』(미즈우치 도시오水內俊雄 엮음), 푸른길.

이푸 투안Yi-Fu Tuan, 구동회·심승희 옮김, 1995,『공간과 장소』, 도서출판 대윤.

전종한·서민철·장의선·박승규, 2012,『인문지리학의 시선』(개정2판), 사회평론.

하용삼, 2013,「사적·공적 공간의 분할과 통합 그리고 기능의 잠재태로서 공간」,『공간의 사유와 공간이론의 사회적 전유』(류지석 엮음), 소명출판.

한국 고대사에서 바닷길과 섬

강봉룡(목포대학교 사학과 교수)

1. 들어가기

역사를 문명 교류사의 관점에서 이해하고자 한다면, 길에 대한 식견과 안목은 필수적이다. 길은 문화와 문물이 소통하고 교차하는 통로이기 때문이다.

길에는 땅길(육로陸路), 바닷길(해로海路), 하늘길(공로空路) 등이 있다.[1] 이중 육로는 땅 위에 분명한 흔적으로 남기 때문에 우리에게 가장 익숙하고 보편적인 길로 인식된다. 실제 육로는 먼 옛날 사람들이 땅 위를 왕래하면서 생긴 작은 길에서부터 시작해, 근대 육상 교통수단의 발

---

1) 이하에서는 땅길, 바닷길, 하늘길을 편의상 각각 육로, 해로, 공로라 칭하기로 한다.

달과 함께 신작로, 고속도로, 철로 등의 다양한 길로 빠르게 진보해왔다. 육로가 가장 일상적인 길로 각인되어온 것은 당연하다.

반면에 해로와 공로는 바다와 하늘에 그 흔적을 남기지 않아서인지 쉽게 길로 느껴지지 않는 낯선 길이다. 이중 공로의 경우는 근대 이후 비행기의 발명과 함께 새로 출현한 길이므로 역사가 짧아 낯선 길로 인식되는 것에 충분히 이해가 간다. 그렇지만 해로의 경우는 역사적 연원도 길고 인류의 역사 발전에 미친 영향 역시 만만치 않아 단순히 낯선 길로 치부해 무심히 넘겨버리기엔 아쉬움이 크다. 이에 이 글에서는 동아시아의 관점에서 한국 고대사에 나타난 해로와 섬의 의미를 제기해보려 한다.

2. 고대 동아시아의 해로와 한반도

고대 동아시아 해로와 그 이름에 대한 논의는 매우 다양하고 복잡하게 진행되어왔지만(정진술, 2002), 한반도의 지점에서 이를 단순화시켜 본다면, 한·중·일의 연안을 따라서 이어지는 '동아시아 연안 해로'와 황해를 곧바로 혹은 비스듬히 가로지르는 '황해 횡단 해로', '황해 사단 해로' 등으로 구분할 수 있다.

동아시아 해로를 이처럼 세 개의 범주로 구분할 수 있다면, 각 해로는 언제부터 '일상적 항로'로 활용되었던 것일까? 이를 해로의 '개통' 이란 개념[2]으로 접근해보기로 한다. 연안 해로는 연근해를 따라 지문

---

2) 해로의 '개통'이란 목적의식을 가지고 왕래해 '일상적 해로'로 정착하게 된 시점을 염두에 둔 개념이다. 따라서 표류나 모험에 의해서 우연적 혹은 간헐적으로 왕래가 이루어진 것은 '개통'에 포함되지 않는다.

地文 항해가 가능한 반면, 황해 횡단 해로나 사단 해로는 황해라는 비교적 큰 바다를 가로질러야 하는 만큼 훨씬 어려운 원양 항해술을 요하므로, 횡단·사단 해로의 '개통' 시점이 연안 해로보다는 늦을 수 있다는 점이 상정된다.

먼저 동아시아 연안 해로의 경우 선사시대부터 문물 교류의 통로로 활용되었으리라는 것에 대해서는 이견이 없다. 그 시원이 언제부터인지는 확인하기 어렵지만, 기원전 3세기에 서복徐福 일행이 동아시아 연안 해로를 따라 항해해 한반도와 일본 열도에 이르렀다는 문헌이 있고(『사기史記』 권6, 진시황본기秦始皇本紀), 설화의 흔적들이 한·중·일의 연안에 광범위하게 분포하는 것을 보면(池上正治, 2007) 적어도 기원전 3세기에는 동아시아의 긴 연안 해로가 활용되었다는 것을 알 수 있다.

그러나 황해 횡단·사단 해로의 경우는 상당한 조선술과 항해술의 진보를 요하는 원양 해로에 해당하기 때문에 사정이 달랐을 것이다. 물론 선사시대부터 중국의 강남 지방에서 서남해에 이르는 해로가 있었고, 이를 통해서 벼농사와 지석묘 문화 등의 문화 교류가 이루어졌을 것이라는 견해가 있긴 하다(마오자오시, 2000). 하지만 이는 아직은 추론에서 벗어나기 어렵고, 설사 그런 문화 교류가 인정된다 해도 그것은 간헐적이고 우연적인 왕래에 의한 것일 뿐, 교류를 의식하며 수시로 왕래한 '일상적 해로'의 '개통'으로 보기는 어려울 것이다.

그렇다면 횡단·사단 해로가 일상적 해로로 '개통'된 것은 언제부터일까? 이 문제를 해명하기 위해서는, 백제가 근초고왕 때 동진東晉에 처음 사신을 보낸 이후 중국 남조南朝의 왕조들과 꾸준히 교류를 전개했다는 사실에 먼저 유념할 필요가 있겠다. 백제가 남조에 이르기 위해서는 황해를 횡단 혹은 사단하는 지름길을 이용했으리라는 생각을 우선 떠올리기 쉽고, 따라서 4세기 말부터 황해 횡단·사단 해로가 이미 활용되었다고 판단할 수도 있기 때문이다.

그러나 5~7세기에 백제 또는 신라에서 중국으로 갈 때 횡단·사단
해로를 이용하지 않고 주로 연안 해로를 이용했을 가능성을 시사하는
자료도 있어서 면밀한 검토가 요망된다. 5세기 백제의 개로·문주·동성
왕 대에 백제와 중국 왕조(북위, 송, 남제) 사이의 바닷길을 고구려가 차
단했다고 한 기사들(『위서魏書』권100, 열전列傳88 백제국百濟國;『삼국사기三
國史記』권26, 백제본기百濟本紀4 문주왕文周王 2년 3월;『삼국사기』권26, 백제본
기4 동성왕東城王 6년 7월)이나, 6~7세기 신라의 진평~진덕왕 대에 신라
와 당 사이의 바닷길을 고구려가 차단했다고 한 기사들(『삼국사기』권4,
신라본기新羅本紀4 진평왕眞平王 47년 11월;『삼국사기』권5, 신라본기5 진덕왕眞
德王 2년)이 그 예다.

개로·문주·동성왕 대의 백제는 고구려와 첨예하게 대립했고, 진평~
진덕왕 대의 신라는 백제·고구려와 대립하던 시기였다. 따라서 백제와
신라의 대중국 연안 해로가 고구려에 의해 저지당할 것이 명백하므로
연안 해로를 피해 황해를 횡단 혹은 사단하는 해로를 택했을 것이 예
상됨에도, 당시 백제와 신라는 연안 해로를 통해 가다가 번번이 고구려
에게 저지당했었다는 사실에 유의할 필요가 있다.

특히 개로왕 대의 사례를 보면, 북위는 고구려의 저지로 연안 해로를
통해 백제에 사신을 보내지 못하게 되자 어쩔 수 없이 황해 횡단 해로
를 통해 사신 파견을 시도했고, 결국 실패했던 것으로 나와 있다. 이는
당시 일상적인 해로는 역시 연안 해로였고, 횡단 해로는 비일상적이고
예외적인, 위험한 해로로 인식되었다는 것을 보여주는 바다. 만약 당시
에 황해 횡단 해로가 일상화되었다고 한다면, 군이 고구려의 위협을 무
릅쓰면서까지 연안 해로를 고집할 필요가 없었을 것이기 때문이다.

그렇다면 황해 횡단 해로가 일상화되는 계기가 된 것은 어느 때로

볼 것인가? 이와 관련해 660년 소정방蘇定方의 13만 대군이 황해를 횡단한 사건을 우선 주목해보아야 하지 않을까 한다. 당시 소정방은 산둥반도 청산成山을 출발, 황해 횡단을 감행해 덕물도(오늘의 덕적도)를 거쳐 오늘날 군산의 미자진尾資津에 상륙했다. 이는 연안 해로를 통할 경우 예상되는 고구려의 해상 저지를 피해가기 위한 비상 작전이었다고 할 것인데, 그 비상 작전은 대성공을 거두었다. 이러한 성공은 기본적으로 그간에 조선술과 항해술이 진보해온 결과라 할 것으로서, 이후 황해 횡단 해로가 일상화되는 일대 전기가 되었을 것으로 보인다.

한편 황해 사단 해로는 횡단 해로보다 좀 늦은 신라 말에 '개통'된 것으로 보는 것이 일반적이지만, 굳이 사단 해로의 '개통' 시기를 횡단 해로보다 늦추어 잡을 필요는 없다고 본다. 횡단 해로와 사단 해로가 그 개통 시점이 비슷하고, 공히 황해를 가로지르는 해로라는 점에서 성격이 상통한다면, '곧바로' 혹은 '비스듬히' 가로질러간 것을 굳이 구분할 필요 없이 황해 횡·사단 해로라 총칭해 횡·사단 해로의 다양한 코스를 탐색하는 것이 더 유의미할 수 있다. 결국 통일신라 이후에는 기왕의 연안 해로뿐만 아니라 산둥반도에서 경기만에 이르는 황해 횡단 해로, 산둥반도 또는 닝보寧波에서 흑산도를 거쳐 한반도 서남해 지역에 이르는 황해 사단 해로 등이 잇따라 '개통'되면서, '해로 다각화 시대'를 활짝 열었다고 할 수 있다.

반면 그 이전 삼국시대까지는 황해를 횡단하거나 사단하는 해로는 아직 활성화되지 못해, 동아시아 문물 교류는 주로 연안 해로에 의존했다. 이 시기 '동아시아 연안 해로'는, 한반도를 기준으로 볼 때 '서남해 연안 해로'와 '동남해 연안 해로'로 나눌 수 있다.

먼저 한반도의 서해안과 남해안으로 이어지는 '서남해 연안 해로'는, 발해만의 먀오다오廟島 군도를 징검다리 삼아 중국 동해안으로 통하고,

쓰시마섬 및 이키섬을 징검다리 삼아 일본 열도로 통하는 해로로서, 동아시아 연안 해로의 중심을 이룬다. 다음에 한반도의 동해안과 남해안으로 이어지는 '동남해 연안 해로'는 북방 옌하이저우沿海州에서 동해안과 남해안을 거쳐 왜로 통하는 해로로서, '서남해 연안 해로'보다는 그 중요도가 떨어지지만 대안적 통로로 활용되기도 했다.

이제 이를 염두에 두면서 한국 고대사에 나타난 바닷길과 섬의 상관관계와 그 기능을 살피려 한다. 먼저 다음 장에서 '서남해 연안 해로'와 '동남해 연안 해로'로 나누어 삼국시대까지의 연안 해로와 섬의 의미를 살펴보고, 장을 바꾸어 신라-고려 시대의 연안 해로 및 황해 횡·사단 해로와 섬의 관계에 대한 사례를 고찰하기로 한다.

3. 삼국시대까지의 연안 해로와 섬

(1) 서남해 연안 해로와 섬

고대 '서남해 연안 해로'는 흔히 고대 한반도 정세에 의해 소통과 경색梗塞이 반복되곤 했다. '서남해 연안 해로'의 중심 거점은 주로 강과 바다가 만나는 지점에 형성되었고, 한반도 정세의 변동에 따라 중심 거점은 '대동강→한강→금강'으로 이동하곤 했다(강봉룡, 2012). 이는 곧 고대 한반도의 정세가 불안정했던 상황에 연동되어 나타난 것이지만, 한편으로는 '서남해 연안 해로'의 중요성이 지대했음을 보여주기도 한다.

'서남해 연안 해로'에 대한 구체적인 기록은 『삼국지三國志』 위서魏書 동이전東夷傳 왜인倭人조에서 비롯한다. 여기에는 낙랑군이 존속하던 시기(기원전 2세기 말~기원후 4세기 초)에 '서남해 연안 해로'가 활성화되었음이 다음과 같이 기술되어 있다.

(낙랑·대방)군으로부터 왜에 이르는 경로는 다음과 같다. 군에서 해안을 따라가다가 한국韓國을 거쳐 다시 남쪽과 동쪽으로 잠시 가다 보면 그 북쪽 해안에 있는 구야한국狗邪韓國에 이르게 되는데, 여기에서 거리가 7000리다. 여기에서 처음 바다를 건너 1000여 리 가면 쓰시마섬對馬島에 이른다.(『삼국지』 권30, 위서 동이전 왜인)

이에 의하면 당시 '서남해 연안 해로'는 '낙랑군→한국→(남행)→(동행)→구야한국→(바다)→쓰시마섬→(왜)'로 이어졌던 것으로 나온다. 이중 한국은 마한 연맹체의 맹주국인 목지국目支國을 지칭하는 것이고, 구야한국은 가야 연맹체의 맹주국인 금관국을 지칭하는 것으로 보여, 목지국의 외항으로 추정되는 아산만 일대와 금관국이 위치한 낙동강 하구의 김해 일대에 '서남해 연안 해로'의 주요 거점 포구가 있었음을 알 수 있다.

한편 근래에 고고학의 연구 성과가 축적됨에 따라 '서남해 연안 해로'의 거점이 된 섬들의 실체가 드러나고 있다. 먼저 사천시 늑도 유적에서 반량전과 오수전 등의 중국 고대 화폐와 한·중·일 고대 유물들이 발굴되었는데(신용민, 2003), 이는 기원전 3세기~기원전 1세기에 늑도가 동아시아 해상 교역의 중요 거점 포구로 기능했던 것을 보여준다. 이 밖에 영종도, 거문도, 제주도 등의 도서 지역과 해남, 의창, 창원, 김해 등의 연안 지역에서 고대 중국 화폐들이 잇따라 발굴되어(최몽룡, 1989; 지건길, 1990), 섬과 연안에 고대 연안 해로의 주요 거점 포구들이 분포했었음을 알 수 있다.

근래에는 도서 지역에서 고대 고분이 조사되기도 했다. 해남 외도의 1호분에서 갑옷편을 비롯해 철부, 철촉, 철도자편이 수습되었고(국립광주박물관, 2001), 신안 안좌도 배널리 3호분에서는 투구와 갑옷을 비롯해 철검, 철도자, 철촉, 철부 등이 발굴되었다(동신대 문화박물관, 2011). 그런데 이들은 5세기 중반경의 가야계 내지 왜계의 유물로 추정되어, 5세기 대에 고구려·백제의 대결로 인해 '서남해 연안 해로'가 서해안 북쪽에서 경색되었음에도 남해안 구간에서는 서남해 지역과 가야 및 왜 간에 상당한 해상 교역이 이루어졌음을 알 수 있다. 이와 유사한 유물이 고흥 안동 고분에서도 발굴된 바 있어(임영진, 2006; 문안식, 2007), 거점 포구는 섬과 연안 지역에 널리 분포했었다고 할 수 있다.

한편 신안군 도서 지역에는 백제시대 고분과 산성이 분포했음이 속속 확인되고 있다(최성락, 1987). 먼저 압해도를 보면 송공리에 송공산성이 있고, 일제강점기까지만 해도 그 산성 동쪽의 대천리 일대에 58기의 고분이 분포했던 것으로 전해지는 바(조선총독부, 1942), 현재는 고분의 흔적이 거의 남아 있지 않아 그 실체를 알 수 없지만, 백제계 횡혈식 석실분이 다수 포함되었을 것으로 판단된다(강봉룡, 2000).

다음에 장산도에는 장산리와 대리 일대에 장산토성지가 있고 공수리에 대성산성이 있으며, 그 산성의 주변인 도창리에 5~6기의 석실분이 분포하고 있다(최성락, 1985). 이중 비교적 원형이 잘 보존되어 있는 아미산 남쪽 기슭의 석실분은 백제 사비 천도 이후의 전형적인 사비 양식을 띠고 있어, 6세기 중엽~7세기 초에 축조된 것으로 판단된다. 이는 6세기 중엽을 전후한 시기에 백제의 지방관이 직접 서남해 도서 지역에 파견되어 상주했음을 시사해주는 것이다.

임자도에는 대둔산성지가 있고, 석실분으로 추정되는 고분의 흔적이 있었다는 제보가 있다. 비금도에는 도고리에 도고리산성이 있고 광대리에 성치산성이 있는데, 이들 산성 주위에 40여 기의 고분이 분포하고 있으며, 이들 중 일부는 백제 석실분으로 확인된 바 있다(최성락, 1987; 강봉룡, 2002a). 안좌도의 읍동리와 대리 일대에서는 석실분 6기가 확인되었고(동신대학교 문화박물관, 2011), 지도 어의리와 하의도 대리 등지에서도 성격을 알 수 없는 고분군이 발견된 바 있으며, 신의도에는 수십 기의 백제 석실분이 분포한 것으로 보고된 바 있다(최성락, 2012).

이러한 서남해 도서 지역에 분포한 백제계 고분들은 백제가 6세기 '서남해 연안 해로'를 주도할 시절에, 해로를 이어주는 징검다리의 기능을 담당했을 것으로 보인다.

(2) 동남해 연안 해로와 섬

동해안에는 일찍이 '예濊'라고 통칭되는 종족 집단이 흩어져 살고 있었다. 예 종족은 한반도의 서북한 지역에서 명멸해간 고조선, 낙랑군, 고구려 등과 교류 관계를 이어가면서 성장했다. 그리고 경주평야에서 일어난 신라는 형산강의 물줄기를 따라 영일만으로 진출하면서 동해안의 예 종족과 문물 교류를 진행했다. 자연히 신라는 동해안의 예 종족을 통해서 서북한 지역의 여러 세력과 긴밀한 관계를 맺으며 북방 문물을 수용하기도 했다. 한반도 동남부의 모퉁이에 위치해 '서남해 연안 해로'에서 소외되었던 신라에게 동해안로는 국가 발전의 주요 통로로 기능했던 것이다(강봉룡, 2011a).

4세기 초에 낙랑군과 대방군이 축출된 직후, 고구려와 백제가 패권을 다투면서 일시적으로 '서남해 연안 해로'가 경색되어 제 기능을 발휘하지 못하는 상황에 처하자('서남해 연안 해로'의 첫 번째 경색기), 신라는 형산강의 물길을 따라 영일만에 이르러 동해안의 예 종족에 영향력을 강화하고, 태화강의 물길을 따라 울산만으로 진출해 남해안의 가야 세력에 영향력을 확대해가면서, '동남해 연안 해로'에 활기를 불어넣었다.

이에 따라 가야의 맹주국인 김해의 금관국은 '동남해 연안 해로'를 주도하는 신라에 의존하는 방향으로 기울었고, 자연히 금관국 서쪽

550

에 위치한 가야의 여러 포구 국가들은 소외되어갔다. 그리하여 가야의 8개 포구 국가('포상팔국')가 금관국에 불만을 품고 공격을 감행하기에 이르렀으니, 흔히 이를 일러 '포상팔국蒲上八國의 난'이라 한다. 금관국은 신라의 구원을 받아 가까스로 위기를 벗어났지만, 가야에 대한 신라의 영향력은 더욱 강화되었고 '북방-동해안-신라-남해안-금관국-왜'로 이어지는 '동남해 연안 해로'가 해상 교역의 주요 교통로로 부상했다(강봉룡, 2010).

그러나 4세기 후반에 백제가 한때 고구려를 제압해 '서남해 연안 해로'를 활성화시키고 가야와 왜를 교역의 파트너로 흡수하자, 신라는 가야와 왜로부터 버림받고 국제적으로 고립되는 상황에 처했다. 그리고 5세기에 들어서면서 이번에는 고구려가 패권을 잡고 남하 정책을 본격 추진해나가자('서남해 연안 해로' 두 번째 경색기), 신라는 위협을 느끼고 백제와 손을 잡고 동해안에서 고구려에 저항하면서 자주 노선을 견지하려는 노력을 기울이기도 했다. 이런 어려운 과정을 견뎌내면서 신라는 6세기에 이르러 '동남해 연안 해로'의 주도권을 다시금 확보할 수 있었다.

먼저 삼척에 실직주를 설치하고 이사부를 군주로 임명해 동해안 진출을 위한 군사 거점으로 삼았다. 이사부는 동해안을 통해 군사적 진출을 거듭해, 군단을 삼척에서 강릉으로 전진 배치시키고 강릉을 하슬라주로 삼았으며, 동해의 거점 섬인 울릉도(우산국)까지 점령함으로써 동해안을 육로와 해로 양면에서 완전 장악하는 기틀을 마련했다(강봉룡, 2011b). 이어서 신라는 남해안을 따라 가야의 여러 나라를 잇따라 병탄倂呑함으로써, 동해안과 남해안을 연결하는 '동남해 연안 해로'의 패자로 군림하기에 이르렀으니, '동남해 연안 해로'의 패권 장악은 신라가 6~7세기에 비약적으로 발전하는 중요 동력이 되었다고 할 것이다.

4. 통일신라시대의 해로와 섬

(1) 황해 횡단 해로와 섬

신라는 6세기 중반까지 대약진을 거듭해 동해안에 대한 주도권을 장악하고 가야 제국諸國을 병탄했으며 한강 하류까지 진출해 '동남해 연안 해로'와 '서남해 연안 해로'를 모두 장악하는 데 성공하는 듯했다. 그렇지만 곧바로 백제와 고구려의 반격에 직면해 이를 주도하는 데까지는 나가지 못했다. 백제와 고구려의 반격으로 7세기 이후 삼국간 전쟁은 더욱 극렬하게 전개되었고, 동아시아 연안 해로는 장기간 경색 국면에 빠져들었다. 자연히 동아시아 문물 교류는 일대 침체기에 접어들었다. 이제 이러한 국면을 타개하는 일은 삼국의 범위를 넘어서서 당과 왜가 개입하는 동아시아 문제로 확산되어갈 수밖에 없었다.

642년 백제의 대공세에 직면한 신라는 김춘추를 642년에 고구려에, 647년에 왜에 잇따라 파견해 고립과 위기 상황을 타개하려 했으나 실패했다. 643년에는 당에도 사신을 보내 원군을 요청했으나 당 태종은 이를 비웃듯 거절했다. 그런데 이후 5년이 지난 648년에 김춘추를 파견하자, 당 태종은 갑자기 태도를 바꾸어 그를 환대하고 군사동맹 체결에 합의한다. 이에 대해 흔히 김춘추의 탁월한 외교술이 거둔 성과로 포장되곤 하는데, 자세히 들여다보면 실은 647년과 648년 잇따른 당의 고구려 원정 실패가 그 배경이 되었다는 것을 알 수 있다. 고구려와의 전쟁에서 거듭 패해 자존심이 상해 있던 당 태종이 절치부심 암중모색하던 차에 김춘추 일행이 당도했던 것이고, 배후의 신라를 활용해 고구려를 공략하면 효과가 있으리라는 판단이 섰던 것일 게다.

그런데 당 태종이 649년에 세상을 떠나자 나당 군사동맹은 실행에 옮겨지지 못했고, 당은 고구려 선공을, 신라는 백제 선공을 주장하면서 조율에 실패했으며, 세월은 허송되었다. 당 고종은 신라에게 배후에서 군량 지원을 부담시키면서 655년, 658년, 659년, 660년에 대규모 고구려 원정에 몰두했지만 번번이 실패했다. 당이 이처럼 신라의 백제 선공을 외면하고 10년 넘는 세월을 고구려 공격에만 몰두했던 것은 여러 이유가 있었겠지만, 백제를 선공할 경우 '서남해 연안 해로'가 고구려에 의해 차단당해 나당 군사 합동작전이 어려울 것이라 판단했던 것도 그 이유의 하나였을 것이다.

그런데 당 고종은 660년에 갑자기 마음을 바꾸어 백제를 먼저 치기로 하고, 소정방으로 하여금 13만 대군을 이끌고 황해를 횡단하도록 명했다. 고구려에 의해 '서남해 연안 해로'가 차단될 것이 분명한 상황에서 백제 선공을 감행하기 위해서는 새로운 해로의 선택이 불가피했을 것인바, '황해 횡단 해로'가 그 대안 해로로 선택되었던 것이다. 이렇듯 당이 아직은 불안정한 '황해 횡단 해로'를 진군로로 전격 선택하는 군사적 모험을 감행한 것은 거듭된 고구려의 공격 실패를 극적으로 만회하고자 하는 조급함도 작용했겠지만, 기본적으로는 그간 이루어진 조선술과 항해술의 진보가 그 배경이 되었을 것이다. 결국 소정방의 황해 횡단 작전은 성공을 거두었고, 신라와의 원활한 군사 합동작전이 이루어져 마침내 백제를 멸망시키기에 이르렀다.

소정방의 황해 횡단 작전 성공은, 이제까지 간헐적인 불안정한 해로로 인식되어오던 '황해 횡단 해로'가 일상적 해로로 '개통'되는 계기가 되었다는 점에서, 해양사적 의미가 적지 않다. 소정방 선단의 출전과 항해의 과정을 간단히 정리하면 다음과 같다.

'당 고종은 660년 3월 10일 소정방 등으로 하여금 백제 정벌을 명했고, 소정방은 이에 따라 13만 대군을 거느리고 산둥반도 성산成山(혹은 라이저우萊州)을 출발해 동으로 순항해 덕물도(오늘의 인천시 덕적도)에 이

른다. 이에 신라의 태종무열왕은 6월 21일 태자 법민法敏 등에게 100척
의 배를 거느리고 덕물도로 가서 소정방 일행을 맞이하도록 한다. 소정
방과 법민은 덕물도에서 회합하고 나·당군이 7월 10일 사비성에서 만
나자는 군기軍期를 약속한다.'

이에 의하면 산둥반도 성산에서 출항한 소정방은 황해를 횡단해(황
해 횡단 해로를 통해) 덕물도에 이르렀다. 덕물도까지 이르는 그의 행군
기간은, 3월 10일 백제 정벌의 명이 떨어진 후 신라의 태자 법민 등이
덕물도를 향해 출발하는 6월 21일까지, 3개월 10일 정도 걸린 것으로
되어 있다. 이 기간 중에는 군대를 징발하는 일, 항해를 준비하는 일 등
이 포함되어 있을 것이므로, 성산에서 황해를 횡단해 덕물도에 이른 순
수 항해 기간은 훨씬 짧았을 것이다. 여러 사정을 감안할 때, 성산-덕
물도 간의 항해 기간은 10~15일 정도로 잡아볼 수 있지 않을까 한다.[3]

여기서 주목할 것은 소정방이 황해 횡단 해로를 항해할 때 덕물도라
는 섬이 중요한 거점(해로의 징검다리)으로 활용되었다는 점이다. 또한
663년에 백제 부흥군과 왜군이 합류해 맹위를 떨치면서 심각한 위기
상황에 내몰린 백제 주둔 당군이 본국에 원군을 요청했을 때도, 우위
위장군右威衛將軍 손인사孫仁師가 7000[4]의 원군을 이끌고 예의 덕물도를
거쳐 웅진부성으로 향했던 적이 있었다. 손인사는 소정방과 마찬가지
로 '성산-덕물도-웅진강(금강)'의 황해 횡단 해로를 택해 취항했음을

---

3) 이는『고려도경高麗圖經』및『송사宋史』에 나오는 '영파-흑산도' 간 황해 사단 해로의 항정航程
및 항해 기간을 감안한 것이다. 즉 소정방이 택한 '성산-덕물도' 간의 항행 거리는 '영파-흑산도'
에 비해 절반도 안 된다는 점과 소정방의 시대와 서긍徐兢의 시대가 약 460여 년의 간극이 있다는
점을 함께 고려한 것이다. 물론 여러 항해 조건의 변수에 따라 기간이 크게 달라질 수도 있을 것이
고, 또한 '성산-덕물도' 간에 섬이 거의 없다는 점을 염두에 둔다면, 순풍만 타면 불과 며칠 사이에
도달할 수도 있을 것이다.
4) 『삼국사기』신라본기 문무왕조에는 '40만'으로 나오지만 백제본기 의자왕조와『구당서』백제
조에는 '7000'으로 나와, '7000'이 타당한 것으로 보인다.

554

알 수 있다. 또한 그 이전 660년 9월에 소정방이 백제의 항복을 받아낸 뒤 백제의 왕과 왕족 및 신료 등 93명과 인민 1만 2000여 명을 거느리고 당으로 돌아갈 때도 이 해로를 택했을 것이고, 그 후 675년과 676년에 설인귀薛仁貴가 함대를 이끌고 각각 천성과 기벌포 상륙을 시도하다가 해전에서 신라 장수 문훈文訓과 시득施得에게 각기 연패당했을 때도 역시 바로 이 해로를 통해서 이동해왔을 가능성이 크다.

결국 삼국간 전쟁이 장기화되고 급기야는 당과 왜가 합류해 '동아시아 대전'으로 확전되는 극한적 상황에서, 당은 고구려가 차단한 '서남해 연안 해로'를 피해 대백제 비상 군사작전을 수행하기 위한 대안적 해로로 '황해 횡단 해로'를 이용하기 시작했고, 이것이 이후 점차 '일상적 해로'로 정착되어가면서 덕물도 등이 그 해로상의 거점 섬으로 지속 활용되었을 것으로 판단된다.

이후 '황해 횡단 해로'의 구체적인 운용 실태는, 비록 설화적 이야기이긴 하지만, 신라 말 고려 초 거타지居陀知와 작제건作帝建의 사례를 통해서 가늠해볼 수 있다. 거타지 설화와 작제건 설화의 대강을 소개하면 다음과 같다.

(가) 진성여왕 대에 양패良貝가 이끄는 견당사가 곡도鵠島라는 섬에 이르러 풍랑이 크게 일어 나갈 수 없게 되자 거타지를 희생양으로 삼아 남겨놓고 떠나간다. 거타지는 서해 용왕의 부탁을 받고 용왕을 괴롭히는 늙은 여우를 활로 쏘아 죽인다. 그 공으로 거타지는 용왕의 딸을 아내로 맞고 사신 일행과 합류해 용의 호위를 받아 사행의 임무를 성공적으로 수행한다.(『삼국유사三國遺事』 권2, 기이紀異2 진성여대왕거타지眞聖女大王居陀知)

(나) 왕건의 조부 작제건은 상선을 타고 아버지를 찾으러 중국으로 떠난다.

바다 한가운데 이르러 일기가 불순해 나갈 수 없게 되자 작제건이 희생양으로 선정되어 스스로 바다에 몸을 던진다. 작제건은 서해 용왕의 부탁으로 용왕을 괴롭히는 늙은 여우를 활로 쏘아 죽이고, 용왕의 딸과 결혼하고 칠보 등을 얻어 금의환향한다.(『고려사高麗史』 고려세계高麗世系)

위의 두 사례는 이야기의 구성과 내용에서 유사한 점이 많다. 중국으로 항해하는 도중 섬 혹은 해상에서 난관을 맞자 희생을 내세워 이를 극복하려 했다는 점, 그리고 희생으로 선택된 자가 서해 용왕을 위해 큰 공을 세워 일대 영웅으로 떠올랐다는 점 등이 그렇다.

그렇다면 이들은 어떤 해로를 택했을까? 먼저 거타지 일행의 경우 그 구체적인 항정航程은 알 수 없지만, 거타지가 남겨졌다는 곡도가 오늘의 백령도로 비정된다는 점과 경기도 화성군 남양으로 비정되는 당은포가 신라의 대중국 발착항發着港이었다는 점을 염두에 둔다면, 그들은 당은포에서 출발해 곡도 등의 섬들을 거쳐[5] 산둥반도로 가는 '황해 횡단 해로'를 이용했을 가능성이 크다. 왕건의 조부인 작제건의 경우 역시, 그의 선대 활동지가 개성과 예성강 일대였다는 점을 염두에 둔다면, 예성강 하구에서 출발해 산둥반도에 이르는 '황해 횡단 해로'로 취항했다고 할 수 있다.

이러한 유의 설화는 조선시대 심청의 인당수 설화와도 일맥상통하는 면이 있어, 오랫동안 전승되면서 크게 유행했음을 알 수 있다. 이는 곧 당시 중국에 이르는 황해 횡단 해로가 활성화되긴 했지만 여전히 험난하고 위험한 길로 인식되었음을 반영하는 것이겠다.

---

5) 덕물도(덕적도), 강화도, 연평도 등 경기만 일대의 섬들도 경유했을 가능성이 있다.

(2) 황해 사단 해로와 섬

한반도 서남해 지역에서 흑산도를 거쳐 서북향으로 진행해 산둥반도
에, 혹은 서남향으로 진행해 영파에 이르는 '황해 사단 해로' 역시 통일
신라 이후 고려시대까지 활성화되었음은 여러 사례를 통해서 살필 수
있다. 그 대표적인 사례가 '장보고와 엔닌圓仁의 바닷길'이다.

장보고가 한반도 서남해 지역에 위치한 완도에 청해진을 건설해 동
아시아 해상 교역을 주도했던 것은 잘 알려진 사실이지만, '장보고의
바닷길'을 전하는 구체적인 기록은 찾아보기 어렵다. 다만 장보고의 도
움으로 약 9년간 유학 생활을 했던 엔닌이 『입당구법순례행기入唐求法
巡禮行記』에서 장보고 무역선인 '교관선交關船'의 동향을 소개한 바 있는
데, 이는 청해진에서 중국에 이르는 '장보고의 바닷길'을 추정하는 데
중요한 단서가 될 수 있다. 이를 간략히 소개하면 다음과 같다.

- 청해진 병마사 최훈은 839년 6월 27일 교관선 2척을 이끌고 적산포에
  도착해 이튿날 밤에 적산법화원에 들름.
- 이후 그는 멀리 양저우揚州로 떠났다가 840년 2월 15일에 다시 적산포
  인근으로 돌아옴.(『입당구법순례행기』 권2, 개성開成 5년 6월 27일·2월 15일)

이에 의하면 청해진을 출항한 장보고 무역 선단의 책임자('매물사')
최훈崔暈은 산둥반도의 적산포로 입항해 장보고가 건립한 적산법화
원에 들러 무사 항해에 감사드리는 예불을 행한 것으로 보인다. 그리
고 이후 남쪽으로 양쯔강 유역에 위치한 양저우에 이르는 중국 동해안
의 광대한 해역을 항해하면서 모종의 무역 활동을 전개하다가 약 7개
월 보름 만에 다시 적산포로 돌아와 청해진으로 귀항한 것으로 파악할
수 있다. 이는 장보고 무역 선단이 중국에서 활동한 시간적·공간적 범

위가 매우 광대했다는 것을 보여줌과 동시에, 적산포가 장보고 무역 선단의 전용 발착 항구로 활용되었을 가능성을 보여준다고 할 수 있다. 그렇다면 청해진에서 흑산도 등 서남해의 섬들을 거쳐 산둥반도의 적산포에 이르는 노정이 청해진에서 중국에 이르는 '장보고의 바닷길'에 해당한다고 할 수 있다. 이와 함께 일본에 이르는 또 하나의 '장보고의 바닷길'은 청해진에서 남해안의 해로를 따라가다가 대한해협을 건너 쓰시마 등의 섬을 거쳐 일본 규슈九州 북단의 하카다博多 항으로 입항하는 노정이었을 것으로 추정된다.

장보고의 지원을 받아 당 유학을 성공적으로 마친 일본 승려 엔닌의 귀환 경로는 '장보고의 바닷길'을 답습했을 것으로 보인다. 그는 『입당구법순례행기』에서 자신의 귀국 노정을 다음과 같이 기록하고 있다.

- 산둥반도 적산포 출발(847년 9월 2일 정오)→(동행)→서웅주(충청도) 서해(9월 4일 새벽)→(동남행)→고이도高移島(9월 4일 오후 9시경)→무주(전남) 황모도(혹은 구초도)(9월 6일 오전 6시경)→(동행)→안도雁島(9월 8일 오전 9시경)→(동남)→쓰시마섬 서쪽 통과(9월 10일 오전)→규슈 카시마鹿島(9월 10일 초저녁)(『입당구법순례행기』권4, 회창會昌 7년 9월 2일~10일)

여기서 고이도高移島는 신안군 압해도의 북쪽에 인접해 있는 고이도古耳島를, 황모도(혹은 구초도)는 진도군의 서남단에 위치한 거차도를, 그리고 안도雁島는 여수 남쪽에 위치한 안도安島를 지칭하는 것으로 보인다. 엔닌은 산둥반도에서 동남쪽으로 항해해 황해를 건너 충청도 먼바다에 이르렀고, 여기에서 동남쪽으로 꺾어 항해를 계속해 고이도에, 다시 연안을 따라 남으로 항해해 진도 서남단의 거차도에, 그리고 다시 동쪽으로 꺾어 항해해 안도에 이르렀으며, 여기서 동남쪽으로 항해해

쓰시마섬을 통과해 일본 규슈의 카시마로 귀환했던 것이다. 이러한 엔닌의 바닷길은 '장보고의 바닷길'을 추정하는 데 하나의 전거로 삼을 수 있겠다.

(3) 서해 연안 해로와 섬

서해 연안 해로는 '서남해 연안 해로'의 중심을 이루는 구간으로, 삼국시대 이전은 물론 통일신라 이후에도 중요하게 활용되었다. 통일신라 시대에 가동되었던 '서해 연안 해로'의 구체적인 사례는 당의 재상 가탐賈耽(730~805)이 썼다는 다음 기사에 잘 나타나 있다.

덩저우登州에서 동북쪽으로 항행해 대사도大謝島(현 장산도), 구흠도龜歆島(현 타기도), 말도末島(현 황성도), 오호도烏湖島(현 흠도)를 지나는 데 300리이고, 여기서 북으로 오호해烏湖海(현 발해)를 건너 마석산馬石山(현 랴오둥반도遼東半島 라오톄산老鐵山) 동쪽의 도리진都里鎭(현 뤼순旅順)에 이르는 데 200리다. 여기에서 다시 동쪽으로 바닷가를 따라 청니포靑泥浦(현 다롄시大連市 청니와교), 도화포桃花浦(현 다롄시 홍수포), 행화포杏花浦, 석인왕石人汪(현 랴오닝성 석성도), 탁타만橐駝灣(현 대양 하구), 오골강烏骨江(현 압록강)을 지나는 데 800리이고, 남쪽으로 다시 바닷가를 따라 오목도烏牧島(현 평북 신미도)와 패강(현 대동강) 하구의 초도椒島(현 황해도 초도)를 지나면 신라 서북부의 장구진長口鎭(현 황해도 풍천이나 장역군의 장명진)에 이른다. 여기서 다시 진왕석교秦王石橋(현 옹진 반도 부근의 섬), 마전도麻田島(현 교동도), 고사도古寺島(현 강화도), 득물도得物島(현 덕적도)를 지나 1000리를 더 가면 한강 하구의 당은포唐恩浦(현 경기도 남양)에 이른다. 여기서 상륙해 육로로 700리를 가면 신라의 왕성에 도착한다.[6](『신

---

6) 지명 비정은 '정수일, 1992, 『신라·서역교류사』, 단국대학교 출판부, 516~518쪽'에 의거했다.

이는 가탐이 재상 재임 시(791)에 저술한『황화사달기皇華四達記』(일명
『도리기都里記』),「등주해행입고려발해登州海行入高麗渤海」의 일문이다(정수
일, 2011). 이에는, 산둥반도 덩저우에서 발해만의 여러 섬을 거쳐 요동
반도의 노철산에 이르고, 여기서 다시 여러 포구와 서해안의 섬들을 거
쳐 당은포에 이르는 '서해 북부 연안 해로'와 당은포에서 신라 왕성에
이르는 육로가 구체적으로 기술되어 있다. 이 연안 해로는 삼국시대 이
전부터 사용되었고, 통일신라시대에 들어서도 여전히 활용되었음을 알
수 있다.[7]

산둥반도에서 당은포에 이르는 '서해 북부 연안 해로'는 남쪽의 '서
해 남부 연안 해로'와 연결되었을 것인바, 후자의 해로 구간은 후대의
자료인 서긍徐兢의『고려도경高麗圖經』을 통해서 유추해볼 수 있다. 이
를 간단히 소개하면 다음과 같다. 1123년 5월 16일 명주明州(닝보寧波의
옛 이름)를 출항한 서긍 일행은 6월 2일 송과 고려의 접경에 해당하는
협계산을 지난 뒤 수많은 도島와 서嶼와 섬苫과 초焦를 거쳐 6월 13일
개경에 도착한다. 서해안에 접어들어 6월 5일 부안의 죽도에서 처
음 정박하고, 6일에 군산도, 8일에 마도, 9일에 자연도에서 정박한다.
10일에 급수문을 지나 합굴에서 정박, 11일에 분수령을 지나 용골에서
정박, 그리고 12일에는 예성강에 접어들어 용골에서 정박했다가, 13일
육로로 벽란정에서 개경에 이른다.

한편 서긍은 군산도(오늘의 선유도)와 마도와 자연도(오늘의 영종도)에

---

7) 옹진반도의 끄트머리에 위치한 장구진이나 당은포는 연안 해로의 주요 거점 포구이기도 했겠
지만, 백령도(곡도)나 덕적도(덕물도 혹은 득물도)를 거쳐 곧바로 산둥반도로 건너가는 황해 횡단 해
로의 거점이기도 했을 것이다.

각각 군산정, 안흥정, 경원정이라 불리는 객관客館이 있다는 것을 전하면서, 송나라 사신이 이들 객관에서 고려 접반사의 영접 의례를 받은 사실을 상세히 묘사했다. 이를 흑산도에 관사가 있다는 기록과 함께 생각하면, 고려가 주요 섬들에 사신이나 해상海商을 위한 편의 시설을 갖추어놓고 해로의 거점(징검다리)으로 활용했음을 알 수 있다(허경진, 2007; 森平雅彦, 2008; 윤용혁, 2010; 문경호, 2010; 곽장근, 2012).

결국 통일신라시대 '서해 연안 해로'와 섬의 긴밀한 관계는, 가탐의 『황하사달기』가 전하는 '서해 북부 연안 해로'(덩저우에서 당은포까지)와 섬의 관계, 서긍의 『고려도경』이 전하는 '서해 남부 연안 해로'와 섬의 관계를 합하면 그 전모를 파악할 수 있다.

이후 '서해 연안 해로'는 국내 문물 교류의 주요 통로로서 크게 활성화된 것으로 나타난다. 몇 가지 사례를 들어보자. 먼저 후삼국 시기에 왕건王建이 '정주(오늘의 풍덕)-서산·당진-나주·영암'으로 이어지는 서해의 남부 연안 해로를 장악하고, 유천궁柳天弓(정주), 박술희朴述熙와 복지겸卜智謙(이상 서산·당진), 오다련嗚多憐과 최지몽崔知夢(이상 나주·영암) 등의 해양 세력을 포섭함으로써, 결과적으로 고려를 건국하고 후삼국을 통일하는 주요 동력으로 삼았다는 점이다. 그 과정에서 왕건이 자신에 반하는 압해도의 해양 세력 능창能昌을 제압하기 위해 고이도와 진도 등의 섬을 먼저 점령했던 일은 유의할 만한 대목이다(강봉룡, 2002b·2003). 또한 최근 태안 마도 인근 해역에서 발굴되는 수중 고고학의 성과들에 의해 속속 확인되어, 이 해로가 고려시대 도자기 등의 운송로나 조운로 등 국내외 문물 교류의 중요 통로로 크게 활용되었음을 알 수 있다.

:: 참고문헌

강봉룡, 2000,「압해도의 번영과 쇠퇴: 고대·고려시기의 압해도」,『도서문화』18, 목포
　　대학교 도서문화연구소.

_____, 2002a,「고대·중세초의 한·중 항로와 비금도」,『도서문화』19, 목포대학교 도서
　　문화연구소.

_____, 2002b,「후백제 견훤과 해양세력: 왕건과의 해양쟁패를 중심으로」,『역사교육』
　　83, 역사교육연구회.

_____, 2003,「나말여초 왕건의 서남해지방 장악과 그 배경」,『도서문화』21, 목포대학
　　교 도서문화연구소.

_____, 2010,「고대 동아시아 연안항로와 영산강·낙동강유역의 동향」,『도서문화』36,
　　목포대학교 도서문화연구소.

_____, 2011a,「5세기 이전 신라의 동해안방면 진출과 '동해안로'」,『한국고대사연구』
　　63, 한국고대사학회.

_____, 2011b,「이사부와 장보고의 해양활동과 국가발전」,『이사부와 동해』3, 한국이
　　사부학회.

_____, 2012,「고대 서해 연안해로의 중심지 이동과 강」,『강과 동아시아 문명』, 경인문
　　화사.

곽장근, 2012,「새만금해역의 해양문화와 문물교류」,『도서문화』39, 목포대학교 도서
　　문화연구소.

국립광주박물관, 2001,「해남 방산리 장고봉고분 시굴조사보고서」, 국립광주박물관.

동신대학교 문화박물관, 2011,「신안 안좌도 배널리고분」(지도위원회 자료).

마오자오시毛昭晰, 2000,「고대 중국의 강남지역과 한반도」,『지방사와 지방문화』3-1,
　　역사문화학회.

문경호, 2010,「1123년 서긍의 고려항로와 경원정」,『한국중세연구』28, 한국중세사
　　학회.

문안식, 2007,「고흥 길두리 고분 출토 금동관과 백제의 왕·후제」,『한국상고사학보』
　　55, 한국상고사학회.

신용민, 2003,「사천 늑도유적 출토 반량전·오수전 소고」,『경남지역문제연구원 연구총
　　서』8, 경남대학교 경남지역문제연구원.

윤용혁, 2010, 「고려시대 서해 연안해로의 객관과 안흥정」, 『역사와 경계』 74, 부산경남
　　사학회.

임영진, 2006, 「고흥 길두리 안동고분 출토 금동관의 의의」, 『충청학과 충청문화』 5-2,
　　충청남도 역사문화원.

정수일, 2011, 「동북아 해로고: 나당해로와 여송해로를 중심으로」, 『문명교류연구』 2,
　　한국문명교류연구소.

정진술, 2002, 「장보고시대의 항해술과 한·중 항로에 대한 연구」, 『장보고와 미래대화』,
　　해군사관학교 해군해양연구소.

조선총독부, 1942, 『조선보물고적조사자료』.

지건길, 1990, 「남해안지방 한대화폐」, 『창산김정기박사회갑기념논총』, 창산김정기박
　　사 화갑기념논총간행위원회.

최몽룡, 1989, 「상고사의 서해교섭사 연구」, 『국사관논총』 3, 국사편찬위원회.

최성락, 1985, 「장산도·하의도의 유적·유물」, 『도서문화』 3, 목포대학교 도서문화연구
　　소.

_____, 1987, 「신안지방의 선사유적·고분」, 『신안군의 문화유적』, 목포대학교 박물관.

_____, 2012, 「선사유적」, 『도서 문화유적 지표조사 및 자원화 연구: 신의면 편』, 목포
　　대학교 도서문화연구원.

허경진, 2007, 「고려시대 송나라 사행해로 누정의 변천 연구」, 『동북아문화연구』 12, 동
　　북아시아문화학회.

森平雅彦, 2008, 「高麗群山亭考」, 『年報朝鮮學』 11, 九州大學朝鮮學研究會, 福岡.

池上正治, 2007, 『徐福』, 原書房, 東京.

한국 고대 여성사 연구 현황과 연구의 진전을 위한 제언

김영심(가천대학교 글로벌교양대학 교수)

1. 현 단계 한국 고대 여성사 연구에 대한 진단

(1) 연구는 어떻게 진행되어왔나?

우리나라 여성사 연구는 1960년대부터 간헐적으로 자료가 정리되어 자료집과 논문이 나오기 시작한 데서 출발했다. 1972년에는 '역사적 사실 그대로의 여성상'을 고찰하고 이해한다는 취지하에 최초의 여성사 연구서가 간행되었는데(최숙경·하현강, 1972), 고대 사회의 여성에 대해 정치와 여성, 종교와 여성, 여성의 지위, 여성의 일상생활과 문화로 정리해 연구의 기본 토대를 놓은 것으로 평가된다. 1982년에는 이와 거의 동일한 맥락에서 삼국시대 여성의 사회 활동과 지위를 다룬 논문이 나왔다(강영경, 1982). 이들 연구는 그동안 다루어지지 않았던 고대

사회의 '여성'과 관련된 많은 내용을 다방면에서 밝히고자 한 연구였다고 할 수 있을 것이다.[1]

이후 고대 여성사 연구는 거의 단절되다시피 했다. 1980년대 후반 서양의 여성사 연구가 소개되면서 고려시대나 조선시대의 혼인 및 상속 문제, 유교 사회에서 여성에게 요구되었던 덕목 등에 대한 검토, 근대 이후의 여성운동, 여성 인물에 대한 발굴·탐구 차원의 연구 등이 이루어지기 시작했으며, 고대 사회 여성의 삶에 대한 조명은 1990년대에 들어서야 본격적으로 행해졌다(전호태, 1997; 김남윤, 1999a; 김남윤, 1999b). 그러나 고대 사회 여성의 활동 및 지위를 전반적으로 검토하는 방식으로 연구가 이루어진 경향이 있고, 세부적인 주제에 대해서 심도 있게 다룬 연구는 부족했다. 자료 정리적인 성격이 강했던 것도 부인할 수 없다. 이는 한국 고대사 연구자들이 지속적으로 연구 작업을 진행하지 못하고 일회성 연구에 그친 데서 기인한 바 크다. 2000년대에 이르러 그동안 다루어지지 않았던 유교이념의 보급에 따른 여성의 삶의 변화, 불교의 여성관이 검토되고, 최근 들어 여성의 주체적인 삶이 강조되면서 여성의 경제 활동에 관심도 커지고 있는 상황이다.

고대 여성에 관한 일련의 연구를 통해 상대적으로 많이 밝혀진 부분이 혼인과 가족제도 속의 여성의 모습이었다. 문무왕 20년(680) 문무왕이 자신의 여동생을 보덕왕 안승安勝의 아내로 삼게 하면서 "인류의 근

---

1) 'women's history'와 'feminist history'를 구분해 전자는 이전에는 별로 중요하게 다루어지지 않았던 여성, 가족·결혼 등 과거의 여성, 여성과 관련된 주제들을 기존의 실증적인 역사 방법론에 따라 다룬 역사 서술로서 기존 역사 서술의 생략된 부분을 보태는 차원이며, 후자는 페미니즘의 관점이 분명히 드러난 여성사 서술로서 현실에 대한 문제 제기 차원에서 페미니즘의 시각이 연구의 절차와 결과에 반영된 것이라고 보기도 한다(신영화, 2002, 59쪽). 이 견해에서는 "정치적 실천으로서 페미니즘이라는 분명한 시각을 바탕으로 하지 않는다면 진정한 의미의 여성사 서술로 볼 수 없다"는 주장을 하고 있으나, 이 글에서는 여성사 전체를 지칭하는 용어로 여성사의 일반적인 영문 표기인 'women's history'를 사용한다.

본은 부부가 무엇보다 우선이고, 왕의 교화의 기틀은 후손을 잇는 것이 가장 중요하다"고 한 교서에도 보이듯이 인간 사회를 유지하는 데 있어 남녀간의 결합과 대를 이을 자손의 생산은 매우 중요한 일이었다. 더욱이 혼인은 그러한 가족을 성립시키는 기초가 되고, 여성은 혼인에서 중요한 한 축을 담당했던 만큼 혼인과 관련된 자료들이 상대적으로 많이 남아 있고, 이로 인해 혼인 원칙, 혼인 과정, 혼인을 유지하기 위한 장치, 이혼과 개가改嫁 같은 혼인제도 속의 여성의 문제가 다루어졌다.

가족제도 속의 여성과 관련해서는 처첩의 구별, 가계 계승권과 재산권, 가족 관계 속에서 여성의 발언권 문제 등이 검토되었다. 고대 사회 여성의 정치·사회·경제적 활동을 분석해 여성의 지위를 고찰하기도 했다. 그동안의 연구 성과를 좀 더 구체적으로 살펴보면서 연구의 미비점을 간단히 언급해보도록 하겠다.

여러 혼인 사례를 보면, 우리 고대 사회에서는 족외혼族外婚 내지 동성불혼同姓不婚, 신분내혼身分內婚, 근친혼近親婚의 금지라는 혼인 원칙이 지켜졌다. 또 지배층은 중매혼, 피지배층은 자유혼이 이루어진 경향이 있지만, 지배층 사이에서도 자유혼이 행해지는 예외적인 사례가 많았다. 그런데 중국에서는 서주西周시대 동성불혼이 채택된 이유로 우생학적인 요인이 거론되기도 하나, 그보다는 제후국이 서로 갈등하는 춘추시대의 현실에서 이성異姓의 제후국을 포섭하기 위한 정치적 목적에서 비롯되었다고 한다. 따라서 우리 고대 사회에도 이러이러한 혼인 원칙이 있었음을 지적하는 차원에서 그치지 말고 고구려나 백제에서 왕비를 다른 부部 내지 성씨 집단에서 맞이하는 사례를 검토해 '동성불혼' 원칙에서 '동성同姓'의 범위는 어떻게 변화되는지, 동성불혼은 어떠한 정치·사회적 의미를 갖는지 좀 더 깊이 있게 천착할 필요가 있다.

고대 사회 전체에서 일반적으로 보이는 혼인 형태와 달리 각 나라별로 보이는 특수한 혼인 형태에 대해 의미를 부여하고, 그것의 이면을 들여다보기 위해서는 인류학적 방법론도 적극 도입할 필요가 있다. 신라 왕실의 근친혼은 왕실 혈통의 순수성만이 아니라 왕실의 특권을 유지하기 위한 방편으로 행해진 특수한 혼인의 형태다. 고구려에서 보이는 취수혼娶嫂婚이나 백제의 형제공처兄弟共妻 또한 특수한 형태의 혼인이라고 할 수 있는데, 그 나라의 상황이나 역사 발전 단계에 맞는 해석이 필요하다. 여러 제도적 장치가 궁극적으로 지향하는 바가 무엇이었는지, 시대상에 대한 전체적인 그림이 먼저 그려져야 할 것이다.

혼인 관계를 유지하기 위해 간통과 투기에 대해 엄한 처벌이 이루어졌던 것도 고대 사회의 중요한 특징 중의 하나로 거론된다. 간음죄에 대한 처벌이 결정적으로 여성에게 불리하게 되어 있기 때문에 남성 중심의 가부장적인 가족 관계였고, 투기에 대한 처벌이 엄했던 것을 통해 당시 사회의 보편적인 혼인 형태가 일부일처다첩제一夫一妻多妾制 내지 일부다처제一夫多妻制 였다는 주장도 나오는데, 일부다처 내지 일부일처다첩을 규정하는 것은 신중을 기해야 할 것으로 보인다.

우리 고대 사회에서는 처와 첩이 분명히 확인되고, 처와 첩의 가정 내에서의 역할이 다른 것으로 기대되었기 때문에 이 시기의 혼인 형태는 처와 첩의 구분 관념이 있는 '일부일처'의 변용으로서 '일부일처다첩제'라고 보는 입장이 대세다. 그러나 처첩이 사용된 용례만을 가지고 처첩제가 시행되었다고 단정하기는 힘들다는 신중한 접근도 동시에 이루어지고 있다. 처와 첩의 신분을 확실하게 구분하는 것은 가족 내부의 권리와 재산의 계승과 직결되는 문제다. 어머니가 정식 혼인 관계에 있느냐 아니냐와 나이가 기준이 되어 적장자가 재산과 권력 상속의 우선권을 갖고, 적嫡·서庶 사이의 불균등이 규정된다는 점이 처첩제의 중요한 원칙이므로 처첩제는 정치적·경제적 분배 문제를 해결하기 위한 방편으로 출발한 것이었다고 할 수 있다. 따라서 우리 고대 사회가 일부일처(다첩)제였느냐 일부다처제였느냐를 먼저 규정하려 하지 말고 과연 정치적·경제적 분배가 크게 문제 될 만한 경제력의 발전 단계에 들어갔느냐 아니냐를 먼저 검토해야 할 것으로 보인다.

우리나라 고대 사회에서 여성이 참여한 대표적인 경제 활동은 생산 활동으로서의 농경과 직조織造이며, 생산물의 매매 및 교역 활동 등에서도 중요한 역할을 담당했다. 여성이 생산해낸 직물은 가내에서 소비될 뿐만 아니라 교환 가치를 가지면서 집안의 부를 축적할 수 있는 수단도 되고, 곡물과 함께 부세負稅의 수단이 되면서 국가적·사회적 재원으로 활용되었다. 여성이 자신의 재산을 독립적으로 소유하고, 그에 대한 관리나 처분권까지 자유롭게 행사할 수 있었다는 것도 밝혀졌다.

이에 비해 중국에서는 가정 내에서 가부장권을 강화해주는 '동거공재同居共財'의 논리에 의해 가족이 지탱되었다고 한다. 그런데 중국의 간독簡牘을 보면 선진先秦부터 한 대까지 규범상으로는 여성이 가부장권에 종속된 피동적 존재지만 현실에서는 차별적 여성관이 관철되지 못하고 여성이 집 밖에서의 농업 노동, 상업, 기타 직업에 종사했다. 또 규정상으로는 여성의 사재 축적이 금지되어 경제적으로 소외되어 있었지만 실제로는 지참금이나 자신이 조성한 가산 처분권을 가지는 등 경제력을 가졌고 심지어 여성이 가계 계승자, 호주가 될 수 있다는 규정까지 나왔다(윤재석, 2006, 47~48쪽). 중국 고대 사회의 여성이 일률적으로 규범에 묶인 종속적인 존재만은 아니었다는 의미다. 우리 고대 사회에서는 여성의 재산권과 관련된 규정이 남아 있지 않아 실제의 사례를 통해 접근할 수밖에 없지만, 중국의 경우를 참조할 때 현실과 규정 사이에 괴리가 있을 가능성은 항상 염두에 두어야 할 것이다.

여성의 지위를 논할 때도 논자에 따라 다분히 주관적인 기준을 가지고 근거로 삼는데, 세계사적으로 보편성을 갖고, 많은 사람이 동의할 수 있는 기준을 만드는 것이 중요하다. 여성의 지위를 판단하는 기준으로 의사 결정 참여권, 경제력, 사회 활동에의 참여 정도를 거론한 적이 있는데(김영심, 2003a, 73쪽), '사회 활동에의 참여 정도'는 여전히 남성 중심의 가부장적 기준이자 남성 중심의 사회 구조에 바탕을 둔 기준이다. 대신 가계 계승권, 재산의 상속·관리·처분권, 노동 내지 경제적 활동에 상응하는 대가의 지급 여부, 가정에서의 발언권을 상정하면 앞의 문제점을 시정할 수 있지 않을까 한다.[2] 여성의 지위에 관한 문제는 여성만을 따로 떼어놓고 논하기보다는 당시의 복합적인 현실 속에서 살펴보아야 할 것이다. 유교 이념의 보급 정도는 물론 개별 소가정이 사회 운영의 기본 단위였는가와 같은 농업 경영의 문제까지 고려해야 하고, 이혼과 재혼이 자유롭게 이루어진 사회였는지, 이념 보급에 『여계 女誡』 같은 규범서가 어느 정도 역할을 했는지 하는 문제들에 대한 심층적인 고려와 이해가 필요할 것이다.

이상에서 살펴본 바와 같이 제한된 여건 속에서나마 우리나라 고대 여성에 관한 개별 사실과 현상에 대한 파악은 어느 정도 이루어졌다. 그러나 어떠한 현상이 발생한 원인이나 그것이 갖는 의미는 제대로 규명되지 않은 상황이다. 이는 여성사 연구가 고대사의 전체적인 흐름 속에 파고들어가지 못하고 현상을 지적하는 데 그쳤음을 의미한다.

한국사 분야의 여성사 연구가 한국 사학계 일반의 논의 구조에 진입하지 못한 채 주변부에서 배회하고 있으며, 이러한 문제점은 학문적 패러다임을 제시하지 못하는 서술적·나열적 접근의 한계에서 기인했다

---

[2] 주보돈의 경우 재산 상속권, 제사권, 족보 기록 방식 등을 기준으로, 시기에 따른 남성과의 차별 여부를 검토한 바 있다(주보돈, 2010, 36쪽).

는 지적이 이미 1990년대 후반에 제기된 바 있다(정현백, 1996, 4~5쪽). 고대 여성사 연구 또한 양적·질적 성과가 있었다고 자부했지만, 일반사와 분리된 채 별개로 진행되었기 때문에 한국 고대사의 논쟁의 중심에서는 멀리 떨어진 변경에만 머물러 있었던 것이다.[3] 이는 고대 여성사 연구가 소수의 여성 연구자에 의해 이루어지고, 다수의 고대사 연구자로부터 외면을 받아왔던 데도 원인이 있을 것이다. 연구 자체가 활성화되지 않았기 때문에 치밀한 논증이나 치열한 논쟁이 결여된 채 지지부진하게 맥이 이어지면서 학문적 체계를 갖추지 못한 것이 일차적인 문제점이라고 할 수 있다.

학문적 체계를 형성하지 못했다는 것은 '여성사'라는 이름의 연구가 이루어졌어도 정확한 방향성을 갖지 못한 채 개별 사실을 밝히는 데 그쳤다는 말과도 통할 것이다. 기존의 역사체계에 '여성'이라는 주제를 새로 추가하는 일종의 보충사補充史(compensatory history) 차원이 아니라, 여성을 되살려냄으로써 기존의 남성 중심의 역사를 새로운 관점에서 재구성해내는 것을 고대 여성사 연구의 기본 방향으로 설정했다면 현재처럼 답보 상태에 이르지는 않았으리라고 본다. 정확히 표현하자면, 한국 고대 여성사 연구는 본격적인 궤도에 오르지 못했으며 그 원인은 연구의 방향성 부재와 학문적 패러다임을 갖추는 데 대한 고민의 결여에 있다고 할 수 있을 것이다.

일각에서는 고대 여성사 연구의 무용론을 주장하기도 한다. 우리나라 고대 사회에서는 남녀의 성별에 따른 역할의 차이를 당연한 것으로 받아들여 갈등 요인이나 사회적 문제가 되지 않았기 때문에 여성사를

---

3) 필자는 2003년 「혼인습속과 가족구성원리를 통해 본 한국 고대사회의 여성」이란 글을 『강좌 한국고대사』 10권에 실은 바 있는데, 10권의 제목은 '고대사 연구의 변경'이었다.

별도로 구분해서 연구할 필요가 없다는 것이다. 그러나 과연 우리나라 고대사상古代史像에서 여성의 삶이 제대로 조명되고 정당하게 평가되었는지는 의문이다. 고대 사회 여성의 삶이 사상된 채 역사상이 그려지는 상황이기 때문에 고대사 속에서 여성의 삶을 복원해내는 것은 여전히 숙제로 남아 있다고 생각한다.

(2) 무엇이 고대 여성사 연구의 걸림돌이었나?

앞에서 살펴본 것처럼 한국 고대 여성사 연구는 우리나라 여성사 연구 일반이 가지고 있는 문제점과 함께 고대사 부문의 여성사가 갖는 문제점이 동시에 노정되고 있다. 학문적 패러다임과 방향성을 정립하지 못한 가장 큰 이유는 우리나라 고대 여성사 연구가 역사학계 다수의 연구자로부터 외면을 받아 연구 자체가 부진하다는 점이다. 그렇다면 연구자로부터 외면을 받게 된 근본적인 원인은 무엇이었을까?

역사 속에서 여성을 살려내는 것, 즉 여성도 남성과 같이 역사의 주체로서 살아가는 과정을 규명하는 것이 여성사 연구의 기본 방향이라고 한다면, 구체적으로 어떠한 연구들이 행해져야 했을까? 명망가 몇몇이 아닌 대다수 여성의 삶을 재구성하는 것이 현실적으로 매우 어려운 문제지만, 여성을 역사 서술에 포함하기 위해서는 여성이 역사 속에서 수행한 본질적인 역할, 즉 출산과 육아로 대변되는 재생산 기능과 성성性性이 새로운 범주로 고려되어야 한다는 주장이 나온 바 있다(정현백, 1996, 14~15쪽). 최근에는 여성의 어머니 역할이 생물학적 장애만큼이나 조직적으로 여성의 정치·경제적 활동을 제한하고 여성의 관심을 가사 영역에만 집중시키도록 한 측면이 있기도 하지만, 또 한편으로는 재생산에서의 근본적인 역할, 자녀에 대한 영향력 행사가 여성이 권력을 행사하는 방법 중의 하나로 거론되고 있다.[4] 특히 고대 사회의 경우 여성이 재생산에서의 근본적인 역할, 즉 어머니 역할을 통해 입지를 강화하고 있음이 밝혀졌음에도[5] 이에 대한 연구는 제대로 이루어졌다고 보기 어려운 실정이다.

그동안 여성의 재생산 활동이 제대로 규명되지 않은 중요한 이유가 혹시 출산과 육아 문제를 바라보는 급진적 페미니즘의 편향된 시각 때문이 아닐까 조심스레 의견을 개진해본다. 여성이 역사의 주체가 되어 살아가는 과정을 규명하는 데 가장 핵심이 되는 출산과 육아 문제를 급진적 페미니즘에서는 여성의 남성 의존, 남성의 여성 지배의 근본 원인으로 파악했다(설혜심, 2007, 74쪽). 1960년대 말 1970년대 초 서양에서 여성 억압의 근원을 밝혀내기 위한 차원, 실천적인 여성 운동의 차원에서 여성사 연구가 태동했기 때문에 출산과 육아에 대한 학문적·이성적 접근보다는 감정적 격앙이나 과장된 행태를 보이는 문제점을 드러냈던 것이다(정현백, 1996, 3~4쪽).

우리나라에서도 여성사 연구가 역사학보다는 여성학 연구자 내지 여성운동가의 전유물이 되다시피 하면서 역사학자의 연구 대상에서는 도외시되었다. 여성의 출산과 육아 문제가 급진적 여성운동가의 연구 대상이 되면서 여성의 출산과 양육, 교육 활동이 정당하게 자리매김되

---

4) 남성 지배, 남성의 우월성이 모든 사회에 적용되었던 것이 아니고, 여성들이 권력을 행사하는 다양한 방법이 있었음이 밝혀지고 있다. 특히 산업사회 이전의 가사 영역 내에서의 여성의 권한은 공적 업무에도 영향을 미칠 수 있었다는 주장이 나오고 있다(비키 랜달, 김민정 외 옮김, 2000, 『여성과 정치』, 풀빛, 37~61쪽)

5) 기생 천관天官에게 빠져 있던 김유신을 잘 타일러 천관과의 관계를 끊게 한 김유신의 어머니 만명萬明부인이나, 남편 사후 가정의 중심적인 역할을 하면서 아들 원술을 나라를 위해 힘써 싸우게 한 김유신의 아내 지소智炤부인 모두 자녀를 충직하고 양순한 인간으로 키운 사례다. 육아와 교육 과정에서 어머니와 자식 간의 긴밀한 유대 관계가 생기면서 가족 속에서 여성의 실질적 힘이 커진 것이 아닌가 한다.

지 못했고, 남성이 중심이 된 역사 연구자들의 관심에서 여성사가 배제되어버렸던 것이다. 따라서 급진적 페미니즘은 여성사 연구의 부진을 초래하고, 여성의 출산과 육아에 대한 정당한 평가를 방해했다는 이중의 책임을 면할 수 없다고 본다. 페미니즘 자체가 문제가 아니라 급진적 페미니즘이 문제였던 것이다.

여성이 역사 속에서 일방적인 피해자가 아니라, 제한된 조건 속에서나마 적극적이고 현명하게 대처해가는 행위자이자 주체였다고 한다면, 그 여성의 삶을 가장 잘 보여주는 것이 출산과 육아의 문제임은 분명하다. 따라서 여성이 역사의 주체로서 삶을 살아가는 과정을 규명하려면 출산과 육아의 문제가 가장 우선적으로 고려되어야 할 것인데, 아이러니하게도 이에 대한 편향된 시각이 고대 여성사 연구 자체의 부진을 가져온 결정적인 요인 중의 하나라는 점을 지적하고자 한 것이다.

여성의 출산·육아에 대한 정당한 평가가 이루어지지 못하게 만든 책임의 소재를 따져보았는데, 이는 고대 여성사 연구자로서 연구가 부진한 데 대한 반성 차원에서 이루어진 것이다. 더 나아가 여성의 출산과 육아에 대한 규명이 여성사 연구가 활성화되고 올바른 방향성을 찾아가는 중요한 계기가 될 수 있음을 지적하기 위해서였다. 출산과 육아가 여성의 사회적 활동을 제한해 여성이 남성에 의존하게 되었다는 측면만을 강조한다면, 여성사 연구는 더 이상 돌파구를 찾지 못할 것이다.

2. 고대 여성사 연구의 진전을 위한 제언

(1) 여성의 재생산 활동에 대한 시각의 전환과 연구의 활성화

종래의 연구에 대한 검토를 통해 우리나라 고대 여성사 연구가 방향성을 갖기 위해서는 대다수 여성의 주체적인 삶에 대한 고찰이 필요하다는 인식을 갖게 되었다. 지배층과 피지배층을 아우르는 대다수 여성의 주체적인 삶을 고찰할 수 있는 핵심 고리인 출산과 육아는 '재생산 활동'이라는 용어로 대체하는 것이 그것의 사회·경제적 의미를 정확히 반영한다고 생각한다. 재생산 활동의 범위를 가정이 원활히 굴러갈 수 있도록 하는 가정 내의 보살핌 전체로 확대해, 부모에 대한 봉양이나 남편에 대한 '내조', 일반적인 '가사 노동'까지 포함시킬 수도 있다. 그러나 범위를 지나치게 확대하면 여성이 수행했던 본질적인 역할의 의미가 퇴색되므로 '출산과 육아'를 재생산 활동의 중심으로 두되, 육아를 양육에만 한정시키지 않고 교육의 측면까지 포함한 의미로 사용하고자 한다.

앞에서 출산·육아를 바라보는 여성학계의 급진적인 시각이 재생산 활동에 대한 정당한 평가를 방해하고, 더 나아가 여성사 연구의 부진을 초래했다는 점을 지적했다. 급진적 페미니즘에서는 여성이 가진 가장 중요한 기능인 자녀의 출산과 양육의 강제가 여성의 사회·경제적 진출을 가로막으면서 남성에 대한 종속을 심화시켰다고 주장한다. 그러나 여성의 출산은 『예기禮記』 혼의婚儀의 "위로는 종묘를 섬기고 아래로는 후세를 계승한다上以事宗廟 下以繼後世"는 문구에서 보듯이 영속적 가계 계승의 원천으로서 중시되었다. 자식을 낳지 못한 여성을 남편이 일방적으로 퇴출할 수 있다는 『대대례기大戴禮記』의 칠출七出 조문은 남성이 여성을 억압하는 대표적인 규정 중의 하나지만, 자식이 없다는 이유로 처를 버린 사례는 거의 나타나지 않기 때문에 칠출에 근거해 여성의 가부장권에 대한 종속 현상을 지나치게 강조하는 것은 재고의 여지가 있다(윤재석, 2006, 42~44쪽).

일반적으로 신석기 후기부터 원시공동체 사회가 해체되면서 여성의 활동은 출산과 양육, 가사라는 가정의 테두리에 한정되고, 남성에 위임된 공적 영역인 사회와 문화에서 여성은 배제되어 남성 위주의 지배 질서로 고착화되었다고 본다. 그러나 여성이 참여하는 생산 활동이 사적인 영역에만 그친 것이었는지, 또 가정이라는 것을 단지 사적인 영역으로만 볼 수 있는 것인지 따져볼 필요가 있다. 출산과 양육, 교육 등 재생산 활동이 갖는 의미를 정당하게 자리매김하되, 기존의 편향된 시각을 극복하는 과정에서 또다시 반대 방향으로 편향되거나 왜곡된 시각이 나오는 것은 경계해야 할 것이다. 여성의 역할에 대한 미화 역시 곤란하기 때문이다.

우리 고대사 기록에서 여성의 활동을 보여주는 기록은 매우 한정되어 있다. 그러나 여성 관련 기록 가운데 혼인 및 가족 관계 속의 여성에 관한 기록이 많은 비중을 차지하는 것도 사실이다. 이는 분명 혼인에서 비롯된 사회 구성원의 창출에 대해 국가도 주목하고 관심을 많이 가졌음을 말해준다.[6] 국가를 운영해가는 데서 중요한 의미였기 때문일 것이다.

엥겔스가 지적한 바 있듯이 역사에서 결정적인 계기는 직접적 생활의 생산 및 재생산인데, 하나는 생존 수단, 즉 의식주의 대상과 이에 필요한 도구의 생산이고, 다른 하나는 인간 그 자체의 생산, 즉 종족의 번식이었다. 그런데 지금까지 우리나라 고대 사회 여성에 관한 연구에서 생산 활동이라고 했을 때, 전자만이 강조되고 후자는 버려지는 경우가 많았다. 세계사적인 보편성에 입각해 신석기시대 후반에 농경이 시작되면서 여성의 경제 활동이 위축되었다고 보는 입장도 경제 활동의 초

---

6) 『삼국유사』 문호왕 법민조에는 한꺼번에 딸 하나, 아들 셋을 낳은 여종에 대해 곡식으로 포상한 사례가 보이는데, 이는 전쟁기이기 때문에 다산多産 자체만으로도 인정받은 것이라 할 수 있다.

점을 직접적인 생산 활동에 맞추고 있다. 인간 생활이 이루어지기 위해서는 출산, 양육, 교육과 같은 인간 자체의 생산, 즉 재생산 활동이 매우 중요함에도 불구하고, 출산부터 교육에 이르는 일련의 활동이 가사 노동의 일환으로만 취급되고 생산 활동에 대한 평가에서는 배제되어 왔던 것이다.

종래 직조나 농경 같은 여성의 생산 활동 또한 자녀의 출산, 양육, 교육과 함께 가사 노동 내지 가내 노동으로만 취급되어왔다. 직조 노동에서 여성이 수행했던 역할을 고찰한 결과 직조 노동이 갖는 의미도 가정 경제와 연관된 사적인 영역에서만이 아니라 공적인 차원의 생산 활동으로 평가되어야 한다는 것을 알 수 있었다(김영심, 2010). 그 과정에서 농경·직조 등의 직접적인 생산 활동만이 아니라 출산·양육 같은 인간 자체의 생산, 즉 재생산 활동까지 다루어야 여성의 생산 활동에 대한 평가가 온전히 이루어질 수 있다고 판단했다. 직조 노동을 생계 유지와 관련된 여성 노동이라고 한다면, 출산·육아·교육은 사회의 재생산 활동이라고 할 수 있는 것이다. 따라서 그동안 가사 노동이라고 해서 사적 영역으로만 간주되어왔던 분위기를 극복하고, 재생산 활동을 포함한 여성 노동력에 대해 체계적으로 정리할 필요가 있다.

중국의 경우를 보면, 전국시대부터 국가 권력이 여성의 사회적·국가적 역할을 적극적으로 인정·활용하기 시작하고, 성인 장정壯丁은 물론 장녀壯女의 수에 대해 면밀히 파악하고 있음을 강조하고 있다(윤재석, 2006, 60~61쪽). 신라 촌락 문서에서 여성의 연령별 숫자를 남성과 동일한 기준에서 집계한 것도 이와 같은 차원의 조치가 아닌가 한다. 여성 역시 남성 못지않게 가족과 사회, 국가를 지탱하는 인적·물적 요소의 중요한 생산 기반이었던 것이다.

여성이 수행한 각종 활동을 분류하기는 쉽지 않으나, 출산과 양육 및 그와 관련된 가사 노동은 사회 구성원의 재생산 활동이라는 면에서 일반적인 경제 활동과는 다른 차원에서 검토해야 한다고 본다. 출산과 육아 자체가 가내 노동이라는 범주로 설정되어 있는 것을 시정해야 할 것이다. 여성들이 출산 및 양육, 교육과 같은 재생산 활동에서 중요한 역할을 담당했음에도 그들의 재생산 활동이 정당한 평가를 받을 수 없었던 내재적 요인은 무엇인지도 궁극적으로 밝혀야 할 과제다.[7]

여성의 출산·육아 문제는 오늘날의 여성 정책·복지 정책·고용 정책과도 밀접히 연결되어 있다. 여성 정책·복지 정책을 수행하는 당국에서도 가정을 더 이상 사적인 영역으로만 간주하지 않는다. 2000년대 중반부터 여성학계에서는 사적인 영역에서 여성들이 수행해오고 있는 여성들의 보살핌 활동 경험과 활동 가치가 사회적 기여로 인정되도록 하는 사회 정의의 패러다임을 제시하고 있는 상황이다.[8] 보살핌의 일을 소위 여성의 '생산적 경제 활동'을 방해하는 걸림돌이나 짐으로 보는 관점에서가 아니라, 보살핌 자체가 갖는 사회적 필요나 목적적 가치를 인정하는 관점에서 보아야 한다는 것이다. 보살핌이야말로 사회의 유지 및 재생산에 필수적인 일로서 일차적인 사회 활동이며, 현재까지 이 일을 대부분 여성들이 담당해온 만큼 그 사회적 기여가 인정될 때 진정한 의미에서 여성에 대한 사회적 불평등이 해소될 것이라는 인식

---

7) 출산과 육아를 남성이 여성을 지배하는 근본 원인으로 파악한 급진적 페미니즘의 편향된 시각이 출산과 육아를 정당하게 평가하지 못하게 한 외재적 요인이라고 한다면, 여성의 가계 계승권 부재는 재생산 활동을 가내 노동으로만 평가하게 한 내재적 요인이 아니었을까 한다. 『삼국유사』에 등장하는 명랑신인明朗神印의 가계가 모계를 줄기로 정리되고, 『삼국사기』 열전에서 김흔金昕의 부인이 장의葬儀를 주관하기도 하지만, 적어도 신라 하대에는 모계 중심의 가계 계승이나 여성의 상속권이 예외적이었기 때문에 특기特記된 것으로 보인다.

8) '생산 활동'에 '재생산 활동'을 종속시킴으로써 결과적으로 여성의 사회적 기여를 비가시화하고 주변화해왔던 기존의 삶의 질서와는 다른 질서를 구상하는 방향으로 성 주류화 정책이 변화해야 함을 제안하고 있다(허라금, 2005).

을 가지고 현 사회의 복지 정책, 여성 정책, 고용 정책의 방향을 정해야 한다고 보는 입장이다.

여성의 출산과 양육, 교육은 사회의 유지 및 재생산에 반드시 필요한 일임에도 대다수의 여성이 담당했던 출산·양육·교육에 대한 여성사 연구자의 본격적인 분석과 평가가 이루어지지 않고, 그것의 사회적 가치가 인정되지 않았던 현실을 반성한다는 차원에서 여성의 재생산 활동에 주목하는 것이다. 소수의 명망가가 아니라 대다수 여성의 삶을 복원해내는 데 있어서 여성들이 수행한 역할에 대해 그 가치를 인정해야 할 것이다. 출산은 생물학적으로 어찌할 수 없는 부분이라 해도, 양육과 교육은 어느 한쪽의 책임으로만 돌릴 수 있는 문제가 아니다. 양육과 교육의 사회적 가치에 대한 인식이 올바로 정립된다면, 가정 밖에서 이루어지는 사회 활동 내지 직업 활동만이 우월하다는 생각은 더 이상 나오지 않을 것이다.

최근 양성평등이란 말이 무색할 정도로 여성의 사회 진출이 활발하게 이루어지면서 더 이상 남성과 여성을 구분해서 논의할 필요가 없다거나, 오히려 남성이 차별을 받는다는 의견도 나오고 있다. 그러나 우리 사회가 남녀 차별적 구조를 완전히 극복했다고 보기 힘든 면이 있기 때문에 고대 여성사 연구에서도 여성의 재생산 활동에 대한 고찰이 이루어져 대다수 여성의 삶이 역사상에 반영된다면 여성사 연구는 한 단계 도약하는 계기를 마련하게 될 것이다.

(2) 일반사 속에 녹아들어간 여성사 연구의 지향

여성사 연구를 진전시키기 위해서는 여성사 연구가 더 이상 주변부가 아닌 역사의 중심 줄기 속에서 파악될 수 있도록 해야 할 것이다. 비단 고대사만이 아니라 전 시기에 걸쳐 여성사는 부수적으로 다루어지는 데 그쳤다고 할 수 있다. 한국 고대사의 온전한 복원을 위해서도 고대 여성사에 대한 연구가 더욱 활기를 띠어야 하는데, 과연 어떻게 해야 여성사 연구가 활성화되어 고대사의 전체 모습을 복원해낼 수 있을까?

제도 속에서 출산과 육아의 중요성이 어떻게 구현되었는가의 문제만 살펴보아도 여성사가 일반사와 동떨어진 것이 아니라는 것을 알 수 있다. 『삼국사기』에 따르면 신라는 지증왕 3년(502) 봄 3월에 순장殉葬을 금하는 영令을 내렸다. 전에는 국왕이 죽으면 남녀 각 다섯 명씩을 순장했는데, 이때 이르러 금했다고 한다. 고구려 또한 동천왕 22년 (248) 가을 9월 동천왕이 죽었을 때 나라 사람들이 그 은덕을 생각하며 슬퍼하지 않는 자가 없었으며, 가까운 신하 중에 자살해 따라 죽으려고 하는 자가 많았으나 새 왕은 예가 아니라고 여기고 그것을 금했다. 그러나 장례일이 되어 묘에 와서 스스로 죽는 자가 매우 많았다고 한다. 유교적인 예에 어긋나서 금지한 것이라고 하지만, 인구 증대 차원에서 순장에 대한 금지 조치가 행해졌을 가능성도 고려해야 할 것이다. 따라서 순장 금지와 같은 일반적인 조치도 여성사 차원에서 접근하면 새롭게 보이는 면이 있을 것이다.

또한 열녀에 대한 표창이 없고, 과부의 재가再嫁가 가능했던 것의 의미는 무엇으로 볼 수 있는가다. 신라 사회에서 왕실의 공주가 재혼하는 일이 있었고, 효행에 대해서는 후한 상과 문벌을 정표旌表하는 우대가 있었으나 열녀에 대해서는 표창이 없었으며, 도미의 아내나 진지왕 대 도화녀桃花女가 남편이 없으면 관계가 가능하다고 한 것으로 보아 사별 후 재가가 가능했음을 알 수 있다. 아마도 이것은 사회 구성원의 재생산을 중시했기 때문에 가능했던 것이 아닐까 한다. 전쟁에 동원되는 인력이나 노동력 창출의 목적이 있었을 가능성도 천착해보아야 할 것이다. 신문왕의 비妃인 김흠돌의 딸이 난에 연좌되어 궁에서 쫓겨났는데,

『삼국사기』에는 오래도록 아들이 없었다고 명기한 것으로 보아 '무자 無子'도 간접 이유가 된 것으로 생각된다. 왕실의 경우는 특히 왕위 계승을 원활히 하는 데 있어 불가결한 요소이기 때문에 출산이 더욱 중요시되었던 것은 아닐까 한다.

정절과 관련해서도 일방적인 정절이 강요되지 않았다면,『삼국지三國志』위서魏書 동이전東夷傳 부여조夫餘條의 '남녀음男女淫'에 대한 처벌이 여성만을 대상으로 한 것이 아니라 남성도 아내가 있는 상황에서 다른 여성과 관계를 맺는 것을 금했다고 볼 수 있다. 단지 인력의 증대만을 목적으로 했다면 남성에게는 간음에 대한 금지가 적용되지 않았겠지만, 국가로서는 국가의 담세원擔稅源인 소농 가족의 보호·유지라는 측면도 중요한 문제였기 때문이다. 형사취수제도 남편을 잃은 형수를 기존의 가족 질서하에 두어 재산이나 가계 계승상의 문제를 미연에 방지하면서, 재생산 활동을 원활하게 그리고 합법적으로 하기 위한 장치였다. 국가는 사회·경제적 기본 단위인 소농 가족의 창출과 유지에 그만큼 신경을 썼다고 생각된다.

혼인·출산·육아에서 보이는 어떤 현상을 밝히는 차원에서 그치지 않고 그러한 현상이 나타나게 된 배경 및 의미까지 천착해낸다면 일반사와의 접맥이 어렵지 않을 것이다. 사회경제사와 접목시키지 못한 현상에 대한 나열은 여성사를 영원히 일반사와는 별개의 것으로 만들어버릴 우려가 있다. 그동안의 여성사 연구가 일반사와 동떨어진 주요 원인은 사회경제사와의 유기적 연결이 부족했기 때문일 것이다.

여성사를 역사 본령과 별개의 차원이 아니라 역사의 본류 속에 녹여내어 해석할 필요가 있다. 북위北魏의 한 공주의 비극적 죽음을 소재로 삼아 3~7세기 중국 위진남북조 시기 법률의 역사를 밝힌 연구는 중요한 사례가 될 수 있다.[9] 백제에서 국가간의 우호 관계 증진을 위해 왜에 파견한 백제의 왕녀, 즉 '채녀采女'도 백제와 왜의 관계사의 한 부분으로 자연스럽게 자리 잡을 수 있는 여지가 있다. 채녀로 기록된 백제 왕녀들은 자신의 존재와 활동을 알릴 수 있는 자료들을 많이 남기지 못했기 때문에 주목받지 못했으나, 백제와 왜의 대외 교류를 태동시키는 시점에 매우 중요한 역할을 담당했던 존재였음이 밝혀졌기 때문이다.

또한 가족, 가정이란 혼인 생활의 단위임과 동시에 경제 생활, 즉 생산과 소비 생활의 기본 단위라는 점에도 초점을 맞춘다면, 사회사와의 관련 속에서 지방 통치의 말단이 되는 각 가호家戶에 대한 지배가 어떻게 이루어졌는지를 해명할 수 있어 고대 사회의 지방 통치를 이해하는 데도 도움이 될 것이다. 몇 가지 예를 제시한 데 불과하지만, 고대 사회 여성의 삶을 고대사의 전체적인 구조 속에서 이해하기 위한 노력을 경주해야 할 시점이다.

(3) 동아시아 고대 여성사의 비교 연구를 통한 연구의 지평 확대

중국의 가족제도나 혼인제도에 대한 연구, 일본의 여성사 관련 연구는 매우 심도 있게 행해지고 있다. 자료 부족도 원인이었겠지만, 우리나라에서는 그동안 관심 자체가 부족했기 때문에 개략적인 정리 차원에서 벗어나지 못했다. 따라서 상대적으로 연구가 많이 이루어진 중국과 일본의 연구 방법론도 적극 받아들여 여성사 연구가 지속적으로 이루어질 수 있는 토대를 마련해야 할 것이다. 중국이나 일본의 연구 성과를

---

9) 6세기경 북위北魏의 난릉공주가 투기로 노비를 살해하고, 자신은 남편의 외도와 폭행으로 유산을 겪으며 마침내 죽음에 이르게 된 사건에 대한 처리 과정과 판결, 법률 논쟁을 통해 당시의 여성은 물론 법률·사회·정치 문제를 규명한 중국의 여성사 연구가 좋은 예다(리젠더, 최해별 옮김, 2013, 『공주의 죽음』, 프라하).

원용하고, 동아시아 삼국의 여성사를 비교 검토한다면 이 주제에 대한 좀 더 구체적이고 심화된 연구가 가능하리라 기대한다. 고대 동아시아 삼국의 여성에 대한 비교 연구 시에는 각 나라가 처한 상황, 발전 단계의 차이도 충분히 고려한 후 자료에 대한 해석을 더할 필요가 있다.

예컨대 가부장제라는 일반적인 표현을 우리 고대 사회에서도 그대로 사용할 수 있는지에 대한 해답도 중국과의 비교 검토를 통해 얻을 수 있을지 모른다. 후한後漢 대代에 결혼 시 자신이 가져온 재산을 이용해 분가分家를 요구하는 여성에게 '동거공재同居共財'의 논리로 대응하는 사례를 보면, 재산 소유가 가족을 단위로 실현되는 것이 일반적이었던 듯하다. 여성을 독립된 개체로 인정하기 전에 가부장권하에 종속된 가족의 일부분으로 파악한 것이다(김병준, 1993, 125쪽). 그런데 우리나라 고대 사회에서 여성은 재산에 대한 상속권과 자유로운 처분의 권리를 가지고 있었기 때문에 중국의 가족 모습과는 달랐을 것이다.

또한 일본 고대의 가족 형태는 아직 가부장제 가족까지 이른 것은 아니었다. 가부장제 가족의 미성숙에 의해 당시의 촌락 내지 사회는 가家를 단위로 구성되지 않고 여성을 포함한 개개의 성원에 의해 구성되었기 때문이다. 따라서 여성의 경제적 역할에도 불구하고 가장과 남편, 시부모에 대한 철저한 복종을 강조함으로써 가부장권에 대한 여성의 종속을 강제했다는 일반적인 주장을 우리 고대 사회에도 적용하는 것이 타당한지는 따져보아야 할 것이다.

중국 고대 여성에 관한 연구에서는 전한前漢 말 이후 후한 대에 많이 나타나는 여성 교육 문헌에 대한 검토를 통해 중국 고대 사회에서 남자에게는 시서예악詩書禮樂 등의 교육을 강조한 반면, 여성에게는 10세 이후부터 20세까지 여사女師에 의해 주도되는 방직·봉제·제물의 장만 및 부덕婦德·부언婦言·부용婦容·부공婦功에 대한 교육을 강조했다는 사실을 밝히고 있다. 여성에게 근면한 노동과 동시에 출산과 양육을 강제하는 특징을 보이지만, 전체적으로는 예교 질서禮敎秩序를 통해 가부장권하에 여성을 복속시킴으로써 여성의 권익 향상을 제약했다는 것이다(김병준, 1993, 121~128쪽). 우리나라의 경우 발해의 정혜공주貞惠公主와 정효공주貞孝公主 묘지명에 보이는 문구를 통해 공주가 교육받은 내용을 알 수 있지만, 이는 왕실 여성의 사례일 뿐이다. 여성에 대한 교육을 엿볼 수 있는 사례가 매우 제한적이어서 이에 대한 일반화를 하기는 힘들지만, 『여계女誡』와 같은 규범서가 어느 정도 보급되었는지, 교육 내용은 어떤 것이었는지 등 여성에 대한 교육 문제도 중요하게 검토해야 할 과제로 부각될 수 있을 것이다.

또한 중국 역사학계에서는 사회경제사 차원에서 가족제도를 연구하는 과정에서 혼인, 출산과 양육 문제 등이 언급되었다. 여성의 자녀 출산은 영속적 가계 계승의 원천으로서 중시되었는데, 국가에서도 인구 증식을 통한 세역稅役 자원의 증대를 위해 미혼 여성의 조혼을 강제할 정도로 출산을 중시했다고 한다. 『맹자孟子』 이루離婁 편에는 '무자無子'는 불효 중 가장 큰 죄악으로 기술되어 있지만, 무자를 이유로 처를 버린 사례는 나타나지 않고, 출처出妻보다는 절호絶戶를 방지하기 위한 제도적 장치를 마련했다고 한다. 과부 또는 홀아비의 재혼은 법적인 제지 대상이 아니었기 때문에 재가나 개가가 허용되었다고 볼 수 있다. 국가의 수취 대상인 촌락 구성원으로서의 가家나 가족을 보호하고 유지하기 위해서는 재생산 활동을 원활하게 유지할 필요가 있음을 보여주는 조치들이다.

이제는 그동안 서구 중심의 논리체계에 입각해서 이루어진 여성사 연구를 그대로 적용하는 단계에서 벗어나 동아시아 고대 여성사에 대한 비교 연구를 통해 우리 고대 사회 여성사를 좀 더 풍부하게 구성해야 할 시점이다. 동아시아 고대 사회 여성의 삶을 보여주는 자료를 비교 검토하고 활용한다면, 자료의 제한성을 극복하고, 적극적이고 역동적인 삶을 영위했던 우리나라 고대 사회 여성의 주체적인 모습을 구현해낼 수 있을 것이다.

:: 참고문헌

강영경, 1982, 「한국 고대 사회의 여성: 삼국시대 여성의 사회활동과 그 지위를 중심으로」, 『숙대사론』 11·12, 숙명여자대학교 사학회.

김남윤, 1999a, 「고대 사회의 여성」, 『우리 여성의 역사』, 청년사.

_____, 1999b, 「통일신라와 발해의 여성」, 『우리 여성의 역사』, 청년사.

김두진, 1994, 「한국 고대 여성의 지위」, 『한국사시민강좌』 15, 일조각.

김병준, 1993, 「진한시대 여성과 국가권력: 과징방식의 변천과 예교질서로의 편입」, 『진단학보』 75, 진단학회.

김영미, 1997, 「불교의 수용과 여성의 삶·의식세계의 변화」, 『역사교육』 62, 역사교육연구회.

김영심, 2003a, 「한국 고대 사회 여성의 삶과 유교: 여성 관련 윤리관의 검토를 중심으로」, 『한국고대사연구』 30, 한국고대사학회.

_____, 2003b, 「혼인습속과 가족구성원리를 통해 본 한국 고대 사회의 여성」, 『강좌 한국고대사』 10, 가락국사적개발연구원.

_____, 2010, 「한국 고대 사회 여성의 생산활동: 직조노동을 중심으로」, 『한국사연구』 149, 한국사연구회.

노태돈, 1983, 「고구려 초기의 취수혼에 관한 일고찰」, 『김철준박사화갑기념사학논총』, 지식산업사.

설혜심, 2007, 「서양 여성사의 역사」, 『학림』 28, 연세대학교 사학연구회.

신영화, 2002, 「여성사 교육, 왜 무엇을 가르칠 것인가」, 『역사교육』 81, 역사교육연구회.

윤재석, 2006, 「중국 고대여성의 사회적 역할과 가내지위」, 『동양사학연구』 96, 동양사학회.

이숙인, 2005, 『동아시아 고대의 여성사상』, 여이연.

전호태, 1997, 「한국 고대의 여성」, 『한국고대사연구』 12, 한국고대사학회.

정현백, 1996, 「새로운 여성사, 새로운 역사학」, 『역사학보』 150, 역사학회.

주보돈, 2010, 「한국 고대 사회 속 여성의 지위」, 『계명사학』 21, 계명사학회.

최숙경·하현강 공저, 1972, 『한국여성사(고대~조선시대)』, 이화여자대학교 출판부.

허라금, 2005, 「성 주류화 정책 패러다임의 모색: '발전'에서 '보살핌'으로」 『한국여성학』 21-1, 한국여성학회.

한국 고대사 연구를 위한
베트남 자료의 활용

권오영(한신대학교 한국사학과 교수)

1. 머리말

최근 많은 이주민 노동자가 입국하고 결혼 이민이 급증하면서 대한민국은 급속하게 다문화 사회로 진입하고 있다. 사회 일각에서는 마치 초유의 사태인 것처럼 부산을 떨지만, 사실 삼국시대는 이미 다문화 사회를 경험했다. 고구려는 새외塞外 민족과 중국계 이주민, 백제는 중국계 이주민과 왜인, 가야는 왜인이 귀화하거나 영토 내에 정착하는 경우가 잦았다. 신라의 경우는 멀리 중앙아시아와 서아시아계 문물이 발견되는 점에서 서역인의 이주, 정착의 가능성이 제기되고 있으며, 통일기에 들어와서도 그러한 경향은 지속되었을 것이다. 삼국시대에 이미 서역西域 출신 불교 승려들이 입국하고 포교 활동을 전개했음도 확인된다.

백제의 마라난타摩羅難陀, 신라의 묵호자墨胡子는 중앙아시아나 인도계 인물로 판단된다.

이렇듯 삼국시대에 대외 교섭의 범위는 이미 동북아시아를 넘어서고 있었다. 그런데 여기서 사각에 놓인 지역이 동남아시아다. 동남아시아는 대륙부와 도서부로 나뉘는데, 베트남·라오스·캄보디아·타이·미얀마가 대륙부에, 필리핀·말레이시아·인도네시아·부루나이·동티모르가 도서부에 포함된다(매리 하이듀즈, 박장식·김동엽 옮김, 2012, 14쪽). 『일본서기日本書紀』에 의하면 백제는 푸난扶南, 곤륜崑崙 등 동남아시아 대륙부 국가와 교섭했다. 〈양직공도梁職貢圖〉가 상징적으로 보여주듯 남조南朝의 양대梁代에는 서쪽으로 이란(파사국波斯國), 남쪽으로 말레이반도〔낭아수국狼牙修國〕 인근의 도서부까지 미치는 광역의 교섭망이 형성되었으며, 여기에 백제가 참가했음을 알 수 있다.

하지만 고대 동남아시아와 한반도의 교섭에 대한 관심은 매우 부족하며 전문적인 연구 성과도 거의 없다. 1964년부터 1973년까지 8년 6개월간 베트남전에 31만 2853명이 파병되어 4960명이 전사하고 1만 962명이 부상한(『세계일보』 2014. 1. 10.) 현실에서도 베트남 근현대사에 대한 연구가 부진한 국내 역사학계의 척박한 현실을 고려할 때, 고대에 대한 관심을 촉구하는 것이 무리라는 생각이 들기는 한다.

하지만 최근 우리 사회가 급격히 다문화 사회로 진입하면서 양국 간의 혼인이 급증하는 현실을 주목해야 한다. 2012년 통계청 자료[1]에 의하면 국적별 결혼 이민자 수는 중국인 3만 5140명,[2] 한국계 중국인(조

---

1) http://kosis.kr/statisticsList/statisticsList_01List.jsp?vwcd=MT_ZTITLE&parentId=A
2) 한국인 여성과 혼인한 중국인 남성이 4116명, 한국인 남성과 혼인한 중국인 여성이 3만 1024명이다.

선족) 2만 7895명[3]인 데 비해 베트남인은 3만 9352명이다.[4] 중국인과 조선족을 합한 수치에는 못 미치지만 어느새 조선족과의 혼인 수치를 훨씬 앞서고 있다. 베트남 출신 배우자와 꾸린 가정에서 출생한 2세들의 교육을 위해서도 베트남 역사와 문화에 대한 연구, 그리고 그 내용이 교과서에 반영되어야 함은 자명하다.

게다가 베트남과 한국은 지정학적 위치, 유교와 불교, 쌀농사를 기초로 한 경제 형태, 문화적 전통, 중국과의 교섭 등 다양한 분야에서 많은 공통점을 가지고 있다. 고대에는 청동기 문화를 바탕으로 한 사회 발전 과정, 중국 문명의 영향, 진·한 제국의 침입, 중국계 주민의 이주와 국가 건설, 한 무제武帝에 의한 군현의 설치와 이에 대한 저항, 육조 문화의 영향, 수·당 제국과의 항쟁 등 매우 많은 비교 대상을 공유하고 있다. 지중해에서 인도를 경유해 이어지던 바닷길은 베트남을 거쳐 중국 남부에서 멈추는 것으로 인식되지만, 실제로는 한반도를 경유해 일본 열도로 이어진다. 따라서 이미 고대에 베트남과 한반도는 바닷길을 통해 연결되어 있었던 셈이다.

이 글은 이상의 문제의식을 기반으로 한국 고대사 연구에서 베트남의 역사와 문화를 어떻게 비교하고 활용할 수 있는지 그 방법론을 타진해보는 것을 목표로 삼는다.

---

3) 한국인 여성과 혼인한 한국계 중국인 남성이 7699명, 한국인 남성과 혼인한 한국계 중국인 여성이 2만 196명이다.
4) 한국인 여성과 혼인한 베트남 남성이 284명, 한국인 남성과 혼인한 베트남 여성이 3만 9068명이다.

2. 고대 국가의 형성 과정

(1) 반 랑文郎과 어우 락甌貉

베트남은 54개의 종족으로 구성된 다종족 국가다. 대다수는 비엣越 혹은 낀京 족으로 불리는데(송정남, 2010, 4~5쪽), 중국 남부에 거주하던 비엣족이 남하한 것으로 인식되고 있다. 건국 신화에 의하면 신농씨神農氏 염제炎帝의 후손인 데민帝明이 자신의 아들인 록뚝祿續을 낀 즈엉 브엉涇陽王으로 봉해 남방을 다스리게 했으니 이것이 씩 꾸이국赤鬼國이다. 낀 즈엉 브엉의 아들 락롱꿘貉龍君의 치세가 씩 꾸이의 전성기인데, 그의 부인 어우 꺼嫗姬는 커다란 알을 낳고 그 알에서 100명의 아들이 태어났으니 이들이 백월족百越族의 선조가 되었다고 한다. 락롱꿘과 어우 꺼는 각기 50명의 아들을 데리고 바다와 산으로 갔고, 산에 간 50명 중 가장 강한 자가 최초의 흥 브엉雄王으로 봉해져 왕위를 계승하니 이것이 반 랑국이다.[5] 현재 락롱꿘과 어우 꺼는 베트남의 시조, 반 랑국은 최초의 고대 국가로 인식되고 있다(유인선, 2002, 22~23쪽). 한국사에서 단군이나 고조선에 대응되는 셈이다. 반 랑국은 청동기 문화를 기반으로 성장했고 점차 철기 문화의 영향권에 들어가는데, 이 역시 고조선과 동일하다.

반 랑국은 기원전 257년 안 즈엉 브엉安陽王에 의해 어우 락국甌貉國에 통합되었다. 반 랑국과 어우 락국은 모두 베트남 북부에 위치하는데, 중국 남부와 베트남을 연결하는 요충지인 홍강紅江 유역에서 성장

---

5) 동남아시아 문화의 특징 중 하나로 여성 우위의 사회제도를 들 수 있으며(石澤良昭, 2009, 38쪽), 락롱꿘과 어우 꺼가 각기 50명의 아들을 데리고 간 것은 당시 사회에 부계제와 모계제가 공존하는 모습을 보여주는 것으로 이해되고 있다(유인선, 2002, 28쪽). 후대에 윤색된 것이지만 금관가야의 수로왕과 허왕후 사이에서 태어난 아들 중 일부가 어머니의 성을 따랐다는 전승과 비교된다.

〈사진 1〉 꼬로아 성벽

했다. 종족적으로는 백월이라 불린 집단에 속한 것으로 보인다. 백월은 중국 남부의 저장浙江-푸젠福建-광둥廣東-광시廣西와 베트남 북부에 분포하던 집단에 대한 통칭이었다.

어우 락의 중심은 하노이 인근에 있는 꼬로아古螺성(〈사진 1〉)이다. 이 성은 삼중의 해자垓子로 방어하고 있는데, 고고학적인 발굴 조사를 통해 성의 축조 시기와 구조에 대한 내용이 차츰 밝혀지고 있다(Nam C. Kim·Lai Von Toi·Trinh Hoang Hiep, 2010). 베트남에서 가장 이른 시점의 본격적인 방어용 성이면서 동시에 왕성이란 점에서 주목된다. 위만衛滿이 찬탈하기 전 준왕準王의 왕성과 대비된다.

(2) 위만조선과 남 비엣南越

진秦이 중국을 통일하고 남방에 군사적 압박을 가하자 백월 중 일부가 남하해 어우 락에 합류했다. 진한 교체기에 접어들면서 중국이 혼란에 빠지자 남해군南海郡 용천현령龍川縣令이던 찌에우다趙佗(자오투어)가 판위 番禺(현재의 광둥성廣東省 광저우廣州)에 남 비엣국을 세웠다. 남 비엣은 찌에우다를 중심으로 한 소수의 중국계 지배층과 다수인 재지在地 세력이 결합한 국가란 점에서 위만조선에 대응된다. 찌에우다가 어우 락을 멸망시키는 과정을 전하는 전설[6]은 고구려의 호동 왕자와 낙랑 공주 이야기와 매우 흡사하다(유인선, 2002, 36~37쪽).

찌에우다가 건국 초기부터 한漢과 대등한 세력을 이루기를 원했던 사실은 한에 대한 침략, 자존의식 등을 통해 알 수 있다(송정남, 2010, 31쪽). 베트남 역사에서 황제를 칭한 최초의 왕인 찌에우다는 자신이 한漢의 고조高祖에 못지않은 권력과 능력을 가지고 있음을 과시했다. 그의 이러한 인식은 후대에도 이어져 베트남의 역대 왕들은 대부분 황제를 칭했다.

6세기에 리 본李賁이 황제를 칭한 것은 남북조시대에 중국의 황제가 항상 남북으로 둘 이상 존재함을 보면서 중국의 황제가 유일무이한 초월적 존재가 아니란 인식을 가졌기 때문이다(최병욱, 2000, 32~33쪽). 이는 중국이 남북으로 분열된 남북조시대에 다원적인 천하 질서를 목격한 삼국시대 지배층의 천하관과 비교할 만하다.

남 비엣의 왕성이 위치한 광저우에서는 남월왕릉南越王陵, 궁서宮署 유적, 수갑水閘(방조제) 등이 조사되어 현재 유네스코 세계문화유산에 잠정 등재되어 있는 상태다. 위만조선의 왕릉과 왕성이 아직 발견되지 않은 상황에서 남 비엣의 고고학적 유적은 위만조선의 문화를 이해하는 데 큰 도움이 된다.

남월왕릉은 찌에우다의 손자인 자오무어趙眜의 무덤으로 횡혈식 석

---

6) 안 즈엉 브엉은 찌에우다의 침략을 금빛 거북의 발톱으로 만든 쇠뇌로 물리쳤는데, 찌에우다의 아들이 안 즈엉 브엉의 딸을 통해 쇠뇌를 망가뜨리고 그 틈을 이용해 안 즈엉 브엉을 공격하자 쇠뇌만 믿었던 안 즈엉 브엉이 패배했다고 한다.

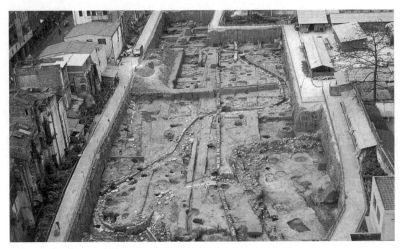

〈사진 2〉 남월국 궁서 유적

실묘다. 그는 문제文帝를 칭했는데, 그 결과 남월왕릉에서는 '文帝行璽 문제행새'라는 글자가 새겨진 금인金印이 출토되었다(廣州市文化局, 1999). 중국에서는 공식적으로 이 무덤을 남월왕묘南越王墓로 격하시키고 있지만, 문제는 조부인 찌에우다와 마찬가지로 황제를 칭했음이 분명하다.

남월왕 궁서 유적(〈사진 2〉)은 왕궁, 관청, 정원 등이 어우러져 있다(南越王宮博物館籌建處·廣州市文物考古研究所, 2008). 건축물의 구조는 물론이고 기와, 전塼, 도기 등 출토 유물의 형태와 제작 기법에서 한화漢化가 상당히 진행된 모습을 보여준다. 아직 발견되지 않은 위만조선의 왕검성이 어떤 모습을 보여줄지 예상해볼 수 있는 좋은 비교 자료다.

남 비엣을 와해시키기 위한 오랜 공작을 거쳐 한 무제는 기원전 112년 노박덕路博德과 양복楊僕을 파견해 침공을 개시했고, 남 비엣은 기원전 111년에 멸망했다. 누선장군樓船將軍으로 참전했던 양복은 기원전 109년 위만조선을 공격하는 데 나선다. 남 비엣 멸망 후 곧바로 위만조선 침공에 나선 셈이다. 한의 입장에서 남 비엣과 위만조선은 대외 정책에서 동일한 침공 대상이었으니, 위만조선과 남 비엣은 공동운명체였던 셈이다. 이는 위만조선과 한의 교섭 관계를 이해하는 데 남 비엣과 한의 관계에 대한 이해가 선행되어야 함을 말해준다.

나아가 중국계 이주민인 찌에우다 집단과 비엣족의 연합 정권인 남 비엣에 대한 이해가 역시 중국계 이주민과 조선의 연합 정권인 위만조선의 국가적 성격과 지배층의 구성을 이해하는 데 좋은 참고 자료가 됨을 알 수 있다.

3. 중국 군현의 설치와 영향

(1) 7군과 4군

남 비엣을 정복한 한은 기원전 111년 광둥廣東 지역에 난하이南海, 허푸合浦, 광시廣西 지역에 창우蒼梧와 위린鬱林, 베트남 북부에 쟈오찌交趾, 끄우쩐九眞, 녓남日南의 7군을 설치했다. 그다음 해에 하이난 섬海南島에 주야珠崖와 단얼儋耳 2군을 설치함으로써 모두 9개의 군을 설치하고 쟈오찌자사부交趾刺史部가 통괄하게 했다. 남 비엣의 영토에 설치된 7군과 위만조선 영토에 설치된 4군은 좋은 비교 대상이다.

하노이 인근의 루이러우 토성(〈사진 3〉)에서는 기원후 2세기경의 유물이 출토되는데(西村昌也, 2001; 西村昌也·グエン·ブァン·ハオ, 2005), 중국의 군현 지배를 이해하는 데 도움을 준다. 북부 베트남에 소재하는 군현성과 관련된 한묘漢墓(宮本一夫·俵寛司, 2002; 西村昌也·グエン·ブァン·ハオ, 2005) 역시 한반도 서북부에 분포하는 낙랑, 대방 관련 무덤과 좋은 비교 대상이다.

베트남에 대한 중국의 지배 방식은 직접 지배가 이루어지는 지역은

〈사진 3〉 루이러우성 내부와 성벽

제한적이었고, 대부분의 지역은 낙장雒長과 낙후雒侯 등 재지 세력을 통해 간접 지배했다(송정남, 2010, 34쪽). 이런 까닭에 고유의 전통과 습속이 유지될 수 있었다. 하지만 기원후 40년 한의 지배 방식에 저항하는 쯩徵 자매가 주도한 대규모 저항이 발생했고, 이를 토벌한 마위안馬援은 군현 지배를 강화해 낙장과 낙후를 폐지했다(유인선, 2002, 46~47쪽). 군현 제도의 실시, 지배 방식 등에서 7군과 4군은 공통점이 많다. 이런 점에서 답보 상태에 빠진 한사군 연구는 7군에 대한 이해를 통해 돌파구를 찾을 수 있을 것이다.

　낙랑군의 내부 구조와 지배 방식에 대한 자료는 크게 부족한 데 비해 7군 지역에 대한 자료는 많은 편이다. 진한 교체기 이후 가속화되던 중국인들의 베트남 이주는 7군 설치 후, 그리고 중국이 혼란에 빠지면서 더욱 활발해졌다. 이 지역을 통치하러온 관리들은 지역의 사정을 잘 이해하고 존중하던 부류와 가혹한 수탈을 일삼던 부류로 나뉜다. 이주해온 주민 집단은 중국 문화를 고수하기도 하고, 때로는 재지인들과 혼혈하거나 토착 사회에 동화되는 등 다양한 모습을 보였다.

쟈오찌 태수交趾太守 스셰土燮는 중국계 인물로서 후한後漢 대부터 동오東吳 대에 걸쳐 쟈오찌交趾를 거점으로 중국 광둥성 일대, 베트남 북부-중부를 지배했다(최병욱, 2000, 29~30쪽). 후한, 위魏, 오의 거듭되는 회유와 압박에도 불구하고 토착 사회의 안정과 발전에 공헌한 그는 유학과 불교를 수용해서 재지 사회의 문화 발전에도 크게 기여했다. 스셰와 같은 중국계 이주민의 행태는 중국에서 이주, 정착한 뒤 중앙 정권에 때로는 대항하고 재지화하던 이른바 낙랑인의 실체를 이해하는 데 중요하다.

이러한 인물들은 그 후에도 여럿 보인다. 541년 쟈오찌의 토호인 리본은 쟈오찌의 독립을 위해 쯩 자매의 저항 이후 최대 규모의 군사를 일으켰다. 그는 후한 대에 쟈오찌로 이주한 중국계 이주민의 7대손으로서 스스로 베트남인으로 인식하며 반 쑤언萬春이란 국가를 세워 황제에 오르고 양梁에 대항했다(최병욱, 2000, 32쪽). 이처럼 원래 중국계 인물임에도 현지의 문화에 동화되어 중국 중앙 정권에 저항하는 길을 밟았던 인물에 대한 탐구는 위만, 낙랑에 거주하던 한인漢人, 고구려와 백제에 정착한 다양한 중국계 인물들을 이해하는 데 긴요하다. 최근 묘지墓誌의 발견으로 예식진禰寔進, 진법자陳法子 등 백제에 정착한 중국계 인물들의 실체가 드러나는 상황에서 두 지역의 비교 연구가 필요하다.

(2) 참파와 중국 문명의 확산

한반도 서북 지방에 설치된 군현을 통해 한반도의 나머지 지역과 일본 열도에 중국계 문물이 유입되고 중국 문명이 확산되었듯이 베트남에서도 7군, 특히 쟈오찌, 끄우쩐, 녓남과 재지인의 교섭을 통해 중국 문명이 확산되었다.

〈사진 4〉 참족

녓남군日南郡의 남쪽에는 참족(〈사진 4〉)이 존재했다. 그들은 동남아시아 대부분의 지역에서 사용되던 오스트로네시아어Austronesian Language를 사용하던 종족이다(매리 하이듀즈, 박장식·김동엽 옮김, 2012, 37쪽). 동남아시아에서는 기원전 500년 이후에 초기 금속 문화가 발전하는데(石澤良昭, 2009, 38쪽), 베트남 중부에서 발생한 문화를 사휜 문화라고 부르며(Nancy Tingley, 2009), 이 문화는 참족 문화의 토대가 되었다. 서력 기원 이후 참족은 점점 성장하면서 베트남 북부에 설치된 한의 군현을 통해 중국과 교섭하기 시작한다.

참족이 주체가 된 집단은 중국 역사에서 럼업林邑으로 나타난다. 137년 녓남군 외곽의 쿠 리엔區憐(혹은 區蓮) 등 수천 인이 쟈오찌군交趾郡을 공격하고, 192년에도 공격했다는 기사는 베트남 중부의 다낭, 호이안 지역을 중심으로 참족 세력이 결집되어가는 모습을 보여준다. 럼업은 인도 문화의 영향을 받으며 이윽고 산스크리트어인 참파를 국명으로 삼게 된다. 참파는 3세기 중엽경 녓남의 대부분을 점령하고 끄우쩐의 변경까지 침입했다(유인선, 2002, 61쪽). 점차 세력을 확산한 참파는 베트남 중부를 거점으로 북부와 남부의 메콩강 델타 지대를 차지하고 중국, 말레이시아, 인도를 연결하는 무역 국가로 성장한다.

4세기 이후 참파는 동진과 항쟁을 거듭하면서 한편으로는 인도화가 진전되었다(チャンパ王國の遺跡と文化展實行委員會, 1994).『양서梁書』와『수서隋書』등 중국 측 사서에 보이는 럼업, 즉 참파의 습속은 인도적인 색채

가 농후한 점이 확인된다. 참파의 중요 유적으로는 왕성인 짜 끼에우 유적(Ian C. Glover, 1997; Yamagata Mariko, 2011), 건축 유구인 고 깜 유적(Guimet musée des ARTS ASIATIQUES, 2005)을 들 수 있지만, 참파 문화를 대표하는 것은 불교와 힌두교가 결합된 다수의 사원이다(NGUYÊN THÊ THUC, 2010; Anne-Valérie Schweyer, 2011). 그 대표적인 것이 다낭의 미썬美山 유적(〈사진 5〉)이며(서규석, 2013), 이 외에도 많은 사원 건축을 통해 다수의 우수한 조각을 남겼다(NGUYÊN THÊ THUC, 2007; NGUYÊN VĂN KU, 2012).

5세기에 참파는 쟈오찌를 공격했고, 6~8세기에도 중국과의 공방전이 이어졌다. 참파의 전쟁 목적은 해상 교역로를 지배하기 위해 베트남 북부로 진출하는 것이었다.

참파는 10세기 이후 북으로 다이 비엣大越, 서로는 크메르眞臘와 치열한 항쟁을 벌인다. 다이 비엣의 지속적인 압박에도 불구하고 참파는 쉽게 망하지 않았는데, 이 국가는 하나의 단일한 정치체가 아니라 각지에

〈사진 5〉 참파의 미썬 유적

거점을 둔 항시港市의 연합체였기 때문이다(櫻井由躬雄, 1999). 참파가 완전히 멸망한 시점은 1832년이고, 현재 참족은 베트남의 소수민족으로 전락한 상태다.

그런데 이 참파의 영역에서 중국계 유물이 많이 발견되었다. 베트남의 북부는 물론이고 중부에까지 퍼진 인면문 와당(〈사진 6〉)은 건강성建康城(장쑤성江蘇省 난징南京) 일대에서 많이 발견된 동오東吳-동진東晉 대의 인면문 와당을 모델로 한 것이다(Mariko Yamagata·Nguyên Kim Dung, 2010; 山形眞理子, 2012). 백제의 초기 왕성인 서울 풍납토성에서도 동오-동진의 영향을 받은 인면문(수면문) 와당이 발견되는 현상과 동일하다.

전문도기錢文陶器는 도기의 표면에 동전 무늬를 눌러 찍은 것으로 서울의 풍납토성, 몽촌토성에서 출토되면서 백제(마한)와 중국의 교섭 시점 및 주체, 나아가 백제 국가의 출발 시점을 보여주는 자료로 해석되었다(권오영, 2001). 종전에는 백제 유적 출토 전문도기의 연대가 대부분 서진西晉 대라고 이해되었지만 연구와 발굴 조사가 진전되면서 그 시간 폭이 넓음이 확인되었다.

용인龍仁 고림동古林洞 취락, 홍성洪城 신금성神衿城 유적, 공주公州 수촌리水村里 고분군, 부안扶安 죽막동竹幕洞 제사 유적, 해남海南 용두리龍頭里와 함평咸平 마산리馬山里의 전방후원분前方後圓墳에서도 전문도기가 발견되면서 그 제작과 사용 시점을 서진 대로 한정할 수 없으며(한지수, 2010), 남조 대까지 내

〈사진 6〉 짜 끼에우 유적 출토 인면문 와당

598

려옴을 알게 되었다. 상한에 대해서는 동오가 주목되었지만 사실은 이미 광저우의 남 비엣 가마에서 전문도기가 발견된 바 있다(廣州市文物考古研究所 編, 2005). 따라서 전문도기의 제작과 사용은 전한前漢 대부터 남조까지 확장되었고, 백제 권역 외에 남 비엣 지역에서도 전문도기가 제작, 사용되었음이 확인된 것이다.

그런데 전문도기는 베트남에서도 출토되고 있으므로(賀云翔·馮慧·李浩, 2005) 그 분포 범위가 매우 넓음을 알게 되었다. 전문도기의 용도와 전문에 담겨 있는 관념을 고려할 때 남 비엣 및 베트남 지역 출토 전문도기는 백제 고지 출토 전문도기를 해석하는 데 많은 시사점을 줄 수 있다.

남 비엣의 중심지였던 광저우 지역에는 전한 이후 많은 중국계 이주민이 이주해오면서 한 문화가 이식되었다. 7군이 설치된 북부 베트남은 쟈오찌를 중심으로 많은 중국계 이주민이 정착했으며 후한, 동오, 서진, 동진에 이르는 시기의 문물이 유입되었다. 대표적인 것이 동경과

〈사진 7〉 하노이 국립박물관의 청자 천계호

청자류다. 하노이 국립박물관에 전시되어 있는 청자 중에는 천계호天鷄壺(계수호)가 눈에 띄는데, 그 형태를 볼 때 동진 대의 것이다(〈사진 7〉). 천안天安 용원리龍院里, 공주 수촌리 고분에서 출토된 천계호에 대응된다.

　이 외에 기와, 도기, 박산로博山爐를 비롯한 동기銅器 등의 기물과 전실묘 등의 중국계 묘제도 베트남 북부에서 많이 확인된다. 낙랑군과 대방군을 거점으로 삼아 중국 문물이 고구려, 백제, 가야, 왜 등으로 확산되던 동북아시아의 양상과 대비된다.

4. 푸난扶南과 바닷길

(1) 초기 철기시대~원삼국기 푸른 유리의 생산과 유통

한반도의 중서, 서남부에서는 푸른색의 유리 관옥과 팔찌 모양 환環이 많이 발견되었다. 부여扶餘 합송리合松里 유적(〈사진 8〉), 공주 봉안리鳳安里 유적·수촌리水村里 유적, 당진唐津 소소리素素里 유적, 장수長水 남양리南陽里 유적에서는 푸른색의 관옥이 청동제 무기, 철제 공구와 함께 발견되었다. 완주完州 갈동과 신풍新豊 유적에서는 팔찌처럼 생긴 푸른색의 환이 많이 발견되었다.

〈사진 8〉 부여 합송리 유적 출토 유리 관옥

푸른색의 관옥은 일본 큐슈九州 사가현佐賀縣 요시노가리吉野ヶ里 분구묘에서도 다량 발견되었는데, 그 화학적 조성이 한반도 출토품과 동일하며 모두 중국 남부에서 제작된 것으로 이해되고 있다. 한반도의 초기 철기시대와 연대적으로 평행하거나 근접한 시기의 팔찌 모양 유리 환은 큐슈 마에바루시前原市 후타즈카二塚 유적, 단고丹後의 오오부로미나미大風呂南 유적과 히쿠니야시키比丘尼屋敷 분묘, 산인山陰의 시마네현島根縣 니시타니西谷 분구묘 등 동해에 접한 일본 열도 서편에서 많이 발견된다(大阪府立彌生文化博物館, 2002, 20~21쪽). 출토 지점을 연결하면 한반도 서남부-큐슈-단고-산인으로 이어지는데, 이 루트가 한반도에서 일본 열도로 푸른색 유리가 전래되는 길이며 철기의 전래 루트이기도 하다.[7]

이러한 푸른 유리 제품은 막연히 한대 남중국(광둥, 광시)에서 제작된 것으로 이해되지만 두 가지 측면을 고려해야 한다. 하나는 이 지역이 비엣족의 무대임과 동시에 남 비엣이란 국가의 거점이란 점, 그리고 바다를 통한 원거리 교역의 중요 항구가 위치한다는 점이다. 이런 점에서 인도나 동남아시아, 특히 태국과 베트남에

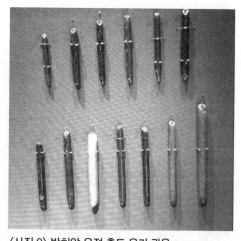

〈사진 9〉 반치앙 유적 출토 유리 관옥

---

7) 흔히 북부 큐슈에서 세토나이카이瀬戸內海를 통해 오카야마岡山, 오사카大阪로 이어지는 철의 전래 루트가 주목받지만, 동해 쪽 일본 열도 서편을 통한 루트도 활발히 작동했음이 분명하다.

서의 유리 생산(ブイ·チ—·ホアンベトナム南部社會科學院考古研究所, 2005)에 주목해야 한다. 태국의 반치앙 문화에서 제작된 푸른색의 유리 관옥(〈사진 9〉)은 한반도 초기 철기시대 분묘 출토품과 매우 흡사하다.

(2) 푸난의 발전

바다를 통한 교역 과정에서 두각을 나타낸 세력이 푸난扶南이다. 푸난은 메콩강 하류를 무대로 1세기 무렵부터 흥기했다. 그들의 건국 설화는 내항來港한 인도인이 재지 수장의 딸 혹은 자매와 혼인해 혼혈, 정주定住하는 이야기로 구성되어 있다.

푸난의 경제력은 해상 교역만이 아니라 배후의 농경지를 이용한 농업 생산력에 기초했다. 푸난에는 인도인이 거주하면서 도작, 관개 농법, 종교 의례, 왕권의 개념, 문자, 미술 양식, 무기 등에 영향을 미쳤다(石澤良昭·生田滋, 1998).

푸난의 외항인 옥 에오Oc Eo 유적(〈사진 10〉)(Pierre-Yves Manguin, 2008;

〈사진 10〉 호치민 국립박물관의 옥 에오 전시실

Nancy Tingley, 2009)은 제2차 세계대전 중 프랑스에 의해 조사가 이루어졌다. 그 결과 운하와 수로가 복잡하게 개설되어 있었으며, 이를 기반으로 내륙부에서 간척과 경지 개발이 진행되었음을 알게 되었다. 출토 유물 중에는 안토니우스 피우스Antoninus Pius(재위 138~161), 마르쿠스 아우렐리우스Marcus Aurelius Antoninus(재위 161~180) 등 로마 황제와 관련된 금화, 청동 불상, 힌두교 신상, 산스크리트어 각문刻文 석판錫板, 반지, 한경 등이 있다(Anne-Valérie Schweyer, 2011).

푸난의 4대 왕은 부남대왕扶南大王을 칭하며 말레이반도의 10여 국을 정벌했고, 강력한 해군을 소유했다. 3세기 전반에는 중앙아시아의 쿠샨Kushan에까지 사신을 파견했고, 동오는 229년 푸난에 사신을 파견했다.

357년에 푸난 왕은 코끼리를 동진에 공헌貢獻했고, 송 문제文帝(재위 424~453) 대에도 방물方物을 공헌했다고 한다. 484년 이후 4회에 걸쳐 중국에 조공을 보내고 안남장군부남왕安南將軍扶南王에 봉해진다. 『남제서南齊書』에 의하면 "푸난의 주민은 금, 은, 비단을 가지고 교역하며 …… 금제 반지와 팔찌, 은식기를 만든다"고 했다.

푸난의 전성기는 200년부터 600년 무렵까지다. 이후 인도와 중국의 교역이 감소하면서 푸난은 약화되고 메콩강 중류에서 흥한 크메르의 공세에 직면해 앙코르 보레이로 천도하게 된다. 이에 더해 참파와의 충돌, 국내 혼란 등의 원인으로 인해 7세기 전반 멸망하고 크메르에 흡수된다(매리 하이듀즈, 박장식·김동엽 옮김, 2012, 58쪽).

(3) 인도-태평양 유리구슬의 유입 경로

초기 철기시대의 푸른 유리 이후 원삼국기에 접어들면 한반도 중부 이남에서는 다양한 유리구슬이 사용되었다. 그 가운데 짙고 불투명한 홍갈색의 작은 유리구슬은 인도-태평양 유리구슬Indo-Pacific Glass Bead

의 일종으로서 흔히 무티사라mutisalah라고 불린다(島根縣立古代出雲歷史博物館, 2009). 인도에서 만들어져 동남아시아 각지로 퍼져나갔는데(Heidi Munan, 2004, 135쪽), 그중 한 흐름이 한반도 남부와 일본 열도로 이어진 것으로 보인다. 구체적인 이동 경로에 대해서는 아직 본격적인 연구가 없지만 동남아시아 대륙 연안, 특히 베트남의 해안 지대에 위치한 푸난과 참파가 중요한 역할을 했을 가능성이 매우 높다(〈사진 11〉).

금(은)박 유리구슬, 연리문 유리구슬의 생산과 유통 역시 동남아시아를 제외하고는 논의하기 곤란하다. 연리문 유리구슬은 신라의 황남대총, 백제의 공주 수촌리 고분, 무령왕릉, 함평 신덕 고분(〈사진 12〉) 등지에서 발견되었으며, 일본에서도 한반도를 경유해 반입된 예들이 확인된다. 그런데 푸난의 옥 에오 유적에서도 유사한 연리문 유리구슬이 발견되었다(〈사진 13〉). 형태적 유사성만 가지고 속단하기는 어렵지만 한반도와 일본 열도에서 발견된 금(은)박 유리구슬과 연리문 유리구슬의 산지와 경유지를 추정하는 데 시사하는 바가 크다.

국내외 사서에 산견散見되는 명주明珠와 야광주夜光珠의 정체는 분명

〈사진 11〉 옥 에오 유적 출토 무티사라

〈사진 12〉 함평 신덕 고분 출토 연리문 유리구슬

치 않은데, 아마도 유리구슬, 진주, 수정 가운데 어느 것에 대응될 것이다. 한반도와 일본 열도에서 출토되는 유리구슬의 대부분이 인도-태평양 유리구슬일 가능성이 높다는 점, 그리고 당시 진주의 주산지가 인도였음을 감안할 때, 명주와 야광주도 인도-동남아시아를 잇는 해상 교역의 산물일 가능성이 높다.

〈사진 13〉 호치민 국립박물관 전시실의 옥 에오 유적 출토 유리구슬

한반도의 원삼국기 유적에서는 분묘나 생활 유구에서 수정제 다면옥이 출토되고 있다. 보성 도안리 석평 유적에서 공방이 발견되는 것을 볼 때(마한문화연구원, 2011·2012), 일부 자체 제작했음은 분명하다. 하지만 수적으로 압도적 다수를 점하며 마한 지역의 것과는 질적인 차이를 보이는 영남 지역의 진한, 변한 분묘에서 출토되는 수정제 다면옥(정인성·양아림, 2013)이 마한에서 생산된 것인지, 자체 제작된 것인지는 여전히 불분명하다.

낙랑 지역에서도 수정제 다면옥이 출토되는 만큼 한반도 내부에서의 유통에 대한 문제가 선결되어야겠지만, 옥 에오 유적에서도 유사한 수정제 다면옥이 출토되는 점에 주목해 시야를 넓힐 필요가 있다. 경주 미추왕릉지구에서 출토된 인면문 유리구슬의 산지를 동東 자와Jawa로 간주하는 견해(James W. Lankton·In-sook Lee·Jamey D. Allen, 2003)가 있음을 고려하면 동남아시아 대륙부만이 아니라 도서부를 포함한 광역의 유통망이 존재했을 가능성이 있다.

(4) 백제와 동남아시아의 교섭

무령왕릉에서 출토된 유리구슬의 산지에 대한 과학적 분석 결과 원료
에 포함된 납의 산지가 태국으로 밝혀졌다(노지현 외, 2011). 이 경우 태
국산 유리구슬이 완제품으로 수입되었을 가능성, 납이 원료로 수입된
후 백제에서 제작되었을 가능성, 태국과 백제 이외의 제3의 장소에서
제작되었을 가능성 등이 상정된다. 이는 웅진기 백제가 직접적이든, 간
접적이든 동남아 물품을 수입했을 가능성을 제기하는 셈이다.

　사비기에 해당되는 자료로는 부여 능사 출토 금동대향로의 코끼리
문양(〈사진 14〉), 부여박물관 전시실의 코끼리 소조상을 들 수 있다. 일
본 후지노키 고분藤ノ木 古墳에서 출토된 금동안륜金銅鞍輪의 코끼리 문
양 역시 사비기 백제와 관련되었을 가능성이 높다.

사비기 백제인들이 코끼
리를 알게 되는 계기는 무엇
이었을까? 우선 우즈베키스
탄의 사마르칸트Samarkand
아프라시압Afraciab 벽화에
코끼리가 나타나듯이 중앙
아시아와의 교섭 결과로 볼
수 있다. 그다음은 동남아
시아와 교섭한 결과일 가능
성이 있다. 이 글에서는 두
번째 가능성에 주목하고자
한다.

〈사진 14〉 백제 금동대향로의 코끼리 문양

푸난은 268년, 285년, 286년, 287년에 걸쳐 서진의 무제武帝에게 공헌했고, 357년에는 동진의 목제穆帝에게 순상馴象을 공헌했다. 베트남·캄보디아의 코끼리가 중국 건강성에 건너간 증거다. 이후에도 푸난은 434년, 435년, 438년 송 문제에게 조공했으며, 484년에는 인도승 나가세나那伽仙를 제齊에 파견했다. 503년에는 양 무제武帝에게 산호 불상을 공헌하고 안남장군부남왕安南將軍扶南王이라는 작호를 받았으며, 511년과 514년, 517년, 519년, 520년, 530년, 535년, 539년에도 양에 조공했다.

이렇듯 양진兩晉, 남조가 푸난과 긴밀한 교섭을 전개하던 양상을 감안할 때 백제에 코끼리의 모습과 이미지가 유입되는 것은 이상한 일이아니다. 푸난과 참파에는 코끼리가 서식해 자주 조각으로 표현되었다(〈사진 15〉). 힌두교 신상神像 중에는 코끼리의 머리를 한 가네샤가 자주등장하는데, 베트남 다낭의 미썬, 캄보디아의 앙코르 유적에서도 자주

〈사진 15〉 하노이 국립박물관의 참파 코끼리상

볼 수 있다.

백제와 동남아시아가 직접 교섭한 흔적도 찾을 수 있다. 『일본서기』에 의하면 543년 성왕은 왜에 푸난산扶南産 물품과 노예를 보냈으며, 544년에는 인도산으로 추정되는 탑등氍毹을 왜와 거래했다. 642년 의자왕 대에는 왜에서 백제 사신과 곤륜崑崙 사신 사이에 분쟁이 발생했는데, 곤륜은 동남아시아의 어딘가를 지칭한다. 〈양직공도〉에 나오는 여러 나라의 사신 가운데 낭아수국狼牙修國이 말레이반도 일대로 추정되므로 건강성(난징)을 무대로 백제와 동남아시아 도서부의 각국 간 다양한 형태의 교섭이 이루어졌을 가능성이 엿보인다.

한편 부여 가탑리佳塔里 불상에서 인도 굽타기 불상의 영향이 관찰되는 것은 남조 양梁의 불상의 영향으로 이해된다(김춘실, 2007). 인도 불교 문화의 영향이 농후했던 푸난과 남조의 긴밀한 교류가 주목되는 이유다.

5. 바닷길의 형성과 번영

(1) 항시港市와 바닷길의 형성

기원 전후한 시점부터 선진적인 문명을 지닌 인도인들이 동남아시아에 들어와 이 지역 특산품을 구입해 인도로 운반했다. 대륙 연안부에서는 몬족, 크메르족, 참족 등이, 해양부에서는 자와족이 인도인의 상대였다(石澤良昭, 2009, 39쪽). 교역은 단기간에 종료되는 경우도 있었지만 질병이나 혼인 등 다양한 이유로 현지에 정착하는 인도인들이 생기면서 그들을 위한 거주지가 형성되었다. 동남아시아의 수장층은 자신의 누이나 딸을 인도인과 혼인시키면서 그들의 정착을 권유하기도 했다.

그 결과 인도인들이 왕래하고 때로는 거주하는 항구 도시가 발생하는데, 이를 항시港市라고 한다.

기원후 1세기 이후 동남아시아의 지배자들은 자신의 권위와 권력을 강화하기 위해 산스크리트어, 인도 문자, 힌두교, 불교를 적극적으로 수용함으로써(매리 하이듀즈, 박장식·김동엽 옮김, 2012, 34쪽) 동남아시아의 인도화가 가속화되었다. 이러한 변화는 항시에서 현저하게 일어났으며, 거점적인 항시는 항시 국가로 발전했다. 대표적인 사례가 푸난의 옥 에오, 그리고 참파의 호이안會安이다.

항시는 풍랑을 피하고 순풍을 기다리며, 화물을 집산하고 물과 식량을 공급받는 등 다양한 기능을 담당했고, 항시와 항시를 연결하는 형태로 교역망이 확장되었다. 인도와 동남아시아를 잇는 해상 교역로는 서로는 아라비아Arabian반도와 홍해紅海를 거쳐 알렉산드리아Alexandria로 이어졌고, 동으로는 중국과 한반도, 일본 열도로 이어졌다. 이 장거리 해상 교역로를 바다의 실크로드라고 부른다(石澤良昭·生田滋, 1998).

지중해에서 동북아시아에 걸친 이 장거리 교역로는 각 지역 간의 해로가 서로 연결되면서 마침내 완성된 것이다. 동남아시아와 중국이 이어지는 계기는 기원전 3세기 이후 진·한 세력이 인도차이나반도에 진출한 것이지만, 중국과 동남아시아를 연결하는 해로는 이전 돈손頓遜 문화와 사휜 문화 당시의 해로를 기초로 삼은 것이다.

이러한 정황은 『에리트리아 해 안내기Periplus Maris Erythraei』[8]와 『한서漢書』에 잘 나타나 있다. 두 책의 내용을 종합하면 기원전 2세기경 알렉산드리아를 출발해 홍해 입구에서 아라비아해를 횡단해 인도의 말라바르Malabar 해안에 도착한 뒤 그곳에서 코로만델Coromandel 해안,

---

8) 1960~1970년대에 그리스 상인이 인도 무역의 경험을 저술한 기행기다.

벵골만Bengal灣을 횡단해 말레이반도에 도달하고, 그곳을 육로로 횡단한 후 베트남 동부 해안을 거쳐 중국의 판위番禺에 도달하는 무역 루트가 복원된다(石澤良昭·生田滋, 1998). 이 해로를 이어주는 항시에서 보석과 면직물 위주의 인도 물품, 물소, 코끼리, 대모玳瑁, 과일, 은, 동 등의 동남아시아 물품이 거래되었다.

131년 베트남 북부의 녓남군日南郡에 엽조葉調(자와 혹은 실론)왕의 사절이 내방했고, 159년과 161년에 연거푸 천축天竺의 사신이 녓남군을 경유해 후한에 입공했다. 166년에는 대진大秦(로마)의 왕인 안돈安敦(마르쿠스 아우렐리우스 안토니우스)의 사절단이 녓남군을 경유해 한에 입공했다. 226년에는 로마의 사신이 동오의 지배하에 있던 쟈오찌군交趾郡에 왔고, 쟈오찌자사交州刺史 여대呂岱는 229년 로마 사신이 귀국할 때 강태康泰와 주응朱應을 동행시켜 푸난에 사절로 파견했다.

이러한 과정을 거치면서 지중해 세계와 서아시아, 서남아시아의 문물이 동남아시아를 거쳐 중국에 전해졌다. 광저우의 남월왕릉에서 출토된 파르티아산 은제 합盒(〈사진 16〉)(古代オリエント博物館, 1996)은 이란에서 바다를 통해 판위로 이어지던 바닷길의 작동을 증명한다. 이 길은 판위에서 그치지 않고 중국의 동해안을 따라 푸저우福州로 이어지고, 황해를 건너 한반도와 일본 열도로 이어졌을 가능성이 매우 높다. 앞에서 살펴본 푸른색의 유리 장신구, 연리문 유리구슬, 금(은)박 유리구슬, 인면문 유리구슬이 이 길을 통해 유통되었을 것이다.

〈사진 16〉 남월왕릉 출토 파르티아 은합

당시의 항로를 이해한다면

금관가야 시조 수로왕의 배필인 허황옥이 인도의 아유타阿踰陀(아유디아) 출신이란 설에 대해서도 재음미할 필요가 있다. 이 전승은 불교 전래와 관련되어 후대에 부회附會된 것으로 이해된다. 이러한 부정론은 먼 인도에서 한반도의 동남쪽 김해까지 항해해왔을 리가 없다는 정황론을 배경으로 삼고 있다. 그러나 중국 한대에 이미 로마에서 알렉산드리아를 거쳐 홍해와 아라비아반도, 인도, 말레이반도, 베트남을 경유해 판위로 연결되는 항로가 개통되었음을 고려할 필요가 있다. 인도의 여인이 직접 김해를 향해 항해해왔는지는 알 수 없으나 인도에 대한 정보, 인도행 항로에 관한 지식이 김해에 들어와 있었을 가능성도 고려해야 한다.

김해는 일종의 항시였을 가능성이 높다. 한반도와 일본 열도를 잇는 해상 교통로에 위치하는 해남 군곡리郡谷里, 사천泗川 늑도勒島, 이키壹岐, 후쿠오카福岡, 카라츠唐津도 항시에 포함된다. 김해 구야국에서 금관국으로의 전환이야말로 항시에서 항시 국가로 발전한 전형적인 예가 아닐까?

(2) 몬순 항로의 성립

초기의 바닷길은 말라카melaka 해협을 이용하는 것이 아니라 태국 남부인 끄라 지협Isthmus of Kra에서 육로로 건너가는 것이었다(매리 하이듀즈, 박장식·김동엽 옮김, 2012, 36~37쪽). 그 결과 좁고 긴 말레이반도의 서안과 동안에는 각기 대응되는 항구가 생기고, 그 사이로 육로를 이용해 물자가 운송되었다.

그런데 법현法顯의 인도 유학기인 『불국기佛國記』에 의하면, 그는 412년 200인 이상을 태운 인도의 상선을 타고 실론을 출발해 귀국길에 오른다. 자와로 추정되는 섬에 표착漂着한 후 중국으로 가는 과정을 볼 때 말라카 해협을 이용한 몬순 항해의 시작을 보여준다. 몬순 항해는 몬순을 이용한 항해술의 발달과 함께 원양 항해용 선박 조선 기술에 의해 뒷받침된다. 7세기 이후 중국에서 당 왕조가 등장하고 서아시아에서 이슬람 제국이 출현하면서 몬순 항해는 더욱 발달했다(石澤良昭, 2009, 44쪽).

말라카 해협을 통과하는 신항로가 발달하면서 대부분의 선박은 끄라 지협을 통한 운송을 중단했다. 그 결과 항로에서 푸난의 중요도는 급감하고 새로이 수마트라Sumatra에 기반을 둔 스리비자야Srivijaya 왕국이 대두한다. 스리비자야의 왕도이자 수마트라 남부의 항구인 빨렘방Palembang은 몬순을 이용해 항해하는 무역업자들에게 바람이 바뀔 동안의 기착지 역할을 했다. 7세기에 중국 승려 의정義淨이 인도에 구법행을 할 때도 스리비자야에 7년간 머물렀다고 한다. 스리비자야의 세력은 10세기까지 유지되었고, 그 결과 이 지역에 대한 발굴 조사에서 당의 도자기, 10세기 대 불상, 가네샤 등이 발굴되었다(매리 하이듀즈, 박장식·김동엽 옮김, 2012, 39~44쪽).

푸난과 달리 참파의 해상 무역에서의 위상은 장기간 지속되었다. 중국에서는 참파를 8세기 후반~9세기 중반에는 환왕環王, 9세기 후반 이후에는 점성占城이라 불렀다.[9] 『송사宋史』 점성국조占城國條에 의하면 "장미수를 의복에 뿌려두면 향이 그치지 않고 석유에 물을 부으면 화세가 더 왕성해진다. 장미수나 석유 모두 유리병에 담아둔다"라고 한다. 이때의 유리병은 이슬람 유리로 추정되므로 바닷길을 통해 이슬람 세계와 연결되었음을 보여준다. 참파는 9세기에는 중국의 무역 도자를 취급해 월요청자越窯靑磁, 정요백자定窯白磁를 운송했는데, 당시의 대표

---

9) 점성占城이란 국명은 870년대 이후에 등장한다(Emmanuel Guillon, 2001, 16쪽).

적인 항구가 호이안이다. 호이안에는 중국과 일본의 상인들이 거주하던 시가지가 지금도 남아 있다.

바닷길을 통해 유통되던 물품은 이슬람과 인도, 중국만이 아니라 베트남과 일본의 도자기도 포함된다. 그렇다면 통일신라 이후의 한국만 유독 고립된 상태였던가? 엔닌圓仁과 혜초慧超, 그리고 장보고張保皐의 활동을 볼 때 그럴 리 없을 것이다. 통일신라 이후의 바닷길을 통한 교섭에도 관심을 기울여야 할 것이다.

6. 베트남 고대사 관련 자료의 활용 방안: 맺음말에 대신하여

(1) 한국 고대 대외 교섭사의 외연 확장

한국 고대 대외 교섭사 연구는 한·일, 한·중 관계에 머물러 있다. 베트남 고대사에 대한 연구 및 한국 고대사와의 비교 작업은 동남아시아, 북아시아, 중앙아시아, 서아시아와의 교섭에 대한 관심을 촉구하는 효과를 낼 수 있다.

한국 고대사의 범주를 벗어나 동서 문명 교류사에 대한 연구는 북방의 초원길, 사막의 오아시스길에 주목하고 있다. 여기서 소홀히 다루어지는 것이 바닷길이다. 베트남의 고대 문화에 대한 연구와 관심은 바닷길에 대한 연구의 필요성을 절감케 한다.

일본에서는 스이코推古 3년(595) 아와지시마淡路島에 침목沈木[10]이 표착한 사실(『일본서기』 권22, 스이코 천황推古天皇 3년 여름 4월)이 기록되어

---

10) 침목은 침향목을 줄인 말이다. 침향목은 동남아시아에서 생산되는데, 매우 귀한 약재이며 가구 재료이고 불에 태워 향기를 맡으면 병을 치료하고 마음을 안정시킨다고 한다.

〈사진 17〉 호이안의 침향 상점

있다. 『삼국사기三國史記』에도 침향에 대한 기사가 자주 보여 신라 사회에서 침향의 수요가 많았음을 보여준다. 당시 최고급 침향은 참파에서 생산되었으며, 그 수출항이 호이안이었다. 지금도 호이안에는 침향 전문 상점이 있다(〈사진 17〉). 한반도와 일본 열도에 수입된 침향에 대한 연구에서 베트남이 제외될 수 없음을 잘 보여준다.

이러한 사례는 많이 확인된다. 일본에서는 736년 참파에서 온 승려 불철佛哲이 나라奈良의 다이안지大安寺에 거주하면서 일본인들에게 범어와 참파 음악인 린유카쿠林邑樂를 가르쳤다고 한다. 앞에서 언급한 침향과 마찬가지로 통일신라기 참파와의 교섭에 대한 관심이 필요함을 보여준다.

(2) 동남아시아 연구의 심화

동남아시아에 소재하는 아세안ASEAN 국가들과의 정치·경제·문화적 교류가 밀접해지고 결혼 이주민의 수가 급증하는 현실에도 불구하고 이 지역에 대한 연구는 매우 미흡하다. 한국 고대사와 유사한 발전 과정을 밟아갔던 동남아시아 고대사와 문화에 대한 연구가 진작되고 그 내용은 교과서에 반영되어야 한다.

한·중·일의 역사 분쟁 및 영토 분쟁의 해결과 미래 지향적인 역사

교육을 위해 동북아시아 각국이 공통으로 사용할 수 있는『동아시아사』라는 역사 교과서가 중등 교육 과정에서 사용되고 있다. 하지만 그 내용에 동남아시아사가 누락되어 있기 때문에 진정한 의미의 '동아시아사'라고 하기 곤란하다. 앞으로는 동남아시아를 포괄한 역사 교육이 반드시 필요하다.

그중에서도 베트남 고대사에 대한 연구와 교육이 절실하다. 중국 남부에 분포하던 백월이 자신들의 조상이고, 현재의 광둥·광시 지역이 과거 자신들의 역사 영역이었다고 간주하는 베트남인의 인식은 중국 동북 지역을 한국사의 요람으로 믿는 우리와 너무도 흡사하다(최병욱, 2000, 21쪽). 황제를 칭한 남 비엣 문제의 무덤이 다민족 통일 국가론에 입각한 중국 학계의 해석에 의해 '남월왕릉'이 아닌 '남월왕묘'로 격하되는 현상을 볼 때 팽창주의적인 중국의 고대사 해석에 한국과 베트남이 공동 대응할 당위를 절감한다.

(3) 자민족 중심주의의 탈피와 다문화 사회에 대비한 역사 교육

중국과 접촉하던 베트남 역사의 향방이 우리와 유사한 점이 많지만, 동남아시아 전체가 그렇듯 베트남은 다민족 국가이며(〈사진 18〉) 고대부터 다문명 세계의 일부였다. 북으로는 중국, 서로는 인도, 동과 남으로는 말레이 문명의 영향을 받으며 다양한 종족이 교류하고 융합된 결과 현재의 베트남이 만들어진 것이다.

한민족의 형성 과정이나 주변 문화와의 비교에서 근거 없이 반복되는 자민족 중심주의적인 해석을 벗어나 한국인과 한국 전통 문화의 형성이 선사시대 이후 주변 지역과 끊임없이 교류한 결과임을 강조해야 한다. 주변 민족과의 항쟁 못지않게 상호 교류의 가치가 강조되어야 한다. 이를 위해서는 베트남을 비롯한 동남아시아 역사를 참고할 필요

〈사진 18〉 베트남의 다양한 민족

가 있다.

경제 규모의 확대, 내수 시장의 포화 상태 등을 고려할 때 앞으로 한국과 동남아시아, 인도와의 통상과 문화 교류는 급증할 것이다. 그럼에도 일반 시민은 물론이고 역사학계에서조차 이에 대한 준비를 못한 결과 변변한 대중적 개설서도 없는 현실에서, 고대 한반도와 베트남을 비롯한 동남아시아 사이에 전개된 교류에 많은 관심이 필요하다.

현재 한국은 많은 이주민 노동자와 결혼 이주민으로 인해 급격히 다문화 사회에 진입하고 있다. 이들과 2세들이 겪고 있는 민족적 정체성의 혼란은 한민족이 결코 단일 민족이 아니며 동남아시아를 포함한 주변 지역과의 다양한 교섭을 통해 형성된 역사적 산물이란 사실의 강조를 통해 해결되어야 한다. 이러한 주장은 목적을 위한 왜곡이 아니며 실제 역사의 모습이기도 하다.

『동아시아사』는 물론이고 한국사 교육에서도 중국, 일본 등 동북아시아 각국과의 교섭만이 아니라 동남아시아, 북아시아, 중앙아시아, 서아시아와 전개했던 교섭 내용이 발굴되고 연구되어야 한다. 다문화 사회로의 진입과 함께 그 위험성이 증대되는 인종주의에 대한 효과적 대처는 한국의 고대가 이미 다문화 사회를 경험했던 진실을 역설하는 것이다.

:: 참고문헌

『남제서南齊書』

『세계일보』 2014. 1. 10.

『송사宋史』

『일본서기日本書紀』

권오영, 2001, 「伯濟國에서 百濟로의 전환」, 『역사와 현실』 40, 한국역사연구회.

김춘실, 2007, 「불상」, 『백제의 미술』(백제문화사대계 연구총서 14), 충청남도 역사문화연구원.

노지현 외, 2011, 「백제 유적 출토 유리제품의 납동위원소비 분석 고찰」, 『고고학 발굴과 연구, 50년의 성찰』, 주류성.

마한문화연구원, 2011, 『寶城 道安里 石坪遺蹟 I』, 마한문화연구원.

─────────, 2012, 『寶城 道安里 石坪遺蹟 II』, 마한문화연구원.

매리 하이듀즈Mary F. Somers Heidhues, 박장식·김동엽 옮김, 2012, 『동남아의 역사와 문화』, 솔과학.

서규석, 2013, 『잊혀진 문명, 참파』, 리북.

송정남, 2010, 『베트남 역사 읽기』, 한국외국어대학교 출판부.

유인선, 2002, 『새로 쓴 베트남의 역사』, 이산.

정인성·양아림, 2013, 「원삼국시대의 수정제 다면옥」, 『한국 선사·고대의 옥문화 연구』, 복천박물관.

최병욱, 2000, 「베트남 역사 개관」, 『베트남』(동남아학 총서 10), 한국외국어대학교 출판부.

賀云翔·馮慧·李浩, 2005,「東亞地區出土早期鏡文陶瓷器的硏究」,『東亞考古論壇』2, 충청문화재연구원.

한지수, 2010,「百濟 風納土城 출토 施釉陶器 硏究」,『백제연구』51, 충남대학교 백제 연구소.

廣州市文物考古硏究所 編, 2005,『銖積寸累: 廣州考古十年出土文物選萃』, 文物出版 社, 北京.

廣州市文化局, 1999,『廣州秦漢考古三大發現』, 廣州出版社.

南越王宮博物館籌建處·廣州市文物考古硏究所, 2008,『南越宮苑遺址』, 文物出版社, 北京.

古代オリエント博物館, 1996,『中國·南越王の至寶: 前漢時代 廣州の王朝文化』, 古代 オリエント博物館, 東京.

宮本一夫·俵寛司, 2002,「ベトナム漢墓ヤンセ資料の再檢討」,『國立歷史民俗博物館 硏究報告』97, 國立歷史民俗博物館, 千葉.

大阪府立彌生文化博物館, 2002,『靑いガラスの燦き: 丹後王國が見えてきた』, 大阪府 立彌生文化博物館, 大阪.

島根縣立古代出雲歷史博物館, 2009,『輝く出雲ブランド: 古代出雲の玉作り』, 島根 縣立古代出雲歷史博物館, 島根.

山形眞理子, 2012,「南境の漢·六朝系瓦: ベトナム北部·中部における瓦の出現と展 開」,『古代』129·130, 早稻田大學考古學會, 東京.

西村昌也, 2001,「紅河デルタの城郭遺跡, Lũng Khê城址をめぐる新認識と問題」,『東 南アジア: 歷史と文化』30, 東南アジア史學會, 東京.

西村昌也·グエン·ファン·ハオ, 2005,「バックニン省バイノイ磚室墓の緊急發掘」,『東 南アジア考古學』25.

石澤良昭, 2009,『東南アジア多文明世界の發見』(興亡の世界史 11), 講談社, 東京.

石澤良昭·生田滋, 1998,「古代·海のシルクロード」,『東南アジアの傳統と發展』(世界の 歷史 13), 中央公論社, 東京.

櫻井由躬雄, 1999,「南シナ海の世界: 林邑」,『東南アジア史 II 島嶼部』(新版 世界各國史

5), 山川出版社, 東京.

ブイ・チ＿・ホアン ベトナム南部社會科學院考古研究所, 2005,「カッテイエン遺跡群: 新出資料とその考察から」,『東南アジア考古學』25.

チャンパ王國の遺跡と文化展實行委員會, 1994,『海のシルクロード チャンパ王國の 遺跡と文化』, 財團法人 トヨタ財團.

http://kosis.kr/statisticsList/statisticsList_01List.jsp?vwcd=MT_ ZTITLE&parentId=A

Anne-Valérie Schweyer, 2011, *Ancient Vietnam: History, Art and Archaeology*, RIVER BOOKS.

Emmanuel Guillon, 2001, *HINDU-BUDDHIST ART: Treasures from Champa*.

Guimet musée des ARTS ASIATIQUES, 2005, *CHAMPA*.

Heidi Munan, 2004, *BEADS of BORNEO*.

Ian C. Glover, 1997, "THE EXCAVATIONS OF J.-Y. CLAEYS AT TRA KIEU, CENTRAL VIETNAM, 1927-1928: FROM THE UNPUBLISHED ARCHIVES OF THE EFEO, PARIS AND RECORDS IN THE POSSESSIONS OF THE CLAEYS FAMILY", *Journal of The Siam Society*, The Siam Society.

James W. Lankton·In-sook Lee·Jamey D. Allen, 2003, "JAVANESE(JATIM) BEADS IN LATE FIFTH TO EARLY SIXTH CENTURY KOREAN(SILLA) TOMBS", *Beads and Other Ornaments*, AIHV Annales du 16 Congres.

Mariko Yamagata·Nguyên Kim Dung, 2010, "ANCIENT ROOF TILES FOUND IN CENTRAL VIETNAM", *50 Years of Archaeology in Southeast Asia: Essays in Honour of Ian Glover*, River Books, Bangkok.

Nam C. Kim·Lai Von Toi·Trinh Hoang Hiep, 2010, "Co Loa: an investigation of Vietnam's ancient capital", *ANTIQUITY*, 84-326, Antiquity.

Nancy Tingley, 2009, *Arts of Ancient Viet Nam: From River Plain to Open Sea*, Asia Society, The Museum of Fine Arts, Houston.

NGUYÊN THÊ THUC, 2007, *CHAMPA SCULPTURE*, Ha Nôi.

_____, 2010, *champa old towers*.

NGUYÊN VĂN KƯ, 2012, *Chăm*, THÊ GIÓI PUBLISHERS.

Pierre-Yves Manguin, 2008, "Funan and the Archaeology of the Mekong River Delta", *Viêt Nam: FROM MYTH TO MODERNITY*, asian civilisations museum, SINGAPORE.

Yamagata Mariko, 2011, "Trà Kiêu during the Second and Third Centuries CE: The Formation of Linyi from an Archaelogical Perspective", *THE CHAM OF VIETNAM: History, Society and Art*, NUS PRESS, SINGAPORE.

고조선 및 시조 인식의 계승 관계

조법종(우석대학교 역사교육과 교수)

1. 서언

고조선의 시조와 관련된 논의는 한국 사료의 경우 『삼국유사三國遺事』에 나타난 고조선의 단군 인식과 『제왕운기帝王韻紀』에 나타난 전조선前朝鮮의 단군 인식으로 대별되어 고조선의 시조 인식으로 전승되고 있다.

그런데 이 같은 고려 시기 단군 인식에 앞서 존재한 고조선 시조 인식의 실체에 대해서는 그 연원과 계보에 대한 구체적인 검증이 미약한 상황이다. 특히, 중국 사료에 나타난 고조선 왕조의 계보 인식과 시조 인식의 내용에 대해서는 체계적인 검토가 미흡한 형편이다.

이 글에서는 고조선 관련 중국 측 사료에 나타난 고조선 왕조의 시조 및 계보 인식의 내용과 변화 양상을 추적해 고조선 시조 인식의 전승 양태와 그 변용에 대해 정리하고자 한다. 이를 통해 단군 인식의 실체적인 상황을 연계해 파악하는 토대를 삼고자 한다. 특히 고려 후기 이암李嵒에 의해 정리된『단군세기檀君世記』의 존재는 개별화된 단군 인식과 계보 인식이 체계화되어 적어도 고려 후기에는 다양한 단군 인식 체계가 병존하며 고려 사회에 회자되었음을 보여준다.

2. 고조선 시조 인식의 연원

고조선이 문헌에 등장하는 시점은 기원전 7세기경 중국의 제齊나라와 문피文皮 등을 교류하는 모습을 보이며 정치체로서의 양상을 나타낸다. 즉 중국 문헌 중 가장 먼저 고조선 관련 명칭인 '조선朝鮮'이 등장한 기록은 기원전 7세기경 기록인『관자管子』에 나타나는 제나라와의 교역 관련 내용이다.[1]

이 사료는 고조선의 역사적 존재가 이미 중국 춘추시대에 확인되고 있음을 알려주는 것으로,『관자』의 상당수 내용이 전국시대에 저술되었다고는 하지만 이 같은 전승이 수록되었다고 이해될 때 이 시기를 내려가지는 않는다고 생각된다. 따라서 이 시기에 이미 중국의 제나라와 교역하는 정치체로서 고조선이 존재했으며, 이 단계에서 이미 정치적 구심력을 보유한 단위체로서 집단의 시조 인식이 존재해 유지되었다는 것을 추론할 수 있다.

이 같은 고조선의 존재는 기원전 4세기경 본격적으로 중국 정치 세

---

1) 桓公問 管子曰 吾聞海內玉弊有七筴 可得而聞乎 管子對曰 …… 燕之紫山白金一筴也 發朝鮮之文皮一筴也(『管子』卷23, 揆道 第78 輕重11).

력과의 접촉을 보인다. 먼저 전국시대 연燕과의 관계에서 고조선과 랴오둥遼東의 존재와 위치가 명시되고 있다.[2]

이는 일반적으로 연 문후文侯(재위 기원전 361~기원전 333) 시기의 상황으로 이해되는데, 이같이 고조선과 연의 지리적 인접성이 강하게 부각되면서 '랴오둥'이 바로 함께 존재한 지명으로 나타나고 있다.

그런데 바로 이 시기 이후 본격적인 중국 세력과 고조선과의 정치·군사적 갈등이 전개되었음이『사기史記』조선전朝鮮傳과『삼국지三國志』한전韓傳에 인용된『위략魏略』에서 잘 나타나고 있다.

우선 관련 부분을 인용하면 다음과 같다.

(가) 위략魏略에서 말하기를 옛 기자의 후예인 조선후朝鮮侯는 주나라가 쇠약해지자, 연나라가 스스로 높여 왕이라 칭하고 동쪽으로 침략하려는 것을 보고, 조선후도 역시 스스로 왕호를 칭하고 군사를 일으켜 연나라를 역격해 주 왕실을 받들려 했는데, 그의 대부 예禮가 간하므로 중지했다. 그리하여 예를 서쪽에 파견해 연나라를 설득하게 하니, 연나라도 전쟁을 멈추고 (조선을) 침공하지 않았다.(『삼국지三國志』권30, 위서魏書30 동이전東夷傳 한韓)

(나) 옛날에는 사이四夷가 모두 강해 노략질을 일삼고 포악했는데, 조선은 변경을 넘어 연의 동쪽 땅을 빼앗았다.(『염철론鹽鐵論』권7, 비호備胡)

(다) 기자는 조선에 거처했는데, 그 후손이 연을 공격했다.(『박물지博物志』권8)

(라) 그 뒤에 자손이 점점 교만하고 포악해지자,(『삼국지』권30, 위서30 동이전 한)

---

2) 蘇秦 …… 說燕文侯曰 燕東有朝鮮遼東(『戰國策』燕策).

(마) 연은 장군 진개秦開를 파견해 (조선의) 서쪽 지방을 침공하고 2000여 리의 땅을 빼앗아 만번한滿番汗에 이르는 지역을 경계로 삼았다. 마침내 조선의 세력은 약화되었다.(『삼국지』 권30, 위서30 동이전 한)

(바) 처음 연나라의 전성기로부터 일찍이 진번과 조선을 침략해 복속시키고, 관리를 두어 국경에 성과 요새를 쌓았다.(『사기』 권115, 조선열전 제55 조선)

(가)에서는 연이 칭왕稱王하는 시기에 조선도 함께 칭왕하고 있음을 보여준다. 연이 칭왕하는 시기는 연의 역왕易王(재위 기원전 332~기원전 321)이 처음으로 왕 칭호를 사용하고 있어[3] 이때쯤일 가능성이 높다. 즉, 기원전 4세기 후반경에 조선도 칭왕하고 연에 대해 신하인 대부 예를 파견해 외교적 공세를 펼치면서 군사적으로 상대할 만큼 국가적 체계를 확립했음을 보여준다.[4] 주목되는 것은 이 시기에 이미 조선은 조선후로서 왕에 준하는 정치체가 유지되고 있었으며, 연이 칭왕하는 시점에 같이 왕을 칭해 전국시대 연에 준하는 국가적 성장과 국왕의 모습을 갖추었음을 알 수 있다.

한편 (나)·(다)·(라)의 내용을 보면, 잠시 소강 상태였던 연과의 관계가 고조선이 적극적인 공세로 연을 공략하면서 고조선과 연의 관계가 바뀌는 상황을 보여준다. 이 시기는 연이 가장 쇠약했던 상황에 대응되는 양상으로, 연의 왕과 태자가 제齊에 의해 몰살되고 나라가 거의 무너졌던 기원전 314년(제 선왕宣王 6년, 연왕燕王 7년)부터 조趙의 도움

---

3) 전국시대 중국의 칭왕 상황은 위나라 기원전 343년, 제가 기원전 334년, 진·한·조는 기원전 325년, 연은 기원전 323년으로 이해되고 있다(이춘식, 1986, 154쪽).
4) 고조선과 연이 전쟁 직전 상태였던 시기의 조선후(왕)를 부왕否王으로 보는 입장이 있다(노태돈, 2000, 106쪽).

으로 공자公子 직직職을 연 소왕昭王으로 세운 기원전 311년까지 3년간의 시점일 가능성이 높다(배진영, 2003, 20쪽). 이 시기 고조선은 연에 대한 적극적인 공세를 강화해 사료와 같은 상황이 전개되었다. 이러한 상황은 고조선의 왕권이 매우 강력하게 확립되었으며, 국가의 시조 및 조상을 모시는 종묘 등 국가 조상 숭배 의례가 정립되었음을 방증傍證한다.

또한 고조선이 칭왕했다는 것은 왕권이 자손에게 계승되어 부자 상속에 의한 강력한 왕위 세습체계가 이 시기에 존재했다는 점을 보여준다. 이와 같은 사실은 왕조 계승체계가 정연하게 완비된 국가의 상황을 보여줄 뿐만 아니라 시조 인식이 확립되었음을 보여준다.

즉 칭왕은 주 문왕文王의 수명칭왕受命稱王 사례에서 확인되듯이 천명天命을 받아 왕이 된다는 인식을 반영한 것으로, 주나라의 군주권君主權에 "천명의 응수자膺受者"로서의 성격과 "사방의 포유자䩜有者"로서의 성격이 중첩되어(豊田久, 1980, 407쪽) 군사적·종교적 최고 존재가 되었으며, 이와 같은 정치·군사·종교적 체제의 정비는 부속되는 국가체제의 정비로 나타났다. 다시 말해, 칭왕을 통한 체제 정비는 국호를 천명하고 도읍을 정하는 등 기존 체제의 왕권 체계화와 함께 왕실의 신성화 및 조상 계보체계의 확립을 수반한다. 특히 후대이긴 하지만 칭왕과 함께 자신의 조상을 추증하고 시조 묘호를 설정하는 상황에서 이를 알 수 있다.

> (사) 그 아들 웅이 왕을 참칭하고 (부친의) 시호를 특경왕特景王으로 추증했는데, 참호함에 이르러 경황제景皇帝라 부르고 묘호를 시조始祖라 했다.(『진서晉書』 권12, 재기載紀20 이특李特)

결국 고조선은 연과 국경을 맞대고 있는 상황에서 전국시대 연의 위상에 준하는 국가적 성장과 내용을 갖추었다고 파악된다.

그리고 이와 같은 고조선 우위의 상황은 (라)에서는 자손이 교만하고 포학했다는 표현으로 상징화해 나타낸 것으로 파악된다.

이후 연은 (마)에 나타난 것처럼 고조선의 성장에 대응해 진개를 보내서 서방을 공격해 2000여 리의 땅을 빼앗은 것으로 나타나고 있다.

사료에서 연장 진개의 공격 시점은 연의 전성기인 기원전 3세기 중반 연 소왕 시기로 파악되는바, 전국시대 연의 전성기는 소왕 말년인 기원전 282~280년경으로 파악된다(배진영, 2003).

이 같은 연장 진개의 고조선 공략과 2000여 리 서방 영토의 상실은 고조선 사회에 엄청난 충격을 주었고, 왕실 계승 인식에 영향을 미쳤을 것으로 파악된다.

또한 3대에 걸친 후계 왕들의 계승이 진행되었음을 추측케 한다. 즉 (라)의 자손이란 표현과 연결지어 보면 앞서 칭왕 이후 부자 상속에 의한 왕위가 3대 정도 진행되었고, 진개의 공략으로 영역이 축소되었지만 고조선 왕조는 변함없이 유지된 것으로 파악된다.

따라서 기원전 4세기 후반에 제·연 등 전국시대 대국大國의 칭왕은 단순한 호칭의 변경만이 아니라 각 제후가 국내 체제의 안정 및 국력의 신장을 확보함으로써 명실상부한 영역 국가의 전제군주로서 권위와 권력을 과시하고, 더 나아가 왕천하王天下의 열망을 표출한 결과라고 이해된다(이성구, 1989, 134~135쪽). 이와 마찬가지로 고조선이 기원전 4세기 말 연과 대결하는 과정에서 왕호를 칭했던 것도 명실상부한 영역 국가의 군주로서 그 권위와 권력을 드러낸 결과라고 볼 수 있다(박대재, 2005, 166쪽).

그런데 다음 사료에서는 칭왕 시점이 연이 칭왕한 기원전 323년경 이후가 아닌 준왕準王 시기인 것으로 기록하고 있다.

(아) 예濊는 남쪽으로는 진한과, 북쪽으로는 고구려·옥저와 접했고, 동쪽으로는 큰 바다에 닿았으니, 오늘날 조선의 동쪽이 모두 그 지역이다. 호수는 2만이다. 일찍이 기자가 조선에 가서 8조의 가르침을 만들어 그들을 가르치니, 문을 닫아걸지 않아도 백성들은 도둑질을 하지 않았다. 그 뒤 40여 세를 지나 조선후 준準이 참람되게 왕이라 일컬었다. 진승陳勝 등이 병사를 일으켜 온 천하가 진나라에 반기를 드니, 연·제·조 지역의 백성 수만 인이 조선으로 피난했다.(『삼국지』 권30, 위서30 동이전 예)

(아)에서 언급된 사실은 이른바 기자 40여 세 후손인 준왕이 처음으로 칭왕을 했다는 부분이다. 앞서 전국시대 연의 칭왕 시점에 칭왕했다는 기록과는 배치되는 내용이다. 그러나 이는 앞서 고조선과 연의 상호 공방 양상에서 이미 확립된 국가 왕조체계의 양상을 감안할 때 준왕에 앞선 연의 칭왕 시기가 실제 칭왕 시기였다고 파악된다(박대재, 2005, 169쪽).

한편 (아) 사료에 나타난 40여 세라는 계보 인식은 주변 세력의 칭왕 시점을 설명하는 다음 사례들에서 상당한 근거가 있는 자료라고 파악된다. 즉 이 같은 고조선 준왕의 시조 계보 인식은 칭왕과 관련된 전국시대 왕조들의 계보 인식에 대한 사료에서 비슷한 상황이 확인된다. 진秦의 경우 주가 제후로 봉한 이래 자손 계승성이 명시되어 8세, 10여 세 등 계보 인식의 표현이 나타나며,[5] 제나라의 경우도 29세, 9세, 5세 등 왕조의 계승 및 교체와 관련된 계보 인식이 구체적으로 표명되고

---

5) 秦之先曰柏益 出自帝顓頊 …… 歷夏 殷為諸侯 至周 …… 乃封為附庸 邑之於秦 今隴西秦亭秦谷是也 至玄孫 氏為莊公 破西戎, 有其地 子襄公時 幽王為犬戎所敗 平王東遷雒邑 襄公將兵救周有功 …… 後八世 穆公稱伯 以河為竟 十餘世 孝公用商君 制轅田 開仟伯 東雄諸侯 子惠公初稱王(『한서漢書』 권28 하下, 지리지地理志8 하 진지秦地).

있다.[6] 특히 고조선과 경쟁을 벌였던 연의 경우도 주의 제후 책봉 이후 36세에 이르러 칭왕하고 이후 10여 세 후손에 이르러 진과 대립하는 상황을 언급하고 있어 고조선의 상황과 잘 대비되고 있다.[7]

따라서 (아)에서 주목되는 것은 기자의 40여 세 손孫인 조선후 준이란 표현이다. 이 기록은 기자의 조선 지역 동래東來 사실을 전제로 기자의 40세 후손으로 조선후를 설정하고 있다는 점에서 매우 유의된다. 기자의 동래 문제에 대해서는 현재 중국 학계와 한국 학계가 다른 입장을 표명하고 있지만(송호정, 2005; 조법종, 2006), 주목되는 점은『삼국지』가 기록되는 시점에 기자의 40여 세 후손이란 인식이 존재했다는 점이다. 즉 기자 동래의 진위를 떠나 기자를 정점으로 하는 시조 계승 인식이 존재했다는 사실이다. 다시 말해 준왕을 기점으로 40여 세로 이어지는 계보 인식이 존재했으며, 기자의 동래 시점을 기원전 1120년경으로 설정하면 약 23년을 1세대로 하는 40여 대의 시조 인식체계가 존재했다.

이같이 사료에 나타난 진, 제, 연 등 전국시대 국가들의 내력을 소개하는 자료에서 각 왕조들의 계보 인식의 연면성連綿性이 부각되는 점은 고조선의 40여 세 계보 인식의 존재를 자연스럽게 설명해준다. 따라서 조선후의 경우도 40여 세의 계보 인식을 보유하는 것은 당시 상황에서 가능한 내용이라고 파악된다. 문제는 이와 같은 인식이 어떻게 형성되어 계승되었는가다.

---

6) 昔太公始封 …… 其後二十九世爲彊臣田和所滅 而和自立爲齊侯 初 和之先陳公子完有罪來奔齊 齊桓公以爲大夫 更稱田氏 九世至和而簒齊 至孫威王稱王 五世爲秦所滅(『한서』 권28 하, 지리지8 하 제지齊地).

7) 燕地 尾 箕分野也 武王定殷 封召公於燕 其後三十六世與六國俱稱王 …… 燕 稱王十世 秦欲滅六國 燕王太子丹遣勇士荊軻西刺秦王 不成而誅 秦遂舉兵滅燕(『한서』 권28 하, 지리지8 하 연지燕地).

첫째, 기록에 나타난 그대로 기자가 동래하고 그 후손이 계속적으로 고조선의 왕위를 계승했다고 보는 인식이다. 이는 중국 학계가 주로 취하는 방식인데(조법종, 2006), 실제 이 같은 계승체계는 기원전 4~기원전 3세기경에 진행된 연과의 갈등 관계에서 연장 진개에게 2000여 리를 공파攻破당한 기록을 사실이라고 수용할 경우 현실성이 낮은 이해 방식이다.

둘째, 기자 동래 및 기자 후손의 계승과는 관계없이 기자의 존재를 인식하고 있던 고조선의 준왕 및 준왕의 선대인 부왕否王 대에 중국의 진이 통일하는 과정에서 자신들이 기자의 후손이란 점을 부각해 진나라와의 관계에서 일정한 우대를 염두에 두고 가탁假託했을 가능성이 있다. 즉, 기원전 4세기 조선후를 칭하던 고조선 지배 세력이 연의 칭왕 시점에 동시 칭왕을 단행하면서 새로운 국가 체계를 정비할 때 왕계의식을 재정비했을 가능성이 높다. 이는 왕을 칭하며 왕실의 계보 정리와 왕실의 존엄성을 강조하기 위해서 중국과의 관계를 고려해 기자 전승 사실을 가탁했을 가능성이다. 즉 준왕 시기에 40여 세에 달하는 족조族祖 계보가 정리되었고, 이는 연-진-한으로 바뀌는 대중국 세력과의 관계에서 자신들의 위상과 역량을 과시하기 위해 활용한 계보였을 가능성이 높다. 다시 말해, 기자 관련 계보 인식은 연과의 갈등에 의해 영역이 상당히 축소되고, 진이 중국을 통일한 상황에서 중국과의 관계를 의식한 고조선 부왕 집단이 기자와의 관계를 부각했을 가능성이 상정된다.[8]

---

8) 이와 같은 사실은 신라가 소호少昊 금천씨金天氏에게 자신들의 연원을 연결 짓거나 고구려가 전욱顓頊 고양씨高陽氏와 연결 지어 인식하려 한 방식과 연결될 수 있다. "논해 말한다. 신라 고사古事에는 '하늘이 금궤金櫃를 내려보냈기에 성을 김씨로 삼았다'고 하는데, 그 말이 괴이해 믿을 수 없으나, 내가 역사를 편찬함에 있어 이 말이 전해 내려온 지 오래되니, 이를 없앨 수가 없었다. 그러나 또한 듣건대 "신라 사람들은 스스로 소호 금천씨의 후손이라 해 김씨로 성을 삼았고, 이는 신라 국자박사 설인선薛因宣이 지은 김유신의 비문과 박거물朴居勿이 짓고 요극일이 글씨를 쓴 삼랑사

(자) 진나라가 천하를 통일한 뒤, 몽염蒙恬을 시켜서 장성을 쌓게 해 요동에 까지 이르렀다. 이때 조선왕 부否가 진나라의 습격을 두려워한 나머지 정략상 진나라에 복속은 했으나 조회에는 나가지 않았다. 부가 죽고 그 아들 준準이 즉위했다.(『삼국지』 권30, 위서30 동이전 한)

(자)를 보면 연과의 충돌로 조선이 약해지기는 했지만 국가적 붕괴 상황은 아니었고, 왕통의 계승성 및 시조 인식체계에 심각한 변화가 초래된 상황 또한 아니었음을 알 수 있다. 부否가 죽고 난 뒤 그 아들 준이 즉위했다는 내용은 왕위의 부자 상속이 진행되어 앞서 제시된 사료에 나타난 칭왕에 부응하는 국가적 권력체계가 부자 상속에 의해 계승되고 있어 명실상부한 고대 국가 체계의 양상을 보여준다.

따라서 이 시기까지 고조선이 칭왕을 하면서 체계화된 왕조의 계보와 시조 인식이 큰 변화없이 유지되었다고 보인다. 비록 진개의 침공에 의해 서방의 상당 지역이 연의 군으로 편입되었지만 고조선 왕조의 계속성에는 문제가 없었으며, 부자 상속에 의한 왕조 인식도 지속되었다.

3. 고조선 시조 인식의 전파와 변용

고조선의 부왕, 준왕으로 연결되면서 체계적으로 유지된 준왕의 시조 인식은 위만의 정변으로 시조 인식체계 계승성에 위기가 발생했다.

비문에 보인다. 고구려는 또한 고신씨의 후손이라 해 고씨로 성을 삼았다"고 한다. 『진서晉書』의 기록에 보인다(『삼국사기』 권28, 백제본기百濟本紀6 의자왕義慈王).

(3-가) 조선왕 만滿은 옛날 연나라 사람이다. …… 연왕 노관盧綰이 (한을) 배반하고 흉노로 들어가자 만도 망명했다. 무리 천여 인을 모아 북상투에 오랑캐의 복장을 하고서, 동쪽으로 도망해 (요동의) 요새를 나와 패수를 건너 진의 옛 공지空地인 상하장上下鄣에 살았다. 점차 진번과 조선의 만이 옛 연燕·제齊의 망명자를 복속시켜 거느리고 왕이 되었으며, 왕험王險에 도읍을 정했다.(『사기』 권115, 열전55 조선열전)

(3-나) 노관이 (한을) 배반하고 흉노로 도망간 뒤, 연나라 사람 위만도 망명해 오랑캐의 복장을 하고 동쪽으로 패수를 건너 준에게 항복했다. (위만)이 서쪽 변방에 거주하도록 해주면 중국의 망명자를 거두어 조선의 번병藩屛이 되겠다고 준을 설득했다. 준은 그를 믿고 사랑해 박사에 임명하고 규圭를 하사하며, 백 리의 땅을 봉해주어 서쪽 변경을 지키게 했다. (위)만이 (중국의) 망명자들을 유인해 그 무리가 점점 많아지자, 사람을 준에게 파견해 속여서 말하기를, "한나라의 군대가 열 군데로 쳐들어오니, (왕궁)에 들어가 숙위하기를 청합니다" 하고는 드디어 되돌아서서 준을 공격했다. 준은 만과 싸웠으나 상대가 되지 못했다.(『삼국지』 권30, 위서30 동이전 한)

(3-다) (준왕)은 그의 근신과 궁인들을 거느리고 도망해 바다를 경유해 한韓의 지역에 거주하면서 스스로 한왕韓王이라 칭했다. 그 후손이 끊어져 사라졌는데 지금 한인 가운데 여전히 그 제사를 받드는 자가 있다.(『삼국지』 권30, 위서30 동이전 한)

(3-라) 조선왕 준이 위만에게 패해, 자신의 남은 무리 수천 명을 거느리고 바다로 도망, 마한을 공격해 쳐부수고 스스로 한왕이 되었다. 준의 후손이 절멸되자, 마한 사람이 다시 자립해 진왕辰王이 되었다.(『후한서後漢書』 권85,

(3-가)에 나타난 내용에 따르면 위만이 왕이 되면서 준왕으로 상징되는 전대 왕조의 시조 및 조상 계보는 위만에 의해 단절되었다고 보는 것이 합리적이다. 즉 고조선의 시조 인식은 위만조선 단계에서 심각한 단절 위기를 맞았음을 알 수 있다. 그러나 (3-다)에 나타나듯이 위만에게 축출된 준왕은 한韓 지역으로 가서 한동안 별도의 세력을 유지했음을 알 수 있다.

따라서 준왕이 유지했던 기존 고조선 왕조의 시조와 계보는 이 상황에서 몇 갈래로 분화되어 유지·확산되고 있음을 알 수 있다. 먼저 부왕-준왕으로 연결된 기존 시조 인식체계를 A(원형 인식)라 표현하고, 이후 분화된 양상을 A-□로 나타내면 다음과 같다

먼저 (3-다)에 의하면 준왕으로 대표되고 계승된 고조선의 시조 인식체계는 준왕이 한지韓地로 망명하면서 유지되었다. 이는 부왕-준왕으로 유지된 기존 왕계가 그대로 계승된 준왕 제사체계(A)로 표시할 수 있다.

그런데 (3-다)와 (3-라)의 후속 내용에 그 후손의 절멸 이후에도 한인韓人 중에 그 제사체계를 유지한 존재가 있다는 기록이 주목된다. 즉 준왕이 유지한 제사체계는 그 후손이 유지했지만, 결국 그 후손마저 절멸되어 시조 제사 원형을 계승하는 데 문제가 발생했다. 그런데 준왕의 후손은 아니지만 준왕과 함께 이동한 좌우 궁인 또는 나머지 무리 수천 인 등으로 표현된 추종 세력의 후손들에 의해 준왕과 그가 유지했던 제사체계가 존속했음을 알 수 있다. 따라서 이것은 이들 준왕 추종 세력에 의해 유지된 추종 세력 시조 인식(A-1)으로 표현할 수 있다.

한편 다음 사료는 준왕의 아들과 기존 준왕의 친척 등 잔류 세력이

위만이 통치하던 고조선 지역에 준왕이 망명한 후에도 존재했음을 보여준다.

(3-마) 준의 아들과 친척으로서 (조선) 나라에 남아 있던 사람들도 그대로 한씨라는 성을 사칭했다. 준은 해외(의 나라)에서 왕이 되었으나 조선과는 서로 왕래하지 않았다.(『삼국지』 권30, 위서30 동이전 한)

이들은 앞서 준왕 대까지 유지되었던 시조 인식(A)을 거의 변화 없이 유지했을 가능성이 가장 크다. 따라서 이를 원형과 동일한 시조 인식 (A)으로 표현할 수 있다. 따라서 준왕 망명 시점에 고조선 지역에 유지된 원형의 시조 인식(A-1)과 준왕이 남천한 한韓 지역에서 계승된 시조 인식(A-2)이 존재했다는 사실을 알 수 있다.

(3-바) 일찍이 우거右渠가 격파되기 전에, 조선상朝鮮相 역계경歷谿卿이 우거에게 간했으나 (그의 말이) 받아들여지지 않자, 동쪽의 진국辰國으로 갔다. 그때 백성으로서 그를 따라가 그곳에 산 사람이 2000여 호나 되었는데, 그들도 역시 조선에 조공하는 번국과는 서로 왕래하지 않았다.(『삼국지』 권30, 위서 30 동이전 한)

한편, (3-바)에 보이듯이 위만의 손자 우거왕 때 조선상 역계경으로 상징되는 집단이 위만 세력과는 대비되는 기존 조선계 집단으로 나타나고 있다. 이들은 조선상인 역계경에 의해 유지된 세력이란 점에서 기존 우거, 즉 위만에 의해 형성된 왕조의 족조 인식과는 다른 별개의 족조 인식을 보유했을 것으로 파악된다. 일단 조선상이란 관명에서 알 수 있듯이 적어도 이들은 준왕 대까지 유지되었던 기존 준왕계 시조 인식체계에 대한 이해와 관련 인식을 대표적 존재에 대한 이해를 바탕으로 계승했을 가능성이 높다. 또한 자신들만의 족조 인식도 함께 보유했을 가능성이 있다. 따라서 고조선 시조 인식체계 보유 집단의 이동이란 측면에서 볼 때 조선상 역계경 집단이 보유한 시조 및 족조 인식은 진국辰國으로 이동해 유지되면서 변화되었을 가능성이 있는 시조 관념(A-3)임이 상정된다.

그런데 사료에서 주목되는 것은, A-2와 A-3 집단은 "조선과 서로 왕래하지 않았다不與朝鮮相往來", "조선에 조공하는 나라와 왕래하지 않았다朝鮮貢蕃不相往來"라는 표현으로, 이들 집단이 위만조선 세력 및 위만에 복속된 세력과 교류하지 않았음을 알 수 있다. 이러한 점이 더욱 준왕 이래 유지된 준왕계 시조 인식체계가 이들에 의해 유지되었을 가능성을 보여준다. 한편 이는 이들 집단이 고조선 원형 집단과 분리되어 개별화된 상황으로, 이후 각 토착 세력과 융화되어갔으며, 이 과정에서 고조선 시조 인식체계가 약화 내지는 변화되었을 가능성이 높다.

따라서 고조선의 시조 인식에 대한 원형 인식 보유 집단이 준왕 시기까지 존속되었으나(A) 위만정변 이후 왕실 교체 및 준왕의 한 지역으로의 이동에 따라 이들 인식 보유 집단의 분화(A-1, A-2, A-3)가 발생했다는 점이다. 이를 정리하면 다음과 같다.

(A) 고조선 준왕 계승 시조 이래 40여 세의 계보 인식 및 국가의식

(A-1) 위만조선 영역 내에 계속 존재하는 준왕의 아들 및 친족 집단

(A-2) 한지韓地 이동 준왕 및 그 제사를 받든 집단

(A-3) 우거왕에게 저항해 진국으로 이동한 조선상 역계경 집단

(A-1)은 위만조선 시기에도 비록 정치적 중심에서는 배제되었지만

준왕 조선의 일부 세력으로 고조선 시조 인식을 유지했다고 파악된다.

(A-2)집단의 경우 준왕이 한왕을 자칭하다 후손까지 절멸된 후 그를 제사하는 집단이 일부 존속되었지만, 결과적으로 그 계통은 거의 단절되었다고 추정된다. 따라서 한韓 지역 이동 세력에 의한 시조 인식의 경우 그 지속성은 오래가지 못했으리라고 추정된다. 그러나 이들 집단이 이동한 지역이 구체적으로 한, 즉 마한馬韓 지역이란 점이 주목된다. 이들 집단은 이후 마한의 중심 세력과 연결되어 '조선' 인식을 유지했고, 이 관념이 뒤에 마한을 복속한 백제에 의해 유지되었을 가능성이 높다. 이는 (3-다)에 나타나듯이 "그 후손이 끊어져 사라졌는데 지금 한인 가운데 여전히 그 제사를 받드는 자가 있다"라는 표현에서 비록 준왕의 후손 세력이 사라졌지만 여전히 준왕의 제사를 지내 그 시조 인식이 유지되었음을 보여준다.

(A-3) 집단은 진국 이동 세력으로서 시조 인식 보유 가능성이 상대적으로 낮으며, 굳이 표방된 내용에 의하면 고조선의 시조 인식보다는 '조선'이란 정치체에 대한 기억이 더 강한 집단일 가능성이 높다고 보인다. 이들은 신라 사회 형성의 모태로 나타난 조선 유민으로 부각되었을 가능성이 높다.

결국 고조선 시조 인식의 전승 및 유지가 가능한 집단을 유추할 때 (A-2), (A-3) 집단의 지속력은 상대적으로 약해 그 흔적을 추론하는 것도 쉽지 않다고 파악된다.

4. 고조선 인식의 삼국 계승

고조선에 대한 인식과 관련된 시조 인식은 신라 및 백제, 고구려 지역

으로 연결되었다. 고조선에 대한 인식이 존재한다는 것은 고조선 시조
인식을 보유한 존재들이 삼한 각 지역으로 분산되었고, 이후 삼국을 형
성하는 데 연결되어 각 국가에서 고조선에 대한 인식을 유지함으로써
고조선 시조 인식이 유지 계승되었음을 말한다.

이와 같은 추론은 이들과 연결될 가능성이 높은 신라, 백제 지역에
남은 고조선 관련 사료에서 일부 확인된다.

먼저 신라의 경우 고조선 관련 기사는 신라의 모체인 사로6촌斯盧六
村 형성의 기반으로서 '조선 유민朝鮮遺民'이란 표현이 한 차례 제시되
었다.

> 이보다 앞서 조선 유민이 산과 계곡 사이에 분산되어 거하다가 육촌이 되었
> 다.(『삼국사기』 권1, 신라본기新羅本紀1 혁거세거서간赫居世居西干 1년)

위 사료에 의하면 고조선의 유민들이 신라 지역까지 이동해왔으며,
그들이 신라의 모태인 사로6촌을 형성했음을 알 수 있다(전덕재, 1996).
비록 신라를 구성한 3성 시조로 대표되는 존재들의 기록에서 고조선
관련성이 부각되고 있지는 않지만, 『삼국사기』 신라본기 가장 서두에
강조된 것처럼 신라의 모태로서 고조선의 위상은 『삼국사기』에서 가장
강조한 사실이다.

이와 같은 인식은 이후 낙랑으로 상징된 고조선 후속 존재의 명칭이
신라와 관련되어 사용됨으로써 그 계승성을 반영했다(문창로, 2004).

한편, 백제의 경우 백제가 장악한 공간이 앞서 살펴본 준왕 남래南來
지역과 연결된다는 점에서 그 계승성이 상대적으로 유지되었을 가능
성이 높다. 즉, 준왕이 남래해 한왕을 칭하고 준왕의 후손이 절멸한 뒤
에도 준왕을 모시는 제사 집단이 존재했다는 점은 상대적으로 고조선

시조 인식의 계승 관계가 강한 지역이 마한 영역이었고, 이를 계승한 백제에서 이 같은 고조선 시조 인식이 유지되었을 가능성이 높다는 것이다.

이와 같은 고조선 인식의 계승 상황은 동성왕東城王이 남제南齊에 보낸 국서 가운데 '조선' 명칭을 이용해 태수직을 사여하는 사료가 2건 발견되어 그 같은 가능성을 보여준다.

모대牟大가 또다시 표문을 올려, "신이 파견한 행건위장군行建威將軍 광양태수廣陽太守 겸 장사長史 신臣 고달高達과 행건위장군 조선태수朝鮮太守 겸 사마司馬 신 양무楊茂와 행선위장군行宣威將軍 겸 참군參軍 신 회매會邁 등 3인은 지조와 행동이 깨끗하고 밝으며, 충성과 정성이 일찍부터 드러났습니다." …… 또 표문을 올리기를, "신이 사신으로 보낸 행용양장군行龍驤將軍 낙랑태수樂浪太守 겸 장사 신 모유慕遺와 행건무장군行建武將軍 성양태수城陽太守 겸 사마 신 왕무王茂와 겸 참군 행진무장군行振武將軍 조선태수 신 장새張塞와 행양무장군行揚武將軍 진명陳明은 관직에 있어 사사로운 것을 잊어버리고 오로지 공무에만 힘써, 나라가 위태로운 것을 보면 목숨을 내던지고 어려운 일을 당해서는 자기 몸을 돌보지 않습니다. 지금 신은 사신 임무를 맡아 험한 파도를 무릅쓰고 바다를 건너 그의 지성을 다하고 있습니다. 실로 (그들의) 관작을 올려주어야 마땅하므로 각각 가행직假行職에 임명했습니다. 엎드려 바라옵건대 성조께서는 특별히 정식으로 관직을 제수해주십시오"라고 했다. 이에 조서를 내려 허락함과 아울러 (장)군의 호를 내려주었다.(『남제서南齊書』 권58, 열전39 동이전 백제白濟)

사료의 내용은 백제가 웅진으로 천도한 이후의 상황에서 나타난 기록으로 동성왕이 남제에 올린 표문 가운데 일부분이다. 이 사료에서 주목되는 것은 '조선'이라는 명칭이 백제의 영역 공간 개념으로 표현되고 있는 점이다. 이들의 위치에 대해서는 논란이 있지만, 중요한 것은 백제의 영역 공간 개념으로 조선이 사용되고 있어 앞서 고조선 세력의 마한 이동 및 관련 집단의 명칭 또는 관련 개념을 유지했을 가능성을 보여준다는 점에서 고조선 인식 및 시조 인식의 흔적을 추측할 수 있다.

한편, 고조선 시조 인식의 현실적인 계승 집단은 앞서 사료에 제시되었던 A-1)의 위만조선 영역 내에 계속 존재하는 준왕의 아들 및 친족 집단이라고 파악된다. 이들은 위만조선이 성립된 기원전 194년경 이후 기원전 108년 낙랑군·진번군·임둔군의 설치와 기원전 107년 현도군 설치 시기까지 상대적으로 위축되었지만, 여전히 시조 인식 집단으로 존속했을 것이며, 한 군현 및 주변 정치 세력과 가장 긴밀한 공간적 연결성을 갖고 있었다고 파악된다. 이 같은 영역의 범위에 존재한 정치체는 고구려다. 고조선과 고구려의 실질적인 연결성은 우선 기원전 107년에 설치된 현도군의 속현으로서 고구려현高句麗縣이 등장하고 있어 상호 관련성을 보여준다. 즉 고조선에 포섭되어 존재했던 여러 정치 세력이 한의 군현으로 재편되었는데, 그중 주목되는 것은 위만조선의 복속 세력이었던 임둔, 진번 등의 명칭이 군으로 부각되고 조선이 낙랑군의 속현屬縣으로 강등되어 편제된 사례에서 보이듯이 현도군의 속현으로 등장하는 고구려현도 실제는 가장 강력한 정치체였음을 추측케한다.

그리고 『삼국사기』에 언급된 기원전 37년이라는 고구려 건국 연대보다 70년이나 앞선 시기에 고구려란 명칭이 명확하게 존재했다는 사실에서 고구려가 고조선을 구성하는 핵심 세력으로서 이미 위만조선 당대 및 이전 시기에도 존재했을 가능성을 보여준다. 따라서 위만조선이 붕괴한 후에 공간적·시간적으로 끊김없이 고구려로 포괄되는 사회에는 준왕 대까지 유지되고 그 아들과 친족에 의해 유지되었던 고조선의 시조에 대한 인식체계가 존재했을 개연성이 확인된다.

고조선에 대한 이와 같은 공간적 인식의 흔적은 중국에서 발견된 고구려 유민의 묘지墓誌에서도 유추된다. 즉 연개소문의 장남인 천남생泉男生 묘지(679)의 경우 그를 "요동군遼東郡 평양성인平壤城人"으로 표현하고, 3남인 천남산泉男産 묘지의 경우 그를 요동 조선인遼東朝鮮人으로 표현하고 있다.

군의 휘諱는 남산男産이니 요동 조선인이다. 옛날에 동명東明이 기운을 느끼고 사천㴚川을 넘어 나라를 열었고, 주몽은 해를 품고 패수에 임해 수도를 열어, 위엄이 해 뜨는 곳의 나루에 미치고 세력이 동쪽 지역의 풍속을 제압했으니 비록 별과 바다와 산악이 변방 지역에 걸려 있지 않았어도 예절과 시서는 성교聲敎에 통해, 가家를 잇고 씨氏를 받았으니 군은 그 후예다.(「천남산 묘지명」)

손자인 천헌성泉獻誠(692년 사망)의 묘지(701)에는 그 계통을 '기선고구려인其先高句驪國人'으로 표현했으며,[9] 이들과는 계통이 다른 697년에 죽은 고자高慈의 묘지(700)에는 그를 '조선인'이란 표현으로 기록하고 있다.[10]

---

9)   君諱獻誠 字獻誠 其先高句麗國人也(「천헌성 묘지명」).
10) 고자는 그 선조가 주몽과 함께 고구려를 건국한 핵심 세력임을 나타냈다. 고자 묘지에서 특기할 점은 자신의 선조 대수 30여 대를 묘지명에 명시하면서 자신이 조선인임을 표방한 것이다. 여기서 조선인이란 표현은 단순 행정명일 가능성보다는 계통 인식일 가능성이 있다. 즉, 고자 묘지 내용 중 고자의 20대조인 고밀高密이 모용외가 침입했을 때 큰 공을 세워 고씨 성을 받아 고씨가 되었다는 사실은 고자의 선조가 고구려 건국의 핵심 역할을 수행해 10여 대를 별도의 성씨로 유지하다가 20대조인 고밀 단계에서 고씨가 되어 이들 세력이 고조선 계통으로 존재했을 가능성이 큼을 보여주는 내용이다. 이 문제는 별도의 논의를 통해 구체화하겠다.

공은 이름은 자慈이고 자字는 지첩智捷으로 조선인이다. 선조가 주몽왕을 따라 해동의 여러 오랑캐를 평정해 고구려국을 건설한 이후 대대로 공후재상公侯宰相이 되었다.(「고자 묘지명」)

이와 같은 고구려 유민의 계통 및 본관에 대한 기록에서 고구려와 조선이 동시에 사용되고 있다는 점은 고구려와 고조선의 공간적 중복성을 인식했음을 반영하는 것이다.

특히 천남산 묘지의 "동명의 후예가 진실로 조선을 세웠도다. 호胡를 위협하고 맥貊을 제압했으며 서주徐州와 통하고 연을 막았도다東明之裔 寔爲朝鮮 威胡制貊 通徐拒燕"라는 표현에서 고구려 시조 동명과 고조선이 연결되고 있다는 인식이 고구려 사회에 유지되어, 이 사실을 중국인들도 파악하고 있었음을 보여준다. 한편, 고구려 사회에 존재한 여러 가문의 족조 전승에서도 10가지 이상이 고구려 건국기와 연결되는 인식을 보유했음이 지적되었다(서영대, 1995). 이와 같은 인식의 유지 양상도 고조선 시조 인식 집단의 존재성을 확인시켜준다.

따라서 고조선 사회에 존재했던 시조 인식체계는 준왕 대 위만의 정변에 의해 약화·분화되었지만 기존 고조선 영역에서 유지되었으며, 위만조선 붕괴 시점에 바로 이어지는 고구려에 의해 공간적·시간적 단절없이 고구려 사회에 연결되었다고 파악된다. 이와 같은 인식체계는 이후 고구려 사회에 지속되어 고구려 붕괴 시점까지도 계승, 유지되었음이 고구려 묘지명에 나타난 고조선 관련 표현들에서 유추된다. 이와 같은 인식의 계승성은 고구려 고분벽화에 나타난 단군 신화 관련 내용과 고구려의 원세력인 비류국 송양왕과의 연결 가능성에 대한 검토에서도 확인된다(조법종, 2001).

5. 결론

고조선 사회에 존재했던 시조 인식체계는 전국시대 연의 칭왕 시점과 함께 고조선도 칭왕하면서 확립된 국가 시조 제사 및 계보 정립을 통해 체계화되었다. 이 같은 인식은 부왕-준왕으로 계승되었다. 이와 같은 시조 인식 관념은 준왕 대 위만의 정변에 의한 준왕의 남래와 후손들의 분산 등으로 단절, 약화, 분화되었지만 기존 고조선 영역에서 기본적으로 유지되었으며, 고조선 영역을 계승한 고구려에 의해 고구려 사회에 계승되었다고 파악된다. 이와 같은 고조선에 대한 인식과 관련된 시조 인식체계는 이후 고구려 사회에 부분적이지만 지속되어 고구려 붕괴 시기까지도 계승, 유지되었음이 고구려 묘지명에 나타난 고조선 관련 표현들에서 유추된다.

이와 같은 고조선의 고구려 계승성에 대해서는 각저총角抵塚에 묘사된 곰과 범의 모습과 단군 신화와의 관련성에 대한 이해, 고구려의 원세력인 비류국 송양왕과의 연결성 등을 통해 확인된다(조법종, 2001).

한편, 한 지역으로 남천한 준왕 세력에 의한 고조선 및 시조 인식이 백제로 연결되어 존재했고, 조선상 역계경 집단에 의해 진국, 즉 진한辰韓 지역으로 연결된 고조선 인식이 신라 형성의 모태가 된 사로6촌으로 연결되어 계승되었다고 파악된다(조법종, 2006). 이러한 고조선에 대한 국가 계승성이 유지되어 통일신라, 고려 등으로 연결되었다.

:: 참고문헌

노태돈, 2000, 「衛滿朝鮮의 政治構造: 官名분석으로 중심으로」, 『단군과 고조선사』, 사계절.

문창로, 2004, 「新羅와 樂浪의 關係: 新羅史에 보이는 樂浪의 實體와 그 歷史的 意味
　　　를 중심으로」, 『韓國古代史研究』 34, 한국고대사학회.

박대재, 2005, 「三韓의 기원에 대한 사료적 검토」, 『韓國學報』 119, 일지사.

배진영, 2003, 「연소왕의 정책과 '거연'의 성립」, 『중국사연구』 25, 중국사학회.

서영대, 1995, 「고구려 귀족가문의 족조전승」, 『한국고대사연구』 8, 한국고대사학회.

송호정, 2005, 「大凌河流域 殷周 靑銅禮器 사용 집단과 箕子朝鮮」, 『韓國古代史研究』
　　　38, 한국고대사학회.

이성구, 1989, 「春秋戰國時代의 國家와 社會」, 『講座中國史(1): 古代文明과 帝國의
　　　成立』, 지식산업사.

이춘식, 1986, 『중국 고대사의 전개』, 신서원.

전덕재, 1996, 『新羅六部體制研究』, 일조각.

조법종, 2001, 「고구려 사회의 檀君認識과 종교문화적 특징: 蘇塗文化와의 관련성을
　　　중심으로」, 『韓國古代史研究』 21, 한국고대사학회.

_____, 2006, 「중국학계의 고조선연구 검토: 동북공정 전후시기 연구를 중심으로」, 『韓
　　　國史學報』 25, 고려사학회.

豊田久, 1980, 「周王權の君主權の構造について: '天命の膺受'者を中心に」, 『西周靑
　　　銅器とその國家』, 東京大學出版會, 東京.

‍‍　　　　　　　　　　　　ᘒ

고구려 불교의 의례와
수행에 관한 고찰考察

리차드 맥브라이드 II(Richard D. McBride II, 브리검영대학교-하와이 역사학과 교수)

고구려 출신 망명자이자 불교 승려였던 혜량惠亮은 신라 진흥왕에 의
해 승통僧統으로 명명되었다. 혜량은 신라 궁정에 불교적 의식을 도입
했고, 지속적으로 그 형식을 발전시켜, 이러한 의식은 신라와 고려의
궁정에서 800년 동안 행해졌다. 드물지만 어느 정도의 증거가 고구려
의 불교 문화에 남아 있음을 알 수 있는데, 불교적 주제가 나타난 고분
벽화古墳壁畵들과 『삼국사기三國史記』에 나타나 있는 간략한 기록들, 비
록 적은 수지만 학자들에 의해서 고구려가 기원이라고 여겨지는 불교
도상의 명문銘文들, 『삼국유사三國遺事』에 나타난 일화들과 중국 및 일

* 이 글은 영어 원문 "Imagining Ritual and Cultic Practice in Koguryŏ Buddhism"을 김지희(서울대학
　교 국사학과 석사과정)가 번역한 것이다.

본에서 나타나는 사료들이 그것이다. 이러한 제한적인 증거들에 근거해서 몇몇의 한국 학자가 중국의 불교 사조에 더해 새롭게 나타난 신라의 불교 문화에 심오하게 영향을 미쳤던 선진先進의 철학적인 사조를 상상해왔다(김동화, 1959; 안계현, 1964; 김영태, 1975; 崇山朴吉眞博士華甲紀念事業會, 1984, 24~39쪽; 김상현, 2007, 82~98쪽; 정선여, 2007). 이에 반해 서구의 학자들은 고구려 불교에 대한 문헌 사료, 금석문, 고고학적 증거가 부족한 것을 안타까워했다(John Jorgensen, 2012, 59~107쪽). 이러한 상황에서 고구려 후기의 불교 의례와 종교적 수행의 본질 및 특징에 대한 실례를 복원하는 것이 가능할까?

이 글에서 필자는 동북아시아라는 전후 상황을 재구성함으로써 고구려의 불교 의례와 종교적 수행의 특징을 구체화할 예정이다(정선여, 2001, 133~147쪽). 첫째로 혜량에 관한 것으로 알려진 자료들을 분석함으로써 의례와 관련된 의문점들을 해결할 것이며, 100명의 고승(百高)에 의해『인왕경仁王經』이 암송되는 집회인 백고좌강회百高座講會에 대해 상세하게 논의할 것이고, 팔관회八關會의 동북아시아적 맥락을 재현할 것이다. 둘째로는 천불千佛을 숭배하는 행위와 같은 종교적 관행들과, 미륵彌勒과 아미타阿鋼陀에 대한 숭배 행위에 대해 서술할 것이다. 셋째로는 관상觀想수행과 사유도상思惟圖像의 관계에 대해 서술할 예정이다.

1. 불교 의례

『삼국사기』거칠부전居柒夫傳에 소략하게나마 나타나 있는 전기傳記에 따르면, 승려 혜량은 아마도 한양, 즉 현재의 서울이며 한강漢江 북쪽 지역에 위치한 그의 도량道場에서 불교 경전에 대해 강의하던 저명한 법사法師였음을 알 수 있다. 혜량의 도량이 서울에 위치했을 것이라고 추측하는 이유는, 551년 신라가 이 지역을 정복하기 전에 거칠부가 신라에 필요한 정보를 수집하기 위해 승려로 변장해서 이 지역을 여행했을 가능성이 높기 때문이다(『삼국사기』권44, 열전4 거칠부). 불행하게도 후대의 지리지나 다른 역사 지리 자료에는 혜량이 수행했던 도량의 위치를 비정할 수 있는 어떠한 자료도 남아 있지 않다. 그러나 이와 같은 추정은 합리적이라 여겨지는데, 이곳이 적정한 규모의 문도門徒들을 수용할 수 있을 정도로 충분히 넓으며, 이 지역이 고구려 북쪽 더 멀리, 혹은 바다 건너 산둥반도山東半島에 위치한 도량들과 미약하게나마 교류할 수 있었던 곳이기 때문이다. 비록 대부분의 고구려 사절들이 평양平壤으로부터 북조北朝의 수도와 연결되는 육로를 선택했지만, 사실 가장 편리한 교통로는 한강 유역에서 바다를 통해 덩저우登州와 같은 산둥반도 북쪽 해안 도시들로 향하는 루트였다. 산둥반도에는 남북국南北國시대와 수隋·당唐 시대를 거치는 동안 불교 관련 사원들이 융성했다 (F. S. Drake, 1939, 1~39쪽).

비록 혜량에 관한 사실은 단편적으로 알려졌지만, 그는 신라에서 불교가 융성할 가능성이 충분하다는 것을 인지할 정도로 명민했음을 알 수 있다. 그는 진흥왕에게 복종을 맹세하고 신라의 수도로 보내달라고 요청했는데, 혜량이 갖춘 자격이나 성품, 불교와 불교 의례들에 대한 지식 등은 신라의 진흥왕을 비롯해 궁정과 귀족 사회의 사람들에게 감명을 주었음이 틀림없고, 이러한 이유들로 인해 그는 신라에서 처음으로 승통의 지위를 얻었으며, 백고좌강회와 팔관회에서 『인왕경』을 가르치게 되었다. 인왕경백고좌강회仁王經百高座講會는 100명의 고승에 의해 『인왕경』의 호국품護國品을 암송하는 방식으로 의례화되었다. 학문적으로 합의된 내용에 따르면, 『인왕경』은 3세기 또는 4세기의 어느 시점에 중앙아시아 혹은 중국령 투르키스탄에서 만들어진 출처가 불분명한 경문經文이라 할 수 있다(Charles D. Orzech, 1989, 17~24쪽·1995, 139~153쪽·1998; Marimus Willem de Visser, 1935, 권1, 116쪽). 중국 출신의 승려이자 역사가였던 도선道宣은 6세기 후반 북조와 남조 통치자들의 요구에 따라 저명한 승려들에게 이 경전을 가르쳤다고 알려져 있는데, 혜량 역시 대략적으로 동 시기에 신라에 이러한 관행을 도입했다(『속고 승전續高僧傳』 권2, T 2060, 50.436b29 - c1 언종彦琮·권3, T 2060, 50.440c29 - 441a1 혜색慧賾·권17, T 2060, 50.565c10 - 11 지의智顗·권24, T 2060.50.633c21 - 22 혜승慧乘).

비록 어떠한 문인文人도 왕실 혹은 황실의 지원 정도에 대한 결정적인 관련 사항을 제공하지 못했음에도, 송宋 - 원元 교체기에 살았던 승려이자 역사가였던 지반志磐 역시 이러한 주장을 지지했다(『불조통기佛祖統紀』 권37, T 2035, 49.353b19 (덕원德元 3, ?), 권39, T 2035, 49.363b28 - 29 (당 태종唐太宗, 627~649)·권51, T 2035, 49.451a1~2 (양 무제梁武帝, 502~549), 451c24~25 (진조陳朝, 557~589)·권53, T 2035, 49.466a2~4). 물론 이러한 주장들이 승려들이 그들의 도량에서 위와 같은 의식을 이 시기보다 앞서 실행했을 수도 있다는 가능성을 없애지는 않는다. 다시 말해 혜량은 그가 고구려에서 정기적으로 실행했고, 그에게 꽤 익숙했던 이러한 종교적 의례를 단지 신라로 이식했던 것일 수 있다는 의미다.

『인왕경』에서, 부처는 인도의 왕이었던 바사닉波斯匿에게 호국護國하는 방법에 대해 가르쳤다. 그 의식의 방법은 다음과 같다. 승려들은 일정한 의식의 절차를 수행해야 했는데, ① 『반야경般若經』을 수지독송受持讀誦하고, ② 100명의 부처상, 100명의 보살상으로 의식의 장소를 치장하고, 100명의 대사大師를 위한 자리를 준비해야 하며, ③ 의식을 위해 위임받은 사람들은 경전을 자세히 설명할 수 있는 100명의 법사法師를 초대해야 하고, ④ 꽃과 등, 의복, 집기 등을 올리고 향을 태우며, ⑤

법사들은 하루에 두 번, 의식을 진행하는 과정 중에 경전에 대해 자세히 설명해야 한다. 이 경전은 만일 왕과 그의 신하들, 승가僧伽들이 이 경전을 듣고 읽고 암송하고 그 방법을 실천하면 그 나라에서 재앙과 고난이 사라질 것을 약속하고 있다(『인왕호국반야바라밀다경仁王護國般若波羅蜜多經』권2, T 246, 8,840a3~c15).

이러한 의식은 국가를 수호하는 사천왕四天王의 힘을 불러오는『금광명경金光明經』을 사용하는 의식과는 다르게, 부처와 보살의 이미지를 숭배함으로써 생기는 공덕功德과 저명한 승려들에 의해 경전이 읽히고 암송되고 가르쳐짐으로써 생기는 공덕을 이용하는 집회다. 필자는 이러한 집회의 가시적인 측면 가운데 하나가 '전경轉經' 행위와 유사하다고 생각한다. '전경'은 이 경전의 불교적 의례 중 몇 가지 면을 결합하고 있는데, 경전의 두루마리를 폈다가 다시 접고―전경을 하는 사람은 아마도 경전의 몇 줄 혹은 단락을 약독略讀하거나 심지어 일부 특정한 부분에 대해서는 강의해야 했을 수도 있다―이러한 모든 행위가 끝나면 이 같은 전경을 의뢰한 사람에게 공덕이 발생하는 것이다. 그러나 넓은 의미에서 '전경'은 단지 경전의 암송 또는 독경을 중국 불교식으로 해석한 한 가지 방식일 뿐이다. 다른 것은 '독경讀經', '풍경諷經', '풍송諷誦', '송경誦經', '간경看經', '염경念經' 등으로 구성되어 있다. 많은 불교 경전들이, 경전을 수지독송하거나 필사筆寫하는 것이 헤아릴 수 없을 정도의 공덕을 가져온다고 가르치는『법화경法華經』의 유명한 구절인 다라니품陀羅尼品과 같은 대승경전大乘經典을 암송 또는 독경하는 것이 축복을 가져온다고 말하고 있다. 더 나아가『무량수경無量壽經』의 한 단락은, 사람들이 경전을 받아들여 성심을 다해 믿음으로써 경전을 암송하고 그러한 가르침과 부합되게 행동한다면 그들이 가장 높은 수준의 깨달음을 얻을 수 있음을 가르친다(『묘법연화경妙法蓮花經』권7, T 262,

9.58b10~12;『무량수경』권2, T 360, 12.279a3~6).

　팔관회八關會는 포살布薩 같은 불교의식의 가장 근본적인 측면을 미륵불 숭배와 연결시키는데,『미륵경彌勒經』은 출세를 염원하는 사람에게 '팔계재八戒齋'를 열도록 권장하기 때문이다(『관미륵보살상생도솔천경觀彌勒菩薩上生兜率天經』, T 452, 14.420a15;『미륵하생경彌勒下生經』, T 453, 14.422c27;『미륵대성불경彌勒大成佛經』, T 456, 14.432a8~9). 팔계재는 팔관재八關齋라는 다른 이름으로 나타나기도 한다. 1215년 각훈覺訓에 의해 편찬된『해동고승전海東高僧傳』은 수도 외곽의 도량에서 전사자戰死者를 위해 개최했던 팔관재회八關齋會에 대해서 전하고 있으며(『해동고승전』권1, T 2065, 50.1019c4~5), 중세 중국의 불교 기록들은 주로 남조南朝에서 행해졌던 팔관재에 관한 기록을 보존하고 있다(『고승전』권10, T 2059, 50.390c3~4 배도杯度;『신승전神僧傳』권2, T 2064, 50.961a8 혜소慧紹·권3, T 2064, 50.961c25~26 배도杯度·권6, T 2064, 50.989c27~28 홍방洪昉;『법원주림法苑珠林』권6, T2122, 53.315a28~b2·권18, T 2122, 53.417c24·권40, T 2122, 53.601c1·권61, T 2122, 53.747a12·권83, T 2122, 53.900c28~29). 팔관재는 주야로 8가지의 계율을 준수하는 남자 평신도〔우바새優婆塞〕와 여자 평신도〔우바이優婆夷〕에 의해서 지켜지는 정진 기간에 대해 언급하고 있다. ① 살생하지 말 것, ② 도둑질하지 말 것, ③ 음행淫行하지 말 것, ④ 거짓말하지 말 것, ⑤ 음주하지 말 것, ⑥ 꽃이나 향수로 몸을 치장하지 말고, 노래하거나 춤추지 말며 공연장에 참석하지 말 것, ⑦ 높거나 편안한 침상에서 잠자지 말 것, ⑧ 때가 아닐 때 식사하지 않을 것이 그것이다.『아함경阿含經』은 팔관에서 언급한 특별한 법규法規들에 대해서 설명하고 있는데, 승려가 명시된 기간 동안 지켰던 8가지 계율을 따르고 금식함으로써 남자 평신도, 특히 왕들이 그들 스스로에게 권능을 부여하도록 하는 것이다. 자격을 제대로 갖춘 승려들은 대개 한 달에 두 번, 청규淸規가 암송되는 포살布薩 기간의

7번째 날과 15번째 날, 계율戒律에 그들 스스로를 되새기고 다시 봉헌하는 의식을 한다(『팔관재경』, T 89, 1.913a~b; 안계현, 1964, 31~54쪽).

포살은 2주에 한 번씩 기본적인 불가의 수칙들을 암송하는 것과 함께, 평신도를 포함한 4중四衆의 승가 집단에게 축복을 주도록 의도된 공덕 행위들을 병행하도록 하는 것이다. 그러나 450년대 이후로 대부분의 중국 북부 불교 신자들은 각종 의례의 목적과 기능을, 극단적으로 인기가 있었지만 출처가 불분명한 『제위경提謂經』을 통해 개념화하거나 이해했다. 452년에서 455년 사이에 승려 담정曇靖에 의해 작성된 『제위경』은 참회 수행과 함께 포살과 결합되어, 사람들이 부처에게 귀의하도록 권장했다(Whalen Lai, 1987, 11~35쪽; Kyoko Tokuno, 1994). 또한 『제위경』은 승려들과 평신도들이 그들 스스로 부처 가정의 일원이 되는 신앙 단체인 의읍義邑을 조직하도록 권장했다. 이것은 더 나아가 이러한 공동체의 일원들이 14일마다 고해하는 포살을 열도록 권장했다(Whalen Lai, 1987, 16~20쪽).

『제위경』은 최소한의 교육을 받은 사람들이나 도덕주의적 유교儒敎 원칙에 노출되어 있는 사람들에게도 친숙할 수 있는, 모든 불교도가 준수하기로 약속한 5가지 계율에 대해서 설명하고 있다. 살생을 삼가는 규율을 '인仁'으로 설명하고, 간통을 삼가는 규율을 '의義'로써 묘사하며, 금주의 규율을 '예禮'로 설명하고, 도둑질을 삼가는 것을 '혜慧'로써 설명하며, 언행을 조심하는 규율을 '신信'으로써 명확화했다(Whalen Lai, 1987, 22~23쪽). 또한 출처가 불분명한 이 경전은 사람들에게 "나는 부처에게 귀의하겠다南無佛"는 것을 암송하도록 권장했으며, 만약 사람들이 불교적 도상들을 돌고 걷는다면(요불遶佛), 그들이 현생에서의 좋은 삶, 좋은 음색, 천국에서의 부활, 귀족이나 왕실 일원으로의 부활, 열반 등의 5가지 축복을 얻을 수 있을 것이라고 설명했다(Whalen Lai, 1987,

25~26쪽).『제위경』은 또한 불교 계율의 중요성을 강조했으며, 이 경전을 읽는 사람들에게 만일 그들이 이러한 규율을 준수하지 않으면 지옥에 떨어질 것이라고 경고했다. 이것은 또한 오도五道 중에 업보業報와 윤회輪廻가 인간의 염念 수준 정도에 따르는 것이라고 서술하고 있다 (Whalen Lai, 1987, 28~30쪽).

2. 종교적 관행

고구려에서 나타나는 종교적인 관행의 가장 이른 형태 중 하나를 보여주는 물질적인 증거로는 천불千佛에 대한 숭배가 있다. 천불의 예술적인 재현은 5세기 후반에서 6세기 초반으로 비정되는 중국 북부의 불교 석굴인 둔황敦煌·윈강雲岡·룽먼龍門 석굴에서 발견할 수 있다. 이러한 동굴 사원에는 연화蓮花 위에 앉아 명상의 무아지경에 빠져 있는 작은 부처상이 셀 수 없을 정도의 열로 묘사되어 있는데, 줄줄이 늘어선 다수의 부처상은 천불의 테마나 모티프를 분명하게 보여준다. 둔황에서 발견된 그림들의 복원품들에 대한 아더 웨일리Arthur Waley의 소개에서, 그는 다른 말로 바꾸어『천불인연경千佛因緣經』에서 발견된 이야기를 설명하고 있다. "아주 오래전에, 광덕대왕光德大王이 동자들에게 베다를 공부하게 했다. 천 명의 현자賢者 중 한 명이 '삼보三寶'로부터 승려의 목소리를 들었다. 삼보의 광채에 고무되어, 왕은 그의 999명의 동학同學과 함께 불교로 개종했고, 그들은 다음 생애에 '천불'로 다시 태어났다"(Nicole de Bisscop, 2001, 84쪽; Arthur Waley, 1931, L쪽;『천불인연경千佛因緣經』, T 426, 14.65c~72a)는 것이다.『법화경』의 다보불多寶佛 이야기에는, 다보불이 보석으로 장식된 다보탑에서『법화경』가르치는 것을 듣기 위해 나타났음을 보여주며, 비록 쿠마라지바鳩摩羅什의 번역에는 천불에 대해 특별히 언급되어 있지 않지만, 천불의 도상이 분명하게 보인다(『묘법연화경』4, T 262, 8.32b-34b). 천불에 대한 숭배는 다음에서 다루는 미륵이나 아미타의 숭배와 관련되는 것처럼, 당시의 교리적인 불교적 세계관과 우주론의 수용을 대표하는 사례처럼 보인다. 천불 숭배와 관련된 본질적인 교리는 다음과 같다. 천불은 과거겁住劫·현재겁賢劫·미래겁星宿劫의 각 기간 동안 이 세상에 나타나며, 석가모니는 현재겁의 천불 가운데 4번째 부처다(『법원주림』1, T 2122, 53.274a27). 천태지의天台智顗는 '마야부인摩耶夫人(석가모니의 어머니)을 천불의 어머니, 슈도다나淨飯王(석가모니의 아버지)를 천불의 아버지, 라훌라羅喉羅(석가모니의 아들)를 천불의 아들의 지위'에 두었다(『묘법연화경현의妙法蓮華經玄義』6, T 1716, 33.756b15~16).

한국에서 연대가 확실한 가장 오래된 불교 도상은 연가칠년명금동여래입상延嘉七年銘金銅如來立像이다. 이것은 고구려가 평양으로 천도한 지 100년이 지난 539년에 만들어졌다(김영태, 1997, 21~40쪽). 전신의 원광 혹은 광륜인 광배光背의 뒷면에 새겨진 명문은 낙랑 동사樂良東寺의 40명이 넘는 승려와 함께 기원하고 천불 도상을 의뢰했다고 알려준다. 또한 명문에는 어떤 비구가 천불 중 29번째인 인현의불因現義佛을 공물로 바쳤다고 설명하고 있다. 이것은 고구려에서 현재불現在佛에 대한 숭배가 존재했다는 증거가 될 수 있다(韓國古代社會研究所, 1992, 127쪽).

또한 312개의 소불상塑佛像이 평안남도平安南道 평원군平原郡 덕산면德山面 원오리元五里의 사원 유적지에서 발견되었다. 이는 204개의 좌불상坐佛像과, 나머지 108개의 입보살상立菩薩像으로 구성되어 있다. 모든 조각은 고대 건축물의 유적지에서 발견되었다. 문명대文明大는 설득력 있는 방식으로 이 불교 도상들이 천불상에 속해 있는 것이라고 논증했다

(문명대, 1981, 58~70쪽).

　승려이자 오늘날의 백과사전 편찬자에 해당하는 도세道世는 천불 숭배와 관련이 있을 수 있는 종교적인 관례에 대해 짧은 기록을 제공했다. 그는 "모든 경전을 필사할 것, 천불상을 만들 것, 반야般若를 소리내어 암송할 것, 계속해서 『법화경』을 준수할 것, 사찰을 건설하고 귀의할 것, 묵상승들을 함께 모아 계속 6개의 계율을 준수할 것"을 남제南齊의 명제明帝에게 보고했다(『법원주림』 권100, T 2122, 53.1025b22). 도세와 동시대의 승려이자 역사가였던 도선道宣은 천불과 관세음보살의 도상이 수 왕조 시기(581~618) 성유물聖遺物의 주창을 위한 운동과 관련이 있다고 전했다(『광홍명집廣弘明集』 권17, T 2103, 51.214c3). 그는 또한 천불을 그리기로 맹세했던 당나라 초기의 승려 함조含照의 이야기를 남기기도 했다(『삼보감응요략록三寶感應要略錄』 권1, T 2084, 51.833c8~12). 고구려의 금동천불과 천불소조의 제작은 이러한 중국 대승불교의 종교적인 관례의 주류와 잘 부합된다.

　중국에서의 미륵불 숭배는 원래 미륵불이 우리 존재의 영역과 관련된 천국인 도솔천兜率天에서 다시 태어나는 것〔미륵상생彌勒上生〕, 혹은 먼 미래에 우리 지구에서 태어날 미륵불에 의해 창조된 정토인 계두마雞頭摩나 시두말翅頭末에서 다시 태어나기〔미륵하생彌勒下生〕를 소망했던, 수도승 번역자의 발원發願과 관련이 있다. 어떤 경우든 구도자가 미래불인 미륵불의 입에서 직접 불법을 듣는다면 깨달음을 얻는다는 것이다. 그들을 후원하는 상류 승려, 귀족, 왕족들은 명상에 잠겨 서 있거나 앉아 있는 미륵의 도상들을 숭배의 대상, 그리고 관觀을 위한 보조물로서 주문했다. 미륵입상은 종종 용화수龍華樹 아래서 불법을 습득한 뒤 계두말鷄頭末에서 설교하는 모습, 반가사유상半跏思惟像 같은 앉아 있는 이미지로 나타나기도 하며, 몇몇 미술사가는 도솔천에서 명상에 잠

652

긴 미륵의 기다림으로 그려진다고 믿기도 했다. 미륵의 두 가지 형태 모두 북방 왕조들의 미술과 가깝게 연결되어 있다는 것이 밝혀졌고, 중국 초기 뒤얽힌 미륵 신앙의 이러한 두 측면을 보여준다(李玉珉, 1984a, 1~11쪽·1984b, 1~11쪽).

일반적인 중국인들의 상상 속에서, 먼 미래에 도솔천에서 미륵의 하생과 함께 깨달음의 새로운 시기 개시를 묘사하는 인도와 중앙아시아의 경전은, 도교의 천년왕국설 및 그에 대한 열망과 융합되어 있다. 그 결과 미륵은 중국의 문화적인 영역에서 말법末法 시대 이후 평화로운 불교의 새로운 천 년을 선언하는 구세주로서 개념화되었다(Erik Zürcher, 1980, 84~147쪽·1982, 1~71쪽). 강력하게 주목하지 않을 수 없는 이러한 미륵 숭배는 유목민인 튀르크-몽골 사람들에 의해 설립된 북방 국가들 사이의 빈번한 전쟁 때문에 북방 왕조의 중국 사회를 통해 퍼져나가기 시작했다. 미륵 숭배와 관련된 이 경전은 미륵이 있는 곳에서 다시 태어나기 위한 헌신적이고 명상적인 관행들을 제시하고 있다. 이 경전은 사람들에게 ① 미륵이 있는 도솔천에서 현재의 그들 스스로를 마음속으로 그려보고, ② 후에 도솔천에서 다시 태어나기를 맹세하며, ③ 후에 미륵이 하생할 때 그곳에서 다시 태어나기를 맹세하고, ④ 이곳 지구에서 미륵의 화신을 보기 위해 종교적인 관례들을 수행할 것을 권장한다(Jan Nattier, 1988, 23~32쪽). 북조北朝 시기 동안 지식인들 사이에서 이러한 모든 행위가 인기가 있었고, 숭배가 절정에 다다랐던 6세기에 아마도 고구려를 통해 신라로 전해졌을 것으로 여겨진다.

북방 왕조에서 미륵 숭배의 발흥은 승려 도안道安에 의해 촉진된 종교적인 관례로까지 거슬러 올라간다. 도솔천에서 태어나는 미륵의 존재에 대한 예언과 이 세계로의 그의 하생은 이 시기의 불교 문학에서 드러나기 시작했다(塚本善隆, 1979, 560~561쪽; 速水侑, 1971, 34~36쪽; 『방광

반야경放光般若經』권20, T 221, 8.1a~146c). 도안이 행했던 숭배의 핵심 요소는 미륵이 존재하는 도솔천에서 다시 태어나고자 하는 그의 소망이었다고 할 수 있는데, 불교 경전에 대한 그의 의문들은 불교 계율에 관한 적절한 문서에 접근함으로써 해결될 수 있었을 것이다. 도안의 미륵에 대한 신념은 그의 일생 전반全般을 통해 잘 알려져 있다. 전진前秦의 주도권을 장악하고 있던 부견苻堅은 진주와 금박으로 수를 놓은 미륵의 초상화와 다른 선물들을 도안에게 보냈다. 도안과 그의 제자들은 도솔천 왕생을 기원하는 발원을 미륵의 도상 앞에서 선언했다. 도솔천 왕생을 소원하는 도안의 미륵 숭배와 미륵불 도상의 숭배, 그리고 강설에서 그 도상을 시각적 도구로 사용하는 것은 동아시아에서 미륵 숭배의 기본적인 관례가 되었다(『고승전』 권5, T 2059, 50.352b13~17; Arthur E. Link, 1958, 21쪽·36~37쪽).

　북중국의 이민족 왕조 아래서 미륵 숭배는 계속 융성했다. 북위北魏와 그들의 계승자들에 의한 중세 중국의 불교 예술에서 살아남은 가장 오래된 예인 둔황, 윈강, 룽먼 등의 불교 석굴에서 미륵의 도상은 석가모니의 도상과 함께 가장 많이 발견된다(塚本善隆, 1942, 228~233쪽·368~369쪽·375~382쪽·513쪽; 速水侑, 1971, 37~39쪽). 북중국에서 룽먼 석굴은 미륵 숭배의 황금기를 알리는 신호였다고 할 수 있는데, 몇몇 학자는 이러한 행위가 통치자를 석가모니의 합법적인 후계자로 보이게 했기 때문에 왕조의 권위와 사회적 지위의 성공과 유산이 미륵 숭배의 중요한 주제가 되었을 것이라고 설명했다. 북위 전반기 이후에 석가모니 숭배는 윈강 석굴에서 가장 생생하게 묘사되었고, 그 뒤 미륵에 대한 숭배로 변화했으며, 이러한 미륵 숭배는 룽먼 석굴에서 가장 두드러진다. 그러나 동시에 룽먼 석굴은 당 초기의 미륵 숭배를 능가하는 아미타 숭배의 시작을 알리는 신호이기도 했다.

비록 도안과 미륵을 숭배하는 그의 문도들이 미륵 숭배를 위한 최초의 영향력을 제공했을지는 모르지만, 이러한 숭배는 아미타 숭배와 아미타 정토를 다룬 경전들의 동시 번역에 의해서 더 영향을 받았을 것이다. 사실 이 숭배의 최초의 관심은 인간이 도교의 신神 혹은 선仙과 비교되는 불교의 천天이 될 수 있으며, 도교의 천국에서 살고 있는 도교의 신들처럼 미륵과 함께 살 수 있다는 믿음에 중점을 두었다. 이러한 숭배는 북방 왕조 시기에 많은 사람에게 매력적인 것처럼 보였고, 초창기에 사람들을 불교로 개종시키는 중요한 역할을 했다(塚本善隆, 1979, 560~561쪽).

적은 수의 문학적인 자료가 고구려 불교의 역사를 보존하고 있을 뿐이며, 그보다 더 적은 수의 자료가 미륵 숭배와 관련이 있다. 그럼에도 불구하고 미륵 숭배는 널리 퍼졌다고 추측할 수 있는데, 왜냐하면 고구려가 부견符堅의 전진前秦과 그다음 왕조였던 북위 모두와 가까운 관계를 가졌기 때문으로, 고구려에서 승려와 구도자들은 어느 수준 이상으로는 중국의 문화적인 영역에서 점점 더 널리 퍼져가는 미륵에 관한 경전과 그를 숭배하는 방식에 친숙했음에 틀림없다(김영태, 1987, 11~60쪽).

미술사가들이 6세기 초반 고구려 또는 북위에서 수입되었으며, 미륵으로 추정하는 소형(8.5센티미터) 금동보살반가사유상金銅菩薩半跏思惟像이 국립중앙박물관에 소장되어 있다. 북위 양식을 따르고 있으며, 소형이라는 크기를 고려할 때, 이는 아마도 개인들이 미륵이 존재하는 도솔천에서 왕생하기를 발원하는 개인적인 기도에 사용하는 봉헌의 이미지였음을 시사한다(Jonathan W. Best, 1992, 29쪽 제9도; 강우방, 1990, 72쪽 제26도·제27도). 북위 시기 북중국과 중앙아시아에서 발견되는 초기의 사유도상들은, 왕자 싯다르타가 염부수閻浮樹 아래 또는 그의 말 건척犍陟과 함께 있는 젊은이의 모습으로 표현되고 있기 때문에, 싯다르타 왕자의 첫 번째 명상 경험을 묘사하려는 의도였던 것으로 여겨진다(Junghee Lee, 1993, 312~318쪽; Eileen Hsiang-ling Hsu, 2002, 10~14쪽; 강희정, 2006, 189~205쪽). 그러나 6세기 후반 북제北齊 시기에 사유도상은 대리석 동상, 제단 뒤의 그림, 심지어 쌍으로 생각에 잠긴 형태 등 다양한 방식의 창조적인 형태들로 만들어진다(Denise Patry Leidy, 1990, 21~37쪽). 에이린 쉬Eileen Hsu는 산둥반도에 위치한 수덕사修德寺 유적지에서 발견된 도상 및 도상 파편들에 관한 연구에서, 몇몇 이미지는 명확하게 사유상의 이미지로 꼬리표를 붙일 수 있는 명문을 포함하고 있으며, 심지어 하나의 도상에서는 두 보살상 사이에 반가사유하는 미륵을 배치해둔 경우를 발견할 수 있기 때문에, 북제의 사유하는 이미지들은 명상적인 관상수행과 구도자 자신의 도솔천의 영광을 묘사하는 데 사용되었다는 설득력 있는 해석을 내놓았다(Eileen Hsiang-ling Hsu, 2002, 14~25쪽). 물론 모든 미술사가가 이러한 해석에 설득당한 것은 아니라 할지라도, 그들 역시 이러한 미술이 북제 시기 동안 발달한 미륵 신앙과 관련이 있다는 점은 인정한다(강희정, 2006, 206~230쪽). 게다가 7세기 전반 한국의 신라에서는 특정한 형태의 사유도상들이 발견되었는데, 그 원형原型들은 북제 시기 산둥반도의 용흥사龍興寺 유적에서 발견된 도상들이었음을 알 수 있다(Ōnishi Shūya, 2003, 54~67쪽; Tanabe Saburōsuke, 2003, 46~54쪽). 고구려는 상대적으로 북제와 가까운 관계를 맺고 있었는데, 적어도 7번의 조공 사절단을 파견했음을 알 수 있다. 이러한 사실들을 고려한다면, 고구려에는 도상들과 함께 불교 예술 작품들이 흘러들어갈 충분한 기회가 있었을 것이다. 필자는 다음 단락에서 사유상의 활용과 관련 있을 수 있는 개인적인 신앙에 대해 서술할 것이다.

몇 개의 고구려 고분벽화에서 불교적 주제와 디자인들이 나타난다. 장천 1호분長川1號墳은 불교에서 최고의 존경을 표현하는 방법인 오체

투지五體投地를 수행하는 여성과 남성을 묘사하고 있다. 무용총舞踊塚의 후면에는 무덤의 피장자被葬者가 부처의 설교를 듣는 모습이 묘사되어 있으며, 덕흥리 고분德興里古墳의 명문에는 피장자가 석가문제자釋迦文弟子라는 것이 시사되어 있다. 또한 장천 1호분의 벽과 천장 상부에는 부처, 보살, 비천飛天, 연화문을 비롯한 다양한 상징들이 묘사되어 나타난다. 심지어 연화화생蓮花化生의 묘사와 아미타정토極樂淨土 안에서의 믿음에 관한 기초적인 이해를 암시하는 것들조차 나타난다. 그러나 동시에 몇 가지 요소는 미륵을 접견하거나 만남으로 해서 도솔천으로의 왕생 등을 묘사한 『불설관미륵보살상생도솔천경佛說觀彌勒菩薩上生兜率天經』과 일치하는 것처럼 보인다. 이 경전은 이러한 목적을 향해 이끄는 종교적 관상수행의 다양함에 대해서 묘사하며, 또한 도솔천의 장엄함에 대해서 분명하게 설명한다(김원룡, 1959, 224~299쪽; Pak Young-sook, 1990, 177~204쪽; 김직순, 2008, 37~74쪽). 미술사가들은 장천 고분의 연대를 4세기로 비정하는데, 당시는 불교가 막 고구려에 소개된 때였다. 그러나 6세기까지 불교 사원이나 불교 건축물과 관련된 고고학적 증거는 적다. 그렇다면 이러한 고분벽화들은 불교 신앙의 확산을 보여주는 것인가, 아니면 단지 고구려 귀족의 신앙을 진실되게 반영하지 않은 장례 주제들에 불과한 것인가? 필자의 견해로는 4세기 고구려 불교에 관한 증거가 더 발견될 때까지, 이러한 자료들은 관심을 끌 만하지만 아직은 완전하게 불교의 종교적인 관례로 추측할 강력한 증거라고는 할 수 없다.

한반도에서 현존하는 아미타의 가장 이른 이미지는 한국 북부의 고구려로부터 왔다고 믿는 소형의 금동아미타삼존불상金銅阿彌陀三尊佛像이다. 이것은 1930년 황해도黃海道 곡산군谷山郡에서 발굴되었다. 전신후광 혹은 광배 뒷부분의 명문은 미륵과 아미타 숭배 사이의 상호 작용에 대해서 분명히 보여준다.

신묘년辛卯年인 경景 4년에 5명의 비구와 선지식善知識이 함께 무량수상无量
壽像 1구軀를 만듭니다. 바라건대 돌아가신 스승 및 부모가 다시 태어날 때
마다 마음속에 늘 제불諸佛을 기억하고, 선지식인들은 미륵을 만나기를 바
랍니다. 소원이 이러하니, 함께 한곳에 태어나서 불佛을 보고 법法을 듣게
하소서.(韓國古代社會硏究所, 1992, 권1, 129~131쪽)

비록 재위 기간의 명칭에 대해 혼란이 있지만, 학자들은 이것이
631년보다는 571년에 주조되었다고 확신하는데, 명문에 따르면 부처
가 무량수無量壽라고 언급되어 있기 때문이다(김영태, 1988, 443~453쪽).
북위 시기와 그 후 북조 시기 동안 이 부처는 흔히 무량수라고 언급되
었다. 그 뒤 수·당 시기에는 아미타阿彌陀라는 명칭이 좀 더 자주 나타
난다(강우방, 1995, 133~135쪽). 이 명문은 아미타와 미륵 숭배 사이의 공
생 관계를 증명한다. 상像을 의뢰한 승려들과 신도들은 대부분 미륵이
존재하는 도솔천이나 적어도 먼 미래에 미륵이 불법에 대해 설교할 때
참석할 수 있는 삼회三會 설법 사이에 있기를 선호했다. 그러나 그들이
무량수의 이미지를 고인이 된 스승이나 부모의 이익을 위해 만들었다
는 것은, 중생들을 건전한 윤회에 끌어들이고자 한 아미타의 구원 의지
를 사용하려 했음을 보여준다. 아미타 정토에서의 환생이나 극락은 명
시적으로 언급되지 않았다. 대신에 비문을 제작한 사람들은 깊은 교리
의 이해를 암시하고 있는 것처럼 보인다. 개인들이 정토에서 다시 태어
난 후, 그들은 결국 보살로서 윤회의 순환에 돌아가고, 지각 있는 모든
존재를 해방하기 위해 노력하는 부처들을 만나게 된다. 그러나 장례葬
禮라는 상황은 무언가를 암시해준다고 할 수 있다. 다시 말하면 이러한

도상들은 고인故人의 명복을 빌기 위해 무량수와 미륵의 영험靈驗을 부르려고 만들어진 것이다.

1945년이나 1946년 평양 평천리平川里에서 발굴된 영강칠년永康七年의 기년명이 새겨져 있는 전신 후광의 뒷면에는 미륵 숭배의 다른 면이 묘사된 명문이 있다.

영강永康 7년 □□에 돌아가신 어머니를 대신해 미륵존상彌勒尊像을 만들어 복을 비오니, 바라옵건대 돌아가신 분의 신령으로 하여금 깨달음의 세계로 나아가 미륵님의 삼회三會 설법을 만나서, 첫 설법 때 무생無生의 법리法理를 깨닫고 구경究竟을 염念하여 보리菩提를 이루게 해주소서. 만일 죄업이 있으면 이 발원으로 일시에 (모든 죄업이) 소멸되게 하옵고, 수희隨喜하는 모든 이들도 이 소원을 같이하게 하옵소서.(『삼국신라시대불교금석문고증三國新羅時代佛教金石文考證』, 15쪽)

물론 연대를 확실하게 정할 수는 없지만, 현재 학계의 의견으로는 영강칠년이 아마도 551년을 언급하는 것이며 고구려 양원왕 7년이라고 비정한다(김상현, 2007, 87쪽). 연대보다 더 중요한 측면은 공덕, 도솔천에서의 왕생, 미륵이 불법을 다시 세우기 위해 삼회三會를 열 때, 첫 번째 설법에 참석하는 것, 그리고 좋지 못한 업의 소멸과 관련이 있는 것처럼 보이는 미륵 숭배에 대한 암시다.

3. 명상 및 심상수행과 사유도상

고구려 불교도들은 어떠한 방식으로 사유도상을 활용했는가? 그들이 북위, 동위東魏(534~550), 북제의 집단과 같은 방식으로 그것들을 사용했는가? 아니면 몇몇 미술사가가 제안했듯이 미륵의 화신으로서 그들을 개념화했는가? 대부분의 미술사가들은 사유도상과 미륵 숭배의 관련성을 강조해왔다. 몇몇은 『십지경十地經』의 중요성에 대해 강조했으며, 이것은 지론종地論宗과 관련된다(Denise Patry Leidy, 1990, 24쪽). 다른 이들은 소망하는 이가 도솔천의 영광스러움을 관觀하고 자신이 그곳에서 다시 태어나기를 소망해야 함을 명시한 『관미륵보살상생도솔천경』의 단락들을 강조했다(Eileen Hsiang-ling Hsu, 2002, 26~28쪽).

5세기 서부 중국의 지역 정권 북량北涼의 불교 거사居士였던 저거경성沮渠京聲에 의해 한역된 『관미륵보살상생도솔천경』은 종교 혹은 명상수행에서 사유도상의 사용에 대한 가장 양질의 문자 자료를 제공한다. 이 경전은 미륵보살과 숙명적인 관계를 만들기를 소원하거나 도솔천에서의 왕생을 추구하는 구도자를 위한 몇 가지 종교적인 수행 방법에 대해서 서술한다. 도솔천에 거주하게 하는 특성, 신, 여신, 그리고 다른 놀라운 존재들에 대해 자세하게 설명한 뒤 이 경전의 중간에서, 만약 그곳에서 다시 태어나는 이가 있다면 미륵의 지인至人을 받드는 역할을 하게 되므로, 부처는 기원자가 도솔천에 대해서 심사숙고하기를 촉구한다.

석가모니가 우팔리에게 말하기를, "만약 비구와 모든 대중 중에 생사를 두려워하지 않고 도솔천에서 환생하기를 원하는 이, 무상보리심無上菩提心에 이르고자 하는 이, 미륵의 제자가 되고자 하는 이는 관觀을 수행해야 한다"고 했다. 이 관觀을 수행하고자 하는 이들은 반드시 오계五戒, 팔관재八關齋, 그리고 모든 계율을 준수하고, 그들은 몸과 마음의 중대한 진전을 보여야만 한다. 그들은 그들의 애착을 끊으려고 애쓸 필요는 없지만, 그들은 반드시 십선+善을 수행 정진해야 한다. 모든 이들은 도솔천과 그곳의 숭고한 기쁨에 대해 일일이 사유思惟해야만 한다. 이러한 관觀을 '정관正觀'이라고 한다. 다른 것을 관觀하면 '사관邪觀'이라고 한다.(『관미륵보살상생도솔천경』, T 452, 14.419c1~10)

그리고 경전의 끝으로 가면, 부처는 다시 한 번 구도자들이 도솔천 상생을 깊이 사유해야 하며, 모든 행위로부터 얻을 수 있었던 공덕 및 불교 계율을 준수하는 데서 올 수 있었던 (단순한) 공덕을 도솔천 상생을 위한 소망으로 또는 (높은) 공덕으로 변화시키는지에 대해 묘사하고 있다.

석가모니가 우팔리에게 이르기를, "부처가 멸도한 후에 사부제자四部弟子 혹은 천, 용, 귀신이 도솔천에서 태어나고자 한다면 마땅히 관觀을 행해야만 하며, 일념으로 도솔천을 사유하고 계율을 지켜야 한다. 그리고 1~7일 동안 십선+善을 생각하고 반드시 십선도+善道를 행해야 하는데, 이렇게 행한 공덕으로 미륵 앞에 다시 태어나기를 원하는 자는 반드시 관觀을 행해야 한다. 만일 관觀을 수행하는 어떤 이가 천인을 보거나 연꽃을 보았을 때, 한 번이라도 미륵의 이름을 암송하면 1200겁 생사의 죄악이 소멸된다. 그리고 그들이 미륵의 이름을 듣거나 미륵에게 합장해서 경배하면 50겁 생사의 죄업이 소멸된다. 만일 미륵을 공경하고 예불을 드리면 100억 겁 생사의 죄업에서 벗어난다. 만일 하늘에서 환생하지 못하면 미륵을 용화보리수 아래서 만나게 되고 최고의 깨달음인 무상심無上心에 이른다."(『관미륵보살상생도솔천경』, T 452, 14.420b21~c2)

더 나아가 신라인이자 7세기의 저명한 불교 학자였던 원효元曉

(617~686)는 654년에서 676년 사이에 저술된 것으로 보이는 그의 『미륵상생경종요彌勒上生經宗要』에서 이러한 관법수행의 목적과 의미에 대해 설명했다. 특히 『관미륵보살상생도솔천경』에 관한 원효의 현전하는 저술은 남북조 시기까지 거슬러 올라가는 지적인 시도뿐만 아니라 불교 관례의 중국적 경향에 대한 철저한 이해 또한 보여준다. 사실상 원효는 5세기에서 7세기를 거치는 동안 동북아시아에서 나타났던 실용적이고도 지적인 교류의 산물이라 할 수 있다. 원효는 보살행으로부터 이단 없이, 둘 다 도솔천 왕생과 같은 단계로 이끄는 관觀과 행行에 대해서 제안했다(Alan Sponberg, 1988, 94~109쪽). 그는 오직 우수한 정신을 가진 사람, 다시 말하면 깨달음에 대한 열망을 품고 보살 맹세를 한 사람만이 얻을 수 있는 성취 가능한 관법수행의 두 가지 방식에 대해 묘사했다.

첫째는 그 하늘의 의보依報의 장엄을 관觀하는 것이며, 둘째는 그 보살의 정보正報의 뛰어남을 관觀하는 것이다. 오로지 생각으로 관찰하기 때문에〔專念觀察〕이것을 삼매三昧라 하는 것이다. 그럼에도 불구하고 슬기를 닦지 않고 오직 배우고 생각하기만 한다면〔唯在問思〕, 이것은 다만 순간적으로 번개가 치는 듯한 '전광삼매電光三昧'라고 말한다.(『미륵상생경종요』1, T 1773, 38.299c3~5)

이러한 실천들은 일반적인 평신도와 같이 하위의 영적 능력을 가진 사람들에 의해 수행되는 3가지 형태의 비명상적인 행위에 의해서 지지된다.

① 대자大慈라는 이름을 듣고는 공경하는 마음으로 과거의 죄를 뉘우치는

것이요, ② 자씨慈氏라는 이름을 듣고 그 이름이 나타내는 미덕을 신앙하는 것이며, ③ 불탑을 청소하고 흙을 바르며 향과 꽃을 공양하는 등 온갖 사업을 행하는 것이니 이 경전의 다음 글에서 가르치는 것과 같다.(『미륵상생경종요』1, T 1773, 38.299c7~9; HPC 1.548a5~8; 비교『관미륵보살상생도솔천경』1, T 452, 14.420a10~15)

원효는 계속해서 이러한 실천 가운데 하나를 수행하는 수행자들은 그들의 영적인 달성 정도에 따라 그에 맞는 영적인 보상을 성취할 것이라고 설명했다. 그는 과수果樹의 성장 과정에 비유해 네 종류의 결과를 제시했는데, ① 과일의 맹아에 비유해, 과거에 지은 온갖 죄가 멸해지는 것, ② 그늘 아래서 꽃과 잎이 피고 자라는 것과 동일시해, 그가 사견邪見을 발달시키거나 다시 중생의 나쁜 운명에 떨어지지 않는 지혜를 얻는 것, ③ 좋은 꽃들이 개화하는 것과 유사하게 미륵이 계신 도솔천에서 왕생하는 것, ④ 향기로운 과일의 성숙에 해당하는 불성의 경로에 (좋지 않은 상태로) 다시 돌아가는 일이 없는 단계에 도달하는 것이 그것이다. 원효는 첫 번째 행行만을 수행한 자는 오직 첫 번째 보상만을 얻을 것이며, 오직 두 번째 행行을 수행한 자 역시 두 번째 보상만을 받는 식이라고 말했다. 따라서 네 번째 보상을 성취하기 위해서 수행자는 반드시 행行과 관觀을 모두 수행해야만 한다(『미륵상생경종요』, T 1773, 38.299c; HPC 1.548a~b).

물론 대부분의 고구려 불교도(중국인들도 마찬가지로)들이 이러한 방식으로 자신들의 행行을 개념화하지는 않았겠지만, 몇몇 열렬한 수도자는 그랬을지도 모른다. 명백하고 자명하게 나타나는 것은, 적어도 고구려의 몇몇 불교도는 도솔천에서 그들 스스로가 왕생하는 것을 관觀함으로써 그곳에서 왕생하기를 추구했다는 것이다.

4. 결론

고구려 불교의 의식과 신앙의 사례는 중국 북부에서 보이는 의식 및 신앙의 사례와 많은 공통점을 가지고 있었다. 불교는 북위 시기부터 북제 시기를 거쳐 북중국에서 융성했다. 신라로 망명해 신라의 첫 번째 승통이 되었던 고구려의 승려 혜량은 아마도 황해 건너에 위치한 산둥반도에서 융성했던 불교공동체와 관련이 있었을 것이다. 『인왕경』암송을 위한 모임인 그의 도량은 이 시기 주요 불교 의식과의 친연성, 저명한 승려들의 사회적 지위, 불교 평신도들 사이에서 공덕을 쌓기 위해 중요시되었던 수행의 역할 등을 보여준다. 팔관회에 대한 그의 소개는 불교공동체 내에서의 포살의 중요성을 분명하게 만들었으며, 수행을 준수하는 것과 관련된 다수의 종교적인 수행들을 제시했다.

고구려에 현존하는 도상들과 도상 파편들은 천불 숭배와 관련이 있음을 제시했고, 이것은 둔황, 윈강, 룽먼의 동굴 미술과 마찬가지다. 게다가 고구려가 기원이라고 알려진 소수의 불교 도상의 명문들은 6세기 후반과 7세기 초기 북중국에서의 불교 신앙 수행으로 알려진 것들과 일치한다. 이러한 도상들은 개인 및 종교 단체에 의한 미륵 숭배의 중요성과, 그것과 아미타 또는 무량수 숭배의 복잡한 관계에 대해 증명한다. 도솔천에서의 왕생을 다룬 도상의 명문들은 이것이 불교 승려와 평신도들에게 중요한 목적이었음을 나타낸다. 물론 도솔천으로의 왕생은 구도자에게 중요한 목적이었지만, 미래의 미륵불이 하생할 때 이 땅에 다시 태어나는 것도 동등하게 중요한 소망이었다. 열성 신자들은 미륵불이 삼회三會에서 법法을 설교할 때 이 땅에 있기를 추구했다. 미륵불 숭배의 두 가지 측면에 대한 증거는 드물긴 해도 고구려 불교의 물질적인 유물들에 보존되어 있다. 고구려의 불교도들이 아미타 숭배나 극락정토에서 다시 태어나는 것과 관련된 교리를 얼마나 잘 이해하고 있었는지 알기는 어렵지만, 고구려 고분벽화에 연꽃 위에서 태어나는 존재라는 주제가 나타나는 것은 확인할 수 있다. 북위 시기 북중국의 경우와 같이, 현존하는 자료들은 미륵과 아미타 숭배의 융합을 보여준다고 할 수 있다.

『관미륵보살상생도솔천경』은 명상적인 관觀의 종교적 수행, 미륵이 존재하는 도솔천에 왕생하고자 하는 열망을 위한 사유도상을 이용하는 방법에 대해 서술한다. 이런 수행과 관련된 이미지들은 북제 시기 수덕사 같은 도량들에서 생산되었다. 이 경전의 관법수행에 대해 신라의 승려 원효는 구도자들이 그들 스스로 도솔천에서의 왕생을 상상하기를 촉구하거나, 구도자 스스로를 사유하는 도상으로 표현했을 수도 있다고 분석했다. 비록 필자는 미륵을 숭배하는 모든 수행자가 그들 스스로를 사유하는 모습으로 앉아 있는 보살이나 도솔천에서 왕생하는 존재로서 상상했다고 생각하지는 않지만, 몇몇은 확실하게 그러했다고 할 수 있다. 남북조 시기 불교의 기본적인 요소들의 많은 부분이 고구려에 채택되고 수용되었음을 알 수 있다.

:: 참고문헌

● 1차 사료

『高僧傳』
『觀彌勒菩薩上生兜率天經』
『廣弘明集』
『大寶積經』
『無量壽經』
『妙法蓮花經』

『妙法蓮華經玄義』

『彌勒上生經宗要』

『彌勒下生經』

『彌勒成佛經』

『法苑珠林』

『佛祖統紀』

『三寶感應要略錄』

『禪要秘密治病經』

『續高僧傳』

『神僧傳』

『人仙經』

『仁王護國般若波羅蜜多經』

『千佛因緣經』

『出三藏記集』

『八關齋經』

『海東高僧傳』

● 약자

HPC:『韓國佛教全書』

T:『大正新修大藏經』

● 한국어 저작

강우방, 1990,『圓融과 調和: 韓國古代彫刻史의 原理』, 열화당.

_____, 1995,『한국 불교조각의 흐름』, 대원사.

강희정, 2006,『관음과 미륵의 도상학: 한국과 중국의 보살상을 중심으로』, 학연문화사.

김동화, 1959,「高句麗時代의佛教思想」,『亞世亞研究』2, 고려대학교 아세아문제연구소.

김상현, 2007,「고구려의 불교와 문화」,『고구려의 문화와 사상』, 동북아역사재단.

김영태, 1975,「高句麗佛教思想」,『韓國佛教思想: 崇山 朴吉眞博士 華甲記念』, 원광
　　　대학교 출판국.

_____, 1987, 「三國時代의 彌勒信仰」, 『韓國彌勒思想研究』, 동국대학교 출판부.

_____, 1988, 「現存 佛像銘을 통해 본 高句麗 彌勒信仰」, 『蕉雨黃壽英博士古稀紀念 美術史學論叢』, 통문관.

_____, 1992, 『三國新羅時代佛教金石文考證』, 민족사.

_____, 1997, 「高句麗 因現義佛像의 鑄成時期」, 『佛教學報』 34, 동국대학교 불교문화 연구원.

김원룡, 1959, 「高句麗 古墳壁畵에 있어서의 佛教的 要素」, 『白性郁博士頌壽記念佛 教學論文集』, 동국대학교 출판부.

김직순, 2008, 「5세기 고구려 고분벽화의 불교적 요소와 그 연원」, 『美術史學研究』 258, 한국미술사학회.

문명대, 1981, 「元五里寺址 塑佛像의 研究: 高句麗千佛像 造成과 관련하여」, 『美術史 學研究』 150, 한국미술사학회.

안계현, 1964, 「高句麗佛教의 展開」, 『韓國思想』 7, 한국사상연구회.

정선여, 2001, 「6세기 高句麗 佛教信仰」, 『百濟研究』 34, 충남대학교 백제연구소.

_____, 2007, 『高句麗 佛教史 研究』, 서경문화사.

韓國古代社會研究所, 1992, 『譯註 韓國古代金石文』, 가락국사적개발연구소.

● 외국어 저작

Best, Jonathan W., 1992, "Imagery, Iconography and Belief in Early Korean Buddhism", *Korean Culture* 13, no. 3.

De Bisscop, Nicole, 2001, "The Art of Longmen" in *The Buddha in the Dragon Gate: Buddhist Sculpture of the 5th - 9th Centuries from Longmen, China*, ed., Jan van Alphen, Ghent, Snoek-Ducaju & Zoon.

De Visser, Marimus Willem, 1935, *Ancient Buddhism in Japan; Sūtras and Ceremonies in use in the Seventh and Eight Centuries A. D. and Their History in Later Times*, 2 vols., Leiden, E. J. Brill.

Drake, F.S. 1939, "The Shen-t'ung Monastery and the Beginning of Buddhism in Shantung", *Monumenta Serica* 4-1.

Hsu, Eileen Hsiang-ling, 2002, "Visualization Meditation and the Siwei Icon in Chinese Buddhist Sculpture", *Artibus Asiae* 62-1.

Jorgensen, John., 2012, "Goguryeo Buddhism: An Imported Religion in a Multi-ethnic Warrior Kingdom", *The Review of Korean Studies* 15-1.

Junghee Lee, "The Origins and Development of the Pensive Bodhisattva Images of Asia", *Artibus Asiae* 53, nos. 3 – 4.

Lai, Whalen, 1987, "The Earliest Folk Buddhist Religion in China: T'i-wei Po-li Ching and Its Historical Significance" in *Buddhist and Taoist Practice in Medieval Chinese Society: Buddhist and Taoist Studies II*, ed., David W. Chappell, Honolulu, University of Hawai'i Press.

Leidy, Denise Patry, 1990, "The Ssu-wei Figure in Sixth-Century A. D. Chinese Buddhist Sculpture", *Archives of Asian Art* 43.

Link, Arthur, 1958, "Biography of Shih Tao-an," *T'oung Pao* 46, nos. 1 – 2.

Nattier, Jan., 1988, "The Meanings of the Maitreya Myth: A Typological Analysis" in *Maitreya, the Future Buddha*, ed., Alan Sponberg and Helen Hardacre, Cambridge: Cambridge University Press.

Ōnishi Shūya, 2003, "The Monastery Kōryūji's 'Crowned Maitreya' and the Stone Pensive Bodhisattva Excavated at Longxingsi" in *Transmitting the Forms of Divinity: Early Buddhist Art from Korea and Japan*, New York: Japan Society.

Orzech, Charles D., 1989, "Puns on the Humane King: Analogy and Application in an East Asian Apocryphon", *Journal of the American Oriental Society* 109-1.

_____, 1995, "A Buddhist image of (Im)perfect rule in fifth-century China", *Cahiers d'Extême-Asie* 8.

_____, 1998, *Politics and Transcendent Wisdom: The Scripture for Humane Kings in the Creation of Chinese Buddhism*, University Park, Pennsylvania State University Press.

Pak Young-sook, 1990, "Buddhist Themes in Koguryŏ Murals", *Asiatische*

Studien/Études Asiatiques 44-2.

Sponberg, Alan, 1988, "Wŏnhyo on Maitreya Visualization" in *Maitreya, The Future Buddha*, ed., Alan Sponberg and Helen Hardacre, Cambridge and New York: Cambridge University Press.

Tanabe Saburōsuke, 2003, "From the Stone Buddhas of Longxingsi to Buddhist Images in Three Kingdoms Korea and Asuka-Hakuhō Japan" in *Transmitting the Forms of Divinity: Early Buddhist Art from Korea and Japan*, New York: Japan Society.

Tokuno, Kyoko, 1994, "Byways in Chinese Buddhism: The Book of Trapuṣa and Indigenous Scriptures", Ph. D. diss., University of California, Berkeley.

Waley, Arthur, 1931, *A Catalogue of Paintings recovered from Tun-huang by Sir Aurel Stein*, London: British Museum and of the Government of India.

Zürcher, Erik, 1980, "Buddhist Influence on Early Taoism: A Survey of Scriptural Evidence", *T'oung Pao* 96, nos. 1-3.

_____, 1982, "Prince Moonlight: Messianism and Eschatology in Early Medieval Chinese Buddhism", *T'oung Pao* 98, nos. 1-3.

李玉珉(Lee Yu-Min), 1984a, "Ketumati Maitreya and Tuṣita Maitreya in Early China" Part I, *National Palace Museum Bulletin* 19-4.

_____, 1984b, "Ketumati Maitreya and Tuṣita Maitreya in Early China" Part II, *National Palace Museum Bulletin* 19-5.

速水侑, 1971,『弥勒信仰: もう一つの淨土信仰』, 評論社, 東京.
塚本善隆, 1942,『支那佛教史研究: 北魏篇』, 弘文館書房, 東京.
_____, 1979,『中國仏教通史』, 春秋社, 東京.

신라시대 인간관계 양상의 변화와 청해진淸海鎭

고경석(해군사관학교 해양연구소 연구원)

1. 인간관계 형성 요인과 한국 고대 사회

인간은 사회적 동물이기 때문에 다른 사람들과 함께 공동체를 이루며 살아간다. 따라서 특정 개인은 불가피하게 다른 사람들과 다양한 관계를 맺으면서 살아갈 수밖에 없다. '인간관계'는 인간들이 어울려 살아가는 사회에서 인간과 인간 혹은 인간과 집단 간의 관계를 뜻하는 용어로, 주로 개인적·정서적 차원의 의미로 많이 사용되고 있다.

특정 개인이 다른 사람이나 집단과 연결되는 매개 고리는 매우 다양하다. 이러한 연결 고리는 대부분 개인이 자의적으로 취사선택하는 것이다. 그러나 실제 드러난 인간관계 양상이 전적으로 개인의 자유의지에 의해서 형성되는 것만은 아니다. 때로는 신분, 제도, 관습, 이념과 같은 외적 요인에 의해 주어진 경우도 많다. 이러한 인간관계가 개인의 특수한 사례에 그치지 않고 사회 전반적으로 일정한 경향성을 띨 경우, 인간관계는 더 이상 개인 차원의 문제에 머물지 않고 사회적 성격을 갖게 된다. 특히 그러한 사회적 특성이 시대적 성격을 반영할 경우에는 역사적 의미까지 지니게 된다. 따라서 특정 시기의 인간관계에 대한 고찰은 해당 시기의 역사적 특성을 분석할 수 있는 유용한 수단이 될 수 있다.

인간관계 형성에 영향을 끼치는 요소는 매우 다양하다. 그중에서도 시대적 특성을 반영하는 사회적 인간관계를 성립시키는 요소로는 크게 정치적 요소, 경제적 상황, 그리고 이데올로기의 변화 등을 꼽을 수 있을 것이다.

정치 구조는 해당 시기 계급 갈등의 결정체로서 사회 구조를 규정하는 가장 기본적인 요소다. 신분제는 이러한 정치적 역관계가 법제화되어 나타난 것으로, 국가나 공동체의 정치적 양상을 일차적으로 규정하는 역할을 수행한다. 이렇게 구조화된 정치적 여건하에서 주도권을 차지하려는 여러 세력이 존재하고, 그 활동의 여파는 다른 집단과 사람, 중앙과 지방 전체에 연쇄적으로 작용한다. 그 결과 국가 전체가 마치 하나의 정치적 유기체처럼 복잡하고 다양한 양상을 표출하게 된다. 이러한 정치체계 속에서 핵심 역할을 하는 요소는 정치적 목적을 가진 개인이 정치권에 진출할 수 있는 방법, 즉 정계 진출 통로가 어떻게 구축되어 있는가 하는 점이다. 정치권에 참여하는 세력들은 정치적 주도권을 차지하기 위해 노력하는 한편, 자신의 정치적 기득권을 유지하기 위해 심혈을 기울인다. 그리하여 자신들에게 유리한 제도를 구축하고 이를 지속적으로 보장받으려 한다. 그 결과 자신들에게 우호적인 사람들이 보다 많이 정치권에 진출하고, 정치권에 진출한 뒤에는 주요한 위치에 진출할 수 있도록 치열하게 경쟁한다. 따라서 어떤 개인이 정치권에 진입할 수 있는 통로가 어떻게 구축되었고, 또 그 제도가 어떻게 운용되는가 하는 문제는 해당 시대의 특징을 판단하는 유력한 기준이 될 수 있다.

정책에 공감하는 사람들이 모여 활동하는 근대 정당정치가 성립되기 전까지는, 개인의 정치적 견해에 따라 이합집산하는 것이 쉽지 않았다. 즉 일단 형성된 정치적 인간관계는 특별한 사정이 생기지 않는 한 일정 기간 유지되는 것이 일반적이고, 그러한 정치적 인맥이 형성되는 결정적 계기는 주로 정계 진출 과정에서 만들어졌다. 따라서 정계 진출을 지원했던 추천인과 피추천인 간에는 정치적으로 특별한 유대 관계가 형성될 수밖에 없었다. 천거에 의한 관리 선발이 이루어지는 곳에서 일반적으로 피천거인이 공을 세울 경우 천거인도 함께 상을 받지만, 피천거인이 죄를 지을 경우에는 천거인도 함께 벌을 받는 일이 있는 것도 이러한 현상과 무관하지 않다. 고려시대와 조선시대에 시행되었던 과거제가 신라에서 보이지 않는 것이 신라가 이후 시기와 비교될 수 있는 특징인 이유가 여기에 있다. 이러한 정치적 환경은 중앙은 물론이고 지방에까지 영향을 미치고, 때로는 비공식적 영역에까지 구속력을 발휘한다. 따라서 정계 진출 방식이 어떻게 구축되어 운영되었는지를 살펴보는 것은 당시의 역사적 상황을 파악하기 위한 기초 작업이라 할 수 있다.

정치적 요소가 특정 시기의 단면을 가장 명확하게 보여주는 것은 사실이지만, 그에 못지않게 주목할 요소는 경제적 요인이다. 경제는 정치, 사회, 사상, 문화 등 여러 분야에 영향을 미치는 기본 요소다. 그 영향력이 직접 작용했는지 아니면 간접적이었는지는 차이가 있을 수 있지만, 정치적 환경 변화는 일정 부분 경제적 상황 변화에서 기인하는 경우가 많다. 정치적 이해관계가 경제적 이해관계와 중첩되는 경우가 많기 때문에 경제적 여건의 변화는 사람들 간 정치적 관계에 영향을 미칠 수 있고, 나아가 사회적 인간관계의 성격에 연쇄적으로 변화를 가져오기도 하기 때문이다. 따라서 인간관계의 특성이나 변화를 살펴볼 때는 당시의 사회경제적 배경에 대한 이해도 반드시 뒤따라야 할 것이다.

정치적·경제적 요소와 함께 살펴보아야 할 요인은 이데올로기 분야다. 학문, 사상, 종교를 포함하는 개념으로서의 이데올로기는 기존 인간관계의 변화를 촉발시키는 주된 요인은 아니지만, 인간관계의 변화를 촉진시키고 새로운 인간관계가 사회 전반에 고착화하는 데 결정적인 역할을 하기 때문이다. 정치적·경제적 환경의 변화는 필연적으로 인간관계 변화에 영향을 미치지만, 그러한 변화가 사회 전체로 확산되고 나아가 역사적 의미를 지닐 정도로 고착화되는 데는 새로운 인간관계를 정당화시키는 이데올로기적 요소가 있어야 한다.

한국 고대사 연구에서 인간관계와 관련해 일찍부터 주목받았던 요소는 혈연관계였다. 신분제 및 정치제도사와 관련해 고대 사회에서 혈연이 차지하는 비중이 절대적이었기 때문일 것이다. 특히 골품제가 유지되었던 신라의 혈연적 특성에 대한 분석은 물론이고, 정치적 영향력을 발휘했던 친족 집단의 범위와 특성 등에 대한 관심이 집중되었다.

인간관계의 특징을 구성하는 요소에 대한 분석과 달리, 실제 존재했던 특정 집단에 대한 분석을 통해 이들의 존재 양태 및 인간관계의 특징을 파악하는 노력도 이루어졌다. 이러한 관점에서 일찍부터 주목을 받았던 존재는 신라의 화랑도花郎徒였다. 신라의 고대 국가 성장 및 삼국 통일 과정에서 활발한 활동을 보여준 화랑도의 존재 및 구성원간의 인간관계 분석을 통해 신라 사회의 특성을 파악할 수 있었기 때문이다

(이기동, 1984). 화랑도와는 달리 신라 귀족 문하에 있었던 문객門客의 존재를 통해 이들이 귀족과 관계를 맺은 양상을 분석하고, 이들의 특성 및 활동상을 통해 신라 사회의 변화상을 추적한 연구가 주목된다(노태돈, 1978). 이 연구는 인간관계의 특성에 대한 이해가 시대적 변화의 흐름을 파악하는 데 매우 유용한 방법임을 보여주었다. 특히 문객의 존재를 통해 신라 말기에 대두한 호족 세력의 기반을 이해하는 데도 많은 시사점을 제공했다.

이 글은 문객을 통한 인간관계 연구에 힘입어, 신라시대 인간관계 변화의 모습과 그 의미를 파악하기 위해 작성했다. 특히 신라 통일기의 인간관계 양상이 신라 하대에 들어와서 매우 다르게 나타나는 원인과 그 의미에 대한 해석을 중심으로 살펴보고자 했다. 그리고 9세기 중반에 존재했던 청해진淸海鎭 구성원의 인간관계에 대한 분석을 통해 이전 시기와의 차이점을 비교하고, 나아가 청해진 조직의 특성이 나말여초 호족의 존재 양상과 어떻게 연결될 수 있는가 하는 문제를 고찰할 것이다.

2. 6~8세기 신라 사회와 인간관계

4~6세기 무렵 고구려, 백제, 신라는 대외적으로 영역을 확장하고 대내적으로 국왕 중심의 중앙집권체제를 정비하면서 고대 국가체제를 이룩했다. 이 과정에서 율령을 반포하고 지방관을 파견하는 한편, 새로운 사회의 이데올로기로서 불교를 수용하기도 했다. 원시 사회 해체 이후 오랜 기간에 걸쳐 수없이 많은 갈등과 변화를 겪으면서 고대 국가가 성립되었기 때문에 정치, 경제, 사회, 이념 등 다방면에서 이전과 다른

새로운 형태의 사회 질서가 성립되었다. 이러한 정치·사회적 변화와 맞물려 인간관계 양상 역시 이전과 다른 모습을 보여주었을 것은 당연하다. 특히 신라의 경우 불교 공인 과정에서 이전 시기의 질서와 상당한 갈등을 겪었던 것으로 보아, 인간관계의 측면에서도 커다란 변화가 수반되었을 것으로 여겨진다.

철제 농기구 사용과 우경牛耕으로 대표되는 신라의 4~6세기 농업 생산력 증대는 읍락공동체가 해체되고 국가가 전국을 통제하는 정치·사회적 변동으로 귀결되었다(전덕재, 2006, 172~180쪽). 읍락 내부에서는 계층 분화가 진행됨에 따라 읍락을 단위로 운영되던 공동체적 경영이 약화되고, 대신 대규모 토지를 소유한 부호층과 소규모 자영농 및 용작농과 노비 등 다양한 계층이 등장했다. 읍락 단위의 경제체제하에서는 공동체가 주도하는 가치관과 사회 질서가 기능할 수 있었지만, 변화된 환경에서는 읍락공동체가 더 이상 구성원의 가치관을 지배할 수 없었다.

또한 독립적으로 존재하던 다수의 읍락이 복속과 통합 과정을 거쳐 국왕을 정점으로 하는 국가체계에 포섭되었다. 6세기 무렵에 이르러 고대 국가체제를 이룩한 신라는 골품제로 상징되는 진골 귀족 중심의 정치 질서를 이룩했다. 주요 관직을 진골 신분이 독점함으로써 자신들만이 권력을 재생산할 수 있는 체제를 구축한 것이다. 이처럼 진골 귀족 중심의 정치체제가 성립되었지만, 실제 운용 과정에서는 진골 세력 내에도 여러 세력이 존재했기 때문에, 정치 세력간에 보다 많은 정치적 지분을 확보하기 위한 갈등과 연합이 연속적으로 발생했다. 공동체나 국가의 규모가 크지 않았을 때는 소수 지배층에 의한 독점적 운영이 용인될 수 있었겠지만, 공동체가 확대되고 정치체제가 복잡하게 분화됨에 따라 보다 전문적으로 직무를 담당할 사람들이 필요했을 것이다. 신라가 고대 국가로 성장하는 과정에서 정계 진출의 정당성을 확보하고 정치 세력간 갈등을 완화하려는 제도적 장치가 등장하는 것은 자연스러운 현상이었다.

이러한 점에서 신라가 고대 국가로 발전하는 과정에서 등장한 인재 선발 방식과 관련해 주목되는 것이 화랑花郞이다. 6세기 신라 사회는 부部의 정치적 독자성이 해체되고 국왕을 중심으로 하는 일원적인 정치체제를 지향하는 과정에서 성립되었다. 부체제의 해체는 이전까지 각 부에 속해 있던 주요 인물들을 지위에 따라 차등 있게 중앙의 관인으로 전환시키는 관등제의 성립과 동시에 이루어졌다. 이렇게 부체제가 해체되고 국왕을 중심으로 하는 집권적 정치체제가 성립되어가던 시점에 등장한 것이 화랑제다(고경석, 1997, 79~91쪽).

국가에서 화랑을 임명한 일차적 목적은 조정에서 필요로 하는 인재를 선발하기 위해서였다. 즉, 화랑과 그 휘하에 몰려든 낭도를 모아 함께 도의道義를 연마하고 가악歌樂을 즐기며 전국의 산천을 다니게 하면서, 그 과정에서 사람됨을 구별해 좋은 자를 조정에 천거하는 것이었다. 화랑은 유력한 진골 귀족의 자제 중에서 임명되었기 때문에 화랑에 임명되지 않았더라도 이들의 정계 진출 가능성에는 아무런 문제가 없었을 것이다. 화랑의 중요성은 오히려 그 휘하의 낭도에 대한 관리 및 화랑과 낭도의 관계에 있다. 화랑을 따르는 낭도에는 진골부터 평민에 이르기까지 다양한 사람들이 포함되었는데(이기백, 1977, 94~101쪽), 어떤 경우에는 한 명의 화랑 밑에 수천 명의 낭도가 따르기도 했다. 이들 낭도 가운데 화랑의 가장 중요한 정치적 기반이 되는 낭도는 진골 귀족 가문 출신자들이었을 것이다. 내물왕 8세손이었던 김흠운金歆運도 어렸을 때 화랑 문노文努의 문하에서 활동했던 것으로 보아, 골품제의 영향력이 강고했던 신라에서 진골 신분 낭도가 다른 신분 출신의 낭도에 비해 화랑과 긴밀한 관계를 맺었을 것으로 보인다. 일반 낭도들의 정계 진출 가능성은 거의 전적으로 화랑에게 달려 있었다. 따라서 화랑에 대한 낭도의 충성심은 절대적이었고, 양자는 주종 관계의 성격이 강했을 것이다(노태돈, 1978, 5~6쪽).

화랑과 낭도 사이에 형성된 상하 관계는 진골 출신 낭도와 일반 낭도 간에도 맺어졌을 가능성이 있다. 화랑이 모든 낭도와 개인적인 관계를 유지하는 것은 현실적으로 불가능했을 것이다. 따라서 화랑은 진골 신분 낭도 및 일부 다른 낭도와 직접적인 관계를 맺고, 이들 낭도는 다시 예하의 다른 낭도들과 인간관계를 형성하는 누층 구조를 이루었을 가능성도 추정해볼 수 있다. 이러한 추정이 인정된다면 화랑과 낭도, 혹은 낭도 상호간에 형성되었던 인간관계는 관직에 진출한 이후에도 여전히 강하게 유지되었을 것이다. 그런데 화랑과 낭도의 인간관계는 공적 제도를 통해 이루어졌지만, 그 관계의 지속성은 제도적으로 보장받지 못했다. 특정인이 화랑으로서 존재하는 기간은 한시적이었다. 따라서 화랑을 중심으로 유지되던 화랑도에서 중심축인 화랑이 바뀔 경우 기존의 화랑도는 더 이상 기능을 발휘할 수 없었다. 대신 새로 임명된 화랑이 주도하는 화랑도가 그 역할을 대체했다. 물론 화랑의 추천을 받아 관직에 진출했거나, 혹은 화랑에서 물러난 뒤에도 개인적인 관계를 지속시킨 사례가 있었을 가능성은 충분하다. 또한 화랑 출신 귀족이 낭도 이외의 사람과도 새로운 관계를 맺었을 가능성은 있지만, 오랜 기간 함께 생활하면서 검증했던 낭도 출신자들이 주된 대상이었을 것이다. 다만 최대 수천 명에 이르는 낭도와 계속 인간관계를 유지하는 것은 현실적으로 불가능했을 것이기 때문에, 관계가 지속되는 규모는 제한적이었을 것이다.

6~8세기 무렵 화랑도가 유력 귀족의 주요한 인적 기반이 될 수 있었

던 다른 배경은 당시 삼국간 군사적 충돌이 빈번했던 것에서도 파악할 수 있다. 전쟁은 정치·경제적으로 수많은 부담이 동반되고 수많은 장졸이 전사하기도 하지만, 다른 한편으로는 전공을 세워 정치적으로 출세하거나 혹은 신분 상승을 도모할 수 있는 기회를 제공하기도 한다. 660년 황산벌 전투에서 김흠순은 아들 반굴에게 "위태로울 때 목숨을 바치는 것은 신하로서 충忠을 다하고 자식으로서 효孝를 다하는 것"이라 하고, 김품일도 아들 관창에게 "지금이 바로 공명을 세워 부귀를 이룰 때"라고 하며 독려했다. 자식들이 적진에 뛰어들 경우 전사戰死할 것이 명확함에도 김흠순과 김품일이 그렇게 유도했던 이면에는, 전세가 불리한 상황에서 전공을 세움으로써 가문의 위세를 떨치려는 목적이 강하게 작용했다. 진골 신분에 비해 정치적 진출 가능성이 열악했던 다른 신분 출신의 경우도 전공을 세워 신분 상승을 도모하는 것은 매우 매력적인 기회였을 것이다. 660년 당 소정방 군대의 평양성 공격 당시, 김유신의 문객으로 추정되는 열기裂起와 구근仇近은 목숨을 걸고 공을 세워 사찬을 제수받은 적이 있었다. 이러한 경우는 화랑이나 혹은 같은 화랑도 내에서 관계를 맺었던 귀족을 따라 전투에 참가한 낭도 출신자에게도 예외가 아니었을 것이다. 이렇게 화랑이나 진골 귀족과 형성된 인간관계는 관계 진출 이후에도 계속 유지되었던 것으로 보인다. 김유신 휘하에서 전공을 세웠던 열기가 김유신 사후 그의 아들 삼광三光이 집정하고 있을 때, 삼광에게 군郡의 태수 자리를 요구했다가 거절당한 적이 있었다. 이에 분개한 열기가 김유신이 죽었기 때문에 아들 삼광이 자신과 김유신의 관계를 잊어버렸다고 원망했던 것으로 보아, 한번 맺은 인간관계는 한쪽이 사망한 상태에서도 여전히 영향력을 발휘했음을 알 수 있다. 또한 열기의 울분을 전해 들은 삼광이 황급하게 그를 삼년산군 태수로 임명한 것으로 보아, 의리로 맺어진 인간관계를 부정하는 것은 사회적으로 빈축을 살 정도였음을 확인할 수 있다.

화랑도의 사례에서 가장 뚜렷하게 확인되는 신라 사회의 인간관계가 6~8세기 무렵에 정형화되고 사회적 통념으로 인정받는 데는 이데올로기적 영향도 크게 작용했다.

신라의 고대 국가 형성과 발전 과정에서 불교가 차지하는 비중은 매우 크다. 불교는 새로운 사회 발전 단계에 부합하는 사상적 통합을 이룩했고, 중고기에는 불교식 왕명 시대로 불릴 만큼 정치에 끼치는 영향력도 막대했다. 그렇지만 6~8세기의 정치적 성격을 포함하는 새로운 인간관계 형성에 결정적인 역할을 한 것은 유교적 이데올로기의 확산이었다. 화랑도에 승려가 포함되어 정신적 교화를 담당하기도 했지만, 화랑도의 행동 기준을 제시했던 세속오계世俗五戒는 기본적으로 유교의 오륜五倫에 바탕을 둔 것이었다. 강수强首가 불교를 세외지교世外之教라 여겨 멀리하고 대신 유학을 공부하고, 빈천貧賤을 부끄러이 여기지 않고 조강지처를 버리지 않는 의리義理를 실천한 사례는, 이전까지의 사회적 통념을 벗어나 유교적 가치가 새로이 확산되고 있음을 보여주었다. 또한 임신서기석壬申誓記石에서 확인할 수 있는 바와 같이, 젊은 인재들이 유학을 배우는 데 정진하고 유교적 가치를 신념화하고 있었다.

이러한 유교적 이데올로기의 확산은 개인간의 인간관계를 형성하는 가치 기준에도 변화를 가져왔다. 화랑 근랑近郎의 낭도였던 검군劍君은 동료 관리들이 관곡을 훔쳐 나눠 가지는 일에 동참할 것을 거부하는 이유로, "의로운 것이 아니라면 비록 천금을 준다 해도 마음을 바꿀 수 없다"고 하면서 근랑의 낭도로 수행했다는 자부심을 표명했다. 또한 검군 때문에 범죄가 탄로날까 염려한 동료들이 미리 검군을 죽이려 한다는 계획을 알고 있었음에도, "내가 죽는 것이 두려워 다른 사람들을 벌 받게 하는 일은 인정상 차마 할 수 없다"며 죽음을 선택했다. 이러한 그의 죽음 과정에는 동료애와 우애를 강조하는 전통적 가치관과, 도덕적 시시비비를 중시하는 유교적 가치관이 갈등을 빚고 있었음을 보여준다(김기흥, 1992). 그렇게 인정과 동료애 때문에 소중한 목숨을 버린 행동에 대해 군자君子들은 죽지 않을 일에 죽었다고 평하면서 그의 죽음을 비판했다. 그러나 그가 근랑의 낭도로 수행하면서 옳지 않은 일과 결코 타협하지 않는 가치관을 공유했다는 사실은, 유교적 가치관이 화랑도 내에서 확산되어가고 있음과 동시에 그것이 화랑도 내부 성원 간 인간관계의 준거로 작용했음을 보여준다. 물론 개인적인 의리가 여전히 중요한 의미를 지녔던 인간관계의 특성상 화랑과 낭도 간의 관계가 순전히 유교적 명분으로만 맺어질 수는 없었겠지만, 유교의 보편적 가치관에 입각한 합리적인 요소가 인간관계 형성에 일정한 변수로 작용했을 가능성은 있다.

유교적 가치관이 확산될수록 인간관계에서 혈연적 요인이나 개인적 친소 관계 같은 요소의 비중이 이전에 비해 약해지고, 상대적으로 합리적 기준이 강화됨에 따라 개인의 정계 진출 통로인 천거제도는 다수가 공감할 수 있는 방향으로 운용될 가능성이 커졌다. 그 결과 화랑과 낭도, 혹은 진골 신분 낭도와 일반 낭도 간의 인간관계도 맹목적인 주종관계 측면보다는 유교적 이념에 바탕을 둔 상하관계의 성격이 확대되었을 것으로 여겨진다.

3. 청해진의 인간관계

(1) 청해진의 조직 구성과 경제 활동 양상

신라 하대에 들어와 장보고가 관할하던 청해진에서는 인간관계와 관련해 이전 시기의 신라 사회와는 변화된 모습이 보인다.

　장보고張保皐는 신분이 '측미側微'한 '해도인海島人' 출신으로 신라 골품체제하에서는 중앙 관직에 진출할 수 없었다. 스무 살 무렵인 810년경 당에 건너가 쉬저우徐州에 있던 무령군武寧軍에 들어가서 활동했다. 그리하여 서른 살에 무령군 소장小將에까지 올랐으나, 이후 무령군에서 나온 뒤 상업 및 무역 활동에 종사했다. 그가 어느 정도 성공했는지 확인할 수는 없지만, 산둥반도 적산포赤山浦에 사찰 법화원法華院을 건립한 것으로 보아 상당한 경제력을 보유했던 것으로 보인다. 그는 당에서의 이러한 정치·경제적 성공을 기반으로 재당 신라인 사회에 커다란 영향력을 미치는 인물로 자리매김했다. 이렇듯 당에 건너가 성공했던 장보고는 828년에 귀국해 흥덕왕을 만나서 해적들이 신라인을 납치해 당에서 노예로 매매하는 실상을 아뢴 뒤 해적 소탕을 건의했다. 이에 흥덕왕이 오늘날의 완도 지역에 '청해진淸海鎭'을 설치하고, 장보고를 청해진 책임자인 대사大使에 임명해 군사 1만 명을 지휘할 수 있는 권한을 부여했다.

　청해진 설치 및 운용과 관련해 장보고에게 맡긴 군사 1만 명의 실체에 대한 의견은 분분했다. 청해진 군사의 성격 여부는 장보고 세력의 정치적 성격은 물론이고 장보고와 휘하 군사들 간 관계의 특성을 파악하고자 할 때도 반드시 규명해야 할 문제다. 사료에는 흥덕왕이 장보고에게 군사 1만 명을 맡긴 것처럼 서술되어 있으나, 이것은 국가 내에 존재하는 모든 사람과 군사를 국왕이 지배한다는 이데올로기에 입각한 당위론적 표현에 지나지 않는다. 왜냐하면 청해진을 설치할 무렵의 신라는 김헌창과 그 아들 김범문 부자의 연이은 반란을 겪은 지 얼마 되지 않은 시기였다. 그리고 신라 해안에 출몰하는 해적들로 인해 많은 백성이 불안해하고 국내 물류 경제가 심각한 타격을 받고 있었음에도, 이를 제어하지 못하던 상황이었다. 따라서 그러한 상황에서 장보고에게 1만 명에 이르는 신라 정규군을 맡겼다는 것은 현실적으로 납득하기 어렵다. 이러한 문제점 때문에 청해진 군사 1만 명에 대해, 장보고가 국왕의 양해하에 규합할 수 있었던 완도 주민으로 보거나(김상기, 1948), 아니면 장보고가 청해진 대사로서 동원할 수 있었던 군정軍丁으로만 보기도 하고(김광수, 1985), 혹은 청해진 설치 이전부터 장보고가 이미 보유하던 사병私兵이었다는 주장도 있었다(浦生京子, 1979). 그러나 청해진의 군사를 장보고가 모두 선발해 훈련시켰다고 보기도 힘들다. 청해진 휘하에 존재했던 수군과 기병은 본래 단기간에 양성하기 어려운 병종이다. 또한 호전적인 해적들을 완벽하게 제압할 정도의 실전 능력을 보유하기 위해서는 오랜 시간과 경험이 필요했을 것이다. 특히 선박 건조 및 항해 능력은 기반 시설과 전문 인력이 필요한 부분으로, 개인이 이를 모두 갖추는 것은 현실적으로 매우 어려운 일이다. 따라서 신라의 기존 시설과 인력 가운데 일부를 국왕으로부터 지원받았을 가능성이 있다. 이러한 추정이 가능하다면, 청해진 군사 중 일부는 국왕이 관할하던 지방군 중에서 편입되었다고 보는 것이 자연스러울 것이다. 즉, 국왕으로부터 위임받은 최소한의 군사와 장보고 자신이 직접 선발해서 훈련시킨 군사가 합쳐져 청해진 1만 군대를 구성했다고 할 수 있다.

청해진의 성격과 관련해 그가 제수받은 '대사大使' 직함도 관심을 받았다. '대사'는 장보고 이전이나 이후에도 수여된 적이 없던 관직이었다. 그리하여 '대사'를 당의 '절도사'와 비슷한 성격의 것으로 간주하고, 장보고 역시 당의 절도사처럼 정치적으로 독립적인 성격을 지닌 존재로 파악하려는 견해가 많이 제시되었다(浦生京子, 1979, 52~53쪽; 김광수, 1985, 76~78쪽). 이러한 주장은 대사-병마사-판관으로 이어지는 청해진 조직 구성이 당의 번진체제와 유사하다는 점에서 설득력을 지닌다. 그런데 '대사'라는 칭호를 사용하게 된 배경에는 '대사'라는 단어가 지닌 본래 의미로 사용되었을 가능성도 부정할 수 없다. '사使'는 일반적으로 국왕의 명에 따라 특정 임무를 수행할 수 있는 권한을 위임받은 사람을 지칭하는 용어다. 그리고 '대사大使'는 '사使의 대표'를 지칭하거나, 아니면 '사'를 높여 부를 때 사용하기도 한다. 그런데 장보고에게 사용된 '대사'는 공식 직함이었다. 그리고 장보고가 부여받은 임무는 해적 소탕이었다. 따라서 국왕이 해적 소탕이라는 특정 사안에 대해 전권을 위임한다는 의미에서 장보고에게 '대사'라는 직함을 주었을 가능성도 생각해볼 수 있다. 대사 직함에 당 번진체제에서 보이는 모습이나 혹은 국왕으로부터 해적 소탕 임무를 위임받았다는 의미가 포함되었다는 주장이 모두 타당하다고 하더라도, 기존 신라의 관직에 보이지 않던 직책을 새로이 만들어 수여한 것은 신라 골품제의 틀을 유지하기 위한 편법적 조치였다고 할 수 있다. 왜냐하면 장보고는 미천한 지방민 출신자였기 때문에 군대의 고위직에 임명될 수 없는 신분이었다. 그러나 해적 소탕은 당시 신라의 중대한 현안이었고, 장보고에게 의지하지 않고는 문제를 해결할 전망도 보이지 않는 진퇴양난의 상황이었다. 따라서 해적 소탕을 위해 청해진을 설치하고 장보고를 그 책임자로 임명하되, 신라의 기존 관직을 부여하지 않음으로써 골품제 규정도 파기하지 않았던 것으로 보인다. 청해진 대사는 일정한 임기를 채우면 교대되는 자리가 아니라 시종일관 장보고 개인에게만 독점적으로 부여된 직책이었다. 이렇듯 신라 관제에 없던 직책이 장보고 개인에 한해 영속적으로 부여되었다는 사실은 청해진이 기존 신라의 군사 조직이나 행정 조직과 전혀 다른 성격의 것이었을 가능성을 보여준다.

청해진 군사의 조성 경위와 '대사' 직함에서 엿볼 수 있는 모습은 청해진 조직 내에서 형성되는 인간관계가 기존 신라 사회에서 전개된 그것과 다소 차이가 있을 수 있음을 의미하는 것이기도 했다. 이와 관련해 청해진의 인적 구성과 경제적 기반이 매우 특징적인 모습을 보이고 있는 점이 주목된다.

청해진 구성원은 그 규모에 비해 신분이 높은 사람이 거의 확인되지 않는 점이 특이하다. 최고 책임자인 장보고 자신이 신분이 높지 않은 섬 출신이기도 하지만, 그 휘하에서 핵심적인 역할을 하는 사람들 중에도 유력한 신분 출신자는 확인되지 않는다. 병마사兵馬使 직책을 띠며 청해진 해상 활동의 핵심 역할을 수행하던 막객幕客들 중에는 재당 신라인 출신자로 추정되는 사람들이 많이 보인다. 장보고의 친구로 청해진에 돌아온 정년鄭年은 당 무령군에서 활동했고, 병마사 최훈崔暈은 장보고 사후 덩저우登州 연수향의 압아押衙로 활동했다. 또한 청해진에서 활동했던 것으로 확인되는 인물들 대부분이 중국식 성씨를 사용하는 것으로 보아, 이들 중 상당수는 재당 신라인 출신이었을 것으로 여겨진다. 물론 신라 육두품 출신자들도 당시 중국식 성씨를 사용하는 경우가 있었지만, 교관선을 이용해 당과 일본을 왕래하던 청해진 소속 인물들은 당시 당-신라-일본 간 대외 무역을 주도하던 재당 신라인 출신이었을 가능성이 더 크다고 할 수 있다. 신라에서 당에 이주했던 재당 신라인은 대부분 신라 본토에서의 힘든 환경을 벗어나 새로운 활로를 모색하는 과정에서 국외 이주를 선택한 사람들이었다. 따라서 재당 신라인 가운데 승려와 유학생을 제외하고는 본국에서 정치적으로 주변부에 머물던 사람이 대부분이었다.

또한 『삼국사기』에서는 김양金陽의 주도하에 신무왕을 옹립하기 위해 거병할 때 활동한 염장閻長, 장변張弁, 정년鄭年, 낙금駱金, 장건영張建榮, 이순행李順行 등 여섯 명의 용맹한 장수가 확인된다. 이들 중 염장은 거병에 성공한 뒤 경주에서 활동한 것으로 보아 본래 장보고 휘하 막객이 아니라 김양이나 김우징과 연고가 있었던 인물로 보인다. 그러나 838년 12월 무주 철야현에서 국왕이 보낸 군대를 패퇴시킨 기병 3000명은 정황상 청해진 소속 군사였을 가능성이 크다. 따라서 이들 기병을 지휘했던 낙금과 이순행은 장보고 휘하의 인물로 보아야 할 것이다. 그리고 나머지 세 사람 가운데 정년은 장보고의 친구로 재당 신라인 출신자임이 확인되었다. 다만 장변과 장건영에 대한 기록은 확인할 수 없지만, 당시 거병한 군대 대부분이 청해진 소속이었고, 재당 신라인 출신자들 중 상당수가 중국식 성씨를 사용했던 것으로 보아, 이들 두 사람도 재당 신라인 출신의 청해진 막객이었을 가능성이 높다고 할 수 있다. 따라서 신무왕을 옹립하기 위한 군사적 행동에 참여했던 유력 장수 대부분이 장보고의 부하였고, 그들 중 일부는 재당 신라인 출신자들이었다고 보아도 무방할 것이다.

장보고와 구성원 간 인간관계 양상과 관련해 출신 신분 못지않게 눈여겨볼 요소는 청해진의 경제체계가 지닌 특수성 부분이다. 청해진은 형식상 국왕의 승인을 받는 군진이었지만 실질적으로는 독립적인 성격이 강했다. 청해진의 정치적 독립성이 가능했던 것은 경제적으로 중앙 조정에 예속되지 않았기 때문이다.

청해진의 무역 활동은 형식면에서 일반 상인의 무역 행위와 차이점을 보인다. 청해진의 대외 무역은 내용상 공무역보다는 사무역의 성격을 띤다. 그런데 일반 사무역과 달리 청해진에서 무역 활동을 수행할 때는 '대당매물사大唐賣物使' 또는 '회역사廻易使' 등의 명칭을 사용했고, 무역 활동을 수행하는 책임자는 청해진의 '병마사' 직함을 공식적으로 사용했다. 마치 국가의 공인이 공식적으로 무역을 전개하는 양상을 띤 것이다. 공식 사절단 명칭을 참칭僭稱하는 것이 중대한 범법 행위임에도 청해진에서 공식 명칭을 사용한 것은 애초부터 무역 활동이 국가의 승인 혹은 용인하에 이루어졌기 때문으로 보인다. 청해진 설치 당시 국왕은 장보고에게 군사 1만 명에 대한 지휘권을 맡기면서 군대 편성과 운용에 관한 문제를 대부분 위임했다. 그러나 당시 신라의 재정 상황을 고려할 때 군진 운영에 필요한 경제적 지원은 현실적으로 기대하기 힘들었을 것이다. 따라서 장보고 개인이 보유한 경제력에 의지해서 청해진을 만들되, 대신 무역 활동을 허용함으로써 그곳에서 얻는 이익을 청해진 운영에 활용하게 했다고 보는 것이 합리적일 것이다.

청해진의 경제 구조에서 보이는 특징은 공무역 성격을 띠었다는 형식적인 측면 못지않게, 교역 활동 결과 발생한 이익을 처분하는 방식에서도 찾을 수 있다. 무역 활동에서 얻은 이익은 청해진 운영에 필요한 경비와 인건비에 우선적으로 투입되었을 것이다. 그렇게 투입하고도 남은 것이 있다면 장보고 일가에 귀속되는 것이 일반적일 것이다. 그런데 무역 활동으로 얻은 이익에 대한 권리는 장보고 일가 외에 청해진에서 활동하는 그의 부하들에게도 있었던 점이 특이하다. 841년 청해진의 이충李忠과 양원揚圓이 회역사로서 무역품을 가지고 일본에 온 적이 있었다. 그런데 이들은 장보고가 암살당하자 선박과 물건을 가지고 다시 일본으로 도망쳤다. 그러자 장보고를 제거한 염장이 842년 이소정李少貞 등 40여 명을 일본에 보내, 회역사 이충 일행이 가져온 선박과 물품을 되돌려달라고 요구했다. 그런데 선박과 물건을 되돌려달라는 이유를 설명하면서, 그 물건들은 '부하 관리와 죽은 장보고 자손들에게 남겨진 것'이라고 말했다(『속일본후기續日本後紀』 권11, 닌묘仁明 천황 9년 정월조). 이충 일행이 가지고 달아난 물건은 이들이 전년도에 회역사로 일본에 와서 교역을 수행한 뒤 싣고 갔던 것들로 청해진의 대외 교역품이나 물건 대금이었을 것이다. 여기서 '죽은 장보고 자손들에게 남겨진 것'이라고 말한 이유는 본래 장보고에게 귀속되는 것이었는데, 장보고가 죽었기 때문에 그 상속권자인 자손들에게 남겨진 것이라고 말한 것이다. 그런데 교역 결과물이 장보고의 부하들에게도 귀속되었다고 한다. 즉, 청해진이 벌어들인 이익은 처음부터 장보고와 그의 휘하 막료들 몫으로 할당되어 있었던 것이다. 장보고 밑에서 무역에 종사하던 부하들 중 상당수가 재당 신라인 출신자들이었다는 사실을 고려할 때, 이러한 현상은 장보고가 청해진을 설치하고 운영하는 과정에서 이들과 무역 활동 이익에 대한 분배를 매개로 계약 관계를 맺었을 가능성을 보여주는 것이다. 무역 이익에 대한 이러한 모습은 청해진의 장보고와 그 부하들 간에 형성된 인간관계가 기존 신라의 귀족과 문객 사이의 그것과는 매우 달랐음을 엿볼 수 있게 한다.

(2) 장보고와 구성원 간 인간관계

앞에서 살펴본 청해진 조직 구성 및 경제 활동 과정의 특징을 바탕으로, 청해진 구성원간 인간관계 양상을 살펴보면 다음과 같은 특성이 확인된다.

청해진 구성원들은 정치적 공동운명체 의식이 매우 강고했다. 어떤 조직이나 집단이 운영되는 동안에는 그 구성원간에 공동체의식이 일정 정도 형성되는 것이 일반적이다. 그러나 그 조직 책임자와 구성원 간 인간관계는 공동체 참여 형태, 구성원에 대한 정치적 영향력 정도에 따라 매우 다양한 모습을 띠게 된다. 구성원들이 마치 종신 고용 형태로 계속 함께 생활하는 경우와, 일종의 순환 근무 같은 형태로 한정된 기간만 거쳐가는 경우는 다를 수밖에 없다. 또한 구성원에 대한 임명권이 해당 조직 책임자에게 있는 경우와, 마치 오늘날의 공공기관처럼 조직 운영자보다 상위의 기관이나 책임자가 임명권을 행사하는 경우에도 다르다.

청해진은 형식상 국가의 해상 군진에 해당한다. 따라서 그 책임자에 대한 임명은 물론이고, 주요 구성원에 대한 임명권도 국가가 가지는 것이 원칙이다. 그런데 청해진 조직 구성원에 대한 임명권은 장보고에게 있었다는 점이 주목된다. 청해진의 '병마사'도 이전까지 신라에 존재하지 않았던 직책이다. 청해진 군관에 대한 임명권이 신라 조정에 있었다고 한다면 굳이 신라 관제에 존재하지 않는 관직을 별도로 신설할 필요 없이 기존 무관직을 수여하면 되었을 것이다. 그리고 신라 조정에서 임명한 무관이 청해진에 자리할 수 있었다고 한다면, 청해진의 동태를 살피고 장보고의 군사적 영향력을 견제하는 효과도 거둘 수 있었을 것이다. 장보고가 임의로 청해진 부장을 임명했던 사례는 정년의 경우에서 확인할 수 있다. 장보고와 함께 당 무령군에서 활동한 경험이 있던 정년은 당에서의 곤궁한 생활을 정리하고 청해진의 장보고에게 의탁한 사람이었다. 그런데 장보고가 김우징을 도와 민애왕을 공격하기 위해 청해진 병사 5000명을 출동시키면서, 그 지휘권을 당에서 돌아온 지 얼마 되지 않은 정년에게 맡긴 적이 있었다. 그리고 정년은 출정에 참여한 '여섯 명의 날랜 장수(六驍將)' 가운데 한 명으로 공식 인정받았다.

이처럼 장보고가 정년鄭年을 직접 장수에 임명했던 것으로 보아, 그가 자기 관할하에 있던 군사 및 인물들에 대한 임명권을 행사할 수 있었음을 알 수 있다. 이러한 사실은 청해진에서 활동하던 핵심 인물들 중 상당수가 재당 신라인 출신자들이었다는 점에서도 추론할 수 있다. 중국식 성씨를 사용하던 이들 재당 신라인 출신자들은 대부분 장보고가 당에 있을 때 관계를 맺었던 인물들로 추정된다(김광수, 1985, 75쪽; 권덕영, 2001, 35~41쪽). 신라에 특별한 정치적 기반이 없었던 이들 재당 신라인 출신자들이 청해진의 막료로 활동할 수 있었던 것은 장보고가 이들을 임명했기 때문일 것이다. 물론 휘하 군관 임명과 관련해 형식상 그 결과를 국왕에게 보고했을 가능성이 없지는 않지만, 실질적인 인사권은 장보고에게 있었던 것으로 보인다.

휘하 인물들에 대한 임명권이 장보고에게 있었다는 사실은 청해진 구성원의 인간관계 양상이 기존 신라 귀족과 문객 사이에 형성되었던 그것과 확연히 다를 수 있었음을 보여준다. 화랑도나 기존 귀족 휘하의 문객이 관직에 진출할 수 있는 방법은 주로 화랑이나 귀족의 추천을 통해서였다. 즉 화랑이나 귀족이 행사할 수 있었던 정치적 영향력은 어디까지나 추천권에 한정되었다. 추천된 사람에 대한 실제 관직 임명권은 국왕에게 있었다. 유력한 인물일수록 추천권을 행사할 기회가 더 많았을 것이므로 그 휘하에 보다 많은 사람이 몰려들었을 것은 당연하지만, 추천권과 임명권은 본질적으로 달랐다. 추천권 행사는 통치권의 안정과 인재 선발 관련 제도의 준비 상태에 따라 영향을 많이 받았다. 국가의 통치체제가 안정적으로 작동하고 각 조직의 기능이 정상적으로 운용될 경우 비정상적인 방법을 통한 관직 진출 사례는 줄어들고, 국학國學이나 독서삼품과 같은 인재 선발과 관련된 제도적 장치가 갖추어질수록 개인의 자의적인 판단에 의존하는 귀족들의 추천권 기능이 약화될 수밖에 없다. 그러나 영향력이 비록 청해진 내부에 한정되기는 했지만, 임명권을 가지고 있던 장보고가 구성원들에 대해 갖는 권위는 절대적이었을 것이다. 그리고 양자 사이의 유대 관계는 매우 강고했을 것이다. 이처럼 긴밀한 상호 관계는 청해진이 중앙 정치권으로부터 벗어나 독립 세력권을 지향하는 데 매우 유리하게 작용할 수 있는 요소였다.

장보고와 청해진 구성원 간의 긴밀한 관계는 이들이 정치적 공동운명체 의식을 공유하는 데도 크게 기여했던 것으로 보인다. 842년 어려계𝑡呂系 등이 일본으로 망명한 뒤, "우리들은 장보고가 다스리던 섬의 백성입니다. 장보고가 작년 11월에 죽었으므로 평안하게 살 수 없는 까닭에 당신 나라에 온 것입니다"라고 말한 적이 있다(『속일본후기』 권 11, 닌묘 천황 9년 정월조). 이들 일행은 구체적인 직책을 말하지 않은 것으로 보아 청해진 하부 구성원이나 일반 백성이었던 것으로 보인다. 즉 책임자의 피살이나 교체에 크게 영향받을 위치에 있던 사람들은 아니었다. 그럼에도 장보고 사후 자신들의 안위를 걱정한 것을 보면, 청해진 내부 성원들이 외적으로는 외부와 자신들을 구별 짓고 내적으로는 성원간 연대의식을 강하게 유지하고 있었음을 알 수 있다. 851년 청해진을 혁파하면서 그곳에 살던 사람들을 벽골군으로 집단 이주시킨 것도, 청해진 구성원들이 지닌 강한 공동체의식이 잠재적인 정치적 불안 요소로 인식되었기 때문에 취해진 조치로 보인다.

청해진과 같이 인사권이 해당 조직 책임자에게 있고 구성원들의 독립적 유대 관계가 강할 경우, 그 인간관계는 수직적 상하 관계 형식을 띨 수밖에 없다. 그리고 구성원에 대한 최고 책임자의 권한과 위세는 절대적인 경우가 일반적이다. 그런데 장보고와 휘하 병마사들의 관계는 단순히 권위적인 리더십에 기반을 둔 수직적 주종 관계 양상만 보여주지는 않았다. 오히려 신라 귀족들과 그들이 거느린 막객의 관계에 비해서도 주종 관계적 측면이 강하게 드러나지 않았다. 장보고와 휘하 부하들 간 인간관계는 '(장보고는) 부하를 아끼고 사랑했다〔愛壯士〕'는 표현에 잘 드러나 있다(『삼국사기三國史記』 권10, 문성왕 8년조). 청해진 병마사들 중 상당수는 장보고가 당에 있을 때 인연이 닿았던 인물들이었다. 이들은 신라의 골품제와 족적 지배에 크게 구애받지 않는 존재들로, 당에서 상업이나 해상 활동에 종사한 경우가 많았다. 그리고 청해진에서 활동했지만 당에 자신들의 연고나 기반이 남아 있는 경우도 있었고, 혹은 당으로 다시 돌아가더라도 자신들의 생활을 영위할 수 있는 능력을 갖춘 사람들도 있었다. 청해진 병마사였던 최훈이 장보고 사후 당 연수향의 신라인 사회에 안착해 활동할 수 있었던 것도 이러한 기반이나 전력이 있었기 때문에 가능한 일이었다. 때문에 이들은 장보고와의 결합 요소가 없어지면 언제든지 자유롭게 떠날 수 있는 존재들이었다. 따라서 비록 형식적으로는 수직적 인간관계 양상을 띠었지만, 실질적으로는 각 개인의 개체성이 인정되는 상호 결합적인 성격을 띠었다고 할 수 있다.

장보고와 부하들 간의 특이한 결합 양상은 그가 막료를 받아들이는 과정에서도 확인된다. 자신과 원한 관계에 있던 정년이 당에서 돌아왔을 때 자신의 서운했던 감정을 드러내지 않은 채 기꺼이 받아들였고, 자신의 딸과 문성왕 사이의 혼사가 결렬될 당시 자신과 정치적으로 반대편에 있었던 염장이 청해진에 투신해왔을 때도 그를 의심하지 않고 오히려 상객上客으로 포용했다. 신분이나 족적 기반이 엄격한 권위주의 사회에서 일단 형성되었던 인간관계가 어긋날 경우, 양자의 관계는 회복 불가능한 경우가 대부분이다. 그런데 장보고의 경우에는 오히려 과거의 허물을 묻지 않고 적극 받아들이는 모습을 보였다. 이러한 현상은 그가 휘하 막료를 받아들임에 있어서 신분이나 족적 기반보다는 개인의 능력을 우선했기 때문에 나타난 것으로 보인다. 장보고와 휘하 막료 간 인간관계 양상은 당시 당 번진체제에서 일반적으로 발생했던 모습이다. 번진 군사력의 근간을 이루는 것은 관건官健 혹은 아군牙軍으로 불리는 군대였는데, 이들은 절도사에게 충성했지만 용병적인 성격이 강했다. 절도사와 이들 아군의 관계는 절대적 예속 관계라기보다는 자유스러운 개인간의 결합이라는 성격을 띠고 있었다. 이처럼 개체의식을 바탕으로 결합한 절도사와 아군의 관계는 청해진의 장보고와 휘하

병마사들 간 결합 양상과 매우 흡사한 성격을 보인다. 이처럼 청해진과 당 번진체제의 인간관계가 유사성을 띠었던 것은 장보고가 당 무령군에서 활동하며 경험한 데서 비롯된 것으로 추정된다.

4. 맺음말: 청해진의 인간관계와 나말여초 호족

나말여초 호족들이 특정 지역 내의 행정권과 조세권, 그리고 군사적 자위권을 장악한 독립적 세력으로 존재했던 양상은, 장보고가 청해진에서 인사권과 경제권, 그리고 군사를 통제하며 여타의 군현과 다른 독립적인 모습을 보여준 것과 유사하다. 다만 호족들이 대부분 자신의 재지적 기반이 있는 지역을 연고지로 삼았던 데 비해 장보고는 신라에 기반이 거의 없었고, 청해진도 연고지라기보다는 군사 전략의 필요성 때문에 선택된 지역이었다. 또한 호족들이 중앙 정치권의 통제를 받지 않았던 것에 비해, 장보고는 청해진 창설 초기 국왕권과 일정한 협조 관계를 통해 등장했다. 이러한 양자의 차이는 관할 구역 내 구성원과의 인간관계 양상에도 큰 영향을 미쳤다.

재지적 기반을 가지고 있던 호족의 휘하에도 많은 사람이 존재했다. 그런데 이들 중 상당수는 이전부터 그 지역에서 농경에 종사하던 사람들이고, 여기에 외부에서 유입되어 경작민이나 군사로 활동하던 사람들도 있었을 것이다. 반면에 청해진은 대부분 외부에서 새로 유입된 사람들로 구성되었고, 활동 분야도 군사 활동과 무역 활동이 중심을 이루었다. 양자의 이러한 차이는 내부 성원들의 인간관계가 다르게 전개되는 요인으로 작용했다. 호족의 관할 구역에서 생활하는 사람들은 그 지역을 임의로 벗어날 경우 생계 활동을 위협받을 가능성이 높은 부류로 구성되었다. 따라서 호족의 통제로부터 자유로울 수 없었으므로, 이들 사이에는 자연스럽게 권위적인 상하 관계가 형성될 수밖에 없었을 것이다. 반면에 장보고와 관계를 가진 사람들은 본래 청해진 지역에 긴박되었던 이들이 많지 않았고, 핵심적으로 활동하던 사람들 상당수는 재당 신라인 출신자들로 다른 지역에 자신의 연고권을 가지고 있었다. 비록 장보고가 인사권을 장악하고, 청해진의 무역 활동을 통해 얻는 경제적 이익의 혜택을 받고자 했기 때문에 형식상 장보고와 수직적 상하 관계를 형성했다. 그러나 장보고와 이들의 관계는 본질적으로 개인의 자유의사를 바탕으로 형성되었고, 상당수의 성원은 청해진을 떠나더라도 새로운 곳에서 자신의 생활을 영위할 수 있었기 때문에 언제든지 결별할 수 있는 사람들이었다. 따라서 호족과 그 휘하 구성원 간의 관계에 비해 상대적으로 자유로운 상태였다고 할 수 있다.

후대의 호족에 비해 재지적 기반이 약하고 구성원간의 인간관계도 보다 자유로운 상태였기 때문에, 청해진의 장보고는 호족과 비교했을 때 정치적으로 새로운 시대를 지향하는 의식이 상대적으로 부족했다. 청해진은 군사력과 경제력 측면에서 신라의 어떤 집단에 비교하더라도 결코 뒤지지 않는 역량을 축적했다. 그리고 신무왕을 옹립하는 데 성공한 뒤로는 일본에 '공물貢物'을 보내려고 할 정도로 마치 독립적인 군주와 비슷한 행동을 보이기도 해서(전덕재, 2002), 일본에서는 그의 부하를 장보고의 '신하臣'로 표현할 정도였다. 그럼에도 장보고는 신라의 기존 신분체제를 지양하고 자신의 정치적 독자성을 확대하는 단계로까지는 발전하지 못했다. 대신 자신의 딸과 국왕을 혼사시킴으로써 진골 귀족체제에 편입하려는 움직임을 보였다. 진골 세력의 반발에 부딪혀 중앙 정계 진출이 좌절된 이후에는 청해진을 기반으로 독자 세력화를 도모했지만, 조정에서 보낸 염장에 의해 피살됨으로써 실패로 끝나고 말았다.

이러한 차이점에도 불구하고, 청해진 구성원간의 인간관계 양상은 신분과 족적 기반에 의존했던 귀족 중심 신라 사회의 그것과 많은 차이를 보였다. 군신君臣 관계와 유사한 수직적인 모습을 띠기도 했지만, 때로는 자유의지를 가진 개인간 상호 결합의 양상을 보이기도 했다. 그런데 이렇게 이전과 크게 다른 양상을 띠었던 청해진의 인간관계가 나말여초 호족이 지배하던 사회에서 나타나는 인간관계와 유사한 성격을 보이는 현상에 주목할 필요가 있다. 호족은 지방 사회의 일정 지역을 정치적·군사적·경제적으로 지배해 독자적인 세력권을 구축하면서 나말여초의 사회 변동을 주도한 세력이었다(정청주, 1996, 67쪽). 장보고 역시 호족의 범주에 포함되는 존재로서 일찍부터 주목되었다. 따라서 장보고가 관할했던 청해진에서 확인되는 현상은 후대 호족이 활동하던 시대의 인간관계 양상을 살펴볼 수 있는 단초를 제공한다. 물론 대부분의 호족이 신라 진성왕 대를 전후해 부상했던 것에 비해, 장보고는 이들보다 거의 한 세대 전에 활동했다. 따라서 양자 사이에서 확인되는 차이점은 시대적 상황에 따른 특수성을 보여주기도 한다. 그러나 종래의 질서로부터 벗어나 새로운 인간관계의 양상을 보였고, 이것이 나말여초 사회 전환과 연관을 가지며 전개되었다는 사실은 시대 변동과 관련해 의미 있는 역사적 현상이었음을 부정할 수 없을 것이다.

:: 참고문헌

고경석, 1997, 「신라 관인선발제도의 변화」, 『역사와 현실』 23, 한국역사연구회.
권덕영, 2001, 「재당 신라인사회의 형성과 그 실태」, 『국사관논총』 95, 국사편찬위원회.
김광수, 1985, 「장보고의 정치사적 위치」, 『장보고의 신연구』, 완도문화원.

김기흥, 1992, 「삼국사기 ‘검군전’에 보이는 7세기 초의 시대상」, 『수촌 박영석 교수 화
　　갑기념 한국사학논총』(상).

김상기, 1934·1935, 「古代의 貿易形態와 羅末의 海上發展에 就하야」 (一)·(二); 1948,
　　『동방문화교류사논고』(재수록), 진단학회.

노태돈, 1978, 「羅代의 門客」, 『한국사연구』 21·22합권; 2009, 『한국고대사의 이론과
　　쟁점』(재수록), 집문당.

이기동, 1984, 『新羅 骨品制社會와 花郞徒』, 일조각.

이기백, 1977, 「한국의 전통사회와 兵制」, 『한국학보』 6, 일지사.

전덕재, 2002, 「신라 하대 청해진의 설치와 그 성격」, 『STRATEGY 21』 8, 한국해양전
　　략연구소.

＿＿＿, 2006, 『한국고대사회경제사』, 태학사.

정청주, 1996, 「호족세력의 대두 배경」, 『한국사』 11, 국사편찬위원회.

浦生京子, 1979, 「新羅末期の張保皐の擡頭と反亂」, 『朝鮮史研究會論文集』 16, 朝鮮
　　史研究會, 東京.

중국 산시성 시안의
일본승 구카이空海 기념물

권덕영(부산외국어대학교 역사관광학과 교수)

1. 머리말

인류가 기념물을 만들기 시작한 연원은 오래되었다. 고대 이집트에서 건조한 피라미드와 오벨리스크는 파라오Pharaoh의 영광을 후세에 길이 전하기 위한 기념 건축물이고, 인도에서 처음 조성한 이래 동아시아 전 역으로 퍼진 불탑과 불상은 붓다Buddha 숭배를 위해 만든 기념물의 일 종이다. 고대부터 유행한 이러한 기념물 조성 전통은 전 세계적으로 오 늘날까지 꾸준히 이어지고 있다.

   기념물의 종류는 매우 다양한데, 그것의 대부분은 역사 기념물이다. 역사적 사건이나 인물을 기리는 기념비, 인물의 석상 혹은 동상 같은 조각물, 기념 건축물과 기념 공원, 특정 인물이나 사건의 이름을 붙인

가로街路 등이 역사 기념물에 포함된다. 이러한 기념물은 조성 목적이 각각 다르지만, 총괄적으로 말하면 과거에 대한 집합적 기억을 되살려 그것을 현재 속에 재현해 미래에 전하기 위해 만든다고 할 수 있다. 이런 점에서 기념물의 조성 행위는 문헌 자료와 마찬가지로 역사 서술과 보존의 한 방식이고, 당시의 역사의식을 보여주는 자료라 할 수 있다. 그렇다면 기념물의 조성 행위와 그것이 담고 있는 내용은 역사 연구의 좋은 대상이 될 수 있다고 하겠다.

일본은 1972년에 중국과 수교한 이후 중국 각지에 수많은 역사 기념물을 조성했다. 기념비와 기념탑, 동상과 건축물, 기념 공원과 조각물 등 다양한 형태의 역사 기념물을 세워 일본의 역사를 중국에 재현, 현창顯彰하였다. 특히 일본은 전근대 동아시아사 전개 과정에서 자국민들이 가장 많이 방문했던 당나라 장안長安, 곧 지금의 산시성 시안시에 각종 기념물을 집중적으로 건립했다. 그중에서도 일본 구법승 구카이空海에 대한 기념물이 압도적 다수를 차지한다. 이에 이 글에서는 일본이 중국 산시성 시안시 일대에 조성한 구카이 기념물의 실태를 조사, 분석하여 현대 일본의 새로운 '역사 만들기'의 일면을 살펴보고자 한다.

2. 구카이의 입당 구법

구카이는 774년(보력 5)에 일본 사누키노쿠니讃岐國 타도군多度郡 뵤부가우라屛風浦(지금의 가가와현香川縣 젠츠지시善通寺市)에서 아버지 사에키노 아타이 타기미佐伯直田公와 어머니 아토씨阿刀氏 사이에서 태어났다.[1]

---

1) 타케우치 토우젠武內孝善은 구카이의 출생지가 사누키노쿠니가 아니라 기나이畿內라 했다. 이

15세가 되던 789년에 서울로 올라가 당시 간무 천황桓武天皇의 황태자요 친왕伊豫親王의 가정교사였던 외숙 아토노 오오타리阿刀大足에게『논어』와『효경』, 역사, 문장 등을 배웠다. 그리고 792년에 대학료大学寮에 입학해 명경도明經道를 전공하고,『춘추좌씨전春秋左氏傳』·『모시毛詩』·『상서尙書』등을 공부했다. 그러나 1년 만에 대학 공부에 만족감을 느끼지 못해 그만두고 산림에 들어가 수행하였다. 24세 때 유교·도교·불교 사상을 상호 비교해『농고지귀聾瞽指歸』를 찬술했는데, 거기서 구카이는 속세의 가르침은 진실이 아니라고 했다.

그후 구카이가 입당入唐하기까지의 행적은 뚜렷하지 않다. 그러나 몇몇 자료를 통해 유추해보면, 그는 나라현奈良縣 요시노吉野의 킨푸산金峯山과 에히메현愛媛縣의 이시즈치산石鎚山 등지에서 수행을 계속했음은 물론 널리 불교 사상을 공부했을 것으로 생각된다. 특히 이 시기에『대일경大日經』을 비롯한 밀교 경전을 처음 접했고, 한어와 범어梵語 등도 공부했을 것으로 보인다.

이 시기에 주목할 것은 구카이가 한 사문沙門으로부터 천축승 선무외善無畏가 역출譯出한「허공장보살구문지법虛空藏菩薩求聞持法」을 전수받았다는 사실이다. 구체적으로 언제 어디서 누구로부터 구문지법을 받았는지 알 수 없으나, 일반적으로 대안사 승려 곤소勤操 또는 사누키노쿠니 출신으로『석마하연론釋摩訶衍論』을 청래請來한 카이묘戒明였을 것으로 추정하고 있다. 한편『농고지귀』를 수정 보완한『삼교지귀三教指歸』서문에서, 그는 아와阿波(지금의 도쿠시마현德島縣 아와시阿波市)의 오오타키가쿠大瀧岳와 토사土佐(지금의 고치현高知縣 토사시土佐市)의 무로토자키室戶岬 등

문제는 글의 논지 전개와 직접적으로 관련이 없기 때문에 더 이상 언급하지 않는다(武內孝善, 2006, 124~144쪽).

지에서 구문지법을 수행했는데, 무로토자키에 있을 때 밝은 별이 입안으로 날아 들어왔다고 한다. 이런 점으로 보아 구카이는 입당 전에 이미 구문지법을 비롯한 다양한 불교를 공부했음을 알 수 있다.

그러던 중 일본 조정은 804년(연력 23)에 역대 16번째의 견당사遣唐使를 파견했다. 이때까지 사도승私度僧이었던 구카이는 부랴부랴 정식으로 출가하여[2] 견당 유학승으로 선발되었다. 연력 23년의 견당사는 후지와라노 카도노마로藤原葛野麻呂를 대사, 이시카와노 미치마스石川道益를 부사로 삼아 네 척의 배가 나니와쯔難波津를 출발했다. 이 가운데 제3선과 제4선은 도중에 난파되어 입당에 실패하고, 제1선과 제2선만 당에 들어갔다. 구카이는 대사가 인솔한 제1선에 승선했다. 청익승請益僧 사이쵸最澄가 승선한 제2선은 순조롭게 바다를 건너 명주明州(지금의 저장성浙江省 닝보시寧波市)에 도착했으나, 구카이 일행이 탄 배는 바다에서 한 달여를 표류하다가 복주福州(지금의 푸젠성福建省 푸저우시福州市)를 거쳐 12월 하순에 가까스로 장안에 들어갔다.

주지하듯이 각국의 견당사는 사절단 모두가 장안에 들어가는 것이 아니라 대사와 부사를 비롯한 필수 요원만 장안에 들어갔다. 입경 인원수는 사절단의 규모와 목적, 해당국이 당에서 차지하는 비중, 당시 당의 정치·경제적인 상황을 고려해 당나라 조정에서 결정했는데, 일본과 신라의 경우는 대개 4, 50명 정도였다. 입경자는 대사·부사·판관·녹사·통사通事 등 견당사의 핵심 관인들이 중심이 되었고, 여기에 구법승求法僧과 유학생들이 동행하는 경우도 있었다. 비교적 자세한 기록이 남아 있는 승화承和 견당사의 경우, 대사 후지와라노 쓰네쓰쿠藤原常

---

[2] 구카이의 득도에 관해서는 20세에 곤소를 스승으로 해 이즈미노쿠니和泉國 마키오야마데라槇尾山寺에서 출가했다는 설과 25세 때 출가했다는 주장이 있어왔으나, 현재는 대개 804년(연력 23) 31세 때 도다이지東大寺 계단원戒壇院에서 정식으로 출가해 수계했다는 설이 유력하다.

嗣, 판관 나가미네노 타카나長岑高名와 스가와라노 요시메시菅原善主, 녹사 오오카미노 무네오大神宗雄, 통사 오야케노 토시오大宅年雄, 청익학생 도모노 스가오伴須賀雄, 청익승 엔교圓行와 기타 잡직雜職 35명이 입경했다고 한다.[3] 『일본후기日本後紀』권12, 연력 24년 6월 을사조에 의하면, 구카이가 동행한 연력 견당사의 경우에는 제1선에서 23명, 제2선에서 27명으로 도합 50명이 장안에 들어갔는데, 유학생 구카이가 여기에 포함되었음은 말할 것도 없다.

다음 해 2월 10일에 견당사 일행이 임무를 마치고 장안을 떠나 본국으로 돌아가자 구카이는 조칙에 따라 그날부터 서명사西明寺에 거주했다. 서명사는 장안성長安城 연강방延康坊 서남쪽, 곧 지금의 시안시 요이시루友誼西路 남쪽에 자리 잡은 사찰로, 원래 수나라 상서령 양소楊素의 저택이었던 것을 당대唐代에 몰수하여 복왕濮王 이태李泰에게 주었는데, 이태가 죽은 후 당 고종이 656년(현경 1)에 황태자 이홍李弘의 병 치유를 기원하기 위해 건립했다. 그 규모는 연강방 전체의 1/4을 차지할 정도로 컸고, 현장玄奘·도선道宣·도세道世·원측圓測을 비롯해 천축승 선무외와 불공不空 등의 고승이 머물던 당대의 명찰이었다. 구카이는 서명사의 수많은 건물 중에서 일본 구법승 에이츄永忠의 고원故院에 머물렀다고 한다. 에이츄는 770년(보귀 1)에 견당사를 따라 당에 들어가 서명사에 머물다 연력 말에 사절단을 따라 귀국했다. 그렇다면 구카이는 에이츄와 서명사 거주를 맞교대했다고 할 수 있다.

구카이는 서명사에 머무는 동안 '서명장西明藏'이라 칭하는 서명사

---

3) 『입당구법순례행기入唐求法巡禮行記』권1, 승화 5년 10월 4일. 한편 입경 사절단의 규모와 행로가 정해지면 그들은 당에서 파견한 관인의 안내와 보호를 받으며 지정된 코스를 따라 장안으로 향했다. 입경자를 제외한 나머지 인원은 관할 주州의 통제 아래 입경한 사절단이 되돌아올 때까지 그들이 처음 도착한 곳에서 기다려야만 했다.

소장의 풍부한 불교 전적을 열람하고, 범어에 정통한 천축승을 비롯한 여러 고승과 교유함으로써 불교와 범어에 대한 식견을 넓힐 수 있었다. 그리고 서명사에 남아 전하는 명필들의 서예 진품을 통해 자신의 서법을 계발했을 것으로 생각된다. 뿐만 아니라 그는 장안성 예천방醴泉坊 북서쪽에 위치한 예천사醴泉寺를 찾아가 천축승 이언利言, 반야般若, 모니실리牟尼室利 등으로부터 범어를 배우고, 범어 경본과 신역 경전을 구득求得했다.

805년 5월 하순경 구카이는 서명사 승려 지명志明, 담승談勝을 비롯한 5, 6인과 함께 당시 신창방新昌坊 남문 동쪽에 자리한 청룡사青龍寺 동탑원의 혜과惠果를 찾아가 전법傳法을 청했다. 혜과는 경조부京兆府 만년현萬年縣 출신으로 17세에 대흥선사의 불공으로부터 금강계를 배우고 22세에 선무외의 제자 현초玄超로부터 태장계와 소실지법蘇悉地法을 전해 받아 '금태불이론金胎不二論'을 주창하며 밀교의 두 계통을 하나로 융합한 중국 밀교의 완성자이다. 혜과는 왕실과 백성의 존경을 받아 대종代宗, 덕종德宗, 순종順宗 세 조정에 걸쳐 국사로 추대되었다.

구카이가 청룡사에 이르자 혜과는 그를 반갑게 맞이해 제자로 삼고, 대비태장계大悲胎藏界와 금강계金剛界의 학법관정學法灌頂을 베풀었다. 그리고 8월에 남의 스승이 될 수 있는 지위를 얻으려는 사람에게 행하는 전법관정傳法灌頂을 베풀었다. 아울러 구카이에게 금강지金剛智로부터 전해온 불사리와 각백단불보살금강존상刻白檀佛菩薩金剛尊像 등을 전법의 인신印信으로 주었다. 이에 구카이는 청룡사와 대흥선사 승려 500명에게 식사를 대접하고 혜과에게 가사와 병향로柄香爐를 헌상해 전법에 대한 감사를 표했다. 그리고 많은 사람을 동원해 만다라와 밀교 법구法具를 제작하고 경전을 필사했다.

그해 12월에 혜과가 청룡사에서 입적하였다. 구카이는 다음 해에 당

헌종憲宗의 명으로 혜과 화상을 현창하는 비문을 찬술했는데, 그것이 현전하는 '대당신도청룡사고삼조국사관정아사리혜과화상비문大唐神都靑龍寺故三朝國師灌頂阿闍梨惠果和尙碑文'이다. 진언밀교眞言密敎의 진수를 전수받은 구카이는 스승 혜과가 입적하자 자신이 일본에 밀교를 전하려고 귀국을 요청했다. 사실 구카이는 20년 동안 당에 체류하며 공부하기로 한 장기 유학승이었다. 그럼에도 그는 불과 1년 반 만에 귀국을 결심했다. 당으로부터 귀국을 허락받은 구카이는 유학생 다치바나노 하야나리橘逸勢와 함께 806년 8월에 견당사 다카시나 노도나리高階遠成의 귀국선[4]을 타고 명주를 거쳐 일본으로 돌아갔다.

3. 청룡사의 추억

일본에 돌아간 구카이는 청룡사에서 혜과로부터 전수받은 진언밀교를 바탕으로 코우야산高野山에 새로운 도량을 세우고 일본 진언종眞言宗을 창시하였다. 진언종은 사이쵸의 천태종과 함께 헤이안平安 시대를 대표하는 양대 종파로 흥륭했거니와, 그것은 장안 청룡사 혜과 화상의 맥을 이은 것이다. 청룡사는 장안성 동가東街 신창방의 1/4을 차지할 정도로 규모가 큰 사찰로, 현재 산시성 시안시 티에루먀오촌鐵爐廟村 북쪽의 낙유원樂游原에 사찰의 유지遺址가 일부 남아 있다. 이 사찰의 전신은 수나라 때인 582년(개황 2)에 창건된 영감사靈感寺였는데, 당나라 초기에 폐

---

4) 견당사 다카시나 노도나리가 당에 파견된 시기와 목적에 관해서는 다양한 주장이 있다. 이 점에 관해서는 '西本昌弘, 2008, 「迎空海使としての遣唐判官高階遠成」, 『關西大學文學論集』 57-4, 關西大學文學會, 40~45쪽' 참조. 한편 니시모토 마사히로西本昌弘는 이 논문에서 다카시나 노도나리가 구카이를 귀국시키기 위해 당에 들어갔다고 했다(西本昌弘, 2008, 39~60쪽).

사되었다가 662년(용삭 2)에 성양공주城陽公主의 주청으로 다시 세워 관음사라 하던 것을 711년(경운 2)에 이름을 청룡사로 바꾸었다. 그 후 무종武宗의 회창폐불會昌廢佛 때 훼철되어 황실의 내원內苑이 되었으나, 선종宣宗 즉위 초에 다시 복구되어 호국사라 했다가 855년(대중 9)에 이름을 회복했다. 그 뒤 송나라 때인 1086년(원우 1)까지 존속하다가 폐사되어 이후 약 900년 동안 방치되었다.[5]

1963년에 중국과학원 고고연구소는 현재의 낙유원 일대를 발굴 조사하여 그곳이 청룡사 터였음을 처음으로 확인했다. 이어서 1973년에 다시 발굴을 진행해 청룡사의 범위와 사찰 내의 건물지 일부를 찾아냈고, 1978년부터 1980년까지 연차적으로 전면 발굴을 실시해 앞서 확인한 탑지와 전지殿址 외에 문지門址와 몇몇 건물지를 확인하고 벽돌과 기와, 삼채 불상, 석등, 석경당石經幢 등을 수습했다. 이러한 발굴 조사에 의거해 산시성 시안시 정부는 1980년대에 청룡사의 일부를 복원하였다.

중국은 청룡사를 복원하는 과정에서 일본으로부터 여러 도움을 받았다. 일본은 20세기 초부터 구카이가 청룡사에서 혜과로부터 밀교를 전수받은 사실과 관련해 청룡사에 많은 관심을 가지고 있었다. 1924년과 1925년에 일본의 와다 벤지和田辨瑞와 가지 데쓰죠加地哲定가 차례로 시안을 방문해 당시 청룡사로 널리 인식되던 지타이촌祭台村의 석불사石佛寺를 참배하고 절의 남쪽 담장 벽에 구카이가 청룡사에서 밀교를 전수받은 사실을 감격적인 어투로 적어두었다.[6] 비록 석불사가 당대의

---

5) 청룡사의 연혁에 관해서는 楊鴻勳, 1984, 「唐長安靑龍寺密宗殿堂(遺址4)復原硏究」, 『考古學報』 3, 中國科學院 考古硏究所, 383~384쪽; 小野勝年, 1989, 『中國隋唐 長安・寺院史料集成』(解說篇), 法藏館, 103~105쪽; 鳴朋飛・李令福, 2004, 「論唐靑龍寺建築的平面布局」, 『空海入唐 1200周年紀念文集』, 西安市社會科學界聯合會, 200쪽 참조.

청룡사는 아니었지만, 일본인들은 청룡사를 일본 진언종의 조정祖庭으로 생각했던 것이다.

일본의 청룡사에 대한 관심은 1972년 중일 수교를 계기로 보다 적극적으로 나타났다. 1973년부터 중국이 청룡사지를 재발굴한 것도 중일 수교가 계기가 된 것으로 보이거니와, 이어진 청룡사 복원에 일본은 물심양면으로 조력했다. 이에 1982년부터 중국과 일본 양국이 힘을 합해 공해기념탑空海紀念塔, 혜과공해기념당惠果空海紀念堂, 청룡사 정원을 순차적으로 조성, 정비했다.

현재 정비 복원된 청룡사지는 탑원 유지, 동원東院, 정원 등 크게 세 구역으로 나누어져 있다. 탑원 유지는 본존불을 안치한 청룡사 본전으로 추정되거니와, 현재는 발굴 조사 후에 당나라 때의 유적을 노출시켜 정비했을 뿐 지상의 건물은 복원하지 않았다. 그러나 동원과 정원에는 일본승 구카이를 기념하는 각종 기념물이 조성되어 있다. 동원의 혜과공해기념당을 중심으로 여러 기념물과 정원의 공해전시실空海展示室을 비롯한 각종 기념물이 그것이다.

혜과공해기념당은 일본 진언종의 여러 종파가 일본진언종각파총대본산회日本眞言宗各派總大本山會를 결성해 성현들의 업적을 계승하고 구카이 입적 1115주년을 기념하기 위해, 구카이가 혜과로부터 밀교를 전해 받은 청룡사 동탑원 자리에 기념당을 건립해 혜과와 구카이 두 사람의 존상을 모시기로 합의하고, 그것을 중국불교협회에 제안해 동의를 얻

6) "當今石佛寺者 唐之靑龍寺也 貞元二十一年六月日 僧空海上人卽弘法大師仰當時惠果大和尙受學密敎 千二百年後末賓辯詣當寺 無極感恐湮滅 玆書 大正十三年仰八月十八日 眞言宗末賓和田辯瑞志."

"大正十四年六月十一日 余詣此處 該寺是靑龍寺之故址 密敎根本道場也 嗟法燈旣滅 和尙逝久 感慨無量 所原法燈再燃 佛日增輝 密僧沙門加知哲定識."

〈사진 1〉 청룡사 공해진언밀교팔조탄생空海眞言密敎八祖誕生 조각상

은 후 1983년에 공사를 시작하여 1984년 9월에 완공한 것이다. 기념
당 안에는 구카이와 혜과의 존상이 좌우로 안치되어 있다.

혜과공해기념당 주변에는 일본인들이 만든 수많은 구카이 기념물이
즐비해 있다. 기념당 앞쪽에는 구카이가 찬술한 '대당신도청룡사고삼
조국사관정아사리혜과화상비문'을 중국불교협회 회장을 지낸 자오푸
추趙樸初가 써서 새긴 석비, 기념당 건립 과정을 기록한 '혜과공해화상
기념당기惠果空海和尙紀念堂記', 구카이가 혜과로부터 밀교를 전수받는 모
습을 형상화한 '공해진언밀교팔조탄생空海眞言密敎八祖誕生' 조각물(〈사진
1〉), 청룡사 종루 건립을 기념하는 '중일우호화평지종종루기中日友好和
平之鐘鐘樓記', '사국별격이십영장四國別格二十靈場'을 새긴 석등 2기와 '일
중우호세세대대日中友好世世代'와 '혜과공해보은사덕惠果空海報恩謝德'을
각각 새긴 석등, 2001년 (주)일본에어시스템이 세운 '이십일세기견당
사비二十一世紀遣唐使碑', 2007년 고야산추의회高野山樞議會와 고야산홍법

〈사진 2〉 청룡사 세계화평기념탑

대사봉찬회高野山弘法大師奉讚會가 '상호공양상호예배相互供養相互禮拜'를
새겨 만든 석제 향촛대 2기가 세워져 있다.

　기념당 뒤편에는 구카이의 친필을 새긴 세계화평기념탑(〈사진 2〉),
2007년에 중일 국교 회복 35주년과 진언종 풍산파豊山派 불교청년회
창립 50주년을 기념한 '중일우호원원류장비中日友好源遠流長碑', 1997년
에 중일 국교 회복 25주년을 기념해서 세운 '백피송식수비白皮松植樹碑'
등이 있다. 그리고 기념당 좌측에는 '중일우호인사연생선륭선생지비中
日友好人事蓮生善隆先生之碑'가 있고, 우측에는 '진언육자밀교총본산육수원
비眞言六字密敎總本山六水院碑'·'일중우호문화교류회기념비日中友好文化交流
會紀念碑'·'일본소두도대관음·중국서안청룡사우호사원체결기념식수비
日本小豆島大觀音·中國西安靑龍寺友好寺院締結紀念植樹碑' 등이 세워져 있다.

　한편 혜과공해기념당 동쪽에 담을 사이에 두고 정원이 조성되어 있
다. 그곳은 다시 수목 공간과 구카이 기념 공간으로 나누어지는데, 두

706

〈사진 3〉 청룡사 공해기념탑

공간에 모두 구카이와 관련된 기념물이 다수 존재한다. 정원의 동쪽에 치우쳐 있는 구카이 기념 공간에서 우선 들 수 있는 것은 공해기념탑空海紀念塔이다(〈사진 3〉). 공해기념탑은 이 구역의 중심 기념물로, 1982년에 일본 시코쿠의 도쿠시마현德島縣, 가가와현香川縣, 에히메현愛援縣, 고치현高知縣 등 4현이 공해기념비건립위원회를 결성해 산시성 시안시의 협조를 얻어 건립한 것이다. 3층으로 이루어진 이 탑의 2층과 3층 사이에 비석을 끼워 앞면에 '공해기념비'라 새기고, 뒷면에는 구카이의 생애와 기념비 건립 경위를 기록했다. 공해기념비 맞은편에는 구카이 관련 자료 진열실이 있고, 그 주변에 각종 기념 식수비가 있다.

수목 공간 곳곳에도 구카이 관련 기념물들이 있다. 청룡사 유지 수목 공간은 1992년 5월에 공사를 착공해 다음 해 10월에 준공한 정원이다. 그런데 이 정원은 일본에서 중일 국교 정상화 20주년과 공해기념탑 건립 10주년을 기념해 자금과 기술을 제공해서 만든 것이기 때문에 정원

전체가 구카이 관련 기념물이라 해도 과언이 아니다. 정원 전체를 뒤덮고 있는 약 1000그루의 벚나무는 1985년 4월에 일본중국우호협회와 사국사현협의회四國四縣協議會가 공해기념탑과 혜과공해기념당 건립을 기념해 시안시에 기증한 것이다. 그리고 구카이의 친필 시를 새긴 기념비와 구카이의 모습을 돌에 새긴 선각화線刻畵, 정원 축조비를 만들었다. 이상에서 대략 살펴보았듯이 청룡사 유지에는 일본인들이 온통 구카이를 추념하기 위해 만든 역사 기념물로 가득 차 있다.

4. 대흥선사와 대자은사의 기념물

전술했듯이 804년 12월에 일본의 견당사절단과 함께 장안에 도착한 구카이는 다음 해 사절단이 귀국하자 서명사에 일시 거주하다가 5월에 청룡사에 머물며 혜과 아래서 밀교를 공부했다. 그해 12월에 혜과가 입적하자 그는 806년에 귀국해 일본 진언종을 창시하였다. 그래서 일본인들은 구카이가 혜과로부터 밀교를 공부한 청룡사를 진언종의 조정으로 여겨 그곳에 수많은 구카이 관련 기념물을 조성했다. 뿐만 아니라 구카이가 머문 적이 없는 대흥선사大興善寺와 대자은사大慈恩寺에도 구카이의 입당 구법을 기념하는 기념물을 만들었다.

대흥선사는 당대 장안성 정선방靖善坊, 곧 지금의 산시성 시안시 옌타구雁塔區 흥선사興善寺 서가西街에 자리한 사찰로, 서진 무제武帝 사마염司馬炎이 266년경에 건립한 준선사尊善寺를 수 문제文帝가 대흥성大興城을 건설하는 과정에서 확장 수리해 대흥선사라 한 것이다. 이 절은 정선방 전체를 차지할 정도로 규모가 큰 사찰로, 창건 때부터 영장靈藏·승맹僧猛 같은 고승을 초빙해 주석하게 했으며, 경내에 번역장을 설치해 사나굴다閣那崛多와 달마급다達磨笈多 등의 인도승을 초빙해 불경을 번역했다. 그리고 현종玄宗 개원開元 연간에는 밀교승 선무외, 금강지, 불공이 이 절에서 밀교 경전 500여 부를 번역하고 홍포함으로써 대흥선사의 명성이 더욱 높아졌다. 또한 756년(천보 15)에 불공이 이 절의 주지가 되어 재앙을 막는 주술법을 시행하고 관정도량과 계단戒壇을 설치해 밀교를 홍포함으로써 대흥선사는 중국 밀교의 중심 도량으로 번성하였다.

그러나 무종 때 회창폐불의 와중에 대흥선사는 훼철되고, 무종을 이은 선종 대에 다시 절의 건물 일부가 중건되었으나 종전의 명성을 회복하지 못하고 명대明代까지 미미한 존재로 명맥을 유지해갔다. 그러다가 청나라 순치, 강희 연간에 대대적인 중창을 통해 사원의 모습을 일신했으나, 1862년(동치 1)에 병화兵火로 전각과 승방, 법기와 전적 등이 대부분 소실되었다. 그 후 1938년에 전각을 중수했고, 1955년에 이르러 정부가 전면적으로 수리했다. 그러나 문화혁명 중에 사원은 다시 파괴되었다가 1980년대에 재차 세워 오늘에 이르고 있다.

이러한 역사를 가진 대흥선사에 구카이 기념물이 조성된 것은 이 절이 당대 밀교의 중심 도량이었기 때문일 것이다. 특히 구카이는 불공의 손제자孫弟子에 해당하므로 불공이 오랫동안 주석한 대흥선사는 구카이와 전혀 무관하다고 할 수 없다.

현재 대흥선사에는 구카이 관련 기념물이 여러 점 존재한다. 우선 들 수 있는 것은 남문 왼쪽의 지장전 뒤쪽에 있는 공해대사상空海大師像이다(〈사진 4〉). 기단부를 포함해 약 8미터 정도 되는 이 동상은 당나라에서 유학하던 청년 구카이의 모습을 형상화했는데, 중일우호봉찬회中日友好奉贊會가 구카이 입당 1200주년과 중일 수교 30주년을 기념해 2004년 5월에 세운 것이다. 기단부 중앙에는 당시 대흥선사 방장이었

〈사진 4〉 대흥선사 공해 동상

던 제밍界明이 쓴 '공해대사입당空海大師入唐1200주년기념周年紀念'이란
동판이 부착되어 있고, 뒤쪽에는 '비문碑文'이라 하여 구카이의 입당 행
적과 동상 건립 취지 및 그 의의를 새겨놓았다. 그리고 기단의 좌우측
에는 동상 건립에 필요한 자금을 기진寄進한 사람의 명단을 기록했다.
거기에는 특별 협찬자와 일반 기진자 수십 명의 명단이 빼곡히 적혀
있는데, 모두가 일본 시코쿠 북서부에 있는 에히메현 거주자를 중심으
로 한 일본인이다.

　구카이 동상 왼쪽에 '중일불교문화교류기념비中日佛敎文化交流紀念碑'
가 있다. 이 비석은 중국 산시성 불교협회 회장과 대흥선사 주지를 비
롯한 중국 불교 인사 8명이 2006년 3월 19일에 일본 가고시마현鹿兒

島縣 에보시산烏帽子山 최복사最福寺를 방문해, 구카이가 불공의 제자 혜과로부터 밀교를 전수받고 본국으로 돌아온 1200주년 기념 법회에 참석한 것을 기념해 세운 것이다. 비석 앞면에는 비석 건립 취지를 기록했고, 뒷면에는 최복사 법주 이케구치 에칸池口惠觀이 쓴 '불연佛緣'이란 글자가 양각되어 있다.

'중일불교문화교류기념비' 왼쪽 공터에 세워진 비목碑木도 구카이 기념물의 일종이다. 높이 약 1.5미터의 정사각형 목주형木柱形으로 2000년 12월에 일본 최복사의 이케구치 에칸이 세운 것인데, 세 면에 '① 아석우살타친실전인명발무비서원배변지이역我昔遇薩埵親悉傳印明發無比誓願陪邊地異域, ② 주야민만민주보현비원육신증삼매대자씨하생晝夜愍萬民住普賢悲願肉身證三昧待慈氏下生, ③ 봉수반야리취삼매자위불공삼장보은사덕증법량야奉修般若理趣三昧者爲不空三藏報恩謝德增法梁也'가 각각 세로로 묵서墨書되어 있다. 이 가운데 ①과 ②는 구카이가 『금강반야경金剛般若經』 귀퉁이에 직접 메모해둔 문구이다. 그렇다면 이 비목 역시 구카이 관련 기념물이라 하겠다.

한편 사찰의 지장전 앞마당과 금강당金剛堂 안에 각각 지장보살상과 구카이의 좌상이 있다. 누가 언제 금강당에 구카이 좌상을 안치했는지 알 수 없으나, 이것이 구카이를 위한 기념물이라는 사실은 분명하다. 그리고 지장보살상은 1985년 10월에 일본고야산진언종공해대사동지회日本高野山眞言宗空海大師同志會에서 구카이 입적 1150년을 기념해 제작한 것이므로 역시 구카이 기념물이라 할 수 있다.

이 외에 지장전 뒤쪽의 구카이 동상 오른쪽에 있는 '당대흥선사역경장찰기唐大興善寺譯經場札記'도 구카이와 관련이 있어 보인다. 다듬지 않은 자연석 양면에 새긴 명문에 의하면, 당 숙종肅宗의 명으로 불공이 대흥선사에서 수많은 범본 불경을 번역했고, 불공이 입적한 후에 혜과가 불공의 법을 이어받아 그것을 구카이에게 전했는데, 구카이가 귀국해 일본 진언종을 창시해서 지금까지 이어진다 하였다. 이 기록은 결국 '구카이는 대흥선사 불공의 손제자다'라는 말과 같다. 이런 점에서 이 비석도 일본의 후원에 의해 세워진 구카이 관련 기념물의 일종이라 하겠다.

청룡사나 대흥선사와 달리 대자은사는 구카이와 별로 관계가 없는 사찰이다. 그럼에도 대자은사의 옛터에 구카이 기념물이 1점 조성되었다. 당나라 때의 진창방晉昌坊, 곧 지금의 산시성 시안시 옌타구 남로南路에 있는 대자은사는 648년에 황태자 이치李治가 생모인 문덕황후文德皇后 장손씨長孫氏를 추복追福하기 위해 수나라 때의 무루사無漏寺 옛터에 건립한 사찰이다. 대자은사는 당시 진창방 면적의 1/2을 차지할 정도로 거대하고 화려했는데, 현장이 서역 탐방을 마치고 귀국해 11년 동안 이 절의 번경원에서 수많은 불경을 번역했다. 현장은 대자은사에 머물며 역경은 물론 자신이 가지고 온 불구와 전적 등을 보관하기 위해 경내에 대안탑大雁塔 건립을 주도했고, 태종太宗의 '성교서비聖敎序碑'를 비롯한 각종 기념비 건립에도 관여했다. 658년에 현장이 서명사로 옮겨가자 그의 제자 규기窺基가 대자은사에 주석하며 현장의 역경 사업을 계승하고 법상종法相宗을 확립했다. 이후 천축 밀교승 금강지도 일시 이 절에 머물렀고, 모니실리는 이곳에서 『수호국계주다라니경守護國界主陀羅尼經』 10권을 역출하였다. 회창폐불 때도 훼철을 면했으나 전란 등으로 수차례 파괴와 중건을 거듭하며 오늘에 이른다.

지금의 대자은사는 당시의 서탑원이 있던 자리에 중건한 건물로, 당나라 때 원래 사찰의 약 1/7 규모에 불과하다. 그런데 1988년에 일본 지바현千葉縣 후나바시시船橋市와 중국 산시성 시안시가 결연을 맺고 원래의 나머지 절터를 공원으로 개발해 춘효원春曉園이라 했다가, 2007년에 확장 정비하여 당대자은사유지공원唐大慈恩寺遺址公園이라 명명했다.

〈사진 5〉 당대자은사유지공원 공해 조각상

그 과정에서 공원 안에 후나바시시와 시안시의 우의를 상징하는 다양한 기념물을 조성했는데, 그 가운데 하나가 감진鑒眞과 구카이의 조각이다(〈사진 5〉). 이 조각품 앞에는 감진이 일본에 건너간 일과 구카이의 입당 구법 및 그들의 재일 활동과 의의 등을 소개하고, 이들을 중국과 일본의 우호와 양국 문화 교류의 선각자라 했다.

5. 구카이의 부활: 맺음말에 대신하여

당대의 장안, 곧 지금의 산시성 시안시는 중세 동아시아 불교의 중심지였다. 장안성과 그 주위에는 수많은 사찰이 건립·운영되었고, 당시의 고승 대덕들이 그곳에 운집해 역경과 강경講經, 저술과 편찬에 전념했다. 이런 점에서 당대의 장안은 불교종합연구단지와 같은 곳이었다고 하겠다.

장안이 불교 교학의 중심으로 부상함에 따라 신라와 일본을 비롯한 당나라 주변국의 많은 승려들이 장안에 들어가 불교를 공부했다. 그들은 장안성의 여러 사찰뿐만 아니라 주위의 종남산終南山 등지에 산재한 사찰을 찾아가 다양한 불교를 연찬研鑽하였다. 산시성 시안시 일대에는, 비록 변형되기는 했으나 그들이 구법 활동을 펼치던 사찰들이 아직도 일부 남아 있다. 청룡사, 대자은사, 대흥선사, 천복사薦福寺가 그것이다.

일본에서는 1972년에 중국과 정식으로 국교를 맺은 이래 중국 현지의 자국 관련 유적과 유물을 조사하고 연구하는 분위기가 확산되었다. 특히 일본은 1980년대부터 당대 장안을 방문한 일본 구법승들의 유적을 찾아 그들을 현창하는 작업을 왕성하게 추진했다. 청룡사의 혜과공해기념당과 공해기념탑, 대흥선사의 구카이 동상과 자각대사원인기념당慈覺大師圓仁紀念堂, 대자은사의 구카이 조각상 건립이 대표적이다. 그러한 노력 결과, 구카이는 21세기에 들어와 화려하게 부활했다.

중국 산시성 시안시 정부는 2010년에 대자은사 정문 앞쪽부터 취장曲江 신개발구 입구까지 남북으로 직선 약 2킬로미터에 걸쳐 쇼핑, 관광, 역사 체험 몰mall이라 할 수 있는 대당불야성大唐不夜城을 조성했다. 그 중심축에는 당나라 때의 뛰어난 문화와 예술을 조각으로 형상화한 공간을 조성해 현장광장玄奘廣場, 정관광장貞觀廣場, 개원광장開元廣場으로 구분하였다. 거기에는 당나라를 대표하는 군왕, 명신, 학자, 문인, 서예가, 승려, 화가, 과학기술자 등을 선정해 돌로 조각하여 진열했는데, 현장광장에 첫 번째로 배치한 조각품이 현장, 혜능慧能, 감진, 구카이 등 4명의 조각상이다(〈사진 6〉).

그리고 정관광장이 끝나는 지점의 측천무후 치세를 형상화한 공간에는 일본 '입당팔가入唐八家'의 형상을 새겨 그것을 당나라 때의 48개

〈사진 6〉 대당불야성 공해 조각상

중요 역사와 문화 현상의 하나로 소개했다. 구카이는 이른바 당에 들어가 공부한 일본의 대표적인 승려 8명, 곧 입당팔가 중의 한 사람이다.[7] 이처럼 구카이가 당대를 대표하는 승려 4명 가운데 한 명으로, 그리고 구카이를 위시한 8명의 일본 구법승이 당의 중요한 문화 현상으로 선정되어 형상화된 것은 앞에서 살펴본 현대 일본인들의 구카이를 비롯한 일본 구법승에 대한 현창 노력의 결과이다.

대당불야성은 당나라의 번성한 문물을 형상화한 일종의 역사 조형물이다. 신라는 약 3세기 동안 시종始終 당과 우호적인 관계를 유지하며 수많은 구법승을 당에 파견했다. 그들은 장안을 중심으로 당나라 전역을 돌아다니며 불교를 공부하고 동아시아 불교 발전에 크게 기여하였다. 그럼에도 당나라 '영광의 역사'를 각종 조형물로 표현한 대당불

---

7) '입당팔가'란 일본 헤이안 시대 당나라에 유학해 불교를 공부하고 밀교 경전을 가지고 돌아와 그것을 일본에 홍포한 8명의 고승을 통칭하는 용어로, 구카이空海·에운惠運·엔교圓行·조교常曉·슈에이宗叡·사이쵸最澄·엔닌圓仁·엔친圓珍이 그들이다.

야성에는 수많은 신라 구법승 가운데 어떠한 사람도 등장하지 않는다. 다시 말하면 신라승의 장안 구법 활동이 일본승보다 훨씬 활발했고, 또 역사적 의미가 컸음에도 대당불야성 같은 오늘날 중국의 '역사 만들기' 현장에는 전혀 반영되지 않았다. 반면 구카이는 대당불야성의 첫머리에 우뚝 자리 잡고 있다. 이는 오늘날 일본인들의 역사 만들기 노력의 결과라 해도 과언이 아닐 듯싶다.

:: 참고문헌

『일본후기日本後紀』
『입당구법순례행기入唐求法巡禮行記』

楊鴻勳, 1984, 「唐長安青龍寺密宗殿堂(遺址4)復原研究」, 『考古學報』 3, 中國科學院
　　　考古研究所, 北京.
鳴朋飛·李令福, 2004, 「論唐青龍寺建築的平面布局」, 『空海入唐1200周年紀念文集』,
　　　西安市社會科學界聯合會, 西安.

高木神元, 2009, 『空海, 生涯とその周邊』, 吉川弘文館, 東京.
武內孝善, 2006, 『弘法大師空海の研究』, 吉川弘文館, 東京.
西本昌弘, 2008, 「迎空海使としての遺唐判官高階遠成」, 『關西大學文學論集』 57-4,
　　　關西大學文學會, 大阪.
小野勝年, 1989, 『中國隋唐 長安·寺院史料集成』(解說篇), 法藏館, 京都.
曾根正人, 2012, 『空海, 日本密教を改革した遍歷行者』, 山川出版社, 東京.

노태돈 교수 약력 및 연구 논저
필자·간행위원회
찾아보기

柳景 盧泰敦 교수 약력

| 약력 |

1949년 8월 15일 —— 경상남도 창녕군 이방면 출생

1967년 3월 1일 —— 서울대학교 문리과대학 사학과 입학

1971년 8월 30일 —— 서울대학교 문리과대학 사학과 졸업(문학사)

1975년 2월 26일 —— 서울대학교 대학원 사학과 졸업(문학석사)

1975년 3월~1976년 8월 —— 계명대학교 인문대학 사학과 고정강사

1976년 9월 1일~1979년 2월 28일 —— 계명대학교 인문대학 사학과 전임강사

1979년 3월 1일~1981년 2월 28일 —— 계명대학교 인문대학 사학과 조교수

1979년 3월 1일~1980년 2월 28일 —— 계명대학교 신문사 주간

1981년 3월~1981년 6월 —— 서울대학교 인문대학 국사학과 강사

1981년 7월 1일~1983년 9월 30일 —— 서울대학교 인문대학 국사학과 전임강사

1983년 10월 1일~1988년 9월 30일 —— 서울대학교 인문대학 국사학과 조교수

1986년 7월~1987년 6월 —— Harvard-Yenching Institute(하버드대학교
엔칭연구소) 객원 연구원

1988년 10월 1일~1993년 9월 30일 —— 서울대학교 인문대학 국사학과 부교수

1991년 2월~1993년 6월 —— 대통령 자문 21세기위원회 위원

1991년 3월~1993년 2월 —— 한국고대사학회 회장

1992년 12월 10일~1994년 12월 9일 —— 서울대학교 국사학과장

1993년 10월 1일~2014년 8월 31일 —— 서울대학교 인문대학 국사학과 교수

1999년 2월 26일 —— 서울대학교 대학원 국사학과 졸업(문학박사)

2003년 8월~2004년 7월 ─── Centre for Korean Research, The University of British Columbia(브리티시컬럼비아대학교 한국학연구소) 방문 교수

2005년 3월~2007년 2월 ─── 서울대학교 역사연구소 소장

2005년 4월~2007년 4월 ─── 延邊大學(연변대학교) 겸임 교수

2006년 2월 1일~2008년 1월 31일 ─── 한국사연구회 회장

2007년 6월~2009년 12월 ─── 제2기 한일역사공동연구위원회 위원

2010년 2월 1일~2012년 1월 31일 ─── 서울대학교 규장각한국학연구원 원장

2012년 10월~현재 ─── 국사편찬위원회 국사편찬위원

| 수상 · 서훈 |

2001년 10월 15일 ─── 서울대학교 20년 근속공로표창

2004년 1월 13일 ─── 제2회 가야문화상 학술상 수상(가락국사적개발연구원)

2010년 4월 13일 ─── 제35회 월봉저작상 수상(월봉한기악선생기념사업회)

2011년 10월 15일 ─── 서울대학교 30년 근속공로표창

2012년 11월 6일 2012년 ─── 서울대학교 학술연구상 수상(서울대학교)

2014년 8월 29일 ─── 녹조근정훈장

柳景 盧泰敦 교수 연구논저 목록

| 단독 저서 |

1. 『한국사를 통해 본 우리와 세계에 대한 인식』(풀빛, 1998)

2. 『고구려사 연구』(사계절, 1999)

3. 『예빈도에 보인 고구려: 당 이현묘 예빈도의 조우관을 쓴 사절에 대하여』
   (서울대학교 출판부, 2003)

4. 『한국고대사의 이론과 쟁점』(집문당, 2009)

5. 『삼국통일전쟁사』(서울대학교 출판부, 2009)

6. 『古代朝鮮 三國統一戰爭史』(橋本繁 譯, 2012, 岩波書店)

7. 『Korea's Ancient Koguryŏ Kingdom: A Socio-Political History』
   (Translated by John Huston, 2013, GLOBAL ORIENTAL)

8. 『한국 고대사』(경세원, 2014)

| 편저·공저·역주 |

1. 『中國正史 朝鮮傳 譯註』 1 (국사편찬위원회, 1990)

2. 『現代 韓國史學과 史觀』(노태돈·이기동·이기백·이현혜·홍승기 著, 일조각,
   1991)

3. 『譯註 韓國古代金石文』 I (가락국사적개발연구원, 1992)

4. 『시민을 위한 한국역사』(노태돈·노명호·한영우·권태억·서중석 著, 창작과비

평사, 1997)

5. 『한반도와 중국 동북 3성의 역사 문화』(김시준·이병근·정인호·권재일·서대
석·노태돈·송기호·송호정·오영찬 著, 서울대학교 출판부, 1999)

6. 『단군과 고조선사』(편저, 사계절, 2000)

7. 『대한민국을 대표하는 역사학자와 사회과학자가 나눈 12시간의 통일 이야기』
(이태진·하영선·노태돈·고유환·도진순·조동호 著, 민음사, 2011)

| 책임편집 |

1. 『譯註 韓國古代金石文』 Ⅰ~Ⅲ(가락국사적개발연구원, 1992)
2. 『韓國古代史論叢』 1~10(가락국사적개발연구원, 1991~2000)
3. 『강좌 한국고대사』 1~10(가락국사적개발연구원, 2002~2003)

| 연구논문 |

1. 「三國時代의 部에 關한 硏究: 成立과 構造를 中心으로」(서울대학교 대학원
사학과 한국사전공 석사학위논문, 1974)

2. 「三國時代의 '部'에 關한 硏究: 成立과 構造를 中心으로」(『韓國史論』 2, 서
울대학교 국사학과, 1975)

3. 「高句麗의 漢水流域 喪失의 原因에 대하여」(『韓國史硏究』 13, 한국사연구
회, 1976)

4. 「'騎馬民族日本列島征服說'에 대하여」(『韓國學報』 5, 일지사, 1976)

5. 「統一期 貴族의 經濟基盤」(『한국사』 3, 국사편찬위원회, 1976)

6. 「三國의 成立과 發展」(『한국사』 2, 국사편찬위원회, 1977)

7. 「三國의 政治構造와 社會經濟」(『한국사』 2, 국사편찬위원회, 1977)

8. 「羅代의 門客」(『韓國史研究』 21·22, 한국사연구회, 1978)

9. 「高句麗 遺民史 研究: 遼東·唐內地 및 突厥方面의 集團을 중심으로」(『韓 㳓劤博士停年紀念史學論叢』, 지식산업사, 1981)

10. 「渤海 建國의 背景」(『大丘史學』 19, 대구사학회, 1981)

11. 「三韓에 대한 認識의 變遷」(『韓國史研究』 38, 한국사연구회, 1982)

12. 「高句麗 초기의 娶嫂婚에 관한 一考察」(『金哲俊博士華甲紀念史學論叢』, 지 식산업사, 1983)

13. 「신라 수도로서의 경주: 政治와 經濟」(『歷史都市 慶州』, 열화당, 1984)

14. 「5~6世紀 東아시아의 國際情勢와 高句麗의 對外關係」(『東方學志』 44, 연 세대학교 국학연구원, 1984)

15. 「渤海國의 住民構成과 渤海人의 族源」(『韓國古代의 國家와 社會』, 일조각, 1985); 「渤海的居民構成和族源」, 『渤海史譯文集』(黑龍江省社會科學院 歷 史研究所, 1986)

16. 「對渤海 日本國書에서 云謂한 『高麗國記』에 대하여」(『邊太燮博士華甲紀 念史學論叢』, 삼영사, 1985); 「對渤海日本國書における『高麗國記』につい て: その實體と古代の韓日關係」, 『アジア公論』 15-12(アジア公論社, ソウ ル, 1986)

17. 「高句麗史研究의 現況과 課題: 政治史 理論」(『東方學志』 52, 연세대학교 국학연구원, 1986)

18. 「『三國史記』 上代記事의 信憑性 問題」(『아시아문화』 2, 한림대학교 아시아 문화연구소, 1987); 「『三國史記』上代記事の信憑性問題」, 『アジア公論』(ア ジア公論社, ソウル, 1987)

19. 「高句麗의 成立과 變遷」(『韓國古代史論』, 한길사, 1988)

722

20. 「5세기 金石文에 보이는 高句麗人의 天下觀」(『韓國史論』 19, 서울대학교 국사학과, 1988); 「The Worldview of the Goguryeo People As Presented in Fifth-century Stone Monument Inscriptions」, 『Seoul Journal of Korean Studies』 17(Institute of Korean Studies, Seoul National University, Seoul, 2004); 「從公元伍世紀的金石文看高句麗人的天下觀」, 『韓國高句麗史研究論文集』(高句麗研究財團, 서울, 2006).

21. 「高句麗·渤海人과 內陸아시아 住民과의 交涉에 관한 一考察」(『大東文化研究』 23, 성균관대학교 대동문화연구원, 1989); 「高句麗·渤海人과 內陸아시아 住民과의 交涉에 관한 一考察」, 『론문집』(연변대학조선학국제학술토론회논문집편집위원회, 연변, 1989); 「Study of the Contact between the People of Koguryŏ-Parhae and Inner Asian Countries」, 『Seoul Journal of Korean Studies』 10(Institute of Korean Studies, Seoul National University, Seoul, 1997)

22. 「古朝鮮과 三國의 歷史에 대한 연구 동향」(『북한이 보는 우리 역사』, 을유문화사, 1989)

23. 「고조선사 연구의 현황과 과제」(『韓國上古史: 연구현황과 과제』, 민음사, 1989); 「Current Issues and Problems in the Study of Old Chosŏn」, 『Seoul Journal of Korean Studies』 1(Institute of Korean Studies, Seoul National University, Seoul, 1988)

24. 「대조영, 고구려인인가 말갈인인가」(『역사비평』 9, 역사비평사, 1989)

25. 「扶餘國의 境域과 그 變遷」(『國史館論叢』 4, 국사편찬위원회, 1989)

26. 「淵蓋蘇文과 金春秋」(『한국사 시민강좌』 5, 일조각, 1989)

27. 「蔚珍鳳坪新羅碑와 新羅의 官等制」(『韓國古代史研究』 2, 한국고대사학회, 1989)

28. 「古朝鮮 중심지의 변천에 대한 연구」(『韓國史論』 23, 서울대학교 국사학과,

1990)

29. 「삼국의 성립과 발전」(『한국사특강』, 서울대학교 출판부, 1990)

30. 「한국인의 기원과 국가의 형성」(『한국사특강』, 서울대학교 출판부, 1990)

31. 「高句麗의 歷史와 思想」(『韓國思想史大系』2, 한국정신문화연구원, 1991)

32. 「韓國民族形成過程에 대한 理論的 考察」(『韓國古代史論叢』1, 가락국사적
    개발연구원, 1991);「韓國民族の形成過程に關する論理的考察」,『朝鮮學
    報』142(朝鮮學會, 奈良, 1992)

33. 「해방 후 民族主義史學論의 展開」(『現代 韓國史學과 史觀』, 일조각, 1991)

34. 「北漢 學界의 三國時代史 研究動向」(『北韓의 古代史研究』, 일조각, 1992)

35. 「18세기 史書에 보이는 世界史 認識體系:『同文廣考』를 중심으로」(『奎
    章閣』15, 서울대학교 규장각한국학연구원, 1992)

36. 「한국민족의 형성시기에 대한 검토」(『역사비평』21, 역사비평사, 1992)

37. 「朱蒙의 出自傳承과 桂婁部의 起源」(『韓國古代史論叢』5, 가락국사적개발
    연구원, 1993)

38. 「高句麗의 初期王系에 대한 一考察」(『李基白先生古稀紀念韓國史學論叢』
    上, 일조각, 1994)

39. 「古朝鮮의 變遷」(『檀君: 그 이해와 자료』, 서울대학교 출판부, 1994)

40. 「筆寫本 花郎世紀의 史料的 價値」(『歷史學報』147, 역사학회, 1995)

41. 「개요」(『한국사』5, 국사편찬위원회, 1996);「三國的政治與社會之一:『高
    句麗』的前言」,『研究動態』1999-3(東北師範大學 東北民族與疆域研究中心,
    1999)

42. 「개요」(『한국사』10, 국사편찬위원회, 1996)

43. 「발해의 건국」(『한국사』10, 국사편찬위원회, 1996)

44. 「발해의 발전」(『한국사』10, 국사편찬위원회, 1996)

45. 「발해의 주민구성」(『한국사』10, 국사편찬위원회, 1996)

46. 「5~7세기 고구려의 지방제도」(『韓國古代史論叢』8, 가락국사적개발연구원, 1996)

47. 「對唐戰爭期(669~676) 新羅의 對外關係와 軍事活動」(『軍史』34, 국방부 군사편찬연구소, 1997)

48. 「『삼국사기』신라본기의 고구려관계 기사 검토」(『慶州史學』16, 경주사학회, 1997)

49. 「筆寫本 花郎世紀는 眞本인가」(『韓國史研究』99·100, 한국사연구회, 1997)

50. 「한국민족형성시기론」(『한국사 시민강좌』20, 일조각, 1997); 「Theories about the Formative Period of the Korean Volk」, 『Korea Journal』 37-4(Korean National Commission for UNESCO, Seoul, 1997); 「Theories about the Formative Period of the Korean Volk」, 『Korean history: discovery of its characteristics and developments』(Korean National Commission for UNESCO, Seoul, 2004, 재수록)

51. 「단군을 어떻게 이해하여야 하나」(『문화와 나』3·4, 삼성문화재단, 1998)

52. 「위만조선의 정치구조」(『汕耘史學』8, 고려학술문화재단, 1998)

53. 「高句麗 政治史 研究」(서울대학교 대학원 국사학과 박사학위논문, 1999)

54. 「고구려의 기원과 국내성 천도」(『한반도와 중국 동북 3성의 역사 문화』, 서울대학교 출판부, 1999)

55. 「북한 학계의 고조선사 연구동향」(『韓國史論』41·42, 서울대학교 국사학과, 1999)

56. 「삼국의 건국 시기」(『통일시론』8, 청명문화재단, 2000)

57. 「삼국시대의 部와 부체제」(『韓國古代史論叢』10, 가락국사적개발연구원, 2000)

58. 「역사적 실체로서의 단군」(『한국사 시민강좌』27, 일조각, 2000)

59. 「초기 고대국가의 국가구조와 정치운영: 부체제론을 중심으로」(『韓國古

代史研究』17, 한국고대사학회, 2000)

60. 「On the Marriage Customs of the P'ohais and the Jurchens: with a Focus on Levirate」, 『Seoul Journal of Korean Studies』13(Institute of Korean Studies, Seoul National University, Seoul, 2000)

61. 「삼국시대인의 천하관」(『강좌 한국고대사』8, 가락국사적개발연구원, 2002)

62. 「연개소문(淵蓋蘇文)」(『한국사 시민강좌』31(특집: 실패한 정치가들), 일조각, 2002)

63. 「고대 한중관계사 연구의 새로운 모색」(『韓國古代史硏究』32, 한국고대사학회, 2003)

64. 「古·中世 分期 設定을 둘러싼 諸論議」(『강좌 한국고대사』1, 가락국사적개발연구원, 2003)

65. 「발해국의 주민구성에 대한 연구현황과 과제: '高麗別種'과 '渤海族'을 둘러싼 논의를 중심으로」(『韓國史硏究』122, 한국사연구회, 2003); 「渤海居民構成的研究現況和課題」, 『渤海史硏究』10(延邊大學 出版社, 2005)

66. 「삼국사기 고구려본기 초기기사의 신빙성 검토」(『한국사 연구방법의 새로운 모색』, 경인문화사, 2003)

67. 「삼국사기에 등장하는 '말갈'의 실체」(『한반도와 만주의 역사 문화』, 서울대학교 출판부, 2003)

68. 「A Study of Koguryŏ Relations Recorded in the Silla Annals of the Samguk Sagi」, 『Korean Studies』28(Center for Korean Studies, University of Hawaii, Honolulu, 2004)

69. 「고구려의 한성지역 병탄과 그 지배 양태」(『鄕土 서울』66, 서울특별시사편찬위원회, 2005)

70. 「唐李賢墓禮賓圖中載鳥羽冠的使節與高句麗」(『고구려 문화의 역사적 의의』, 고구려연구재단, 2005)

726

71. 「고구려와 북위 간의 조공·책봉관계에 대한 연구」(『한국 고대국가와 중국 왕조의 조공·책봉관계』, 고구려연구재단, 2006)

72. 「나·당전쟁과 나·일관계」(『전쟁과 동북아의 국제질서』, 일조각, 2006)

73. 「안학궁의 역사내력」(『고구려 안학궁 조사 보고서 2006』, 고구려연구재단, 2006)

74. 「고구려인의 종족적 기원」(『2007년 중한고구려역사연구학술토론회』, 中國 社會科學院邊疆史地研究中心·동북아역사재단, 2007)

75. 「고려로 넘어온 발해 박씨에 대하여」(『International Conference "The Ancient History of States in north-eastern Asia"』, Far Eastern Federal University(극동국립대학교), 2007)

76. 「문헌상으로 본 백제 주민의 구성」(『백제의 기원과 건국』, 충청남도역사문화연구원, 2007)

77. 「고려로 넘어온 발해 박씨에 대하여: 신라와 발해 간의 교섭의 한 사례 연구」(『韓國史研究』 141, 한국사연구회, 2008)

78. 「현대 사학의 흐름」(『(한국사연구입문 제3판) 새로운 한국사 길잡이』 上, 지식산업사, 2008)

79. 「The Tributary and Investiture Relations of Koryo State」(『ISKS Workshop on the Dongbei Gongcheng and Koguryŏ』, Centre for Korean Research, University of British Columbia, 2008)

80. 「고대사 연구 100년: 민족, 발전, 실증」(『韓國古代史研究』 52, 한국고대사학회, 2008)

81. 「삼국의 성립과 발전」(『개정신판 한국사 특강』, 서울대학교 출판부, 2008)

82. 「한국인의 기원과 고조선의 등장」(『개정신판 한국사 특강』, 서울대학교 출판부, 2008)

83. 「新羅唐戰爭與新羅, 日本關係」(『歐亞學刊』 9, 中華書局, 北京, 2009)

84. 「고대 동아시아 재편과 한일관계: 7~9세기」(『제2기 한일역사공동연구보고서』 1, 한일역사공동연구위원회, 2010)

85. 「구체적인 연구와 균형있는 평가」(『歷史學報』 207, 역사학회, 2010)

86. 「포항중성리신라비와 外位」(『韓國古代史研究』 59, 한국고대사학회, 2010)

87. 「7세기 전쟁의 성격을 둘러싼 논의」(『韓國史研究』 154, 한국사연구회, 2011)

88. 「고구려 초기의 천도에 관한 약간의 논의」(『韓國古代史研究』 68, 한국고대사학회, 2012)

89. 「광개토왕대의 정복활동과 고구려 세력권의 구성」(『韓國古代史研究』 67, 한국고대사학회, 2012)

90. 「우산국의 기원과 이사부의 정벌」(『韓國史論』 58, 서울대학교 국사학과, 2012)

| 국내·국제 학회 발표 |

1988년 2월   한국상고사학회 주최 학술발표회(『한국상고사 연구의 현황과 과제 (1)』)에서 「고조선사 연구의 현황과 주제」 발표.

1988년 7월   한국고대사연구회 주최 심포지엄(『울진봉평신라비의 종합적 검토』)에서 「울진봉평신라비와 관등제의 성립」 발표.

1991년 5월 20일~28일   중국 장춘에서 개최된 제2회 국제동아시아사학회에서 「5세기 금석문에 보이는 고구려인의 天下觀」 발표.

1991년 10월 5일~6일   일본 天理大學 조선학회 대회에서 「韓國民族形成過程에 關한 理論的 考察」 발표.

1992년 9월 16일   역사문제연구소·역사비평사 주최 대토론회(『한국 민족은 언제 형성되었나』)에서 「한국 민족의 형성시기에 대한 검토」 발표.

1996년 2월 15일~1996년 2월 18일   Center for Korean Studies, University of Hawaii(하와이대학교 한국학센터) 주최 심포지엄에서 「삼국사기 신라본기 고구려관계기사 검토」 발표.

1996년 6월 30일~1996년 7월 5일   University of Sydney(시드니대학교) 주최 제3회 아시아태평양지역 한국학대회에서 「18세기 사서에 보이는 세계사 인식: 同文廣考를 중심으로」 발표.

1996년 10월 15일   軍事史硏究所 주최 심포지엄에서 「대당전쟁기의 신라의 군사활동과 대외관계」 발표.

1996년 11월 8일   고려학술문화재단 주최 심포지엄(『고조선사와 단군』)에서 「위만조선의 정치구조」 발표.

1998년 9월 22일~1998년 9월 26일   Far Eastern Federal University(극동국립대학교) 주최 발해 건국 1300주년 기념 국제학술회의에서 「On the Marriage Customs of the P'ohais and the Jurchens: with a Focus on Levirate」 발표.

1999년   경희대학교 인문학연구소 주최 경희대학교 개교 50주년 기념 학술대회에서 「북한 학계의 고조선사 연구동향」 발표.

2000년 3월 5일~2000년 3월 10일   中國社會科學院 考古硏究所 주최 제10차 동아시아사학회에서 「당 이현묘의 조우관 쓴 사절에 대하여」 발표.

2000년 11월 2일~6일   日本 島根縣에서 개최된 제2회 한·일 인문사회과학 학술토론회에서 「唐 李賢墓 禮賓圖의 鳥羽冠使節에 대하여」 발표.

2003년 2월 20일   한국고대사학회 주최 제16회 합동토론회에서 「고대 한중관계사 연구의 새로운 모색」 기조강연.

2005년 4월 8일~2005년 4월 19일   평양 안학궁터 조사, 시굴, 보고서(『고구려 안학궁 조사 보고서 2006』, 고구려연구재단, 2006) 작성 참여.

2005년 5월 5일~2005년 5월 6일 Korea Institute, Harvard University(하버드대학교 한국학연구소) 주최 학술회의(『harvard Conference on Koguryo History and Archaeology』)에서 「신라·고려인의 고구려 계승 의식」 발표.

2005년 10월 9일~2005년 10월 10일 고구려재단 및 中國社會科學院 邊疆史地研究中心(중국사회과학원 변강사지연구중심) 주최 한중고구려역사연구학술토론회에서 「총괄 평가」 발표.

2007년 10월 16일~2007년 10월 17일 Far Eastern Federal University(극동국립대학교) 주최 국제 학술회의(『The Ancient History of States in north-eastern Asia』)에서 「고려로 넘어온 발해 박씨에 대하여」 발표.

2008년 7월 24일~2008년 7월 25일 한국고대사학회 주최 제10회 하계세미나에서 「고대사 연구 100년: 민족, 발전, 실증」 기조강연.

2008년 8월 10일~2008년 8월 14일 Centre for Korean Research, The University of British Columbia(브리티시컬럼비아대학교 한국학연구소) 주최 학술회의(『ISKS Workshop on the Dongbei Gongcheng and Koguryo』)에서 「The Tributary and Investiture Relations of Koryo State」 발표.

2010년 10월 10일 경주시·신라문화유산연구원 주최 제4회 신라학국제학술대회에서 「7세기 東亞細亞 國際情勢의 變動과 신라의 대응」 기조강연.

2012년 2월 16일 한국고대사학회 주최 광개토왕 薨去 1600주년 기념 학술대회에서 「광개토왕대의 정복활동과 고구려 세력권의 구성」 기조강연.

2012년 6월 5일 경상북도 울릉군 주최 제3회 울릉도포럼에서 「우산국의 기원과 이사부의 정벌」 발표.

필자·간행위원회

| 필자 소개 | (본문 수록순)

서의식　서울대학교 역사교육과 교수
　　　　「동이 연구의 맥락과 과제」

문창로　국민대학교 국사학과 교수
　　　　「한국 고대 건국 신화의 이해 방향」

홍승우　강원대학교 역사교육과 강사
　　　　「한국 고대 국가와 율령律令」

고미야 히데타카小宮秀陵　계명대학교 일본학과 초빙교수
　　　　「조공·책봉을 둘러싼 논의와 고대 대외관계사 연구
　　　　: 견당사遣唐使의 시대를 중심으로」

송호정　한국교원대학교 역사교육과 교수
　　　　「청동기시대 초기 고조선의 중심지 문제를 둘러싼 최근 연구 동향」

이도학　한국전통문화대학교 문화유적학과 교수
　　　　「고구려 왕릉 연구의 어제와 오늘」

김영관　제주대학교 사학과 교수
　　　　「의자왕과 백제 멸망에 대한 새로운 시각」

송기호　서울대학교 국사학과 교수
　　　　「발해사 연구의 길」

윤재운　대구대학교 역사교육과 교수
　　　　「발해 도성 연구의 현황과 과제」

기경량　서울대학교 국사학과 강사
　　　　「한국사에서 민족의 개념과 형성 시기」

김창석　강원대학교 역사교육과 교수
　　　　「공동체론」

김재홍　국민대학교 국사학과 교수
　　　　「고대 개발론」

홍기승   국사편찬위원회 편사연구사

「수장제론首長制論의 기초적 이해」

박남수   국사편찬위원회 연구편찬정보화실장

「한국 고대의 교역사 연구에 있어서 개념의 문제」

오영찬   이화여자대학교 사회과교육과 교수

「낙랑군 연구와 식민주의」

윤선태   동국대학교 역사교육과 교수

「가야加耶, 우리 안의 오리엔탈리즘」

이재환   서울대학교 국사학과 강사

「신라사 연구에 있어서 '귀족' 개념의 도입 과정」

김수태   충남대학교 국사학과 교수

「역사 연구 방법으로서의 유형화: 이기백의 사상사 연구를 중심으로」

이순근   가톨릭대학교 국사학과 교수

「일본 '동아시아' 용어의 함의」

이성시李成市   와세다대학교 문학학술원 교수

「고대사 연구와 현대성: 고대의 '귀화인', '도래인' 문제를 중심으로」

(古代史研究と現代性: 古代の'帰化人''渡来人'問題を中心に)

박성현   계명대학교 사학과 교수

「역사 지리에서 공간 구조로」

여호규   한국외국어대학교 사학과 교수

「한국 고대 공간사 연구의 가능성 모색」

강봉룡   목포대학교 사학과 교수

「한국 고대사에서 바닷길과 섬」

김영심   가천대학교 글로벌교양대학 교수

「한국 고대 여성사 연구 현황과 연구의 진전을 위한 제언」

권오영   한신대학교 한국사학과 교수

「한국 고대사 연구를 위한 베트남 자료의 활용」

조법종   우석대학교 역사교육과 교수

「고조선 및 시조 인식의 계승 관계」

리차드 맥브라이드 Richard D. McBride Ⅱ   브리검영대학교-하와이 역사학과 교수

「고구려 불교의 의례와 수행에 관한 고찰考察」

(Imagining Ritual and Cultic Practice in Koguryŏ Buddhism)

고경석 해군사관학교 해양연구소 연구원

「신라시대 인간관계 양상의 변화와 청해진淸海鎭」

권덕영 부산외국어대학교 역사관광학과 교수

「중국 산시성 시안의 일본승 구카이空海 기념물」

| 정년기념논총 간행위원회 | (가나다순)

위원장

신동하(동덕여대)

간행위원

강봉룡(목포대), 강종훈(대구가톨릭대), 고경석(해군사관학교 해양연구소),
권오영(한신대), 김기흥(건국대), 김영심(가천대), 김영하(성균관대),
김재홍(국민대), 김종일(서울대), 김창석(강원대), 김태식(홍익대),
나희라(경남과학기술대), 남동신(서울대), 서영대(인하대), 서의식(서울대),
송기호(서울대), 송호정(한국교원대), 여호규(한국외국어대), 오영찬(이화여대),
윤선태(동국대), 이우태(서울시립대), 이한상(대전대), 임기환(서울교대),
전덕재(단국대), 전호태(울산대), 주보돈(경북대), 하일식(연세대)

출판 지원

김슬기, 김지희, 박지현, 오희은, 최상기(이상 서울대 대학원)

찾아보기